普通高等教育"十一五"国家级规划教材

教育类专业基础课系列教材

新编教育社会学

（第三版）

主　编 ◎ 马和民

副主编 ◎ 马　好

张曦文

华东师范大学出版社

·上海·

图书在版编目(CIP)数据

新编教育社会学/马和民主编. —3版. —上海:华东师范大学出版社,2023

教育类专业基础课系列教材

ISBN 978 – 7 – 5760 – 4266 – 5

Ⅰ.①新… Ⅱ.①马… Ⅲ.①教育社会学－高等学校－教材 Ⅳ.①G40－052

中国国家版本馆 CIP 数据核字(2023)第 204153 号

新编教育社会学(第三版)

主　　编	马和民
副 主 编	马　妤　张曦文
责任编辑	余思洋
责任校对	王丽平　时东明
装帧设计	俞　越

出版发行	华东师范大学出版社
社　　址	上海市中山北路3663号　邮编 200062
网　　址	www.ecnupress.com.cn
电　　话	021 – 60821666　行政传真 021 – 62572105
客服电话	021 – 62865537　门市(邮购)电话 021 – 62869887
地　　址	上海市中山北路3663号华东师范大学校内先锋路口
网　　店	http://hdsdcbs.tmall.com

印 刷 者	上海昌鑫龙印务有限公司
开　　本	787毫米×1092毫米　1/16
印　　张	28.75
字　　数	624千字
版　　次	2024年9月第1版
印　　次	2024年9月第1次
书　　号	ISBN 978 – 7 – 5760 – 4266 – 5
定　　价	59.80元

出版人　王　焰

(如发现本版图书有印订质量问题,请寄回本社客服中心调换或电话 021 – 62865537 联系)

第三版前言

教育社会学是教育学专业的基础学科,也是社会学专业的特殊理论学科。在教育学专业中,教育社会学与教育哲学、教育心理学等处于同一层次,属于教育理论的基础学科;在社会学专业中,教育社会学与法律社会学、家庭社会学、政治社会学等处于同一层次,属于社会学的分支学科。

教育社会学的形成与发展,是伴随着教育凸显为一种重要的社会现象,人们需要对其进行理性探索而出现的。19世纪末20世纪初,实证主义思潮兴起,科学主义逐渐渗透于教育研究领域中。社会学被用于对"教育事实"(涂尔干语)进行研究,由此而产生的教育社会学正是这一时代的产物。自那时起至今,教育社会学已经走过百年历程。1887年,法国社会学家和教育学家涂尔干在法国波尔多大学举办了"社会学和教育学"讲座。1907年,苏则罗在美国哥伦比亚大学举办了世界上第一次直接冠名"教育社会学"的讲座。1917年,史密斯出版了世界上首本题为《教育中的社会学概论》的教材。20世纪以来,教育社会学经历了"兴起"(20世纪初)、"低潮"(20世纪40年代)、"发展"(20世纪50年代至90年代)、"多元化"(20世纪90年代以来)的发展过程。

21世纪的世界进入了更为复杂、多变、矛盾、冲突、危机四伏的时期,在愈演愈烈的全球综合竞争中,教育的作用和地位达到了历史上前所未有的高度,教育与社会的关系进入了一个空前复杂而全新的局面中。新时代中国特色社会主义的前行路对以探讨教育促进社会健康发展为己任的教育社会学的深入发展提供了巨大的空间和舞台。

教育作为一个复杂系统,需要多学科、多视角、多观点和多元方法的研究与分析,这样才能推进教育理论的充实化,促进教育研究的科学化,推动教育实践的高质量发展。教育社会学是运用社会学的原理和方法对"教育行动与教育事实"进行研究探讨,并以教育促进社会健康发展为目标的一门学科。这门学科的重点是培养学生对各种教育现象、教育问题具备用社会学视角进行研究与分析的能力,建构一种整体的、有机联系的、辩证的思维方式,养成用事实说话的科学态度,特别是发展对教育现象进行"揭穿真相"的解析、判断和探究能力,并掌握对教育问题进行综合治理的知识和技能。

在本书的写作过程中,我们的愿望是尽量以"分化—渐进"和"贯通—综合"的方式来表达基本的教育社会学内容,同时为用教育社会学知识解释学校教育实践提供最大可能的社会学思维。为此,我们尽量使本书做到既完整又深入,既有可读性又保持准确性,既客观又留有想象空间。然而,愿望的达成需要的不仅是意志,更需要能力。限于编者的能力和视野局限,本书仍存在诸多不当甚或粗糙之处,诚望读者朋友批评指正,或能以更好的方式达成这一愿望。

第三版保留了初版、第二版的知识结构。全书共分六编。第一编,教育社会学的学科论,分

"教育社会学导论"和"教育社会学的研究过程"两章;第二编,教育行为论,分"学校中的角色行为"和"学校失范行为的理论与实践"两章;第三编,教育活动论,分"学校教育的主要活动形式:课堂教学"和"学校教育的主要活动内容:教育知识"两章;第四编,教育组织论,分"班级组织的社会学分析"和"学校组织的社会学分析"两章;第五编,教育制度论,分"社会变迁与教育制度""社会结构与教育制度""社会问题与教育问题"三章。第六编:教育功能论,分"教育制度的功能""教育与个体发展""教育与国家发展"三章。

上述结构表达了编者对教育社会学知识体系的逻辑演绎方式。第一编实际上为学科概述,从第二编开始至第六编,则采取了"微观—中观—宏观"的分析路径,选择了由对"教育行为"的微观研究逐渐切入至对"教育事实"的宏观探讨这一逻辑进程。这种方式可能更有利于学习者理解教育社会学的分析视角与研究范式,也更易于学习者把握教育社会学的理论与学校教育实践之间的密切关系。

时值《新编教育社会学》出版14年之际,我们应邀重新修订这一书稿。作为一本文科图书,我们力求在研究成果和逻辑体系方面作进一步完善。

首先是数据、案例、习题与推荐阅读书目的更新。第二版中有大量的数据和案例,每章末尾附有习题和推荐阅读书目,故在第三版中,我们力求呈现最新的研究成果并体现时代特征,对这些内容进行了适当更替。除了形式上的改变,部分章节的内容也作了调换。随着社会的变迁,社会问题和教育问题不断变化,有的不复存在,有的发生质变,有的甚至还衍生出许多新问题。鉴于此,我们在第二章第三节的"教育社会学的常用方法"中增加了"文献法"等研究方法;其次,在各章节的重要部分,结合当前教育发展的重点、难点、痛点,分别加入了教育社会学中新的讨论话题,例如,在第四章"学校失范行为的理论与实践"中,将"校园欺凌"与"网络暴力"等新的失范行为补充了进来;在第八章第一节"学校组织的性质与结构"中,将"学校组织气候"纳入了本书的讨论范围中;在第十一章第三节"教育不平等问题"中,加入了辨析"教育公平""教育平等""教育公正""教育正义"等概念的内容;在第十二章中,结合当前拔尖创新人才培养的大趋势,加入了英才教育的内容;在第十三章中,为突出教育社会学的学科独立性,对教育社会学中的文化研究作了进一步的强调。

同时,我们深知,教育是国之大计、党之大计。习近平总书记在党的二十大报告中对"实施科教兴国战略,强化现代化建设人才支撑"作出重要指示,并对"加快建设教育强国、科技强国、人才强国"作出重要部署,充分体现了教育的基础性、战略性地位和作用。教育社会学作为教育学专业的基础学科,理应承担起应有的责任、发挥应有的作用。因此,本书在第十四章从理论和实践两个方面新增了"总体国家安全观与教育""中国式现代化背景下的教育需求与秩序"等重要议题,也探讨了"全球教育理念的变革"以及"全球教育治理的推进"等相关内容,以使章节内容更加完整饱满,进一步突出和彰显教育社会学的时代特征。

整体而言,修订后的教材更具可读性与实用性。在内容组织上,章与章之间、节与节之间以及问题之间都有比较清晰的逻辑关系;在语言风格上力求通俗简约;在材料取舍上尽量典型有趣；在数据选取上力求科学可靠。

本书初版时深受张人杰教授(广州大学)、陆有铨教授(华东师范大学)、吴康宁教授(南京师范大学)、陈玉琨教授(华东师范大学)、杨昌勇教授(曲阜师范大学)等前辈和专家的鼓励与支持，在此再次表示衷心的感谢！华东师范大学出版社的余思洋编辑为本书的出版做了大量辛苦的工作。本书第三版修订由我负责统稿，两位副主编既相互校订，也有明确分工：马好，第一章、第二章、第三章、第四章、第五章、第六章、第十四章；张曦文，第七章、第八章、第九章、第十章、第十一章、第十二章、第十三章。

马和民

2023年9月28日

目 录

第一编 教育社会学的学科论

第一章 教育社会学导论 … 3
第一节 什么是教育社会学 … 4
第二节 教育社会学的历史及其发展 … 19
第三节 教育社会学的理论 … 31
第四节 教育社会学的应用 … 35

第二章 教育社会学的研究过程 … 43
第一节 教育社会学研究方法论 … 44
第二节 教育社会学的研究过程 … 52
第三节 教育社会学的常用方法 … 63

第二编 教育行为论

第三章 学校中的角色行为 … 77
第一节 教师的角色与角色行为 … 78
第二节 学生的角色与角色行为 … 107

第四章 学校失范行为的理论与实践 … 119
第一节 教育规范与失范行为 … 120
第二节 学校中的失范行为 … 126
第三节 失范行为与教育控制 … 143
第四节 校园欺凌与网络暴力 … 148

第三编 教育活动论

第五章 学校教育的主要活动形式:课堂教学 … 157
第一节 课堂的结构 … 158
第二节 课堂中的互动 … 168
第三节 课堂教学与课堂控制 … 178

第六章　学校教育的主要活动内容：教育知识　189
　　第一节　显性知识与价值传递　190
　　第二节　隐性知识与学校生活　201
　　第三节　生活经验与日常生活　210

第四编　教育组织论

第七章　班级组织的社会学分析　221
　　第一节　班级的组织分析　222
　　第二节　班级的结构分析　226
　　第三节　班级的群体分析　235

第八章　学校组织的社会学分析　247
　　第一节　学校组织的性质与结构　248
　　第二节　学校组织的运行　257
　　第三节　学校组织的变革　266

第五编　教育制度论

第九章　社会变迁与教育制度　275
　　第一节　教育制度的基本要素　276
　　第二节　社会变迁与教育制度的基本关系　279
　　第三节　教育制度变迁的动力　282

第十章　社会结构与教育制度　295
　　第一节　经济结构与教育制度　296
　　第二节　政治结构与教育制度　299
　　第三节　人口结构与教育制度　303
　　第四节　社会分层结构与教育制度　308

第十一章　社会问题与教育问题　319
　　第一节　教育问题概述　320
　　第二节　社会转型期的教育问题　326
　　第三节　教育不平等问题　333
　　第四节　学习压力问题　342
　　第五节　教育问题与教育改革　348

第六编　教育功能论

第十二章　教育制度的功能 ········ **355**
第一节　教育制度的功能概述 ········ 356
第二节　教育制度的功能失调 ········ 365
第三节　教育制度的功能理论 ········ 368

第十三章　教育与个体发展 ········ **375**
第一节　教育与人的社会化 ········ 376
第二节　教育与个体地位升迁 ········ 392
第三节　教育与生活方式 ········ 402

第十四章　教育与国家发展 ········ **411**
第一节　教育与国家现代化 ········ 412
第二节　中国式现代化与教育 ········ 425
第三节　全球化与教育 ········ 439

第一编 教育社会学的学科论

介绍一门新学科可以有多种方式，一般是从这门学科的历史、性质、研究对象等开始，使学习者有一个概括性的了解。但这种方式存在一个问题：对于学习者来说，这样的介绍比较抽象，很多情形下难以激发学习者的学习兴趣。也可以通过对具体研究成果的介绍，来激发学习者学习这门学科的兴趣，从而了解这门学科的性质、对象、方法等。但这种方式又存在一个不够系统的问题。

本编则试图结合上述两种方式的优势，既为学习者提供一个教育社会学的概要，描绘出一幅鸟瞰图，也尽量为学习者提供一些典型的研究案例，以激发他们的学习兴趣。

本编共分"教育社会学导论"和"教育社会学的研究过程"两章。

第一章
教育社会学导论

> 学习目标

1. 了解教育社会学的研究对象、学科性质及研究范式。
2. 把握教育社会学的发展脉络,识记不同时期的代表人物及其观点。
3. 了解教育社会学的应用价值。

学习(learning)是人一生中最主要的经历之一,它会改变一个人的知识、能力、价值观、态度和行为。教育(education)就是社会指导学习活动的正式制度。教育的范围十分广泛,包括家庭教育、社会教育、学校教育等。但是在近代工业化发展前,学校教育只是由社会中极少数的统治阶层所享受,大多数人并没有机会上学。现代社会建立了系统的学校教育制度,使教育成为仅次于军事的国家和社会事业。就个体而言,受教育变得十分重要,它与个体的经济收入、社会地位、生活质量等密切相关。学校生活几乎成了每个人最重要的人生经历之一。随着"终身教育"和"学习化社会"的逐步实现,教育已经成为一种最广泛、最普遍的社会活动。现代人更明智地认识到:如果要在未来的竞争社会中取得优势,就必须不断进行学习。在社会和国家层面,教育更被普遍置于重要地位上,作为促进经济发展、政治整合、社会稳定,减少不平等以及解决其他各种社会问题的手段之一。

但是,我们需要进一步追问:学校教育何以对个体、社会、国家变得如此重要?教育的功能在其"应该是、可能是和实际是什么"之间有着何种联系与区别?事实上,在教育领域存在着各种"似是而非"的结论。例如,有人认为受教育与否是个体的自由意志;有人认为教育机会的赋予受制于个体的把握能力;有人认为学业差异是智力差异所致;有人认为,之所以出现"学优生"与"学障生",是由他们的内在差别所决定的,等等。对于以上种种,教育社会学家会告诉我们,我们对学校生活和教育制度的许多"似是而非"的认识,其实有新的解释,他们也会给我们一些新的概念、命题与理论,来解释那些常常困扰我们的"教育问题"。教育社会学可以为我们提供塑造学校生活的外部社会力量的信息;它可以使我们进一步了解教育对于个体、社会、国家的功能;它可以使我们分析、解释和预见教育问题背后的成因;在研究教育问题、寻找解决教育问题的方案时,教育社会学还将给我们提供更多的自由思想与新的思维途径。

第一节 什么是教育社会学

什么是教育社会学?它意味着一系列问题:教育社会学研究什么?如何研究?基本假设是什么?特定的解释方式有哪些?与其他相关学科有何关系?

一、教育社会学的研究对象

一门独立的学科首先应有自身独特的研究对象,而这又是与其研究领域、研究目的以及研究方法等相联系的。关于教育社会学的研究对象,历史上存在着不同的观点。如何认识这些观点,是正确认识教育社会学研究对象的重要基础。一般而言,分析一门学科的研究对象有两条途径:一是演绎法,即根据学科开创者或代表人物的观点进行梳理;二是归纳法,即依据当前学科群体的著述进行分析。本书将综合以上两条途径而得出结论。

(一)研究对象诸说

我们把教育社会学发展史上一些有代表性的有关研究对象的观点列举如下(见表1-1)。

表 1-1 研究对象诸说

观点	社会化过程说	相互关系说	教育现象说
主要代表人物	1. (法)涂尔干(E. Durkheim):教育的功能在于使人社会化 2. (美)佩恩(E. Payne):描述和解释个人如何通过社会关系来获得并组织经验的一门学科 3. 雷通群:研究个人在团体中如何生活,尤其要研究个人在团体中得到何种教训及在团体生活中需要何种教育 4. 钱民辉:研究教育如何承担社会化个体、选拔及分配人才、维持社会秩序、推动社会变革的责任	1. (英)米切尔(G. D. A. Mitchell):教育制度与社会制度之间的相互关系 2. 林清江:研究教育与社会之间的交互关系 3. 厉以贤:从宏观与微观两方面研究教育与社会之间的关系	1. (苏)费里波夫(P. Filipov):教育独特性说 2. 鲁洁:研究作为一种独特社会现象的教育 3. 张人杰:强调"事实与规范兼有论",以互动论为主流取向,研究年轻人带来的社会改革和社会创新过程 4. 吴康宁:研究具有社会学意味的教育现象或教育问题,或教育领域中的社会现象及社会问题

表 1-1 表明了中西方一些教育社会学学者的不同认识。社会化过程说的研究对象观的立足点是狭义的学校教育,强调学校教育如何促进个体社会化的发展;相互关系说的研究对象观的立足点是教育与社会的某种关系,有的强调教育制度与其他社会制度(如经济、政治、宗教和家庭)之间的功能关系,有的强调教育过程与社会过程之间的联系及其相互关系;教育现象说的研究对象观的立足点是教育是一种独特的社会现象,强调对教育作为一种独特的社会现象而产生的各种社会学问题展开研究。

(二) 当前教育社会学的主要研究内容

从当前教育社会学的研究内容来分析,对教育社会学研究对象的分析实际上是一种"反梳式研究"或"归纳式研究"。据此,可以识别出当前这一学科研究群体所关注的研究全貌。李锦旭曾根据 1980—1990 年英国和美国的两份教育社会学的学术刊物,将其所载论文进行统计分析,指出了英、美两国中这一学科群体的基本研究内容(见表 1-2)。[1] 他把教育社会学研究的主题分为:教育社会学的发展、教育社会学理论基础、社会化与教育、社会结构与教育、社会阶层化与教育、社会问题与教育、社区与学校、教育组织社会学、教育知识社会学、教学社会学、社会变迁与教育等。随后,李德显等学者也基于《英国教育社会学杂志》2003—2012 年的载文进行了研究热点的主题分析。[2] 他们运用 CiteSpace Ⅱ 文献计量可视化软件进行共引网络可视化分析,并对主要聚类标识词、聚类内的关键节点文献进行主题和内容分析,发现英国教育社会学研究的热点主题集中在教育与文化资本、特殊教育社会学、教育与

---

[1] 李锦旭. 20 世纪 80 年代英美教育社会学的发展趋势:两份教育社会学期刊的比较分析[J]. 现代教育,1991(02):3—14.
[2] 李德显,陆海霞,魏新岗. 英国教育社会学研究的热点主题分析——基于《英国教育社会学杂志》2003—2012 年载文的共引分析[J]. 教育研究,2015,36(12):113—119.

中产阶级、阶级与性别、阶级再制与符码控制等五个方面。蔡蔚萍等学者通过对 1996—2015 年美国的《教育社会学》所载文献进行共被引网络图谱分析,发现该时期美国教育社会学领域研究的热点主题主要有少数族裔儿童、课外活动、废除种族隔离、教育获得和学校问题研究,其中少数族裔儿童的教育获得及其影响因素研究是最大的热点问题;此外,这一研究还探测了 1996—2015 年美国教育社会学研究的前沿演进过程:1996 年以前,主要关注教育分流、课程设置与学习成绩的研究;1999—2001 年,主要关注社会排斥和社会包容、教育改革与经济生活的研究;2002—2006 年,主要关注社会结构(阶层、种族)、学校经历与教育不平等的研究;2007—2010 年,主要关注分层线性模型,学校教育与认知能力不平等,家庭、教育与不平等再生产的研究;2011—2013 年,主要关注英语语境下的"文化资本"研究。①

表 1-2 李锦旭所分析的英、美教育社会学研究主题

研究主题	国家	1980	1981	1982	1983	1984	1985	1986	1987	1988	1989	1990	合计数(百分比%)
教育社会学的发展	英国	2			1								3(1.50)
	美国												
教育社会学理论基础	英国	3		2		6	1	2	4	2	5	3	28(14.20)
	美国	1		2		1		1			1	1	7(3.40)
社会化与教育	英国							1					1(0.05)
	美国	1		1	1	2		1	1	1		2	11(5.30)
社会结构与教育	英国	1		1	1	1	1	3	5	2		1	17(8.60)
	美国	2			2	1	3	5	3	6	5	6	33(15.90)
社会阶层化与教育	英国	3	5	2	2	1		10	4	4		3	37(18.80)
	美国	4	9	2	5	8	5	4	8	2	3	5	55(26.40)
社会问题与教育	英国												
	美国									1			1(0.05)
社区与学校	英国			1									1(0.05)
	美国		1			1			1	1	2	2	8(3.80)
教育组织社会学	英国	2	1	3	1	1	5	1	2	3	2	1	22(11.20)
	美国	6	6	8	8	4	7	2		3	3		52(25.00)
教育知识社会学	英国	1	2	2	2	3	3	1	6	1	7	5	33(16.80)
	美国							1			1	1	3(1.40)

---

① 蔡蔚萍,林曾. 近 20 年来美国教育社会学研究的热点论题与前沿演进——基于《Sociology of Education》1996—2015 年文献共被引网络图谱的分析[J]. 学术论坛,2016,38(07):100—109.

续 表

研究主题	国家	1980	1981	1982	1983	1984	1985	1986	1987	1988	1989	1990	合计数（百分比%）
教学社会学	英国	3	3	3	3	2	2	3	4	13	6	8	50(25.40)
教学社会学	美国	7	8	2		2	3	4	3	3	1		33(15.90)
社会变迁与教育	英国	1	1					1					3(1.50)
社会变迁与教育	美国							2	1				3(1.40)
其他	英国				1		1						2(1.00)
其他	美国					2							2(1.00)

显然，英国和美国教育社会学的研究主题可以说涉及了教育与社会系统中的几乎所有层面的问题。通过对我国自恢复教育社会学研究以来出版的一些有一定代表性的著述内容的分析，也可找寻到一些脉络。①

董泽芳的《教育社会学》(1990)分为以下几章：绪论、社会制度与教育、社会结构与教育、社会变迁与教育、社会问题与教育、社会化与教育、学校社会组织、班级社会体系、教师问题的社会学分析。

鲁洁的《教育社会学》(1990)分为以下几章：绪论、教育的社会学研究方法、经济与教育、政治与教育、文化与教育、青年文化与教育、人口与教育、生态环境与教育、社会变迁与教育、社区与教育、学校组织的社会学分析、班级的社会学分析、教师的社会学分析、家庭与教育、性别差异与教育、个体社会化与教育、西方教育社会学主要理论流派。

吴康宁的《教育社会学》(1998)共分四编，即教育社会学学科论、教育的社会背景、教育自身的社会系统、教育的社会功能。这四编又细分为13章，即教育社会学的学科要素；教育社会学的学科发展；社会结构：教育格局的规定因素；社会差异：教育机会不均的主要根源；社会变迁：教育变迁的根本动力；教育中的基本社会角色(1)：教师；教育中的基本角色(2)：学生；教育中的主要社会组织(1)：学校；教育中的主要社会组织(2)：班级；教育中的特殊社会文化：课程；教育中的核心社会活动：课堂教学；教育的社会功能诸论述评；教育的社会功能述要。

金一鸣主编的《教育社会学》(2000)共分18章：教育与社会、市场经济体制的建立和发展与教育改革、民主政治建设与教育改革、教育目标如何契合社会需要、中国的教育体制改革、中国农村现代化与农村教育、知识经济与教育创新、网络社会与教育、中国的教育机会均等的现状分析与对策思考、中国农村学龄女童的失学问题、社会转型期价值观的变革与教育、学生学业负担的社会学分析、中国民办教育问题的探讨、中国人口对教育的影响、教师职业

---

① 20世纪80年代以来，我国第一本正式出版的教材是裴时英的《教育社会学概论》(1986)。此后起到教材实际功用的主要还有以下几本著述：桂万宏、苏玉兰的《教育社会学》(1987)；卫道治、沈煜峰的《人·关系·文化——教育社会学观略》(1988)；傅松涛的《教育社会学新论》(1997)；马和民、高旭平的《教育社会学研究》(1998)。

与教师社会地位、青年学生的职业定向与教育、青少年犯罪与教育、教育评价的社会学反思。

谢维和的《教育活动的社会学分析——一种教育社会学的研究》(2000)共分13章:教育社会学分析的学科意识;教育社会学分析的理论基础与渊源;教育社会学的分析视角和方法;教育活动的一般分析;教育活动的基本主体:教师与学生;教育活动与社会化;教育活动的初级群体:班级;教育活动的基本组织:学校;教育活动的制度分析;教育活动的结构分析;教育发展;教育成层与教育机会均等;教育活动中的违规与控制。

钱民辉的《教育社会学概论(第五版)》(2022)共分17章:教育社会学入门的几个基本问题;教育社会学研究对象与学科属性;教育社会学研究方法;教育社会学的历史与发展;教育社会学的理论取向;现代性与教育社会学理论建构;从研究问题看教育社会学的话语实践与解说体系;教育与社会变迁的关系;教育与社会分层;人口流动与教育;社区环境与教育获得;学校教育制度的社会学分析——新马克思主义教育社会学的取向;从现代性的视角看多元文化教育的理念与实践——兼论"多元文化教育意识三态说";性别与教育;互联网与教育;教育与国家发展;教育知识社会学:本土化的思考与建构。

除以上提及的著作及本书外,还有许多教育社会学的教材出版,表1-3汇总了自1986年以来国内教育社会学教材的出版概况。

表1-3 自1986年以来国内教育社会学教材的出版概况[①]

书名	出版年份	出版社	编撰者
《教育社会学概论》	1986	南开大学出版社	裴时英
《教育社会学》	1987	天津人民出版社	桂万宏、苏玉兰
《人·关系·文化——教育社会学观略》	1988	湖南教育出版社 广东教育出版社	卫道治、沈煜峰
《教育社会学》	1988	辽宁教育出版社	刘慧珍
《教育社会学引论》	1989	黑龙江教育出版社	厉以贤、毕诚
《教育社会学》(第一版)/(修订本)	1990/2009	华中师范大学出版社	董泽芳
《教育社会学》(第一版)/(第二版)	1990/2001	人民教育出版社	鲁洁
《教育与社会》	1991	中国科学技术出版社	吴铎、张人杰
《教育社会学》(1992年版)/(2000年版)	1992/2000	江苏教育出版社	金一鸣
《教育社会学新论》	1997	河北大学出版社	傅松涛
《教育社会学》(1998年版)/(2014年版)/(2019年版)	1998/2014/2019	人民教育出版社	吴康宁

[①] 表1-3中的教材,若其封面/版权页对版本信息有所标示的,此处则标注其版本信息,初版即为第一版。若无版本迭代信息的,则以其出版年份作为区分。

续表

书名	出版年份	出版社	编撰者
《教育社会学研究》	1998	上海教育出版社	马和民、高旭平
《教育活动的社会学分析——一种教育社会学的研究》(第一版)/(修订版)	2000/2007	教育科学出版社	谢维和、文雯①
《教育社会学》(第三版)	2023		
《教育社会学基础》	2022	中国人民大学出版社	马和民
《学校生活社会学》	2000	南京师范大学出版社	刘云杉
《教育社会学——现代性的思考与建构》(2004年版)/(2005年版)	2004/2005	北京大学出版社	钱民辉
《教育社会学概论》(第三版)/(第四版)/(第五版)	2010/2017/2022		
《教育社会学》	2005	广东人民出版社	杨昌勇、郑淮
《教育社会学》	2009	高等教育出版社	缪建东
《教育社会学》(第一版)/(第二版)	2010/2017	北京师范大学出版社	徐瑞、刘慧珍
《教育社会学》	2014	吉林大学出版社	刘志敏

从当前中西方教育社会学的主要研究来看,教育社会学包含了很多内容。这也就是为什么关于其研究对象的认识有着诸多说法的一个重要原因。但是,这样一来,便出现了一个不可回避的问题:究竟什么样的"研究对象的界定"才能涵盖如此之多的研究内容。

(三) 本书对教育社会学研究对象的界定

教育社会学发展至今,实际上隐含着两种基本的研究路径:第一种主要是以孔德(A. Comte)、涂尔干、斯宾塞(H. Spencer)等人为代表的。其研究的基本路径是:社会结构(或制度)—社会组织—行为规范—个体事实,偏重"社会事实",推崇事实判断和量化研究。第二种主要是以韦伯(M. Weber)为代表的。其研究的基本路径是:个体事实—行为规范—社会组织—社会结构,偏重"个体事实",推崇价值判断和质性研究。20世纪80年代以后,教育社会学研究整合上述两种研究取向的努力极为突出。因此,必须对教育社会学的研究对象作出合理的界定,以合理、完整地演绎教育社会学的知识体系。

本书把教育社会学的研究对象界定为"学校系统中的行为、活动、组织和制度之间的结构关系及其互动过程"。简言之,教育社会学是研究"教育行动和教育事实"的学科。通过这样的界定,可以逻辑性地演绎教育社会学的研究内容,即教育行动(包含行为)、教育活动、学校组织、教育制度。

---

① 文雯为该书第三版新增作者。

1. 教育行动

所有的学校教育现象,从最简单、最零散的到最复杂、最系统的,实际上都源于师生的行为与活动。一个完整的教育行动至少包括:行动主体(教师和学生)、行动客体(教育和教学目标)、行动中介(教育与教学途径、手段,教育内容)、行动主体之间的互动。教育行动首先表现为"行为",因此学校成员的行为应成为教育社会学研究的起点。

2. 教育活动

一种教育行动需要基于一定的活动形式、一定的活动内容才能发生。学校教育的主要活动形式是课堂教学,活动内容主要是知识的传授与能力的培养。因此,课堂教学、教育知识便自然地成为了教育社会学研究的基本内容。

3. 学校组织

学校中任何一种教育行动,都需要经过一定的组织方式才能进行。因此,学校组织便合理地成为了教育社会学的研究内容。

4. 教育制度

所有的学校组织都是制度化的结果。教育制度从自发形成到自觉制定,体现出了教育制度是从对行为的制约发展到了对组织的制约。教育的制度化过程实际上是在教育行动、教育活动、学校组织发生变迁之后才逐步发展的。所以,教育制度及其他社会制度的关系便自然地成为了教育社会学研究的重要事实。

二、教育社会学的学科性质

关于学科性质的讨论,本身并无多少实质的意义。这一点日本学者柴野昌山说得很清楚:欧美的教育社会学者现在最关注的,与其说是这门学科的学科性质及其自律性问题,不如说是这门学科究竟能"创造出"什么东西的问题。出于历史认识的需要,我们需要梳理出历史上的观点。但本书把重点放在讨论教育社会学的特点、地位和价值方面,总结分析了对学科性质的讨论。

(一) 历史上关于学科性质的讨论

在欧美地区,教育中的社会学(educational sociology)最初在社会学与经济学教授史密斯(W. Smith)1917 年出版的《教育中的社会学概论》(An introduction to educational sociology)一书中被提出。史密斯认为教育中的社会学是一门独立的学科,它主要研究"管理教育的社会规律"。1918 年,新教师培训学校的罗宾斯(C. Robbins)发表了《作为社会机构的学校》(The school as a social institution)一文,认为《教育中的社会学概论》一书不够全面,不足以称得上是教育中的社会学的研究。1919 年,钱塞勒(W. Chancellor)出版了《教育中的社会学》(Educational sociology),这本书与以往出版的著作都不同,社会学在其中作为一种思想体系出现。这一时期,布朗(F. Brown)将"educational sociology"定义为将社会学的一般原则和结论应用于教育过程的学科,是一门从社会学角度研究教育的学科,其前提是承认教育是一个社会事实、一个过程和一个机构,具有社会功能并由社会决定。第二次世界大战以后,传统的"educational sociology"在社会学家和教育学家的影响下改为了"sociology of education",即由"教育中的社会学"改为"教育社会学"。1963 年,《教育中的社会学杂志》(Journal of educational sociology)也更名为《教育社会学杂志》(Journal of sociology of education)。教育社会学进而被定义为对教育系统所涉及的社会过程和社会模式的科学分析。"旧"教育中的社会学与"新"教育社会学有诸多不同,"旧"教育中的社会学虽然被认为是一门学科,但它只是试图将社会学的创新原则应用于教育领域,是应用社会学的分支;"新"教育社会学不是一个分支,而是一个专业领域,它试图发展有关教育的必要原则和法律,以及教育与其他社会机构的外部关系。"新"教育社会学既关注理论的构建,也关注其应用。另外,对于"旧"教育中的社会学来说,它不应用任何在该领域某处演变出来的原则;而"新"教育社会学是研究公共机构和个人经历如何影响教育及其结果的,对公共学校教育系统的发展及其对现代工业社会的影响的研究构成了教育社会学研究分支的主题,诸如高等教育、成人教育和继续教育等主题都可以被纳入教育社会学的研究分支中。

关于学科性质的讨论,显然是在学科形成之后才会出现的。因此,我们将考察学科性质讨论的时间定位于 20 世纪之后。教育社会学在其百年学科发展进程中,不同时期、不同国家、不同学术背景的学者对于其学科性质有着不同的认识,出现过长期争论(见表1-4)。这种争论至今也未完全消除。事实上,学科性质之争主要涉及学科的发展方向、目标与作用的问题。

表1-4 历史上对学科性质的争论[1]

性质	时间	代表人物	目的	内容	研究者的学术背景	方法
教育学分支	20 世纪初至 20 世纪 40 年代	苏则罗(H. Suzzallo)古德(A. Goode)	为教育实践服务	与教育有关的社会现象	主要为教育学	规范性
社会学分支	20 世纪 50 年代后	埃尔伍德(C. Ellwood)安吉尔(R. Angell)	社会学理论的建立	教育系统内部的社会学现象	主要为社会学	实证性

(二)教育社会学的学科特点

教育社会学到底是一门什么性质的学科?西方教育社会学史上有"教育学分支"与"社会学分支"之争。一直以来,我国学者试图从教育社会学形成的外在特点来加以概括,所以有张人杰教授对"独立学科"的探究、吴康宁教授提出的"中介学科"、厉以贤教授倡导的"边缘学科"之说。本书认为,如果必须对教育社会学的学科性质作出分析,则需要首先认识教育社会学的学科特点,然后再来讨论学科性质也许更有意义。教育社会学研究的学科特点,

---

[1] 钱民辉.教育社会学概论(第三版)[M].北京:北京大学出版社,2010:25.

主要可以概括为以下四个方面。

1. 整体性

整体性思想源远流长,社会有机体说便是其代表。教育社会学的整体性,主要是指教育社会学在研究教育现象时,始终强调采取整体的、有机联系的观点,注重把教育现象放在社会大系统中进行分析。因此,才有"教育是一种社会现象"之说。这是教育社会学研究的第一个特点,也是它的基本前提。

(1) 社会对教育的影响。社会对教育的影响十分广泛。例如,不能把学校成员的行为看成是纯个体行为,而应视其为一种社会行为。这是教育社会学与一般教育学的不同之处,也是教育社会学所独有的特点。

(2) 教育对社会的影响。教育既具有由社会所规定的一面,又具有作用于社会的功能。对于国家来说,教育具有推动国家统一、经济发展、社会平等方面的作用;对于个体而言,接受教育在很大程度上决定了个体的社会地位、经济收入以及生活方式等。

(3) 学校是社会的缩影。美国教育家杜威(J. Dewey)把学校比喻为一个"小社会"。涂尔干则提出学校是社会的影像,学校模仿社会,但学校不能以自身的力量来改变和创造社会。例如,如果社会的道德环境恶劣,教师能否把与环境影响不同的道德观念教给学生?答案很可能是否定的。

(4) 学校与社会结构的对应性。教育的社会性不仅表现在教育与社会的关系上,也表现为教育有其自身的社会结构。例如,一个班级有正式结构,还有非正式结构。班级中有"孩子王",也有"孤独者"。这种关系与社会等级结构具有一定的对应性,故可以采用"社会集团""社会分层"的观点来分析班级组织。

2. 综合性

教育社会学的第二个学科特点是综合性。综合性表现在三个方面:第一,教育社会学所理解的"教育"是广义的教育,但它的重点是分析学校教育;第二,研究视角的综合性,教育社会学强调对任何教育问题都不能孤立地分析,而主张多因素分析;第三,研究方法的综合性,强调定量和定性分析并重、归纳和演绎并举、宏观与微观相结合、静态和动态相联结、结构和过程分析相联合。

(1) 最广义的教育要素。学校教育虽然是现代社会中最正式的教育形式,但还存在与学校具有相似功能的社会教育类型,如家庭教育、邻里教育、职业教育、教育改造、企业内教育、大众传媒教育等。

日本学者新堀通也根据教育主体的教育意识(即对受教育者进行教育的意识)、教育客体的学习意识(如自我学习意识)的有无,将教育划分为四类(见表1-5)。他指出,传统教育学一般将重点放在狭义教育和感化这两项上,但是从影响个体的角度来看,必须对教育作广义的理解。这意味着在研究造就社会成员的问题时,不仅要分析学校教育,同时还要考虑所有影响造就社会成员的教育现象。

表 1-5 日本学者新堀通也对教育的分类①

	教育意识	学习意识
狭义教育	+	+
感化	+	-
修养	-	+
影响	-	-

(2) 社会化的三种形态。正是这种对教育最广义的理解，使得我们必须对现代教育的形态有新的认识。涂尔干首次提出教育的功能在于使年轻一代社会化，这是单向的、正向的社会化过程。在当今正在发生剧变的社会中，双向的以及相反的过程也存在。美国社会学家和社会心理学家米德（M. Mead）把社会化的形态划分为三类：后喻文化（post-figurative）——儿童向成人学习；并喻文化（co-figurative）——无论是儿童或成人都需要向各自的同辈学习；前喻文化（pre-figurative）——成人向儿童学习。也正因为当今的社会正在发生剧变，我们必须重新认识儿童教育、成人教育中的新变化。

3. 现实性

教育社会学的第三个学科特点是直接面对现实社会生活中的教育事实，尤其强调对本国本地教育事实的研究。因此，教育社会学的研究始终具有开放性、变化性和本土性的特点。例如，法国的教育社会学曾聚焦于工业社会与人的社会化问题，英国曾重点关注机会不均等导致的教育不公平现象，美国曾集中探讨了由移民问题带来的文化冲突。

4. 实证性

在早期社会学家开创"实证方法"后，实证主义传统便始终伴随着教育社会学的发展，即使在受到"反实证主义"的冲击后仍然如此。实证性所强调的是：知识来源于具体的经验研究，来源于通过各种实证方法获取的"第一手"资料。教育社会学研究的实证性特点，主要体现在通过观察、调查、实验研究等手段获取教育事实资料后，再进行二次分析。

(三) 教育社会学的学科性质分析

从上述对教育社会学学科特点的分析中，可以归纳并演绎出我们对教育社会学学科性质的认识。在这方面，本书赞同吴康宁的观点：教育社会学是教育学的基础学科，是社会学的特殊理论学科，也是教育学和社会学的中介学科。②

1. 教育学的基础学科

教育社会学的基本任务是通过对教育事实的客观分析，为建立与完善学校成员的行为、活动、组织和制度提供社会学的依据。教育社会学与教育学的关系，是一种基础学科与应用

---

① 曲则生，等. 日本高等教育社会学文集[M]. 上海：百家出版社，1989：4.
② 吴康宁. 教育社会学[M]. 北京：人民教育出版社，1998：12—14.

学科的关系。可以认为,如同教育哲学、教育心理学一样,教育社会学不仅是一门独立学科,而且是一门基础学科。事实上,进入20世纪五六十年代后,教育社会学已与教育哲学及教育心理学并驾齐驱,成为教育科学知识来源的第三大支柱。

2. 社会学的特殊理论学科

教育社会学与社会学之间的关系,恰好同其与教育学的关系相反,即社会学处于基础学科的位置,而教育社会学处于应用学科的位置。社会学的一般理论是教育社会学的理论基础,而对教育事实的社会学研究则有助于社会学理论的深化。

3. 教育学与社会学的中介学科

传统的教育学根基不深,视野不宽,其表现之一就是缺乏系统的社会学理论依据。故教育作为一种特殊的社会现象,必须求助于专以这一特殊社会现象为研究对象的社会学理论,教育社会学便因此成了沟通教育学与社会学的一门中介学科。

(四)教育社会学的学科局限性

教育社会学兼具教育学和社会学的学科性质,这种看似宽泛的学科特点同时带来了学科的局限性,使该学科有别于其他学科。教育社会学的学科局限性主要体现在下述三方面。

1. 功能局限性

教育社会学既可以作为一种研究教育和社会问题的视角,也可以为教育理论与实践研究提供丰富的资源。尽管其作用如此广泛,但它的局限性却依然存在,表现为其鲜明的合作性和依赖性。比如,它只能协助而不能代替各种具体的学科;它必须依靠科学的证据进行研究而不能独立地解决教育问题。

2. 地位局限性

教育社会学集教育学的基础学科、社会学的特殊理论学科以及两者的中介学科等多种学科性质于一体,然而这并不意味着教育社会学因此而凌驾于其他学科之上。其功能的局限性也决定了其地位的局限性。尤其因教育社会学要借助社会学的基本理论、概念和方法以及某些必要的资料来丰富与完善自己的理论体系,其对社会学的依附性更明显。

3. 应用局限性

教育社会学作为一门具体的学科,既不同于单纯的思辨学科,也不同于单纯的逻辑推演,由此,必然带来其理论研究和实践应用的局限,表现为其研究范式不具有普适性,其研究成果与结论的应用也要视具体情况而定。

三、教育社会学的研究范式

可以从多种角度来研究教育制度与学校生活,如从心理学、经济学、政治学、管理学、伦理学等角度。在研究教育制度与学校生活时,教育社会学应尽量保持其科学性。这就意味着教育社会学不能将自己的研究成果建立在主观的价值判断、洞察力、臆测、传统的权威、传说,甚至道听途说的基础上。纵观历史,众多哲人、智者、教育家对于教育都有各种精彩的分析与评述。但是对于教育社会学家来说，无论他们多么愿意相信这些观点，都不能将这些观点作为分析、理解和解释教育事实的坚实基础。他们必须依靠科学的证据，而这些证据是通过对学校生活、其他各种教育事实的系统研究获得的。

（一）教育是常识吗

对教育现象（当然也包括其他社会现象）的科学研究与对自然现象的科学研究所表现出的一个重大区别，是人们对于研究对象的熟悉程度。自然科学研究的常常是我们常识以外的未知领域。研究自然常会使用普通人难以理解的独特符号、概念、命题和理论。而教育社会学所研究的"教育现象"，则几乎是每个人都十分熟知并参与其中的领域。如果从教育发生于家庭的角度，以及许多人曾在学校里生活过多年的经历而论，甚至可以说每个人都是一位业余的教育家，会用他所坚持的观点来解释"什么是优质教育""什么是成功的教育""教育有什么样的作用"等问题。

正由于教育社会学的研究主题是为人们所熟知的，因而在教育领域便弥漫着大量似是而非的经验、常识，充斥着普遍流行却未必是真实的论断与理由。

> **案例 1-1**
>
> **生活中流行的教育常识**
>
> 1. 每个孩子都有其独特的学习方式和节奏，需要个性化教育。
> 2. 家长的陪伴和支持对孩子的学习至关重要。

接受过教育社会学训练的人与没有受过这一专业训练的人，研究各种教育事实的方式是不同的。教育社会学的视角帮助我们去理解形成一个教育问题的多方面的社会原因，帮助我们去认识整个学校教育体系是如何运转的，以及学校是如何与更大的社会体系发生联系的。例如，从教育社会学的角度分析"儿童失学"，不仅要求我们认识失学本身这一事实，而且要与性别差异、地区差异、文化传统、家庭经济、家长观念等因素联系起来。

这种整体观和有机观是教育社会学研究的主要思路，它可以使我们进一步认识到"教育世界"并非我们的"第一印象"，我们关于教育的经验和常识往往掩盖了教育事实的复杂性。因此，要真正认识教育事实的真相，就要透过表面现象寻找作为原因的社会因素。这种跨越经验、常识、想当然的表面现象的过程，被社会学家彼得·伯格（P. Berger）称为"揭穿真相"。而美国社会学家米尔斯（C. Mills）则称之为"发挥社会学的想象力"。突破常识和经验并揭示教育事实的真相，这一点具有重要意义，它将为我们带来全新的教育学知识。

> **案例 1-2**
>
> **社会实验**
>
> 请按照你的一般常识判断下列情形是否正确：

> 1. 会哭的孩子有奶吃?
> 2. 江山易改,本性难移?
> 3. 自杀纯粹是个体行为?
>
> (答案在本章末)

(二) 教育社会学的基本假设

教育社会学研究"教育行动和教育事实"的基本假设源自社会学,但又有自身的特点。教育社会学关于学校成员行为的基本假设主要可以分解为三个。

第一,学校系统中的个体行为(教的行为、学的行为、违规行为、管理行为等)不仅由特定的学校环境所塑造,而且还由其他的社会环境所塑造。在这里,社会环境并非一个抽象的概念,它是指个体所生活的各种周围环境——家庭、邻里、同辈群体、班级、学校、街道文化、大众文化等。从这一角度出发,教育社会学家认定教育的主要功能在于使个体社会化。

第二,社会环境发生了改变,个体行为也将随之发生变化。因而,对学校系统中个体特定行为或异常行为的解释,不能仅仅依据个体内在特征的差异(例如,生理和心理的差异)来确定,而是需要从变化着的社会大环境的角度予以分析。

第三,个体对学校生活的创造性适应。教育社会学家并不仅仅关注宏观的教育事实而忽视微观的学校生活中的个体行为。尽管教育社会学的主要目标并不是要对学校的个体行为作出充分解释,但是,教育社会学家认识到被称为"教育活动"或"学校生活"的教育事实,正是学校成员的创造物,是成员之间的"教育行动"的结果。教育社会学史上多数学者的主要兴趣是关注宏观的教育与社会大系统的关系,关注社会对教育的影响以及教育的功能,较少有人主要关注教育、教育过程的社会学问题或学校生活本身的社会学问题。这也就是迄今为止的大多数教育社会学著作非常相似的原因。本书则是从关注学校成员的个体行为开始,进而分析教育组织,再逐步深入宏观的教育事实(教育制度及其教育功能等问题)。

(三) 教育社会学的解释方法

教育社会学主要是运用社会学的原理和方法来解释教育事实,然而社会学的概念十分抽象,如"社会""组织""群体""结构""功能"等。那么,教育社会学是如何运用这些抽象概念来解释、说明教育事实的呢?

我们采用涂尔干关于"自杀"的经典研究(见知识拓展1-1,表1-6)来说明社会学和教育社会学是如何解释个体事实和社会事实之间的关系的。涂尔干力图解释一个人为什么自杀。全面地理解涂尔干的解释方法,有助于我们把握教育社会学在教育科学、教育学知识发展中的作用、功能以及学科潜力。

生物学、传记学、心理学确实为我们提供了关于自杀的某些解释。社会学家、教育社会学家研究的主要方面不是解释某个人为什么自杀(如因失学、学业失败、犯罪等),也不研究作为一种个体事件的发生过程,它所关注的是个人行为所赖以发生的社会环境,以及这种行为的群体特征与功能。例如,它关心:为什么某一环境中的自杀率比另一环境低?为什么某一群体的自杀率比另一群体高?这种答案不能全面地解释某一行为,也不能预测个体的某一行为,但它能提供十分丰富的资料,促进人们对更广泛的环境、组织、制度等问题给予关注。

| 知识拓展 1-1 |

非社会学关于自杀的解释[1]

1. 生物学的答案:自杀可能是由生理或机体因素导致的——例如,生物化学因素的不平衡会导致个体结束自己的生命。这种解答显然与社会学无关,它属于自然科学的解释。社会学家并不否认生物学原因的可能性,但他们并不研究该原因。

2. 传记学的答案:个体自杀的原因可以表述为一系列事件。例如,有一天,某一学生数学期中考试成绩不好,受到老师批评,被同学讥笑,回到家又被父母责骂,等等。这种分析在解释某个体的行为时是有效的。但是,试图从特殊中寻求一般的社会学家却不常用这一方法,因为对于每个个体而言,连续发生的事件总是独一无二的,所以这种分析不适合一般情形。

3. 心理学的答案:心理学的解释强调从自杀个体的心理发展过程以及个体的人格特质等方面进行解释。例如,心理学家通过分析自杀者的遗书来分析原因——负罪感、极度悲哀、奇耻大辱等。

表 1-6 涂尔干的研究[2]

	利己式	利他式	宿命式	失范式
描述	个体并不感到与广大的社会有关	个体将群体利益置于自己的生命之上	个体感到无法控制自己的生命	社会缺乏秩序
例证	对生活绝望之人的自杀	老年的"爱斯基摩人"的自杀	犯罪者的自杀	因经济危机而失去财富者的自杀
心理指标	沮丧与抑郁	责任感、羞耻感	恐惧、听天由命	不安全、失望

涂尔干首先以群体凝聚力、整合力、社会团结为线索分析了自杀率不同的群体的特征,进而分析是什么造成了群体之间凝聚力、整合力、社会团结的差异,这就涉及文化、社会制度及其他社会环境方面的因素。

---

[1] (美)戴维·波普诺. 社会学(第十版)[M]. 李强,等译. 北京:中国人民大学出版社,1999:8.
[2] 根据以下文献整理,其中 Durkheim 曾被译为迪尔凯姆,现多被译为涂尔干:(法)埃米尔·迪尔凯姆. 自杀论——社会学研究[M]. 冯韵文,译. 北京:商务印书馆,1996:299—318.

四、教育社会学的研究视角

随着教育社会学的研究领域和研究主题不断扩展,如何将散乱的现象进行整理并建构出一种基本的研究范式或图式,进而形成教育社会学的研究视角就显得尤为必要。

张人杰在2010年将教育社会学研究作了宏观与微观对比(见表1-7)。[①] 谢维和也依据教育活动或现象的性质及分析途径,将教育社会学研究视角分为结构与过程、均衡与冲突、教化与内化以及分化与抽离四对。[②]

表1-7 教育社会学的宏观与微观角度之区别

比较项目	宏观角度	微观角度
理论假设	唯有在社会里面考虑教育,才能了解教育和人,因此,教师、学生和行政人员的日常活动被看成受到社会、经济、阶级制度或意识形态的支配	要以人本身为出发点来解释社会现象,否则就无法真正了解社会,因此,改为采用"人制造社会"的观点
研究层面	教育制度以及教育制度与其他制度乃至与整个社会的关联	学校组织和班级社会体系,尤其关注个体在其中的行为,以及人际互动
研究焦点	研究的焦点是社会结构,因此采用人类行为的决定论和制约论的观点,而不考虑个体的自主性和自由 典型的解释因素有阶级、性别、种族、社会制度和科层制组织	研究的焦点是个体行动者,他们作为自主的个体,很少受到外界社会结构和环境的制约 典型的解释因素有人际互动的主观意义,抵制各种活动和自愿性行为
研究方法论	量的研究	质的研究
研究目标	规范性研究,旨在提供知识,以规范实际政策及行动	验证性研究,重在建立完备的客观理论,以了解社会现象的实际情况和可能的情况,具体而言: 能用来揭示学生对教师行为的性质、意义及其存在的合理性 能丰富教师的工作语汇 能充当一面镜子映照出自己 能有助于人们了解学校主体的确切性质,以设计出可行的、有创造性的教育改革 能矫正宏观研究过低估计实际情况中诸多因素交互作用之缺陷

本书则从教育活动或现象所属的空间范畴进行分类,形成教育社会学研究的四种视角。[③]

[①] 张人杰. 教育社会学的宏观与微观研究:区别、关系及贯通[J]. 教育研究与实验,2010(04):1—8.
[②] 参见:谢维和. 教育社会学[M]. 台北:五南图书出版股份有限公司,2002.
[③] 马和民,高旭平. 教育社会学研究[M]. 上海:上海教育出版社,1998:22—24.

(一) 宏观角度的研究

这一层面的研究主要围绕教育功能而展开,其中对国民教育制度与社会基本关系的研究是教育社会学的经典课题,其研究重点在教育与社会结构、教育与社会不平等、教育与社会变迁以及教育与人的社会化等方面。迄今为止,宏观角度的研究已经生发出"教育政策社会学""教育改革社会学""教育病理学""终身教育社会学"等分支领域。

(二) 中观角度的研究

这一层面的研究是以学校为中心展开的,重点是学校科层制组织的性质、目标、结构、组成以及学校与社区的关系。20 世纪 30 年代,华勒(W. Waller)强调把学校作为教育社会学的研究重点之一。现代的研究受默顿(R. Merton)的中程理论的影响,它与帕森斯(T. Parsons)的理论不同,强调社会学应首先解释各种具体的行为、组织,之后才能构筑更抽象、更宏大的理论体系。这一理论的影响主要体现为重视学校组织、学校与社区关系、青少年亚文化与越轨行为等方面的研究。中观角度的研究生发出了"学校社会学""高等教育社会学"等分支领域。

(三) 微观角度的研究

由于宏观功能理论存在逻辑和实证上的难题,便导致另一种角度的理论——冲突论和微观解释论的产生。微观解释论在研究取向上分两类:一是以英国学者扬(M. Young)的《知识与控制:教育社会学新探》(Knowledge and control: new directions for the sociology of education)为标志,形成知识社会学的研究;二是一些学者采用现象学、象征互动论与俗民方法论等,以课堂和教学过程为研究对象形成学校教育的俗民志(the ethnography of schooling)研究。微观角度的研究生发出了"教育知识社会学""教学社会学""班级社会学"等分支领域。

(四) 综合角度的研究

这一新的教育社会学理论框架始于 20 世纪 70 年代末期,主要是吸收了韦伯的解释理论的观点。韦伯的解释理论同时关注宏观和微观两种社会过程。一方面,他注重研究个体的行为(意图、情境定义、人际互动等),另一方面,他也讨论社会制度和经济制度对个体的行动与人际互动的结构性影响及其反作用。如英国伯恩斯坦(B. Bernstein)的教育编码理论,美国艾普尔(M. Apple)的隐性课程论,美国梅耶(J. Meyer)的教育效用理论等,都是解释理论的产物。目前来说,综合角度的研究还不多,但它正开始在西方教育社会学界流行,并逐渐受到重视,很有可能代表了西方教育社会学发展的新方向。

第二节　教育社会学的历史及其发展

教育社会学的思想渊源,可以追溯至中西方古代学者关于教育与社会关系的论述。[①] 而

---

① 例如,我国孔子关于"庶、富、教"的论述;而古希腊哲学家柏拉图(Plato)深入地分析了教育的社会功能,他在《理想国》一书中就已专门论述了社会分工与教育分流的关系。

作为一门独立学科的发展,则有其相对完整的发展历史。教育社会学作为一门学科,萌芽于19世纪后期的欧洲,成型于20世纪初的美国,转型于20世纪50年代,在20世纪60年代以后取得了迅速发展。

一、早期经典代表人物

教育社会学大致萌芽于19世纪后期,其特定的社会背景可以概括为三点:(1)工业化促进了教育与社会关系的全新发展;(2)教育学体系中与"个体本位论"相对的"社会本位论"的形成;(3)社会学家对于教育在解决社会问题、促进社会变革中的作用的重视。[①]

在整个萌芽时期,有许多欧美的思想家和理论家直接或间接地奠定了教育社会学的理论基础。如果从影响现代教育社会学发展的角度来分析,我们首先必须提到几位虽然没有直接研究教育社会学但对现代教育社会学影响极大的经典人物,即马克思(K. Marx)、孔德、韦伯、曼海姆(K. Mannheim);然后,我们需要分析对教育社会学的学科形成有直接贡献的几位经典人物,即涂尔干、斯宾塞、华德(L. Ward)和杜威。

马克思(1818—1883),生于德国,是人类思想史和社会科学发展史上的巨人。马克思是伟大的思想家、政治家、哲学家、经济学家、革命家和社会学家,他的经济基础决定上层建筑、社会生产力是社会变迁的根本动力、社会阶级观和社会革命学说,以及他所强调并亲身实践的社会科学家不仅应认识社会而且应改变社会的观点等,深刻地影响了自他以后的人类思想、知识发展的各个领域。他对教育与社会的关系、人的发展等问题的论述对此后教育社会学的研究影响巨大。马克思所提出的"教育作为一种上层建筑受制于经济基础,同时教育对经济基础又有反作用"的观点,以及他关于阶级冲突和社会变迁的观点,直接成为20世纪70年代西方"新马克思主义"教育理论的基础。

孔德(1798—1857),创造了"社会学"一词,并把这门新学科称为"实证哲学",既强调它的科学性,又将其与传统的哲学相区别,因而他在西方被誉为"社会学之父"。他的主要著作是《实证哲学教程》。孔德的思想可以分为四个方面:(1)认为人类思想的发展经历了三个阶段,即神学阶段,1300年以前;形而上学阶段,1300年至1800年;实证阶段,1800年以后。(2)提出科学的任务乃是发现一切事实和现象之间重复出现的规律,而研究则应遵循从简单到复杂、从普遍到特殊、从无机到有机的原则。他把科学划分为六大类,依次为数学、天文学、物理学、化学、生物学和社会学,并认为社会学因其面对的是最特殊和复杂的社会现象,故要待其他学科成熟后才能渐行成熟。(3)提出社会现象是受自然法则支配的,故需要采用自然科学的法则来研究,因而他最初把社会学定名为"社会物理学",并把它看成是属于"硬"科学范围的学科。把社会学定义为"对于社会现象所固有的全部的实证研究"。而这种研究又可分为两大类,即"社会静力学"和"社会动力学",前者研究社会的结构和秩序,后者研究

[①] 马和民,高旭平.教育社会学研究[M].上海:上海教育出版社,1998:1—6.

社会的演变和发展。(4)为社会学确立了实证主义的研究方法,即观察法、实验法、比较法和历史法。

孔德作为社会学的创始人,其贡献是巨大的。尽管社会学进入法国的大学讲坛是在孔德逝世30周年(1887年)以后,但他对社会学在欧美各国的迅速发展起到了不可估量的作用。社会学作为一门学科的形成,为教育社会学的产生起到了最为基础性的作用。此外,孔德也注意到了教育的作用,他认为社会是一个有机体,有机体的维持和发展有赖于各部分的协调发展,而教育的任务乃是协调社会各部分的关系。

韦伯(1864—1920),是19世纪末20世纪初德国著名的社会学家、哲学家,他的主要著作有《新教伦理与资本主义精神》《经济与社会》等。韦伯对推动德国社会学的发展影响极大,他是德国社会学会的创始人之一。同时,他的研究开创并发展了西方社会学新的研究领域和方法。韦伯的影响几乎渗透于整个现代社会学和教育社会学中。他关于社会组织(尤其是科层制)、社会制、社会分层、政治社会学、宗教社会学的研究贡献极大。他倡导"价值中立"(value-free)的社会科学研究,认为在研究问题和得出结论时,研究者只有将自己的观点暂时放在一边,才能发现解决问题的客观方法。在社会学和教育社会学的研究范式方面,韦伯的贡献与涂尔干齐名,他确立了另一种社会学研究范式——社会行动研究,即研究人们行为取向的方式。他认为,对个体行为和人际互动的研究不应该只依赖客观的定量方法,而且必须包括他所谓的"解悟心声"(verstehen),即对于他人心灵的同情和理解。

曼海姆(1893—1947),生于匈牙利,先后在德国、英国从教,创立了知识社会学,这些思想主要反映在《意识形态和乌托邦》一书中。他认为知识和思想并不由其本身内在决定,而是受外部社会的规定。他的观点对英国20世纪70年代以后"新"教育社会学的产生起了重要影响,主要表现在:(1)为"新"教育社会学提供了理论根据;(2)重视行为的主观解释,为教学社会学和班级社会学的研究及隐性课程的研究提供了许多启示。

上述四位学者的观点为教育社会学留下了极其丰富和宝贵的古典遗产。事实上,教育社会学最终能够走向成熟,是与吸收、引用以上这些学者的理论密不可分的。不过,教育社会学作为一门学科的出现,与以下一些经典人物有着更为密切的关系。

法国社会学家和教育家涂尔干(1858—1917),另一译名为"迪尔凯姆",是社会学奠基者和教育社会学创立者之一。主要著作有《社会劳动分工论》《社会学方法的规则》《自杀论》《宗教生活的基本形式》《道德教育》《教育与社会学》。他还于1896年创办了《社会学年报》,从而形成了法国历史上著名的"涂尔干学派"。涂尔干力图使社会学建立在科学研究的基础上,确定了社会学的研究对象是"社会事实",这些事实在个体以外,但对个体施以控制。他完善了社会学的研究方法论,让社会学首次进入大学课堂,并使社会学确立了相对独立的学术地位,因而被称为"社会学的真正奠基者"。涂尔干的教育学说与他的社会学说、道德学说密切相关。他认为教育首先是一种社会事实,因而是社会学的重要组成部分,"教育从其起源、功能来看,是一种突出的社会现实,因此,教育学比所有其他的科学更加紧密地依存于社会学"①。他的这些经典研究不仅促使社会学有了一次真正的跃进,促成了社会学全方位地对当代社会和社会问题的密切关注,同时也开创了个案研究和典型研究的范例,为教育社会学和宗教社会学的发展开辟了道路。在教育社会学史上,他被称为"教育社会学的真正奠基者"。

斯宾塞(1820—1903),是近代英国的一代大师。斯宾塞的主要著作有《第一原理》《生物学原理》《心理学原理》《社会学研究》②《社会学原理》。斯宾塞提出社会如同一个有机体,能够进行自我管理和协调(即著名的社会有机体说);他还提出社会如同物种一样,经历了由简单向复杂的自然进化过程(即著名的社会进化论)。斯宾塞的理论对世界各国的社会学发展有巨大的影响,虽然在英国没有得到当时的官方、大学和学术界的承认,但在民间甚为流行,不仅在欧洲有诸多热情的追随者,其影响所及还包括了美亚的许多国家(包括中国)。例如,仅在美国,从1860年至1903年,斯宾塞的著作便售出了大约36.9万册。此外,斯宾塞同时还是一位教育家,著有《教育论》,他的"教育准备说"实质上是与"适者生存"的社会进化论思想息息相关的。

华德(1841—1913),是19世纪末20世纪初美国的社会学家,被誉为"美国社会学之父"。他于1903年担任国际社会学会会长,1906年担任布朗大学社会学教授,同年担任美国社会学学会第一任会长。主要著作有《动态社会学》《纯社会学》《应用社会学》等。华德在教育社会学史上的贡献主要体现在三个方面:使美国早期社会学摆脱了生物进化论的束缚,开始走向学术上的独立,为教育社会学在美国的成长提供了学术基础;主张建立"应用社会学",以社会改良为目标,这为美国教育社会学的形成和学科化提供了理论依据;最早较系统地论述了教育与社会进步的关系。《动态社会学》是古典的社会学名著,反映了早期社会学家的乐观思想,书中有专章讨论教育与社会进步的关系。华德认为教育乃是普及新知识、促进社会进步、获得社会发展的根本途径。这种分析既开辟了早期教育社会学的一个重要领域,又为今天分析教育与社会的复杂关系提供了一个起点。

杜威(1859—1952),是美国哲学家和教育家。杜威一生著述甚丰,在教育社会学方面最具影响力的两本著作是:《学校与社会》《民主主义与教育》。前者是从美国工业发展与社会生活的变迁,以及教育怎样适应这种变迁出发,论述了教育的许多问题,倡导"教育即生活""学校即社会"。后者则更进一步论述了教育的社会功能,指出教育在达到分享社会意识的过程中起调节作用,并论述了有效的社会化方式是非正式的社会参与。

二、学科成型时期

在20世纪初至20世纪40年代一批从事师范教育的美国学者的努力下,作为一门学科

---

① 原文出自1938年法文版《教育与社会学》,第106页。本书此处转引自:王养冲. 西方近代社会学思想的演进[M]. 上海:华东师范大学出版社,1996:133.
② 即严复的中译本《群学肄言》。

的教育社会学开始形成。这一阶段通常称为"早期教育社会学"或"传统教育社会学"阶段，也就是"教育中的社会学"阶段。

(一) 教育社会学研究中心的转移

在19世纪末以前，社会学以及有关教育的社会学研究的中心在欧洲，然而自20世纪初起，其中心便转移到了美国，并且主要由美国学者奠定了教育社会学独立的学科地位。原因可以归结为如下四点：第一，在20世纪上半叶，欧洲各国遭受两次世界大战的浩劫，其学术研究遭受重大打击和挫折。欧洲各国社会学教学、科研与出版基本陷于停滞状态。第二，欧洲的大学遵循传统和保守的学术原则。例如，社会学早在19世纪30年代即已产生，但是直到19世纪80年代才被法国的大学确认为一门正式课程。第三，19世纪末20世纪初，美国的高等教育事业迅速发展，新型大学较少受传统的束缚而强调学术自由，这为教育社会学在美国的成长提供了物质基础和学术环境。第四，美国较早确立了社会学作为独立学科的地位。1876年，萨姆纳(W. Sumner)在耶鲁大学开设了最早的社会学课程；1892年，芝加哥大学创办了世界上第一个社会学系；1894年，斯莫尔(A. Small)和文森特(G. Vincent)出版了美国第一部社会学教科书——《社会研究入门》；1895年，《教育中的社会学杂志》创办；1905年，美国社会学学会成立。社会学的成长为教育社会学在美国的发展提供了基本前提。

教育社会学在美国实现学科化，其标志有五个方面：(1)成为大学的一门课程，1907年，苏则罗在哥伦比亚大学率先开设。(2)1916年，哥伦比亚大学设立教育与社会学系。(3)出版教材，史密斯于1917年出版了美国也是世界上第一本教材——《教育中的社会学概论》。(4)组织专门学会，1923年，全美教育社会学学会成立(该学会于1931年宣告并入美国社会学学会)，史密斯被选为第一任会长。(5)创办专门杂志，1928年佩恩创办了全美教育社会学学会的机关刊物，这一刊物在1936年改由美国社会学学会主办。

(二) 教育社会学的早期发展

教育社会学的研究领域有所扩展。

早在苏则罗那里，就已明确了教育社会学的研究课题为以下五个方面：(1)对学校教育目标和教学问题的评估；(2)探讨学校建筑与人口密度的关系；(3)讨论学校发展与社会改革的关系；(4)研究教育费用的合理分配；(5)教育与资格待遇的关系。而史密斯的教材中主要涉及：(1)教育的社会调查；(2)学校管理的社会因素；(3)学生的社会化问题；(4)学校与文化；(5)教学方法的社会化；等等。

美国密歇根州立大学的教育社会学家布鲁克弗(W. Brookover)曾将此期教育社会学的研究内容归纳为七个方面：(1)研究教育如何引导社会进步；(2)研究教育目标以促成理想社会；(3)研究社会学知识在教育中的应用；(4)研究人的社会化过程；(5)研究教师的社会地位；(6)研究教育在社区或社会中的地位；(7)研究学校内部或学校与社区的关系。

日本学者新堀通也对早期教育社会学的研究内容作了三阶段的划分：1900年至1920

年,可称为"为教师服务的社会学",主要讨论对教师有用的社会学知识;1920 年至 1930 年,可称为"规范教育社会学",主要通过研究教育必须传授的知识和学生应该适应社会的角度来界定教育目标与教育内容;1930 年至 1940 年,可称为"教育问题的社会学",主要从社会学角度出发研究日益严重的青少年犯罪问题、学校与社区的关系问题。

教育社会学早期发展中的另一项重要成果是华勒于 1932 年出版的《教学社会学》,此书对以后的学校社会学或教学社会学的研究影响甚大。

三、社会学化时期

(一)研究范式的转型

早期教育社会学在美国的迅速发展,促成了教育社会学作为一门学科的形成。但是,学科的形成并不意味着学科已走向成熟。20 世纪 40 年代几乎可以说是教育社会学发展的分水岭,其最具实质意义的内容是教育社会学研究范式的转变:从规范性研究转向实证性研究;从强调应用性价值转向对学理价值的探讨。甚至研究人员也发生了很大变化:从主要由教育学研究者研究转向社会学者与教育学者共同研究(见知识拓展 1-2)。

| 知识拓展 1-2 |

早期教育社会学发展的式微①

早期的教育社会学到了 20 世纪 40 年代后,受到很大限制。其佐证至少有如下三条:

1. 尽管在 20 世纪二三十年代,早期教育社会学的成果数量不少,但是在美国学者塞利格曼(E. Seligman)主编的《社会科学大辞典》中,却并没有收录"教育社会学"这一条目。这反映了当时美国的绝大多数社会科学工作者并未认可"教育社会学"作为一门学科的存在。

2. 从 20 世纪 20 年代到 20 世纪 40 年代,开设"教育社会学"课程的大学在全美大学中所占比例越来越小。以 1926 年和 1947 年为对照,1926 年在大学设置该课程的占 38%,定为必修课的占 15%;而到了 1947 年,两者的比例分别下降为 28% 与 6%。这说明教育社会学的重要性或科学性受到了重大挑战。

3. 美国社会学学会于 1936 年设立"教育社会学分会",于 1949 年将其撤销,认为其已无存在下去的必要。这说明美国社会学界已不再承认教育社会学作为自身学术研究中一个分支领域的重要性。

早期教育社会学经过十几年的蓬勃发展,为何又突然陷入低谷,甚至其学术性都受到质疑:其原因诚如美国早期社会学家安吉尔在《科学、社会学与教育》一文中所批评的:"此期的

---

① 钟启泉,李其龙.教育科学新进展[M].西安:陕西人民教育出版社,1993:92.

教育社会学过分强调应用性,相对忽视其理论性和科学性。"另一位美国学者布任(O. Brim)则在《社会学与教育领域》一书中,进一步分析了早期教育社会学式微的主要原因,即在于其与社会学研究领域之间的隔离,而导致此种局面又有四方面原因:(1)早期教育社会学倾向于实用性及辩证性,而社会学倾向于客观的科学研究;(2)早期教育社会学的研究技术较为原始;(3)早期教育社会学往往未能运用社会学原理从事研究,以便同时有利于社会学和教育实际;(4)早期教育社会学者大多为教育学背景的学者。

(二) 现代教育社会学的创立

教育社会学经过近半个世纪的发展,尽管已经被确立并成为一门学科,但它所存在的内在缺陷限制了学科本身的发展和学术地位的提高。因此,若不对早期教育社会学进行自我反省,并进行"革命性"的建设,这门新兴学科便有可能夭折。20世纪40年代前后,一批社会学家参与了教育领域的研究,从而使教育社会学的发展进入一个转型时期(见知识拓展1-3)。

知识拓展 1-3

有关教育社会学的社会学化的早期探索

早在1930年前后,就已有学者对早期教育社会学作了社会学化的探索。例如,安吉尔的《科学、社会学与教育》对早期教育社会学的研究取向提出批评,认为教育社会学的发展方向应该是社会学的一个分支,其主要任务不是解决教育实践中出现的实际问题,而是为积累和发展社会学知识作出贡献。此文可被视为从早期教育社会学向新兴教育社会学的转换,即从规范的、应用的"教育中的社会学"(educational sociology)向经验性的、实证性的"教育社会学"(sociology of education)转换的征兆。

1949年,布鲁克弗发表《教育社会学的定义问题》一文,此文的刊载可以看成是现代教育社会学正式确立的标志。布鲁克弗明确地倡导将教育社会学从原来的"教育中的社会学"(educational sociology)易名为今天通用的"教育社会学"(sociology of education);宣称新兴教育社会学的学科性质为社会学。他将该文发表在《美国社会学评论》而非《教育中的社会学杂志》上,清晰地表明了其社会学的立场。哈佛大学的社会学家格罗斯(N. Cross)于1956年发表《1945年至1955年的教育社会学》一文,一方面批评早期教育社会学存在缺陷,另一方面论证了自1945年至1955年的教育社会学正在逐渐社会学化的表征,旗帜鲜明地提出教育社会学应该是社会学的下属分支学科。同时,在20世纪五六十年代,文化人类学、社会心理学、历史社会学及制度的研究方法也被引入了教育社会学中,为教育社会学提供了新的研究方法和研究领域。日本学者新堀通也归纳了到20世纪60年代为止教育社会学的新变化,其中包括了五个方面:趋向政策科学、跨学科趋势、比较研究、研究领域扩大化和世界范围的传播。

随着现代教育社会学的形成,具有社会学和教育学学术背景的学者共同形成了这门学科的学者阵营。社会各界对教育社会学的重视程度越来越高,以研究经费形式进行的援助也越来越多。人们相信,注重实证研究的教育社会学可以为教育政策的制定、社会经济发展计划的确立提供重要的参考。

四、教育社会学在国外的发展

20世纪50年代后,教育社会学在许多国家得到了迅速发展,并取得了一系列学术成就,从而在学术界有了坚实的公认权。在社会学体系中,教育社会学研究成果被不断地引用,并成为社会学理论与实践分析的重要依据;在教育科学研究体系中,就研究经费、科研力量、科研成果、学术影响等而言,教育社会学均同教育哲学、教育心理学并列,拥有了较大的发言权。

(一)美国

在各国教育社会学的发展进程中,美国仍然走在世界前列。美国社会学学会于1960年决定重新设立教育社会学分会,这意味着教育社会学不仅在学术层面,而且在学科建设方面获得了新生。本书在前文中已提到,从《教育中的社会学杂志》向《教育社会学杂志》的更名,标志着早期教育社会学的彻底消亡和现代教育社会学的最终成熟;从事教育研究的社会学家的队伍日益庞大。例如,美国社会学学会曾于1962年作过一项调查,统计从事各社会学分支的研究人员数量。在所调查的1033人中,从事教育社会学的为72人,占总数的7%,仅次于从事医疗社会学的102人(9.8%),排第二位;根据美国的《美国大学研究生院社会学专业指南》一书,1972年至1973年,在159所开设社会学专业的大学中,重点为教育社会学的有30所,有能力为研究生开设"教育社会学"课程的则达80所。

对于教育社会学的发展影响较大的美国学者有:(1)美国最重要的理论社会学家帕森斯。他是20世纪30年代哈佛大学社会学的奠基人,创立了行动的一般理论这一广义理论,并把它用于分析宗教、教育、种族关系等主题。(2)默顿则创立了中程理论,他关于功能分析、越轨行为的研究等对教育社会学影响很大。(3)米德开创了互动论这一学派。(4)华勒开创了教学社会学的研究。(5)哈佛大学教授科尔曼(J. Coleman)主持了《科尔曼报告》(Coleman Report)。(6)鲍尔斯(S. Bowles)、吉丁斯(H. Giddings)创立了社会再生产论。(7)柯林斯(R. Collins)创立了文化再生产论(文化市场理论)。(8)里斯特(R. Rist)创立了标签论。(9)梅耶(R. Mayer)创立了教育效用论。

(二)英国

英国在19世纪产生了一位伟大的社会学先驱——斯宾塞,同时又具有自18世纪末期开始的悠久的社会调查传统。20世纪初,英国的社会学继续发展,例如1904年建立了伦敦社会学学会;1907年,伦敦大学举办了英国第一个社会学讲座;1908年,伦敦社会学学会创办《社会学评论》。但是英国教育社会学的发展主要是在第二次世界大战以后,尤其是在20世纪60年代以后开始的。英国的教育社会学秉承社会调查的传统,主要围绕教育机会均等等问题展开,把教育和各阶层的关系放在特别重要的位置,也特别重视教育政策和社会改良问题。20世纪60年代的《普洛登报告》就是英国教育社会学家关于学业成败的大规模经验调查和统计研究的主要代表。第二次世界大战以后,英国的社会学和教育社会学研究还深受美国的影响,产生了如从结构功能主义到现象学、俗民方法论、符号互动论的转变。英国教育社会学的理论建树,以"解释主义教育社会学"为标志,主要分为:以扬的《知识与控制:教育社会学新探》、伯恩斯坦的《阶级、编码和控制:走向教育传递理论》等为代表的"新"教育社会学的形成;其他一些学者采用现象学、符号互动论与俗民方法论等,以课堂和教学过程为研究对象,复兴并深化了由华勒开创的教学社会学研究,这种研究导向最近又被称为"学校教育的俗民志"取向。

(三) 法国

早期,孔德和涂尔干无疑对法国的教育社会学作出了最大的贡献。但随着涂尔干的逝世,法国教育社会学的研究也几乎消失,直到20世纪60年代才得以重建。1963年,由吉拉尔(A. Girard)领导的人口研究中心发表了对某一届中学生进行的纵向调查,以无可辩驳的事实说明了中学教育的入学途径、学生的学业成就以及社会阶层出身在学生的就学过程中存在着很大的社会不平等。同期,法国高等实验学校的欧洲社会学研究所在促进教育社会学进入公共事务的讨论并发挥作用方面起了很大作用。法国经济研究和统计中心自20世纪60年代起,也不断地以"教育培训——职业水平"为主题进行全国性的调查,为研究人员提供了极为难得的第一手资料。

法国的教育社会学深受涂尔干理论、马克思主义、美国经验社会学的影响。布迪厄(P. Bourdieu)和帕塞隆(J. C. Passeron)的《文化遗产继承:学生与文化》《社会再生产:教育体系的理论基础》这两本书,将有关高等教育和学校的社会功能的各种调查结果加以系统论述,为多方面批评法国大学的无效性提供了依据。博德洛(C. Baudelot)和埃斯塔布勒(R. Establet)的《法国资本主义学校》一书,通过对学校发展的统计分析,指出法国教育体系的运转建立在同一制度内不同社会功能的"两个网络上",即"初等教育——职业"网络和"中等教育——高等教育"网络。布栋(R. Boudon)借鉴经济学理论和英、美、德的社会学方法,开展了关于"教育与社会流动"的研究,在《教育机会与社会不均等》一书中,借助"模型"和许多变量之间的联系,分析了受教育的机会与社会机会之间的相关性。

(四) 其他国家

作为一门国际性学科,教育社会学在其他一些国家也居于重要地位。

在印度,最早的教育社会学研究开始于1953年。据记载,1974年,印度有89项相关研究,而到1980年数量已翻了一倍还多。这些研究涉及的主题有:师生的背景、态度和价值;教育的社会化功能;印度教育的增长与扩张;平等与社会流动;教育的组织和结构;教师和学生的角色。基特尼斯(S. Chitnis)认为,教育社会学在未来的印度必定更具发展潜力。

西班牙的教育社会学发展历史相对较短。早期研究始于20世纪60年代,并以强调人力资本理论,尤其是与西班牙经济发展的联系为特色。在1970年《教育法案》颁布后,受法国社会学的影响,西班牙的教育社会学开始发展出一些更为激进的理论。相关研究主要关注教育和社会再生产、学校的效率、学校与工作的联系,尤其关注大学在社会改革中扮演的角色。经验性研究也开始追随其他西方国家的一般研究主题,如教育的性别特征、社会化、教育民主和课堂互动等。苏维拉茨(M. Subirats)认为,西班牙教育社会学的继续发展需要具备两个条件:一是学者之间增进沟通;二是学者、教育者和政治家就教育问题展开对话。

日本的社会学与教育学这两门学科已经具有100年以上的历史,在东京大学诞生的同时,这两门学科便被设置为大学的教学科目。1950年,日本成立了教育社会学学会,会员人数于1972年达到600人,2013年已达1500人。此后,学会创立了机关杂志《教育社会学研究》。在20世纪50年代,作为教育社会学研究者的培养基地,日本在九所大学,即在北海道大学、东北大学、东京大学、东京教育大学(后改名为筑波大学)、名古屋大学、京都大学、大阪大学、广岛大学、九州大学设立了五年制的研究生院,在这些研究生院中举办了教育社会学的讲座,使它们成为从事研究以及培养研究者的中心。1971年,为纪念学会第20届年会,出版了两卷本的回顾与展望性的教育社会学文集。另外,教育社会学课程被制度化地作为实验课程在全国大学开设,这是日本教育社会学学科发展的关键一步。即自1973年起,标准的教育社会学课程作为实验课程在东京大学、名古屋大学和大阪大学重新开设后,日本还将其作为实验课程在全国国立研究型大学制度化地开设。

国际社会学协会的实力体现了教育社会学的国际性和重要性。20世纪90年代初,教育社会学研究委员会是众多学科研究团体中最大、最活跃的团体之一。美国、加拿大、法国和澳大利亚等国出版的一系列教材进一步显示了该领域研究的多样性。同时,各国的教育社会学理论侧重有所不同,并随着特定文化和政治系统内研究与理论的发展而变化。

五、教育社会学在我国的发展

在我国,社会学的发展比教育社会学来得要早。我国的社会学首先发轫于1891年至1910年,经历了从辛亥革命到五四运动的萌芽期,其间大学开设社会学课程,学者自编教材,也有相关研究成果和论文公开发表;再经历了1914年至1927年的幼苗期,其间我国社会学摸索前进,进入了系统的初期发展阶段。[①] 与社会学的发展相随,我国教育社会学的发展大体可分四个时期:1922年至1949年的创建时期;1949年至1979年的停滞时期;1979年至1992年的重建时期;1992年至今的渐趋成熟时期。

(一) 创建时期

我国教育社会学的创建是与19世纪中后期"西学东渐"之势密不可分的。西方社会学最

---

① 程天君. 中国大陆教育社会学:中断与损失(1949—1979)——基于"历史的天空"之比较[J]. 华东师范大学学报(教育科学版),2020,38(12):1—20.

初作为维新变法的理论被引入中国。教育社会学的引入也与当时盛行的"教育救国论""教育强国论"密不可分。1922年,陶孟和出版了其代表作《社会与教育》,该书是我国最早明确以教育与社会关系为研究对象、系统地进行教育社会学研究的著作,它标志着我国教育社会学的形成。史密斯的《教育中的社会学概论》一书的下半部分,于1925年由陈启天译成中文,中文书名为《应用教育社会学》。当时在美国最具权威性和影响力的著作之一的彼得斯(R. Peters)的《教育社会学原论》,以及涂尔干的《道德教育》、曼海姆的《知识社会学》、日本教育社会学家田制佐重的《教育社会学》等也相继传入中国。沈灌群和吴同福的《教育社会学通论》、卢绍稷的《教育社会学》、陈科美的《教育社会学》、王云五和李圣五的《中国教育问题之讨论》、程其保和经筱川的《中国教育实际问题之分析》等陆续出版。

到1949年,不仅综合性大学、教育学院,甚至部分中学都曾开设了教育社会学课程。实际上,陶孟和的《社会与教育》一书,就是"在北京大学讲过两次"的基础上,"将讲演之稿整理清楚"之后才出版的。此外,雷通群在厦门大学教育学院、卢绍稷在江苏省立上海中学高中师范科也都开设过教育社会学课程。

(二)停滞时期

1952年,由于学习苏联,全国高等学校进行院系调整,取消了社会学及其相关学科的教学研究工作,教育社会学也被取消。① 后来,社会学被划为禁区。学者杨昌勇和李长伟对这一停滞时期进行了进一步的研究。他们发现,当时我国教育社会学的停滞还有一个原因:创建时期两种教育社会学观——以孔德、斯宾塞、涂尔干为代表的占主流的被视为正宗的非马克思主义的教育社会学和马克思主义的教育社会学之间的冲突,为后来教育社会学的停滞和沉沦埋下了种子。

(三)重建时期

1979年3月,全国哲学社会科学规划会议筹备处依据中国社会科学院领导的指示,在北京举行"社会学座谈会",并成立了"中国社会学会",这标志着社会学在我国的正式恢复和重建。随后,与社会学有关的学科陆续得以恢复和重建。1981年,《教育研究》编辑部与中国社会科学院社会学研究所联合召开座谈会,邀请了部分社会学和教育学的学者、专家,共商建立中国教育社会学的事宜。这次会议对在较大范围内开展教育社会学研究、加快该学科恢复与重建的进程起到了推动作用。教育社会学自恢复以来,从教学、组织到研究工作都取得了较大的进展。具体表现在:(1)开设课程、出版专业书籍。自1982年起,许多师范大学、教育学院等先后开设教育社会学课程,一些综合性大学的社会学专业也开设了这门课程。初步完成了教育社会学辞书、教材,国内外教育社会学文选的配套建设。(2)建立学术团体、印发会刊。1989年4月,我国第一个教育社会学学术团体——全国教育社会学专业委员会在

---

① 1956年,苏联派出代表团参加第三届国际社会学大会而显示出恢复社会学的迹象时,我国也有学者(如陈达、吴景超、费孝通等)提出恢复的意见,但很快因被视为复辟资本主义而受到批判。

杭州建立。1991年11月,该委员会的会刊——《教育社会学简讯》,作为内部学术交流材料开始印发。同年,中国社会学会下属的教育社会学研究会在天津成立。

(四)渐趋成熟时期

自教育社会学重建以来,我国教育社会学研究的总体性质经历了"三次转型":从"学科概论性研究为主、分支领域性研究为辅"阶段,到"学科概论性研究与分支领域性研究齐头并进"阶段;再到"分支领域性研究为主、学科概论性研究为辅"阶段。教育社会学相关教材的出版,也见证了教育社会学在我国的逐步发展。1990年问世的由鲁洁担任主编、吴康宁担任副主编的《教育社会学》可被视为我国教育社会学发展史上的一个重要标志。吴康宁在1998年出版的《教育社会学》标志着我国教育社会学学科体系开始了具有自身特色的系统性建构。经过一代又一代教育社会学人的辛勤努力,教育社会学不再只是一个边缘学科,而是正在慢慢走上主流。①

六、教育社会学的发展趋势

20世纪60年代后,教育社会学的发展形成了几个鲜明的特色。日本学者新堀通也把它们归纳为五个方面:(1)教育社会学家越来越多地参与教育政策和教育计划的制定,换言之,教育社会学的研究更多地体现了政策研究的特色;(2)采用更多的比较研究,尤其表现为开展国际比较研究,并与比较教育学保持着更密切的联系;(3)采用跨学科的研究方法,借助文化人类学、社会心理学、政治学、经济学的知识和方法;(4)进一步扩大研究范围,从学校教育、家庭教育到社会教育,从初等教育到高等教育,从宏观问题到微观问题,几乎都已出现在教育社会学的研究中;(5)成为国际性的探讨领域。

20世纪90年代以后,教育社会学的发展除了上述方向继续存在外,又形成了一些新的时代特色。

(一)在研究领域,表现为教育社会学与社会教育学的结合

这尤其体现为教育社会学家对社区教育的重视和研究力度加大。20世纪90年代,社会的发展越来越多地体现出信息化、国际化、学习化和价值观的多元化。这些特点使得教育社会学所关注的传统研究领域——社会化问题越来越突出,社会化问题在今天已无法在传统的学校教育范畴里解决了,而是扩展为全社会、终身性的问题。与此相对应地,教育社会学家的研究和关注焦点也拓展至社会教育领域。

(二)不但重视国际比较研究,还将更多地重视国际教育的交流与理解

21世纪也被称为全球化、国际化的时代,国与国之间的联系和交流日益频繁,人们接触多元文化的机会也日益增多。文化碰撞、文化冲突等现象导致了更多新的教育问题,人的社会化、促进各国人民之间的交流和合作等成为了一系列全新的教育事件。

---

① 程天君.中国教育社会学"学科论"百年概要[J].北京大学教育评论,2011,9(04):154—172,188.

（三）将更多地关注对教育生态环境的研究

教育社会学强调社会外部环境对人的社会化、人的行为方式的影响。而在今天，社会的外部环境已经发生了急剧而重要的变化。随着电子化、信息化、网络化社会的到来，人与社会、人与人之间的关系发生了新的变化。一方面，人们对社会的了解越来越表现出全方位的特性，人们可以在家中了解社会大事乃至世界大事，而社会对人的影响也是无孔不入的；另一方面，人们与社会有机的联系则越来越狭窄。这使得许多人常常会感受到外部环境的无形压力和内心的彷徨与无奈，价值观念和人生标准的多样化、各种机会的诱惑与具体人生的单一并存。在人与人的关系中，直接的、面对面的交流、交往越来越少，孤独感、不安感与渴望被理解、被关怀并存。所有这些问题反映在教育上，就表现为更多教育问题的产生。这使得人们对教育生态环境越来越重视。西方的教育生态学正是在这一背景中出现的，但是在今天，这一领域并未成为一门独立的学科，在很大程度上依然在教育社会学的范畴内。无论教育生态学是否能在将来成为一门独立的学科，教育社会学研究更多地关注教育生态环境则是肯定的。

（四）建设具有中国特色的教育社会学

具有中国特色的教育社会学这一指导方针强调的是，我国的教育社会学绝不能成为西方教育社会学的殖民地或附庸物，而应走自己的发展道路。因此，必须研究中国问题，运用中国材料，使用中国概念，创造中国体系。这一指导方针既有其逻辑上的依据，也有其事实上的根据。其逻辑依据在于：共性存在于个性之中，任何一个国家的学科，如果没有自己的本土特色，都不可能在世界学科之林中真正占有一席之地，正所谓"越是民族的，越是世界的"。其事实根据在于：中国的文化传统、社会制度及教育场域与西方国家之间存在很大差异，即便是西方学者提出的那些对其国家的教育与社会现象具有较强解释力的理论，一旦被用来套接中国实际，往往会变得水土不服、牵强附会。其结果导致，对西方理论的简单运用常常会自觉或不自觉地成为一种"削足适履"式的学术行为。[①]

第三节 教育社会学的理论

理论、学派或学说的形成是一门学科成熟的标志之一，而理论之间的争论和分歧则代表着学科的进一步发展与成熟。从这个意义上说，教育社会学的真正成熟是在20世纪50年代。迄今为止，教育社会学的理论流派是复杂多样的，而且不同的学者的分类方式也不同（见表1-8）。现代教育社会学中并没有一种单一的、占统治地位的理论。大多数教育社会学者强调实证研究，有些学者则推崇人文取向；有些学者注重宏观问题，另一些学者则强调微观研究；有些学者关注"秩序与稳定"，另一些学者则强调"冲突与变迁"。这些不同的选择

---

① 吴康宁. 当前我国教育社会学发展的三个基本问题[J]. 教育研究与实验，2008(06)：8—16.

决定了教育社会学中不同的"理论视角",从而也就限定了对研究问题、研究方法的选择以及对教育事实的不同解答方式。

表 1-8 教育社会学主要理论的不同分类

卡拉贝尔(J. Karabel)、哈尔西(A. Halsey)的分类(1977)	国际教育百科全书的分类(1985)	戴维(D. Popenoe)、布列克里局(P. Blackledge)的分类(1985)	珍妮·巴兰坦(J. Ballantine)的分类(1988)
1. 功能论 2. 人力资本论 3. 实证主义教育社会学 4. 冲突论(新马克思主义、新韦伯主义) 5. "新"教育社会学	1. 功能论 2. 政治—社会算术 3. 解释社会学 4. 再生产理论(社会再生产、文化再生产) 5. 教育批判理论(新马克思主义、新韦伯主义)	1. 功能论 2. 马克思主义理论 3. 解释论	1. 功能论 2. 冲突论 3. 互动论 4. "新"教育社会学

本书将教育社会学的主要理论划分为三种:功能论、冲突论和互动论。

一、教育社会学的功能论

教育社会学的功能论直接地源于社会学与文化人类学。它涉及许多社会学家和人类学家,如孔德、涂尔干、马林诺夫斯基(B. Malinowski)、帕森斯、默顿等。功能论的思想有其悠久的历史(例如,古代的生物有机体说、19世纪的社会有机体说等),不过作为一种理论的出现是经由对18世纪和19世纪功利主义的批判,经过19世纪末20世纪初早期社会学家的归纳而成形的,又经过人类学家马林诺夫斯基等人的研究而发展,接着经美国社会学家帕森斯和默顿的研究而集大成,并在20世纪50年代成为社会学的主导性理论。该理论在20世纪60年代末期受到冲突论的冲击,但在当代教育社会学中仍拥有大量的支持者。

功能论的基本观点是:首先,认为社会是由许多不同的部分构成的一个相对稳定、相对持久的结构;社会结构中的每一部分都在社会整体生存中发挥各自的功能。其次,认为社会因价值的共识而整合。整合是指社会结构中的各个部分,彼此间具有结合成一个统一体的特征。在这个统一体中,某一部分的变化可能影响整个社会结构,但不会破坏整个社会结构的协调与平衡,其关键是社会中存在着共同的价值观和社会规范。再次,认为社会系统始终处于稳定、和谐的平稳运行状态,除非来自外部的因素破坏了平衡。因此,社会变迁可以被解释为来自外部的力量干扰了社会系统的平稳运行。

功能论特别适合研究稳定的、小规模的社会系统,例如学校(见案例1-3)、工厂、村庄或某一小城镇、社区等。它有助于我们理解:在这样的社会系统中,人们怎样形成了有秩序的生活,怎样表现出强大的合作精神和高度的团结性。有关教育社会学的功能论的经典代表人物是涂尔干、帕森斯、杜威等。

> **案例 1-3**
>
> **功能论对学校组织的解释**
>
> 持功能论者把学校看成是由各种有机部分构成的整体,包括学生、教师、管理者、食堂人员、看门人等,由校长办公室、教务处、总务处、年级组等机构组成。所有这些部分都相互联系,并对学校的正常运行作出贡献。任何一个部分的动荡都会带来暂时的失衡。例如,学生对教学质量、吃饭问题不满,教师因薪资问题而有意见等,都可能使学校运行陷入混乱。但由于学校组织是建立在对教育、教学工作的合作与认同的基础上,这种暂时的不平衡会迅速地转化,朝着整体向好的方向发展。
>
> 资料来源:(美)戴维·波普诺.社会学(第十版)[M].李强,等译.北京:中国人民大学出版社,1999:19.

二、教育社会学的冲突论

社会系统中的冲突是客观存在的。早期社会学家如帕克(R. Park)、斯莫尔等人曾研究过社会冲突。但到了帕森斯这一代,则注重研究社会整合、共同意识、平衡等,而视社会冲突为社会病态,是负功能。直到 20 世纪 50 年代,社会学家才开始重新注意社会冲突,并不得不从社会学创始人那里寻求启发,尤其是研究马克思、齐美尔(G. Simmel)等人的思想。现代冲突论的主要代表有:米尔斯的权力精英论;科塞(L. Coser)的冲突功能论;达伦多夫(R. Dahrendorf)的辩证冲突论等。

美国社会学家米尔斯认为,现代社会的冲突主要存在于权力精英和无权的公众之间,而美国社会的权力集中于由政治、经济、军事三巨头组成的权力精英手中,他们通过血统、教育和社会活动等世袭优先条件,垄断了社会的统治权力。美国社会学家科塞则把社会冲突的根源归结为人的本性,冲突的功能是使群体成员能够缓和彼此之间的仇恨心理和紧张关系,促进社会变革,提高群体的稳定性和凝聚力。德国社会学家达伦多夫认为,凡有社会生活的地方就会有冲突,冲突的根源是权力分配的不均,社会的本质是"强制性协调联盟",也就是运用权力压制冲突的一种极不稳定的形式。

冲突论并非一个统一的理论阵营,内部存在许多不同的观点。但这些观点都强调如下一些基本内容:第一,冲突是社会生活中普遍存在的一种自然的、不可避免的现象。社会中的个体和群体由于目标取向的差别和利益分配的不均,产生了冲突和斗争。第二,社会变迁是一种普遍现象。社会群体之间冲突与斗争的结果导致了社会不断变迁。因而社会的稳定往往是短暂的,而斗争、反抗、动乱、变革则会不间断地出现。第三,社会关系存在强制性。在社会斗争中处于支配和控制地位的群体,总是要采取强制的手段,迫使其他群体与之合作,以维持社会秩序的稳定。这种强制可以是镇压的方式,也可以是笼络收买的方式,或者是维持"合法权威"的方式。但强制的结果只能是暂时的稳定,而冲突仍会继续,社会正是在这样的冲突、磋商、协调、再冲突的过程中循环往复、不断发展的。

20世纪60年代以后,一些教育社会学家运用冲突论的基本观点,探讨了教育制度的社会功能、学校内部的社会过程等方面的问题。其代表人物如:美国教育社会学家鲍尔斯、吉丁斯,法国教育社会学家布迪厄,英国教育社会学家威利斯(P. Wills)等。

> **案例1-4**
>
> **冲突论对学校组织的解释**
>
> 持冲突论者透过学校表面的平静考察不同群体的利益以及他们之间的对抗,而这种表面的平静(学校秩序)只是学校各群体之间相互竞争的暂时结果。例如,教师会为减少或增加课时而斗争;学生会因课堂教学质量问题而表示明显或潜在的反抗(威利斯的反学校文化的概念表达了这种反抗的存在);教师和学生之间会因维持权威与抵制权威而产生各种形式的对抗(华勒的运动的制度化的冲突说明了这一关系);学校的其他职员也会采用多种方式表达不满以寻求与教师相同的待遇;而学校管理者则会认为,所有人都没有看到,在经费有限的情况下,他们已为维持学校的正常运转尽了最大的努力。

三、教育社会学的互动论

教育社会学中的互动论是区别于上述两种理论的第三种重要理论[1],主要源于社会学、社会心理学中的互动论。它更关注学校生活、教育过程,强调要对学校中的人际互动、个体行为进行研究,重点研究人们在日常的学校生活中是如何交往、如何使这种交往产生实质性意义的。因而这一理论更重视研究个人、小群体,而非结构;在研究方法上强调定性方法,主张以理解和解释的方式探索人们的动机、目的、目标以及他们理解学校生活的方式。这一理论视角,有时也被称为"解释论"或"微观社会学"。美国社会学家和社会心理学家米德是互动论的创立者。

> **案例1-5**
>
> **互动论对学校生活的解释**
>
> 持互动论者并不运用功能、合作、和谐等概念,或用冲突、斗争、权威等概念来解释学校生活,他们关注这样的问题:学生刚入学时如何看待学校生活?学校经历对他们的意义是什么?师生互动、班级中学生间的互动、寝室中的互动是怎样发生、发展的?学生、教师、学校管理者是如何看待这些互动的?同时,持互动论者也不把学校看成是一种其成员必须与之相适应的一成不变的组织,而把学校看成是经过其成员的各种互动而发展变化的组织。

---

[1] 如前所述,有些学者喜欢使用"解释论"来指称这一理论视角。一般来说,北美学者更喜欢使用"互动论",而欧洲(尤其是英国)学者则喜欢用"解释论"的概念。本书在此使用"互动论"的表述,主要考虑到逻辑上的对应:"功能、冲突、互动"反映了三种不同的理论视角在各自的核心概念和命题上的差异,而实证主义、解释主义则强调了各自在方法论上的差异。

互动论的产生,无疑是对 20 世纪 60 年代后期教育社会学界业已显得沉闷的理论争辩的一种巨大冲击,同时为激发教育社会学深入的理论研究提供了一个新的契机。它在教育社会学理论研究上的最大贡献,正如艾普尔所述评的:"它使个体重新复归到事件的核心地位。"宏观研究虽然告诉我们许多新知识,但它并不能使我们明了学校中所存在的实际情况,而这一缺陷则由互动论给予了弥补。

与上述优点相联系的往往就是它的缺陷。正因为互动论过于强调"人是生活的创造者",把分析社会互动作为问题的核心,这就有可能忽视社会对作为行动者的个体的强制作用。而实际上,无论哪个人都无法超越社会外部环境的制约。教师也好,学生也好,学校行政领导也好,都只能部分地创造学校或课堂生活。

| 知识拓展 1-4 |

宏观研究与微观研究的差异

无论是功能论还是冲突论,都关注宏观的教育现象,而互动论则强调对微观教育现象的研究,两者的差异主要体现在:

1. 对个体与社会关系的假设:宏观研究强调社会结构对于个体来说是外在的,却又控制着个体,个体行为是社会的产物,这实际上缩小了个体自治和自由意志的重要性;微观研究强调个体具有社会约束背景中的更多自由,社会未必是一种强大的控制力,人们总是处在创造、改变他们的生活世界的过程中。

2. 研究内容:宏观研究注重社会层面(如社会结构、社会变迁与教育的关系)的问题;微观研究强调对个体和小群体(如师生互动、班级群体凝聚力等)的研究。

3. 研究方法:宏观研究更多地使用定量方法,尤其推崇经过严格控制的多变量分析;微观研究强调定性方法,主张研究处于自然状态下的个体。

第四节　教育社会学的应用

教育社会学在其学科形成之初,便十分强调其应用性特征。尽管 20 世纪五六十年代的教育社会学是以推进理论的发展为特征的,但是关注与学校教育实践的联系这一传统并没有消失。总体而言,教育社会学的主要目标就是推进我们对学校生活、教育制度的理解,促进我们对教育科学的进一步研究,提高我们对教育规律的客观认识。与此同时,我们还需要进一步说明教育社会学是怎样应用于"真实的学校生活"的。

这就涉及同一问题的两个不同方面:第一,教育社会学对于教育科学整体的意义何在?第二,教育社会学对于学习者的意义何在?

一、教育社会学与学校教育

迄今为止,大多数关于教育社会学的研究与教学都源于大学,然而它所讨论和分析的许多重要问题却源于中小学教育实践。这就涉及一个不可回避的问题:既然我们说教育社会学十分重要,那么它如何对学校教育实践产生影响?其实,这样一个问题不仅在教育社会学中存在,其他许多教育科学领域的研究中也存在同样的问题。

这一问题也可以采用另一种表述,即:如何去协调基础研究与应用研究之间的关系?我们说,基础研究主要关注知识本身,它不考察知识的使用与应用。应用研究的目的在于为直接的实际问题提供答案。应用研究是决策取向的,需要解决诸如"如何减轻学习负担""如何提高学生素质"这类问题。但是实际上,基础研究与应用研究之间的界限并不十分清楚,许多特殊问题的解决必须依赖基础研究的成果;许多研究既是基础研究,也是应用研究。

二、教育社会学应用研究的类型

教育社会学是一门应用性很强的学科,其应用研究的类型多种多样,主要包括以下一些基本类型:评价研究、社会实验、政策取向的教育调查、教育预测、教育监测与描述、教育政策咨询、教育问题诊断、教育评论等。

(一) 评价研究

20世纪60年代以来,评价研究迅速发展。评价研究是对已经实施的项目、方案之效果作出的评估。它要回答的是:项目成功吗?它达到预期目标了吗?案例1-6中所实施的研究便是评价研究。

案例 1-6

对儿童电视剧的评价研究

美国社会学家库克(Cook)于1975年进行了一项评价研究:美国电视连续剧《芝麻街》是由儿童电视剧制作中心制作的,其目的是促进学前儿童(特别是弱势的学前儿童)的智力与文化发展。这一目的达到了吗?研究表明:每周观看该电视剧四次以上的儿童,确实表现出了学习上的进步。但是他们也发现,优势儿童比弱势儿童看该电视剧的时间更多。结果,该电视剧显然是扩大了优势儿童与弱势儿童之间的学习差距。所以,《芝麻街》虽然对学前儿童起到了某些帮助作用,但它并没有达到制作者所期望的目的。

资料来源:(美)戴维·波普诺.社会学(第十版)[M].李强,等译.北京:中国人民大学出版社,1999:24.

(二) 社会实验

社会实验与评价研究的时序不同,它往往是在研究项目开始前进行的,但所使用的方法相似。

（三）政策取向的教育调查

在教育社会学发展史上，一直深受重视的应用研究形式，就是大规模的、政策取向的教育调查。这些研究通常受到政府资助，调查目的往往是向政府或社会民众提供主要的政策问题的信息和对策性建议（见案例1-7）。

案例 1-7

科尔曼的研究

应美国教育统计中心的邀请，由哈佛大学社会学家科尔曼领导的小组于1982年进行了一项调查研究，通过比较美国公立、天主教、私立学校的学术成就水平，对一项"建议给予私立学校就学者学费优惠或'教育优惠券'，以减少教育中的种族隔离现象"的教育政策作出评估。研究发现，私立学校的学生教育成就更高、学习热情更高。同时，私立学校的种族隔离现象较少，这是由于私立学校具有更严格的学术要求和更有效的管理纪律。

资料来源：(美)戴维·波普诺.社会学(第十版)[M].李强,等译.北京：中国人民大学出版社,1999:25.

（四）教育预测

教育现象不同于自然现象，要预测某一教育事件的发生十分困难。但是，教育社会学研究仍可以在一定范围内作出预测，并最终体现出实际效果。例如，民意测验可以预测几乎所有的选举结果。有关教育的预测可见案例1-8。

案例 1-8

对高等教育的预测

美国学者丹尼斯(M. Dennis)于2005年作出了一些高等教育发展的预测。其中，以下这些预测已经成为现实。

(1) 高等教育的提供者将变得更多和更多样化。
(2) 非全日制大学的入学率将增加，学校将提供更多晚上和周末的课程。
(3) 越来越多的美国学院和大学将关闭或与其他机构合并。
(4) 越来越多的学院和大学将与公司合作，以满足对劳动力的需求。
(5) 学生可以在任何地方、任何时间上课。

（五）教育监测与描述

教育社会学具有教育监测和描述的功能。并非所有的应用研究都能得出清晰的结论，一些研究仅能准确地描述教育运行的方式（见案例1-9）。

> **案例1-9**
>
> **关于幸福感的研究**
>
> 美国密歇根大学社会学家坎伯贝尔(A. Campbell)于1981年发表了他关于幸福感的研究。他提出了一种描述哪一种人具有最高的幸福感、哪一种人具有最低的幸福感的方法。他发现，一般来说，结婚的人比未结婚者、分居者、离婚者、寡居者更幸福；而家庭有孩子未必能使幸福感增加；社区感会增加一个人的幸福感，这种社区感在农村、小城市，比在大城市更为常见。但是，幸福感与人们的收入水平之间仅有很小的相关。把这种幸福感的研究与当前的相关研究互相对比以后，此类描述就可以成为社会指标、数据。这种监测可以作为形成国家公共政策的基础。
>
> 资料来源：(美)戴维·波普诺.社会学(第十版)[M].李强，等译.北京：中国人民大学出版社，1999：25—26.

(六) 教育政策咨询

教育社会学在政策决策中的作用不仅体现在大规模的政策取向的教育调查中，同时教育行政部门也可以直接向教育社会学家寻求有关教育事实的专业知识(见案例1-10)。

> **案例1-10**
>
> **美国最高法院禁止种族隔离学校的决定**
>
> 美国最高法院主要依据社会学、心理学的证据和证言，认为在有种族隔离的所谓"分开但平等"的学校上学实际上有害于黑人学生，因而，美国最高法院作出最终裁决：禁止种族隔离学校。
>
> 资料来源：(美)戴维·波普诺.社会学(第十版)[M].李强，等译.北京：中国人民大学出版社，1999：26.

(七) 教育问题诊断

大约自20世纪20年代开始，部分教育社会学家开始关注教育问题及其诊断，甚至有学者提出了一门新的分支学科：教育病理学或教育问题社会学。这是教育社会学家所开辟的一个新的应用领域，可以称之为"诊所教育社会学"。如同在诊所诊断人们的精神和感情问题的心理学家，或者像临床诊断患者身体的医生一样，教育社会学家力图设计出一种直接帮助人们解决教育问题的方法。因此，这就需要首先对学校问题作出专业诊断，而后再进行社会干预。

(八) 教育评论

教育社会学家不需要等待人们来咨询他们关于教育问题、教育政策、社会政策的观点，而是可以通过发表具有很强政策导向意义的教育事实研究的论述，也即"教育批评"或"教育评论"，来影响社会政策和教育政策。

三、为什么要学习教育社会学

学习教育社会学可以使我们得到考察教育事实的技术与方法，这里我们主要从教师、学生、家长、学校管理者、研究者的角度分别作出分析。

（一）教师

教师队伍是所有由专业人员组成的队伍中规模最大的一支，也是所有专业队伍中学历要求很高的一支。教师需要通过教育社会学的学习，认识自己所承担的角色，认识影响学生成长的众多环境因素，了解自己与学生互动的重要性，把握社会变迁对学校系统的多方面影响，特别是信息时代的到来对学校教育的重大影响等。

（二）学生

教育社会学的视角可以作为一种主要的工具，帮助我们分析、解释与理解我们自己的学校生活。当我们把自己放在社会之中，放进一定的历史环境之中，我们就可以理解我们自己的学校生活、教育经历，就能决定我们所要完成的任务。米尔斯把这个过程称为"社会学想象力"的发展。在我们寻求个人的定位与自我理解时，教育社会学视角是一个强有力的工具。它将帮助我们认识到自己作为学生，在学生生活中的前程、机会、幸福感、挫折感等并非完全由自己决定，更多的情形是由外部环境以及我们自己与外部环境的互动所决定的。

（三）家长

教育社会学知识对于家庭教育意义很大，那些已经是或将成为家长的个体需要为子女的教育作出决定，而家长对学校系统的理解将帮助他们更有效地作出决定。随着家庭核心化趋势的不断发展，子女教育成了每个有孩子的家庭的重大事件。

（四）学校管理者

教育社会学知识可以促进学校管理者进一步认识学校、班级组织的特点、结构、功能；认识学校系统中人际关系的特征，以及人际关系的冲突与协调；认识家庭、社会、学校教育一体化的矛盾与可能性等，从而为学校管理提供有效的知识和理论依据。

（五）研究者

对于从事教育科学研究的研究者来说，教育社会学无疑开辟了一个更加广阔的研究领域。教育社会学的研究主题是社会学研究主题的延伸和扩展，因此，社会学思想家的丰富遗产和后人持续的研究推进，均是教育社会学研究的思想源泉、知识宝库和方法指南。可以说，任何一部教育社会学著作中都渗透了这些内容。

关键词

教育社会学　　学科性质

马克思　孔德　斯宾塞

涂尔干　韦伯　帕森斯

教育社会学的功能论
教育社会学的冲突论
教育社会学的互动论

习　题

1. 简述教育社会学的研究对象。
2. 简析教育社会学的学科特点及学科性质。
3. 简述教育社会学的发展历史以及未来发展趋势。
4. 思考与讨论：教育社会学的研究范式。
5. 思考与讨论：教育社会学的应用。
6. 运用不同的教育社会学理论视角，试对所在班级进行分析。

本章"社会实验"答案

1. 会哭的孩子有奶吃？

正确。虽然人们不可能得到自己想要的一切东西，但是有些人之所以多得，是因为他们提出了更高的要求。纽约州立大学布法罗分校的梅杰（B. Major）教授进行过一项实验：由管理学专业的大学生在一家百货公司扮演人事处主管，负责招聘人员。结果，在受聘的申请者中，那些提出要求并努力争取的人确实得到了更高的薪酬。

2. 江山易改，本性难移？

错误。教育科学研究的最基本成果就是要证明：环境可以改变人、环境可以塑造人。历史上"孟母三迁"的故事、成语中的"近朱者赤、近墨者黑"，说的也是同样的道理。

3. 自杀纯粹是个体行为？

错误。自杀不仅是个体行为，同时也是社会事实。从自杀作为一个个体决定的意义上说，它是纯粹的个体行为。但是，将许多个体的自杀现象置于更广泛的社会背景中，则会发现不同个体的自杀决定表现出了一些共同点。这一事实表明：自杀行为受到了一个人周围的社会环境的强烈影响。社会学的奠基者之一、教育社会学的开创者、法国社会学家和教育家涂尔干，在他的《自杀论》这一社会学先驱研究成果中指出：社会在高速发展或剧变时期，自杀率都会剧增。自此以后，自杀研究成为一个重要的研究领域，并常常有惊人的发现。

推荐阅读书目

1. 教育大辞典编纂委员会.教育大辞典(第6卷)[M].上海：上海教育出版社，1992.
2. （瑞典）T. 胡森，（德）T. N. 波斯尔斯韦特.教育大百科全书[M].张斌贤，等译.重庆：西南师范大学出版社；海口：海南出版社，2006.

3. 鲁洁. 教育社会学[M]. 北京:人民教育出版社,1990.

4. 金一鸣. 教育社会学[M]. 南京:江苏教育出版社,2000.

5. 吴康宁. 教育社会学[M]. 北京:人民教育出版社,2019.

6. 马和民,高旭平. 教育社会学研究[M]. 上海:上海教育出版社,1998.

7. (美)戴维·波普诺. 社会学(第十版)[M]. 李强,等译. 北京:中国人民大学出版社,1999.

8. (美)詹姆斯·S. 科尔曼. 社会理论的基础(上、下)[M]. 邓方,译. 北京:社会科学文献出版社,1999.

9. 谢立中. 西方社会学名著提要[M]. 南昌:江西人民出版社,1998.

10. Bauman Z, May T. Thinking sociologically (2nd ed.)[M]. Oxford:Blackwell Publishing Ltd.,2001.①

11. Ballantine J H, Hammack F M, Stuber J. The sociology of education:a systematic analysis (8th ed.)[M]. New York:Routledge,2017.

12. Saha L J. International encyclopedia of the sociology of education[M]. Leeds:Emerald publishing,1997.

13. (德)马克斯·韦伯. 社会学的基本概念[M]. 胡景北,译. 上海:上海人民出版社,2000.

14. 谭光鼎,王丽云. 教育社会学:人物与思想[M]. 上海:华东师范大学出版社,2009.

---

① 该书展示了如何将生活经验转化为社会学的语言,对社会学的思考方式有精彩的分析。

第二章
教育社会学的研究过程

学习目标

1. 理解教育社会学的几种研究范式。
2. 把握教育社会学的研究过程,撰写研究设计。
3. 学会应用教育社会学的某种研究方法。

教育领域存在着大量值得分析、讨论和研究的问题,我们几乎每天都会接触到有关教育问题的报道或讨论文章。但什么才是有研究价值的问题,教育社会学家又是怎样设计研究方案来回答这些问题的?更具体地说,他们使用什么方法来收集资料?他们怎样对数据作出解释?这些问题都是教育社会学研究所关注的焦点。

本章主要介绍三个内容:教育社会学研究方法论、教育社会学的研究过程、教育社会学的常用方法。

第一节 教育社会学研究方法论

教育事实错综复杂,千变万化,同时在教育领域还存在着各种似是而非的结论。科学研究的重要任务就是要在复杂的教育事实中找到主要的东西,认识它们的规律。教育社会学研究要尽量保持科学性,就必须将科学的方法论作为基础。

一、教育社会学研究方法论的三个层次

方法论不是方法本身。方法论主要指关于研究过程的哲学,涉及对研究过程中所使用的方法体系的整体理解。而方法指的是收集资料的研究技术或工具。例如,自然科学与教育科学研究一方面使用的工具不同,前者不使用民意测验,后者不使用显微镜。另一方面,两者在使用方法上的不同体现为程度差异而非种类差异。天文学家用射电望远镜进行观察,教育社会学家采用参与观察,本质上都是同一种观察技术。方法论体系一般包括三个层面:第一层为认识事物的共同规律、一般特性的哲学方法,其核心是"思维方式";第二层为认识某类事物的规律与特点的学科方法,其核心是"研究范式";第三层为获得认识资料的具体方法论规则,其核心是"定量研究或定性研究",具体包括多种收集和分析资料的方法。与此对应,教育社会学的研究方法论也包括三个层次。

第一个层次,即哲学方法论。教育社会学研究需要有正确的哲学理论指导,这是贯穿于教育社会学整个研究过程中最高的哲学指导原理。历史唯物论作为人类社会发展一般规律的理论,是各门社会科学共同的基础。在教育社会学研究中,最重要的是历史唯物论中的三个原理:社会存在决定社会意识、生产力和生产关系的矛盾运动、经济基础和上层建筑的辩证统一。唯物辩证法是在研究自然、社会和思维规律基础上概括出来的一般方法,它同样是教育社会学研究的方法论基础。它所强调的是:从实际出发,用联系的、辩证的和发展的观点研究教育。

第二个层次,即学科方法论。它是教育社会学的研究范式,涉及教育社会学如何发现并合理解释各种教育事实或教育现象。

第三个层次,即具体方法论。它涉及以定量方法还是定性方法获取与分析教育事实资料的问题,包括各种收集和分析资料的具体方法(如文献法、调查法、现场法、隐蔽法、人种学

研究等)。具体方法论是研究过程中具体的指导原则,指导着研究者怎样提出假设、怎样选择证据来说明自己的观点,包括以何种方法分解研究概念、命题、理论假设,也包括解释资料、得出结论的标准或准则。

二、教育社会学的学科方法论

教育社会学的学科方法论主要是指教育的社会学研究范式。"范式"(paradigm)是一个应用范围很广的概念,这得益于库恩(T. Kuhn)的创造性著作《科学革命的结构》。尽管库恩在使用范式一词时,前后常常有差异,但他仍然表达了一个基本思想:范式主要是指自然科学中"普遍公认的科学成就,这种成就能够在短期内为一群实践者提供模型问题和解答"[①];在某个范式内进行的研究就成了"规范的科学"。在库恩看来,整个社会科学都处于"前范式阶段"。将范式的概念较早应用于社会学领域的则是默顿,对默顿来说,"范式是用来指导一定范围内的调查研究的一组经过明确阐述的概念和命题"。

由此可见,范式的概念实际上表达了某一学科共同体所公认的一些不同的模型方法与解答方式、所使用的不同基本概念以及不同的理论解释。因此,分析教育社会学的研究范式至少可以从依据方法划分、依据研究角度划分、依据理论或学派划分三种角度进行。

(一) 依据方法划分的研究范式

在教育社会学中,研究范式以依据使用的方法为其基本特征,可以分为实证研究范式和人文研究范式两类。社会学发展于19世纪初,这也正是牛顿(I. Newton)的力学基础理论的动摇导致整个自然科学发生危机的时候,从而引发了关于科学研究"科学性"的长期争论。这一争论的核心是"事实"与"价值"何谓科学真理的问题。孔德在建构他的社会学理论时,率先提出"实证方法",力图解决的正是这一"科学性"问题。涂尔干则明确倡导了对"社会事实"的实证分析,以经典的研究规范了社会学的"科学精神"。韦伯以研究者必须具备"价值中立"的规范,强化了社会学研究中的"科学精神"。同时,他所倡导的对"个体事实"的理解主义分析,则开创了社会学研究中的"人文精神"。由此,便形成了社会学的两大研究传统,"实证主义"和"人文主义"。教育社会学沿袭了上述两种研究范式的传统。

1. 实证研究范式

实证范式的核心是"唯科学主义"。"科学"这一概念,在很长一段时间里只与自然科学相联系,就连"科学家"这一名称,一般也仅被理解为自然科学家[②]。自17世纪以来,自然科学的研究逐渐形成了成套的比较有效的研究方法,积累了越来越多的关于自然规律的知识(见知识拓展2-1)。自然科学得到了人们的承认和尊敬。相比之下,人类对社会现象(包括

---

① (英)G. 邓肯·米切尔. 新社会学词典[M]. 蔡振扬,谈谷铮,雪原,译. 上海:上海译文出版社,1987:228.
② 1840年,英国哲学家惠威尔(R. Whately)在《归纳科学的哲学》一书中首先使用"科学家"这一名称,用来指称一些与众不同的专门从事科学研究的人。这些人或在实验室里摆弄各种仪器,或在进行深奥的计算和辩论,并使用着特殊的语言。这就是那时的人们对科学家,实际上是对自然科学家形象的描绘。

教育事实)的系统研究则要晚得多。其中一个最重要的原因,是认识社会(包括教育)远比认识自然困难得多。

> **知识拓展 2-1**
>
> **自然科学方法的产生**
>
> 　　在古代,科学尚未从哲学中分离出来。人们对自然界的认识主要是靠肉眼观察和一些简单的逻辑方法,在直觉经验的基础上进行初步的比较、思辨和猜测。哥白尼(Kopernik)"日心说"的提出是一次思想大解放。近代科学的诞生主要是以 17 世纪伽利略(Galileo)所创立的实验方法为标志,他因此被后人称为"科学方法之父"。英国学者培根(F. Bacon)在《新工具》一书中,提出了"实验—归纳法",并倡导科学的怀疑精神。牛顿继承和发展了这些科学方法,建立了以实验为基础的、定量的经典力学理论。

　　把社会现象类比为自然现象,并以科学的方法研究社会现象的思想直接源于社会学奠基者孔德、斯宾塞等人;经过 19 世纪末 20 世纪初涂尔干、韦伯等人对社会学及其方法的新探索而成形。从自然科学方法的本质来看,社会现象作为对象,如果能够通过自然科学方法所认识,应该具备以下三个条件:一是社会现象具有外在的客观性,即对于认识主体而言,社会现象是外在的客观存在;二是社会现象表现出可测量性,认识主体可通过实验获得客观的测量数据;三是这种测量数据表现出齐一性,可以用普遍规律来描述对象的行为。如果一种社会行为表现出可测量性,可以说明它具有外在于认识主体的客观性,至于这种客观性能够被实证的科学方法认识到什么程度,则取决于社会认识得到的规律的普遍性及其特征。① 社会学因此便具备了"科学精神"的美誉。教育社会学直接受惠于社会学的这种实证主义传统。实证主义的精神实质,可以归结为以下四点:(1)社会现象(包括教育事实)与自然现象本质上是同一的,都属于"客观事实",故可以根据自然规律予以解释;(2)不盲从任何权威;(3)推崇"价值中立"(见案例 2-1);(4)不满足于逻辑上不自相矛盾的解释,一切推论都要由事实来检验。

> **案例 2-1**
>
> **价值分离社会学**
>
> 　　持价值分离社会学观点的人认为研究者在家里完全可以自由地向其家人表明自己的政治和道德价值,但是当他工作的时候,他必须放弃这种价值,无视个人的感情而做到纯粹客观。这就要坚持"伦理上的中立"。韦伯认为,如果研究者将专业的社会科学工作者的角色与自己每天的生活、自己每天都使用的一套特殊价值分开,尽量限制进行价值评价,那么

---

① 林旺,曹志平.社会现象客观性的实证主义论证及实践[J].科学技术哲学研究,2021,38(03):8—13.

这就是有造诣的。在社会学的发展中，特别是在一些将社会学看作是几乎等同于自然科学的那些"科学的"研究者中间，这是一种占优势的观点。

资料来源：余炳辉，等.社会研究的方法[M].杭州：浙江人民出版社，1986：15.

教育社会学家像大多数社会学家一样，十分强烈地依赖实证主义方法。这种方法使用人的感官（今天，感官的方式已经从肉眼观察发展为仪器观察、由单纯的观察发展为实验中的观察、由直接实验发展为间接实验等）来观察外部世界，其观察结果又可以由别人用同样的过程来检验其正确性。一般而言，教育社会学家主要进行两种类型的经验研究：第一类是描述性研究，主要回答"是什么"的问题，弄清在何时、何地、与什么人，发生了什么事情。例如舆论调查、收视率调查、升学率调查、逃学统计等都属于描述性研究。第二类是解释性研究，主要回答"为什么""怎么样"的问题。例如，为什么城市与农村地区学生的学业成绩存在差异？为什么青少年犯罪率近年来明显上升了？

| 案例 2－2 |

影响安徽省城乡学生学习成绩差异的家庭因素及作用机制

国内学者赵必华于 2010 年用 4010 名安徽省初三学生家庭情况与中考成绩数据，考察了城乡学生学习成绩存在差异的家庭原因与作用机制。他根据学校规模、班级规模、分班情况在每所学校抽取 1—2 个班级，共计抽取 86 个班级，以班级为单位实施团体调查。在研究方法方面，赵必华首先采用阶层回归方法分步纳入控制变量（性别、子女数量、家庭类型）、前置变量（家庭社会经济地位）与中介变量（如家庭财务资本、文化资本、社会资本），考察影响学习成绩的因素和各因素对学习成绩的贡献；再以对学习成绩具有显著影响的各类家庭资本为因变量，采用回归分析考察家庭社会经济地位对其的预测作用，并在此基础上分析各类家庭资本变量的中介作用。最后，一系列的实证研究发现，家庭社会经济地位不仅对学习成绩具有直接影响，还通过影响课内学习资源、家长学习期望、家长学习参与等家庭资本而对学习成绩产生间接影响。农村学生在家庭社会经济地位、课内学习资源、家长学习期望、家长学习参与上均显著低于城市学生，这是造成城乡学生学习成绩存在差异的重要原因。

资料来源：赵必华.影响城乡学生学习成绩差异的家庭因素及作用机制[J].中国人民大学教育学刊，2011(04)：134—147.

教育社会学实证研究范式的基本特点可以概括为：注重事实判断（推崇客观资料）、反对价值分析，这是实证研究范式最根本的特征；注重演绎性地得出结论（其方式是"理论演绎——经验观察"）、反对解释性地得出结论；强调定量分析（其标志是量化的资料与数据）、反对定性分析。第二次世界大战以后,实证主义在西方社会学中占据了统治地位。实证主义社会学家对运用自然科学方法的重视,使社会学形成了接近高度精确的自然科学的印象,并在较大程度上提高了它的科学威信。教育社会学对实证研究范式的重视几乎可以说与社会学不相上下。事实上,教育社会学的新生正是基于20世纪50年代从规范性研究向实证性研究的转换(见知识拓展2-2)。

> **知识拓展 2-2**
>
> **教育社会学中的规范性研究与实证性研究**
>
> 教育社会学形成之初,推崇规范性研究。规范性研究主要涉及两大问题:"应该是什么"(如方向、原则等)与"如何做"(如方法、途径、技术、措施等)。把教育社会学看成是直接为教育实践服务的科学:为提高教师的技能水平服务,为形成新的教育与教学手段服务,为解决教育问题服务。这种研究不是判断"教育是如何存在着的",而是重视"教育应该如何存在"这样的价值判断,着眼于发现解决教育问题的具体手段。大约以20世纪50年代为界,教育社会学完成了从规范性研究范式向实证性研究范式的转换。实证性研究主要涉及:"是什么"(现在是什么、曾经是什么、可能是什么、有望是什么),以及"为什么"和"怎么样"(现在怎么样、曾经怎么样、可能怎么样、将来怎么样)的问题。实证性研究认为教育社会学首先是以客观、实证、价值中立的科学立场获取教育的事实资料,以事实分析取代价值判断,然后才有可能为建立与完善教育实践提供依据。这种研究重在判断"教育是如何存在着"的问题,着眼于教育的社会学理论的建构。

2. 人文研究范式

实证研究范式把自然科学的方法绝对地应用于社会事实(包括教育事实)的研究中,并力图完全排斥研究者价值观的影响,以此来体现其科学性、客观性。因此,导致了研究成果更定量化、更精确化,但关于社会科学(包括教育科学)的方法是否一定要借鉴自然科学的方法,一直存在争论。特别是自第二次世界大战以来,在社会学和教育社会学领域,对科学主义的批判始终不绝于耳。一些学者认为实证解释带有人为的性质,往往使得社会现象非人性化,至少是使社会现象简单化。同时他们认定,研究者对研究结果带感情色彩的理解,往往比通过数学模式获得逻辑上精确的解释,可能更具解释力。历史上与实证主义相对立的方法论思潮十分多样,尽管观点不尽相同,但总体而论,都体现了"人文主义"的方法论倾向。人文主义方法论大致可以归纳为三种:批判方法论、现象学方法论和理解方法论。

(1)批判方法论。德国法兰克福学派及其不同时期的变种代表着这种流派。它以强烈的价值色彩,反对实证主义方法论把社会知识的工具作用绝对化,宣称社会理论不可能是中立的,应该是解放的,强调主观价值反省、意识批判的方法。这一学派的主要倡导者哈贝马斯(J. Habermas)提出了以理解意义为主要特征的历史主义方法,体现了批判人文主义方法论与实证主义方法论在手段上的区别,而解放与自由的主题则从根本上体现了两者性质上的对立。

(2) 现象学方法论。德国哲学家胡塞尔(E. Husserl)是主要代表人物。这一观点的倡导者首先批判了实证主义方法论的主要缺点。他们认定,实证主义者把社会现象自然化,忽视社会、文化、个性等特点,从而导致社会学概念不合理的具体化以及低效率的研究程序。他们提出社会学的任务是研究社会成员加以创立和认识社会事实的解释程序。这种观点强调要对研究对象进行理智的观察(事实上是基于"直觉"的观察),其根本特征是所谓的"还原过程"——先对观察到的现象即"所与"进行还原,再对现象本身即"所是"进行还原,从中排除一切非本质的东西,仅仅分析它的本质。

(3) 理解方法论。理解社会学的奠基者是韦伯。他认为,对于自然现象,我们只能以数学为媒介,才可以把握所观察事物的规律,即通过由经验证实了的命题来解释,才会有理解这些现象的感觉,因此理解是间接的;而人的社会行为具有一种"内在可理解性",人与人之间、人的行为和目的之间的关系常常可以立即被感知,因此他把人们行为之间的"内在可理解性"确立为社会研究的方法论基础,认为社会学本质上是理解性的科学。当然,所谓理解并非一种神秘的直觉,而是根据各种图书等逐渐把这种行为重现出来的。韦伯的理解方法论的要旨,就是努力理解和解释人类的社会行为、人们接受的各种社会准则及他们自己创造的业绩,因此研究人们的社会行为不能只依赖客观的定量方法,而必须包括"解悟心声",即对于他人心灵的"同情理解"。美国社会学家帕森斯在韦伯的基础上发展出社会行动理论,它主要可以被分解为三种情况:①个体总是力图达到目的、满足需要和欲望,故人的行为是"有意义的";②目的性行为是在特定情境中进行的;③行动者始终面临着多种可能的选择。因此,研究者的主要任务就是研究并理解行动者的内心状态。

教育社会学家充分接纳了人文主义方法论的研究传统。20世纪70年代,以英国"新"教育社会学的兴起为代表,强调对师生人际互动的解释主义分析方式,全力解剖教育教学的实际内容和过程,主张研究者以参与者的身份进行理解和解释。由此分化出了各种分支理论,如符号互动论、现象学方法论、人种学方法等。这就形成了教育社会学研究中的人文研究范式,其基本特征是:强调价值判断,反对事实判断;注重解释性地得出结论(其基本过程是"原始记录——理论解释"),反对演绎性地得出结论;强调定性分析,反对定量分析。

(二) 依据研究角度划分的研究范式

在教育社会学中,依据研究或观察的角度划分,可将研究范式分为教育事实研究范式、教育定义研究范式和教育行为研究范式。这种分类是参照美国社会学家里茨尔(J. Ritzer)所区分的社会学的三种研究范式(社会事实、社会定义、社会行为)而形成的。[①]

教育事实研究范式源于教育社会学的鼻祖涂尔干,他强调社会学的研究对象乃"社会事实",并认为社会现象存在客观性,不能还原为个体事实。一些教育社会学家直接吸纳了这

---

① 袁方.社会研究方法教程[M].北京:北京大学出版社,1997:64.

种传统观点,因而推崇对教育结构、教育制度、教育功能以及教育与其他社会系统的关系进行研究,注重宏观的实证研究。

教育定义研究范式源于德国社会学家韦伯。他把人们行为之间的"内在可理解性"确立为社会研究的方法论基础,认为社会学本质上是理解性的科学。研究者的主要任务就是研究并理解行动者的内心状态。解释主义教育社会学以及今天人们所推崇的"质性研究",与此有着紧密关联。

教育行为研究范式是行为科学发展的结果。它强调对学校成员的行为进行客观精确的分析,并以经验观察和调查为主要的研究方法。它认为教育事实或教育定义研究范式都存在问题,或过于宏观或过于微观,只有通过对人的外部行为进行经验观察才能认识教育现象之间的因果关系,才能像自然科学那样客观地解释教育事实。

(三) 依据理论或学派划分的研究范式

以教育社会学的不同理论或学派为特征,可以区分出功能范式、冲突范式、互动范式(也常被称为理解范式)三类。

1. 功能范式

教育社会学功能范式的形成直接受到社会学和文化人类学的影响。功能范式强调相对稳定和持久的社会结构,认为这些结构的每一部分都对整体发挥着各自的功能。社会因为人们之间存在着价值共识而得以整合,而系统的运行主要以和谐为主导,任何变化往往都被解释为外部力量对系统内部平稳运行的干扰。功能范式特别适用于研究稳定的、小规模的社会系统,比如学校、工厂、村庄、小城镇、社区等。它有助于我们理解在不同社会系统中人们如何形成有秩序的生活,表现出强大的合作精神和高度的团结性。在教育社会学的功能范式中,有两个主要的流派。第一种是以涂尔干、帕森斯为代表的结构—功能范式,这一流派主张宏观研究,在方法上既有定量分析又有定性分析。第二种是以默顿为代表的中层功能范式,这一流派强调中观研究,认为中层理论是抽象理论与经验的中介,方法上则更加注重定性分析。

2. 冲突范式

社会学中的冲突范式包含各种支流,但它们都基于一个基本假设:个体和群体存在着目标取向上的差异和利益分配上的不平等,这就导致了冲突和斗争的普遍存在。同时,社会变迁被视为一种普遍现象,而社会的稳定往往是短暂的,冲突、反抗、动乱和变革则会持续不断出现。社会关系具有强制性,强制的方式可以是镇压、笼络收买,也可以是维持"合法权威",但无论是何种方式,强制的结果都是暂时的稳定,而冲突会继续存在。社会正是在这种冲突、磋商、协调、再冲突的循环中不断发展的。20 世纪 60 年代后,一些教育社会学家开始运用冲突范式的基本观点,探讨教育制度的社会功能(宏观问题)以及学校内部的社会过程(中观问题)等方面的问题。在方法上,这些研究既有定量分析又有定性分析。冲突范式的代表人物和理论观点有:美国教育社会学家鲍尔斯、吉丁斯的社会再生产论,法国教育社会学家布迪厄的文化再生产论,以及英国教育社会学家威利斯等人的反学校文化论等。

3. 互动范式

互动范式主要起源于社会学和社会心理学的研究。当应用于教育社会学时，互动范式更加关注学校生活和教育过程，强调研究学校中的人际互动和个体行为。它着重研究人们在日常学校生活中的交往方式，以及这种交往如何产生实质性意义。因此，互动范式更注重研究个人和小群体，而非社会结构。在方法上，它强调定性分析，主张以理解和解释的方式来探索人们的动机、目的、目标以及他们对学校生活的理解方式。这种理论视角有时也被称为解释论或微观社会学。

三、定量研究与定性研究

在各种社会科学（包括教育科学）研究中，几乎都会涉及对定量方法（quantitative method）和定性方法（qualitive method）的讨论。实际上，对这两种方法的讨论主要涉及如何收集和分析资料的问题。定量研究源于实证主义，与定性研究相比，更接近自然科学的方法，它强调从一个外部观察者的角度进行研究；定性研究基于描述性分析，本质上是一个归纳过程，即从整体的特殊情景中归纳出一般性结论，它强调从所研究的人本身的角度来分析，最普遍的定性研究技术是参与观察。

一般而言，定量研究与定性研究的概念可以采用克莱斯万（D. Krathwohi）的定义：定性研究是用语言文字描述现象，不用数字和量度；定量研究是用数字和量度来描述现象，不用语言文字。[①]

在具体收集和分析资料时，采用定量或定性研究主要涉及一些方法论上的差别。这些基本差别在表 2-1 中有所归纳。尽管定量研究与定性研究有着基本差别和不同的特征，但在实践中这两者往往是密不可分的。教育社会学研究常常既有定性成分，也有定量成分。一般来说，对某一问题进行探索性研究时较多使用定性方法，然后再对这一问题的各个方面进行定量研究。

表 2-1 定量研究与定性研究的主要差别

	方法论	研究目的	研究者	研究程序	资料处理	获得理论
定量研究	实证主义	确定结果（关系、影响、原因）	研究者不介入；事实与价值分离	标准程序；预先设计的研究方法	统计方法	以理论为基础开展研究（演绎法）
定性研究	解释主义	理解整个过程	观察—参与；事实与价值不分离	非标准过程；多种研究方法并用	描述方法	理论在研究过程中形成（归纳法）

---

① 转引自：(美) 威廉·维尔斯曼. 教育研究方法导论[M]. 袁振国，主译. 北京：教育科学出版社，1997：14.

在提出研究问题的过程中,要避免用定量方法去研究质性研究的问题,也要避免用定性研究的方法去研究量化研究的问题。研究者要十分注意研究方法与研究问题之间是否适切的问题(见案例2-3)。

> **案例2-3**
>
> **安妮特·拉鲁严谨地选择研究方法**
>
> 美国宾夕法尼亚大学著名社会学家安妮特·拉鲁(A. Lareau)教授在她的《家庭优势:社会阶层与家长参与》一书中,较为细致地讲述了她的研究经历:研究伊始,她所关注的问题是学习成绩的影响因素是什么。在研究过程中,她发现定量方法更有助于回答这一问题,随机抽样、测量及统计模型的使用,从技术上保障了对这一问题的有效回答。之后,拉鲁转变了一开始的研究主题,将焦点放在不同阶层家庭与学校教育互动的差异上,定性方法恰好有助于研究者认识不同类型家庭所具有的文化优势是如何在具体的互动过程中被激活的。
>
> 资料来源:(美)安妮特·拉鲁.家庭优势:社会阶层与家长参与[M].吴重涵,熊苏春,张俊,译.南昌:江西教育出版社,2014:中译本序.

第二节 教育社会学的研究过程

教育社会学的研究是为了解答教育领域的问题,需要依靠科学的程序与方法。科学是建立在逻辑和观察两大基础上的。科学的理论用以处理逻辑方面的问题,研究则处理观察方面的问题,提供有关现象或事物的事实资料,并提供证明与检验现象之间存在逻辑联系的程序和方法。在研究过程中,理论与方法往往是相互交织的。

一、教育社会学研究中的科学环

教育社会学研究的一般程序和具体步骤实际上是与科学研究相一致的。美国社会学家华莱士(W. Wallace)于1971年提出了社会研究中的逻辑模型,被称为"科学环"。[①] 在这一模型中,华莱士用方框表示五种知识:理论、假设、经验观察、经验概括、被检验过的假设。用椭圆表示研究各阶段使用的六类方法:(1)逻辑演绎方法;(2)操作方法,包括研究设计、概念的具体化和操作化、测量方法、抽样方法、调查方法等;(3)量度、测定与分析方法,指观察的记录,资料的整理、分类、评定、统计以及分析方法;(4)检验假设的方法,如统计检验;(5)逻辑推论方法,如统计推论;(6)概念、命题和理论的建构方法。各类知识通过各种方法转换为其他形式。箭头表示知识形式转换的阶段。垂直中心线的右边是理论演绎过程,即把理论

---

① 袁方.社会研究方法教程[M].北京:北京大学出版社,1997:94.

应用于实践,这一过程主要运用演绎法;垂直中心线的左边是理论建构过程,主要运用归纳法,即通过经验观察概括出研究结论,进一步上升到抽象的概念和理论。水平虚线的上方属于理论研究,下方为经验研究(见图2-1)。

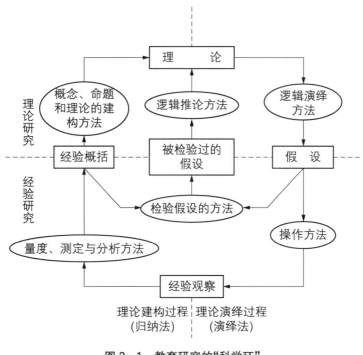

图2-1 教育研究的"科学环"

这一模型是对教育研究中各种逻辑过程的概括,它表明了教育社会学研究是从理论——假设——观察——概括或检验——新的理论,这样一个无限循环的过程,说明了科学研究既没有起点也无终点,研究工作可以从任何一点开始。

二、研究课题的形成

一项理想的研究,首先需要提出合适的问题。选题体现和影响研究的水平与质量。这种水平和质量主要通过三个环节来体现:一是课题选择,二是资料收集,三是结论形式。第一个环节属于提出问题,后两个环节属于解决问题。在实际的研究工作中,解决问题往往很受重视,而提出问题往往被忽视。其实,这种现象是错误的。爱因斯坦对此作了最好的说明:"提出一个问题往往比解决一个问题更重要,因为解决一个问题也许仅仅是一个教学上的或实验上的技能而已。而提出新的问题、新的可能性,从新的角度去看旧的问题,都需要创造性的想象力,而且标志着科学的真正进步。"[1]当前,我国教育社会学研究中存在三个缺陷,值得引起重视:一是选题平淡、日常化、意义不大;二是方法简单、一般化、偏差较多;三是

---

[1] (美)A.爱因斯坦,L.英费尔德.物理学的进化[M].周肇威,译.上海:上海科学技术出版社,1962:66.

选题过于集中。例如,关于应试教育和家庭教育的研究很多,但突破原有水平的却很少。

(一) 选择课题

在教育领域,任何时候都会有重大的问题需要研究。教育研究问题的选择是十分广泛和多样化的。但是,选择一个合适的研究课题需要考虑以下四点。

1. 意义

教育社会学研究是有意识、有目的地探索教育未知领域的活动。选题需要考虑课题的意义。所谓"有意义",无非是两个方面:理论与实践意义,或理论与实践价值。选题首先为研究明确了任务、对象与范围。提出问题、选择课题,是解决"研究什么、调查什么"的问题。这必须在研究前予以解决。选题具有产生新知识的认识功能。严格意义上的选题,是从某一个问题出发而建立的命题,本身具有认识功能。例如:中学生教育价值观念趋于功利化、教育平等的社会容忍与社会震荡、学校育人功能的淡化趋势等。

2. 条件

即使是值得研究的问题,也必须考虑是否有条件进行。例如:实验设备、资金、时间、研究资料等。如果某项研究迄今为止可查找到的资料寥寥无几,那么应着重考虑这项研究的可行性与意义。

3. 类型

课题有多种类型,根据研究的内容可以分为五种。承续性课题是在他人成果基础上提出的更有深度或广度的课题。这类课题较为广泛。再生性课题是为了比较而研究他人完成的课题,是在不同的时空等条件下,对同类对象进行的再研究。热门性课题即刚开始有人提出、人们纷纷响应的课题。这类课题一方面易受人注意,另一方面竞争性强。创见性课题即直接用新的观点标示的课题,著名的课题一般含有较多的创见性。开拓性课题指研究从未有人涉足的课题,具有填补空白的性质。这类研究适用于研究新情况、新问题,以及长期被人忽视但早已存在的情况与问题。以上五种类型的课题,就其数量来说,呈倒金字塔形。

课题根据性质,可以分为四种:指令性课题、委托性课题、招标性课题和自选性课题。

课题根据研究目的,可以分为两大类:一是基础性课题(理论性课题),以研究教育规律、发现新的知识等为基本任务。例如,学生非正式群体的功能、我国市场经济背景下的教育与经济结构的关系。二是应用性课题,以教育基础理论的实际应用为途径,以寻找某些教育问题的解决方案为基本任务。例如,学校实行责任制后教师积极性的调动、学校乱收费的表现及其对策。

4. 途径

选题可以有不同的途径。途径之一:来自研究者自身的兴趣。途径之二:来自讨论或启发。在这一过程中,问题会扩展,会精炼。途径之三:来自社会变迁过程中的现象,即现实中出现的新情况、新问题。如教育平等、片面追求升学率等。途径之四:来自对原有理论的质疑,即理论中的疑点、难点、重点。如素质教育、教育学的逻辑起点等。

总体而言,选题必须依据课题的价值、研究的可行性、研究者的自身优势这三条原则来进行。要避免脱离实际,注重大题目但看不起小题目等问题。

(二) 课题的操作化

选择了一个合适的课题,并不意味着就能直接开始研究了。研究者需要把课题中的概念变成可以测量的变量,把变量之间的关系变成可以检验的命题。这一步工作就是课题的操作化,即对变量的操作化与对命题的操作化(即变量分析)。

1. 对变量的操作化

(1) 变量的界定。课题名称本身就包含若干概念,这是"初始概念"。必须首先对这些概念加以澄清,使其变成经过严格定义的变量。例如,在"班级分层对学生社会化的影响"这一课题研究中,"班级分层""学生社会化"均是初始概念。什么样的情况是"班级分层"?什么叫作"学生社会化"?在实施调查研究之前,必须对这些变量进行操作性定义。具体做法为:一是从他人观点中选择一种观点作为本研究的操作性定义;二是自己另外提出一个操作性定义。变量的操作性定义与调查研究的目的有关。也就是说,要按照研究目标来界定概念。例如,我们要研究"现代家庭中亲子关系的特点及其影响"。这里,家庭是一个初始概念,但它可以在不同的意义上使用,本研究中的家庭专指"有孩子的家庭"。

(2) 从变量中引申出指标。有些变量通过操作性定义,可以在调查研究中用以直接收集相应的资料,如"困难学生""双差生""学习成绩"等。但另一些变量的抽象程度较高,难以直接观察。这就需要引申为若干指标,并用这些指标来收集资料。例如,"高消费""学习态度""腐败""教师权威"等变量尚需进一步分解。在把变量分解为各个指标时要注意两点:第一,首先要把变量分解为多个层面,每一个层面都可以引申出若干指标。例如,我们可以将"教师社会地位"分解为四个方面:教师的政治地位、经济地位、文化地位、专业地位;同时,每个方面又可以选定若干个指标。第二,指标必须具有代表性和准确性。例如:"辱骂下级、盛气凌人"等就不太适合作为"腐败"的指标。

(3) 变量的测量。测量是教育社会学研究中运用数学方法的基础。这涉以下六方面:

第一,要明确分析单位。教育社会学研究的分析单位一般是群体、组织,也可以是个人。例如:研究一个县人口的文化分层情况,就需要对不同文化程度的人口进行比较,因而分析单位是群体;研究一所学校的组织结构与效率问题,分析单位是组织;研究校长与学校质量的关系,则是以个人为分析单位的。分析单位的特征,有些是客观而可观察的,如性别、受教育程度;有些是主观而需要研究的,如价值观、社会偏见、理想等。

第二,确定测量角度。例如,我们要"研究人们对现行高考制度的态度",可能的测量角度有:是否赞成现行的高考制度,赞成与不赞成的比例,赞成与不赞成的两极态度发展到了什么程度?现行高考制度是否合理?人们对此的意见与建议是什么?等等。

第三,确定变量的差异范围。即对变量的取值范围进行合理分组,确定其差异范围。例如,调查研究某市当前家庭年收入情况,就要谨慎地确定高收入、中等收入、低收入的范畴,否则,容易扩大差异范围。同时也要防止过于缩小差异范围,后者容易产生有关信息遗失的情况。例如,我们要了解某地区人们对于某件事情的态度,如果把变量的差异范围界定为"从非常喜欢到非常不喜欢",就有可能遗失某些信息。因为,有人可能对此"无所谓",有人可能"对此强烈反对"。

第四,确定测量的精确度。例如:研究大学生价值观念转变的问题,是将其家庭背景区分为"城市、农村"就行,还是应区分为"大城市、中等城市、小城镇、山区农村、平原农村"等?一般而言,细致的分类要比粗放的分类更好。

第五,要注意测量的效度与信度。效度包括内在效度(指研究结果能被精确解释的范围)和外在效度(指研究结果能被推广的范围)。内在效度是外在效度的前提,如结果不能被解释,也就难以推广。同时,也无纯粹的内外在效度。两者需要合理的平衡,如力图提高内在效度就可能降低外在效度,反之亦然。信度是指研究的方法、条件、结果是否可重复,是否具有前后一致性。信度也包括内在信度(在给定的相同条件下,资料的收集、分析、解释能在多大程度上保持一致)和外在信度(能否被重复研究)。

第六,要注意测量的误差。当使用一定的测量工具分析调查对象的特征时,可能产生误差。测量误差有两种形式:一是工作性误差,二是代表性误差。工作性误差是在调查过程中发生的。其原因主要包括:测量工具的设计有缺点,如概念界定不清、指标过于模糊或单一、提问用词不当、备选答案有歧义等。例如,只是用"工作期间发牢骚的次数"来测量"教师的工作积极性",就会产生误差。另外,还可能存在以下工作性误差:调查人员作风不踏实,了解情况不深入,或者弄虚作假(如:很多调查人员自己填写问卷);被调查人员理解指标与问题有误差;被调查人员有意隐瞒真实情况;资料汇总时产生偏差等。代表性误差是指调查单位与总体的差别,若部分难以推断总体的现象,便发生了代表性误差。

2. 对命题的操作化

教育社会学对教育事实的解释,主要就是通过对变量关系的陈述进行的。那么,教育社会学研究哪一种变量关系呢?与其他的科学研究一样,教育社会学家不仅要找到变量之间的相关性,更主要的目的是要找到变量之间的因果关系。例如,导致高等教育机会不均等的原因是什么?失学的原因是什么?教育社会学家可能会从社会传统、教育政策、教育结构、文化模式、家庭社会经济地位等因素中去寻找。对于这些可能性原因,我们就称其为"自变量"(independent variable),其结果(高等教育机会的不均等或失学)就是"因变量"。

在不同的研究中,变量分析的重点不同,可以细分为以下三种情形。第一,当因变量(结果)是已知时,研究的重点在于寻找自变量(原因)。例如,为什么人们要想方设法上"重点中学"。第二,当自变量是已知时,研究的重点在于因变量。例如,教育的功能是什么?有些家长为什么要反对"减轻学习压力"?第三,有时要区分原因和结果十分困难,两者甚至可以互换位置,此时无论是自变量还是因变量都是分析的重点。例如,学习压力可能导致学业失败;学业失败也可能导致学习压力。

两个变量之间的简单相关,还不能证明是否存在因果关系。那么,当研究者发现两个变量相关时,如何知道这种相关中是否包含了某种因果关系呢?研究者主要采用统计控制来表明其他因素并非产生这种相关的原因。这就涉及了多变量分析,它的主要目的就是发现几个相对重要的变量所产生的总体效应。多变量分析有助于我们进一步认识复杂的教育世界和学校生活(见案例2-2,本书第47页)。

三、概念、命题和理论的建构方法

教育社会学研究涉及各种概念、命题与理论。在研究课题的形成部分,我们已经说明了以概念为核心的课题形成过程,部分地涉及了概念的形成问题。这里,我们将集中说明研究概念、命题和理论的建构方法。

(一) 概念的建构方法

科学概念不同于日常语言,后者一般缺乏精确性、解释性与预测力。教育社会学研究中使用的概念是"建构的概念"。所谓建构的概念,是按照一定的原则界定与引入的科学语言。描述与解释特定的教育事实,都需要两类词汇来构成若干句子。第一类是逻辑词汇,如"和""所有""一些""或者"等。这一类词汇不反映任何经验对象,只是作为陈述词语的联结词汇。第二类是指涉词汇,即所指的事物,如大众、家庭、男性等。建构的概念可以指实体性事物,即能够直接观察的事物,例如师生比例、校舍环境、课堂秩序等;也可以指非实体性现象,即不能直接观察的现象,例如态度、意见、价值观、社会舆论等;还可以指一些不可观察而可推测的现象,例如办学的保守性、开放性等。概念在经过严格的建构以后,就成了研究中的"变量"。

建构概念有四条途径:一是从日常词汇中"引进"。例如,"帮"(或称"团伙")的日常含义指一起工作、玩乐的有组织的一群人。它原来并无或很少有犯罪的含义,但引进教育社会学的研究以后,就有了犯罪的含义,主要指"青少年中的团伙犯罪"。二是从其他学科中"移植"。从自然科学、人文科学、社会科学等移植到教育社会学研究中来的概念有许多。例如,"参照系"原是一个物理学的概念,被引入教育研究后则指"对人的观念和行为产生规范及比较功能的某种事物"等。[①] 三是独立地"创造"。一门学科或一种理论之所以能够独立存在,条件之一便是有自己特殊的概念,也就是首次提出的概念。创造性建构的概念,一方面来自理论思维,另一方面来自经验观察。当前,我国的教育研究提出的新概念层出不穷,如成功教育、素质教育、挫折教育、愉快教育等。四是从他人文献中"吸收"。吸收可以有两类,一是从历史的传统中吸收,二是从与国外研究的比较中吸收(转译)。在建构概念中,第一、第二条途径是科学研究早期常用的方法;第三、第四条则是当前研究中常用的方法。

[①] 今天,有人把"社会价值参照系"划分为四种类型:血缘参照系,即以社会成员的血缘来划分人的贵贱;等级参照系,即以社会地位等级来确定人们的社会价值;官本位参照系,即以官职为标准来衡量人们的社会价值;金钱参照系,即以金钱为标准来衡量人们的社会价值。

(二) 命题的建构方法

教育社会学对教育事实的解释大多是由命题构成的。命题是关于一个概念或更多概念关系的描述。任何对于教育事实的研究,至少需要一个命题。命题可以说是经验研究与建构理论必需的材料。命题实际上就是各种类型的假设,或者是指假设在经过检验后的经验概括。命题的建构则是指对概念关系(变量关系)的界定方法。命题的建构涉及两种情形:一是在研究中出现不同数量的变量时如何进行陈述,即"变量关系的界定";二是对两个以上的变量之间关系的陈述,即"变量关系的类型"(如相关关系、因果关系等)。

(三) 理论的建构方法

教育社会学理论的建构,是以概念与命题的建构为基础的。有了科学的概念与命题,就有可能形成一个好的理论。理论是一组有逻辑关系的假设与定律。理论有三种形态:一是全部由定律构成的理论,这种情况非常少见,但它的命题因为是经过检验的,因而是最成熟的理论;二是假设与定律共同构成的理论,这种情况比较多见,由于存在未经过检验的假设,因而是不成熟的理论;三是全部由假设构成的理论,由于它的所有命题是未经过检验与证实的,因而是理论的雏形。

一般而言,教育社会学的研究所建立与使用的理论,大多是由假设构成的。因此,发展出一组科学的假设就十分重要。理论的建构主要解决两个问题:如何形成可经检验的关于客观规律的陈述? 如何建立命题之间的相互关系? 解决这两个问题主要有四种方法。

1. 演绎法

演绎法就是从一定的已知命题出发,推论出若干未知的命题。它以"演绎三段论"为最基本的格式,需要先设立"假定项",然后作出推论(见案例 2-4)。

> **[案例 2-4]**
>
> **工业化是扩大式家庭减少和核心家庭增加的主要原因**
>
> 第一,一个国家工业化程度越高,其家庭结构就越倾向于核心家庭化;第二,在任何国家中,农村地区扩大式家庭结构的特征强于工业化的城市地区家庭结构的特征;第三,因工作而迁移的人,比那些没有迁移的人,与扩大式家庭的联系更弱。

2. 归纳法

归纳法是人们将一系列个别或特殊的客观事物所具有的普遍的一般性原理进行概括的思维方法。在教育研究中,归纳法实际上是从教育实际情况中直接上升而构成的经验命题或抽象命题。通过归纳法建构理论,第一步是从实际调查和观察材料中形成若干经验命题;第二步是从若干经验命题中概括出涵盖面更宽、更抽象的命题。大多数教育社会学研究,往往带着问题到教育实践中去寻找答案,从而作出归纳性的结论。归纳就是从个别到一般的推论。归纳法分完全归纳法和不完全归纳法。完全归纳法是指人们观测和判断出某一客观事物中每个对象都具有某种属性,从而推断出该类客观事物具有该种属性。完全归纳法最为少见。不完全归纳法是一种或然性的推理思维活动方法,即根据对某一类事物中部分对象的共同属性的认识,归纳出该类事物具有某种属性的一般性结论。运用归纳法建构理论的大多数例证采用的是不完全归纳法(见案例2-5)。

案例2-5

求多边形内角和的公式

通过从每个多边形的一个顶点引出所有的对角线可发现,四边形被分成2个三角形;五边形被分成3个三角形,六边形被分成4个三角形。由此可知,所分得的三角形个数总比多边形的边数少2,每个三角形的内角和为180度。因此,n边形的内角和为$(n-2)\times 180$。这种归纳法是以一定数量的事实作为基础进行分析研究,从而找出规律的。

3. 类比法

类比法是把已知的关于某类事物的知识与结论,推广到研究对象上,从而形成相似或相同的理论。类比可以宇宙体系、生物有机体、其他社会体系等事物中已建立的理论为起点(见案例2-6)。在教育研究中,常常借用其他学科的理论进行类比推论。例如,把经济学知识推广到教育领域,提出了"教育产业";把社会学知识推广到教育领域,提出教育是一种社会系统、社会组织的观点。类比也可以在国家之间、地区之间进行。关于现代化与教育的关系研究,常常采用这一方法。

案例2-6

人类交换行为理论

美国社会学家霍曼斯(G. Homans)将动物心理的五个命题用于解释人类行为。也就是说,他认为对于动物行为的理解有助于对于人类行为的理解。他关于"成功命题"的建构方法如下。他根据:命题1:鸽子啄一个特定目标时,给它一些食物作为报酬,这一只鸽子越经常得到报酬,它就越会重复该动作。命题2:人发生一个行为,是为了得到报酬。命题3:人与鸽子的心理是相似的。推论:一个人的某种行为越经常得到报酬,这个人就越愿意有这种行为。但是,这种命题在说明人类行为时,实际上只有部分合理性。例如,热情助人会得到社会赞同,但是,并不是每一个人都是为了反复得到社会赞同而帮助他人的。

案例2-6说明,类比推理容易引起错误,即把不相同或不相似的事物说成是相同或相似的事物。但是,这种方法在开拓新的理论方面有其不可替代的意义。

4. 联结法

这是把若干准则汇合在一起而建立理论的方法。单个准则的解释力较弱,因为不能包含相当一部分的例外情况,当将解释同一研究对象的若干准则联系在一起时,就会减少例外情况,从而提高解释力(见案例2-7)。

> **案例 2-7**
>
> **社会动乱发生的可能性**
>
> 命题1:通货膨胀可能引起社会动乱;命题2:政治腐败可能引起社会动乱;命题3:分配不公可能引起社会动乱。推论:通货膨胀、政治腐败、分配不公等现象均发生时,就会有发生社会动乱的较大可能性。

5. 理论与经验的关系

理论实际上是对所研究的变量关系的解释,产生于对经验的概括、归纳、分析与演绎等过程中。理论产生于经验中,又能预测其他经验,这些预测反过来被新的经验观察所检验。理论与经验的关系正是这样一种相互取舍的关系(见案例2-8)。理论就是在这样的过程中不断发展的。

> **案例 2-8**
>
> **美国城市学龄儿童自尊的研究**
>
> 罗森伯格(Rosenberg)与西蒙斯(Simmors)研究了美国儿童的自我形象是怎样通过其社会经验形成的。他们比较分析了种族隔离学校中非洲裔学龄儿童与白人学龄儿童的自尊水平,发现相同年龄和社会背景的两组儿童自尊得分相似。这与过去所认为的非洲裔儿童处于弱劣的环境,因而容易导致自卑的观点大相径庭。这也是令研究者始料不及的发现。他们在确认了自己的研究方法没有引起对事实的歪曲后,就用"社会情境"来解释上述现象:社会中的人总是要不断地将自己与别人进行比较。他们的进一步研究表明:在黑人学校上学的黑人学生比在混合学校的黑人学生更具有优越感。这可能被解释为:在被隔离的黑人学校的孩子看来,贫困和种族歧视只是日常生活中默认的事实,没有一个孩子觉得自己受到与众不同的歧视,也没有人认为自己比白人优越;而在混合学校中,黑人孩子和白人孩子的区别对待是显而易见的,黑人孩子时刻都会觉得自己没有别人优越。这一自尊理论说明:与社会情境越协调,那么与儿童自我认同的社会地位的相似处就越多,则儿童的自尊感就越强。但是,这样的解释能否适用于其他教育现象?这就需要新的经验观察的检验。
>
> 资料来源:(美)戴维·波普诺.社会学(第十版)[M].李强,等译.北京:中国人民大学出版社,1999:37.

四、研究方案的设计

教育社会学的研究如同其他学科的研究一样,都需要遵循一套严格、科学的程序。这里,我们主要说明两个基本问题:研究的基本阶段和研究的类别。

(一)研究的基本阶段

教育社会学的研究与其他学科的研究存在相似性,就其经历的一般过程来说,它们的基本阶段是相同的,通常包括五个阶段:(1)选择课题与提出假设;(2)进行研究设计;(3)收集资料;(4)整理与分析资料;(5)解释结果及检验假设。这样一个过程是互为依赖、互相循环的,研究者在进行研究时需要有一个完整的框架(见图2-2)。

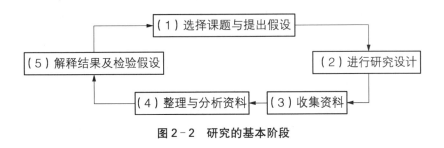

图2-2 研究的基本阶段

我们通过一个实际的研究计划来具体解释教育社会学研究方案设计中的各个阶段是如何进行的。具体的案例为美国社会学家科尔曼的一项经典研究,见案例2-9。

| 案例2-9 |

科尔曼的"青少年社会"研究

研究的起点:留心观察。美国社会学家科尔曼首先注意到美国高中的学校社会气氛(也可被称为"学校文化")存在一些特殊之处:教师和家长所强调的"价值观"与学生自己认同的"价值观"完全不同。教师和家长强调"学习成绩",而有学生看重"体育能力",有学生看重"引人注意"。科尔曼想进一步了解:中学的社会气氛何以形成?对学生又是如何产生影响的?

第一阶段:对研究的问题进行陈述并提出假设。科尔曼在拟定正式的调查计划之前,查阅了以前的研究,以了解他的调查将怎样扩充已有的知识,这为他的研究提供了一个出发点。接着提出假设,包括精确定义所要研究的概念,并对研究变量间的可能关系进行陈述。对概念进行操作性定义时,例如定义"学生价值观",科尔曼将其分解为两个可以操作和测量的变量,即"声望"(哪类学生的声望最高)和"学生态度"(一个学生怎样才会最容易地被同学所记住)。对变量关系的假设有如下一些,例如社区中的某些社会特征将会体现在社区中学的价值观中;学生具有反对学习成绩的倾向,可能是因为成绩好的学生资质平庸,而那些智力最好的学生在非学习方面的活动中表现突出,这为学生所喜爱,但不为教师所重视。

第二阶段:进行研究设计。即在资料的收集、分析、评价的计划中,可以采用多种具体的方法,如调查法、实验法、观察法等。这可以使我们证实或证伪最初的假设。科尔曼使用了调查研究。问卷调查在伊利诺伊州北部邻近的10所中学(大城市、郊区、农村)进行。

第三阶段:收集资料。科尔曼的研究小组把调查表发给10所中学的共计8900名学生,要求他们回答有关自己和学校生活方面的一些问题,同时还与新生和高年级学生进行了非正式访谈,这为问卷调查提供了一些生动的例子。问卷也发给了小样本的教师和家长。

第四阶段:整理与分析资料。科尔曼根据所要检验的假设来整理、分类和组织资料。在小样本的研究中,科尔曼的研究小组可以手工处理资料。但是在大规模的研究中,必须进行计算机处理。在这一阶段,科尔曼发现他必须拒绝关于"社区特征与学校气氛的假设";学校中对成功的定义在不同社区之间并无明显的差异。学习成绩并没有被学生视为最成功的标志。事实上,他发现,在所有的学校都存在一种与学习成绩不相关的学校风气,学生的价值观与教师的价值观针锋相对,并且学生的价值观占了上风。

第五阶段:解释调查结果并得出结论。科尔曼需要从调查结果中进行归纳,从零散的事实资料中找出一般性结论。科尔曼的一般性结论是:"在我们的社会中有许多青少年群体,他们以自己的兴趣和态度对待事物,而与成人的责任感相去甚远。……我们今天的青少年与成人社会的隔阂,很可能比从前任何时候都要深。"

最后是发表成果。发表成果不仅出于个人需要的原因,更在于它可以成为未来研究的基础,有助于其他学者进行检测和评估,推进知识的进步。

资料来源:(美)戴维·波普诺.社会学(第十版)[M].李强,等译.北京:中国人民大学出版社,1999:42—43.

(二) 研究的类别

我们已经讨论了与选择课题有关的一些问题,接下来将把教育社会学研究中的一些共同的规范进行归类。需要说明的是,表2-2中所列的不是穷尽的或定义性的,所以在实际的研究中,未必能够完全照搬。但它可以说明不同的研究类别的一些主要差别。

表2-2 教育社会学研究的一些共同类别

方法论	类别	分析单位	资料收集方法	资料分析方法
实证主义方法论	实验、准实验研究	微观研究为主	问卷法、访谈法、观察法、统计法	定量分析
	调查研究或统计分析	微观研究为主,部分宏观研究	问卷法、访谈法、观察法、统计法	定量分析

续 表

方法论	类别	分析单位	资料收集方法	资料分析方法
人文主义方法论	小群体研究	微观研究	观察法、问卷法	定量分析
	人种学研究	从微观研究到宏观研究(如集体行为)	观察法和实地笔记	定性分析
	个案研究	微观研究	观察法和实地记录	定性分析

第三节 教育社会学的常用方法

教育社会学研究通过直接或间接的方法来收集资料,在进行研究设计时,教育社会学常用的方法一般分为文献法、调查法、现场法、隐蔽法、人种学研究、其他研究方法六大类。

一、文献法

文献法是指对文献进行查阅、分析、整理,寻求事物本质属性的一种研究方法。根据文献的具体来源,文献可分为个人文献、官方文献及大众传播媒介资料;根据文献内容的加工程度和可靠程度,文献可分为零次文献(索引)、一次文献(原始文献)、二次文献和三次文献。文献分析的步骤主要包括选择研究主题、查找资料、对资料再创造和分析资料。

(1) 选择研究主题。在进行文献分析时,必须选择与研究主题相适应的数据资料。文献分析要求研究主题适应资料,主要是因为数据资料无法变动,而研究主题可以随时调整。

(2) 查找资料。文献分析的主要资料来源是各种类型的文献资料。

(3) 对资料再创造。在获取文献资料后,需要对资料进行加工。首先必须从资料中寻找或重新定义所要研究的变量;其次应该仔细地研究这些变量,重新创造出适合研究的资料。

(4) 分析资料。文献分析最主要的工作是对资料的重新分析。文献分析的研究者不"创造"一手资料,而是根据研究目标在已"创造"出的各种原始资料堆中去"寻找"合适的资料进行分析,即把已"创造"好的资料拿来为自己所用。

文献有多种收集方式,一般遵循由宽到窄、由近到远、由易到难的路线。研究者在收集文献时,应适当放宽搜索范围,在了解文献的基本情况后,再逐步缩小搜索范围。收集完文献后,需要对文献进行归纳整理,常见的文献整理方法有归纳法、演绎法、比较法等。[①]

教育社会学在应用文献法的过程中,常常涉及教育中的"历史社会学"。历史社会学是反对学科分化建制的武器,又是坚持社会科学历史意识的典型,从而成为社会科学家坚持历史研究的重要阵地。直至20世纪初,历史社会学发展出阐释与解释两种研究范式。阐释型是韦伯代表的"社会科学的历史化",尝试提炼或运用社会科学的概念与方法,理解和阐释独

---

① 袁方.社会研究方法教程[M].北京:北京大学出版社,1997:392—400.

特的历史过程与现象;解释型是涂尔干代表的"历史的社会科学化",试图在纷繁复杂的史料中发现不变的"社会事实"、因果法则与本质规律,由此解释、分析并预测普遍的历史过程。从对以上范式的延续来看,前期是法国成就了"年鉴学派",后期是英国掀起讨论资本主义起源的热潮,德国深入反思现代化道路,美国在跨学科浪潮中催生了作为学科的历史社会学。它们都是在这两种范式和"现代化"预设的基础上发展起来的,所不同的只是现实关怀、主题侧重和问题关注。

二、调查法

教育社会学中使用最普遍的定量研究方法是采用各种形式的调查(survey),即针对部分人群系统地询问他们的意见、态度和行为,力图发现人们是怎样思考、感觉和行动的。调查法主要采用问卷法、访谈法、调查会法等具体方法收集资料。

(一)调查法的实施步骤

调查法有一些共同的规则需要遵循:调查研究始于对所研究问题的严格陈述;然后需要识别调查总体,选择样本,设计研究工具;接下来便是实施研究;最后分析资料。

1. 识别调查总体

在研究问题确定以后,调查法的第一步就是识别调查总体,即所要研究的全体对象。如小学低年级的所有家长,或者是农村地区的中学校长。调查总体的识别十分重要,它与研究目的直接相关。如果没有准确地识别调查总体,调查结果就可能缺乏意义。例如,如果调查目的是预测"谁将选择高收费的私立学校",那么就应尽可能地选择那些实际会选择私立学校的家长。

2. 选择样本

尽管调查所有的总体可以获取最准确的资料,但限于时间、资金、人力等各种因素的制约,调查法一般选择样本(sample)来代表总体。因此,就必须认真思考所选择的样本能否推断总体。样本的代表性远比样本的大小更为重要。

为尽量保证样本的代表性,选择样本就需要一套严格的程序,以尽量避免抽样误差。方法很多,其中最简单的是随机抽样(random sampling),以保证调查总体中的每一个体都有同等被选中的机会。在小规模的调查中,可以采用抽"号码"的办法挑出随机样本;在大规模的调查中,则需要运用"随机数字"来决定随机样本。更常见的方法是系统抽样(systematic sampling),即按照某一特定方案(例如每隔五个号码抽一个);或者是分层随机抽样(stratifed random sampling),即先把调查总体细分为若干群体或阶层(例如,把教师按年龄分组),然后在每一层中随机抽样。

表2-3和表2-4罗列了四种概率抽样和八种非概率抽样的类型及原则。①

---

① (美)劳伦斯·纽曼. 社会研究方法:定性与定量的取向(第7版)[M]. 郝大海,等译. 北京:中国人民大学出版社,2021: 217—243.

表2-3 四种概率抽样的类型及原则

抽样类型	原则
整群抽样	为大型集群单元创建一个抽样框,随机抽取一个集群单元样本,在每个选定的集群单元中创建一个抽样框,然后随机抽取一个案例样本,如此选取下去
随机抽样	为所有个案创建一个抽样框架,并使用纯随机过程(例如,随机数表或计算机程序)来选择个案
分层随机抽样	为每一个个案类别创建一个抽样框,从每个类别中抽取一个随机样本,然后将几个样本组合起来
系统抽样	创建一个抽样框,计算抽样间距 1/k,选择一个随机起点,然后每 1/k 选取 1 个样本

表2-4 八种非概率抽样的类型及原则

抽样类型	原则
自适应抽样	使用隐藏总体可能的地理位置获得一些个案,再使用随机或招募方法,使用雪球抽样扩展一些个案
方便抽样	用任何方便的方式随意抽取个案
异常个案抽样	选择基本不同于主导形式的个案(立意样本的特殊形式)
立意抽样	用不同方法获得符合特定标准的所有可能的个案
配额抽样	从能够反映总体多样性的各个预先确定的群体中随意选取预定数目的样本
连续抽样	连续选取样本,直到没有额外的信息或者是新的特征(通常与其他抽样方法结合使用)
雪球抽样	通过一些被选个案的介绍选择新个案,再通过得到的个案来介绍新的个案,如此不断选取下去
理论抽样	选取能够帮助揭示对于一个特定背景或者主题具有重要理论意义的个案

3. 设计研究工具

在确定样本后,就要设计研究工具,即以什么方式收集资料,如问卷法、访谈法、调查会法等。某一调查可以采用多种资料收集方法,但无论采用什么样的方法、提出什么问题,怎样提问才是最重要的。

4. 实施研究

对样本进行调查,一般需要把所确定的研究样本全部调查到,否则这些样本就不再与"计划样本"具有同样的代表性。所以,在实施研究的阶段,应尽量保证"实际样本"与"计划样本"的一致性,设法避免无效样本。

5. 分析资料

调查研究的最后一步是用列表、制图等方式来分析资料和解释资料。除了小规模的样本可以进行手工操作，其他的一般都需要借助电脑来处理数据。

6. 调查法的限制

在获得大量人群的准确信息方面，调查法具有技术优势，但它的局限性也很明显。一般而言，调查法在获取个体的客观资料方面（如年龄、职业、教育等）很准确，但在获取个体的主观资料方面（如态度、意见、情感等），其真实性成分就可能会减少。因此，研究者一方面必须尽可能制定出一个成功的调查计划，以尽量收集到个体真实的资料；另一方面还需要清楚地认识到，调查所得未必能完全反映事实。

（二）问卷法

问卷法是运用问卷向各个被调查者了解情况的一种方法。问卷法有以下特点：(1)标准化，统一的提问、答题的形式与内容；(2)匿名性；(3)间接性，研究者一般不与被调查者见面，而由被调查者自己填写问卷。这有利于节省调查时间与经费，也可避免研究者与被调查者见面造成的不利影响与偏见。但问卷法也有它的缺点，如真实性程度有疑问，其真实性一般低于访谈法；还有一个回收率的问题。

编制问卷首先需要确定问题。根据问题的性质，可以分为两类：客观性问题（如年龄、性别、职业、家庭所在地、教育程度等）；主观性问题（信仰、价值、认知、兴趣等）。根据问题的内容，可以分为两大类：一般性问题（这一类问题容易回答）；敏感性问题或具有威胁性的问题（需要提问的技巧）。问题的形成一般经过如下过程：调查分析，提出假设；概念具体化，寻找变量；确定指标；编制直接或间接的问题。提出问题是问卷法的关键。一份好的问卷必须合理、科学、艺术地提出每一个问题。编制问卷的最后一步也是十分重要的一步，是进行试测。试测的对象可以是少数人，试测的方式应该与正式调查一致。在分析试测所得的资料时，重点应解决被调查者提出的各种意见、"无回答率"较高的问题以及答题的程序等。

（三）访谈法

访谈法是访谈者直接向被访谈者口头提问、当场记录，并据此了解教育实际情况的方法。访谈是一种特殊的人际沟通，是了解人们的思想、动机、价值观、行为、经历等的科学方法。它与日常谈话不同。其特点为：双方直接互动，通过对话进行。对话可以有两种：一为"一问一答"的单向对话；二是围绕某一专题的双向对话。访谈过程灵活可控，有助于提高访谈资料的质量。但访谈结果也容易出现误差，主要是因被访谈者言不由衷，或由偏见导致的。例如：记忆不清、应付、理解有误、有意说谎等。访谈主要有三类：(1)标准化访谈，是按访谈者统一设计的访谈表进行的访谈。事先设计好的访谈表，虽容易汇总，但也易导致束缚。(2)半标准化访谈，使用事先拟定的访谈提纲、主要问题，具体如何发问，则根据具体情况决定。(3)非标准化访谈，是一种自由漫谈的形式，事先只给访谈者一个大题目，有利于深入探讨问题,多采用事后记录的方式。

访谈法的成功主要依赖访谈者的素质。聘用访谈者的条件:第一印象好;有收集资料的机智与技巧;具有相当程度的社会常识;责任心强;不怕烦琐;任何时间都可以进行访谈;有一定的学历背景;无不良嗜好;生理特征适合访谈。

(四) 调查会法

调查会法是访谈法的一种,它是以集体访谈的方式收集资料的一种方法。

头脑风暴法是特殊的调查会法。它主要用于预测性、规范性的教育社会学研究中。20世纪30年代,美国物理学家奥斯本(O. Reyndds)提出了这种方法:围绕某一专题自由发表意见;但不能重复,对不同意见也不许反驳;要求修改与补充自己意见的人有有限发言权;鼓励创造性思维;人数以十几人为好;时间为半小时至一小时。它又可以分为正向(提出设想)、反向(提出质疑)两种。

三、现场法

现场法是指通过实地观察了解被调查者正在发生的外显行为或正在发生的事件,主要采用观察、实验的方法收集资料。在自然的教育教学过程中,了解对象的外显行为或正在发生的事件,即为观察;在研究者有意改变或设计的教育教学过程中,了解研究对象的外显行为或正在发生的事件,即为实验。

(一) 观察法

观察法是直接感知与记录正在发生的一切同研究对象与目标有关的社会事实的一种调查方法。这种方法并不对任何变量进行控制,但要求制定严格的观察程序,并将观察结果系统地记录下来。这一方法的适用对象往往是有限时空中发生的事件,以及公开的教育活动或行为,多为较为稳定的教育事实。

观察法具有以下特点:(1)研究对象处于自然状态,观察者对被观察者的活动不加干预、对影响被观察者的各种社会因素也不加干预。(2)观察过程受到观察者的个人价值观、情感、思想、知识与经验的影响。(3)观察结果直接反映真实的教育事件,是感性、直观、形象的资料。观察法的局限主要表现在对隐蔽的活动往往无能为力,同时也难以了解不稳定的教育事实。

观察法可以分为几类:实验室观察和实地观察;非参与观察和参与观察。

实验室观察常常表现为:某一不露面的观察者通过一个单向窗口来观察对象,记录某种行为是如何发生的(例如,提意见、接受意见、表示同意或反对、开玩笑、批评等行为的发生率)。实地观察主要表现为:观察者可以在家庭、操场、街道、教室、办公室中观察人们的行为。

非参与观察(nonparticipant observation)是指观察者不参与到他所研究的教育活动和教育情景中,"置身事外"而开展的观察。参与观察(participant observation)要求观察者融入所研究的教育情景中,并设法把自己变为被研究群体中的一员,并尽量用该群体成员的视角来理解整个现象。根据观察者的身份是否暴露,参与观察又分为两类:公开性参与观察(见案例2-10)与隐蔽性参与观察。后者还涉及一个严肃的道德问题:观察者是否有权欺骗被观察者,这样是否侵犯了被观察者的隐私?

| 案例 2-10 |

公开性参与观察

美国社会学家怀特(L. White)为了观察特定社会群体的行为,以观察者的身份参与了一个由13个青年组成的小团体的活动。他经常与这些人一起喝酒、聊天、喝咖啡等,并把这些观察结果写成《街角社会一书》。我国一直倡导的干部"蹲点调研",要求调查者与被调查者同吃、同住、同劳动等,也是一种公开性参与观察。

观察的方式可以分为三种类型,即非标准化观察、半标准化观察、标准化观察。非标准化观察是根据研究目的对观察对象进行扩散性观察的一种方法,它不使用专门的观察表格、仪器,而是直接观察教育事实,并根据回忆进行记录,一般用于探索性调查。半标准化观察主要强调了若干观察标志,并根据详细的观察提纲进行观察的一种方法,是在非标准化观察基础上发展而来的。标准化观察是统一设计(事先确定好观察的内容、项目与要求)、统一手段(即制定观察表或观察卡,以及其他辅助工具等)与严格按照计划实施的观察。标准化观察需要使用一些标准化手段,例如:观察项目清单、观察表、观察卡等。

(二) 实验法

实验法是在严格控制条件下用于研究因果关系的经典的科学方法。实验的目的是分析自变量与因变量之间因果关系或相关关系的假设。实验法主要可以分为实验室实验和实地实验(也称准实验)两类。前者强调纯粹的实验情境和标准化程序,但它难以创造与现实世界完全相同的情境,因而难以判断实验结果与现实生活一致性的程度。在教育社会学研究中,更多使用的是实地实验。实验法的基本步骤一般包括八个阶段:建立假设、建立实验组与控制组、选择自变量与因变量、前测(实验前对实验组与控制组的度量)、实施实验干预(让自变量出现并发挥作用)、后测(实验后对实验组与控制组的度量)、比较前后测以检验假设、确定自变量与因变量的关系。

实验设计有下述两种。

1. 单一实验组的实验设计

只有实验组而无专设的控制组,同一组实验对象在自变量出现之前即为实验中的"控制组",之后即为实验组。这一实验设计(见表2-5)是把实验对象前后测之间的变化全部归因于实验刺激。但在生活中,某一实验对象前后测之间的变化还会受制于其他因素的影响。

表 2-5　单一实验组的实验设计及其案例

典　　型	案例：种族歧视实验
1. 假设：A—B	1. 假设：了解黑人在美国历史上的贡献将会减少白人对黑人的偏见
2. 选择一组实验对象：M	2. 选择一组实验对象：随机挑选的 100 名白人
3. 前测：a、b、c、d 在 T 时间导致 K	3. 前测：了解实验对象歧视黑人的程度
4. 实验刺激：A	4. 实验刺激：放映一部描述黑人在科学、文化、军事、政治等发展中对美国有所贡献的电影纪录片
5. 后测：a、b、c、d 在 T1 时间导致 K+B	5. 后测：了解实验对象歧视黑人程度的变化
6. 实验效应：后测与前测之差异	6. 实验效应：后测与前测之差异
7. 实验结论：A 是 B 出现的原因	7. 结论：实验对象的种族偏见减少，假设得以证明

2. 多组实验设计

多组实验设计可以细分为几类。例如，按照只有一个自变量的实验设计，可以分解为："一控制组—实验组设计""两控制组—实验组设计""三控制组—实验组设计""两实验组—控制组设计"等。按照两个自变量的实验设计，则必须有多个实验组。当每个自变量为一个值时，至少需要两个实验组；当每个自变量均为两个值时，则至少需要四个实验组。在实际研究中，一般仅选择一个自变量的实验设计。这里，我们选择"两控制组—实验组设计"和"两实验组—控制组设计"来作说明（见表 2-6）。

表 2-6　两控制组（实验组）的典型设计

主要环节	两控制组—实验组设计			两实验组—控制组设计		
	实验组	控制组 1	控制组 2	实验组 1	实验组 2	控制组
前测	有	有	无	有	有	有
实验刺激	有	无	有	有（强）	有（弱）	无
后测	有	有	有	有	有	有

两控制组设计主要是为了解前测的作用。根据表 2-6 所示，可以看到控制组 2 没有前测但有实验刺激，故控制组 2 的变化属于实验效应；控制组 1 则相反，故控制组 1 的效应属于前测效应；实验组的变化则既有前测效应又有实验效应，以及两者的互动效应。如此，即可以列入公式计算：

控制组总效应 =（控制组后测值 1 - 控制组前测值 1）+（控制组后测值 2 - 控制组前测估计值 2）

其中，控制组 2 的前测估计值，可以根据实验组与控制组 1 的前测平均值来表示。

实验组总效应 = 实验组后测值 - 实验组前测值

实验组的前测与实验刺激互动效应值 = 实验组总效应 - 控制组总效应

=(实验组后测值－实验组前测值)－[(控制组后测值1－控制组前测值1)
　＋(控制组后测值2－控制组前测值2)]

四、隐蔽法

使用调查法、现场法时,接受问卷、访谈、观察、实验的被研究者,实际上都可能改变自己的一些行为,同时研究者与被研究者之间总是有可能出现互动作用。使用隐蔽法时,研究者与被研究者在时空上完全隔离开来,因而不存在互动。隐蔽法主要分为两种类型:根据文献资料进行的第二手分析;根据物质痕迹进行的痕迹测量法。

(一) 第二手分析

文献是人们专门建立起来储存与传递信息的载体,是人们从事各种活动的记录,是研究中不可缺少的信息源。文献有各种类型。例如根据文献的载体可分为:书面文献(报纸、杂志、书籍等出版物;统计数据、政府档案、会议记录、备忘录等各种档案;日记、信件、笔记、自传、供词等个人文献)、图像文献(视频、图片等)、有声文献(音频等)。根据文献的内容可分为:政府正式文件与档案;社会组织和团体的文件与档案、社会研究文献、私人材料。根据文献加工的程度可分为:零次文献(索引)、一次文献(作者本人直接根据所见所闻撰写的材料)、二次文献(对一次文献加工后的文献等)、三次文献(在二次文献基础上加工的如综述、述评、词典等)。

第二手分析就是根据各种文献(包括历史文献和现实文献)所进行的研究,这种分析有两种主要的方法:定性分析,即对文献内容(所包含的事实)进行深入的解释与说明;定量分析,即系统检阅文献内容,并进行系统的数码编排,也就是把用文字表示的资料转变为用数量表示的资料的形式化方法。后者又被称为内容分析(见案例2-11)。

| 案例 2-11 |

对教材内容的分析

当涉及内容分析时,一个典型的例子是针对教材内容的分析。研究者可能会选择一个特定学科领域的教材,比如数学、历史或科学,然后使用内容分析的方法来研究其中的文本、图像和其他元素。通过对教材中的内容进行编码,研究者可以探究以下四个方面。

(1) 内容覆盖:研究教材中不同主题或概念的涵盖程度。例如,他们可以分析数学教科书中对于代数、几何和统计学的重视程度。

(2) 认知层次:研究者可以分析教材中所涉及的认知层次,从基础知识到高阶思维技能的发展。他们可能会关注教材中提供的问题类型、案例研究或实际应用的例子。

(3) 语言使用:研究者可以分析教材中所使用的语言特点,包括词汇的复杂性、句子结构的复杂性以及对于特定学习者的可理解程度。

> (4) 文化反映：研究者可以探究教材中对于不同文化、价值观和社会偏见的反映。这可能涉及对于特定群体的描绘方式、历史事件的解释以及社会问题的呈现方式。
>
> 这些分析可以帮助研究者深入了解教材的特点，评估其对于学生学习的影响，并提出改进教学和编写教材的建议。

内容分析主要有三个基本环节：(1)确定所要研究的文献载体，例如选择某种类型和出版时间的报刊，并进行分层处理。(2)确定分析单位，常用的分析单位有词汇、主题等，也可以扩展到特征、段落、条目等，例如研究近期教育杂志中出现的重要词汇。(3)对文献内容进行数量化分析，有两种具体方法：对某种信息出现的次数或频率计量；对某种信息在载体中出现的位置、篇幅计量。

(二) 痕迹测量法

痕迹测量法是研究者通过观察周围环境中特殊的痕迹来研究过去与当前社会现象的一种方法。1960年，美国社会学家韦布(Y. Webb)等人开始将研究物质痕迹的方法引入社会学研究，形成了这种物质痕迹测量法(unobtrusive measure)。这一方法把物质痕迹分为两类(见表2-7)：(1)磨损，即物体被人使用陈旧的程度，又称磨损测量法。例如图书馆地板的磨损程度(可说明读者的偏好)、图书磨损程度(可说明读者的阅读倾向等)。(2)累积，即物体上被人积存物质的情况，也称累积测量法。

表2-7 痕迹测量法

	磨损测量法	累积测量法
第一环节	确定物体被人为磨损的标志，这是人们社会行为的作用点	选择测量单位。例如，词汇、句子等可作为课桌文化的测量单位
第二环节	测量物体被人为磨损的程度，表明物体被人作用的情况	收集测量单位。例如，收集公共厕所中乱涂乱写的内容
第三环节	建立物体与社会行为属性的关系	建立测量单位与一定社会属性的对应关系。例如，分析某一电视节目与城市用水量的关系
第四环节	比较不同物体或同一物体不同时期的磨损程度	总体分析

这种方法可以再现人们过去的社会行为，是对现场法、调查法等的一种重要补充，是对某些难于或不能直接观察与询问的现象进行研究的有效途径。这种方法的使用增加了研究资料的数量，并且确保了研究者没有对正在研究的社会行为产生影响。但是，这一方法很少单独使用。

五、人种学研究

人种学研究起源于人类学。在教育社会学中,人种学研究主要提供对特定情形下教育制度、教育过程,以及其他各种教育事实的科学描述。它强调的是发生在自然情境中的教育事实,注重过程,旨在获得整体情形,所以主要依赖对所研究现象的观察、描述、定性判断与主观解释。在着手进行研究时,人种学研究常常不需要以某种理论为基础或进行具体假设,收集资料的具体方法是多元的。

例如,我们要研究某一个班集体的性质。人种学研究的主要问题就是:"这个班集体是怎样的?像什么?"然后便需要对这个班级的各种集体生活进行长期的观察,比如观察该班级校内外集体活动的情形、班级课堂生活的情形、班级成员之间的人际关系等,研究者需要记录大量的实地笔记,与教师、学生进行面谈等。在此基础上,研究者试图对该班集体的情况作出准确的描述和解释。

六、其他研究方法

除上述常用研究方法外,教育社会学还会采用比较研究、行动研究、叙事研究等方法进行研究。比较研究可以理解为根据一定的标准,对两个或两个以上有联系的事物进行考察,寻找其异同,探求普遍规律与特殊规律的一种研究方法,比如针对不同道德行为问题的代际比较研究、不同社会阶层文化资本的比较研究等;行动研究可以理解为教师(研究主体)在现实教育情境中(研究过程)自主地进行反思性探索,以解决工作情境中特定的实际问题为主要目的的一种研究方法,比如教师发现课堂作业完成率差不多的同学,其家庭作业完成率却存在一定差别,由此进行的研究;叙事研究则是研究者对校园生活、教育教学事件、教育教学实践的描述与分析,发掘或揭示内隐于这些生活事件经验和行为背后的教育思想、理论、信念,从而发现教育的本质规律和价值意义的一种研究方法。

随着时代的发展,很多社会现象和问题并非采用一种方法就能获得深入的解释,很多情况下提倡混合研究法(mixed methods research)[①],即使用多种研究方法以最大化实现研究目的,比如:钱民辉曾经参与一项关注大学生在校经历的研究,研究者抽取了四所大学,通过分层抽样设计选择了每所学校约 500 名学生进行问卷调查,然后按照学生的性别、来源、学业成绩和社会交往状况,从中抽取 20—30 名学生进行深度访谈,对他们的学习、生活和社会交往经历与体验进行深入挖掘和分析。此外,研究者还对定量调查样本之外的学生进行了深入访谈,因为有些学生的大学生活和社会经验很丰富,或者很典型,但并未被问卷调查抽中。这些访谈数据可以对已有的数据进行补充和验证,使研究结果更为丰富饱满。[②]

[①] (美)约翰·W.克雷斯威尔.混合方法研究导论[M].李敏谊,译.上海:格致出版社;上海:上海人民出版社,2015:Ⅰ—Ⅹ.
[②] 钱民辉.教育社会学概论(第五版)[M].北京:北京大学出版社,2022:XXX.

关键词

实证研究范式	人文研究范式
规范性研究	实证性研究
文献法	调查法
现场法	问卷法
观察法	隐蔽法
人种学研究	混合研究法
第二手分析	物质痕迹测量法

习 题

1. 简述教育社会学的研究方法论。
2. 简述研究课题形成的过程。
3. 思考和讨论：教育社会学的研究范式。
4. 思考和讨论：教育社会学研究中的客观性问题和伦理问题。
5. 设计一个完整的研究方案，并开展调查研究，本学期结束前第五周，提交一份科研报告。

推荐阅读书目

1. 叶澜.教育研究方法论初探[M].上海：上海教育出版社,2014.
2. (美)威廉·维尔斯曼.教育研究方法导论[M].袁振国,主译.北京：教育科学出版社,1997.
3. 宋林飞.社会调查研究方法[M].上海：上海人民出版社,1990.
4. 余炳辉,等.社会研究的方法[M].杭州：浙江人民出版社,1986.
5. 孙小礼,李慎.方法的比较——研究自然与研究社会[M].北京：北京大学出版社,1991.
6. (法)迪尔凯姆.社会学研究方法论[M].胡伟,译.北京：华夏出版社,1988.
7. (德)马克斯·韦伯.社会科学方法论[M].韩水法,莫茜,译.北京：中央编译出版社,2008.
8. 费孝通.社会调查自白[M].上海：知识出版社,1985.
9. 杨国枢,文崇一,吴聪贤,李亦园.社会及行为科学研究法(第13版)(上册)[M].重庆：重庆大学出版社,2006.
10. 杨国枢,文崇一,吴聪贤,李亦园.社会及行为科学研究法(第13版)(下册)[M].重庆：重庆大学出版社,2006.

11. (美)莎兰·H.麦瑞尔姆.质化方法在教育研究中的应用:个案研究的扩展[M].于泽元,译.重庆:重庆大学出版社,2008.

12. (美)约翰·W.克雷斯威尔.混合方法研究导论[M].李敏谊,译.上海:格致出版社;上海:上海人民出版社,2015.

第二编 教育行为论

不同的学科对于行为的理解是不同的。哲学家认为行为是受思想支配而表现出来的活动。伦理学家认为行为是基于动机的外部表现。生物学家认为行为一般是可以观测到的肌肉和外分泌腺的活动，是身体某一部分的运动。心理学家认为行为是受心理活动支配的外部表现。社会学家认定行为是社会角色依据社会情境的反应，因而行为具有"社会性"。显然，凡是社会行为都涉及两个以上的人之间的互动。社会学家采用"地位"(status)和"角色"(role)的概念来分析这种互动过程。按照美国文化人类学家林顿(R. Linton)的说法：一个人占有的是地位，扮演的是角色。所以，地位(或身份)与角色、群体与组织、社区与社会制度，便形成了一种十分简化的从微观到宏观的社会结构分析层次。正是在这一意义上，教育社会学把教育行为作为研究的逻辑起点，逐步展开对教育活动、教育组织、教育制度以及教育与其他社会制度关系的研究。教育行为是多学科研究的对象，教育心理学、教育伦理学、教育管理学等学科也对教育行为进行研究，教育社会学主要依据"角色"与"地位"、"规范行为"与"失范行为"、"行动"与"互动"、"社会情境"与"情境定义"等概念，讨论学校成员的行为。

本编共分"学校中的角色行为"和"学校失范行为的理论与实践"两章。

第三章
学校中的角色行为

学习目标

1. 了解教师的多重角色及其在社会中的地位。
2. 客观分析教师角色的社会化过程及存在的问题。
3. 把握学生社会背景与学业成绩的关系。
4. 领会学生的重要他人对学生成长的作用。

学校作为一个社会组织，由最基本的两类角色群体组成：作为社会代表者的教师角色群体，包括作为管理者的校长及其他行政人员；作为社会未来成员的学生角色群体。他们分别承担着"教育者角色"和"学习者角色"，由此衍生出各自不同的社会学特征：文化代表与文化受众、树立权威与抵制权威、控制与被控制、评价与被评价等，进而形成了师生各自不同的角色行为。对师生个体行为的理解，是我们进一步理解教育规范、师生群体、学校组织、教育制度的一个最基本的切入点。教育社会学对师生角色行为的研究，主要借用了社会学中的角色理论。角色理论者所构想的社会模型是"社会如同舞台"：舞台中的演员要扮演一个角色，社会中的个体也有一个特定的社会角色；演员要服从剧本，个体要服从社会规范；演员要听从导演的指挥，个体要接受重要人物的指挥；演员要对他人的表演作出反应，个体也要根据他人的反应调整自己的行动；演员必须了解观众，个体也必须了解自己的行为可能对他人的影响和他人的反应；演员可以对其角色赋予各自的理解，个体也有其各自的行动风格。

第一节　教师的角色与角色行为

教师的角色十分复杂：教师对个体而言是职业，对社会而言是教育者，对学校来说是受雇者，对校长来说是下级，对其他教师来说是同事，对学生来说则是一个知识权威。把角色概念引入对教师的行为研究，可以从不同的层面进行分析。① 本书选择四个方面的角色来作说明：教师的职业角色与地位；教师的教育者角色与地位；教师的受雇者角色与角色冲突；教师的知识分子角色与地位。

一、教师的职业角色与地位

我们把教师的职业角色放在整个社会职业体系范畴、放在社会大背景中进行分析。因而，我们将主要讨论教师作为一种职业的社会形象以及教师的社会地位问题。

（一）历史上的教师职业

我国学校的教育主要起源于古时的六艺教育——礼、乐、射、御、书、数，这代表着我国奴隶社会全盛时期的教育水平。"巫"和"史"——最早期的知识分子也就随之而来，但是此时，教师尚未作为一种职业出现。

公元前二十一二世纪，中国进入奴隶社会时期。以夏为开端，经商、西周和春秋，共经历了一千多年。孟子说"设为庠序学校以教之"。西周经历了奴隶社会的全盛与衰落时期，在教育方面也由此演变。据考证，西周已明确分为"小学"和"大学"②，教师由国家职官担任，故

---

① 这里主要借鉴了吴康宁的观点，吴康宁认为，教师社会学的研究可以在四个层面上展开：作为社会成员的教师、作为学生社会化承担者的教师、作为学校成员的教师、作为自身社会化受者的教师。
② 古时的大学是军事学校，设在城郊，三面环水，以应习武之需。

称官学。"师"一词原是军官的称号。例如,指挥牧野决战的周军统帅吕尚,称为"师尚父",他的正式官职是"大师"。因此,此期的教师也未独立成为一种职业。

春秋时期,教育上出现了"官学衰落,私学兴起"的新现象。随着诸侯国势力强大,周天子失去了"共主"地位。这是官学衰落的社会背景,而"士"阶层的出现是"私学兴起,文化下移"的社会基础。"士"原是一个不稳定的社会阶层,其中有文士、武士,也有能文能武之士。在周平王大搬家的过程中,王宫里的部分文化官员和部分奴隶主贵族流落到各地,从此"天子失官,学在四夷"。他们也就成了历史上第一批依靠知识糊口的"士",早期的教师职业开始出现。

"私学"包含两层含义:一指私家学派,二指私人教育团体。教育史上一般认定孔子开创了私学,这尚需进一步论证。如与孔子同时代的鲁国的少正卯也办私学,他博学善辩,以至吸引了孔子的学生,所谓"孔子之门,三盈三虚"。"私学"的出现和发展,意味着教师作为一种职业拥有了重要的社会基础和发展空间。孔子也因此成了我国教师职业的最高表率。至唐代韩愈撰写《师说》一文,论述了"师者,所以传道受业解惑也"的道理,更明确了教师作为一种社会职业的基本定位和规范。

在西方的荷马时代,教育还处在非制度化阶段,还没有出现专门的教育机构和学校体系,对儿童和青少年的教育主要是在日常生活、生产和其他集体活动中进行的,儿童和青少年通过观摩和参与成人的各种活动形成道德观念,获得相关的知识技能。其中,个别教学是最普遍的教育形式,担任教师的往往是经验丰富的睿智长者。

在古希腊的古风时代,最具代表性的是斯巴达教育与雅典教育。在斯巴达,男童于7岁之后开始在专门的教育机构接受教育。所谓专门的教育机构,就是特别为儿童设立的军事训练营,负责训练工作的官员由国家直接任命,被称为"儿童督导"(paidonomus),他拥有发布命令、组织训练和实施惩戒的最高权威。此外,斯巴达每一名年长的公民也都有权监督儿童的训练,如发现不妥之处,可以随时处分任何儿童。在雅典,7岁前的儿童在家中由父母养育。7岁之后,女童继续在家中接受母亲的教育,男孩则在"教仆"(pedagogue)的陪同下进入私人开办的音乐学校(music school,又称弦琴学校)接受学校教育。在雅典,逐渐出现了一批专事教育工作的教师,大致可以分为文法教师(grammatist)、音乐教师(citharist)和体育教师(paedotribe)三类。

从公元前5世纪初开始,古希腊进入古典时代。智者的出现以及智者学派的教育活动对古希腊的文化教育产生了巨大影响,黑格尔曾高度评价智者作出的贡献,认为智者是古希腊人的教师。自公元前5世纪中后期始,智者逐渐被人用来专指那些向人传授雄辩术及其他科学知识,并收取一定学费以谋生的人,可以把智者视为西方最早的职业教师。普罗泰戈拉(Protagoras)是第一个自称智者的人,同时也是智者学派的创始人之一,他本人曾长期以教授雄辩术、修辞学和文法为职业。因为智者,文化才开始在古希腊出现,智者以智慧、科学、音乐、数学、雄辩术、修辞学、文法、社会文化知识乃至自然科学等教人,代行学校职能,教化青年。[①]

(二) 教师的社会形象

教师的社会形象是社会公众对教师职业特征的基本认识和价值判断,是一种公众形象。在不同国家和社会发展的不同时期,教师的社会形象有很大的变化。

1. 传统的教师社会形象

我国传统文化强调对道德的追求,看轻世俗价值观。《论语·雍也篇》中记录了孔子所赞叹的君子品格:"贤哉回也! 一箪食,一瓢饮,在陋巷,人不堪其忧,回也不改其乐。贤哉,回也!"这种对道德的追求,几乎是在完全放弃了对物质生活、物质享受的前提下进行的。孔子因此被称为"万世师表",而这一师表中的核心正是"道德理想高于一切"的价值观,它从整体上塑造了传统社会我国教师的基本面貌,构成了我国教师所特有的社会和文化心态(见表3-1)。

表3-1 我国教师传统的社会形象

文化学识	人生价值观	道德观念	行为规范	职业观念	物质生活	自我修养
最渊博	最具奉献精神	最正统	最完美	最尽责	最清贫	最自强
国学教师被称为博士	弘道弘毅	道之所存,师之所存也	师者,人之模范	敬业乐教	安贫乐道	修身立德

2. 现代的教师社会形象

现代的教师社会形象深受传统文化的影响。我国教师最具民族特色之处,体现在传统道德文化对这一群体的深刻影响之上。社会传统对教师道德领域的强烈要求,促使我国教师一直奉行对道德人格的完美追求,作为一种从业精神,直接体现在教师是"人师"这一要求上。直至今天,对教师形象的赞美也是对这一传统道德价值观念的强调。"园丁""蜡烛""人梯""铺路石""托起太阳的人"等,都集中描述了教师的人格品质。但这种道德形象的塑造与教师职业的现实之间存在不少距离,它忽视了教师物质生活需求和教师本身作为一个职业的特征。现代的教师社会形象与传统相比,已经有了很大的不同(见案例3-1)。同时,这种差异还会因为社会变迁的加快而不断发生变化,例如当前网络社会的来临,就会深刻地影响教师的社会形象。

| 案例3-1 |

佛系教师

"佛系教师"是流行语"佛系"在教育上的延伸,用来形容一种新型的教师形象。和传统

[①] 张斌贤. 外国教育史(第2版)[M]. 北京:教育科学出版社,2015:58,59,63,66,67,71,72.

的比喻,如"园丁"不同,"佛系教师"的比喻有点复杂。在网络时代,这种新的教师形象被塑造成一种文化符号,被主流的"好教师观"所接受。这同时也是对教育冲突的一种缓冲,反映了不同社会群体之间的权力关系。要想在网络时代中让教师有更好的生存环境,我们应该关注流行语所传递的价值观,听取教师自己的声音,为他们创造一个良好的舆论环境。

资料来源:程晓莉,齐学红.失范者还是循规者:"佛系教师"的意义生产与话语实践[J].当代青年研究,2024(02):38—50.

社会对教师的高期望,造成了人们对教师的刻板印象。一方面,教师乃"人之模范",实际上就应该是"真、善、美"的化身;另一方面,把教师定位于仅有高层次的道德追求,也就相对忽视了教师作为普通人的物质需求。社会的高期望实际上表达了对教师从业的高要求,它本身成了社会大众对现代教师形象判断的一个主要标准。基于传统社会对教师的高期望,教师也对自身有较高的期望。董泽芳指出教师一般有四种自我角色期望:(1)道德维护型:认为教师的职责是传递社会的文化价值与道德规范,教师最重要的责任是树立自己的道德形象,成为学生道德与生活的辅导者。(2)教学中心型:认为教师的首要任务是做好教学,具有熟练的教育技能、技巧比具有道德修养更重要。(3)学术中心型:认为教师固然需要教学,但教师不能做"教书匠",而应成为某一学科的专家或学者,教学只能是应用自己专业知识的过程。(4)教学—研究型:认为教师要做好教学工作,就要不断研究教学;教师不仅要能够进行科研,而且要能够将科研与教学紧密结合起来,实现教学与研究一体化;并在此过程中不断自我反思,自我完善。[①]

正因如此,人们对现代教师角色的理解引起了混乱:由于相对忽视了教师的物质需求,同时还由于社会大众与教师本身对教学工作的理解不一(例如,教师往往把教学工作视为一种社会职业,而社会大众对教学工作的理解却往往超越了职业本身的范围),因而在现实中,教师经常会面临职业道德低下、职业规范缺乏等方面的批评(见表3-2)。

表3-2 现代的教师社会形象

文化学识	道德观念	行为规范	物质生活	自我修养
正:专业性	正:优秀的人格	正:表率	正:满足基本生活需要	正:注重自我修养
反:缺乏专业性	反:人格不够独立	反:常规	反:贫穷	反:职业道德不高

总之,现代的教师社会形象与传统相比,所受到的批评较多;同时更表现在这种形象已经不再是单一化的,而是呈现出多元化甚至是混乱的局面。

---

① 董泽芳.教育社会学[M].武汉:华中师范大学出版社,1990:299.

[案例 3-2]

学生心目中教师形象的跨文化比较

目前,关于优秀教师的形象常常以成人和社会的标准进行评价,缺乏学生视角的判定。国内有研究者比较了 20 世纪 80 年代、21 世纪初学生心目中教师形象的变化以及不同国家学生心目中教师形象之异同,结果如表 3-3、表 3-4、表 3-5 所示。

表 3-3　学生喜欢的教师特征

次序	21 世纪初学生喜欢的教师特征	20 世纪 80 年代学生喜欢的教师特征
1	和蔼可亲,有亲和力	教学方法好
2	听取学生的意见,信任并鼓励学生	知识广博
3	理解、宽容与关心学生	耐心温和,容易接近
4	幽默风趣,有人格魅力	对学生实事求是,严格要求
5	认真负责	热爱学生,尊重学生
6	要求严格又不苛刻	对人、对事公平、合理
7	讲课好,如清晰、生动、有激情	负责任,守信用
8	知识丰富,有学识与涵养	说到做到
9	做事果断,不拖泥带水	有政治头脑
10	仪态形象好,如有气质	讲文明,守纪律

表 3-4　学生不喜欢的教师特征

次序	21 世纪初学生不喜欢的教师特征	20 世纪 80 年代学生不喜欢的教师特征
1	脾气大,随便发火	对学生不同情,把学生看死
2	批评、讽刺、挖苦学生	经常责骂学生,讨厌学生
3	偏心,仅按学习成绩判断学生	教学方法枯燥无味
4	整天板着脸,严肃,不幽默	偏爱,不公正
5	不信任、怀疑学生	上课拖堂,下课不理学生
6	没有责任心与耐心	说话无条理,不易懂
7	说话无条理,不易懂	只听班干部反映情况
8	不关心学生	不和学生打成一片
9	上课没有激情,沉闷	布置作业太多、太难
10	知识水平差,没有见解	向家长告状

表 3-5　中、美、日三国学生喜欢的教师特征

次序	中国学生喜欢的教师特征	美国学生喜欢的教师特征	日本学生喜欢的教师特征
1	和蔼可亲,有亲和力	态度友善	热情
2	听取学生意见,信任并鼓励学生	尊重课堂上每一个人	教学易懂
3	理解、宽容与关心学生	有耐心	开朗
4	幽默风趣,有人格魅力	兴趣广泛	公开
5	认真负责	有良好的仪表	理解学生
6	要求严格又不苛刻	公正	亲切
7	讲课好,如清晰、生动、有激情	有幽默感	平易近人
8	知识丰富,有学识与涵养	良好的品质	有趣
9	做事果断,不拖泥带水	对个人的关注	不发脾气
10	仪态形象好,如有气质	处事有灵活性	幽默
11	不占课,不拖堂	宽容	直爽
12	留的作业少	有方法	与学生一起活动

纵向的比较研究发现,两个时期学生心目中最喜欢与最不喜欢的教师形象大同小异。① 在几十年时间里,教师的职业道德、人格特征与教育教学水平是学生评价教师的共同标准。如果考虑教师不同特征在学生心目中的权重,两个时期存在明显的差异。20 世纪 80 年代的学生更关注教师的教学能力,21 世纪初的学生则把教师的职业道德与人格特征摆到了最优先的位置;20 世纪 80 年代的学生期望教师具有作为公民所倡导的基本素质,而 21 世纪初的学生则期望教师具有个性特点。这反映出随着时代的发展,学生心目中的教师形象由传统的严厉、古板型向富有个性化的人格魅力型转变。

横向的跨文化的国际比较研究发现,中国学生心目中的好教师标准主要集中在教师的职业道德、人格特征、专业知识以及教育教学水平四个方面,但各方面所占权重不同,权重由大到小分别为:职业道德、人格特征、教育教学水平以及专业知识。与此不同,美国学生与日本学生心目中的好教师几乎都属于人格特征与职业道德的范畴,且均未提到教师的专业知识。通过美国学生与日本学生的比较发现,前者把教师的人格特征放在首位,教育教学水平排在最后;而后者却把职业道德放在首位,同时也看重教育教学水平。此外,中国学生要求教师知识丰富广博、教学清楚易懂,美国学生则期望教师兴趣广泛;中国学生期望教

---

① 这些特征集中表现在教师的职业道德、人格特征与教学能力方面。他们都很看重师德,不喜欢教师以权威形象出现;都强调教师的人格魅力,不喜欢整天板着脸、随意发火与没有耐心的教师;都重视教师的教学能力,不喜欢教学方法枯燥、知识水平差的教师等。

师在不苛刻的情况下严格要求学生,而美国学生则期望教师关注与宽容自己。这些都折射出东西方文化的差异。

资料来源:李琼.学生心目中的教师形象:一个跨文化的比较[J].教育科学文摘,2008(01):62—64.

(三) 教师社会地位

教师社会地位是指教师职业在社会整体职业体系中所处的位置,主要可以分解为四个指标:收入、权力、声望、专业,它们分别对应了经济地位、政治地位、职业声望和专业地位。因而,教师社会地位既是一个复合概念,也是一个整体概念。作为一个复合概念,教师社会地位主要可以被分解为经济地位、政治地位、职业声望、专业地位;作为一个整体概念,可以通过对上述不同层面进行加权计算,但这种方式比较复杂,因而教育社会学家经常用职业声望来衡量其整体地位。

1. 教师经济收入

经济收入是影响教师社会地位的主要因素,也是评价教师社会地位的主要依据。关于教师经济收入的研究有多种方式,其一是纵向比较,即通过历史资料研究教师经济收入的变化;其二是横向比较,它又包括国别比较和职业之间的比较两类,通过文化程度、劳动强度、功能特点等因素,来分析教师职业与其他职业的经济收入;其三是层次比较,例如分析幼儿园、小学、中学、大学教师的经济收入。

教师经济收入的问题通常是在职业之间的比较中进行讨论的。国内外的大量研究表明:(1)教师经济收入通常高于体力劳动职业,而低于一些专业性职业,处于中等收入水平。(2)教师经济收入不高但比较稳定。教师经济收入通常受到政府财政的保障,但又难以大幅度提高。(3)对教师经济收入的分析必须注意地区差别。由于不同地区的职业类别及其收入差异较大,因而很难得出教师经济收入偏低的普遍性结论。(4)要研究教师的实际收入问题。"教师兼职"几乎是一个国际现象,由于"教师兼职"是与其职业本身的条件相关的,因而需要把兼职所得置于教师经济总收入的分析中。

[案例3-3]

国内主要行业工资排行榜

表3-6 2020年城镇非私营单位分行业就业人员年平均工资

行　　业	2020年(元)	2019年(元)	增长速度(%)
农、林、牧、渔业	48540	39340	23.4
采矿业	96674	91068	6.2

续表

行　业	2020年(元)	2019年(元)	增长速度(%)
制造业	82783	78147	5.9
电力、热力、燃气及水生产和供应业	116728	107733	8.3
建筑业	69986	65580	6.7
批发和零售业	96521	89047	8.4
交通运输、仓储和邮政业	100642	97050	3.7
住宿和餐饮业	48833	50346	-3.0
信息传输、软件和信息技术服务业	177544	161352	10.0
金融业	133390	131405	1.5
房地产业	83807	80157	4.6
租赁和商务服务业	92924	88190	5.4
科学研究和技术服务业	139851	133459	4.8
水利、环境和公共设施管理业	63914	61158	4.5
居民服务、修理和其他服务业	60722	60232	0.8
教育从业人员	106474	97681	9.0
卫生和社会工作	115449	108903	6.0
文化、体育和娱乐业	112081	107708	4.1
公共管理、社会保障和社会组织	104487	94369	10.7
均值	97379	90501	7.6

资料来源：国家统计局．

由上表可知，备受教师关注的教育从业人员年平均工资于2020年突破10万元大关，达到106474元，超过全国平均水平97379元，在所有行业中排名第七，处于中上水平。此外，教师工资存在较大地区差异的现象普遍存在，主要表现为：教师工资与地方财政挂钩，经济越是发达的地区，教师工资越高，经济发展迟缓的地区，教师工资一般就比较低。中西部地区的工资普遍低于东部地区；还存在城乡差异、公立学校和私立学校的差异等现象。

2. 教师权力

与教师权力相关的概念是"教师权威"，两者密切联系，均对学生施加影响，但又有一定区别。这种区别表现在两个方面：第一，教师权力主要从教师职业群体的特征中加以分析，源于教育制度的特征,是教师职业本身带来的"法定支配权力",其主要特点是"外源性的";教师权威主要从教师个体的角度加以分析,源于教师个人的各方面素质,是教师本人的"人为影响力",其主要特点是"内源性的"。第二,教师权力主要与教师职业角色密切相连,属于影响教师社会地位的一个因素;教师权威主要与教育者角色密切相连,属于影响教育教学效果的一个因素。

由于教师权力源于教育制度,因此,教师权力的大小可以通过以下三个层面的分析予以讨论。第一,教师在社会中的权力,即作为一个特殊社会阶层的权力(例如,教师作为掌握知识或"文化资本"的知识分子,与社会其他成员的权力比较);第二,教师在学校中的权力,即教师与学校其他工作人员的权力比较;第三,教师在课堂中的权力,即教师作为"社会代表者"的专业性权力(教师与学生的权力相比较)。实际上,教师所拥有的最大权力是相对于学生而言的专业性权力,也被称为"教育自由权"。这种教育自由权通常包括:教科书选用权、课程实施计划制定权、教学形式和教学方法运用权、评价手段使用权。

一般而论,教师权力具有下述特点:(1)教师在社会中的权力直接受制于社会变迁对教育制度的影响,当"尊重知识、尊重人才"成为社会主流时,教师权力也会随之扩大。(2)教师在学校中的权力主要受到学校科层结构的影响,当学校强化科层管理,教师的权力就可能缩小,而当学校推行民主管理和专家管理,教师的权力则趋于增强。(3)教师在课堂中的权力从总体上说是相对稳定的,它赋予教师职业工作相对独立性。由于教师专业性权力使用的对象是处于"弱势地位"的学生,因而这种权力通常具有"绝对性"和"支配性"。但也因此,这种权力的使用又带有"灵活性"或者"随意性"的特点。如果教师滥用这种权力,最大的受害者将是学生。(4)教师各层面的专业性权力主要受到学校变量的影响。例如,"教科书选用权"在中小学教师那里常常是难以想象的,而大学教师可能在这一方面拥有最大的权力。

3. 教师职业声望

教师职业声望是社会成员对教师职业的意义、价值、声誉的综合评价。它既与该职业自身的特征有关,也与社会价值取向有关。例如,在权力崇拜或金钱崇拜导向的社会,从政或经商可能被视为理想职业。社会成员对每个职业都会有一个总体看法,这决定了他们对于不同职业的人们所表达的尊敬程度和向往程度。通过分析教师的职业声望,便可以大致了解教师的社会地位状况。但是,有学者发现,人们对职业声望的认识与实际的向往程度是不同的。这表明职业声望只能在一定程度上代表该职业的社会地位。

国内外的研究表明,教师职业声望通常具有以下特点。

(1)教师职业声望较高且呈上升态势。教师职业声望在常规职业排名中处于"中等偏上"的位置,并且高于教师经济地位在常规职业中的排名。从世界范围来看,教师职业声望自第二次世界大战以来一直呈上升趋势。我国的教师职业声望一直很高,这与传统的教师社会形象有着紧密联系。例如,20世纪80年代中后期开展的不少研究(这些研究所分析的职业类别较少)都发现,我国教师的职业声望在调查所及的职业中位居第一或第二。① 中国人民大学的学者于1997年根据我国常见的100种职业,在北京市进行了一次调查,其结果是:大学教授排名第2位(86.37分),大学普通教师排名第14位(74.94分);中小学教师排名第29位(68.31分)。最近的一些关于职业吸引力的调查也显示出教师的职业声望仍然居高不下。

[案例3-4]

教师享有学习进修的权利

2020年是中小学教师国家级培训计划(以下简称国培计划)实施10周年。作为我国教师专业发展实践中最具典型意义的国家行动,国培计划坚持服务基础教育改革发展,坚决落实脱贫攻坚,强化分层分类施训,有针对性地提升教师核心素养和关键能力。10年来,中央财政投入超过170亿元,培训教师、校长超过1600万人次,发挥了示范引领、雪中送炭和促进改革的作用。

下一个10年,国培计划将完善体系建设,关注管理效能,重点开展四个"推进"工作。一是推进教师培训个性化,通过对教师的精准诊断、测评,有针对性地为教师提供培训内容;二是推进教师培训信息化,通过搭建培训资源的集成平台和培训学分的管理平台来提升培训效益;三是推进教师培训自主化,赋予教师更多自主选择培训信息的权利,满足不同个体的需要,服务不同层次的教师;四是推进教师培训专业化,遵循教师、校长的成长基本规律,规范开展分层分类培训,加强培训体系和培训者队伍建设,实施培训绩效考核,动态调整培训专家库,不断提升教师培训能力,保障教师享有学习进修的权利。

(2)教师职业声望的高评价与低选择,形成了明显反差。有关教师职业满意度的研究典型地说明了这一问题的严重性。不少研究表明,往往有接近或超过半数的教师对自身的职业不满意。与20世纪80年代的研究结果相比,当代教师工作满意度整体有所提高,但是仍然没有成为热门和令人羡慕的职业。对大学毕业生的就业调查,同样反映出较低的教师职业选择率。如果再往下延伸,则会进一步发现中小学生对教师职业理想的淡化。这一事实表明,受人尊敬的职业并不一定是令人羡慕的职业。教师职业在成为社会中声望较高职业的同时,也是压力较大的职业之一。因此,选择教师职业的人数仍然不乐观。

显然,高评价与低选择的背后必然另有原因。影响教师职业声望的因素一般涉及社会、制度与个体因素三方面。就社会因素而言,主要包括文化传统、国家政策、价值导向、教师职业的功能等;就制度因素而言,包括教师工作条件、经济待遇、任职资格、专业特征等;就个体因素而言,涉及教师素质、文化程度、道德品质等。

---

① 中国经济体制改革研究所社会研究室,中国经济体制改革研究所社会舆论调查室.改革的社会心理:变迁与选择[M].成都:四川人民出版社,1988:108—112.

4. 教师专业地位

职业与专业存在差别。教师职业是不是一种专业(profession)？长期以来，说法不一。当前，教师职业正在走向专业的看法已成为共识，但对教师作为一种专业的内涵上的理解还存在差别，比较公认的是教师职业是一种"半专业"(semi-profession)或"准专业"的认识。教师与护士、社会工作者的专业成熟度相当。但不管如何，教师是一种专业的认识正在逐步形成和发展。

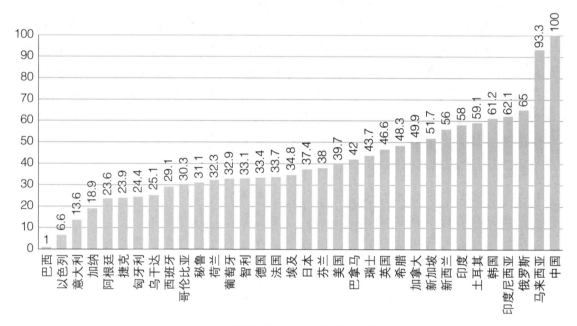

图 3-1　Varkey GEMS 基金会全球教师地位指数(2018)[①]

在世界范围内，促成教师是一种专业的认识，得益于国际劳工组织、联合国教科文组织于 1966 年共同发布的《关于教师地位之建议书》(Recommendation concerning the status of teachers)。该建议书明确指出：教育工作应被视为专业。尽管如此，教师作为一种专业的健康发展，仍需解决不少问题。换言之，教师专业成熟度的发展速度还不快。就目前来看，教师工作只是在"服务重于报酬"这一点上符合专业的标准，而在其他所有方面几乎都远离专业的要求。教师在专业化过程中存在并需要解决的问题，至少包括如下方面：(1)由于目前的教学是以讲解式为主，故无须专业性学习，教学可以凭借经验而得，这与低技术性行业一样；(2)学校课程、教学内容、考试时间等并不是由教师根据需求自定的，因此实际上也不存在所谓专业的自由；(3)教师职业的修业时间低于其他专业(例如，医生、律师)；(4)教师就业资格较易获得；(5)教师经济地位偏低。

[①] 殷玉新.全球教师地位的基本情况及其启示——基于 2018 年全球教师地位指数报告的分析[J].集美大学学报(教育科学版),2021,22(04):12—19.

5. 教师社会地位的判断与衡量

在社会学研究中,主要通过职业这一变量来分析社会地位。由于社会地位涉及许多层面,因此任何一种职业都存在一个整体社会地位和不同层面的社会地位。以什么来判断一个人或群体整体社会地位的高低? 对此可能会有多种认识。社会学研究中主要流行两种方法:一为主观判断法;二为客观评价法。

主观判断法主要运用问卷调查,直接听取、了解本人意见,以确定个体在假定具备从事任何一种职业的能力并可重新选择职业时,他所选定的职业等第次序。实际上这表明了社会成员会根据自身的经验判断,对不同的职业各层面的社会地位进行综合评价。目前较为流行的主观判断法是职业选择次第问卷调查法(见知识拓展3-1)。

知识拓展 3-1

职业选择次第问卷调查法

指导语:下面列有 N 种职业,假定你具备从事任何一种职业的能力,并可以重新选择任何一种职业,你将如何选择? 请按顺序标明你的选择。

律师	科学家
医生	大学教师
工程师	司机
……	……

客观评价法主要运用某些客观标准,通过问卷调查或统计方法,对一些职业进行评价。通常社会学家采用的客观标准是职业、经济收入和受教育程度,这样就可以把职业、经济收入、受教育程度划分为多种类型,然后通过一定的加权方法来计算分值(见表3-7)。

表3-7 客观评价法简表

分值	职业	经济收入	受教育程度
5	专门技术人员	最高5%	大学毕业或以上
4	中等职业	次高20%	大专毕业
3	技术工人	中间50%	中学或中专毕业
2	半技术工人	次低20%	小学毕业
1	非技术工人	最低5%	未接受正规教育

(计分方法:15分——社会上层;12—14分——社会中上层;9—11分——社会中层;5—8分——社会中下层;4分以下——社会最底层。)

那么,怎样来判断某种职业不同层面社会地位的高低呢? 一种方法是可以直接选取构成社会地位的不同层面,如:经济收入、政治待遇、受教育程度等,采用问卷调查方法加以比较;第二种方法是通过调查研究不同层面社会地位在整体社会地位中所占权重来测定。①

6. 影响教师社会地位的因素

在教育社会学研究中,有关教师社会地位现状的研究资料,要比研究影响教师社会地位因素的资料多得多。大多数关于教师社会地位的资料都表达了同样的观点:教师的社会地位比它应得的低!综合地看,影响教师社会地位的因素可以概括为下述四个方面。

第一,国家与政府的教育、教师政策。教育事业和教师工作的重要性,归根到底需要有政策保障。只有真正把教育事业和教师工作放在国家长期发展的战略地位,克服各种急功近利、重物轻人的思想,千方百计保证教育投入,才能从根本上提高教师的社会地位。各国的实践已经证明了这一点。

第二,教师队伍的规模。从世界范围来看,教学最大的要求是有具备专业知识的职业人员队伍。不论是发达国家还是发展中国家,教师队伍的规模明显高于其他所有职业的人员队伍。规模大小可能是影响教师地位高低的重要因素。

第三,教师从业资格的要求。目前,这一方面的要求相对较低。尽管教师的学历普遍高于其他大多数职业从业人员的学历,更明显地高于专业地位相当的职业(如护士等)从业人员的学历,但教师的从业要求却不高。大多数国家的师资专业培训的平均年限在增加,但仍一直低于医生、律师等职业。更明显的区别是,其他专业的毕业生经过短期师范教育培训,即可从事教学工作,而师范专业的毕业生要作类似的转变则异常困难。

第四,教师工作对象的特殊性。教师的工作对象是儿童、青少年,这一点有可能是影响教师地位的因素。从现实来看,随着儿童、青少年地位的变化,教师的地位(至少在家长心目中)在发生着细微的变化。此外,在现代社会由于人人都要接受教育,人人都经常接触到教师,教师形象的神秘感几乎不存在(像医生、律师等职业则不然)。在大多数人的心目中,教师就是一个"孩子王"。这有可能影响教师的社会地位。

总体而言,上述因素尽管可以假设为降低教师社会地位的证据,但正如前所述,影响教师社会地位最重要的因素,仍然是经济收入的高低。这已经为近几十年来国内外多次几起几落的"师范热"所证明。

二、教师的教育者角色与地位

当我们把教师职业角色放在学校背景内加以分析时,教师扮演两种基本角色:第一是教育者角色,第二是受雇者角色。教师职业的最基本内涵,主要是其所扮演的教育者角色。作为教育者,教师的行为主要表现在:其承担了哪些教育人的角色,其角色权威形象如何;作为一个教育者,其与学生的关系如何处理等方面。

---

① 具体操作方法可参见:鲁洁. 教育社会学[M]. 北京:人民教育出版社,1990:450—452.

(一) 教师所扮演的教育者角色

关于教师所扮演的教育者角色究竟有哪些,一直有多种说法。我们最为熟知的是唐代韩愈《师说》中的一句名言:"师者,所以传道受业解惑也。"美国学者格兰布斯(J. Grambs)则将教师角色分解为两大类:学习指导者(还可细分为:学习成绩评判者、有知识者、维护纪律者、学生所信任者、道德气氛的创造者、学校中的受雇者、教育传统的支配者),文化传播者(尚可细分为:青年人楷模、理想主义者、思想界先锋、有文化教养者、社区事务参与者、社区中的陌生人、社会公仆)。① 教师的教育者角色规定了其行为是多元和复杂的。其特点主要表现为以下四点。

第一,教师行为的道德性。教师是成人文化的代表,是社会道德的维护者,因此教育者角色的最大特点是教师的道德行为。

第二,教师行为的规范性。教师是学生行为规范的楷模,因而自身的行为必须合乎规范。所谓"身正为范""其身正,不令而行",就是对这一特点的最好注解。

第三,教师行为的抽象性和模糊性。由于教师职业的准专业特征,作为一个相对独立的教育工作者,教师的教育行为或有效的教学工作,并无明确的规定,其行为方式具有模糊和抽象的特点,这就带来对教师行为控制的难题。

第四,教师行为的自律性。教师行为主要依靠自律而非他律。

由此可见,教师要履行教育者角色必须具有相应的权威。涂尔干认定"教育必须是一种权威性的活动",沃勒(W. Waller)也强调"权威存在于教师这一方面"。

(二) 教师权威

教师是成人社会的代表。教师依据成人社会的规则对学生有目的、有计划地施加符合社会要求的影响,即教育影响。这种教育影响的效果受制于很多因素。就教师方面而言,最重要的制约因素是教师权威。

1. 权威的来源

在社会学中,最早研究个人权威的来源问题的,是法国社会学家涂尔干与德国社会学家韦伯。

涂尔干在《教育与社会学》一书中写道:"在本质上说,教育必须是一种权威性的活动……教育必须使我们克服原始本性……对儿童来说,责任是具体化和人格化的。于是教育工作者的关键品质就是道德权威。……教师的权威不是来自外部,而是来自教师自身,只能归结于教师自身对道德的内在忠诚。"

韦伯虽然并没有提出教师权威的来源问题,但他对权威问题有更为一般性的论述。此后的一些社会学家也从不同角度讨论了权威来源的问题(见表 3-8)。这些看法有助于对教师权威的分析。

---

① 转引自:厉以贤. 西方教育社会学文选[M]. 台北:五南图书出版股份有限公司,1992:629—639.

表 3-8 社会学中的权威理论

韦伯的权威类型论	库利(C. Cooley)的自我优势论	戈夫曼(E. Goffman)的印象管理论	霍曼斯的行为交换论
根据合法性获得来源的不同,把权威分类为三种形态。形成权威的途径:传统权威、人格感召权威、法定的权威(具体又分两类:法定权威或官方权威;专业权威或理性权威)	以自我概念为基础说明权威与领导的关系。指出自我优势是指个人在意识、暗示、判断上长于他人之处。形成权威的策略:具有强烈的自我表现欲、成功地展示自己、成为人们追求的个人象征、具有信仰与希望、有神秘感	力图告诉人们如何在他人心目中形成一个自己所希望的印象,因而,这一理论被称为"印象管理理论"。形成权威的策略:理想化表演、误解表演、神秘化表演、补救表演	把人类行为界定为个人之间进行报酬和惩罚的交换。因而建立一种良好的社会行为的策略,可以归纳为五种命题:成功命题、刺激命题、价值命题、剥夺—满足命题、攻击—赞同命题

2. 教师权威的源泉

教师权威来源于何处?涂尔干强调的是教师的道德权威,即教师个人的人格力量、坚强的意志品质等。他的观点隐含着教师权威既来源于社会(社会的代言人),同时也要求教师个人的人格力量。沃勒在《教学社会学》中以"制度的指导"与"个人的指导"这一说法,分解了教师的权威源泉。这里的指导在内涵上等同于"权威"。这种明确把教师的权威分为"制度的"与"个人的"两个层面的方法,成为此后教育社会学家分析教师权威时的基本思路。比较严谨与细致地研究教师权威的学者,是克利夫顿(R. Clifton)与罗伯兹(L. Roberts),他们在 1990 年的《教师权威:一种社会学观点》一文中,以韦伯的"权威三类型"为基础,提出了教师权威的四层面说:法定的权威、传统的权威,这两者均源于教育制度;感召的权威、专业的权威,这两者均源于教师的个人因素。四者的互动形成了教师的实际权威(见图 3-2)。①

制度的权威						
高法定权威		低法定权威				
高传统权威	低传统权威	高传统权威	低传统权威			
A4	B3	C3	D2	高专业权威	高感召权威	个人的权威
E3	F2	G2	H1	低专业权威		
I3	J2	K2	L1	高专业权威	低感召权威	
M2	N1	O1	P0	低专业权威		

图 3-2 教师权威的四个层面

图 3-2 中每一格都代表教师权威四个层面的一种组合类型。数字代表该类型的教师权威所含有的高水平层面权威的数量。如在 A4 一格中,"4"表示该类型的权威在法定、传统、

① 转引自:吴康宁. 教育社会学[M]. 北京:人民教育出版社,1998:209—211.

专业、感召四个层面上都处于最高水平,可说"完美的权威"。而在 P0 一格中,"0"表示四方面都处于最低水平。

从一定意义上来说,教师权威的类型与教师对学生所施加的影响效果之间,存在一定的对应关系。也就是说,教师法定的权威、传统的权威、专业的权威、感召的权威分别是教师对学生施加法定性影响、传统性影响、知识性影响及人格性影响的主要载体。

3. 教师权威的合法性

教师权威的运用在于使学生的行动处于一种有序状态,或协调起来合作实现某一目标,这是达成有序的教学活动或教学秩序的主要机制之一。[①] 教师权威也是教师权力的一种特殊形式:它通过命令来安排或联合其他行动者的行动,这些命令之所以有效,是因为被命令者认为这些命令是合法的。

显然,权威不同于权力(即强迫性控制)。后者是借助于个体的赏罚能力而使他人服从的,而权威则被认为是合法的。但应当说明,这一说法是分析性的,在实际生活中,两者很可能并存。因此,教师权威实际上是"合法性权力"。教师权威运用的有效性受到各种因素的影响,例如,交换机制——学生是否获得特殊的报酬;是否具有共同利益——师生在完成特定计划时尽管不是平等地分享,但这种互动始终会存在双方能否"共同得益"的问题;团结一致的精神——通过各种不断的协作来实现;权利的使用;等等。但是,强迫性控制的实施同合法权威的运用,可能协调也可能冲突。以不正当的手段实施强迫性控制,可能使学生对教师权威的合法性产生怀疑,进而出现对教师控制的反抗。不过,即使在这种情况下,教师权威的合法性仍然继续存在。

4. 教师权威的变化

这里所指的变化不是教师通过自身努力而实现的教师权威的绝对变化,而是指因社会变化和学生差异出现的教师权威的"相对变化"。社会变化对教师权威有着广泛的影响,主要影响有三点。第一,从法定层面来看,在极端情况下社会变化可以使教师权威荡然无存(如"文化大革命"时期的教师几乎无权威);第二,从传统层面来看,在拜金主义盛行的社会变化时期,以"尊师"为特征的教师传统权威大多会减少(如教师得不到社会尊重);第三,从专业层面来看,大众媒体的发展,使得教师专业权威的获得、巩固、发展变得很困难(如知识来源的多样化可能抑制教师的知识权威形象)。学生差异对教师权威的影响不在权威的制度面,而在权威的个人面。学生的年龄特征与教师的专业素质、人格魅力、师生关系、评价手段有着不同的关系(见图 3-3)。

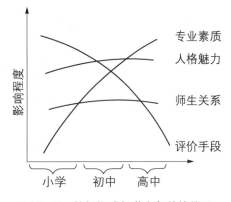

图 3-3 教师权威与学生年龄的关系

[①] 主要包括:处于一定关系中的行动者之间进行的交换、共同利益的实现、群体内部的团结一致、权力的使用(这又包括权力本身的影响、权威的作用与强迫性控制)。另可参见:(英)G. 邓肯·米切尔. 新社会学词典[M]. 蔡振扬,谈谷铮,雪原,译. 上海:上海译文出版社,1987:21.

三、教师的受雇者角色与角色冲突

教师在学校背景内的第二类基本角色,就是"受雇者角色"。教师是以教育教学工作这样一种特殊劳动来换取经济报酬的。教师的聘用与否、待遇高低直接受制于学校的用人制度、分配制度、奖励制度等。随着学校科层化的不断强化,教师的受雇者意识同样会进一步加强。

(一) 教师的角色冲突

由于教师扮演着受雇者角色,所以教师会面对大量的角色冲突。日本教育社会学家新堀通提出三类冲突:一是教师自身的不同意识之间的冲突(如教师的劳动者意识与教育者意识的冲突);二是教师自身的规定与社会对教师的角色期待之间的冲突(如"尽可能发展学生的综合素质"的教育理念与"尽可能使孩子升学"的家长要求的冲突);三是社会对教师的不同角色期待之间的冲突(如教师与家长就"希望培养什么样的学生"的观念冲突)。角色冲突对教师既有一定的正面功能,也有负面功能。一方面,适当的冲突可以让教师依据社会的期望、职业的要求以及教育的情境来不断反思自己的角色行为,从而促使教师提高其专业能力和教育素养;另一方面,角色冲突可能影响教师的身心健康、工作的积极性和意愿,甚至可能影响教师的职业稳定,从而导致部分教师产生角色倦怠甚至退出的行为。从教师扮演受雇者角色这一角度看,教师遭遇的角色冲突主要表现为以下两点。

1. 教师的教育者角色与受雇者角色之间的矛盾

这是最基本的角色冲突,主要是一种"角色外冲突"。教育者角色的最大特征是相对独立性,而受雇者角色的最大特征是被制约性。这种冲突可能会弥漫于教师工作的几乎所有层面。但是,这种冲突的显现程度则因学校差异、教师社会化差异、教师个性特征而不同。通常,当教师的受雇者意识较强时,这种冲突的程度较低;而当其教育者意识较强时,冲突的显现程度可能较高。

2. 社会代表者与同事角色的冲突

这是经常发生的角色冲突,主要是一种"角色内冲突"。社会代表者的基本特征是"社会规定性",教师必须隐瞒自己而成为"社会代言人"。实际上,教师在扮演社会代表者时所奉行的是"不平等原则"。同事的基本特征是"个人独立性",要求教师以同行的身份、同辈的姿态、朋友的口气与其他教师交往。所以,教师在扮演同事角色时所奉行的是"平等原则"。教师每天需要频繁地在这两类角色之间进行转换,因此这两类角色的冲突便在所难免——在学生面前必须具有权威,在同事面前则须平等互尊;教师在学生面前主要是"掩饰自我",而在同事面前主要是"展现自我"。这种冲突的显现程度是随教师社会化的进程而递减的,表现为从"极不适应"到"习以为常"的转变。

(二) 教师群体内部的地位差别

教师作为一个受雇者,还存在一些基本问题,即教师在学校中的地位与其他成员有关。

教师群体内部的地位差别既表现在对教师职责、权利的正式规定上,也表现在教师之间的非正式人际关系中。例如,根据教师受雇的学校差别,可以发现,教师的职位之间存在许多被正式认可,或官方认可的差别。这些差别在不同学校、不同社区中存在。通常,大学教师的地位高于中学教师,中学教师的地位高于小学教师。而任教学科的不同会影响教师的地位差别,例如,语文、数学、物理、化学、英语学科教师的地位,要高于历史、地理、生物、音乐等学科教师。在新老教师之间也存在地位的差别。这种地位差别主要是因为任教年限的长短。此外还包括专业声望、年龄、性别等影响,同时,不同国家的教师地位也存在一定的差别(见案例3-5)。

案例3-5

教师地位的国别比较

在2018年的全球教师地位指数排名中,中国、韩国教师靠前,芬兰、日本教师居中,以色列教师落后。有研究围绕教师职业声望、教师工资、教师专业性三个核心维度,综合相关数据,对中国、韩国、芬兰、日本、以色列教师的地位及其支持制度进行比较,发现中国教师职业声望高,职业吸引力最强;芬兰教师实际工资最高,韩国小学教师起薪水平高,日本各级教师同酬;芬兰、以色列教师学历水平高于OECD均值,中国教师专业发展机会相对较多。研究在分析各国支持教师高地位的系统后,指出提升中国教师的地位,需建立稳定教师地位的正向循环系统,根据国情选择有针对性的政策工具,整合资源,不断提高教师专业水平。

资料来源:沈伟,李倩儒.教师地位及其支持制度的国别比较:基于中国、日本、韩国、芬兰、以色列的考察[J].外国教育研究,2020,47(10):39—53.

关于教师群体内部地位差别的研究有着重要意义。从实际情况来看,关于教师群体结构以及不同群体之间可能存在裂痕的知识,对于学校管理十分重要。学校领导者应当从了解和疏通教师之间非正式人际关系的现状入手来开展工作。如果教师能够在充满友谊的团体中工作,则会激发出他们的工作热情;如果教师处于一种充满敌意和紧张的人际关系中,则可能导致各种问题。

(三)性别与教师的地位

在很长一段历史时期内,教师队伍是以男性为主的。近代随着女科的开禁,女教师开始出现。新中国的成立为全体女性的彻底解放提供了社会制度的保障,但在一段时期内,由于仍受到蔑视女性的传统封建意识的影响,女教师的地位从整体上看不高。这种情况易导致男教师的优势观念,一旦某一女教师的地位超越了他们,就有可能产生各种潜在的对立与冲突。现阶段,我国中小学男教师比例在逐年下降,女教师的人数在逐年上升(见图3-4)[①]。

---

① 徐梦杰,张民选.中小学教师性别失衡问题及对策研究[J].教育发展研究,2021,41(15):107—115,124.

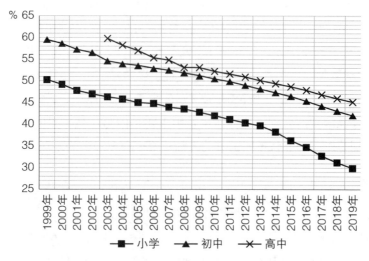

图 3-4 1999—2019 年我国中小学男教师比例

(四) 教师与非教学人员

在我国,探讨教师与非教学人员的地位关系,或非教学人员在学校决策中的作用的研究很少,实际上这是一个很大的欠缺。在学校内部,教师与非教学人员之间的关系十分重要。学校里有一些像教学秘书、教务管理这样的职位,担任这些职位的员工被称为非教学人员。在正式场合,所有这些人既要服从行政安排,也要服从教师。但是,在某些学校或部门,非正式人际关系改变了这些非教学人员的地位。① 这种情况容易导致教师在与非教学人员的交往中发生对立或冲突。

[案例 3-6]

新自由主义背景下英国高等教育中专业学者与非教学人员之间的冲突

在新自由主义持续发展的情况下,拉伯(R. Raaper)和奥莱森(M. Olssen)提出了英国高等院校中"去专业主义"的观点,认为权力已经从学术界转移到外部管理者手中。在英国,专业学者已经失去了对其工作条件和研究内容的控制,而非学术群体,如教务人员、副校长、执行委员会和管理人员则管控了大部分内容。虽然大部分管理人员都不是专业的学者,但在新自由主义的影响下,他们已经"专业化"了。在原本的"合议—民主"的治理模式中,学术界掌握着权力,并积极地参与到大学的治理中。然而如今,这种模式正在被逐渐取代。

资料来源:Raaper R, Olssen M. Mark Olssen on neoliberalisation of higher education and academic lives: an interview[J]. Policy Futures in Education, 2015, 14(02): 147—163.

---

① 例如,美国教育社会学家布鲁克弗在一项研究中,列举了某校的看门人由于长达 20 多年的看门人工作经历,在学校决策中起着举足轻重的作用。转引自:历以贤. 西方教育社会学文选[M]. 台北:五南图书出版股份有限公司,1992:657.

四、教师的知识分子角色与地位

中国经济的发展以及经济结构的变化,导致了一种新的社会阶层结构的形成,并正在按照自身的逻辑继续发展。其中,教师扮演着知识分子的角色。

(一) 教师的阶层身份特征

教师作为社会阶层中的一类,具有下述基本特征。

1. 向上流动性

按照德里达(R. Dahrendorf)的服务阶级论的观点,教师属于服务阶级,是统治阶级和被统治阶级间的桥梁,他们比其他阶层更认同统治阶级的道德规范。教师作为知识分子,具有高度的保守性,在阶级结构中的位置与关系更趋向于资方。学校作为社会阶级的复制机制以及其高度的事务性特征,强化了教师的中产阶级特性,从而使其具有向上流动的可能性,教育机构中科层化的体制和阶层化服务也激励着教育从业者向上流动,因此,教师也被称为是"社会身份的寻求者"(status seeker)。教师在成长的过程中吸纳了社会中上层的价值观,取得了向上流动的资格和证书,在生活方式、思维模式上完成了社会化过程。教师在教育制度中具有特殊的功能和作用,决定了其在向上流动的同时也扮演着操控文化资源(如文凭、学历、课程设计、课堂控制以及评价学生等)的角色。

2. 利益集团性

摩斯卡(G. Mosca)从政治权力的角度分析了社会阶级结构,认为教师职业运用学历学位层级、职称层级、职务层级以及专业学会等维护其阶级和阶层的利益,因此具有专门集团控制和垄断行业知识的资本主义特质。他们借由执照制度和分工合作的名义将自身谋求的动机用社会服务与公共利益的假象来掩盖,由此使其身份带有了一定的政治色彩。

3. 多重身份性

哈利斯(K. Harris)1982年在《教师与阶级——马克思主义分析》一书中,通过教师具有的三种身份:经济身份、政治身份和意识形态身份,来分析、确认教师的阶级地位(location)和阶级立场。[①] 就经济身份而言,教师既不属于工人阶级也不属于资产阶级,他们更接近于无产阶级;在政治身份上,他们受雇于国家,行使国家的政治职能;在意识形态身份上,他们接纳并传承社会统治阶级的意识形态,实现对学生的"控制"。

(二) 教师的知识与权力

教师通常拥有三方面的知识,一是教学过程的知识,二是学校教育过程的知识,三是特定内容的知识。教师在整合三类知识的过程中确定自己在教育和教学中的领导、控制地位。[②]

---

① 参见:(美)Harris K. 教师与阶级——马克思主义分析[M]. 唐宗清,译. 台北:桂冠图书股份有限公司,1994.
② 郑新蓉. 教师的阶层身份、社会功能与专业化——西方马克思主义关于教师的研究[J]. 教育学报,2005,1(03):30—34.

教师作为创造、传播和应用文化的知识分子,利普赛特(S. Lipset)作了两类区分:一类是生产和创造者——学者、艺术家、哲学家、作家以及一些报刊编辑;另一类是文化的传播、传授或实施者——大多数教师、记者。教师区别于其他文化传播工作者的地方,不仅仅在于其掌握了一门专业,并受国家、社会直接而明确无误的委托,向年轻人传播文化,塑造他们的价值观,并由此建构集体的世界观,而且教师是唯一拥有这个象征和制度权力的人。更重要的是,教师拥有一种世界观,或者意识形态,奥力维·赫布尔(O. Reboul)将其看作典型的意识形态的代表,在社会关系中占据着传递各集团世界观的战略地位。[1]

五、教师角色社会化

教师角色社会化是指某些人成为教师职业的成员,并逐步扮演合格的教师角色的过程。教师角色社会化的内容主要包括:内化教师职业价值、获取教师职业手段、认同教师职业规范、形成教师职业性格、养成教师职业态度。教师角色社会化是一个长期的过程,涉及制度层面和个体层面。从制度层面来看,教师角色社会化主要可分为两个阶段:任职前的预期社会化(anticipatory socialization)与任职后的继续社会化(continuous socialization);从个体层面来看,教师角色社会化也就是教师角色扮演的过程。

(一)教师角色扮演的过程

从个体层面来看,教师角色社会化就是教师角色扮演的过程,后者通常要经历三个阶段:教师角色期待、教师角色领悟和教师角色实践。

1. 教师角色期待

教师角色期待也称教师角色期望,是指社会对教师角色的期望和要求,通常包含两个层次:一是对全体教师的一般期望;二是对个别教师的特殊期望。角色期待作为一种社会观念,可以影响教师的角色行为,但是这种影响必须通过被期待者的内化过程而实现。否则,即使角色期待再强烈,也不会产生期待效应。例如,英国制定的教师职业行为相关规范中就明确指出了对教师这一角色的期望(表3-9)。

表3-9 英国教师个人与职业行为相关规范[2]

序号	内 容
1	教师要严格对待学生,尊重学生,遵守教师工作的职业边界
2	尊重学生的法定权利
3	不损害英国的价值观,即民主、法治、自由、共同尊重、包容不同信仰与观念

---

[1] (加拿大)莫罕默德·梅卢奇,(加拿大)克莱蒙·戈蒂埃,宋莹.教师是知识分子:文化的传承者、阐释者和批评者[J].清华大学教育研究,2006,27(04):14—22.
[2] 赵阳.英国教师职业行为规范制定与实施[J].外国教育研究,2019,46(08):30—44.

续　表

序号	内　　容
4	教师确保自己所表达的个人观念不会激发学生的弱点,或导致学生犯法
5	教师必须了解并遵守校规
6	教师必须理解教师职业的义务与责任,在法律所规定的责任范围内从事教学工作
7	教师必须依照《儿童保护法》的要求保护学生的利益

2. 教师角色领悟

教师角色领悟也称"教师角色认知",是指教师角色的扮演者对其角色规范和角色要求的认识与理解。教师角色期待是一种社会观念,即外在的影响力量;而教师角色领悟是一种个人观念,是角色扮演的内在力量。由于个体的思想觉悟、认识水平、价值观念、看问题的角度等各不相同,对教师角色的理解常有差别。因而,才会有千差万别的教师角色的具体实践。

3. 教师角色实践

教师角色实践也称教师角色行为,是教师角色扮演的实际过程或活动,它是教师角色领悟的发展。教师角色实践可以说是教师角色的实际行为。一般而言,教师对角色的领悟应与教师实践一致;但因主客观条件的制约,两者之间可能产生一定的差距。

综上所述,教师角色扮演一般要经历教师角色期待、教师角色领悟、教师角色实践的过程。在这一过程中,后者与前者往往不可能保持一致,会发生一些偏差,这种偏差或差距,在教育社会学上被称为"角色差距"。

(二) 教师角色社会化的阶段

从制度层面来看,教师角色社会化可分为两个阶段:教师预期社会化与教师继续社会化。

1. 教师预期社会化

教师预期社会化也称教师职前社会化,即正式接受师范专业训练的阶段。社会化的主要机构是师范院校或兼有师资培训任务的其他学校。由于这些机构是经国家认可的培养教师的专门教育机构,因此,学生毕业也就意味着其职前社会化的结束,意味着社会从制度上认可了毕业生具有担任教师的资格。

1969 年,莱西(C. Lacey)等人对教师预期社会化进行了为期四年的研究。[①] 他们发现,在师范生社会化的预备阶段,就已经出现了从事教学的职责感,这种职责感贯穿于整个培训期间,直到教学的早期阶段。这些职责感可以分为两类:基本职责感和职业职责感。具有基本职责感的学生,把教学工作视为达到一种目的或实现一种理想的手段;具有职业职责感的学生把教师看成是一种职业。但当学生在教学工作中碰到困难时,这种职责感就会减少。

---

① 转引自:中央教育科学研究所比较教育研究室. 简明国际教育百科全书·教学(下册)[M]. 北京:教育科学出版社, 1990:51—68.

他们的研究还发现,师范生预期社会化训练最有效的时期是实习阶段。实习阶段的社会化经历可细分为四个阶段:一是"蜜月阶段",实习生体验到"做教师"的异常快乐;二是"寻找教学资料和教学方法的阶段",实习生努力寻找资料使自己成为一个好教师;三是"危机阶段",实习过程中碰到各种课堂秩序及教学问题,社会化危机出现了,这种危机对不同学生的影响各不相同,最严重者会出现"社会化中止"的现象;四是"应付阶段",当做教师的最初快乐或神秘感消失后,他们会采取一种较为现实的方法,特别是改变了自己原来"理想化"的方式。这意味着他们开始以现实教师的姿态出现在课堂上。而对那些经历了严重危机又无法改变困境的实习生来说,这种"应付"则意味着教师社会化的终止。

关于教师预期社会化的效果如何,这方面的研究资料甚少。教育社会学主要运用"从业率"(即师范院校毕业生从事教师职业的比例)、"巩固率"(即几年中新教师坚守岗位的比例)等角度来分析教师预期社会化的效果。从我国的情况看,教师预期社会化的效果并不理想,特别表现为师范院校毕业生的"从业率""巩固率"都较低(见案例3-7)。

案例3-7

师范生就业率整体不高,艰苦边远地区教师依然紧缺

某师范大学公布的2021届毕业生就业数据显示,公费师范生就业率高达99.63%。但普通师范生就业率则只有38.87%,说明师范生就业率总体不高。

2021年12月,教育部办公厅发布《教育部办公厅关于做好2022届教育部直属师范大学公费师范毕业生就业工作的通知》,其中明确指出:各地要落实乡村教师生活补助、艰苦边远地区津贴等优惠政策,为公费师范生到农村任教提供办公场所、周转宿舍等必要的工作生活条件,吸引公费师范生毕业后到农村中小学任教。

2. 教师继续社会化

教师继续社会化也可称教师职后社会化,社会化的主要机构是新教师所在的学校。实际上,师范训练仅仅意味着新教师获得了社会所认可的教师资格,但并未具备合格教师所必须具有的全部素质。因而,教师继续社会化就显得尤其重要。这一阶段教师社会化的主要任务,就是要在教师角色实践过程中,不断内化职业价值观、职业道德,掌握职业技巧和手段,真正认同教师规范等。

关于教师继续社会化的研究,过去只重视了教师的"继续教育"或"在职进修"问题,但实际上教师继续社会化问题不仅如此,它还涉及许多更复杂的问题。

第一,新教师感受到的最重要的社会化压力之一,是"职业压力"。新教师一旦进入工作岗位,随之而来的是"现实的巨大冲击",一方面是感受到现实的教学环境与理想的不太一样,另一方面发现了作为一个专职教师需要许多职业技能、技巧,而不仅仅是"满腔热情"。此期社会化的主要媒介不再是某一个单位,而是同事,尤其是教学经验丰富的、著名的老教师。

"人际关系的压力"是新教师经常面对的社会化问题。这种压力既包括如何处理教师群体内部人际关系的问题，也包括如何处理与学生家长的关系问题。新教师往往会突然认识到，学校环境其实也与外部环境一样，存在种种人际关系问题，甚至要比外界更为复杂。

第二，"晋升的压力"是新教师继续社会化过程中的另一个重要问题。特别是当新教师开始考虑长远的发展前景和事业的时候，这种矛盾就会十分尖锐。一般来说，新教师踏上工作岗位之后不久，就会很快开始思考自己的前途问题。这一问题的解决与否，往往是新教师职业稳定性的一个主要参照点。许多研究发现，新教师如果解决不了这一问题，就可能影响他们的职业稳定性，其中，教师职业倦怠是教师职业生涯中不容忽视的一个问题。

（三）教师职业倦怠

20世纪90年代中期以来，教师职业倦怠已经成为世界范围内教育领域的突出问题，严重威胁着教师的身心健康、教学效率以及教师队伍的稳定，并直接影响学生的健康发展。职业倦怠常常表现为疲乏、失眠、头痛等身体问题，以及自尊水平下降、抑郁、易怒、焦虑、无助等心理问题。

1. 职业倦怠的两种观点

心理学家和社会学家都假设教师的职业倦怠来自工作中的过度压力，不同的是，前者将职业倦怠看成一种临床问题，后者则强调组织和社会的支持机制对职业倦怠的影响。

（1）职业倦怠的心理学观点。

职业倦怠一词最早由弗罗伊登伯格（H. Freudenberger）于1974年提出，认为这是一种个体的专业服务处于筋疲力尽的状态。马斯拉（C. Maslach）等人从心理学维度提出了测量职业倦怠的衡量标准：疲劳、缺乏个人成就感和人格解体。

职业倦怠通常有五个发展阶段：身体、智力、社会、心理情感和精神。每个阶段都有特定的症状：第一阶段表现为疲劳和精疲力尽；第二阶段表现为决策失误和工作分神；第三阶段表现为退隐社会、玩世不恭、易怒和粗鲁；第四阶段表现为拒绝、责备、生气和失望；第五阶段表现为工作质量低、想逃离工作、把学生的需要看成是一种威胁。

对于职业倦怠的核心问题，不同研究者有不同的观点：切多林（Cedoline）认为是压力或忧虑，彻尼斯（Cherniss）把它描述为紧张。还有些研究者把职业倦怠看成工作负担过重、角色冲突和角色模糊共同产生的压力过度的结果。卡恩（Kahn）等人把过度的工作要求，即相互排斥/相互矛盾的要求以及在缺乏资源和没有给予必要的权力的情况下获得其他人合作的要求，作为压力的来源，认为这导致了职业倦怠。无论何种看法，都强调由于过度的压力超过个人的应对能力，从而产生职业倦怠。然而也有不同的观点存在：法伯尔（Farber）、派因斯（Pines）和阿伦森（Aronson）认为压力并不总是产生职业倦怠。只要个体认为自己的工作有意义，即使在有压力的环境中仍可能取得成就；当活动缺乏意义时，他们就感到单调乏味。因此，职业倦怠是单调乏味的结果。

(2) 职业倦怠的社会学观点。

社会学观点并不否认压力和忧虑对职业倦怠的影响，但是它更强调社会和人口因素、学校环境以及教师培训的影响。职业倦怠被看成是某种角色的异化形式，通常由压力引起，而压力则来源于社会中的社会结构和学校中的组织结构。因此，社会学家把结构与组织变化看成是减少职业倦怠的机制。

教师培训增加了职业倦怠的可能性。教师职业倦怠作为一种角色异化的形式，是由教师在职前培训中形成的期望与在从教过程中面临的现实之间的差异所致。在科层制教育领域中，由于教师对环境准备不足，其自治权受到严格的限制，加上繁重的工作，他人对教师的不理解、不尊重以及师生间的阶层与文化差异，导致教师对工作产生倦怠。德沃金(Dworkin)的研究表明，城市教师的职业倦怠主要由无意义感和无权力感造成；德沃金和汤森(Townsend)发现，在有经验的教师中，由无意义感和无权力感引起的职业倦怠不断增加，而心理学观点中的筋疲力尽和人格解体的职业倦怠在减少。

2. 职业倦怠的相关理论

(1) 资源保存理论。

资源保存理论从需求和资源平衡的角度来解释职业倦怠产生的机制。当个体失去特定的资源，工作要求无法充分满足，或无法得到预期的回报时，就会产生职业倦怠。李(Lee)和阿什费史(Ashforth)的元分析研究表明，与需求相关的因素是造成情绪衰竭和人格解体的主要原因，而与资源相关的因素则可用来支持个体，以减少情绪衰竭和人格解体的扩张，同时也是减缓低成就感产生速度的主要因素。

(2) 习得性无助论。

梅彻尔(Meicher)认为，当自我描绘的积极心理图示在早期的探索阶段一再受挫时，个体会变得无所适从，转而陷入一种停滞观望的状态。虽然这种状态无助于目标的实现，但当初因为执着于理想目标追求而屡遭挫败的局面得以终止，这是个体乐于接受的退而求次的结果。

(3) 不匹配模型。

职业倦怠这一概念所指的不是单纯的个体压力问题，而是个体与工作情境的互动关系。在这种理念下，莱特(Leiter)和马斯拉齐的不匹配模型认为职业倦怠是个体与工作之间的一种非建设关系，并不是临床上的紊乱，也并非由工作或个体本身的单方面原因产生职业倦怠，而是它们之间的匹配程度差距越大，越易产生倦怠。马斯拉齐等人的研究进一步指出，个体和组织在六个因素上的不匹配可能引起倦怠：①工作量；②控制感；③报酬；④一致性；⑤公平性；⑥价值。

3. 职业倦怠的发展过程

(1) 经验性阶段模型。

职业倦怠的三个基本成分是情绪衰竭、人格解体和低成就感。就其发展过程看，马斯拉齐认为,首先,个体因长期面对工作对象过度的情感需求,其有效资源逐渐被耗尽而产生情感衰竭;而后,个体以防御性应对方式尽力使自己远离别人(人格解体);最后,个体发现其实际工作状态与期望水平存在很大差距,导致个人成就感明显降低。对于这个发展顺序,有研究者提出不同观点,认为职业倦怠先于人格解体,与工作对象的疏远降低了个人成就感,最后导致情感衰竭。还有研究者认为,职业倦怠的三个成分没有固定的先后顺序,可独立甚至同时出现。

(2) 四阶段论。

比尤凯格(Beaucage)将职业倦怠分为四个时期:①狂热期:个体表现出雄心勃勃、忘我投入,新教师大多都有狂热期;②停滞期:个体做事开始缺乏效率,焦虑,工作满意度下降,但仍一味以加倍努力来回避问题;③挫折期:个体开始明确而强烈地体验着情绪、生理与行为问题,虽然还是力图否认问题,但已被身心疲惫状态所控制;④冷漠期:彻底放弃乃至嘲弄自己当初追求的理想目标,不再在乎自己的公众形象和未来前途。至此,个体职业倦怠已达到最高限度,身心健康严重受损。

(3) 共变模型。

劳伦斯(Laolonse)将个体在某一时期的状态曲线分为两个阶段:①高峰跃迁期:个体充满活力、富有效能的阶段,学习的进步、事业的发展所能达到的高度都是在高峰跃迁期完成的;②低谷震荡期:对活动的价值和意义失去了起码的认同,效率严重下降,一任事态日益恶化而不谋求逆转。

4. 教师职业倦怠的影响因素

事实上,并非所有的教师都会产生职业倦怠。心理学家主要强调人格和个体因素,社会学家则关注群体、组织和社会结构因素。总体来说,教师职业倦怠有下列影响因素。

(1) 个体因素。

研究表明,年轻教师比年长教师、未婚教师比已婚教师、教育程度高的教师比教育程度低的教师更容易发生职业倦怠现象。

就人格特质而言,神经质和性格内向的人由于不能从容地处理压力,容易产生职业倦怠。温顺的人到一个严格的学校系统中工作很容易产生职业倦怠。马楚尔(Mazur)和林奇(Lynch)认为 A 型性格(性情急躁、缺乏耐性)的人比 B 型性格(性情不瘟不火、举止稳当)的人和内控型的人更容易产生职业倦怠。

(2) 人口统计因素。

人口统计因素包括教学经验、年龄、种族隔离、民族、社会阶级差别和性别等。

教学经验是影响教师职业倦怠的一个重要因素。通常而言,新教师比有五年或更长教学经验的教师更容易产生职业倦怠。研究表明,新教师若缺乏足够的职前培训,则增加了职业倦怠的可能性;也有研究认为,有压力的教师人数随着年龄和教学经验的增加而减少。

种族隔离、民族因素会引起教师职业倦怠,这在国外表现得尤为明显。在美国的城市学校中,少数民族学生居多的学校中的白人教师和白人学生居多的学校中的少数民族教师常有被隔离感。相对而言,少数民族教师比非少数民族教师更少经历职业倦怠。而这种情况在我国并不普遍。

师生间的社会阶级差别会引起职业倦怠。在美国的公立学校,中产阶级的教师和弱势家庭的学生在生活方式、期望、抱负、价值,甚至沟通方式上存在很大差异,从而使学生家长对教师产生一定的距离感甚至误解,造成教师的职业倦怠。

性别也是影响教师职业倦怠的重要因素。有研究表明,在加拿大和美国,男教师比女教师有更多的教学压力,更容易产生职业倦怠;而女教师通常会获得更多的社会支持,从而降低了职业倦怠感。国内也有研究表明,不同性别、学校类型、职称的中学教师在职业倦怠方面存在显著差异(见案例3-8)。[①]

案例3-8

我国中小学教师职业倦怠的个体差异

国内学者伍新春等人在2018年采用了"中小学教师职业倦怠问卷"对全国5672名教师进行问卷调查,探究了我国中小学教师职业倦怠的个体差异表现,得出了五个主要结论:(1)从性别上来看,女教师的情绪衰竭和个人成就感高于男教师,而男教师的非人性化水平高于女教师。(2)从婚姻状况上来看,已婚教师的情绪衰竭和个人成就感得分高于未婚教师,而非人性化水平则显著低于未婚教师。(3)从教龄上来看,教龄10—20年的中小学教师的情绪衰竭得分显著高于教龄5年以下以及教龄5—10年的教师;教龄5年以下教师的非人性化水平显著高于教龄20年以上的教师;教龄20年以上教师的个人成就感是最高的,显著高于其他所有的教龄阶段。(4)从职称上来讲,中级职称的中小学教师的情绪衰竭高于初级职称的教师,非人性化水平高于高级职称的教师,而个人成就感则随着职称的升高而上升。(5)从是/非班主任上来讲,班主任教师在职业倦怠各个维度的得分均高于非班主任教师。

资料来源:伍新春,齐亚静,臧伟伟.中国中小学教师职业倦怠的总体特点与差异表现[J].华南师范大学学报(社会科学版),2019(01):37—42.

(3) 环境因素。

职业倦怠是一种个人体验,发生于特定的工作环境中,因而环境不可避免地影响个体的职业倦怠感。环境因素主要有下述六种。

① 负荷过重。

包括数量和质量两个方面,即任务过多和难以满意地完成。工作负荷过重通常被教师

[①] 参见:吴清梅.广东省清远市中学教师职业倦怠现状调查及对策研究[D].杭州:浙江师范大学,2004.

认为是一个主要的压力源,其中比较重要的因素包括班级人数膨胀、过多的测验与社会期望过高。

② 控制感。

施瓦布(Schwab)等人发现,当教师在教学中感到有更高的自主程度和控制感,获得更多参与学校决策的机会,感到程序公平和分配公平时,教师的职业倦怠会降低许多。

③ 学生问题。

1979年,美国教育协会的民意测验发现:接受调查的3/4的教师认为,纪律对他们的教学效率有很大的影响,管教学生的困难已成为教师压力及职业倦怠的主要因素。

④ 角色冲突与角色模糊。

教师职业是角色冲突的一种典型情境。顿汉姆(Dunham)和瓦尔玛(Varma)的研究表明,角色冲突不仅是造成教师职业压力的重要因素,而且与情感衰竭和人格解体关系显著。对教师来说,角色模糊主要表现在:a. 有关学生行为的政策不明确或不一致;b. 为适应政府主管的变化而必须调整课程和进行教育教学方面的探讨;c. 觉得在学生、家长、管理者以及社会公众心目中缺乏尊严感。角色模糊会导致情感衰竭和个人成就感下降。

⑤ 人际情绪压力。

职业倦怠的研究始于人际服务业,因为这些职业属于情绪性工作,具有较多的人际压力源存在。教师作为一种特殊的助人行业,更易产生情绪上的极度疲劳。情绪衰竭正是教师职业倦怠过程的开始及所表现出的最典型的特点。

⑥ 社会支持。

社会支持的研究表明,在工作中缺乏支持和资源会导致工作压力。很多有关教师职业倦怠的研究都提到了缺乏领导支持这一点。格林格拉斯(Greenglas)等人的研究发现,来自同事的信息支持、实践支持以及情绪性社会支持能降低压力和人格解体水平,提高个人成就感和工作表现。

(4) 组织因素。

组织因素包括学校规模(也包括学校科层化程度)、所教年级和学校管理人员的管理风格。学校规模影响着科层化的程度,而科层制则增加了教师的疏远感、角色冲突和角色模糊性,并最终导致产生职业倦怠的可能性。

年级与职业倦怠的关系比较复杂,目前的研究结论主要有下述几种:一种观点认为,规模小的学校和班级的教师的职业倦怠感较低;第二种观点认为,中学男教师职业倦怠中的人格解体水平要高于小学教师;第三种观点认为,年级与职业倦怠的关系呈曲线,初中教师要比小学和高中教师经历更多的职业倦怠;第四种观点则认为,尽管中学的工作压力很大,但小学的职业倦怠最高。

校长的管理风格极大地影响着学校教师的士气和职业倦怠水平。与民主风格的校长相比,集权的和自由放任的校长与教师职业倦怠的高水平相关。教师的期望与校长的管理风格之间存在的任何差异都会引起教师职业倦怠。

5. 改善教师职业倦怠的有效途径

社会支持是减轻职业倦怠的有效途径,然而究竟谁是最有支持力的人,目前并没有一致的看法。有研究认为,同事的支持可以有效缓解教师职业倦怠,而另有研究发现,有支持性校长的学校中的教师比有非支持性校长的学校中的教师的职业倦怠感更低,因此,校长的支持可能是改善教师职业倦怠的更有效的途径。如果教师职业倦怠发生在支持性校长的学校中,职业倦怠就是个别教师的特性而非工作压力;如果发生在非支持性校长的学校中,职业倦怠则是由工作压力造成的。由此,我们需要重新思考减轻教师职业倦怠水平的策略,尤其要注意改变校长的管理风格要比给大量的教师提供治疗更有效。

改善教师职业倦怠通常从三方面进行:①社会支持,即提高教师的社会和经济地位,教育改革要注重教师的需求。②组织支持,即建立"教师发展学校",使教师在教学过程中不断成长;学校实行民主管理,教师积极参与学校决策;加强对师范院校学生、进修教师和在职教师的培养;校长要发扬民主精神,关心教师,并与之建立良好的人际关系。③教师个人努力,即正确认识职业倦怠,采取多种方式解决等。

(四)影响教师角色社会化的因素

教师角色社会化是一个受多种因素交互影响的过程。这些因素可以分为三类:第一是主观因素,如价值观、人生观、个性等;第二是环境因素,如家庭影响、生活环境中的榜样影响、所在学校的校园风气及各方面条件等;第三是国家和社会因素,如国家的教育政策、教师的社会地位、社会尊师重教的氛围等。

在教师角色社会化的每一个阶段,上述因素会产生积极或消极、显性或隐性的影响。但在不同的教师角色社会化阶段,其影响因素中的主次关系究竟如何?这方面的研究并不多。调查发现,在教师的角色适应过程中会产生多种问题。影响教师角色适应困难的主要因素是:(1)社会期待与教师的实际地位不符,社会期待高而教师的实际地位低,从而使得教师对其职业产生了明显的受挫感;(2)教师的角色认知强,而角色实现弱,例如有84%的教师能够认识到教师工作的重要性,而有60%的教师表示不愿当教师,有57%的教师认为换一个工作会做得更好。

教师专业成熟过程中也会存在许多障碍。如职前适应状况差,有些教师任职前就已有潜在的问题,例如个性上的消极悲观、缺乏自信、专业思想不稳定、专业基础不足等;任职后工作过程中存在问题,如对组织任务分配的不服从、与老教师的矛盾、对工作标准的挑剔等。

此外,在讨论教师角色社会化的影响因素中,必须提到的是教师社会地位偏低的问题。从教师自身的职业满意度来看,教师社会地位偏低不能不说是一个重要因素,也是导致教师队伍分化、教师外流等现象的重要原因。但与此同时,我们还必须注意到另一种现象,即为什么在相同的环境中,有的人能对教师职业矢志不渝,有的人却动摇不定?显然,这里还存在一个自我如何主动转化的问题。

第二节 学生的角色与角色行为

学生角色的主要特征是什么？不同的学者从各自的角度作过分析。帕森斯认为，独立性和成就是其主要特征；亨利(Henri)认为做"好学生"的关键就是简单地"满足教师的要求"；布科克(Bucock)则指出，学生角色中最突出的特征是"耐心"。① 所有这些说法，事实上都隐含着一个前提，即学生必须适应学校生活，学生角色的各种特征正是在适应学校生活的过程中表现出来的。本节主要分析学生的社会位置与地位、学生的社会背景与学业成绩、学生的同辈群体及其影响、学生的重要他人及其影响、学生对于学校的态度。

一、学生的社会位置与地位

总体上来看，学生是作为社会的未成熟者出现的。在不同的社会环境中，学生的社会位置并不相同，从而导致学生的社会地位存在差异，进而使他们的行为有别。

(一) 学生的三重社会

就学生所属的群体而言，学生主要是生活在家庭、学校及同辈群体这三重社会之中的。它们具有各自不同的社会特征，学生在其中有不同的社会地位。家庭是学生不可选择的生活环境。学生在家庭中处于家长的控制、保护之下，家庭对学生的影响是一种综合性的影响。学校是受社会委托对学生施加有目的、有计划的教育影响的权威机构。学校对学生来说一般也是不可选择的。学生角色基本上是一种非自愿的角色，学生受教师的控制。同辈群体则是学生自愿选择的生活环境，它的最大优势在于同辈群体是学生自己选择、自己建构的。学生在这里可以感受到更多的自由，这使得同辈群体对学生来说具有"高参照性"。

(二) 学生的社会位移

按照吴康宁的分析，学生面对着三重社会，而它们之间各有一套价值、规范、期待、行为方式，从而形成各自的社会环境。美国学者菲兰(P. Phelan)把学生从一种社会环境进入并适应另一种社会环境的现象，称为"越界"，即这里所说的社会位移。他发现学生的多重世界和越界行为存在四种类型。

1. 和谐的多重世界/顺利越界

虽然这类学生的日常生活环境经常变化，但他们很少感到家庭、学校、同辈群体间在社会文化方面有何界限，社会环境之间的位移比较和谐。但这并不表示，这些学生会与家长、教师及伙伴采取完全一致的行动，而是表明不同世界之间的共同性超过了差异性。

2. 失谐的多重世界/可设法实现的越界

这类学生知道家庭、学校、同辈群体是不同的世界，但并不影响他们设法从一个世界进入另一个世界。当然，这并不表明越界是很容易的。

---

① 转引自：(美)戴维·波普诺. 社会学(第十版)[M]. 李强，等译. 北京：中国人民大学出版社，1999：428.

3. 失谐的多重世界/碰运气的越界

这类学生同样把家庭、学校、同辈等看成不同的世界,但对他们而言,越界的可能性极小。

4. 边界互闭/无法实现的越界

这类学生把越界看成是痛苦的,故经常会找各种理由,积极或消极地抵抗使他们越界的企图。他们认为学校与他们的生活无关,或把自己完全沉浸在同辈群体的世界中。

二、学生的社会背景与学业成绩

(一) 社会背景的含义

"社会背景"一词经常和"家庭社会地位""家长职业地位""家庭社会文化水平""家庭环境"等概念相混淆。其实,这些概念并不位于同一层次。社会背景是一个更宽泛的概念。

教育社会学家关于社会背景主要有两种界定方法,这与两种不同的社会分层理论相关。一种是以马克思的社会阶级理论为基础,认定社会分层基于财富分配和劳动分工,认为组成学生社会背景的最重要因素是家庭的社会经济条件和社会阶级背景;另一种是韦伯的社会地位理论,认为社会地位的形成以地位、权力和阶级为基础,其中地位与声望相关,权力与政治背景有关,阶级则与经济基础相对应。而与这三者有关的个体社会地位之最重要的指标,则是职业。本书把学生的社会背景界定为三类因素:家庭社会地位、父母的职业和家庭社会文化水平。

所谓家庭社会地位,包括如下变量:家庭经济收入、家庭物质资源、家长社会出身、家长教育背景(与地位相关的一面)、家庭居住地区等在家庭地位等级制中起作用的诸多变量。

所谓父母的职业,包括如下变量:父母的工作岗位、职业类型、职业稳定性、工作收入、职业地位、职业满意度等因素。

所谓家庭社会文化水平,其主要变量有:家长受教育水平、家庭种族或民族背景、家庭使用的语言、家庭结构(父母是否在一起生活,兄弟姐妹的年龄等)、家庭规模(家庭成员的数量、组成)、家庭教育环境(家庭中图书的量和质,大众传播媒介及其他有利于学习的条件)等。

自 20 世纪 30 年代初期起,人们已经认识到社会背景与学业成绩之间有极大关系。此后,社会学家、教育学家对此进行了大量研究。然而,有关学生社会背景的研究很少被收集起来。1975 年,胡森(T. Husén)曾做过部分收集。[1] 1982 年,安德森(C. A. Anderson)对大部分国家的有关研究也作了收集。[2] 他们的工作为进一步研究奠定了良好基础。

---

[1] Husén T. Social influences on educational attainment: research perspectives on educational equality [R]. Paris: Organization for Economic Co-operation and Development, 1975.
[2] Anderson C A. Social selection in education and economic development[R]. Washington: The World Banks, 1982.

(二) 学生社会背景与学业成绩

学生社会背景和学业成绩之间的相关研究往往有不同的结论。尽管如此,总的倾向还是一致的,即认为学生社会背景和学业成绩存在高相关。

关于家庭社会地位和学业成绩关系方面的研究文献极多。拉文(D. Larin)在其1965年出版的《学业成绩的预测》一书中,搜集了1953—1961年的19篇有关家庭社会地位与学生学业成绩的研究文献。他发现,其中13项研究表明,家庭社会地位与学业成绩直接有关:家庭社会地位越高,学生学业成绩越好。然而也有6项研究表明,家庭社会地位与学生学业成绩的关系完全相反。进一步的分析证明:成就动机、价值导向的差别与学业成绩的相关性高于家庭社会地位与学业成绩的相关性。因此,如果低家庭社会地位出身的学生的成就动机较高,其学业成绩就会超过高家庭社会地位出身而成就动机较低的学生。这些发现促成了该领域另一方面的研究,即分析家庭社会地位与成就动机、成就价值观的关系。许多研究表明,家庭社会地位是一种非直接的变量,而与家庭社会地位有关的成就动机、成就价值观等因素是直接影响学生学业成绩的因素。这些与家庭社会地位有关但又有别于家庭社会地位的因素被称为过程变量,或中介变量。

家庭社会文化水平或家庭教育环境是影响学业成绩的另一重要因素。1940年以前,家庭教育环境和学业成绩之间关系的研究已十分普遍。进入20世纪60年代,布卢姆(B. Bloom)等人的研究,尤其突出了家庭教育气氛对学业成绩的重要影响。人们普遍相信:家庭教育气氛不仅有助于儿童就学期间的智力发展,更有利于儿童早期的智力发展。正是这种认识,促使国际能源署(International Energy Agency,简称IEA)把家庭社会文化水平作为学生社会背景的一个重要指标。1970—1971年,国际能源署关于6门学科的21国比较研究发现,家庭社会文化水平在影响学业成绩的诸变量中,其作用明显高于其他变量。

20世纪60年代以来,国外对家庭环境与学业成绩之间关系的研究主要集中在三个方面:结构维度、参与维度和资本维度。20世纪60年代中期到20世纪70年代中期,研究者主要探讨家庭结构维度与子女学习成绩的关系,发现社会经济地位、家庭阅读材料、家庭规模等因素对学习成绩有显著影响;20世纪70年代后期到20世纪80年代中期,研究者开始关注家庭内部生活,发现父母参与、父母期望对孩子的认知和行为结果有不同的影响;20世纪80年代中期以来,西方有关人力资本、经济资本、文化资本和社会资本对学生学习成绩影响的研究逐步发展起来。科尔曼的研究表明,日益减少的社会资本对孩子学习成绩的下降起了决定作用。学习表现欠佳可能与父母和孩子之间关系的质量受到侵蚀有关。[①]

我国学者就家庭背景对学业成绩的影响,进行了大量调查和实验研究。其中较具代表性的是李忠路等人的调查研究。研究通过分析中国家庭追踪调查基线数据,探讨了家庭背景影响儿童学业成就的路径和机制。结果表明:(1)家庭通过其社会经济资源为儿童提供

---

① 蒋逸民.国外对中小学生家庭环境影响的研究及其启示[J].外国教育研究,2007,34(04):29—34.

有差异的教育机会,进而影响儿童的学业表现;(2)家庭通过家长的教育参与和行为支持,培养儿童的学习态度和学习习惯,从而对其学业成就产生影响。研究还发现,家庭背景对儿童学业成就的影响路径和机制具有显著的城乡差别,家庭社会经济地位对城市学生成绩的影响大于对农村学生的影响;相比城市学生而言,农村学生的学业成就更多地依赖自身的学习行为。上述研究的发现对如何缩小儿童学业成就的阶层差异以及促进教育公平提供了依据。①

三、学生的同辈群体及其影响

所谓"同辈群体",是指由处于同等社会地位的同代人组成的小群体。在教育社会学中,主要被用来指儿童、青少年的非正式群体。同辈群体有着自身的功能与文化,对学生起着重要影响,在青少年时期,它的影响有时会超过家庭与学校。

(一)同辈群体的功能

20世纪90年代中期,哈里斯提出群体社会化理论,指出儿童在家庭之外的社会化发生在同辈群体中。正是由于存在着群体中的友好行为、群体外的敌对行为、群体间的对比行为、群体内的同化行为,以及群体内的异化行为等五种现象,儿童才能逐渐完成其社会化过程。而这一过程是借助同辈群体间的社会文化传递的机制得以完成的。

学生为什么会形成同辈群体?其中原因很多,但从根本上说是为了满足其在家庭、学校中得不到的各种需要。教育社会学家则强调,导致学生形成、加入同辈群体的主因是学生对于平等的追求和期望。学生同辈群体主要有三个功能:保护功能、发展功能和社会比较功能。

保护功能是指同辈群体可以使学生个体少受或免受成人世界的伤害,表现为同辈群体提供了一种平等互助的社会环境。有关调查表明:我国中学阶段的青少年有30%左右的人经常出现苦闷情绪,60%左右的人有时出现苦闷情绪。当他们出现苦闷情绪时,除了"闷在心里"之外,向同辈求助的最多,占30%左右,向父母求助的次之,占10%左右,向教师求助的最少,仅占4%左右。

发展功能是指同辈群体对学生的社会能力的发展具有促进作用。例如,同辈群体有助于发展学生表达自我的能力、展现自我的能力、相互沟通的能力、竞争与合作的能力。这些社会能力只能通过人际交往活动才能得到发展。越是关系平等的人际关系,越能促进人的社会化水平。在这一过程中,学生也就逐步学会了对自己的控制。美国学者斯宾纳(K. Spenner)和费瑟曼(D. Featherman)提出同辈群体有一定的榜样效应。同辈群体所提供的可供学习和模仿的榜样有可能会改变个体的行为和价值观念。② 加拿大学者斯蒂内布里克纳(Stinebrickner)和托德(Todd)指出,即使个体在团体参与度不高的情况下,优秀的同辈榜样效应仍然会影响个体的预期以及获得较好学业成就时的满足感。

---

① 李忠路,邱泽奇.家庭背景如何影响儿童学业成就?——义务教育阶段家庭社会经济地位影响差异分析[J].社会学研究,2016,31(04):121—144,244—245.
② Spenner K I, Featherman D L. Achievement ambitions[J]. Annual review of sociology,1978,(04):373—420.

社会比较功能是指个体根据自身在同辈群体中的相对位置来进行自我评估和决策。当个体在进行自我评估时，他并不按照自身能力进行评估，而是以同辈群体为参照物进行评估。当同辈群体大多能力较强时，个体就很容易出现"沮丧效应"，从而降低其自信心。戴维斯(J. Davis)是最早考察同辈群体在教育中的社会比较功能的学者。他在1966年发现，在排名较好、学生平均能力较高的学校中，学生通常会面临较大的竞争压力。即使自身能力较好的学生，与同辈相比，其优势也不甚明显，因而学生的学业期望要低于学生平均能力较低学校中具有同等能力的学生。[①] 马什(H. Marsh)和豪(K. Hau)也发现，同辈群体的整体能力水平与学生的学业自我评价呈负相关关系。当同辈群体的能力水平越高时，学生的学业自我评价越低。[②] 虽然许多文献都把同辈群体的社会比较功能负面化，但是其正向功能则是让学生有了更高的追求和更多的发展空间。

(二) 同辈文化的类型

学生同辈群体通常会形成各自的亚文化。任何一所学校都有许多学生亚文化，其特征往往与所在学校和社区的特征有关，也与学生对自身角色的认识有关。

科尔曼的一项经典研究指出，许多学生亚文化全面地拒斥成人的学术价值观，而且它对学生同伴的影响远大于对教师的影响。科尔曼发现，大多数男孩认为运动上的成功比取得学习上的好成绩更有价值。在同一所学校，学生同辈群体多种多样(例如，同辈群体可以在同一班级中形成，也可以在班级或者年级之间形成；可以在校内或校外形成；可以在同性或异性之间形成)，这就形成了多种学生亚文化。近年来，电竞文化以其独特吸引力和广泛传播力，逐渐在青年学生中形成特有的亚文化圈层(见案例3-9)。

| 案例3-9 |

电竞文化成为青年学生中流行的一种亚文化

作为青年学生亚文化，电竞文化有其双重性。一方面，电竞文化贴近互联网，具备空前的传播速度和广泛的受众范围；另一方面，电竞文化的受众以接受高等教育的青年学生为主，他们具备一定的媒介素养，深谙互联网话语风格、热衷参与网络传播并且正在充当互联网舆论的主要发声者。更为关键的是，当前中国电竞产业的蓬勃发展，尤其是2021年，电竞项目正式成为亚运会项目、中国电竞俱乐部EDG获得S11全球总冠军、中国首批电竞专业本科生毕业等都是从电竞文化中破圈而出的。

资料来源：孙润南. 电竞文化影响下的青年社会化引领[J]. 思想教育研究，2022(02)：97—101.

[①] Davis J A. The campus as a frog pond: an application of the theory of relative deprivation to career decisions of college men[J]. American journal of sociology, 1996, 72(01): 17—31.
[②] Marsh H W, Hau K-T. Big-fish-little-pond effect on acardemic self-concept: a cross-cultural (26-country) test of the negative effects of academically selective schools[J]. American psychologist, 2003, 58(05): 364—376.

科恩(A. Cohen)指出,近几十年中有三种学生亚文化几乎在所有美国高中都有所表现,即学术亚文化、娱乐亚文化和违规亚文化。

学术亚文化(academic subculture)群体主要由那些学习刻苦、成绩优秀、追求升学的学生构成。他们是班级和学校中的学习带头人,参加许多学生会的工作,编辑学生报纸、文学杂志,参加辩论队以及各种其他的学生组织,他们的基本价值观植根于学习成绩及学术性课外活动。

娱乐亚文化(fun subculture)群体主要以文体活动为关注中心。

违规亚文化(delinquent subculture)群体的基本特征是违避乃至反抗整个学校文化。

英国的哈格里夫斯(A. Hargreaves)则运用参与观察法对中学生文化进行比较。他发现:中学生文化因中学生在学校教育机构中的地位而定。在高能力班级中,中学生形成了"亲学校文化";在低能力班级中,大多形成了"反学校文化"。

本书认为,学生同辈文化的形成与发展受制于学生的年龄阶段、家庭背景、社会地位及学校内部教育结构等因素。学生同辈文化的存在,使学生之间出现了"群体"的差异,这就要求教师在与任何学生交往时都必须考虑其"群体"的差异。当然,家庭背景也是导致学生出现"群体"差异的重要因素。

(三) 同辈群体的影响机制

同辈群体的交往成为青少年社会化的重要途径,群体对个体的影响借助于三种机制:社会比较、群体规范压力以及群体内聚力。

社会比较有三种类型:平行比较、上行比较和下行比较,分别指个体与和自己相似的他人进行比较、与比自己强的他人进行比较、与比自己差的他人进行比较。上行比较使个体通过他人寻找自己的不足,从而达到自我进步。

群体规范压力制约个体的合群行为。群体的一致性越高,对个体的影响力相应越大。但群体规范并不总是对人们的行为产生影响。规范焦点理论认为,规范是否影响个体的行为取决于规范卷入个体行为时个体对此关注的程度。当规范与人们的行为有关,并且人们很在意这种规范时,人们才会去遵守,规范才会影响个体行为。[①]

群体是否对个体产生较强的影响力取决于个体对群体的向心性,即群体内聚力。群体内聚力越强,则个体越倾向于与群体保持一致。群体对个体的吸引力主要表现在三个方面:成员对群体的认同感、归属感以及成员在群体间的有力感。认同感给予个体认知上的支持,归属感给予个体情感上的支持,有力感给予个体意志上的支持,三者共同促进群体与个体之间的相互作用。

---

① 俞国良.社会心理学[M].北京:北京师范大学出版社,2006:537.

|案例 3-10|

关于同辈群体影响大学生创业意愿的研究

国内学者王兵等人基于2015年对陕西、重庆等地的14所高校的微观调查数据,分析了同辈群体对大学生创业意愿的影响及其机制。研究发现,同辈群体和创业意愿之间存在着因果关系。同辈群体中有交往过创业者的大学生的创业意愿更高,而"榜样效应"并不显著。

资料来源:王兵,杨宝,冯子珈.同群效应:同辈群体影响大学生创业意愿吗[J].科学学研究,2017(04):593—599.

四、学生的重要他人及其影响

"重要他人"一词是美国社会学家米尔斯在米德的自我发展理论基础上提出的概念,是指对个体的社会化过程具有重要影响的具体人物。任何一个个体在其成长过程中,都会受到一些重要人物的影响,如家长、同伴、教师、历史上的英雄、现实生活中的典型等。由于重要他人对学生社会化的影响远大于非重要他人,因此,学生社会化的发展主要取决于其重要他人的类型与特征。以重要他人为依据,可以把影响学生社会化的因素区分为两种水平:一是由重要他人及参照群体组成的主导性影响因素;二是由非重要他人与其他因素组成的一般性影响因素。根据吴康宁的研究,学生的重要他人可以分为两个层次:互动性重要他人与偶像性重要他人。

(一) 互动性重要他人

所谓互动性重要他人,是学生在日常交往过程中认同的重要他人。学生的日常交往对象可能成为,也可能不成为其重要他人。就学生三重社会中的具体人物而言(家长、教师、同伴),如他们已成为学生的互动性重要他人,则他们在学生心目中的角色形象将分别为楷模、导师及知心朋友;如并未成为其互动性重要他人,则其角色形象将分别仅是监护人、社会权威及一般的活动伙伴。

学生互动性重要他人的出现往往受学生年龄阶段的影响。一般而言,学生的自主性与独立性随其年龄提高而增强。这易使学生的互动性重要他人的主导类型出现相应变化,即由可依赖性强的重要他人逐渐转变为可依赖性较弱的重要他人,直到最终出现基本不在学生现实生活中存在的互动性重要他人。所以,就最一般的意义上说,学生的互动性重要他人的主导类型,是依据"家长——教师——同伴——个体生活中并不存在的互动性重要他人"而逐渐变化的。

同时,学生互动性重要他人的出现还因学生的社会属性而异。所谓社会属性,是指学生的性别、家庭背景、学习成绩、班级职务、社会地位等。任何一种社会属性的差异都可能使学生在互动过程中认同与选择不同的重要他人。如某门课成绩较差者,一般不会以该门课程的任课教师或成绩好者为互动性重要他人。

如果进一步区分,则会发现,学生的互动性重要他人也往往会有层面上的差异。即学生可能同时有几个不同的重要他人,他们分别对应着学生社会发展的不同方面,或学生社会需要的不同方面。如消费观念方面,学生的互动性重要他人可能主要是家长;兴趣方面,学生的互动性重要他人可能主要是同伴;职业选择方面,学生的互动性重要他人可能主要是教师。

由于学生的互动性重要他人存在差异,以及学生在不同阶段的互动性重要他人又会出现差异,这就对教师提出了一个必须直面的严酷的事实:教师未必能在所有方面成为学生的重要他人,甚至可能在任何方面都不能成为学生的重要他人。

(二) 偶像性重要他人

所谓偶像性重要他人,是指因受到学生特别喜爱、崇拜或尊敬而被学生视为学习榜样的具体人物。它与互动性重要他人的共同之处是两者都对学生的社会化有重要影响,而主要区别则表现为三个方面:第一,互动性重要他人是学生生活环境中的具体人物,往往是学生的互动对象,偶像性重要他人则一般是社会知名人士,并非学生的直接互动对象;第二,互动性重要他人是学生与其双向交流后的产物,偶像性重要他人是学生单向选择的结果;第三,互动性重要他人对学生的影响涉及个体社会化的几乎所有方面,其影响方式大多是潜移默化地进行的,偶像性重要他人对学生的影响则主要表现在人生观、价值观等方面,其影响方式往往是突发的、短暂的,但又是刻骨铭心的。

学生的偶像性重要他人的出现,往往是对于社会中某种代表性的或具有一定典型意义的价值趋向的认同与选择的结果。所以,当社会的价值趋向发生变化时,学生的偶像性重要他人的构成也会发生变化(见案例3-11)。

| 案例 3-11 |

如何让学生在偶像崇拜中进行榜样学习

——基于对北京市中小学生偶像崇拜的大数据调研分析

一项基于北京市中小学生偶像崇拜现状的调研发现,从偶像类型分布上看,中小学生的偶像崇拜不再是以消极负面为主,主流价值观下的榜样人物成为中小学生崇拜的主要群体(见图3-5)。北京市中小学生的偶像选择具有一定的榜样取向,而不仅仅是情感或审美取向。这一结果主要体现在三个层面:一是中小学生对偶像的理解和定义;二是中小学生偶像类型分布;三是中小学生崇拜偶像的要素和品格。学生由偶像崇拜到榜样学习的现实倾向,为学校和区域开展学生价值观培养、创新德育教育形态提供了新契机。

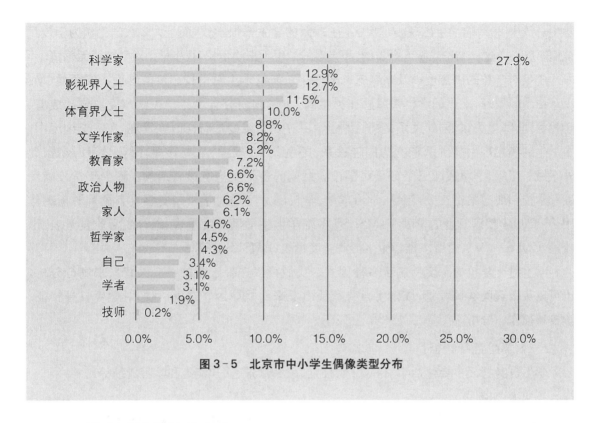

图3-5 北京市中小学生偶像类型分布

五、学生对于学校的态度

学生对于学校的态度,主要反映为学生对于学校以及与学校有关的各种活动的感觉,如喜欢、满意、欣赏等方面。教育心理学家强调学生对于学校态度的重要性,甚至力图找出各种能培养学生对于学校具有积极感情与态度的方法,并认为学生对于学校具有积极态度可以提高学生成绩。[①] 教育社会学家主要着眼于了解与分析学生对于学校的真实态度以及与此相关的行为方式,通过测量学生对学校的态度来了解真实情形。[②]

关于"学生是否喜欢学校"的研究,就是一种较为典型的教育社会学内容,它本身也始终是教育工作者、社会公众最关心的问题之一。值得指出的是,对学校态度的研究已有差不多百年的历史,然而当前的研究结论比起过去来说,并无明显变化。绝大多数研究表明,学生对于学校持积极态度。例如,美国全美纵向研究指出:75%的高中生毕业两年后仍认为他们的母校有好声誉;80%的学生认为教师关心爱护他们。法国的研究指出:2/3 的中学生认为他们从学校学到了很多东西。然而,也有研究根据同样结果认为:学校失败了,因为学校使

---

① 关于这一方面的研究,是把学生对于学校的态度分解为四种基本成分:对于学校的态度、对于教师的态度、对于课程的态度、对于班级的态度。也有一些研究把每一个成分再进行进一步的划分。
② 关于学生对学校态度的测量方法有许多种。最常用的是李克特类型量表(Likert-type Scale),主要采用语言差别方式测量学生对学校、班级、学科、教师、家庭作业等的态度;或采用投影仪等以学生对图画的反馈方式来测量,如画面上表现的是儿童上学等,要求学生完成像"当我去学校时,我感到……"的语句。对于小学低年级学生,也可采用图画测试,要求他们用图画的方式表达自己的感受。

学生总数中20%的学生出现心理疾病,有20%的学生憎恨学校,而且大多数学生认为学校对他们不关心。这一结论是发人深省的:相当多的学生不喜欢学校,很多学生对学校毫无感情。

学生对学校的满意度以及归属感也是近年来衡量学生对学校态度的维度。安德曼(M. Anderman)发现,女生的学校归属感比男生高。[①] 国内研究青少年学校满意度主要从成就、学校管理、师生关系、同伴关系、教学、课业学习等六个维度进行。研究发现:在六个维度中,中学生的满意度由高到低依次为同伴关系、师生关系、教学、学校管理、课业学习、成就,此外,性别、年级、学习成绩三个变量对学校满意度的各维度均有显著影响。青少年学校满意度和学校归属感紧密相关,年级、学习成绩、学校满意度均对学校归属感具有显著的预测作用。[②] 测量学校满意度的量表有:MSLSS多维学生生活满意度量表、综合生活质量量表:学校版(CQLS-SV)、简明多维学生生活满意度量表(BMSLSS)等。

学生对于学校的态度受制于多种因素。我们可以选择宏观的社会大背景来进行分析,也可以从微观的学校背景,或学生自身特征出发来寻找原因。这里,我们对学生自身特征、学校特征作一分析。

(一)学生自身特征

学生自身特征主要包括年龄和年级、性别、家庭背景、认知能力和学习成绩等。

1. 年龄和年级

年龄和年级是一种制约因素:学生对学校的积极态度会随年龄和年级水平的上升而下降,而且这种下降是持续性的;不过,也有少量的研究指出了一种完全相反的趋势,这种情况的出现是基于一些特定的教育教学环境的。

2. 性别

大多数研究表明,性别差异对学校态度的性质以及内容均有明显影响。在任何一个年级水平,女生对学校的态度都较男生更积极。而有研究表明:男女生对学校不满情绪的表现各不相同。男生常常把不满归咎于学校,女生更多的则是自责,她们在学校中的行为一般与那些满意学校的女生的行为相差不大。这种情况往往使教师比较容易识别对学校不满的男生,但较难分清对学校同样不满的女生。

3. 家庭背景

通常家庭社会经济地位与学生对于学校的积极态度存在正相关;同时,家长的保守态度也与学生对学校的态度关系密切。

4. 认知能力和学习成绩

学生认知能力和学习成绩与学校态度关系密切。布卢姆的研究论证了学习成绩与学校

[①] Roeser R W, Midgley C, Urdan T. Perceptions of the school psychological environment and early adolescents' psychological and behavioral functioning in school: the mediating role of goals and belongings[J]. Journal of educational psychology, 1996(88):408—422.
[②] 田丽丽. 青少年学校满意度发展特点及其对学校归属感的预测[J]. 心理学探新, 2007(04):48—53.

态度之间的积极关系,并认为对学校的积极态度是学习成功的必然结果,它也是学习成功的先决条件。①

> **案例 3-12**
>
> **大学生自我报告的学习结果和学校满意度之间的关系研究**
>
> 穆兰兰等人对北京某大学的某届本科毕业生进行了问卷调查,考察了大学生自我报告的学习结果和学校满意度之间的关系。研究发现,学校满意度与学习结果之间存在显著的正相关,且认知和非认知学习结果与教学满意度之间的相关度高于它们与教学环境满意度之间的相关度。
>
> 资料来源:穆兰兰,魏红.大学生自我报告的学习结果和学校满意度的关系研究[J].复旦教育论坛,2015(02):38—43.

(二) 学校特征

学生对学校的态度也与学校特征有关。学校特征可以包含多种变量,例如:学校的开放与否、男女同校与男女分校、学校规模、学校的社会声誉等。这方面的研究不少,但是迄今为止的研究结论并不完全一致。本书选取学校的开放与否这一变量作一介绍。

多数相关研究报告指出:在开放性学校中,学生对学校态度的积极性比传统而且封闭的学校高。具体表现在:如果学生能按照自己的进度学习,则会更喜欢学校的各项工作;如果他们能与教师自由交流,就会激发学习动机,不仅自己选择作业,而且会从课外的各种渠道选择学习内容。弗兰克斯(Franks)的一项自然实验也得到了同样的结果。他把学校开放程度分解为:选择的自由度、控制程度、控制质量、学生对开放的感知等评估指标,在排除了性别、种族等控制因素后,结果表明:实验组(开放程度高的班级)对学校的积极态度明显比对照组(开放程度低的班级)高。

📍 关键词

教师社会地位	教师经济收入
教师权力	教师职业声望
教师专业地位	教师权威
教师角色社会化	学生社会背景
学生同辈群体	学生重要他人

---

① 当然,对此也有不同意见。如杰克逊则认为学业成绩与学校态度无关,并指出,学校态度的差异只能用学风、自尊、适应等较普遍的心理因素来解释,而不能用智商或成绩等来解释。

习 题

1. 联系实际分析现代教师的社会形象。
2. 试析教师专业地位的影响因素。
3. 联系实际谈谈教师权威的影响因素。
4. 联系实际分析教师角色社会化的过程及教师职业倦怠的形成与改善。
5. 试析学生社会背景与学业成绩的关系。
6. 分析学生同辈群体的功能及其影响。

推荐阅读书目

1. 吴康宁.教育社会学[M].北京:人民教育出版社,1998.①
2. 鲁洁.教育社会学[M].北京:人民教育出版社,1990.②
3. (美)罗森塔尔,雅各布森.课堂中的皮格马利翁——教师期望与学生智力发展[M].唐晓杰,崔允漷,译.北京:人民教育出版社,1998.
4. 谢维和.教育活动的社会学分析——一种教育社会学的研究[M].北京:教育科学出版社,2000.③
5. 傅道春.教师组织行为[M].上海:上海教育出版社,1993.
6. 徐芬.学业不良儿童的教育与矫治[M].杭州:浙江教育出版社,1997.
7. (瑞典)T.胡森,T.N.波斯尔斯韦特.教育大百科全书[M].张斌贤,等译.重庆:西南师范大学出版社;海口:海南出版社,2006.
8. Musgrove F, Taylor P. Society and the teacher's role[M]. New York: Routledge, 1969.
9. Evelina O Y M, Magsino R F. Teacher, school and society[M]. New York: Falmer Press, 1990.
10. Coleman J S. The Adolescent Society[M]. Boston: Greenwood Publishing Group, 1961.

---

① 主要阅读该书第6章、第7章。
② 主要阅读该书第13章、第14章。
③ 主要阅读该书第5章。

第四章

学校失范行为的理论与实践

学习目标

1. 了解教育规范和社会控制的含义。
2. 识记失范行为的类型及其不同学科视角的解释。
3. 运用相关理论对教师和学生的失范行为进行分析。
4. 掌握控制学生失范行为的基本理论和方法。

学校秩序的建立和维持有赖于学校生活的两种机制,一是学校的组织管理,二是对失范行为的教育控制。换言之,就是通过使学校生活结构化、使学校成员的行为规范化,来达到学校秩序的建立和维持。显然,仅有第一种机制是不够的,组织管理并不能代替教育控制。如果学校教育缺乏后一种机制,那么,不仅已经建立的学校秩序要受到破坏,而且有可能会出现教育失控现象。这两种机制是相互依赖和互为补充的关系。但什么是失范行为呢?从字面上来理解,就是丧失规范的行为。丧失规范显然还有程度之分:从越轨行为、违法行为到犯罪行为,它们之间又如何作出区分呢?在实际生活中,要明确哪些人是问题行为者,事实上更为复杂。[①]

本章我们将对学校中的各种失范行为进行一定的梳理,尽量使这种复杂的现象变得清晰一些。我们从对教育规范的分析开始,逐步对学校中的越轨行为、违法行为等进行分析,最后落实到对失范行为的教育控制的讨论上。

第一节　教育规范与失范行为

"教育规范"由"社会规范"一词派生而来。社会规范的原意是社会群体中共同遵守、认同的目标、期望、思想和行为标准,这种规范能促成人与人之间思想和行为的趋同与协调,有利于增强群体团结性。规范既有正式的,也有非正式的。正式规范通常是以法律、法规的形式固定下来的,对违反者有特定的惩罚。非正式规范是不成文的行为习惯和行为准则,但能被群体成员普遍理解和接受。

一、教育规范的含义与特点

(一) 教育规范的形成

教育规范首先源于社会规范的形成与发展(知识拓展4-1)。大概在奴隶社会时期,许多社会生活规范经由演化,成为学生的基本教学内容。早期主要是通过口耳相传、相沿成习。例如,孔子、孟子等人就是通过其言论、著述影响弟子的。《论语·学而篇》中的"入则孝,出则弟,谨而信,泛爱众,而亲仁,行有余力,则以学文",即表述了早期的教育规范。《弟子规》更是一部专门针对儿童的道德教化读物,主要内容包括"入则孝""出则悌""谨""信""泛爱众""亲仁""余力学文"等方面。

真正将这些社会规范要求具体化、通俗化,以教材形式出现,则是从西汉元帝时的史游

---

① 美国学者钱布利斯(Chambliss)在1973年曾比较研究了两个中学生群体。第一个中学生群体经常逃学、闯红灯,每到周末他们就去喝酒、盗窃或蛮干胡来。但由于他们是受人尊重的公民的儿子,社区中的大多数人把他们看作懂规矩的孩子,只是偶尔来些恶作剧。警察对他们的过失行为往往睁一只眼闭一只眼。第二个中学生群体来自下层阶级,他们的过失行为与第一个中学生群体相似,但被社区视为"惹是生非者",经常受到警察的拘捕。同时,第一个中学生群体因为会偷偷驾驶父母的汽车,所以可以小心翼翼地到人们不认识他们的地方干坏事,而第二个中学生群体的惹是生非的行为则主要发生在所在社区里。

编《急就篇》①开始的。此后,有南北朝的《千字文》,南宋的《三字经》,以及后来的《增广贤文》《幼学琼林》等。将规范转化为蒙学教材,不仅保证了规范要求能很好地落实到实处,而且易于为蒙童所接受,也就成为处于规范学习最佳期的蒙童阶段最重要的学习与教学材料之一。南宋朱熹的《童蒙须知》和《白鹿洞书院学规》是将规范转化为教育读本的代表。《童蒙须知》关注的是儿童礼仪教育,其中包括了儿童日常生活、学习等方面的礼仪规范要求,旨在培养儿童基本的生活礼仪规范和学习习惯。《白鹿洞书院学规》则是大学教育(15岁之后的学生)的礼仪规范读本,它主要以正确的道德价值观念作为礼仪规范要求,引导学生"明理",并从思想高度上接受礼仪的精神内核。

知识拓展 4-1

规范的历史沿革

"规范"一词,东汉许慎的《说文解字》中将其解释为,"规,有法度也""范,法也,……古法有竹刑。"而"法"就是标准。显然,规范实际上就是社会活动、社会行为的标准。在远古时代,规范常表现为"禁忌",这种禁忌贯穿于生老病死、生产、打仗、祭祀等行为中。规范,实际上是从认识家庭的社会生活关系开始的。中国古代,家庭内部以"伦"的关系为准则,即父母、夫妇、兄弟,彼此用"伦"来序列;家庭外部有"常"的秩序,即"曰仁义,礼智信。此五常,不容紊"。因此,"伦常"就成为一种处理家庭内外关系,以及其他各种社会关系的规范。在封建时代的中国,规范在社会等级制度中得到了充分体现。如官员可以穿的衣服、颜色与庶民所能穿的不一样。

早期的教育规范正是用循循善诱的"箴规""座右铭""训词"等方式影响着学子。"箴"比"规"具有更好的接受性与导向性。教育家张伯苓撰写的南开中学"镜箴"传诵一时,其内容是:面必净,发必理,衣必整,纽必结。头容正,肩容平,胸容宽,背容直。气象:勿傲、勿暴、勿急。颜色:宜和、宜静、宜庄。这些"箴""铭",虽然无非常具体的阐述,但适应了青少年的身心特点,也能教之以理、导之以行、动之以情,在学校教育中发挥了积极的作用。

教育规范从做人的"箴规"变成教材内容,也就出现了学塾书院的规章——"学规"。这就从一般的思想、品德修养走向行为训练,成为学生基本的、必须遵守的要求。此期出现的行为规范,比之于过去笼统地说"吾日三省吾身"之类的要求更为具体、明确。这说明,随着社会的发展、时代的推移,教育规范也在随之变更、发展,更贴近学生生活的实际。显然,教育规范是在发展中不断调整的。

---

① 史游的《急就篇》中涉及法理、规范的有如"廉洁平端抚顺亲""奸邪并塞皆理驯""远取财物主平均""期诶诘状还反真"等。故章太炎先生认为《急就篇》之文,泛施日用,既是识字课本,又是伦理范本。从那以后两千余年里,各类蒙童教材大都遵循《急就篇》的体例,将社会规范作为教材的基本内容。

表4-1 我国古代儿童文明礼仪教育规范[1]

人际交往	与兄妹交往	1. 友爱兄弟姐妹；当兄姐的要友爱弟妹，做弟妹的要懂得尊敬兄姐，兄弟姐妹能和睦相处，一家人其乐融融
		2. 对待堂兄妹、表兄姐，要如对待自己的兄长一样友爱尊敬
		3. 融四岁，能让梨。弟于长，宜先知
	与师长交往	1. 与师长在一起，师长有所发问，要等他把话说完再回答
		2. 向师长请教问题，要起立以示尊敬，不能在座位上随便发问。如果没有听懂，希望师长进一步讲述，也要起立
		3. 路遇尊长时，应该主动让路，退到路边站立，然后再行礼；看到远处的熟人，不要隔着马路与人说话；路遇师长，应该快步上前，站立端正后行礼；如果师长问话就回答，否则就可以快步退下；驾车路遇师长，要放慢速度，并向师长致意
	与他人交往	1. 问候他人时，不论鞠躬或拱手，都要真诚恭敬，不能敷衍了事
		2. 当别人正忙着没空时，不要因自己有事而去打搅。当别人身心不安时，不要为了跟人家说话而去打搅
		3. 在他人面前不打饱嗝，不伸懒腰，不擤鼻涕、打喷嚏、咳嗽，若控制不了，也要掩口避人
		4. 自己所不愿意做的事，不要再让别人去做。自己做事未达到目的，应从自己身上找原因

（二）教育规范的含义

教育规范是学校成员共同遵守的行为标准，是控制和约束学校成员行为合理性的基本机制。教育规范包含三层内容：教育习俗、教育规章和教育法律。这三者之间存在共同点：作为学校的行为标准对学校成员起着标定、导向、约束的作用；对学校组织的运行、学校成员的学校生活起着协调、维持的作用。三者的不同点则表现在以下方面。

1. 适用范围的差别

教育习俗在整个社会生活中（当然也包括在学校生活中）无处不在，而教育规章只适用于学校组织。教育法律尽管对全社会起着制约作用，但真正需要运用法律来约束的只是扰乱或危害学校工作、学校秩序的那一部分（如《国家教育考试违规处理办法》《高等学校招生全国统一考试管理处罚暂行规定》等）。

2. 约束力的差别

教育规章、教育法律的约束力要大于教育习俗。教育规章、教育法律主要依靠制度、权力、组织的力量来强制人们执行，教育习俗则主要依靠学校成员的自觉认同，缺乏强制性与约束力。但是，正因为教育习俗是借助心理力量来维持的，一旦学校成员形成心理定式，往往就具有极大的稳定性，因而其约束力也十分强大。只是在影响机制上，教育习俗不同于教

---

[1] 唐敏华. 我国古代儿童文明礼仪教育规范探究[J]. 思想理论教育（下半月行动版），2013(11)：18—23.

育规章与教育法律,后两者属于显性约束,而教育习俗则属于隐性控制。一般来说,凡是不合法的,一定不合规章与规范;而一些法律中未提及的,也不一定为规章所容忍,更不一定为教育习俗所容忍。所以,在学校中存在着大量的"合法不合情"的现象。例如,目无师长,是不合教育习俗的,但不受教育规章与法律的制约;学生上课迟到,既不合教育习俗,又违背教育规章,但未有法律上的规定。

3. 强调重点的差别

教育习俗是一种非正式规范,它是约定俗成的,其最显著的特点是制约性。它依靠个体对群体的认同与自觉遵从,并且通过群体的意志——舆论力量来对个体行为进行肯定或否定的评价。当教育习俗已经不能控制、协调个体行为或个体与群体的关系时,就意味着个体脱离群体,甚至有出现群体解体的可能(例如,学校缺乏凝聚力,班级缺乏归属感,教育和教学秩序的散漫、混乱现象增加等)。教育规章是一种正式规范,它主要由学校组织及其部门制定,并由学校各级机构、部门督促执行。它具有一定的强制性,借助学校组织的权力来施行,通过奖励、惩罚等手段来评价学校成员遵守规章的状况。一般来说,学校成员对教育规章主要是遵守、履行而较少认同、协商,因而规章具有某种非自觉性。教育法律是由国家颁布、明文规定的,需要有专门机构或部门来执行,具有强制性。

(三) 教育规范的类型

根据教育规范的作用对象、涉及内容、适用范围等,教育规范可分为以下类型。

1. 从作用对象上,可分为个体规范、群体规范

个体规范是涉及个人修身养性或自律性的规范。例如《中小学生守则(2015 年修订)》中的"保持言行一致,不说谎不作弊"。我国古代"修身齐家治国平天下"的个人修养目标也是个体规范。群体规范则用于协调群体活动中个体与个体之间的关系,如教师公约、学生守则之类。

2. 从涉及内容上,可分为行为规范、道德规范等

行为规范是就个体、群体的行为方式所提出的要求,它使群体行为、个体行为有可以依循的准则,保证了活动开展的秩序与成效。道德规范是对道德关系、品德等提出的要求,如《新时代中小学教师职业行为十项准则》之类。道德规范其实也是行为规范,是涉及道德方面的行为要求。

3. 从适用范围上,可分为公共场所规范、班级规范等

公共场所规范是面向大众的、公共活动范围内的规范。班级规范是适用于学校班级的、维持其正常秩序活动、保证学生健康发展的规范。班级有规范而无规章,这是因为班级没有相应的组织权力,班级规范往往表现为值日制度、作息制度、学习制度等。

教师职业规范一方面是教师职业道德的外在表现,另一方面也是学生形成自身行为规范及班级规范最直接的榜样。因此,各国历来就有对教师职业规范的阐述,有的国家在师德规范中列有行为规范的条目,也有的国家则是单独颁布行为要求(见知识拓展 4-2)。

> **知识拓展 4-2**
>
> **我国教师职业行为准则**
>
> 2018 年,教育部印发《新时代高校教师职业行为十项准则》《新时代中小学教师职业行为十项准则》《新时代幼儿园教师职业行为十项准则》(以下统称准则),并指出:
>
> 一、准则是教师职业行为的基本规范。师德师风是评价教师队伍素质的第一标准。长期以来,广大教师牢记使命、不忘初心,爱岗敬业、教书育人,改革创新、服务社会,作出了重大贡献,党和国家高度肯定,学生、家长和社会普遍尊重。但是,也有个别教师放松自我要求,不能认真履职尽责,甚至出现严重违反师德行为,损害教师队伍整体形象。制定教师职业行为准则,明确新时代教师职业规范,针对主要问题、突出问题划定基本底线,是对广大教师的警示提醒和严管厚爱,是深化师德师风建设,造就政治素质过硬、业务能力精湛、育人水平高超的高素质教师队伍的关键之举。
>
> 二、立即部署扎实开展准则的学习贯彻。各地各校要立即行动,结合落实师德师风建设长效机制,开展准则的学习贯彻。要结合本地区、本学校实际进行细化,制定具体化的教师职业行为负面清单及失范行为处理办法,提高针对性、操作性。要做好宣传解读,坚持全覆盖、无死角,采取多种形式帮助广大教师全面理解和准确把握,做到人人应知应做、必知必做,真正把教书育人和自我修养结合起来,时刻自重、自省、自警、自励,自觉做以德立身、以德立学、以德施教、以德育德的楷模,维护教师职业形象,提振师道尊严。
>
> 三、把准则要求落实到教师管理具体工作中。要把好教师入口关,在教师招聘、引进时组织开展准则的宣讲,确保每位新入职教师知准则、守底线。要将准则要求体现在教师聘用、聘任合同中,明确有关责任。要强化考核,在教师年度考核、职称评聘、推优评先、表彰奖励等工作中必须进行师德考核,实行师德失范"一票否决"。改进师德考核方式方法,避免形式化、随意化。完善师德考核指标体系,提高科学性、实效性。
>
> 四、以有力措施坚决查处师德违规行为。各地各校要按照准则及相应的处理指导意见、处理办法要求,严格举报受理和违规查处。对于发生准则中禁止行为的,要态度坚决,一查到底,依法依规严肃惩处,绝不姑息。对于有虐待、猥亵、性骚扰等严重侵害学生行为的,一经查实,要撤销其所获荣誉、称号,追回相关奖金,依法依规撤销教师资格、解除教师职务、清除出教师队伍,同时还要录入全国教师管理信息系统,任何学校不得再聘任其从事教学、科研及管理等工作。涉嫌违法犯罪的要及时移送司法机关依法处理。要严格落实学校主体责任,建立师德建设责任追究机制,对师德违规行为监管不力、拒不处分、拖延处分或推诿隐瞒等失职失责问题,造成不良影响或严重后果的,要按照干部管理权限严肃追究责任。

(四) 教育规范的作用与特点

教育规范是维系学校教育活动的基本要素,失去了规范,也就失去了群体。学生遵从教育规范,表明学生归属于这所学校或班级并被认同;学生不遵从教育规范,说明其缺乏归属这一群体的心理需要。教育规范的作用或功能主要表现为两方面,即自律与协调。自律是规范中有关个体要求的内容,协调是规范中有关人际关系方面的内容。教育规范中的自律内容,是根据不同年龄阶段青少年的认知发展水平,确立可以为其接受或认同的有关要求;教育规范中的协调内容是根据不同年龄阶段学生的活动特点作出某些约定。无论自律还是协调,都着眼于人的总体发展,希望通过培养学生的规范意识与能力,实现社会文化的期望。

教育规范的特点可以主要概括为下述七个方面。

1. 规范的历史性

教育规范的形成有一个长期的历史发展过程。教育规范有过去社会、时代的印记,也有根据时代的适应性变化。那些有关人的道德、行为等的基础内容,是各个社会、时代共同的财富,是人类的优秀文化遗产。

2. 规范的民族性

教育规范的抽象概括在各民族间大体近似,而具体表现往往差异较大。例如,同样表现"爱的有序性"这一教育规范,国外用吻不同部位,如唇、颊、额、手背等,表示人与人之间亲近的不同关系与层次。而我国则用点头、握手、拥抱等来表现彼此之间的距离。这些都与民族的习性和风俗紧密相关,具有相当的稳定性。

3. 规范的群体性

教育规范是群体形成、维护所必不可少的。群体规范一般仅适合一定群体的特点,不同的群体会有不同的规范。

4. 规范的控制性

教育规范具有心理约束力,能引起一系列心理反应活动,形成有关规范的心理反应机制,例如"应答—遵从—定式"等。这一机制的核心是群体对个体的控制。若规范缺乏控制性,说明其并未获得个体和群体的认同。

5. 规范的合规律性

教育规范之所以能够保证教育活动的顺利和有效开展,是因为它反映了教育对象身心发展的规律和教育活动的规律。人们把对教育规律和客观必然性的认识转化为教育规范,对人们的教育活动、教育行为进行约束、指导和调控,以保证主体遵循而不违背教育规范的内在规律,并达到预期的目的。

6. 规范的合目的性

教育规范的本质是其合目的性。马克思主义认为,任何社会的教育制度都是阶级利益的反映,任何一个时代的教育制度始终不过是为统治阶级利益服务的。从本质上说,教育规范就是对社会利益结构的规范,教育规范执行的最终结果就是对象利益的调整与稳定。只有那些符合并最终能够满足不同利益集团的需要和利益的教育规范才会被人们所认可、承认和自觉服从,否则教育规范就会被人们抵制或反对。

7. 规范的伦理性

教育规范作为人类的基本行为规则,必须反映一定的经济关系和伦理价值。教育规范只有体现、反映一定的伦理价值取向和要求,才能获得社会的普遍认同,得到人们的遵从,进而变成教育生活中真正起作用的规则。例如,不论是在我国还是西方国家,教育规范都不可忽视正义,这是最基本、最重要的道德规范。因此,教育规范不仅调节各种教育关系,而且在各种教育关系中充分体现了正义、自由、平等等最基本的价值观。另外,教育规范只有与社会伦理价值取向相吻合,才能获得实际的普遍效力。教育规范制定本身并非目的,只有经过了人们的价值批判,转化为现实的理性规则秩序才是其根本所在。

二、规范行为与失范行为

人在社会中顺利生活,被大家所接纳,是因为遵守了其活动区域内的社会规范。反之,便会遭致他人的反对,甚至受到正式组织或法律的制裁,这类行为通常就是失范行为,其中最严重的就是犯罪行为。长久以来,人类一直与物质匮乏、疾病侵袭和失范行为这三大社会问题作斗争。进入现代,前两者在很大程度上得到解决,唯独后者有增无减。失范行为对社会和人民生活的不良影响越来越受到关注。正确理解这种行为的特质、成因,对于研究人的社会化过程、协调个体和社会的关系,以及理解教育制度与教育规范的作用都大有益处。

本书对失范行为的界定着眼于它与教育规范的关系。教育规范是制约和控制学校成员个体行为合理性的重要途径,那么凡与教育规范不相一致、不协调,甚至是有冲突的行为,都是失范行为,它包括越轨行为、违法行为和犯罪行为三种。越轨行为是可能引起非议或轻微惩罚的行为,违法行为则是违反了国家明文公布的各种教育法律、教育法规的行为,这种行为必然遭到执法机构的处罚,而犯罪行为是所有失范行为中最严重的一种,它是一种违反刑事法律、危害社会,应受刑罚的行为。三种失范行为从数量上看是依次减少的,从对社会产生影响上看是越趋严重的,从惩罚手段上看,则是越来越严厉的。

规范行为和失范行为的关系可分别对应文化与反文化的关系。规范行为正是以正统、普遍认可和遵守的形式出现,而失范行为是以规范行为的对立面存在的,是对规范行为的背离或否定,两者是一对矛盾。尽管学校不断调动各种制约机制来反对失范行为,但一部分学生或教师却通过创造秘密语言、建立新的规范、组建团伙与学校相抗争,做出失范行为。总体而言,失范行为对教育规范起冲击作用,有时会引发学校秩序的混乱,但也有些失范行为包含着进步的成分,在社会变迁中,可能会转化为新的规范行为。

第二节 学校中的失范行为

学校中的失范行为涉及教师、学生两大群体。由于主体不同,失范行为的表现也有差异,而且种类繁多。由于绝大多数学生属于未成年人,因此,学生失范行为主要指称越轨、违法和未成年人犯罪(常常用"青少年犯罪"来概括)三类;教师失范行为主要是指在教师职业规范范畴内的"非正常行为",未包括教师的违法、犯罪行为,后两者属于成年人违法犯罪的范畴。

一、学校失范行为的类型研究

学校失范作为社会行为中的一类,与社会中的一般失范行为一样,十分复杂。关于一般失范行为的研究,已有很长的历史,并已经形成了多种理论解释。我们借助这些理论,可以分析学校失范行为的成因。同时,对于学校失范行为的类型,可以借鉴韦伯的社会行为理想类型理论予以分析。

(一) 失范行为的类型学解释

对失范行为最早的、在历史上影响深远的一种解释是"神鬼驱使说"。这就是说,越轨者、违法者、犯罪者是让恶魔给缠住了,或者"中邪"了,或者说是老天对其的惩罚。而此后的解释更多地增加了科学的成分。

1. 失范的生物学解释

19 世纪,生物学的迅速发展导致了体质变态说的出现。意大利犯罪学家西塞·朗姆布罗索(C. Lombroso)是这一解释的创始人。他认为越轨、违法、犯罪是因遗传而在生物学上变态的结果,会在面部特征上有所显露。[①] 近年来在一些西方国家,再次出现"生物学热",有人进一步发展了这一解释。

2. 失范的心理学解释

心理学上关于失范主要有两种观点:一种是心理缺陷说;另一种是挫折—侵犯说。一些心理学家力图把失范解释为是心理缺陷的结果,认为正常人知道限制自己的失范冲动,而心理缺陷者不知道限制自己的冲动。心理缺陷主要是由童年的社会化失调造成的。在童年时代,孩子如果遭到双亲的遗弃,就会中断正常的社会化过程,在心理和情感上受到严重的挫折,难以发展出健全的人格和自我,难以适应社会环境,也就容易在以后产生越轨、违法和犯罪行为。另一些心理学家则强调挫折—侵犯说,认为失范是一种由挫折产生的针对他人和社会的侵犯形式,而挫折的程度是以需要的强度或者受阻的程度为基础的,因此,侵犯的强度与挫折的程度有关。心理学解释在具体分析一个人为何会产生失范行为时富有成效,但它难以解释作为一种社会现象的失范行为。

3. 失范的社会学解释

社会学把重点放在导致失范行为产生的社会环境上。社会学的解释主要有两类研究取向:一种是结构模式,主要从社会结构和文化的角度去探讨;另一种是过程模式,主要从失范

---

① 例如,体质变态说往往认为大耳朵、口部突出等就是一个天生的罪犯的外部特征。但这种解释实际上是没有科学根据的。

的过程方面进行分析。结构模式种类最多,主要包括以下五种。

(1) 差异交往说(differential association theory),也称文化传递理论。

美国犯罪学家萨塞兰德(E. Sutherland)在其《犯罪学原理》一书中提出基本假设:所有的人都要经历社会化过程,但他们如何社会化则取决于他们与谁交往。一个孩子通过与失范群体的交往获得了对失范行为的理解、态度和技能。与失范群体的交往越密切,这个孩子学到的失范手段就会越高明,失范的动机就越高,失范的可能性也就越大。这种理论也对应了一句老话——近朱者赤,近墨者黑。

(2) 控制缺乏说(lack-of-control theory)。

这一理论是由沃尔特·雷克里斯(W. Recless)提出的。他认为,群体的成员资格和社会生活环境决定个人的行为,但他特别强调社会环境中的社会控制对个人的效用,认为失范行为是由社会内外部的控制削弱和受到破坏而引起的。

(3) 失范说(deviance theory)。

失范(anomie 或 anomy)一词,源于希腊文,在16世纪的神学中是指不守法,尤其是亵渎神。法国社会学家涂尔干用它来说明"与道德规范不一致的社会现象"。在他看来,道德规范是维持人与人之间关系以及社会团结的基础。由于社会剧变,尤其是法国处于从传统农业社会向工业社会的大转变时期,控制个体行为的道德规范越来越松弛,个体之间的道德制约丧失了,这就产生失范现象。他在其名著《自杀论》中,以自杀为例说明了导致失范行为的原因。①

(4) 手段—目标说(means-ends theory)。

美国社会学家默顿继承了涂尔干的失范说,即社会整合的缺乏会造成极度紧张,从而会引起失范行为,同时又结合美国社会的失范现象提出了手段—目标说。但他把主要视角放在"极度紧张"上,认为这种极度紧张不是由社会整合的缺乏所引起的,而是由社会手段和目标不统一所造成的。社会在文化上为每一个人都规定了合法的正确目标,但社会并没有在结构上为每一个人提供合法的手段去实现这些目标,这样就会使人遭受挫折和产生紧张,在没有合法的手段时,就会用非法的手段来实现这些目标,从而出现失范行为。但是,默顿并不认为,在这种情形下失范是唯一的选择。他提出,在个体面对上述矛盾时,有五种可能的适应方式。①改革者:通过失范手段追求文化上合法的目标;②墨守成规者:在损害目标的前提下严格坚持规范所准许的合法手段;③逃跑主义者:他们同时放弃合法的目标和合法的手段;④造反者:他们创造新的规范和目标以代替旧的规范和目标;⑤顺从者:他们坚持合法的手段和目标(见表4-2)。

---

① 涂尔干把自杀分为四类:利己式自杀、利他式自杀、宿命式自杀、失范式自杀。失范式自杀主要发生在社会出现经济危机或大变动时期。此时,社会缺乏明确的行为准则,造成了"社会失衡",由此,个体丧失了对社会变化和新的社会规范的适应能力,人的精神和心理平衡被破坏,就会产生失范式自杀。

表 4-2　默顿的个体对文化目标的适应模式

适应模式	文化上认同的目标	文化上认同的手段
1. 改革者	+	-
2. 墨守成规者	-	+
3. 逃跑主义者	-	-
4. 造反者	- +	- +
5. 顺从者	+	+

(注:+表示顺从,-表示不顺从或失范)

(5) 亚文化群理论(subculture group theory)。

该理论以美国社会学家科恩为代表。他在《亚文化群体》一书中提出,失范者亚文化群所具有和维护的价值观及行为倾向,与主流文化的价值观及行为倾向相抵触、相背离,这是失范的真正根源,而亚文化的产生是由社会化过程不完善、不适当引起的,并且通常是在社会下层阶级居住区形成的。这种观点从文化角度分析失范行为,体现了社会学的洞察力。但是,这种理论的适应面较窄,它难以解释"白领犯罪"、高科技犯罪,以及犯罪率的起伏等。

过程模式主要是以标签论(labelling theory)为代表。标签论盛行于 20 世纪 60 年代,美国社会学家霍华德·贝克(H. Belcker)是这一理论的代表人物。这种理论主要运用互动理论探讨了越轨—违法—犯罪的过程,而非原因,强调了这是社会创造的,而非本体所赋予或自然发生的。其要点为:第一,失范是一种政治现象,权力常常是决定谁去贴"失范者"这个标签,以及谁被贴上这个标签的关键因素;第二,必须改造的是社会关系,而不是失范者;第三,认为失范与控制失范是同一社会现象的两个相互联系的组成部分。因此,这种理论特别强调了失范的过程,分解了从"初级失范者"到"次级失范者"的变化过程。

(二) 学校失范行为的类型

无论是学生的失范行为,还是教师的失范行为,均可以被分解为"理性行为"和"非理性行为"两大类。但是这种分类还过于笼统,因为理性或非理性行为内部还存在着一定的差异。韦伯所提出的关于社会行为的"理想类型"(ideal type)是对所有社会行为高度的理论概括,这种解释有助于走出仅依据某一"失范理论"进行解释的有限性的困境。

在韦伯看来,一切社会行为都可以被分为四种"理想类型":目的取向的理性行为、价值取向的理性行为、情感行为、传统行为。如此,我们可以把学校失范行为划分为:目的取向型失范行为、价值取向型失范行为、情感型失范行为、传统型失范行为这四类理想类型(见表 4-3)。

表 4-3　学校失范行为的特征及其失范理论比较

学校失范行为	行为目的	行为特征	行为举例	适用理论
目的取向型失范行为	谋取个体或群体的功利性利益	理性行为	财产型违法、犯罪，如盗窃、抢劫、诈骗等	差异交往说 亚文化群理论 经济犯罪解释
价值取向型失范行为	反对学校主导目标、价值观	理性行为	逃学、不诚实行为；教师非正常行为	亚文化群论 控制缺乏说 标签论
情感型失范行为	满足生理、心理、情感上的需要	非理性行为	学生伤害他人或自己；教师体罚学生等	心理学解释
传统型失范行为	遵循传统习俗、维护传统秩序	非理性行为	学生讲"哥们"义气；教师非正常行为等	失范说 手段—目标说 控制缺乏说

1. 目的取向型失范行为

这是指行为失范者采用违背教育规范的手段来谋取个体或群体的功利性利益所产生的失范行为。功利性利益是指能满足学校成员生活需要或为生活提供便利的各种稀有社会资源，如经济利益、权力、地位、声望等。这种失范行为可能仅仅是非正常行为或越轨行为，也可能是违法甚至犯罪行为。其主要特征是：目的是理性的，手段是越轨、违规甚至违法的。这种行为可能是物质利益驱使之下的理性选择，也可能是社会学习和模仿的结果。

2. 价值取向型失范行为

这是指行为失范者的价值观念与教育主导观念相背离，因力图诋毁或改变教育主导观念而产生的违背教育规范的失范行为。诚如前述，教育规范可以分为教育习俗、教育规章、教育法律，这些均体现了不同层次的教育价值观。一般而言，违背教育习俗不会受到严厉的惩处，而违背后两者，特别是教育法律将会受到严厉惩处。亚文化群理论和标签论均能有效地解释这种失范行为。

3. 情感型失范行为

这主要是指为了满足生理、心理或情感上的需要而做出的失范行为。尽管有时失范行为者是经过"理性"选择的，但这种行为的目的是满足个体生理、心理和情感上的需要，所以实际上是一种非理性行为。例如，未成年学生伤害自己的父母。再如，由报复心理、满足虚荣心而引起的打架斗殴等。这类行为的共同特征是：行为目的既非功利性的，也非价值取向的，而是由个体需求引起的。这种行为主要可以用心理学理论进行解释。

4. 传统型失范行为

这是指行为失范者没有主观上的失范构想，仅仅是因遵循传统习俗而违背教育规范所产生的失范行为。例如，学生之间因讲"哥们"义气而导致的失范行为，教师因遵循传统的教育观念、方式、方法而出现的失范行为。这种情况主要可以用失范说、手段—目标说、控制缺乏说等作出解释。

显然，上述借鉴韦伯的理想类型所勾勒的学校失范行为类型，具有典型的理论分析价值。每一种学校失范行为，均可以通过一种或有限的几种失范理论作出较好的解释。但是，这种分类毕竟只是"理想类型"，实际生活中的学校失范行为种类繁多，很难被完全概括。正如韦伯所告诫的："理想类型的结构越是清楚、精确，它的抽象性和不真实性就越大，而它在方法论上系统地将术语、分类、假设等公式化的功能就越好。"①

二、学生失范行为的诸多表现

我国古代对于学生的失范行为早有研究。例如，由宋瑾制定的《根心堂学规》中把"行劣"规定为：心不守舍、气质粗浮、坐立倾欹、亵渎书籍、诋毁师长、违逆父母、手足参商、相聚闲谈、心口相违、恕己责人等。张人杰先生则将"问题学生"定义为在品德、学习和社会适应等诸方面，经常有意表现出显著地妨碍自己或他人身心健康成长发展的行为者。② 斯图尔特（M. Stewart）等人则将学生的失范行为称为学校里的违纪行为，包括如迟到、破坏公物、打架、偷窃和在校园里喝酒。③ 1988年，通过调查英国小学生课堂上的行为问题，惠道尔（K. Wheldall）和梅雷特（F. Merrett）列举了十项行为，即：吃东西、非语言噪声、不听话、乱说话、怠惰/迟钝、不守时、妨碍他人、身体攻击、不整洁和离开座位。④ 霍顿（S. Houghton）等人也使用了十项行为来测量英国中学生的行为问题，但用"辱骂"代替了吃东西。⑤

本书将学生的失范行为分为越轨行为、违法行为和未成年人犯罪三大类。学生的越轨行为主要是指违背教育习俗、教育规章的行为，即违规、违纪行为。具体而言，大致包括不诚实行为、逃学行为、欺骗行为、不守纪律行为等。学生的违法行为主要是指违背教育法律以及国家其他法律、法规的行为，此处指的是普通违法行为，即除各国刑事法律规定的各类犯罪行为外，其余触犯法律的行为都属于普通违法行为。犯罪是违法的一种表现，但两者并不等同，犯罪必违法。普通违法行为司空见惯，数量巨大。最常见的违法行为是小偷小摸、打架、

---

① 转引自：郑也夫，李强. 西方社会学史[M]. 北京：能源出版社，1987：72.
② 张人杰. 从问题行为入手：对何谓"问题学生"的思考[J]. 中国德育，2012，7(17)：6—9.
③ Stewart S M, Bond M H, McBride-Chang C, et al. Parent and adolescent contributors to teenager misconduct in western and asian high school students in Hong Kong[J]. International journal of behavioral development，1998，22(04)：847—869.
④ Wheldall K, Merrett F. Which classroom behaviours do primary school teachers say they find most troublesome？[J]. Educational review，1988，40(01)：13—27.
⑤ Houghton S, Wheldall K, Merrett F. Classroom behaviour problems which secondary school teachers say they find most troublesome[J]. British educational research journal，1988，14(03)：297—312.

流氓行为、赌博、违反交通规则等。普通违法行为与犯罪行为最主要的区别是,前者的社会危害性还不足以用刑罚来惩罚。普通违法行为与越轨行为的区别是,前者的危害性显然比后者严重,因而遭到的惩罚执行力度也截然不同。

当前,学生的失范行为表现为下述四方面。

(一) 校园暴力触目惊心,欺侮现象日渐增多

校园暴力或称校内暴力,日本法学家将其解释为三方面的内容,一是对教师的暴力事件(殴打教师);二是以集团或集团的威力为背景而发生的学生之间的暴力事件(如学生之间打群架、欺辱弱小同学);三是毁坏学校设备等事件。校园暴力早已是一个国际性的社会问题,西方国家在20世纪七八十年代就有突出的表现。

在美国,仅1980年,就约有7万名教师受到学生暴力的伤害,造成的损失达6亿美元。在纽约市,由于一些学生的野蛮行为,每天约2万名中小学生不敢上学。德国校园暴力的重点主要表现在一些破坏活动上,如破坏校舍、设备及技术设施;其次,学生间的暴力行为也屡见不鲜。为此,德国曾于1988年成立了一个反暴力委员会,以调查分析暴力行为产生的原因并提出相应对策。日本的校园暴力尤以年长学生欺负年幼学生最为严重。

在我国,校园欺侮和暴力事件也时有发生,嘲笑、恐吓、名誉诋毁、破坏物品、敲诈勒索等成为欺侮的常见形式。欺侮不是简单的学生间的打闹现象,而是一种变相的或前兆性的校园暴力,发展到最后,往往成为严重的校园暴力事件,不仅威胁校园安全,破坏校园气氛,影响学生间的正常交往,同时也对被欺侮者的身心造成极大摧残,严重的甚至侵犯受害学生个体的权利。校园欺侮行为通常具有多样性、普遍性、非均衡性、持续性、隐蔽性和难以判断性等特征。在学校内恃强凌弱、诈骗钱财、挟持他人从事不法行为等暴力现象,令人不寒而栗,给家庭和学校带来了恐慌,给社会带来了不安定,已成为一个突出的社会问题,引起了人们的关注。

有研究者分析,产生日趋严重的校园欺侮和校园暴力现象的原因,除处在青春期的学生本身攻击性较强外,家庭和学校教育的失误、反主流文化和不良大众传媒的影响是主要原因。据调查,多数的暴力少年在心灵和肉体上都曾遭到父母或教师不同程度的伤害,结果孩子变得感情冷漠、自我中心、情绪失控、与人疏远。媒体中的暴力镜头过多过滥,则是暴力犯罪的直接诱因(见案例4-1)。

案例4-1

班杜拉的波波玩偶实验

心理学家班杜拉(A. Bandura)等人于1961年进行了一项名为"波波玩偶实验"的研究。此研究将孩子分成了两组,观察一个成人在两种不同条件下玩"波波娃娃"。第一组孩子观察到的是成人实施了暴力行为,他们在游戏中多次打和踢娃娃。第二组孩子观察

到的是成人平静地与娃娃玩耍。观察结束后,两组孩子各自玩起了波波娃娃。结果显示,第一组孩子在玩时更倾向于出现暴力行为;第二组孩子则以和平和友好的方式与娃娃接触。

资料来源:Bandura A, Ross D, Ross S A. Transmission of aggression through imitation of aggressive models[J]. The journal of abnormal and social psychology,1961,63(03):575.

(二)青少年色情犯罪严重

在不良的大众传媒中,淫秽物品对青少年失范行为的影响非常严重。据某少管所的调查,在性犯罪青少年中,72.7%的人接触过淫秽书刊和录像。美国著名传播学者威尔伯·施拉姆(W. Schramm)在他的著作《传播学概论》中曾说过,所有的电视都是教育电视,唯一的差别就是它在教什么。由此看来,大众传媒对青少年一代的影响不可忽视。

(三)青少年以侵犯财产为目的的失范行为比例最高

不恰当的价值观念和生活方式对青少年的负面影响极大,在一部分青少年当中,存在着盲目追求高消费、讲排场、摆阔气、贪图享受、不思进取的倾向。青少年缺乏经济收入,拜金思想和享乐主义往往驱使他们为满足个人私欲而不顾一切地去犯罪,使国家和人民的财产受到严重损失。从未成年人的犯罪类型上来看,侵犯财产类的犯罪数量最多,其中尤以盗窃为最多,抢劫、诈骗次之。某少年犯在一份悔过书上写道:钱、钱、钱,一切向钱看,金钱至上,没有一个念头不和金钱沾边。这说明,消费膨胀、金钱万能等不良观念,是青少年此类失范行为发生的重要原因。

(四)青少年失范行为的新倾向

青少年已经成为受毒品威胁的"高危人群"。吸毒已成为当前我国青少年失范行为中突出的新现象。根据中国首届禁毒展览会披露,在目前我国的吸毒人群中,85%是17—35岁的青少年,其中82%的人是在对毒品完全无知的情况下染上毒瘾的。目前在我国滥用的合成毒品多发生在娱乐场所。所谓"合成毒品"(又称新型毒品),是相对鸦片、海洛因等主要取材于天然植物的传统麻醉毒品而言的,主要指以化学合成为主的、直接作用于人的中枢神经系统的一种精神药品(毒品)。科学技术和制药工业的进步与发展,使精神药物的范围和种类不断变化,因而,合成毒品滥用的品种也在不断增多,并在不经意间出现在我们的周围。

【案例 4-2】

"零食"试吃的背后,是致命的"毒蘑菇"

中国禁毒网报道:聊天群里,有人提供免费的"巧克力""蘑菇干"试吃,殊不知,这些"零食"之中竟然含有裸盖菇等毒品!裸盖菇中含有赛洛新和赛洛西宾,是国家管制的一类精神药品,致幻性强,短时间内能迅速作用于人的神经系统,使人对周围的感知无限放大,极易产生沮丧、悲伤甚至愤怒的情绪;吸食过量后会使人出现呕吐、腹泻、大量出汗、血压下降、哮喘、急性肾衰竭、休克等症状,甚至产生严重幻觉,导致自伤自残甚至自杀等肇事肇祸后果,危害性极大。

随着网络的盛行,青少年的网络欺凌行为已经取代了以往的校园暴力,成为当前出现的又一新倾向。他们在网络上可以不受师长监督,用言辞恐吓、欺侮或骚扰同学。据报道,超过1/3的美国青少年在进行实时通话和访问社交网站时,成为被欺凌的对象,而那些"电子恶霸"往往是他们的同学。网络上的恃强凌弱行为包括:在个人网页贴脏话,或是通过实时通话,一再传送不堪的信息侮辱对方。根据威斯康星大学的调查,有12.6%的受访者表示曾遭人身威胁,有接近5%的人表示担心自己的安全。这种网络欺凌现象甚至导致了自杀事件。女生受到网络欺凌的概率高于男生;而女生在网络上欺凌他人的比例与男生差不多。

| 案例4-3 |

亚洲国家商讨对策解决青少年网络犯罪

就在成人还为青少年受到网络上的不良内容侵袭担心时,青少年早已经比成人更懂得利用网络,有些青少年甚至利用网络进行违法犯罪活动,传播黄色信息、散布谣言、串联团伙犯罪⋯⋯统计数据显示,网络犯罪在亚洲青少年犯罪中所占的比例越来越高,呈大幅上升趋势。网络不良内容对青少年的影响成为众矢之的,堵住源头成为各国的一致选择。

韩国已加强对网吧的控制和管理,法律对此有严格限定:学校周围50米以内不得开设网吧;200米以内的网吧限制营业时间和播放的内容;设有学生补习班、课外学习班以及技能训练班等的建筑内,不得开设网吧。

日本、印度也在严把互联网内容关。在一些管理比较好的网站,管理人员会全天监控网站上的信息,一旦发现有人发布可能与杀人和自杀有关的信息,则立刻删除。印度的班加罗尔警察局是该国的首家网络犯罪调查局,监视色情网站是它的常规工作。

但网络无处不在,只靠"堵"难免有疏漏。所以,培养学生自控能力和明辨是非的能力更重要。日本呼吁学校指导青少年上网,以提高学生对信息的辨别能力;新加坡社会学家提出"陪孩子上网,父母义不容辞"的口号;印度则利用网络等形式对青少年进行有关防止网络犯罪的教育,班加罗尔警察局在网上开设"做黑客前请你想一想"栏目,部分民间机构还在中学和大学组织免费讲座。这些努力都在于帮助青少年认识网络犯罪的恶果,让他们正确进行判断和选择。

我国已经出台了一些政策文件,以维护网络秩序,如《关于依法惩治网络暴力违法犯罪的指导意见》;也有相关的法律法规,如《中华人民共和国网络安全法》等。针对未成年人网络保护,《未成年人网络保护条例》已于2023年9月20日国务院第15次常务会议通过,自2024年1月1日起施行。

三、学生失范行为的归因分析

出现上述种种青少年失范行为的原因是多方面的,有社会道德失范、文化市场的失控、家庭结构的变化和学校教育的失误等。

本书将从社会原因、学校教育的失误、家庭教育原因三方面进行分析。

(一) 社会原因

1. 社会规范失控

在社会转型期,社会导向的模糊和新的伦理道德建设相对软弱,造成了整个社会的道德失范。如在经济转型时期,旧有的观念日益落后,但新的价值观等还未完全确立起来,在这种情况下,个人主义、自由主义、拜金主义、享乐主义等更容易侵蚀青少年的心灵。

案例 4-4

我国年轻一代风靡的奢侈品消费文化

麦肯锡的《中国奢侈品报告2019》指出:2018年,中国人在境内外的奢侈品消费额达到7700亿元人民币,占全球奢侈品消费总额的三分之一,平均每户消费奢侈品的家庭支出近8万元。2012年至2018年,全球奢侈品市场超过一半的增幅来自中国。其中,以"80后"和"90后"为代表的年轻一代,分别占奢侈品买家总量的43%和28%,分别贡献了中国奢侈品总消费的56%和23%。在人均支出方面,"80后"奢侈品消费者每年花费4.1万元购买奢侈品,"90后"奢侈品消费者的花费为每年2.5万元。奢侈品已经成为年轻一代的社交资本。

2. 文化的商品化

如果文化市场的社会管理控制系统失调,会导致反主流文化的泛滥和失控。青少年的活动场所如少年宫、少科站、少年之家等,因受经济冲击,而使其教育功能难以正常发挥。色情和暴力影片、不良文化传播物品等禁而不止,在社会上泛滥,也会毒害青少年。

| 案例 4－5 |

网络犯罪的特点

如今,未成年人犯罪人数占全部犯罪人数的比例逐年上升,网络在其中起到了不容忽视的诱导作用。目前网络诱发未成年人犯罪呈现出新的特点:一是犯罪主体呈低龄化趋势;二是团伙犯罪现象突出,通过网络上的社交群组迅速结伙作案;三是犯罪类型相对集中,主要集中在财产犯罪和人身伤害两大类型上;四是犯罪起因简单,手段多样且残忍。

3. 城市化的影响

城市化为世界范围内失范行为的猛增提供了空间。19 世纪的英国、20 世纪二三十年代的美国,以及第二次世界大战以后的日本、南美诸国在城市化过程中都伴随着失范行为的高涨。上海在 20 世纪 30 年代出现了城市规模的快速扩大,犯罪人口也随之猛增。城市化对社会进步的意义是显而易见的,但也易引起社会解组力量的扩大,即原有社会控制力削弱,疏远的人际关系取代亲密的人际关系,社会规范及道德出现迷失状态。一般而言,这一现象要持续相当长的时间,只有当城市化的进程减慢,城市居民适应了新的环境,而且没有受到新的城市移民的妨碍时,社会秩序才会恢复。另外,城市化引起了影响个人行为的空间结构(或区位结构)以及社会心理的变化。城市中大量"空间死角"的存在,使得个人行为越趋隐蔽,不受干涉,且自由化,人际之间的相互监督锐减,这都是城市失范行为增加的影响因素。另外,家庭核心化趋势的扩大,使得青少年各种失范行为的隐蔽性、自由性有了更大的发展余地,导致了失范行为的发生。

4. 人口流动问题

人口快速流动是现代社会的重要特征。有的国家,由于在相当长的时期内是以人口少流动甚至不流动来建立社会控制机制及其网络的,因此一旦遇到突如其来的大量人口流动,社会控制就显得较为无力。这使反社会行为变得猖獗。

5. 价值观多元化

社会变迁必然带来人生观、婚姻观、金钱财产观等一系列价值观的巨大变化。价值观变化的显著特征是,它较之物质形态的变化更复杂多元,对失范行为的产生更具深刻影响。

| 案例 4－6 |

"网红"现象对大学生的负面影响

"网红"即"网络红人"的简称。"网络红人"是在网络社交平台上因为个人才艺、外形或某个特定事件而受到网民关注并走红的一类人。钱冬妮就如今盛行的"网红"现象提出了几点问题和思考:

(1)"网红"现象会扭曲大学生的成才观:很多人对"网红"的印象都是"一夜成名",这种现象往往会误导大学生,让他们以为成功可以走捷径,这与我们的主流价值观是完全背道而驰的。

(2)"网红"现象会冲击大学生的价值观:很多"网红"会在自媒体平台上向"粉丝"分享自己的生活,使得越来越多的观众渴望自己也能拥有这样的生活方式。但一些"网红"所输出的内容,充斥着拜金主义和享乐主义的价值观,对大学生的成长是非常不利的。

(3)"网红"门槛过低:"网红"没有明确的学历和能力的门槛,只要有个性、敢出位,人人都可能成为"网红"。这就容易在竞争的过程中丢失道德底线,对大学生的成长发展也是极为不利的。

(4)利益至上的价值观:大学生"网红"的辨别能力不强且缺少社会经验,在利益的驱使下很难做到独善其身,从长远角度来看,对社会发展是极其不利的,值得深思。

资料来源:钱冬妮.自媒体视域下大学生"网红"现象的研究[J].今传媒,2019,27(05):52—53.

(二)学校教育的失误

由于广大青少年是学校教育的对象,面对日益严重的青少年失范行为发展趋势,学校教育更应反思。下面本书就青少年失范行为在学校德育层面作些归因分析。[①]

1. 学校教育指导思想的偏差

学校教育一直切实地把德育放在首位,教育和造就了一代青少年,出现了雷锋、王杰等广大青少年学习的楷模。改革开放以后,面对市场经济大潮,在多元文化与观念的矛盾和冲突中,在青少年一代最需要学校德育的时候,学校德育却也陷入了适应困难:或者以不变应万变,但遭到新时期青少年的反感;或者干脆把德育拱手相让于社会;或者只追求升学率,德育只是软任务,丧失了应有的作用。

14—15岁是青少年失范行为的多发年龄段,又是青少年个性最为突出,也最为脆弱的时期。然而若在此时仅片面追求升学率,学校只按同一的教材,用同样的方法,朝着一个方向——升学,来教育学生,而不考虑学生个体的性格、个性、能力及个体不同的生活经历,则无法培养出全面发展的新一代。美国学者詹宁斯(H. Jennings)说,自然界用尽所有的心力,尽可能使得我们的一群孩子秉性各异,自然界不遗余力地把无限的可能性隐藏其中,没有人能够确定或预言这些可能性。若是我们对孩子的教育,是要根除这种多样性,那无疑是可悲而错误的。

学校的课业负担过重,又不能因材施教,导致很多学生个性压抑和屡遭挫败,使他们不能适应学校环境,甚至走到学校教育的对立面。不仅如此,由于教师眼睛往往只盯着少数学

---

① 这一部分主要参考了:鲁洁.德育社会学[M].福州:福建教育出版社,1998:第8章第2节.

优学生,使他们日渐成为"明星学生"或称"学生中的贵族",而学障生则处于被教师遗忘的角落。一位教育科研人员在教学班连续听课后发现,该班有两名成绩优异的学生,在两天内被各科教师提问共 12 次,另两名学障生,在 12 天内却无人问津。为了提高升学率,这些学障生不断遭受来自各方面的压力。有的学校为了提高升学率,甚至让学障生自动退学,把他们推到学校门外(见案例 4-7)。

案例 4-7

为保中考升学率,学校提前劝退学生

一位母亲打进教育热线,坦率地说:"我承认我的儿子是问题学生,身上有很多不良习惯。上学期,他上了初一,因为打了同学,被学校强硬劝退了。这学期,该升初二,开学报名时,学校还是坚持不要。"这位母亲哭着说,跟他儿子情况类似的还有几名同学,都是学习成绩不好的学生,学校都希望他们转学。

随后,陆续又有几位家长反映该问题,某市一些学校为了提高中考升学率,从初二开始,就让老师想方设法为难、劝退一些成绩不好的学生。一所学校甚至把成绩不好的学生集中在一个班,老师每天就让他们做题,几乎什么也不讲。而且,学校还说,上不上没关系,学校都给发毕业证。

对于学生的忽视、一味追求升学率,使学生的求知欲减弱、学习热情降低,殊不知,这也正是失范行为的开始。对 18 岁以下青少年犯罪的情况分析发现,青少年犯罪群体中很多学生成绩不好,学校和教师对这些学生基本上持歧视态度,导致学生自暴自弃。学生学业的"挫败感"至少可以产生两种消极结果:第一是导致学生与学校、教师的对立,形成"反学校文化"。德国反暴力委员会的研究表明,由较低的智力、学业不佳、生活机遇的威胁等因素而产生的学生对学校的内在反感,不仅表现在学生拒绝接受教师和学校的任何提示与指令上,而且也会成为学生实施暴力行为的动机。第二是导致学业失败的学生厌学、辍学或逃学。长期的学业失败会使学生对自己的当下与未来丧失信心,进而厌烦学校生活,采取反抗教师和同学的行为,最终厌学、辍学、逃学。学业失败是学生辍学内在的根本原因之一。

2. 个别教师素质差

个别教师素质差导致师生间的人际关系紧张,是青少年失范行为的又一重要原因。这可以从两个层面进行分析:第一是客观层面,即教师为追求升学率,只重视成绩优秀的学生而忽视成绩较差的学生,导致学生过早离开学校,走上社会;第二是主观层面,因教师自身素质差甚至品质恶劣而导致学生厌学、恐学,最终走上犯罪道路。这是教师在有意识地把学生推向犯罪的深渊,甚至可以说就是教师在犯罪。教师的不良行为主要有以下三种。

(1) 教师的体罚行为。教师体罚的形式多种多样,具体形式分为三类:一是以直接伤害学生的身体为主,如打耳光、命令下跪、罚站、罚冻、罚晒太阳、留堂等;二是以侮辱学生人格为主,如讥讽、谩骂、威胁等;第三类属于变相体罚,如罚抄写错题、罚大量体力劳动等。体罚不仅影响学生的智能发展,同时也影响其个性发展和心理健康。

(2) 教师的侵权行为。在当前的教育管理活动中,教师常易出现侵犯学生人身权利的行为,具体表现为:一是殴打、体罚学生;二是侮辱学生人格;三是私拆、隐匿学生信件,侵犯隐私信息;四是非法管制、搜查学生身体;五是随意公布学生考试分数。

(3) 教师的虐待行为。对教师虐待行为的研究较多,主要包括对学生情感虐待、躯体虐待、性虐待和教育忽视四种类型。情感虐待涉及教师持久地轻视学生,班级中缺乏积极的情绪氛围。情感虐待是四种类型中最普遍、对学生伤害最大的一种。躯体虐待涉及教师用不同程度的武力或禁闭来应对学生的挑衅违纪行为,有时还会请家长来学校,通过激怒家长来体罚学生。性虐待涉及教师与学生的不适当交往或对学生身体的不适当接触。忽视是一种行为上的疏忽或不作为,教育忽视是指没有给予学生应有的关注和尊重,忽略学生的心理需求、情感支持和情感交流,缺少对学生情感需求的满足。教师虐待学生可能给学生造成不良后果。学生屈服于教师的奚落、身体攻击、隔离、口头歧视或性折磨,很可能会发展成问题行为,如恐惧反应、躯体病症、攻击性行为、依赖或退化、逃学等,从而产生情感障碍、行为障碍和学习障碍。英国特别制定了教师惩罚学生的合法行为边界(见表4-4)。

表4-4 英国教师惩罚学生的合法行为边界[①]

序号	内　　容
1	口头训斥
2	对于未达标的功课布置额外任务,或者重复练习直到达标为止
3	设定写作任务作为惩罚,如罚写文章或论文
4	撤除学生特权,如学生失去重要的职位或不能参与便服日
5	惩罚学生参加社区服务,如清理垃圾或打扫学校、教室,饭后帮助清理学校餐厅
6	在极端的个案中,学校可以没收不当物品、使用适当武力、隔离学生、临时或永久驱逐学生

教师低水平的教育技巧甚至违反教育规律的方法,是导致青少年学生失范行为的不可忽视的原因。南京农业大学的闫祥林等学者在2013年做了关于高校在校生厌学现象相关因素的研究。通过对南京市9所高校、1032份问卷的调查分析,该研究发现大学生的厌学现象与教师魅力有着不可分割的关系。教师魅力越低,则个体的厌学程度越高。[②] 另外,有些教

---

① 赵阳.英国教师职业行为规范制定与实施[J].外国教育研究,2019,46(08):30—44.
② 闫祥林,李阿特,邢鹏,等.高校在校生厌学现象相关因素实证研究——基于南京市9所高校1032份问卷的调查[J].南京农业大学学报(社会科学版),2013,13(05):104—110.

师的教育观念存在偏差,或本身不懂法,故采用的方法本身就违法。教师的违法言行对学生的影响巨大。例如,有些教师体罚学生,将学生推出教室,剥夺了学生学习的权利;有些教师采取搜身和搜书包的方法来破获校内案件;有些教师偷看学生手机以杜绝早恋现象等,这些都容易导致师生之间的对立、冲突,从而出现"反教育"的后果。

(三) 家庭教育原因

家庭是儿童社会化最重要的场所。影响青少年犯罪行为的家庭因素主要有三方面:家庭关系变量、家庭成员行为变量和家庭结构变量。

1. 家庭关系变量

家庭关系变量主要指家庭成员两两之间相互作用的关系特征,包括夫妻关系、亲子关系和兄弟姐妹间的相互作用特征。临床研究证明,在亲密度和适应性方面表现出极端特征的家庭,其孩子特别容易出现越轨行为等适应不良现象。

近年来,针对家庭功能与青少年犯罪关系的研究很多,主要可以归纳为下述几方面:家庭功能与一般问题行为、家庭功能与不同犯罪类型、家庭功能与初犯年龄以及犯罪次数、家庭功能中的危险因素与犯罪行为等。著名的"剑桥犯罪发展研究"(Cambridge study of delinquent development)在对 411 名被试进行长达 24 年的追踪研究中,得出了早期犯罪和长期犯罪之间显著相关的结论。法林顿(Farrington)等人在这项研究中用 25 种测量工具总结出犯罪的七种预测因素:家庭收入低;父母有犯罪行为;低智商;父母的抚养质量差;缺少爱;早期出现问题行为、偏差行为;被评价为爱用行动解决争端。塔瑞拉(Tarolla)等人总结了与家庭有关的预测青少年犯罪行为的危险因素,包括缺少父母的监控、管教方式不当、家庭矛盾、父母的敌意态度、虐待、父母的问题行为、家庭缺乏爱和温暖、家庭缺少和谐性等几方面。

2. 家庭成员行为变量

家庭成员行为变量主要指家庭的教养方式、父母的监控行为、家庭成员是否有犯罪行为等。

国外就家庭环境对子女影响的研究经历了不同的阶段。20 世纪 30 年代以前,关注家庭破损和父母管教方式对子女失范行为的影响,认为良好的教养方式必须具备四个条件,按顺序依次为:依恋(attachment)、监督(supervision)、辨识(recognition)子女的偏差行为以及惩罚(punishment)。20 世纪 30 年代的研究涉及家庭结构、父母管教的一致性以及父母的犯罪行为等对子女失范行为的影响。20 世纪 40 年代的研究表明,充满矛盾的家庭、过宽或过严的管教、父母对子女的放纵或过分袒护、不和谐的父母关系以及父母缺乏对子女的爱心,都是造成青少年行为失范或走上犯罪道路的主要因素。如有研究表明:父母对子女行为的监督,子女所感受到的父母对他们的尊重、接纳和支持的程度,子女同父母沟通的程度三个方面同青少年犯罪行为的关系最为密切。我国学者刘晓英等人也提出溺爱放纵、粗暴生硬、自由放任、隔代抚养、缺少沟通导致的思想隔阂这五种不当的教育方式容易导致孩子心灵扭曲,走上犯罪的道路。①

3. 家庭结构变量

家庭结构变量即单双亲家庭、未婚家庭或已婚家庭、核心家庭或多代家庭等,家庭结构的变化是社会变迁的重要方面。核心家庭是家庭结构的主流,但随着离婚率的上升,单亲家庭也大量出现。大量材料表明,因家庭结构变化而出现的种种家庭问题,对儿童的成长明显不利。在缺损家庭中,不良少年的比例比健全家庭中不良少年的比例要高得多。在日本,据1968—1972年的《科学警察研究所报告》,暴力团伙中43%的成员来自不健全家庭,42%的成员是离家出走的。核心家庭削弱了家庭对青少年的监控功能和社会化功能,使不少青少年的大部分业余时间处于无人管教的状态之中。"挂钥匙儿童"日益增多,造成了孩子的"感情真空"日趋扩大。破裂家庭越来越多——破裂家庭包括结构破裂和心理破裂两类。这些家庭中的青少年,由于在家难以得到温暖,可能会与社会上的不法分子混到一起,走上越轨、违法、犯罪的道路。我国学者李旭东、周冬也提出因单亲家庭、再婚家庭,以及由婚外情、分居、半分居、配偶一方出走或父母双亡、"支离型家庭"等问题形成的"隐性"残缺家庭都是青少年犯罪的重要影响因素。②

四、教师的非正常行为

教师的非正常行为几乎是每个学校都存在的现象。在学校实际工作中,教师的非正常行为不仅使教育管理者困惑,导致教师集体的许多矛盾与问题,还在不同程度上影响着学生的心理与行为表现,甚至侵蚀着学校的组织健康。但是,教师的非正常行为常常未引起重视。对教师非正常行为的研究可以借鉴失范行为类型学的解释。当然,教师行为的正常和异常并无一个截然的界限,所谓常态与偏态只是相比较而言,并且常常交织在一起(见案例4-8)。

|案例 4-8|

教师行为异常的表现

从程度上看,教师行为异常的表现可以是严重的,也可以是轻微的。据世界卫生组织的估计,世界上有20%—30%的人有不同程度的行为异常表现。陈安福曾对四川省10个县的10000多名中小学教师进行调查:许多教师反映,教育工作目前是苦恼多于愉快,其中填写苦恼多于愉快的人数比例为74%,而一所重点中学的这一比例竟达91.8%。由于焦虑情绪重,教师容易情绪波动、生气。某中学101名教师填写情绪波动的有47人,占46.5%;写生气激动的有49人,占48.5%。可见,教师轻微的非正常行为的数量是不可忽视的。

资料来源:傅道春.教师组织行为[M].上海:上海教育出版社,1993:161.

---

① 刘晓英,康明树,马琰,黄淼.影响青少年犯罪的家庭原因探析[J].中国青年研究,2005(01):70—72.
② 李旭东,周冬.青少年犯罪的家庭预防对策研究[J].西南师范大学学报(人文社会科学版),2004,30(05):44—49.

实际上，教师的非正常行为还有多种表现形态。

（一）教师人际间的非正常行为

教师之间的许多非正常行为都源于人际关系失调。例如，论人是非是影响教师团结的常见因素；双重标准，进一步发展会变成人格的扭曲；有意曲解，将同事的心理活动等加以曲解，这是导致教师集体内部不团结的一种因素；偏激行为，这种行为带有一定的发泄性，继而可能转化为攻击性行为，具有典型的病态特征。

（二）教师的失职行为

部分教师不安于现状，出现了失职行为。根据教育部所制定的《中小学教师违反职业道德行为处理办法》，教师违反职业道德的失职行为有：

（1）在教育教学活动中有违背党和国家方针政策言行的；

（2）在教育教学活动中遇突发事件时，不履行保护学生人身安全职责的；

（3）在教育教学活动和学生管理、评价中不公平公正对待学生，产生明显负面影响的；

（4）在招生、考试、考核评价、职务评审、教研科研中弄虚作假、营私舞弊的；

（5）体罚学生的和以侮辱、歧视等方式变相体罚学生，造成学生身心伤害的；

（6）对学生实施性骚扰或者与学生发生不正当关系的；

（7）索要或者违反规定收受家长、学生财物的；

（8）组织或者参与针对学生的经营性活动，或者强制学生订购教辅资料、报刊等谋取利益的；

（9）组织、要求学生参加校内外有偿补课，或者组织、参与校外培训机构对学生有偿补课的。

（三）教师的挫折行为

教师的挫折行为是指教师在某种教育动机的推动下所要实现教育目标的过程受到阻碍，因无法克服而产生的紧张状态与情绪反应。具体表现为：出现攻击性行为，直接指向构成挫折的人或事。在不便于直接攻击时就寻找"替罪羊"，如在学生中遇到问题向同事发火，或把对同事的不满转向学生。退却行为，个体在受到挫折时会表现出与自己年龄不相仿的幼稚行为。冷漠行为，在受到挫折以后表现为漠不关心与无动于衷的态度。当然，以上这些挫折的行为反应也是一种心理防卫机制，这种防卫往往有利于自己，但它是以伤害他人或有损于工作为代价来换取个体的心理平衡（见知识拓展4-3）。

知识拓展 4-3

教师挫折行为的致因

（1）条件因素。教师教学成就的满足，受生源水平的限制。这就是普通学校教师的教学挫折多于重点学校教师的一个重要的客观因素。学校教学条件及校园气氛,也是造成教师挫折的重要因素。因此仅就教师的主观因素进行评价,易使教师有严重的成就挫折。另一种是因教师之间的竞争而引起的挫折。

(2) 人际因素。如同事的不配合,或与领导关系不和睦,使教育、教学目标无法实现。人际因素往往使教师遭到频繁的刺激。随着矛盾的激化,挫折具有很大的突发性,往往会发生意外挫折。

(3) 个体自身因素。因教学能力或经验的限制,达不到教师自己所希望的教学质量,而基本素质不高则是长期挫折行为发生的个体原因。

资料来源:傅道春.教师组织行为[M].上海:上海教育出版社,1993:165.

(四) 教师的焦虑行为

根据综合的健康观,可以把人们生理、心理、社会等方面的表现归纳为三类:健康的人被称为"第一种人",患病者被称为"第二种人",介于两者间的被称为第三种人。第三种人介于健康和疾病之间,又称第三种状态。教师中相当一部分人不同程度地处于第三种状态。当教师处于这种似病非病的第三种状态时,会表现出倦于工作,有单调和厌烦感,工作能力、精神状态及体能都受到很大影响(见知识拓展 4-4)。

知识拓展 4-4

教师焦虑行为的致因

造成教师心理第三种状态的原因是:(1)工作过于劳累;(2)生活负担重;(3)来自不得法的教学管理者的监督和刺激,或不良的人际关系的干扰;(4)职业比较过程中产生的地位自卑感;(5)因教学工作的单一性和琐碎性引起烦恼;(6)由教学质量评价引起的紧张心理。上述因素容易造成教师的慢性焦虑,妨碍着教师的社会适应,使教师表现出的行为显著不同于其所应表现出的行为模式。

资料来源:傅道春.教师组织行为[M].上海:上海教育出版社,1993:168.

第三节 失范行为与教育控制

教育社会学上许多名词的使用,往往与社会学的发展有关。教育控制一词的出现,是与社会控制一词密不可分的。① 美国社会学家罗斯(E. A. Ross)首次提出了社会控制的概念,

---

① 社会学上许多名词的出现,也与其他学科有关,特别是生物学。社会控制这一概念的形成与生物学有密切关系。达尔文的生物进化论对于社会学影响巨大。社会控制这一概念的提出是以这样一个假设为前提的:人具有动物性,社会必须控制人的这种动物性质。否则,由于人人都追求个体的自我利益,结果就是产生各种冲突,导致社会秩序无法建立和维持。

并于 1901 年出版了一本关于这一问题的论文集《社会控制》。[①] 这里主要是对学生失范行为的教育控制进行阐述。

一、社会控制与教育控制

(一) 社会控制的概念

社会控制作为一个概念,是近代研究的产物,但作为一个社会事实,却有久远的历史。社会控制作为政治统治的一种功能,它起源于私有制、阶级和国家的产生。国家是社会控制的典型形式,它建立一种"秩序",使统治固定化和合法化,使各种阶级或阶层冲突保持在"秩序"所能允许的范围内。这是社会控制产生的最初机制。随着人与人之间平等关系和市民社会的出现,产生了另一种形式的社会控制,即作为社会约束手段的社会控制。尽管仍然带有政治统治的性质,但它主要是对人们在社会生活中的行为进行限制。因此,凡利用任何社会或文化的工具,对个体或集体行为进行约束,使其依附于社会传统的行为模式,以促进社会或群体的调适和发展的,都可以被称为社会控制。其最基本的形式建立在个体对社会规范和角色期待的认同之上,大部分社会控制可以通过社会化,使人们把社会规范和价值观内化,变成自觉行动的结果。

(二) 教育控制的概念

教育控制的概念是从作为社会约束手段的社会控制引申出来的。广义上说,教育本身就是社会控制的一种重要制度和形式,即通过教育的社会化和选择功能来实现社会控制。狭义上说,教育控制是依据教育规范实现的对学校成员行为的制约,从而使之符合教育规范所认定的行为模式。因此,教育控制主要表现为形式化的和不完全形式化的两类。所谓形式化的教育控制,包括那些为了处理教师和学生的行为而产生的权威系统、法律、条例、规程等。不完全形式化的教育控制表现的往往是人们不自觉、不定型的行为。例如,学校中往往以表扬、嘲笑等方式对某事进行传播。

教育控制的方式主要表现为积极的和消极的两类。积极的教育控制建立在积极的个体顺从的动机之上,以物质刺激和精神鼓励的方式进行,大多数的行为是通过社会化的内化作用形成的。如人们相信这样做某件事是对的,学校中大多数人也都认为这是对的。消极的教育控制建立在惩罚或对某些惩罚的一种畏惧心之上。如人们知道,不守法就要受到各种惩罚。人们也知道,如果不按风俗习惯办事,其行为就要遭到非难、嘲笑或拒绝。教育控制进行的具体方式是多种多样的。一般可以把教育法规、纪律、学习规范、风俗习惯、社会舆

[①] 罗斯原来认为,人的天性中存在着一种"自然秩序"(natural order),它包括同情性(sympathy)、互助性(sociability)和正义感(sense of justice)三部分。因此,人类社会就会形成一种"自然的"秩序状态,故无须进行社会控制。但是,19 世纪末 20 世纪初,美国的都市化和大规模的移民运动导致原来自然的初级群体和社区迅速解体,人们不得不生活在一个完全陌生的环境中。这就破坏了人性中的这种"自然秩序",出现了失范行为等一系列社会问题。因而,就必须有一种新的机制来维持社会秩序,这种新的机制就是社会控制。

论、班级风气视为积极的教育控制,而各种惩罚、教育法庭、青少年管教机构等可以看成是消极的教育控制。

二、对失范行为的教育控制

学生的失范行为是一种十分复杂的社会行为,单一的教育控制模式往往难以奏效。对学生失范行为的教育控制涉及理论与实践两个方面。从理论层面来看,是要解决两个问题:对实际失范行为的惩处和改造;预防和阻止失范行为的发生。从实践层面来看,是要采取综合治理的方法,动员全社会的教育力量对学生的失范行为进行控制。

(一) 对实际失范行为的教育控制

对实际失范行为的惩处和改造,主要可以采用"提高失范行为的成本"的方法,即提高失范行为的难度,以使失范者"知难而退"。计量失范行为成本(X_1),可以借鉴社会学关于犯罪行为成本的计算公式。失范行为成本主要由行为性成本(B)、物质性成本(M)、心理惩处成本(I)三项因子构成。其公式为:

$$X_1 = (B+M)I^{[1]}$$

所以,提高实际失范行为的成本,即分别提高这三项成本。

所谓行为性成本,即失范者在实施失范行为时所付出的行为代价。以偷盗行为为例,如果偷盗极为方便,则偷盗的行为性成本就低。通常行为性成本越低,该类失范行为的发生率就越高。所谓物质性成本,是将失范者的失范行为看成一种特殊的市场交易行为,失范行为的出现是因为其收益要高于规范行为,因此提高失范行为的物质性成本也就减少了失范行为。所谓心理惩处成本,是指失范行为总是要受到主导价值观念的拒斥,所以提高心理惩处(如恐惧处罚、良心惩罚等)的力度,就可以减少失范行为的发生。

(二) 对预期失范行为的教育控制

预期失范行为的教育控制是指使失范行为成为一种不划算的社会行为,通过增加预期失范行为成本,使失范行为的发生率降低。预期失范行为成本(X_2)的计量公式,也可以借鉴社会学中预期犯罪成本的计算公式,它由法律惩处(L)、社会惩处(S)和定罪概率(P)三项因子构成。其公式为:

$$X_2 = (L+S)P$$

所谓法律惩处,主要是指对未成年人犯罪的法律惩罚,它往往由国家教育法律和其他法律法规等组成。但是,提高法律惩处力度存在两方面的限制:一是对象的限制(绝大多数学生为未成年人);二是加大法律惩处力度会使社会整体成本大幅增加,因而未必是最经济的

---

[1] 实际或预期犯罪成本的计算公式,参见:郭星华. 当代中国社会转型与犯罪研究[M]. 北京:文物出版社,1999:第6章.

方法。所谓社会惩处,是指运用各种社会评价(家庭、同伴等的评价)的手段对失范行为进行的心理惩罚,使失范者丧失各种机会、心理上承受巨大的压力等。由于学生的大部分失范行为属于违规、违纪行为,加大社会惩处的力度就有利于减少学生的失范行为。所谓定罪概率,是指对失范行为者进行查处的比例,由于法律惩处仅仅是一种潜在的威胁,总是存在失范行为(特别是违法、犯罪行为)难以被发现的现象,即不可能做到使定罪概率达到100%。换言之,在学生的失范行为中,总是存在着一部分"隐案",即失范行为已经发生但未被查获的事件。因此,提高定罪概率就可以减少一部分学生怀着侥幸心理去铤而走险的情况。定罪概率的计算方式为:

$$P = (100\% - 隐案比例) \times 破案率$$

(三) 对失范行为的综合治理

综合治理是解决许多教育问题的最有效的途径。对学生失范行为进行教育控制,同样需要采取这一行之有效的方法。这里本书选择下述四点进行分析。

1. 更新德育观念,思想上认识到位

社会转型引发了各种社会现象。在人们的思想和价值观领域,传统的观念受到挑战,长期形成的心理定式分化瓦解,而新的价值观念尚未完全树立。在不少人身上出现了思想的困惑、观念的冲突和心理的失衡现象。这种对社会转型的不适应,尤其反映在青少年身上。他们往往会产生精神和心理上的危机,而这种危机很容易导致精神的畸形和心理的病态,并由此产生各种失范行为。青少年比以往任何时候都更需要德育。他们反感"假、大、空"式的说教,而需要能够解决他们心理困惑的强有力的学校德育。德育要从困惑中走出来,就必须转变传统的德育观念,树立起科学的、具有时代特点的德育观念,包括德育目的观、德育方法观、德育内容观和德育师生观等。

2. 重建学校德育工作,行动上落实到位

社会变迁的加剧和社会价值观的多元化,一方面突出了学校教育的重要性,另一方面增加了学校教育的"困惑"。学生受教育形式的多样化,社会亚文化的无孔不入,常常使学校教育的影响轻易地被社会上的流行文化抵消殆尽。来自同伴交流、电视、电影和网络的纷繁信息,导致学校德育小环境在社会大环境中所占的阵地越来越小。但是,学校作为教育的主阵地绝不能自动退却,而是必须主动面向社会,积极主动地去干预社会,与社会一起,共同创设一个有利于青少年健康成长的环境。① 具体表现为以下三点。

第一,及时调整、更新学校德育内容。德育改革表现在继续增设和添加新的内容,如加强法治教育、青春期生理卫生教育、心理健康教育、网上道德教育等,并及时将当前社会发生的政治时事问题纳入教学范围。当前,尤其要重视对青少年的心理健康教育。在社会转型

---

① 参见:鲁洁.德育社会学[M].福州:福建教育出版社,1998:第8章第2节.

期,社会生活节奏的加快、竞争意识的增强以及人际关系的复杂化,必然会引起青少年的心理紧张和压力增大。

第二,适度降低学校德育目标,进行道德底线教育。若德育目标过于虚空、不切实际,是"圣人"和"君子"的标准,那么普通学生很难做到。因此,首先要进行道德底线的普及教育,这有利于良好社会风气的树立。

第三,改进德育方法,增加德育课的可操作性,处理好灌输与选择的关系。日本学者君话和田提出的"防止越轨行为的事前教育"课程具有借鉴意义。他认为,过去学校对于越轨问题的教育实际上只是"生活指导",仅仅属于被动的补救指导教育。为争取教育的主动,应进行事前教育,并使对学生越轨行为的教育和预防能够一贯地进行。学校还可把有关防止越轨事件的指导列为学校课程的正式教育单元。这样做,不仅有利于克服补救那种临时抱佛脚的做法,而且有利于端正学生的看法和想法。可每月开设四节"道德教育特设课",安排防止越轨行为发生的课程,采取限定课题、组织讨论的方式,选择一些近期易发的问题。例如,吸烟为什么不好?所谓暴力是什么?为什么要否定暴力?怎样正确对待友情、恋爱、结婚、性与家庭以及学校?等等。把问题摆到学生面前,并给予学生思考的机会,培养他们对问题的思考能力和辨别能力。

2017年,教育部发布《中小学德育工作指南》,其中就提出了中小学德育工作的主要途径:课程育人、文化育人、活动育人、实践育人、管理育人、协同育人。

3. 整合各种德育资源,方法上"善假于物"

学校德育应当充分利用社区有效资源,包括社区同辈群体的关系、社区大众传媒的作用以及社区文化设施等。由于社会教育不具有义务性,社区资源是否受到家长和学校的青睐在于其本身的吸引力,由此,社区教育资源的普及化、内容的丰富性以及交通的便利性就显得尤为重要。

网络同样是一个可以充分利用的资源库,其关键在于如何有效管理,拓展其价值。有调查认为,学校的问题不在于电脑进不进教室,而在于教师和学生使用它做什么。家长也肩负着对青少年上网行为进行引导和管理的责任。相当一部分父母对子女上网没有任何限制,任其在网上浏览。很多家长会告诉子女在生活中不要轻易与陌生人说话,但在网上却没有尽到监护责任。

此外,德育长期以来的惯性思维导致学校的工作对象仅仅关注学生,而忽视了其他更多可以利用的资源。最近有研究表明,家庭亲情水平、父母角色承担能力、学生的班级归属感以及师生社会距离等均对学生的道德认知具有良好的预测作用,因此,学校应当借助对家长和教师的教育间接地达到德育目的。此一观点与我们通常所谓的"家庭、学校、社区三位一体"的教育合力的概念不同。教育合力的概念是指三方共同努力对学生进行教育,其对象仍为学生,而"善假于物"的概念则是指直接对家长和教师进行教育与指导,进而借由他们与子女或学生的良好关系来提高青少年的道德认知。①

4. 构建教育功能共同体,编织立体德育网络

教育问题是全社会的问题,青少年各种失范行为的形成源于多种原因,因此德育工作必须动员全社会的力量,加强学校德育与社会的广泛联系。构建教育功能共同体,建立学校、家庭、社区的立体德育网络,是一个重要的举措。

功能共同体的概念来自科尔曼。他认为,学校嵌于其周围的共同体中,即功能共同体,这一共同体对学生的学业成就和学校本身的发展具有重要影响。具有密集的社会关系网络和一套能够起主导作用的价值体系是功能共同体的典型特征。这些社会关系既包括代际关系,也包括父母之间以及其他共同体成员间的关系。② 功能共同体的核心思想在于,社会闭合的程度越高,越能够为孩子提供更加连续一致的教育。由此可以看出,价值观、信仰、合作的态度、人际关系网络、父母或教师对孩子的义务与期望等实际上是一种社会资本。因此,重建功能共同体实际上也就是重建其中的社会资本。为此,功能共同体间要做到下述三点:(1)充分发挥家长以及功能共同体的参与作用,共同为孩子提供社会资源,减少学校的压力;(2)具有共同的价值观和信仰追求;(3)功能共同体成员间必须相互尊重与信任。

此外,在具体操作过程中,可通过班级规范进行控制。班级规范是对学生失范行为进行控制的最直接的方式。但是,班级规范的确立与具体内容的拟定,必须讲究策略、方法和技术。魏国良所概括的几种班级规范的创设技术,具有一定的借鉴意义:努力减少和避免学障生的厌学、辍学、逃学行为;预防和减少青少年犯罪,一个重要的方面就是做好学障生向学优生的转化工作,减少和消除学障生向失范行为道路上的发展;对学障生进行道德教育的重要内容之一,就是使他们成人化,训练他们像成人那样思考并做决定,对自己的行为负责。③

第四节 校园欺凌与网络暴力

一、校园欺凌

长期以来,校园欺凌作为严重影响未成年人身心健康的社会顽疾,受到了世界各国的高度重视与关注。据统计,自2014年至2021年3月,我国媒体曝光情节恶劣、后果严重的校园欺凌事件高达百余起,其中以中小学校为主,发生地分布广泛,由此造成了全社会对校园欺凌的广泛焦虑。

对于欺凌的研究从海德曼(Heinemann)开始,他认为欺凌是一种群体聚集的行为,指的

---

① 参见:刘晓红.初中生群体生活经验与社会认知的关系研究——以上海市四所初中为例[D].上海:华东师范大学,2008.
② 盛冰.现代学校的危机与"功能共同体"的重建[J].教育理论与实践,2005,25(06):15—19.
③ 魏国良.学校班级教育概论[M].上海:华东师范大学出版社,1999:第9章.

是群体对某一偏离群体的个体发起以及实施的暴力攻击行为。奥韦斯(D. Olweus)把欺凌的研究对象扩展到中小学生身上,形成了校园欺凌的概念,并引入了更深刻的含义,即校园欺凌的伤害不局限于暴力攻击,也包括对精神与心理上的骚扰。[1] 此后英国[2]、瑞士[3]、澳大利亚[4]、美国[5]等国的研究者先后对校园欺凌开展了深入的研究。

校园欺凌发生的原因一直是学界广泛关注的内容,不同的研究关注点不同,但不可否认的是校园欺凌的产生涉及更为复杂、多元、全面的影响机制。个体从出生起至12岁,以家庭教育的影响最为重要;进入青春期后,家庭教育功能逐渐减弱,学校教育和同辈关系的影响力提高;在学生成长过程中,家庭教育、学校教育和同辈关系三者的影响往往是复杂且多元的。根据社会生态系统理论,可以将校园欺凌的影响因素整合为一个体系、四个系统:个体层面的微观系统,家庭、学校层面的中间系统,同伴与社区层面的外部系统以及社会文化层面的宏观系统。

从个体层面讲,兰金(J. Rankin)等人的研究认为,校园欺凌是一种群体暴力行为,是群体对于偏离者的一种惩罚,身体上或生理上的缺陷便不可避免地成为引发欺凌的重要诱因。[6] 除生理因素外,校园欺凌中欺凌者以高精神质与外倾型为主,而被欺凌者以高神经质和内倾型为典型特征。[7] 莫恩(B. Moon)等人的研究指出,缺乏自我控制的个体很有可能是冲动性的、冒险性的、不负责任的,所以更容易参与校园欺凌这类偏差行为,甚至发生犯罪行为。[8] 维拉(E. Vera)等人的研究表明低自我控制的学生更容易实施校园欺凌、攻击别人。[9]

除了受个体生理与心理因素的影响,社会因素同样是欺凌行为出现的重要原因。个体在成长过程中,受到家庭、学校和社会的共同教育与影响。阿格纽(R. Angew)等人认为消极情绪与应激性生活事件(如身体惩罚、家庭冲突、学习成绩差等),促使个体实施偏差行为。[10] 埃斯皮莱奇(D. Espelage)等人的研究表明青少年的体罚经验,如父母与教师的虐待、

---

[1] Olweus D. Aggression in schools: bullies and whipping boys[M]. Washington. Hemisphere, 1978:2—13.
[2] Smith P K, Boulton M J. Rough and tumble play, aggression and dominance: perception and behavior in chindren's encounters[J]. Human development, 1990(33):271—282.
[3] Alsaker F, Brunner A. The nature of school bullying: a cross-national perpective[M]. New York: Routledge, 1999: 34—52.
[4] Rigby K. Bullying in school: and what to do about it[M]. London: Jessica Kingsley. 1996:89.
[5] Nansel T R, Overpeck M, Pilla R S, Simos-Morton B, Scheidt P. Bullying behavior among US youth: pervalence and association with psychological adjustment[J]. Journal of the american medical association, 2001(01):285.
[6] Rankin J, Matthews L, Cobley S, Sanders R, Wiltshire H, Baker J. Psychological consequences of childhood obesity: psychiatric comorbidity and prevention[J]. Adolescent health, medicine and therapeutics, 2016(07):125—146.
[7] 陈世平. 小学儿童欺负行为与个性特点和心理问题倾向的关系[J]. 心理学探新, 2003, 23(01):55—58.
[8] Moon B, Alarid L. School bullying, low self-control, and opportunity[J]. Journal of interpersonal violence, 2015, 30(05):839—856.
[9] Vera E P, Moon B. An empirical test of low self-control theory among Hispanic youth[J]. Youth violence and juvenile justice, 2013(17):79—93.
[10] Agnew R, Broidy L. Gender and crime: a general strain theory perspective[J]. Journal of research in crime and delinquency, 1997, 34(03):278—281.

同伴拒绝与校园欺凌行为呈显著相关。[1] 赫希（T. Hirschi）的社会控制理论认为，当个人与社会之间的依恋、奉献、参与、信念联结关系脆弱或破裂时，偏差行为会发生。[2] 其中，依恋是显著起作用的一个指标，包括对家庭、学校、居住社区的依恋。德马雷（M. Demaray）等人的研究表明，对家庭依恋程度越深、对主流文化越认同，越不容易参与校园欺凌行为。[3] 其他研究表明，社会控制中对于校园欺凌影响最大的是参与，依恋次之，信仰与奉献贡献较小，低自我控制在社会控制中起到部分中介作用。[4]

同时，不良同伴的影响是校园欺凌行为发生的另外一个重要影响因素。皮卡斯（A. Pikas）认为欺凌是群体影响下的暴力，个体在与群体的互动中相互强化着对方的行为。萨米瓦利（C. Salmivalli）等人也认为，欺凌是一种社会行为，发生于较为固定的群体中，而校园欺凌的集中性正好为欺凌的滋生提供了土壤。[5] 科伊（D. Coie）认为，拥有不良同伴的学生往往因学习成绩不好、在学校里不受欢迎而产生孤独感，这种感受促使这类学生加入不良群体寻求认同，从而进一步加剧离群倾向并实施更多的偏差行为。[6]

值得注意的是，文化氛围对校园欺凌的发生有着重要影响，比如欧美流行文化中的享乐主义、色情、黑客和恐怖主义等内容对未成年人的世界观与价值观产生了潜移默化的影响。布什曼（B. Bushman）等人的研究表明，影视暴力的影响效果可分为短期作用和长期影响，青少年长期暴露在影视暴力的环境下会变得具有攻击性和暴力倾向。[7]

与校园欺凌相关的另外一个词是暴力亚文化，暴力亚文化理论是西方犯罪学中专门探讨未成年团伙犯罪与亚文化关系的理论，该理论认为暴力是一些亚文化群体中的一个重要组成部分，已渗透到这些群体成员的心理品质之中。暴力亚文化最早专门用来解释未成年个体暴力行为，沃尔夫冈（M. Wolfgang）等人将暴力亚文化解释为亚文化群体中的一种暴力文化精神，指在某些街区生存的年轻人需要遵循某些行为准则，有效地使用暴力是赢得尊重的一种方式。[8] 这类与帮派相关的亚文化在我国青少年团伙的相关研究中都有所涉及，与校园欺凌紧密联系。

---

[1] Espelage D, Simon B. Examining the social context of bullying behaviors in early adolescence[J]. Journal of counseling development, 2000, 78(01):326—333.
[2] Hirschi T, Causes of delinquency[M]. Berkeley: University of California Press, 1969:16.
[3] Demaray M, Malecki C, Perceptions of the frequency and importance of social support by students classfied as victims, bullies[J]. Journal psychology review, 2003, 32(03):471—489.
[4] 童星，张海波. 风险灾害危机研究（第六辑）[M]. 北京：社会科学文献出版社，2017:4—25.
[5] Salmivalli C, Lagerspetz K, Osterman K, Kaukiainen A. Bullying as a group process: participant roles and their relation to social status within the group[J]. Aggressive Behavior, 1996(22):1—15.
[6] Coie J D. The impact of negative social experience on the development of antisocial behavior[M]. Washington: American Psychological Association, 2004:56—71.
[7] Bushman B J, Huesmann L R. Short-term and long-term effects of violent media on aggression in children and adults[J]. Archives of Pediatrics & Adolescent Medicine, 2006, 160(04):348—352.
[8] Wolfgang M E, Ferracuti F. The subculture of violence[M]. New York: Travistock Publications, 1967:35—56.

二、网络暴力

网络暴力是在网络上发表具有伤害性、侮辱性和煽动性的言论、图片、视频的行为,是为了骚扰、威胁或攻击另一个人。网络暴力实施者通过各式各样的媒体和社交平台(比如社交网络、聊天室、博客、即时消息和短信)发布或发送电子信息(包括文字、图片或视频),对他人造成伤害。网络暴力包括散布谣言、发布虚假或会对人造成伤害的信息、发布令人尴尬的评论或照片、在网络社交群体和其他沟通平台中孤立受害者等行为。只要因网络言语涉及威胁性、攻击性或性暗示等,而造成当事人害怕、感到威胁或不友善等,都属于网络暴力行为。有些学者从现象出发,先搜集网络暴力的表现形式,再考虑分类问题,他们认为网络暴力是使用电子媒介,例如手机短信、即时信息等,以贬低、难堪、骚扰、恐吓或威胁他人等为目的的、故意的攻击性行为(见表4-5)。

表4-5 网络暴力的类型与行为

网络暴力类型	网络暴力行为
网络论战	通过社群网站等来谩骂他人 在网络上指名道姓批评别人
网络骚扰	通过短信、即时信息等警告或恐吓他人 故意转寄恐怖或色情照片给别人
网络排挤	集体故意将受害者从好友名单中删除 不仅在网络空间排挤受害者,在实体社会亦进行排挤
网络跟踪	不断地收集色情图片或恐怖照片 通过网络搜寻被害者,不断地发布令人不舒服的信息
网络假冒	盗用他人的账号恶作剧留言 假扮受害者的身份,发表不实言论
侵害名誉	未经别人同意就张贴别人的照片到网络上 把不雅照片或影片传到网络
虚构诽谤	在网络上散播不实言论 合成照片或影像,贬低或诋毁他人
泄露诈骗	在网络上公布他人的个人资料,如身份证号码、电话 欺骗当事人,以获得个人资料,进而外泄
快乐掌掴	将攻击性行为录像,并上传至网络供人观看 将破坏公物、从事非合乎道德伦理之行为录像并传播
恶意票选	在网络上,举办或参与恶意票选(如班上最丑的人、最讨人厌的人)

不像传统暴力以直接的肢体攻击为主,网络暴力多指个体以网络语言发出威胁、恐吓与侮辱,或是间接的排挤、谣言与诽谤等关系式的霸凌(表 4-6)。[①]

表 4-6 传统暴力与网络暴力的比较

	直接		间接	方式
	身体	口语	关系	
传统暴力	打人	威胁	排挤	面对面
网络暴力	无	恐吓 侮辱	谣言 诽谤	信息、电子邮件、社交网站、在线游戏等

新型的网络暴力行为已经模糊了传统暴力和网络暴力的界限,这种类型也可以被称为线上线下相结合的网络暴力手段,具体表现为跟踪受害者及其家庭成员,对受害者身体造成了伤害和暴露,并拍摄受害者不堪的照片或视频,进行线上网络曝光;线下以达成针对受害者的财务敲诈勒索,针对受害者学业、工作造成骚扰、中断,以及对受害者家庭其他成员造成伤害等为目的的暴力及违法犯罪行为。这些新型网络暴力行为的案例已经频频出现,应当引起青少年管理机构、学校、家长等各方面的高度重视。

青少年网络暴力作为网络世界产生的新现象,既有人类社会中网络暴力问题产生的普遍原因,也有青少年在特定年龄阶段的特殊原因。互联网时代的网络社交软件层出不穷,导致监管失控,"微时代"人们获取信息、发布信息、双向交流的速度越来越快,网络暴力等诸多网络侵权行为时有发生。中国社科院社会学研究所组织编写的 2019 年《社会蓝皮书》中的数据显示,近 3 成青年曾遭受过网络暴力辱骂。青少年在上网过程中遇到过暴力辱骂信息的比例为 28.89%。其中,暴力辱骂以"网络嘲笑和讽刺"及"辱骂或者用带有侮辱性的词汇"居多,分别为 74.71%和 77.01%;其次为"恶意图片或者动态图"(53.87%)和"语言或者文字上的恐吓"(45.49%)。青少年遭受暴力辱骂信息的最主要场景是社交软件,为 68.48%;其次是网络社区,比例为 55.30%;而在短视频和新闻及留言上遇到暴力辱骂信息的比例分别为 30.66%和 30.16%。青少年在微博上遇到暴力辱骂信息的比例为 25.36%,在直播平台上遇到暴力辱骂信息的比例为 19.91%。网络暴力也是世界互联网领域的焦点,各国的相关案例层出不穷。网络暴力具有不同的表现形式,施暴者非法搜集、无原则披露受害者私人信息是其中尤为突出的行为之一。

在西方社会,网络暴力的根本原因包括社会性别与社会规范,以及更广泛的环境及结构性因素[②],这是西方社会根深蒂固的现实歧视在网络社会中的延伸和反映。那些不能或不愿

---

① Li Q. New bottle but old wine: a research of cyberbullying in schools[J]. Computers in Human Behavior, 2007, 23 (04):1777—1791.
② 联合国教科文组织. 校园暴力与欺凌全球现状报告[R]. 巴黎:联合国教科文组织,2017:20.

遵从传统规范的青少年往往会因此在学校中遭受暴力或欺凌,学校本身也可能通过带有歧视性的行为、课程和教材"教会"儿童使用暴力。那些因为某些因素(包括贫穷,与民族、语言或文化差异相关的社会地位,外来人口或难民,残障人士,孤儿等)而易受伤害的群体,更可能成为遭受暴力或欺凌的对象。许多研究,包括2016年联合国儿童基金组织所做的研究在内,都指出外貌(比如体重过低或过高)也经常成为欺凌的理由。① 网络暴力具有"乌合之众"的特点,一旦成为群体的一员,每个人都会暴露出自己不受约束的一面,让信息在无限裂变和扩散的网络中,实现比现实生活更聚合、更集群的群体效应,群体认同更强烈,群体极化现象更突出,群体压力更大,给受害者带来的伤害更大。在这种群体效应下,理性思维无法发挥,刻板偏见日趋明显。失去理性的群体情绪的阀门被打开,行使着自以为是的道德与正义。这便是网络暴力中最常见的现象。

就我国来看,由于高科技的影响,人际关系日渐疏离,人口向城市聚集,农村留守儿童数量增多,青少年教育面临新问题,社会价值观也随着经济生活的变化而变化。随着贫富分化的加剧、社会阶层的固化等新问题的发生,由此产生的青少年的网络化、暴力化、病态化倾向在一定程度上助长了其网络暴力倾向的发生。在自媒体、新媒体的时代,在社交媒体、网络媒体高度发达的今天,网络暴力如同无声无形的利器,对个体权益、网络空间秩序产生了严重的侵害,每个人都有可能成为网络暴力的受害者。在这种情况下,就要统筹兼顾,不仅要处理青少年网络暴力问题,更要从整个社会大局的角度进行综合治理。只有全面探索治理青少年网络暴力的路径,才能更好地保障青少年的成长。

关键词

教育规范	失范行为
控制缺乏说	差异交往说
亚文化群理论	失范说
教育控制	手段—目标说
标签论	教师的非正常行为
校园欺凌	网络暴力

习 题

1. 简析教育习俗、教育规章与教育法规的关系。
2. 述评失范行为的理论解释。
3. 试运用失范行为的理想类型观,分析学校生活中的某些失范行为。
4. 选择学生失范行为中的一例,分析其形成原因。

---

① 联合国教科文组织.校园暴力与欺凌全球现状报告[R].巴黎:联合国教科文组织,2017:15—16.

5. 讨论：如何对学生的失范行为进行教育控制？

6. 讨论：教师非正常行为的控制机制。

推荐阅读书目

1. （法）埃米尔·迪尔凯姆.自杀论——社会学研究[M].冯韵文,译.北京：商务印书馆,1996.①

2. 郭星华.当代中国社会转型与犯罪研究[M].北京：文物出版社,1999.②

3. 刘守旗.当代青少年心理与行为问题透视[M].合肥：安徽人民出版社,1997.③

4. 徐芬.学业不良儿童的教育与矫治[M].杭州：浙江教育出版社,1997.④

5. Horwitz A V. The logic of social controll[M]. New York：Plenum Press,1990.⑤

---

① 这是社会学和教育社会学研究中最早期的实证研究著作,对"自杀"这种"社会事实"进行了真正社会学意义上的研究。
② 该书综合运用了社会学、心理学、经济学和法学观点,对我国社会转型期的犯罪现象进行了较系统的研究。
③ 该书主要站在教育学的立场,分析了学生各种心理和行为问题。
④ 学业不良儿童所表现出来的行为,往往是失范行为,因此,对学业不良儿童的教育与矫治显得十分重要。
⑤ 该书对社会控制的许多类型进行了有效分析,并强调现代社会中那些非正式社会控制机制正在逐渐消亡。

第三编

教育活动论

师生的角色行为是在特定的教育活动中表现出来的,除此以外,师生的行为便仅具有一般人的行为特点。因此,教育活动的形式便属于教育社会学特定的研究内容。学校中的教育活动形式多种多样,但主要的教育活动发生于课堂教学过程中;学校中的教育活动内容也非常丰富,但基本上可以归纳为教育知识。本编着重分析教育活动的社会学特征。

本编共分"学校教育的主要活动形式:课堂教学"和"学校教育的主要活动内容:教育知识"两章。

第五章

学校教育的主要活动形式：课堂教学

学习目标

1. 了解关于课堂结构的主要研究成果，联系实际，分析课堂中的各种结构形态。
2. 掌握教师处理课堂冲突的管理技巧，并能够利用相关技巧处理课堂中出现的实际问题。
3. 了解课堂互动的研究方法。
4. 明确课堂控制的概念，联系实际，分析如何进行良好的课堂控制。
5. 了解课堂中的各种问题行为，分析学生问题行为的成因，并试图提出相应的解决策略。

师生行为主要发生在学校活动中,课堂教学则是最主要的活动形式。对课堂教学的认识历来主要源于教学论和心理学,但实际上社会学对课堂研究的贡献也极大。课堂教学的社会学研究的开拓者是美国的华勒,他于1932年出版了《教学社会学》一书。20世纪五六十年代的主要代表是美国学者贝尔斯(R. Bales)和费兰德斯(N. Flanders),他们强调对课堂教学进行定量分析。20世纪70年代后,英国"新"教育社会学家极力主张以现象学、人种学的方法研究课堂生活,推崇对课堂教学进行定性分析。[①] 关于课堂教学的社会学研究,主要可以依循三个方面进行:一是课堂教学结构层面的研究;二是课堂教学互动过程的分析;三是课堂教学与课堂控制的问题。[②]

第一节 课堂的结构

课堂是一个特定的环境,它是教师教学生涯的一块"方舟",是学生度过有效学习时间的一个"四壁的社会"。课堂是教学的重地,也是一个丰富的世界。

现今,已有许多成熟的课程结构理论,比如美国学者马扎诺(R. Marzano)等人的课堂教学的五维度论(学习者的态度与感受、有效的思维习惯、有意义地运用知识、扩展与精炼知识、获取与整合知识)[③]、德国学者迈尔(H. Meyer)的课堂教学六维度论(目标结构、内容结构、方法结构或行为结构、社会结构、关系结构和空间结构)[④]、美国学者艾姆斯(C. Ames)的高质量教学三维度论(任务、权利、评价)[⑤]、我国学者崔允漷的课堂观察四维度20视角论(学生学习、教师教学、课程性质、课堂文化)等[⑥]。

课堂教学的结构形态主要表现为两类:一为课堂的时空结构,包括课堂的时间结构和空间结构;二为课堂的角色结构,涉及课堂教学过程中师生的角色关系形态。

---

① 西方关于课堂教学社会学的代表性著作还有:贝尔斯于1950年出版的《互动过程分析》(Interaction process analysis);费兰德斯于1970年出版的《行为分析》(Analyzing behavior);杰克逊于1968年出版的《课堂生活》(Life in classroom);德里本(R. Dreeben)于1968年出版的《学校学习》(On what is learned in school);凯迪(N. Keddie)于1970年出版的《课堂知识》(Classroom Knowledge);哈格里夫斯于1975年出版的《人际关系与教育》(Interpersonal relations and education);德拉蒙特(R. Delamont)的《课堂互动》(Interaction in the classroom);埃达尔(A. Edard)的《调查课堂对话》(Investigating classroom talk)。

② 对此,还有不同的认识。例如,吴康宁认为应包括四方面:课堂教学自身的社会系统、课堂教学的社会制约因素、课堂教学的社会功能、课堂教学的社会学模式。林清江认为应包括六方面:学校社会功能的分析、师生关系分析、学校组织、学校文化与教学之间的关系、社区环境与学校教学的关系、教师角色与群体特征分析、教学社会学与教学心理学协调途径研究。

③ (美)罗伯特·J.马扎诺,黛布拉·J.皮克林.培育智慧才能——学习的维度教师手册[M].盛群力,何晔,张慧,杭秀,译.福州:福建教育出版社,2015:68.

④ (德)希尔伯特·迈尔.备课指南[M].夏利群,译.上海:华东师范大学出版社,2011:150.

⑤ Ames C. Classrooms: goals, structures, and student motivation[J]. Journal of educational psychology, 1992(09):261—271.

⑥ 崔允漷.论课堂观察LICC范式:一种专业的听评课[J].教育研究,2012,33(05):79—83.

一、课堂的时空结构

(一) 课堂的时间结构

课堂的时间结构可以分为三类:一是课堂互动类型的时间结构;二是课堂活动类型的时间结构;三是课堂学习内容的时间结构。

第一类研究,即关于课堂互动时间分配结构的研究,发端于贝尔斯。20世纪50年代,他提出著名的"互动行为类目系统",以一分钟为时间单位对群体中的互动行为进行观测和记录。费兰德斯于20世纪70年代发展了另一种"互动分析类目系统"(Flanders' interaction analysis category system),他以三秒钟为单位,对师生在课堂中的讲话按照十个类别进行统计和分析。这两种研究都是以个体互动为分析单位的,未将学生群体作为观测单位,所以这种研究难以充分说明课堂总体时间构成的社会学特征。

英国学者高尔顿(M. Galton)等人的方法可能更适合研究课堂的时间结构。高尔顿以"互动者"为线索,对英国58个班级的小学教师及部分小学生的课堂活动时间过程进行了观测研究。他把师生的活动均分成"有互动"与"无互动"两部分,并将教师的"有互动"部分再具体化为"与学生个体的互动""与学生小组的互动""与学生全体的互动"三类;将学生的"有互动"部分具体分为"与教师的互动""与其他学生的互动"两类。据此,可以了解师生课堂互动时间构成的基本情况(见表5-1)。

表5-1 高尔顿的"互动者"分析模式

	教 师			学 生	
有互动	与学生个体的互动	与学生小组的互动	与学生全体的互动	与教师的互动	与其他学生的互动
无互动					

吴康宁曾经专门比较研究了中英两国小学课堂的时间构成的特征:在课堂活动时间总体构成上两国无明显差异,中国有互动为84.5%,无互动为15.4%;英国有互动为78.4%,无互动为21.6%;但在互动时间构成上存在明显差异:中国教师几乎不与学生小组交往,而注重与个别学生及全班学生交往,并将后者放在更优先的地位。相比之下,英国教师的课堂交往对象主要是学生个体,同时学生小组也在一定程度上成为其交往对象。在中国,学生的课堂互动时间远多于英国,但主要发生在师生之间;在英国,学生之间的互动时间远多于师生互动时间。

总体而言,我国小学课堂的时间构成大致可分为三类:一是师生互动独占型,即全部时间都用于师生互动;二是师生互动主导型,即师生互动时间占总时间的70%以上;三是混合型,即师生互动(也占60%以上)、学生互动及无互动时间均占一定比例。这表明,我国小学课堂有两个重要特征:一是师生互动成为课堂教学的主要互动形式,学生互动则处于居后的地位,学生的课堂交往对象主要是教师,课堂主要由教师主导;二是学生小组在课堂中并未成为有意义的功能群体,学生在课堂中只是个人,或只是班级中之一员,他们作为个体在课堂中往往是"孤独的"。

第二类研究,即关于课堂活动类型时间分配结构的研究,发端于美国学者卡罗尔(J. Caroll)关于学校学习模式的研究。他把时间作为学校学习的中心变量,提出就某一学习任务来说,学生学习程度是学生所用时间与所需时间的函数。在教学论中,研究者主要分析有效的教和学的时间分配;在课堂教学社会学中,研究者主要分析教师的教学活动时间与课堂控制时间的分配结构、学生的学习活动时间和非学习活动时间的分配结构(见表5-2)。这一框架还可以根据实际研究的需要进行扩展。

表5-2 课堂活动时间分配简明分析框架

教 师	教学活动时间
	课堂控制时间
学 生	学习活动时间
	非学习活动时间

第三类研究,即关于课堂学习内容时间分配结构的研究。此类研究关注的主要是课堂教学中不同学科所花费的时间差异以及同一学科不同主题所花费的时间差异。据世界银行的估计,发展中国家的学生上学时,花费在识字上面的时间大约是花费在算术上面的时间的两倍。在西方国家的小学中,这种差异甚至更大。在这方面,美国学者安德森(Anderson)等人发现,美国全国花费在数学教学上的时间非常少,只有20分钟到50分钟。在某些特定的科目中,用于达到不同的目标、目的、主题的时间也有差别。彼特(Porter)发现,美国的学生在学习数学时,将3/4的时间用于学习包括加、减、乘、除在内的数学计算上面,而很少时间用于理解数学概念和解决数学问题。同样,德金(Duekin)根据其研究得出下述结论:在阅读教学中,只有极少的时间花在理解上面,大部分时间都花在学习读音、认字技巧等事情上。

(二) 课堂的空间结构

课堂的空间结构有广义和狭义之分。广义是指课堂内的整个物理环境;狭义是指课堂教学参与者人际组合的形态。

华勒最早从课堂生态学(ecology of classroom)的角度出发,指出学生对座位的选择具有相对稳定的群体特征。对教师依赖性较强者,或学习积极性较高者往往选择最前排座位;喜欢捣蛋者往往坐在后排;希望引起教师注意者坐在中间;胆怯者一般坐在靠边的地方。他认为,由此而出现的课堂空间构成对课堂人际互动有巨大影响。

此后,许多学者对教室里的座位安排进行了多种研究,研究主题主要涉及以下几方面的内容:关于教室里不同座位学生的特征,比如能力、学业水平、自我概念以及动机倾向等;有关改变环境可以提高学生的学习与互动的证据;教师通过座位安排来实现班级的各项教学目标的方法;座位安排与完成任务的行为、师生互动以及学生互动之间的关系;座位安排特点及其对学生间社会性交往的影响;运用座位安排促进作业行为,减少破坏性行为等。[1] 其中,所谓"前排—中间效应",是此类研究中获得多数学者认同的结论,即坐在教室前排和中间的学生,与坐在后排和两边的学生相比,往往具有更高的学习动机,参与课堂互动的积极性更高,学习成绩更好,更能获得教师和同学的认同,对班级的态度也更为积极。

但上述研究都是根据传统的课堂空间构成——秧田型空间构成的研究成果。实际上,课堂空间构成存在着多种形式,在不同的空间构成中,课堂位置的"社会属性"也不完全一样。

赫特(H. Hurt)曾以"空间位置对师生交往的影响"为题,对三种类型的课堂空间构成进行过比较研究:(1)传统型(即秧田型)空间构成。在这种情况下,坐于前面、中间靠前位置的学生与教师、同学间的互动较多;坐在后面、后面靠边位置的学生互动较少。(2)马蹄型空间构成:与教师互动最多的是坐在其正对面的学生,坐在最前面的学生互动最少。(3)分组型空间构成:与教师互动的情形较为复杂,而学生之间的互动最多。[2]

上述主要是国外的研究。在我国,学生座位一般不完全由自己选择,而由教师安排,这主要是为了便于教师进行课堂控制,如根据学生实际情况进行安排。一般地说,秧田型空间构成,更有利于教师的系统讲授,有利于控制学生的课堂行为;分组型、马蹄型则更有利于学生在课堂中的相互交往。

同时,座位安排也是"教育实际地位的安排"(见案例5-1),是教育资源和教育机会的安排。[3] 郑鸿根对教室里的后排现象进行了调查分析。他对几所小学实验班的上课情况进行了观察,并且对教师、学生进行了访谈,经过分析与研究后发现:后排学生小动作较多,经常注意力不集中,虽然也会积极举手,但几乎没有发言的机会,常常得不到教师的关注,并且与表扬无缘。后排是一块滋生许多教育问题的土壤,应该引起学校、教师以及研究者的重视。[4] 总之,教室里座位的安排,应该取决于教师的教学目标。针对不同的教学目标,教师可以灵活地安排教室里的座位。

[案例5-1]

座位与地位的关系

某中学有个班主任把全班的座位都细细划了片,靠近黑板的前两排是"头等区",其中

---

[1] 转引自:(瑞典)T. 胡森,T. N. 波斯尔斯韦特. 教育大百科全书[M]. 张斌贤,等译. 重庆:西南师范大学出版社;海口:海南出版社,2006:37—39.
[2] 转引自:吴康宁. 教育社会学[M]. 北京:人民教育出版社,1998:344—345.
[3] 叶澜. 中国教育学科年度发展报告·2005[M]. 上海:上海教育出版社,2007:93.
[4] 郑鸿根. 后排现象值得关注——关于学生座位问题的调查研究[J]. 上海教育科研,2005(01):42—44.

> 以第二排为最"尊贵",越往教室后面等级越低,学生坐什么样的座位全凭每次考试成绩。由此,一个普通的座位,因为教师的刻意安排,不仅有了奖罚的内涵,而且成了地位的象征;不仅提高了座位的"附加值",而且平添了教师的"话语权"。这种行为对学生的自尊心和平等意识造成了严重的伤害,应该得到严肃对待和纠正。
>
> 资料来源:徐金海.班级控制——基于中学班主任视角的思考[D].上海:华东师范大学,2006:12.

二、课堂的角色结构

课堂主要是师生两类角色进行活动的场所。尽管课堂中的角色主要是师生两类,表面上看起来并不复杂,但若仔细分析,则会发现课堂角色结构存在多种类型。这里,本书首先从师生课堂角色的特点及其影响因素开始分析。

(一)课堂中的学生角色

课堂中的学生角色主要涉及学生在课堂中的行为模式。对课堂中学生角色行为模式的研究可以从两个方面展开:通过分析教师和研究者对学生课堂角色的认识与理解,从而得出对学生课堂角色行为的解释;通过分析学生自己对课堂角色的认识与理解,进而得出对学生课堂角色行为的解释。迄今为止的大部分研究,都属于第一种研究(见表5-3)。

表5-3 学生课堂行为的一般情况

1. 在常规性的和自由活动的学习环境中,学生独自学习的时间大约占60%	6. 在学生回答问题时,经常被教师和其他学生打断
2. 在中学自定进度的学习环境中,学生之间的交流不多,大约占课堂交流时间的20%	7. 在自定进度的学习环境中,学生全部活动的大约70%属于非语言的行为
3. 在自由活动的学习环境中,学生之间的交流较多	8. 在中学的自然科学和社会科学课上,观察(60%)和书写(20%)是最常见的非语言活动
4. 学生用大约2/3的时间听教师讲话	9. 五年级学生(10岁)的大部分时间用于观察(30%)和阅读、书写(30%)
5. 教师提问中90%的问题,学生的回答与教科书上的一样	10. 14岁的中学生首先开始言语活动的很少(40%)

资料来源:中央教育科学研究所比较教育研究室.简明国际教育百科全书·教学(上册)[M].北京:教育科学出版社,1990:276—277.

20世纪70年代及20世纪80年代早期的研究发现,在一般的课堂中,学生承担的是一种被动的角色。他们大部分的时间用于听教师讲课,只有在不超过30%的时间里谈话,而且这种谈话遵循着"教师发问—学生回答—教师评价"的模式。英国学者蒂舍尔(Tisher)提示说,教室的环境影响了研究者所观测到的教师和学生的行为,学生在不同的具体环境里,行为会表现出一些重要差别。以下讨论了学生课堂角色行为的某些制约因素。

1. 学生自身变量的影响

不同成绩的学生在课堂中的行为表现也不同。坎宁(Canning)对澳大利亚几所小学的研究表明,学习成绩好坏对学生是否举手答题,是否被教师提问,是否主动与别人进行学习交流呈正相关。英国学者贝内特(Bennett)曾研究了英国小学生的学习成绩高低对课堂行为的影响(见表5-4)。

表5-4 学习成绩对课堂行为的影响

学生成绩	课堂学习交流	社会交往活动	遵守课堂秩序
高	最多	最少	最安心、安静
中	最少	介于中间	最不安心
低	介于中间	最多	介于中间

关于性别对学生课堂参与的影响,一些研究者指出,不同参与类型的学生在性别上并无差异,但更多的研究者得出的结论是学生的课堂参与存在性别差异,主要表现为男生在课堂上的参与比女生更为积极主动。对于这一现象,研究者认为,学生课堂参与存在性别差异的原因有两个方面:首先是男女学生自身性别角色的影响。一般说来,相对女生而言,男生更为冲动,更富攻击性,他们比女生更多地主动向教师发起交往行为,而女生则相对安静、专心、守纪律,因此课堂上男女生的参与表现出鲜明的性别特征。其次,教师对男女生的关注程度不一样。这一切都向学生传递了一个微妙的信息:教师对男女学生的期望存在差异,从而影响学生的学业自我概念和课堂行为。[①]

另有研究探讨了男女生参与课堂的不同行为类型。在小学阶段,男女生在"不合理"行为方面的差距尤为明显:男生比女生讲话多、动来动去多。而且,女生更常被教师当作"教学的助手",教师希望借此来使男生安静下来或鼓励他们集中注意。在初中,女生更多地进行小组学习(与男生相差20%),在教师的要求下写得比较多,教师讲话的时候更能认真听。聊天常常是男生做的事情(男女生相差24%),他们还做鬼脸,手舞足蹈和喧闹大笑(男女生相差19%)。而且,人们观察到,按照性别和社会出身的不同,学生的表现也有所不同:家庭出身较好的女生学习较为出色,而出身背景相同的男生则通过起哄表示自己相对于学校的独立性。一般出身的女生通常表现出良好的意愿,并乐意与同伴合作,而同样出身的男生则更常采取造反行为。[②]

学生的自我概念也是影响课堂参与的一个重要因素。最初,研究者是在自我概念影响学生参与的因果界定下来探讨两者之间的关系的。研究者认为,那些认为自己的能力比同伴差的学生不愿意主动参与班级中的各项活动,以避免暴露自己的无能;而那些认为自己的

[①] Hsiao-ching S. Different gender students' participation in high and low-achieving middle school questioning orientated biology classroom in Taiwan[J]. Research in science & technological, 2001(19):147—158.
[②] (法)玛丽·杜里-柏拉,阿涅斯·冯·让丹.学校教育社会学[M].汪凌,译.上海:华东师范大学出版社,2001:199—200.

能力比其他同伴强的学生则会乐于参与活动,以显示自己的能力。丹尼尔(J. Daniel)的研究同样证明,学生的学业自我概念的发展影响学生与教师的互动,从而影响学生的课堂参与。①

2. 课堂教学环境

在不同的学习环境中,学生的行为表现出较大的差异。有研究者比较了传统的课堂教学环境与开放的课堂教学环境,发现学生行为之间存在较大差异。在开放的课堂教学环境中,学生之间的交流、认知性问题、不学习行为都比传统的课堂教学多。

而穆斯(Moos)在研究了200所中学之后,则更明确地指出,当学习环境是密切关系型时,学生的主动性、参与课堂活动的程度和学生之间的交流等,均比控制型的课堂多;同时,教师在场与否会改变学生的行为模式。此外,不同教师在不同课堂上的活动程度是学生行为出现差异的另一原因。② 显然,学生课堂行为的差异,如阅读、书写、回答、提问、反应、观察等,其相对比重既会因课堂学习环境的性质而不同,也会受到师生之间关系等因素的影响。

课堂中师生关系的和谐、亲密与否,对学生的课堂参与也有很大的影响。沃尔柯(Voelkl)指出,学生对课堂上师生互动的理解会影响其随后的行为表现。学生如果在课堂上感受到来自教师的尊重、理解、支持和关心,在随后的学习活动中则会更加努力,有更多的参与,并因此而取得更大的进步。柯森(J. Kerssen)认为,个体在人际互动中会极力表现和维护理想的自我形象,即我们平常所说的"面子",在互动中面子的维护必须得到他人的支持。研究者在对师生言语互动中教师对学生的学业评价进行研究之后指出,教师对学生面子的维护,如欣赏、赞同、合作和支持等,会促进学生学习动机的加强和学生对学业的投入。显然,师生关系是影响学生课堂参与水平的一个非常重要的因素。③

班级规模也是影响课堂中学生行为的一个重要因素。学生在规模较小(班级人数不多于20人)的班级中因受到教师较多的关注,对课堂教学活动的参与会更积极主动,参与的有效性也相应增强。西尔弗斯特恩(Silverstein)等人对课堂中学生的规模进行了研究并得出了一致的结论:课堂中学生人数过多会造成学生分心,对学生的课堂成就造成负面影响。④

另外,我国学者丁锐、马云鹏的研究表明,课堂环境与学生的学习态度、学习取向和问题解决能力有着很大关系。他们的研究主要采用前实验研究的方法,对吉林省长春市某普通小学的两个班级进行了为期一年的研究。⑤ 另外,他们依据弗雷泽(B. Fraser)的研究,提出

---

① Daniel J. The effect of student involvement on the development of academic self-concept[J]. The journal of social psychology, 2000(140)2: 261—263.
② 中央教育科学研究所比较教育研究室. 简明国际教育百科全书·教学(上册)[M]. 北京:教育科学出版社,1990:278.
③ 转引自:恽广岚. 小学生课堂参与及其影响因素的研究[D]. 南京:南京师范大学,2006:7—8.
④ 转引自:恽广岚. 小学生课堂参与及其影响因素的研究[D]. 南京:南京师范大学,2006:7.
⑤ 丁锐,马云鹏. 课堂环境与学生学习表现的因果关系研究——一个基于数学课堂的前实验研究[J]. 全球教育展望, 2011,40(10):22—29.

了改善课堂环境的五步建议(评价、反馈、反思与讨论、干预、再评价),证实了数学课堂环境的改变确实能够帮助学生的数学学习态度、数学观、学习方式及问题解决能力发生积极变化。

3. 教师和学生对于科目的信念

尼克森(Nicherson)考察了一些有关研究发现,从教师设想的数学教学计划来看,英国学生水平与教师设想的计划之间有很大的差异。她对学生的"接受"角色和"质疑"角色进行了比较,发现学生承担这些不同的角色与他们所形成的关于数学知识的想法有关。同样,美国学者舍恩菲尔德(Schoenfeld)的研究也表明了学生的角色是如何同教师以及学生对数学知识的现有信念交织在一起的。例如,如果学生认为数学问题只有一个确定的答案,解决数学问题的方法只有一个,而且只能依靠个人单独完成,那么这将意味着学生在数学课堂上的角色就是发现唯一正确的答案,单独学习。同样在语文领域,学生和成人也有一套关于课文的信念——它是什么,谁创作了它,如何评价它。这些信念同样也具有影响学生在课堂中的角色上的含义。[①]

(二) 课堂中的教师角色

教师角色可以指教师在学校或课堂上的角色,因此,对教师角色的研究必须有严格的限定。例如,环境性限定——分析教师在课堂、学校、职业体系领域或其他非教育环境中的教师角色;功能性限定——由于教育功能的多样性,教师必须进行多种多样的活动(例如,家长沟通者、社会道德权威、评判者、学生顾问等),从而也就承担着多种功能。但是,教师未必能完成所有这些功能,所以研究者只能选取其中的一种或几种进行分析。

如何研究教师在课堂上的角色?最经常使用的方法是直接观察,但直到20世纪中叶,还很难看到基于观察的研究成果。而现在这种情况已经彻底改变。一般而言,对教师角色行为的研究可以采用两种方法。第一是直接观察法;第二是调查法和访谈法。无论使用何种方法,均须注意到教师角色行为受制于两方面:一是学校因素,包括班级、课程、教学内容、学生构成、教学设备、教师年龄、教师性别、教师情绪等的影响;二是方法因素,只有用相同的研究技术和手段研究同一问题,才能获得有效的结论。

迄今为止,关于教师角色行为的研究主要可以分为五组:第一组,是以费兰德斯为代表的观察研究,采用课堂观察技术;第二组是以贝拉克(Bellack)为代表的教师课堂语言分析;第三组是以史密斯等人为代表的课堂谈话逻辑分析;第四组是以罗森塔尔(R. Roseenthol)、雅各布森(E. Jacobson)为代表的教师期望效应分析;第五组是以华勒、里斯特、布列克里局等人为代表的教师互动行为分析(见表5-5)。

---

① 转引自:(瑞典)T. 胡森,T. N. 波斯尔斯韦特. 教育大百科全书[M]. 张斌贤,等译. 重庆:西南师范大学出版社;海口:海南出版社,2006:48—49.

表 5-5 教师角色行为的五种研究方式

第一组：课堂观察技术	第二组：教师课堂语言分析	第三组：课堂谈话逻辑分析	第四组：教师期望效应分析	第五组：教师互动行为分析
早期最有影响的研究，以费兰德斯为代表。他将教师的课堂教学分为"直接教学"和"间接教学"两大类，并指出教师分别以"讲授"和"提问"行为为主。这表明，教师在课堂上更多地扮演了"课堂控制者"和"知识传递者"的角色	以贝拉克等为代表。他们认为，课堂中的师生互动是"一场游戏"，它的程序规则是双方都十分清楚的。课堂上说的每句话都可以归入四个范畴：组织、提问、回答、反应。并明确了各个活动的顺序，所有活动组成了"教学周期"	这一研究源于史密斯等人。他们提出了 12 个范畴的谈话类型：描述、指明、陈述、报告、下定义、代替、评价、发表见解、分类、比较、对比条件推理和解释。并通过这 12 个范畴对教学周期（亦被称为"情节"）进行逻辑分析	罗森塔尔、雅各布森发现了皮格马利翁效应。古德等人很好地总结了有关这一领域的研究结果。他们发现：教师的一些行为与对学生的期望有关，对"聪明"学生，教师一般给予笑脸、赞许、更多交流、更长等待时间	华勒最早研究了课堂中教师权威的维持问题；里斯特引入标签论，用于分析学生的表现往往是教师贴标签的结果；布列克里局等人则将教师互动行为概括为"师生互动、限制与期望"的模式，力图说明课堂互动的全过程

关于教师角色行为的研究，总体上得出了一种相对稳定的结论：教师的行为方式是控制课堂、维持纪律、通过讲解与学生交流、布置课堂作业等。第一组、第二组的研究结论更为相似：教师活动占整个课堂活动的 60%；大部分组织、诱导、反应活动都来自教师，学生的主要活动是回答；教师角色行为的变化是与教师所教的课程、学生年级、教师期望、学生构成等相互联系的。

（三）课堂角色结构的类型

尽管课堂是师生共同行为的结果，但由于师生的角色地位差别，主要是因教师角色行为的类型不同，由此便决定了不同的课堂角色结构。以下介绍了两种课堂角色结构，但必须指出以下的类型划分更多是理论性的。

1. 两极分类说

这种分类方法是把课堂角色结构分为两类，其划分依据有多种。如以教师给予学生的自由度为区分准则；以学习过程是学生自律或他律为标准；以教师的情感支持的高低程度或领导热情的高低程度来区分；也可从教师行为方式的两极来归纳，有的称为民主自由—专制束缚，有的称为直接影响—间接影响。安德逊对"支配型"和"整合型"划分就是两极分类说中一种有影响力的说法。

"支配型"教师常常表现出下述特点：(1)决定活动计划；(2)指导取舍；(3)调整或规划儿童相互之间的关系；(4)不欣赏、谴责或阻止；(5)警告、威胁或有条件的许诺；(6)提请注意或要求群体活动；(7)规定学习内容；(8)讲演法；(9)提只有一个答案的问题。"整合型"教师则更常表现出以下特点：(1)赞赏；(2)接受学生的差异；(3)提供有吸引力的活动；(4)问题或陈述考虑儿童表达的兴趣或活动;(5)循序渐进;(6)参与儿童的活动;(7)给予同情;(8)给予允许。我国中小学教师中最常见的行为是控制,经常使用反面的态度,作为控制学生的方法,属于比较典型的"支配型"。

2. "三分类"说

这种分类方法把课堂角色结构分为专制型、放任型、民主型三类。专制型教师往往将其意念强施于学生,以证明其能控制班级、树立和维持权威为核心;依靠外在的压力而不是激发学生的学习动机来刺激学生,从学生那里得到优越感和权力感。专制型教师在场,秩序就好;不在场,就会出现侵犯性和破坏性的行为。放任型教师对班集体的决策、活动程序等不加实质性控制,也不进行内在参与,轻易不予以批评建议,任由团体中的各成员自己决定,往往导致群体内部的敌意和责任的推诿。民主型教师借着建立规则来提供稳定的秩序。团体决策、活动程序与进行方式由教师和班集体核心成员共同讨论决定,教师也视自己为班集体中的一员,并在必要时提供建议。研究显示:放任型领导下的学生,各方面表现最差。专制型领导的效率高,但竞争中配合差,对教师的依赖性过强。民主型领导与学生之间情感融洽,易形成团结合作、积极向上的班级氛围。

(四) 课堂角色结构的动态变化

一个教学班在学习历程中可能会遇到不同行为类型的教师。不同行为类型的教师在同一个教学班的教学中衔接,往往会造成课堂教学行为方式的不协调。这一情况就是课堂角色结构的动态变化问题。从理论上说,课堂角色结构的动态变化可能存在多种范型(见知识拓展5-1),当然在实践层面未必完全如此。

知识拓展 5-1

课堂角色结构的动态理论模型

- 放任型承接专制型:之前专制程度越深,其反差越大,班级适应期就越长。
- 放任型承接民主型:可能出现前期稳定,后期走向涣散和失控。
- 专制型承接民主型:立即会产生抵触、冷淡、憎恨,在一个较长时期内处于矛盾状态。
- 专制型承接放任型:管理效果明显,但最终逐渐产生专制型固有的矛盾特征。
- 民主型承接放任型:治理效果显著,组织结构长期稳定,并趋向于合理化。
- 民主型承接专制型:学生有放松感,对新教师褒贬不一,最终则会进入良性轨道。

实际存在的教师行为类型是多样和综合的。例如,有的专制型教师借助情感手段,形成一种仁慈的专制,在阶段性教育中可能产生明显力量。再有,各种行为类型的效果在各种教育组织环境中也是不一样的,其利弊可能是相反的。比如,专制型可能表现为强有力的治理力量,尽管不能长期有效;民主型也可能是现实的妥协者;放任型有时也不失为一种独立精神的培养。

(五) 课堂角色结构的制约因素

导致课堂角色结构多样性的因素较为复杂,但主要有以下因素:教学情境、教师个人素质、师生关系和教师课堂管理思想等。教学情境有内外之分。外在教学情境指的是教学的组织气氛、人事问题、教学设施、教学目标、情绪影响等因素,它将从支持和保证系统上影响教师的课堂行为,尤为明显的是情绪、情感及必要条件的满足。内在教学情境指所教班级的特征,如班级的大小、学生的平均能力、学能相差程度、既成的学习气氛等。对学生来说,内在教学情境就是学习情境。教师个人素质主要包括教师的态度、性格、期望、教学观念、学科知识和自身的行为特征。这些对课堂行为也具有决定意义。师生关系是指教师和学生在教育教学过程中结成的相互关系,包括彼此所处的地位、作用和相互对待的态度等。许多调查表明:学生与教师关系好就喜欢上这个教师的课,主动亲近教师;若自认为教师瞧不起自己,就会主动疏远教师。教师课堂管理思想与课堂秩序关系十分密切。如果认为课堂纪律就是制裁,课堂规则就是约束不良行为,就会把课堂管理简单地理解为对学生的消极控制,从而易导致教师的专制。课堂管理应是师生的共同行为,不是教师单方面的课堂控制。

第二节 课堂中的互动

教学过程发生于课堂之中。心理学家、教育学家常常把课堂视为一种与社会隔绝的自我封闭系统,并据此来讨论教与学的艺术。例如,提出必须强调教学技巧和适当的教学方法,必须重视学生的动机、兴趣、个性等。社会学家则从更广泛的背景中识别课堂教学,认为不联系社会环境要素的影响,不足以解释课堂的实际进程,并特别主张从互动论的角度来认识教学过程。

一、课堂互动的社会学解释

华勒在20世纪30年代就已从社会学角度论述了"师生关系是一种制度化的支配与服从关系的形式"。教师代表成人团体、代表正规课程、代表学校中既存的社会秩序,而学生则是教师期望获得某些成果的"原材料"。但学生作为独立个体,他们要努力以其自发的方式实现自我,并努力用他们自己的方法达到目的,因此师生之间的冲突便不可避免。教师拥有权威,在师生冲突的过程中,教师几乎总是胜利者,争斗的结果是预先注定的。于是师生冲突便进入第二阶段。学生往往无视学校的规章制度,并试图抵消教师控制的方式,如刻板地服从、对教师的要求一笑了之、不与教师发生任何个人交往,以及自我包庇等。然而,教师却竭力要说明规章制度的意义,努力使这些标准成为真正的准则,并尽力强制学生真正地服从它们。

20世纪70年代,关于课堂互动的解释进入了一个新的阶段。英国学者布列克里局等人对课堂教学中师生活动过程的解释作了理论概括,并把这一模式绘制成图(见图5-1)。

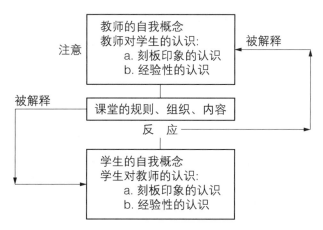

图 5-1 师生互动、限制与期望的模式①

在这一模式中,涉及教师的自我概念、教师对学生的认识、学生的自我概念、学生对教师的认识等。这些构成了当代对课堂教学中人际互动过程的新认识。

所谓教师的自我概念,是指教师对怎样教书育人的一种综合认识,包括对自己角色稳定的观点、对社会的看法、对教育工作的认识、对所传授知识的认识、对学生本性以及他们如何学习的识别等内容。它意味着教师对教育教学工作的一种广泛定义以及一套履行工作的规范。英国学者哈默斯利(M. Hammersley)提出,教师的自我概念的结构可以分为五个方面:教师角色、学生行为、知识、学生如何学习的认识、偏爱的教学方法。可见,教师的自我概念将会对他们如何开始工作、如何评价学生、如何评定教学结果等产生很大的影响。

所谓教师对学生的认识,主要包括两个方面:一是刻板印象的认识,即主要是依据学生过去的成绩、学生的家庭背景、学生的操行和品德评定、学生的性别、学生的外表等所形成的初步认识,这种印象往往较难改变;二是经验性的认识,即教师在与学生的接触过程中,通过不断地了解,改变过去的偏见,重新获得的新认识。教师熟悉学生的过程是复杂的,例如从最初的"推敲",到"精心推敲",最后达到一种"稳定认识"的阶段。在精心推敲阶段,可以解除对学生最初的分类并进行再分类。教师的自我概念及教师对学生的认识,构成了教师对特定课堂的情境定义。

所谓学生的自我概念,是指学生关于学校生活、学习、自尊、自我发展的一种综合性认识。在英国学者普兰德(Plender)看来,学生的自我概念中,"维持身份"意识极为重要。这又可以分为两个方面:"对自身的关怀"和"对能力的关怀"。可见,学生的自我概念也十分复杂多样。由于学生生活环境的群体性特征,学生的自我概念有一定的群体性与从众性特征。

所谓学生对教师的认识,也与教师对学生的认识一样,可分为刻板印象的认识和经验性的认识两个方面。不过,由于学生的群体特征,他们对教师的认识存在更多的群体认识。例

---

① (英)布列克里局,等.教育社会学理论[M].李锦旭,译.台北:桂冠图书股份有限公司,1987:322.

如,英国学者傅隆(V. Furlong)于20世纪70年代对一群女学生进行研究,指出了学生往往采用一套共同的标准,从严格—宽松(性格方面的)、好教师—坏教师(教学方面的)这两个层面给教师定性。学生的自我概念与学生对教师的认识,共同形成了学生对特定课堂的情境定义。

正是由于师生各自形成了自己的自我概念和对对方的认识,并在此基础上形成了对课堂的情境定义,因而师生之间的互动便不再完全由一方控制,在更多的情况下,师生之间的互动需要经过"策略"和"磋商"的中介才能得以实现。"策略"是指师生用以达成各自目标的方式与方法。教师的可能策略包括:控制策略、维持身份策略、教学策略、激发动机策略、期望策略等;学生的可能策略包括:取悦教师策略、与同伴的认同策略、"捣蛋策略"、保持自尊策略等。"磋商"正是师生在实施策略的过程中展开的。它所表达的是师生双方经各自的策略产生互动,并修正、改变或共享双方的利益,从而达到相互适应的过程。这是一种持续不断的过程。磋商的结果是相互适应或和谐,一旦这种"适应态"是假性的,则磋商便会重新开始。这样就能解释为什么教室是有序的或无序的,师生间的关系为什么是冲突的或和谐的等方面的问题。

显然,课堂中的互动过程,主要就是在师生之间重新界定情境定义、修改策略、进行磋商的过程中周而复始地进行的。

关于课堂师生互动的过程,可以分为四个步骤。第一,教师对互动情境加以界定的过程。这一过程受制于教师的一般观念及教师对学生的认识和期待。第二,学生对互动情境的界定过程。这一过程取决于学生的一般观念及学生对教师的认识和期望。第三,教师与学生交互作用的过程。在这一过程中,教师和学生在各自的情境界定基础上,确定行为方式,并力图改变对方。第四,教师与学生的调整过程。通过调整,教师有可能修正自己对学生的期望,学生也会逐渐发展自己对教师的期望。这里需要强调的是,整个互动过程的主导者始终是教师,而这又是由教师的正式权威地位所决定的。①

关于师生互动的行为类型,中西方学者对此各有研究。在西方,英国学者阿什利(B. Ashley)等人根据社会学家帕森斯的社会体系的观点,将课堂互动视为整体来进行观察,并将其划分为教师中心式、学生中心式和知识中心式三大类。② 利皮特(R. Lippitt)和怀特(R. White)则经过研究提出了教师命令式、师生协商式和师生互不干涉式三种基本互动类型。③ 我国学者吴康宁从互动主体角度出发,先将教师行为对象划分为:师个互动、师班互动和师组互动这三种类型;随后又根据师生行为属性划分了三种类型:控制—服从型、控制—

---

① 转引自:(瑞典)T. 胡森,T. N. 波斯尔斯韦特. 教育大百科全书[M]. 张斌贤,等译. 重庆:西南师范大学出版社;海口:海南出版社,2006:66—67.
② Ashley B J, Cohen H S, Slatter R G. An introduction to the sociology of education[M]. London: Macmillan, 1969. 116—120.
③ Lippitt R P, White R K. Leader behavior and member reaction in three social climates. [M]//Cartwright, Zanders A. Group dynamics: research and theory. London: Tavistock, 1968. 585—611.

反控制型、互相磋商型。①

二、课堂互动冲突的处理

课堂中人与人的互动,同样会产生各种冲突情形。根据不同的标准,可以将课堂冲突划分为不同的类型(见表5-6)。有研究表明,课堂上的师生冲突在师生性别、年级、教师年龄、所教课程和教学风格等方面都存在差异。已有的研究结果表明,课堂教学中教师和学生之间的冲突一般来说有如下特点:女教师和学生之间的冲突多于男教师和学生之间的冲突;男生和教师之间的冲突多于女生和教师之间的冲突;非班主任的任课教师和学生之间的冲突多于班主任和学生之间的冲突;语数等学科教师和学生之间的冲突多于其他科目教师和学生之间的冲突;专制型教师和学生之间的冲突多于民主型教师和学生之间的冲突;高年级学生和教师之间的对抗性冲突多于低年级学生和教师之间的对抗性冲突。② 从米德的符号互动论的视角来看,偏狭性的互动目标、单向度的互动主体、凝固化的互动内容、形式化的互动方式等,都在一定程度上阻碍了师生和谐课堂互动关系的形成。③ 事实上,教师面临的课堂冲突是教师职业生涯中的主要问题。这些冲突往往会使教师在工作中出现挫折、焦虑、倦怠、苦恼和紧张等问题。因此,如何处理好课堂冲突具有极大的意义。教师除了引用合理的权威外,还要采取一定的管理技巧。

表5-6 课堂冲突的类型④

依据	类型
冲突的表现形式	隐蔽的师生冲突,公开的师生冲突
冲突的激烈程度	协商性师生冲突,对抗性师生冲突
冲突的目的	手段性师生冲突,目的性师生冲突
冲突的主体	教师与学生个体间的冲突,教师与学生群体间的冲突
冲突的影响	积极的师生冲突,消极的师生冲突

(一) 给予"注意"

课堂冲突有师生双方的原因。一部分课堂冲突源自学生,这些学生在课堂里有一种错误的追求:采取不良行为以获得注意。教师主动的做法应该是尽量在学生没有此类行为时给予注意。如果学生出现了不良行为,教师就要采取下列必要的处理方法:削弱原则,教师不去注意它,使它得不到增强的机会而渐行削弱;交往抑制,设置一种情境,使学生的良好行

---

① 吴康宁.课堂教学社会学[M].南京:南京师范大学出版社,2000:158.
② 郭华.课堂沟通论[M].北京:北京师范大学出版社,2006:112.
③ 张俭民,董泽芳.从冲突到和谐:高校师生课堂互动关系的重构——基于米德符号互动论的视角[J].现代大学教育,2014,30(01):7—12,25.
④ 郭华.课堂沟通论[M].北京:北京师范大学出版社,2006:106.

为与不良行为同时并存;排除刺激,把能引起不良行为的刺激予以排除;消极注意,教师使用语言、音调、姿势、面部表情向学生表示已经注意到某些不良行为;适度惩罚,例如略施责备,指责该项不良行为等。

(二) 避免滥用权力

有些学生在课堂里还有一种错误的追求:"寻求权力",但他们采取的是通过在同伴面前抗拒成人来实现。例如,以争辩、反驳、发泄的方法来攻击教师,如果能使教师迎战,他们就赢了,因为他们已经成功地使教师卷入权力战斗中,至于实际得到些什么则并不重要。这样,每次教与学的冲突很快就演化为师生人际矛盾,同时也埋下了再次发生冲突的可能。在实际的情境中,教师并不总是能够采用合乎逻辑的冷静的态度去处理问题,往往是处理先于分析,通过事后思考再行改进。从教育社会学的角度出发,处理此类问题要注意以下几点:对事不对人;不因一人犯错而惩罚全班;不因处理纪律问题而影响教学;只解决问题而不追究过失;顾及犯错误学生的自尊心等。

(三) "中性力量"处理

课堂活动常常受到三类力量的影响:第一类是有利于学习的积极行为;第二类是干扰学习的消极行为;第三类是介于两者间的中性力量。相当一部分的课堂冲突是由中性力量发展而造成的。中性力量的表现是:(1)不在听课,但静坐着;(2)睁开双眼出神地望别处;(3)既不吸引别人也不使其他人分心地乱涂乱画;(4)两个学生小心翼翼地交换意见;(5)在桌上睡觉但无鼾声。教师面对这些中性力量时主要有三种表现:可能带给教师一种不良的"课堂情绪";可能接受这些中性现实而不予处理;可能中断教学而逐个处理。实际上,此类中性力量只要通过教师的积极诱导,是可以转化为积极状态的。

(四) 沟通重构[①]

沟通在课堂交往冲突的干预、缓解及转化过程中扮演着十分重要的角色,但是课堂交往冲突的沟通,可能是一把双刃剑,它既可能是课堂交往冲突干预、缓解及转化的首选途径,也可能是诱发课堂交往冲突的重要介质。

若要使沟通成为干预、缓解及转化课堂交往冲突的有效途径,课堂交往活动参与者就应当进行沟通重构,学会科学地管理与应用沟通。沟通的有效性取决于课堂交往冲突双方是否遵循科学的沟通行为准则。常见的沟通行为准则有:第一,课堂交往冲突双方应当努力确保沟通不具有攻击性;第二,课堂交往冲突中的每一方都应当设法通过沟通途径求得另一方的积极支持;第三,沟通应该重点关注多赢策略的设计,尽可能做到使课堂交往冲突各方的利益最大化,损失最小化;第四,课堂交往冲突各方应当在沟通过程中避免根深蒂固的人际偏见。

[①] 张希希,田慧生. 课堂交往冲突研究[J]. 教育研究,2005,26(09):42—46.

(五) 不同语言的巧妙运用①

教师在处理师生冲突时,一定要控制好自己的情绪,注意自己的语言。处在冲突中的学生本身就是激动的,不慎的语言很可能会适得其反,激化双方的冲突,因此,教师要学会巧妙地运用不同的语言。第一,礼貌性用语的运用,可以起到平缓学生心情的作用,保证冲突策略生效。第二,商榷性语言的运用,不但可以使学生感受到教师对自己的尊重,降低敌对情绪,还可以让学生说出自己真正的想法,为化解师生冲突提供可选择的方案。第三,选择性语言的运用。如果教师不得不用强制支配策略来解决师生冲突的话,也要尽量避免命令式的语言,要多给学生一定的选择余地。第四,幽默性语言的运用,可以作为教师在解决师生冲突中的缓兵之计。

(六) 建构课堂文化共同体②

从文化学的视角观察,课堂交往实质上是一种文化的建构过程。因此,课堂交往冲突之科学管理有赖于课堂文化共同体的建构。课堂文化共同体的建构应注意下述问题:第一,应树立多元课堂文化观;第二,应形成一个包容性的、相互信任的课堂文化群体,课堂活动参与者能够从中学会理解课堂交往中的多样性;第三,应建立学与教的责任分担制。总之,应建构一个动态的、变化的课堂交往文化空间,教师与学生在其中扮演不同的角色,他们的角色变化贯穿于课堂教学活动全过程。

三、课堂互动的研究方法

大约自 20 世纪 50 年代中期起,教育研究的焦点转向实际的课堂生活。自此形成了大量的对课堂行为的观察、记录与分析的工具。这些都被称为课堂互动分析(classroom interaction analysis)。一个课堂就是一个小型社会,具有自身的价值观、规则和话语系统。课堂互动不同于普通的对话交流,因为前者的主要目的在于传授知识,因此,课堂互动研究关注的焦点往往是课堂交流中语言的研究。

课堂话语研究源自话语分析这门学科。多年来,话语分析学科在课堂话语研究方面的焦点一直发生着变化,研究核心从纯粹的语言分析学转变为分析语言对个人经验的社会性建构作用,或者是对于"作为个人经验的社会性建构工具之一"的课堂语言进行分析。按照克里斯蒂(Christie)的观点,这些年来出现了两种主要的课堂交流分析理论,一种是 20 世纪 60 年代和 70 年代对课堂交流进行的研究,它将课堂语言看成是一种结构化的经验;另一种是近年来的研究,它主张课堂语言是一种社会现象。③

关于课堂交往的分析有很多种不同的模式和方法。在 20 世纪 60 至 70 年代,欧美学者在开展课堂交往、话语研究中常用的几种理论框架如表 5-7 所示。主要有贝拉克

---

① 肖前玲. 初中阶段师生冲突的预防与化解策略研究[D]. 重庆:西南大学,2007:35.
② 张希希,田慧生. 课堂交往冲突研究[J]. 教育研究,2005,26(09):42—46.
③ (新加坡)Thomas S. C. Farrell. 反思课堂交流——亚洲案例[M]. 余艳,译. 北京:中国轻工业出版社,2005:118.

等人的教学循环理论、费兰德斯的师生互动分析理论、辛克莱(Sinclair)和库尔撒德(Coulthhand)的课堂话语理论、巴尼斯(Barnes)的交往分析框架、梅汉(Mehan)的分层组织理论。

表 5-7 课堂交往分析[①]

贝拉克等的教学循环理论(1966)	费兰德斯的师生互动分析理论(1970)	辛克莱和库尔撒德的课堂话语理论(1975)	巴尼斯的交往分析框架(1976)	梅汉的分层组织理论(1979)
• 课堂上成功的交流取决于师生是否理解控制语言使用的规则 • 课堂对话的四个分析单元：游戏;亚游戏;循环;行动 • 四类学习活动：架构;引发;反应;行动 • 编码的含义：独立的意义;逻辑上的独立性;指导性;逻辑上的指导性	将师生互动划分为10种类型： • 教师的语言反应： 1. 同意看法 2. 夸奖或鼓励 3. 同意或采用学生的想法 4. 提出问题 • 教师的主动行为： 5. 讲课 6. 给予指导 7. 批评或维持权威 • 学生的语言： 8. 回答 • 学生的主动行为： 9. 开始对话 • 其他： 10. 沉默或犹豫	• 行为：关注;设计;启动;回答;模仿 • 交流：告知;指示;启发;检查 • 反馈被看成是一种典型的教师的回应。如果不给学生以反馈，他们就会以为自己的回答是错误的 • 同步运用非语言形式回答语言形式的话语，对于成功的交往是非常重要的。如果它们没有出现的话，那么交往就有可能中断	• 师生是借助他们各自的参考框架来理解课堂活动的 • 课堂上的语言不仅仅是由学校的说话规则所形成的，同时也是由学生们自身的文化背景建构而成的 • 如果教师忽视了这些背景上的差异，就会导致问题的产生 • 在课堂结构、课堂交往和教学指导的要求以及师生互动分析的模式方面，各个课堂之间存在差异	• 顺序性的组织结构：开始;指导;结束 • 启发：选择式启发;结论式启发;程序式启发;元程序式启发

本书重点在课堂语言分析、课堂师生互动分析、课堂观察等级量表、课堂教学行为的信息化采集等方面进行具体呈现。

(一) 课堂语言分析

美国学者贝拉克等人于1966年发表了《课堂语言》，通过分析课堂中师生的语言行为，以寻找教学的过程、模式、语言行为与学生学习及态度养成的关系。研究取样于纽约市15所中学，观察15位教师及其所教班级的共345名学生，所涉及的课程为"国际经济问题"。研究者对每位教师观察四节课，并将教学过程录音。规定教师的教学方法自选，这样可以在自然状

[①] (新加坡)Thomas S. C. Farrell. 反思课堂交流——亚洲案例[M]. 余艳,译. 北京:中国轻工业出版社,2005:119.

态下观察。贝拉克的课堂观察记录了四大类学习活动:架构(即引起课堂活动的行为)、引发(例如提问、命令、指示、请求等)、反应(指引发的直接结果)及行动。

研究者通过两个接收器分别记录了师生的语言行为,然后由研究者把它们转化为书写记录。研究表明,课堂中的语言行为,最少有95%可以使用这一方法转化为书写记录。研究发现,教师的语言在课堂语言活动中大约占3/4,师生之行动比是3∶2。这种分析能够有效地了解课堂中的语言行为,并以量化的方法加以计算。

有研究者就我国小学课堂言语行为进行过研究。[①] 他们发现:学生课堂言语行为绝大部分为"回答"教师的问题;向教师"提问"或向其他学生的观点提出"异议"的言语行为所占比例很小(见表5-8)。这说明,在我国小学课堂语言互动中,教师是真正的启动者、指导者、协调者,而学生则扮演遵从者、取悦者和顺从者的角色。

表5-8 小学生课堂言语行为总体构成

总次数	回答		提问		异议		其他	
	次数	%	次数	%	次数	%	次数	%
1135	1065	93.8	19	1.7	31	2.7	20	1.8

(二) 课堂师生互动分析

在各种互动分析模式中,费兰德斯的课堂师生互动分析最为有名,也最具影响力。费兰德斯所设计的师生互动分析,主要用于分析在教学情境中师生双方所用的语言。他以教师所给予学生的自由度为区分原则,把课堂互动行为分为两大类:一是间接行为,二是直接行为。当教师的行为间接时,学生就有充分的自由来作出反应;而当教师的行为直接时,学生便需要作出特定的反应。学生行为也以是否为自发形成的为区分原则,故有自发性的与反应性的行为。据此,他作出了对课堂语言互动行为的描述。

这种课堂师生互动分析方式实际上是一个教学研究工具,需要由受过训练的观察员,对课堂中所发生的语言行为,按照既定类别代码,以代码记录在某一时间内所发生的所有语言行为。例如,如果教师提出问题,可记成"教—4",学生回答问题,可记成"学—8"。这种方法的优点是具有高度的客观性,其变量易被识别,并能为大多数人所接受;其缺点是可能会遗漏某些师生互动。

(三) 课堂观察等级量表

课堂观察等级量表是一种观察技术,它要求观察者在一段特定时间内注意观察的目标。这段时间可以为5—60分钟。在观察结束时,观察者把此间师生的某些行为参照优劣标准按等级量表作出评价(见知识拓展5-2)。

[①] 刘云衫,吴康宁,程晓樵,吴永军.学生课堂言语交往的社会学研究[J].南京师大学报(社会科学版),1995(04):56—60.

> 知识拓展 5-2

课堂整体记分表[1]

范例：

1. 按以下的评定方法，就教师对班级的态度打分：

非常好	大部分时间很好	不好不坏	偶尔不好	很不好
5	4	3	2	1

2. 按以下的评定方法，为学生打分：

全班都非常高兴	大多数学生在大多数情况下感到满意	约半数学生在多数情况下感到满意
5	4	3

学生偶尔感到满意	全班同学很不高兴
2	1

这种量表有助于评价"高度推理变量"，如观察者给上述范例 1 打了"5 分"，则可以认为"教师对班级态度非常好"；若所有的观察者对该题都打了"5 分"，则可以认为"教师对班级态度非常好"这个结论十分具有说服力。其优点是容易处理、容易定量；其缺点是打分方面有一定的主观性及随意性。如果能够对观察者加以一定的培训，就可以取得更可靠的资料。

上述三种传统的课堂师生互动的研究方法主要采用纯手工标注采集课堂教学行为的方法，研究者通过现场观察，将课堂教学行为类别填入纸质记录卡片中。这些单纯依靠手工标注的方法存在分析维度少、劳动密集、容易出错等缺点。

（四）课堂教学行为的信息化采集

随着计算机技术的发展，辅助课堂教学行为标注和分析的软件不断涌现，可用于课堂教学行为的半自动化采集。常见的标注软件有 LessonNote、Nvivo、MMA video2.0、ELAN 等。LessonNote 是一款保留了课堂座位表特征，通过画画、笔记、录音、照相等方式，标注师生互动行为的应用程序。Nvivo 是一款打点标注及分析课堂教学视频中的行为、教学事件等的质性分析软件。MMA video2.0 是一款课堂多模态话语分析软件，以教学录像为主要研究对象，对课堂教学中语言、手势、媒体等符号特征进行标注。例如，研究者通过 MMA video 2.0，从多个层面对课堂录像进行标注、统计和分析。[2] ELAN 也是一款标注口语录音、教学录像等线性语料的常用软件。[3] 但这种半自动化标注的方法同样依靠人工打点标注，很难实

---

[1] 转引自：中央教育科学研究所比较教育研究室. 简明国际教育百科全书·教学（上册）[M]. 北京：教育科学出版社，1990:158.
[2] 陈松菁. 基于 MMA Video2.0 的视频语篇分析应用研究[J]. 长春大学学报，2014,24(08):1139—1143,1147.
[3] Lausberg H, Sloetjes H. Coding gestural behavior with the NEUROGES-ELAN system[J]. Behavior research methods，2009,41(03):841—849.

现大规模课堂教学视频中教学行为的即时采集与分析。

随着图像识别技术、人工智能算法、传感器技术的发展，课堂教学行为的自动化、智能化标注与分析成为可能。研究者利用多种智能算法，识别、提取及分析教学视频帧中图像主体的行为特征。例如，周鹏霄等人通过检测视频帧中的图像轮廓特征、主体动作幅度等，使用贝叶斯因果网模型获取行为序列，智能识别课堂教学视频中的师生行为。[①] 刘清堂等人基于课堂 S—T 行为分析理论，从数据采集与存储、行为建模与计算、智能服务三方面提出课堂教学行为智能分析模型，并通过实例进行分析和应用。[②] 赵刚等人针对传统教学行为研究中存在的手工编码、定时分隔等局限，构建了多维度特征融合的教学行为智能分析模式。[③] 另外，有研究者借助穿戴式便携传感器，智能记录课堂教学行为。例如，普列托（L. Prieto）等人利用头戴式便携眼动仪、脑波仪、智能手机，自动采集教师的眼动、脑波、三维加速度、视野录像和语音等数据，使用机器学习算法预测教师的发布任务、提问、解释等教学活动。[④] 然而，已有的算法的分析力度、识别精度还有待完善。

AI 支持的课堂教学行为智能采集工具适用于不同的应用场景，目前主要应用于智慧教室和常规教学中。针对智慧教室情境，研究者设计开发了苏格拉底教学行为分析系统。该系统根据师生课堂智能终端的使用情况，智能标注师生教与学行为，采集内容主要涉及技术运用频次、累计时间、互动指数、教法应用指数、技术运用分布图等。[⑤] 此外，智课系统是一款 AI 课堂教学行为分析系统，主要利用人工智能、大数据、互联网、音视频等技术，实现常规教学行为的常态化伴随式数据采集。该系统根据既定的课堂教学行为分类编码，采用固定时间间隔（如 3 秒）的取样方式，利用深度图像识别技术，自动智能地标注课堂教学行为的最佳类别编码，生成课堂教学行为的结构矩阵，然后通过对课堂教学视频的结构化分析，借助数据挖掘技术对课堂教学行为进行建模，生成可视化分析报告，实现及时的评测和诊断。

（五）课堂互动研究的三个发展阶段

20 世纪 50 年代迄今，我们可以将有关课堂互动研究的发展，整理概括为以下三个阶段（见表 5-9）。[⑥]

[①] 周鹏霄,邓伟,郭培育,刘清堂.课堂教学视频中的 S—T 行为智能识别研究[J].现代教育技术,2018,28(06):54—59.
[②] 刘清堂,何皓怡,吴林静,等.基于人工智能的课堂教学行为分析方法及其应用[J].中国电化教育,2019(09):13—21.
[③] 赵刚,朱文娟,胡碧灵,等.多维度特征融合的教学行为智能分析模式构建[J].电化教育研究,2020,41(10):36—44.
[④] Prieto L P, Sharma K, Dillenbourg P, Jesús M. Teaching analytics: towards automatic extraction of orchestration graphs using wearable sensors [M]//Proceedings of the Sixth International Conference on Learning Analytics & Knowledge. New York: Association of Computing Machinery: 148—157.
[⑤] Ku O, Liang J K, Chang S B & Wu M. Sokrates teaching analytics system (STAS): an automatic teaching behavior analysis system for facilitating teacher professional development [C]//Proceedings of international conference on computers in education. Manila: Asia-Pacific Society for Computers in Education, 2018: 696—705.
[⑥] 卢国庆,谢魁,刘清堂,等.基于人工智能引擎自动标注的课堂教学行为分析[J].开放教育研究,2021,27(06):97—107.

表 5-9 课堂互动研究发展的三个阶段

研究方式	常见工具	研究内容	优点	缺点
纯手工标注（手工+纸笔）	座位观察记录表	师生互动、师生移动状态	直观形象	记录维度少
	课堂互动分析矩阵	传统教室中师生言语内容分析	将质性、量化研究融合，影响较大，便于教学反思	劳动密集、编码复杂、忽视非言语行为
	S—T行为分析表	教师行为和学生行为	减少了分类的模糊性	师生行为可能同时成对出现
半自动化标注（手工+计算机）	LessonNote	通过画画、笔记、录音、照相等方式记录师生互动	保留了座位表的特性，记录内容丰富	劳动密集
	Nvivo	既定的编码框架	质性分析软件	劳动密集
	MMA video 2.0	标记和统计语言特征、手势、媒体等多模态信息	分析课堂教学中的多模态信息	劳动密集
	ELAN	将教学视频转录成文本、确定角色行为的编码体系、编码行为及归类角色、切分信息流	重点关注视频中的言语文本信息	忽视非言语行为
智能标注	苏格拉底教学行为分析系统	技术运用频次、累计时间、互动指数、教法应用指数、技术运用分布图	智慧教室技术运用情况	需配合智能终端使用，应用场景受限
	智课系统	采集师生课堂教学行为：学生行为，包括举手、应答、听讲、读写、生生互动；教师行为，包括板书、巡视、讲授、师生互动	自动化大规模采集	识别精度存在一定误差

第三节 课堂教学与课堂控制

课堂教学过程主要有两类：教学过程和控制过程。课堂教学与课堂控制（classroom control）紧密相连。

一、课堂控制的概念与类型

（一）课堂控制的概念

课堂控制是指教师为实现课堂教学目标对学生行为（也包括对自身行为）进行的有意

识引导、约束和调整,其中教师的管理行为可以分为组织环境、确立适当的行为、防止问题发生并处理扰乱行为。它实际上涉及四个要点:(1)课堂控制既包括对违反教育规范行为的制裁,又包括引导学生认同并自觉遵守课堂纪律,以协调个体、群体的关系;(2)课堂控制不仅要使课堂成员的行为服从课堂秩序的需要,还要使学生的自由活动、自我表现与课堂教学秩序达到和谐的统一;(3)课堂控制必须依靠教师的权威力量才能进行,更需要学生自觉内化课堂规范,课堂控制的实现是教师权威力量与学生自我控制的统一;(4)课堂控制是一个动态过程,它不仅包括对现有课堂秩序的维持,也包括建立新的课堂秩序。

(二) 课堂控制的类型

课堂控制的表现方式非常复杂,从不同角度可以分为不同类型。按控制的层次可分为对个体的控制和对全班的控制。按控制的手段可分为硬控制和软控制。硬控制是指采用强制性的控制手段,如课堂纪律、课堂常规等;软控制是采用非强制性的控制手段,如班级风气、学习风气等,两者的作用力度和作用后果不尽相同。按控制的实现途径可分为积极控制和消极控制。积极控制是指正面引导学生的课堂行为,消极控制是指限制和惩罚学生的偏差行为。积极控制能够给学生指明目标,而且更容易被学生所接受,从而有利于良好的课堂气氛的形成。按控制方式可分为显性控制和隐性控制。显性控制是指教师以明确的要求、规定为本的控制方式。例如,明确要求学生要爱祖国、爱人民、认真学习、尊老爱幼,明确规定学生上课不能讲话、不准做小动作等。隐性控制是指教师以间接引导、暗设障碍为本的控制方式。例如,不讲认真学习的大道理,而是组织学习竞赛活动,据此激发学生的学习热情;不明确规定学生不能在课堂中讲话,而是在课堂中经常提问爱讲话的学生,或进行课堂行为评比,从而限制并取消讲话的空间。

二、课堂上的问题行为

在实际的课堂生活中,课堂控制主要涉及对学生问题行为进行有效的管理,使之成为正常行为。而什么是课堂上的问题行为,历来是教师、家长、学校管理者关心的主要问题,也是课堂教学社会学研究的重点之一。

(一) 什么是学生的问题行为

有研究选取湖南、贵州、北京等地6所学校的212位中学教师为调查对象,分析中学生课堂问题行为的表现类型以及教师对课堂问题行为的认识等问题。从表面上看,学生课堂上的问题行为就是导致课堂秩序发生混乱的那些问题,如走神、随便说话、不参与合作和不跟随任务等(见表5-10)。但是,如果进一步深入分析,学生的问题行为并非如此简单。

表 5-10　教师认为中学生表现出的最普遍的课堂问题行为[1]

类型	人次	百分比	排序
走神	108	52.9%	1
随便说话	40	19.6%	2
不参与合作	19	9.3%	3
不跟随任务	14	6.9%	4
嘲笑他人	7	3.4%	5
退缩	6	2.9%	6
多动	5	2.5%	7
妨碍他人	3	1.5%	8
不服从	2	1.0%	9
情绪失控	0	0	10

1. 问题行为由谁来认定

对这一问题,需要进一步弄清界定问题行为的理论前提。

第一,根据心理学模型界定问题行为。这是一种传统的分类法,主要有两类研究:一是分析学生个性、品德等与问题行为的关系;二是讨论教师个性、认知等与问题行为的关系。第一类研究是大多数教师、家长、学校领导常用的。人们已经就学生的问题行为进行了大量的研究。而学生的哪些课堂行为属于课堂纪律范围内,哪些属于违规行为,这与教师的主观看法有关。

第二,根据社会学中的标签论界定问题行为。一些教育社会学家强调应采用这种观点来研究学生的问题行为。他们强调必须研究这样一些问题:"谁制定纪律?""这些记录的内容是什么?""某些师生对制定的纪律是否有不同的看法?""某些师生是否认为这些纪律不合理?"他们认为,对这些问题的回答,将对什么是问题行为、如何处理课堂情况作出一种新解释。

第三,根据生理学理论界定问题行为。在分析学生不良行为时,必须注意不同年龄的学生所存在的问题特点。

第四,从文化角度来看,界定问题行为必须考虑教师的性别成见问题。20 世纪 60 年代以来的相关研究表明,在问题行为和教师对这些问题的认定过程中,始终存在着性别差异。一般而言,教师认为男生比较好吵闹、难管理。尽管他们有时的确如此,但这种情况因教师

---

[1] 张彩云. 中学生课堂问题行为的调查研究[J]. 教育理论与实践,2015,35(10):56—60.

的性别成见而被不断强化。研究表明,男生在课堂上受到惩罚的次数比女生多得多;被惩罚的程度也更严厉;体罚的标准也不同,女生通常极少受到体罚,而男生经常首当其冲。为什么男生会成为这样一类角色?教师是怎样使这种性别成见继续下去的?实际上,研究这些问题可能更重要。

此外,教育和学校中的问题行为也有一个历史的范畴,它在不同的社会和历史时期具有不同的含义。例如,学生对于教师的观点提出自己的不同看法和见解,过去可能被认为是大逆不道的事情,但是在今天,这更多被认为是敢于进行独立思考的表现。[①]

2. 究竟谁有问题

美国教育社会学家布罗菲(J. Brophy)等人把课堂行为划为三种类型:第一是属于教师的问题:学生的行为使教师的要求受到挫折,从而引起教师的不快或烦恼;第二是属于学生的问题:由于意外事件或他人(非教师)的干扰,导致学生的要求受到挫折;第三是师生共有的问题:师生彼此使得对方的要求受到挫折。属于教师的问题,往往是因为教师认定这是学生存心捣乱,或明知故犯,因此处理的方式比较严厉;那些在教师看来属于学生的问题,教师往往更多地采用帮助的做法;那些属于共有的问题,教师一般采用积极的、鼓励的方式实施课堂控制。

由此可见,对于什么是学生问题行为的认识,实际上比较复杂。教师对学生的问题行为下定义时应当十分谨慎。此外,还应当注意对学生问题行为的认识因时代变化而变化。例如,当前对学生"上课讲话"这类行为的处罚已不像过去那么严厉,而是视具体的情况来考量。

(二) 学生问题行为的成因

学生问题行为的成因十分复杂,在不同学科领域有着不同的解释。心理学往往是从学生的性格、态度、动机、智力、早期经验、身心发展特征等方面加以分析。社会学往往是从家庭、文化差异、同伴群体等社会环境的角度进行分析。教育学则从教育发展和改革自身等方面寻求原因,如学校规模的扩大、人口增多导致竞争压力加大、社会和家长对教育的要求与期望不断提高、合格教师数量不能满足教育发展的需要、必要的学校和教育条件不能适应人们的要求、教育的管理水平不能赶上规模扩大的要求等。研究表明,学校规模过大时,往往规章制度比较严格,很难顾及个人意志。这就易使某些学生产生与学校疏远的感受,从而出现问题行为。那些被硬性规定为非重点班、慢班的学生也易产生反抗心理。有些长期得不到学业帮助的学生,易产生"学业无助感",他们往往不在乎学校的规章制度,从而引发了问题行为。本书认为,对学生问题行为成因的研究除了要考虑心理学、社会学以及教育学的分析架构之外,还必须考虑传播媒介的巨大影响作用(如电视、互联网等)。据美国帕克(Parker)等人的研究,在其他生活条件相似的情况下,观看暴力电影的学生比其他学生有更

[①] 谢维和.教育活动的社会学分析——一种教育社会学的研究[M].北京:教育科学出版社,2000:337.

多的攻击性行为。彼得森(Peterson)等人对 7—11 岁学生的调查显示,常看暴力电视节目的学生具有更多的恐惧感。消极的媒体内容还会导致学生产生性格障碍。

课堂内部环境,诸如教室内的温度和色彩、课堂气氛、课堂座位的编排方式等,都会对学生的课堂问题行为产生十分明显的影响。教室内温度适宜、色彩明亮、气氛融洽,学生就可能产生一种愉悦的感受和积极的情绪,从而减少问题行为,反之,则会增加问题行为。课堂座位的编排方式也与学生的问题行为有关。英国教育理论家威尔达(Welda)对课桌椅的排列方式做过观察实验。结果显示,直列式排列时,学生学习努力的程度是圆桌式的一倍;而坏习惯的出现,如心不在焉,圆桌式则是直列式的三倍。①

20 世纪 70 年代以来的研究还表明了,有些课堂问题行为直接与教师讲授方式、课堂教学的组织方式有关。库宁(O. Kounin)的研究表明:一个教师讲授教材进度不当,经常从一个内容跳到另一个内容,又缺乏相应的过渡,就易使学生无法参与教学过程,从而出现问题行为。再比如,当学生在兴趣、性情、能力和学业成绩方面的个体差异面对僵化统一的课程要求及学习时间时,教学与管理上的问题就出现了。

此外,还有一些不被注意的原因,如生理上的问题,家庭中的不愉快,发育期的紧张、疲劳、营养不良等导致的学生问题行为。梅诺勒(Malone)和雷克特(Rickett)在对肯塔基州的 2000 名左右的教师的调查中发现,教师报告的引起学生捣乱行为的主要原因是:学生缺乏社会技能训练(93%)、差的家庭生活(93%)、课堂乏味(90%)、高师生比(87%)、在维持纪律时缺乏行政支持(87%)、规范不清楚(85%)、处理捣乱行为时教师的行为没有连续性(79%)。总之,学生课堂问题行为的形成原因十分复杂,必须谨慎对待。

三、课堂控制的方法

英国学者登斯科姆比(Denscombe)把控制策略分为三种普遍的范畴:统治支配、共同选择以及班级功课管理。统治支配策略就是实施严格的活动、措施,并坚决要求学生服从,进而把教师关于秩序的想法独断地强加给学生。共同选择则是通过让学生参与秩序管理来寻求合作解决问题的办法,重点强调选择合乎逻辑的道理而不是惩罚,因此学生对于课程的参与更多。班级功课管理策略的重点是创造让学生专注于任务的功课,因此学生对于功课结构的合作就预防了其不良行为的发生。②

当出现学生课堂问题行为时,教师应当进行适度的课堂控制。一般来说,教师的控制手段包括:作为一种硬控制方式的课堂纪律;作为一种软控制方式的课堂气氛;依靠教师权威③;作为课堂控制保障的奖惩措施。

---

① 转引自:(瑞典)T. 胡森,T. N. 波斯尔斯韦特. 教育大百科全书[M]. 张斌贤,等译. 重庆:西南师范大学出版社;海口:海南出版社,2006:86.
② 转引自:(瑞典)T. 胡森,T. N. 波斯尔斯韦特. 教育大百科全书[M]. 张斌贤,等译. 重庆:西南师范大学出版社;海口:海南出版社,2006:86.
③ 如宗教信徒对宗教所作的奉献,"追星族"对影视歌星的崇拜等,都属于典型的自愿转让控制权的现象。

教师需要清醒地估计自己处理学生问题行为的能力,以及可能出现的复杂情况。过早地对问题的严重性或困难程度下结论,会影响课堂控制的成效。因此,教师应对学生的问题行为进行必要的评估(见知识拓展5-3)。

| 知识拓展 5-3 |

教师对学生问题行为的评估依据

这种评估至少要认真分析下述几方面:

1. 程度——对其他学生的活动或对课堂教学的影响程度如何?
2. 持续时间——这种行为持续了多久?
3. 频率——这种行为多长时间发生一次?
4. 背景——行为发生的背景是否清楚,是否合乎情理?
5. 联系——这一行为的发生是否还与其他特定的事件有关?
6. 普遍性——这一行为是否在很多情况下发生?
7. 正常性——这一问题行为是否偏离同龄人的行为标准?
8. 对他人的影响——这一行为是怎样干扰他人的?

考虑上述几个方面后,教师可以采取各种不同类型的控制手段。

(一)课堂控制中两种主要的方法

20世纪50年代以来,教育社会学对于教师的"中止授课"行为(主要是"训斥")进行了不少研究。凯恩斯(Keynes)在研究后提出,教师在中止授课行为时需要考虑以下四点:中止授课行为应明确、坚决,而不应是粗暴的或是带有威胁性的;中止授课行为应准确地表明哪个学生应受责备,并应强调所要求的正确行为,而不应强调出现的消极方面;中止授课行为应有一个中心任务(要做什么),而不应把重点放在不允许的行为上;教师应避免采取生硬、不冷静的中止授课行为。

惩罚(punishment)是教师经常采用的另一种控制手段。实施惩罚可以达到各种目的。首先,它通过制止不良行为或鼓励理想行为,使一个人立即改正自己的行为。其次,是威慑,惩罚就是希望制止不良行为的产生或重犯。例如,英国教育社会学家发现,爱尔兰的有些教师在开学的第一天就会训斥班级中不守规则的男生,借以警告其他学生。包含威慑因素的惩罚效果与其严厉性成正比。第三,惩罚也有利于课堂整体秩序的形成,从而实现教学目的。但是,在实际课堂中惩罚也可能是为了报复。惩罚的形式通常有两种:挫折型和痛苦型。① 前者主要是剥夺个体的某些权利;后者是引起个体明显的不适感。痛苦型的惩罚,主要是运用体罚和心理上的凌辱(如嘲笑和令其当众出丑),这种方法已被明令禁止,但仍有个

---

① 谢维和教授有不同的分类方法。他认为惩罚分为积极的惩罚和消极的惩罚两类。

例(见案例5-2)。在挫折型惩罚中,教师最通常的做法是晚放学(剥夺课余时间)、剥夺特权(取消资格)。此外,还有一种惩罚形式较难划分,就是与家长交流。

|案例5-2|

教师体罚学生被处理

两名初三学生上课迟到,被班主任杨某责令到教室门口反省,后两人离开到操场,被杨某发现后叫回。在教学楼楼道内,杨某让学生蹲在地上,用课本抽打、用脚踢两人,实施体罚、批评教育10多分钟。之后,学生李某家长到校发现孩子脸部、颈部、腿部等多处红肿,随即报警。辖区派出所出警调查后,将杨某依法移交教育部门处理。

总体而论,课堂中惩罚的运用,其问题多于效果。作为一种课堂控制手段,惩罚未必是最好的方法。正是因为惩罚在教育活动中可能产生消极影响,有研究者提出了使用惩罚手段时应该注意的两个基本原则:第一,对于青少年学生的惩罚,必须具有严密的逻辑性。第二,对于青少年学生的惩罚,必须具有一贯性。① 也有研究者提出应厘清教师惩罚学生的界限,使教师的惩罚行为有理有据、正当而不逾矩是有效发挥惩罚作为一种教育手段的作用的前提,也是避免惩罚产生消极后果的前提。因此,教师实施教育惩罚存在四条界限(见图5-2),即:(1)教师惩罚学生的最低界限:教育性原则;(2)教师惩罚学生的理想界限:可接受性原则;(3)教师惩罚学生的现实界限:有效性原则;(4)教师惩罚学生的正当界限:合法性原则。

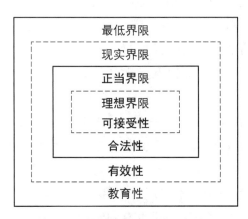

图5-2 教师实施惩罚的四条界限

---

① 谢维和.教育活动的社会学分析——一种教育社会学的研究[M].北京:教育科学出版社,2000:359—360.

| 案例 5-3 |

教师的惩罚:全班罚跪

上午第三节课,某小学四年级一班张老师在上语文课时发现,一名学生因与另一学生互相推拉,头部被碰出了血。张老师让受伤的同学到医务室上药。不久,没受伤学生的妈妈来到学校,张老师走出教室与家长交谈。这时,教室里的同学大声地讲话,甚至起哄。张老师盛怒之下当即下令:全部跪下。于是,全班 80 多名学生同时跪在教室里。

该教师的处理方式并不恰当,违反了尊重学生、用合理方法教育学生的教育管理基本原则。在处理学生冲突和学生家长沟通时,教师应该以理性和冷静的态度来处理问题,而不是采取过激的处罚措施。这种群体性的惩罚不仅没有从根本上解决问题,还可能给学生带来心理上的伤害,并且可能引发家长和社会的质疑与不满。

(二) 教师的印象管理技巧

课堂教学活动是一门艺术。教师进行良好的课堂控制,实际上需要一定的控制艺术和技巧,印象管理便是这样的技巧。印象管理的观点来自加拿大社会学家戈夫曼(E. Goffman)关于日常生活的社会学分析。[①] 课堂教学是一种在有形界限内有组织的社会生活,教学活动也是一门表演的艺术,教师在课堂教学中同样存在着戈夫曼所力图解剖的问题。比如,教师如何向学生呈现自己及自己的活动方式?教师如何引导并控制学生对自己的印象?教师如何维持和控制课堂秩序?

在课堂教学中,许多意想不到的偶然事件会干扰或中断正常的教学秩序。这些偶然事件可能是教师本人不恰当的无意动作,也可能是局外人不合时地闯入课堂,还可能是学生的不合作,如调皮、捣蛋、小动作等。教师如何处理这些偶然事件,直接关系到课堂秩序能否重新恢复正常,教学工作能否正常进行。戈夫曼在谈到如何防止互动中因偶然事件导致的"表演崩溃"时,提出了表演者必须具备的若干品性以及为保证演出可以采取的若干措施。一般来说,这些品性和措施也适合帮助教师处理课堂问题。

1. 维持教师集体的高度团结

全体教师的举止行为应表现出共同承担了道德责任和义务的特点,以及对学生的热爱、关心和期望。教师集体的内部团结相当于"后台"。教师之间的内部矛盾与意见不合不应呈现在学生面前,这样教师就能维持一种"剧场印象"。这是教师进行前台表演的基础

---

① 戈夫曼侧重研究日常生活中人们面对面交往的具体过程,展示那些隐含着的、不公开的互动规律。主要著作有:《日常生活中的自我呈现》(1959)、《收容所》(1961)、《际遇:对互动的两项研究》(1961)等。重点分析了:人们在互动过程中是如何在他人心目中营造出一种印象的,人们是运用哪些技巧使自己表现出某些行为来让别人产生一种希望的印象的。他的理论通常被称为拟剧论,又称为印象管理论。这种观点特别适合于分析"在建筑物或有形界限内有组织的社会生活"。

和支撑点。

2. 教师应具备一定的表演技巧

教师应当牢记自己在课堂中的角色,在课堂中不能出现无意动作或失控行为。教师应学会自我控制和自我管理,防止感情用事,特别是要控制面部表情和说话的态度。

3. 教师要尽量控制教学程序的严密性

教师要科学地设计教案,包括教学道具的恰当使用,充分了解学生各方面的情况,适当调节课堂气氛,教学不应被打断。有研究表明:在有些学校有一不成文的规定,不能贸然进入课堂。显然,这里存在一个假定,新来的表演者很有可能会做一些在学生看来与他们的教师所建立的印象不一致的举动。

4. 教师应尽量做到后台与前台行为的一致

教师兼具普通人和教育者的双重角色,要在价值观、信念、道德及行为方面做到始终如一,自然是有困难的,尤其是处在当前的转型社会中,教师可能会面临内心冲突。虽然如此,教师仍应从育人的角度严格要求自己。为了使学生产生对教师行为的一贯性和连续性的印象,一种可行的策略就是教师要防止自己的"后台"被闯入,这意味着教师需要避免被学生"识破"。但这并不是欺骗学生,而只是一种维持师生互动的策略。

5. 教师必须密切注意学生的暗示,修正自己的行为

在课堂情境中,学生的某些行为实际上可以被看成是一种维持课堂秩序的行动。但很多教师对这些行为或者加以忽略,或者视为破坏,因而采取的处理措施最终往往导致课堂秩序的混乱。教育社会学的研究表明:在课堂中,往往更多的是介于"和谐"与"冲突"之间的"假和谐"局面。这种局面可视为学生有意识地在维持秩序,其原因可能是对教师的某种认同,可能是出于遵守课堂纪律的自觉性,也可能是对教师情感上的支持或者讨好教师的表现等。但不管学生出于何种动机,若教师意识不到学生所给予的暗示,并借此进一步修正自己的行动,则极有可能导致课堂失序。

近年来,随着网络教育的盛行,有研究者对网络教师在师生互动中的印象管理进行研究,认为网络教学环境是一个技术支持下的社会化空间,师生在网络环境下处于相对分离的状态,只能通过技术工具与平台实现互动,师生互动是影响网络教学效果的关键因素之一。由于学生对网络教师的印象不仅会影响他们对网络学习的满意度,而且还会影响学习效果,因此网络教师在师生互动过程中应学会印象管理。网络教师实施有效的印象管理有利于增加师生之间的信任程度,优化网络教学环境下的师生互动效果。

网络教师在师生互动过程中的印象管理,内含印象动机与印象建构两种成分,前者是指网络教师具备主动促使学生对自己形成好印象的意识与愿望,后者是指网络教师通过适当的策略与方法展现自我形象,调整自己的行为表现,努力让学生对自己形成自己所期望的印象的过程。网络教师在师生互动过程中的印象管理策略可以分为专业化策略、社会化策略、技术性策略三种类型。一方面,与一般社交场合的印象管理一样,网络教师实施的印象管理仍然是一种典型的社会行为,因此网络教师需要选择基于社交技能的社会化策略。另一方面,区别于一般社交场合的印象管理,网络教师的印象管理是教育场域的社会行为,具有教育意义并旨在提升教育价值,因此需要提升"教学临场"的专业化策略。与此同时,在师生相对分离的网络教学环境下,网络教师还需要利用技术性策略来优化师生之间基于技术中介的互动效果,只有综合应用三种策略才能真正提高网络环境下教师的印象管理效果。

关键词

课堂的时空结构	前排—中间效应
课堂的角色结构	课堂控制
课堂互动研究	印象管理

习　题

1. 试析课堂角色结构的动态变化类型及其影响。
2. 简析课堂冲突的特点与类型,并联系实际谈谈如何处理课堂冲突。
3. 联系实际谈谈如何进行良好的课堂控制。
4. 试析课堂教学中的教师印象管理。
5. 掌握课堂互动行为的研究方法,并试着采用其中的任何一种方法进行课堂互动行为的研究。
6. 案例分析:选择任何一堂课,分析其课堂的时空结构和课堂中的问题行为。

推荐阅读书目

1. 中央教育科学研究所比较教育研究室.简明国际教育百科全书·教学(上册)[M].北京:教育科学出版社,1990.

2. 中央教育科学研究所比较教育研究室.简明国际教育百科全书·教学(下册)[M].北京:教育科学出版社,1990.

3. 吴康宁,等.课堂教学社会学[M].南京:南京师范大学出版社,1999.

4. (美)罗森塔尔,雅各布森.课堂中的皮格马利翁——教师期望与学生智力发展[M].唐晓杰,崔允漷,译.北京:人民教育出版社,1998.

5. 杨昌勇,孙中欣.学校社会心理实践研究[M].成都:四川教育出版社,1999.

6. 谢维和.教育活动的社会学分析——一种教育社会学的研究[M].北京:教育科学出版社,2000.

7. 程晓樵. 课堂互动中的机会均等[M]. 南京:江苏教育出版社,2002.

8. 王珠英,吴烨. 问题行为[M]. 上海:上海教育出版社,2004.

9. (新加坡)Thomas S. C. Farrell. 反思课堂交流——亚洲案例[M]. 余艳,译. 中国轻工业出版社,2005.

第六章

学校教育的主要活动内容：教育知识

学习目标

1. 掌握显性知识与隐性知识的内涵。
2. 能运用课程知识的社会控制原理，分析当前基础教育课程中的社会控制现象。
3. 能运用反学校文化的理论，分析当前学校学生的失范行为。

教育活动既是文化的传播过程，也是一种学生的生活经历。学校教育活动的全部内容实际上是广义的教育知识（educational knowledge）。教育知识涉及三种内容：第一是显性知识（explicit knowledge），表现为学科课程类别以及具体课程内容，即美国社会学家阿普尔所谓的"法定知识"或"法定文化"；第二是隐性知识（tacit knowledge），表现为学校生活经历以及学校文化熏陶下的非正式教育影响；第三是生活经验，也即学生通过各种人际交往过程（与家长、教师、同学等）而转化的日常生活经验。这三者的结构及其互动关系构成了学生在学校教育过程中的全部教育影响。换言之，学生在学校所接受的教育影响及其实际获得的知识，糅合了国家所规定的教育内容、学校文化的隐性影响、社会的各种教育影响和个体的生活经验。显然，对于学生在受教育过程中实际获得知识的分析不能只采取规范性研究，而需要辅以实证性研究。本章主要以实证的方式分析学生在学校所受到的教育影响及其知识获得过程。

第一节　显性知识与价值传递

人类对知识以及知识价值的认识有着十分悠久的历史，而关于应该把什么样的知识、怎样把这些知识以一种合适的方式（例如人类社会早期的口耳相传、成年仪式，家庭中长辈对子女的教育，私塾教师对儿童的教育，西方上层社会的家庭教师的教育，近代学校形成以后的学科教学等）传递给学生等问题的研究历史则并不很长。教育学作为一门学科，自近代社会形成之后，以课程形式传递的知识，始终是其研究的焦点问题之一。长期以来，课程研究几乎都存在一个观念预设：课程知识理所当然地具有客观性、公正性和有效性。这里存在两个问题：第一，这种观念预设是否正确、合理？第二，对于课程问题的聚焦式关注是否能够涵盖学生接受和获得知识的全部？而引出这两个问题的前提性的、基本的教育事实也有两个方面：第一，课程是社会价值的实现途径，也是社会控制的结果；第二，课程所表达的仅仅是学生在学校应当学习的正式信息——显性知识。本节主要分析以课程为表现方式的显性知识与价值传递的关系。

一、课程的研究传统

究竟应该给未来一代做好什么样的知识准备，历来是国家、社会、学校、家长关心的焦点。可以说，一部教育科学发展史的核心内容，也就是培养年轻一代成为什么样的人的问题，而其中最关键的问题就是课程问题。

（一）课程知识的不同研究视角

在神学、哲学、美学、伦理学研究中，关于什么是知识、什么是真理等问题已经有几千年的研究历史。但是，关于究竟应该让儿童接受什么样的知识的研究历史并不很长。

自从英国哲学家培根提出"知识就是力量"的著名论断，英国社会学家斯宾塞接着提出

"什么知识最有价值"以来,"教育为生活做准备"的观点便成为教育学的经典命题。在知识经济时代,它又成为一个值得重新审视的重大课题。无论是知识准备、能力准备或素质准备,都需要通过学校教育活动这一现代社会最重要的媒介来完成。在许多教育学科的研究中,学校教育活动的内容主要是以"课程"的形式出现的。简约的历史回顾,可以使我们对这样一个在教育学上是以"课程"的形态出现,而事实上涉及更广泛内容的话题有更全面的认识。

个体如何获得知识,曾是一个标准的哲学研究课题。早在两千多年前,柏拉图的回忆说(theory of recollection)、亚里士多德(Aristotle)的认知功能说(theory of cognitive function)就已经探讨了如何获得知识的问题。而笛卡儿(R. Descartes)则断言:个体获得知识主要是因其不同的天赋。洛克(J. Locke)否认天赋观念的存在,而主张"白板说"(theory of tabula rasa)。

人类对知识的研究已经有了十分悠久的传统。但是,怎样把"有价值的知识"传递给未来一代,或者说,怎样把广义的知识领域中的知识,有选择地形成"课程知识",这便成了一个教育学的研究课题。显然,教育学家不可能对哲学、心理学等解释与处理知识的方式无动于衷,因为教育学家的任务是要把学生的独特性和知识的普遍性统一起来。因此,关于课程知识的研究便存在着不同的认识角度(见知识拓展6-1)。

知识拓展6-1

不同学科从何种角度研究知识

不同学科从何种角度研究知识,例如:

1. 心理学:我们是通过哪些过程来认识事物的?
2. 哲学:我们怎样才能肯定我们认为已经认识的东西是真实的?
3. 现实的角度:这种或那种特定的知识有什么用处?
4. 课程论:什么知识最有价值?

不同学科的知识观,例如:

1. 行为主义者:把知识当作通过在环境中起作用的强化关系的结果而建立起来的行为库。
2. 认知心理学:用系统论、控制论和信息加工论来描述知识的获得与使用。
3. 神经生理学:探求知识获得的化学、物理学和生物学的基础。
4. 语言学和发展心理学:通过探索语言的发展、认识的发展来研究知识的获得问题。
5. 科学哲学:从科学范式的演进或革命的角度,探讨科学知识和概念变化的性质。
6. 人类学和知识社会学:通过对"知识即文化约定"的研究,试图理解现实社会的构成。

不同学科背景的研究者对如何分解学科知识、如何学习知识、通过怎样的方式掌握知识、怎样巩固知识等方面的提问方式也存在差异(见知识拓展 6-2)。

知识拓展 6-2

不同学科背景的研究者就学习某一门学科知识怎样提出问题

1. 认识论专家:这门学科的逻辑结构是什么?作为这门学科的规律或概括之一的实体及其关系是什么?这门学科的探究方法是什么?判断其结果的效度准则是什么?

2. 心理学专家:如何发现这门学科的结构?人们如何学习这种结构?这一学习过程是否存在于不同的阶段?哪些因素影响了这一过程的成败?

3. 人文主义专家:这门学科对人类的目的有何意义?这门学科对人类与个体自身的意义是什么?

4. 教育专家:怎样才能使心理学专家、认识论专家关于学习这门学科的论述有助于这门学科的教学?怎样使人文主义专家关于这门学科的论述体现在这门学科的教学上,或者体现在是否应该教这门学科以及教给谁的决策上?

资料来源:瞿葆奎.教育学文集(第 6 卷)·智育[M].北京:人民教育出版社,1993:4.

上述简短的历史回顾,说明了关于课程知识问题研究的复杂性和艰难性,以及从多学科的角度探讨课程知识问题的必要性和重要性。

(二) 课程的概念

从词源学上分析,"课程"一词在我国出现于唐宋时期,尤其是宋代朱熹所用的"课程"概念与近现代十分接近。朱熹在《朱子全书·论学》中多次论及课程,如"宽著期限,紧著课程""小立课程,大作工夫"等。在西方,课程源于拉丁语"currere",原意为"跑道",后其意义为"学习的进程"。课程成为教育科学的专门词汇,始于英国社会学家和教育学家斯宾塞的《什么知识最有价值》一文。通常,人们用"课程"来涵盖各种最有传递价值的知识内容。

在历史上,对课程的概念有不同的解释。最狭义的界定是指"课程表所列的教学科目"。把课程等同于所教的科目,在历史上由来已久。我国古代有礼、乐、射、御、书、数"六艺";欧洲中世纪有文法、修辞、辩证法、算术、几何、音乐、天文"七艺"。西方现代学校课程体系也正是在"七艺"的基础上发展而成的。这种定义的实质,是强调学校向学生传授学科的知识体系,是一种典型的"教程"。但是,仅仅关注教学科目,往往容易忽视对学生成长有重大影响的其他学习内容。事实上,学校向学生提供的学习范围远远超出了正式被列入课程的学科。当前各个学校广泛进行的课程改革,正是力图解决课程知识的有限性问题,因此,有许多学校设计的"活动课程""社会实践课程",或其他所谓"校本课程开发",都说明了仅仅把课程等同于教学科目是不完全的。

较广义的界定是把课程视为"学生实际获得的学习经验"。这种界定力图把握学生实际学到一些什么,但在实践中可能很难施行。在实际教学情境中,一个教师很难同时满足几十个学生独特的成长需要,如马斯格雷夫(P. Musgrave)所谓的"学校有目的地加以组织的经验";塔纳(D. Tanner)所谓的"儿童在教师指导下所获得的全部经验"。

最广义的界定是由艾格莱斯顿(J. Eggleston)与麦汉(R. Meighan)作出的。前者将学校中显现的知识与学习经验称为课程,后者则将学生在学校中所学的一切称为课程。[①]

此外,还有研究者把课程界定为"有计划的教学活动""预期的学习结果""社会文化的再生产""课程即社会改造"等。

尽管上述不同的界定方式体现了研究者的哲学假设和价值取向,反映了不同时空背景中的价值追求,但也同时说明了对于课程不同的认识方式,体现了人们如何认定知识价值以及知识传递的问题。这也就隐含着另一个相关的问题,即事实上课程本身是很难涵盖学生应该获得的、可能获得的以及实际获得的知识的。最关键的一点,是学校教育过程与最广义的学生社会化过程紧密相连。

对课程概念的界定事实上还有另一条线索,即从课程编制与管理的角度来看,课程是依据国家标准,由国家教育行政部门所认定的教育内容,实际上就是国家权力和意志的体现,反映了社会占支配地位的知识价值观和人才观。例如,我国长期以来由国家制定学校课程的统一标准,地方和学校的自主权不大。20世纪50年代,我国中小学课程因袭苏联模式,所有课程都是必修课,教学计划片面强调统一要求、统一标准,形成了单一化的课程结构。1963年以后,高中课程有了适当的弹性,允许高三年级开设选修课。1981年开始,我国课程的灵活性得到了较大的扩展,课程改革走向多元化。当前进行的基础教育课程改革更强调了基础性、前瞻性和地方性的特点。这从另一个侧面反映了社会对人才要求的多元化,课程改革更趋于脚踏实地和实事求是的发展方向,在国家对课程知识进行社会控制与个体对实际知识的自主选择之间正逐步趋于平衡。换言之,在正式的教学内容之外,那些一度被遗忘的而常常又以学习结果的方式出现的非正式的学习内容日益受到重视。对学生素质的重视和对能力的强调,促使我们必须进行课程改革。这也就意味着必须对人类知识体系与个体实际获得的知识进行全新的界定与认识。

二、课程的分析模式

课程的分析模式主要可以概括为两大类:把课程作为一种科学工具的研究范式和把课程作为一种社会事实的研究范式。

(一) 把课程作为一种科学工具的研究范式

把课程作为一种科学工具的研究范式,主要围绕课程编制和课程设计的角度进行研究,

[①] 转引自:吴康宁. 教育社会学[M]. 北京:人民教育出版社,1998:305.

这是课程论的主要分析模式。美国学者博比特(F. Bobbit)的《课程》一书的出版，标志着课程作为专门研究领域的诞生，从而为课程理论奠定了基础。他与查特斯(W. Charters)共同发起了20世纪初的课程编制科学化运动。泰勒(R. Tyler)的《课程与教学的基本原理》则奠定了现代课程理论的基石，并确立了课程编制的四个基本步骤：课程目标、课程内容、课程实施、课程评价。此后所出现的"学科结构课程论""社会改造课程论""学生中心课程论"等课程理论流派，以及关于课程内容的组织方式的研究、对课程类型与结构的分析、对课程实施与评价的讨论等，均反映了把课程作为一种传递知识的工具的研究范式。

（二）把课程作为一种社会事实的研究范式

把课程作为一种社会事实的研究范式，在一种更广泛的意义上分析课程与社会的关系（例如，课程与国家意识形态、课程与教师、课程与学生、课程的功能等），这是课程社会学的研究范式。这种研究范式可以上溯至涂尔干与韦伯的著述。涂尔干在《法国教育的演变》一书中曾强调了关于学校教育内容的研究应与社会背景相联系；韦伯在《中国儒士阶层》一文中，通过对中国"科举制度"与教育内容关系的分析，指出了教育内容对中国儒士阶层的世界观、人生观的影响。

对于课程专门的社会学研究，开始于20世纪六七十年代的英国。其标志是英国教育社会学家扬主编的《知识与控制：教育社会学新探》一书的出版。其传统是来自曼海姆的知识社会学。在曼海姆看来，知识是一种社会产品。我们对课程分析模式的介绍主要围绕这一模式展开。20世纪70年代以来所出现的这一研究范式主要源于教育社会学，并可以区分为四种分析模式：功能主义范式、解释论范式、新马克思主义范式与结构主义范式。

1. **功能主义范式**

其主要观点是，课程的功能在于确保年轻一代接受成人社会的文化，使之适应社会，维护社会系统的生存。马斯格雷夫是该范式的代表，他在《社会学对课程研究的贡献》一文中，把课程社会学的研究分为两个层面：一为宏观层面，主要研究课程目标的设定与社会制度之间的关系；另一类是微观层面，主要探讨课程目标对学生与教师的目标和角色的影响。显然，在这种范式中，课程是一个"既存的社会现象"。

2. **解释论范式**

课程被看成一种"生成的社会现象"，课程并非教育目标所能限定的，而是在知识传递过程中被创造和建构出来的，是可变的。课程社会学研究的对象不是给定的课程目标，而是构成课程的教育知识。因而，这种课程社会学，又被称为教育知识社会学(sociology of educational knowledge)。其代表人物是扬、凯迪(N. Keddie)等人。他们将课程社会学的研究分为三个领域：一是教育知识的社会构成，即教育知识是如何被认同、选择、组织与评价的；二是教师常用教育范畴的社会特征；三是课堂互动过程，主要分析师生在教学过程中围绕课程知识所展开的磋商。

3. 新马克思主义范式

这个范式的主要观点是将课程视为传递统治阶级意识形态,进行阶级关系再生产的工具。其主要代表人物首推美国教育社会学家阿普尔。他认为,统治阶级的意识形态与其说是通过特定的训练传递给学生,不如说是通过将某些观点拒之于课程之外,或通过课堂中所体现的各种价值观而传递给学生的。因此,课程研究内容主要为对正式课程内容的分析和对隐性课程意义上的教育知识组织化的分析。

4. 结构主义范式

代表人物是英国教育社会学家伯恩斯坦,他把决定课程结构的代码及内隐于教育传递过程中的权力分配与控制方式之间的关系作为课程社会学的研究对象。分类(classification)与构架(frame)便是这一范式的两个关键观念。分类是指不同教学内容之间界限的清晰程度,反映着社会中的权力关系;构架是指教学情境中的师生在教育知识的选择、构成及教学进展中的自由程度,反映的是社会中的控制关系。课程的基本结构取决于分类强度,教学的基本结构取决于构架强度,评价的基本结构则为这两种强度的函数。对课程、教学和评价这三者起决定作用的基本原则是教育知识代码,教育知识代码的功能在于使权力与社会控制得以实现。根据上述观点,伯恩斯坦区分出了两大类课程:集合型(collection type)课程与整合型(integrated type)课程。如果课程的各项内容处于封闭的关系中,内容有非常清晰的界定,而且彼此界限分明,相互独立,这类课程就是集合型课程;如果课程内容处于一种开放的关系中,内容间相互联系,界限并不分明,这类课程则为整合型课程。

三、课程与社会控制

什么样的知识应该进入学校课程中,历来是各个国家教育研究中的一个核心内容。几乎每一场教育改革都要涉及课程改革的问题。课程实质上是社会价值的实现途径,也是进行社会控制的基本途径。因此,我们可以把课程视为特定的社会事实,来剖析影响其构成的社会制约因素,解析知识的社会控制与课程之间的关系。

在整个可能获得的知识领域中,只是有限的部分被视为值得传递的教育知识,并进入学校课程领域。因此,我们首先需要关心的一个问题便是:在特定的社会时空背景中,为什么是这些知识进入学校课程中,而另一些却未能进入?第二个问题:谁决定了这些教育知识的选择?答案其实很清楚:首先,知识具有社会性特征;其次,课程内容实际上反映了国家和政府进行社会控制的需要;第三,具体进行这一社会控制的群体,未必能够正确反映国家和社会的当前的与未来的需要,从而使得课程的编制始终处于要求变化的状态。

(一) 课程知识的社会性特征

一直以来,人们认为知识具有客观性、公正性和有效性。这种观点主要源于对"科学知识"的崇拜。的确,在"科学知识"和"人文知识"之间存在着明显的差异。例如,"太阳离地球1.496亿公里"与《红楼梦》不仅是一部文学著作,更是对人性、家族、爱情、权利等深刻问题的探讨"这两个论断并非同一类知识。

如果我们从更广阔的时空背景中理解知识的性质,则可以说所有的知识实际上是历史地形成的。任何知识必然带上历史、政治和社会的烙印,而课程更明显地体现了这种社会性特征。哲学和社会学大家舍勒(M. Scheler)就提出:知识、思想、直觉和认识的全部形式等都具有社会学特征。如果我们进一步分析经过国家对现存知识总体进行筛选和加工后所构成的课程内容,会更明显地发现,在决定"何谓知识"的过程中,起决定作用的是社会中占主导地位的价值观。显然,一项知识无论对社会发展有何价值,无论在现存知识总体中处于何种地位,无论是否符合受教育者身心发展的需要,都要经过社会主导价值观的过滤才能进入学校课程中。当社会主导价值观适应时代发展趋势、明晰知识价值并理解受教育者身心发展需要时,进入学校课程的知识自然也就具备了相应的社会特性(见案例6-1)。

【案例6-1】

历史上的"真理"

1. 中国长期以来被称为"万国之国"。
2. "地球中心说""太阳中心说"等曾一度被认为是真理。
3. 地球在中外历史上很长一段时期被认为是四方形的。
4. 中国封建社会的帝王被神化为"天子",故要"龙袍加身"。

(二)课程是国家社会控制的产物

课程实质上是国家重要意识形态和主流价值观的"观念载体",是体现国家教育目的和培养目标的重要途径。课程作为国家社会控制的产物,依赖两种基本控制机制:其一是显性控制机制,即通过对学科课程的选择以及对课程知识的取舍来表达主流价值观与重要的意识形态;其二是隐性控制机制,即通过对课程中各类知识重要程度的判断来传递价值观和意识形态。当然,关于这两种基本控制机制的研究主要是通过第二手分析(尤其是内容分析的技术)获得的。第一种机制又具体化为两个方面:第一,表现为对学科课程的选择,即哪些学科知识能够进入课程领域;第二,表现为已被选定的课程怎样取舍学科知识,即课程内容的选择。这种机制又因国家的"教科书编审委员会"或"教科书认可制度"等组织机构而得以强化。①

学科课程的选择首先反映了社会意识形态和价值观。国家教育目的或目标的实现必须通过具体的内容、活动、过程等进行。教育内容则是其中最重要的部分。人类的知识在不断增长和丰富,但为什么有些知识很快进入课程领域,有些知识却很久才进入课程领域,而另

---

① 不同国家的这类组织机构存在差异。例如,就"教科书认可制度"而言,就有"国家制""审定制""自由制"等之分。这里本书未予展开。但有必要注意的是,这类组织机构设置本身的差异其实同样反映了国家社会控制的差异。

一些知识则始终不能进入课程领域呢？实际上，这些问题表明了课程的选择反映着社会的意识形态和价值观。

例如，从历年的课程方案和课程标准等文件来看，我国的课程目标主要体现为社会主义方向上的时代人才追寻：1952年的《中学暂行规程（草案）》强调用马克思列宁主义的理论与中国革命实践相结合的毛泽东思想和普通文化知识教育青年一代；1963年的《全日制中学暂行工作条例（草案）》规定为社会主义建设事业培养劳动后备力量；1978年《全日制中学暂行工作条例（试行草案）》强调拥护社会主义，立志为社会主义事业服务；2001年的《义务教育课程设置实验方案》强调"热爱社会主义"；2022年的《义务教育课程方案（2022年版）》则提出"聚焦中国学生发展核心素养，培养学生适应未来发展的正确价值观、必备品格和关键能力，引导学生明确人生发展方向，成长为德智体美劳全面发展的社会主义建设者和接班人"。

同样，再以19世纪英美两国的学校课程为例。从16世纪末到19世纪30年代，英国一直是世界科技革命的中心，自然科学发展水平高于其他各国。按一般道理，英国课程中的自然科学知识内容应该超过美国，但实际情形并非如此（见案例6-2）。

|案例6-2|

19世纪英美两国的学校课程比较

美国自19世纪初就已有中学开设地理、几何、三角、航海、测量和天文等自然科学课程，小学也普遍教授初级科学知识，甚至在1837年就发行了第一本小学《生理》课本。在英国，直到1861年才出版斯宾塞的《教育论》，倡导实科教育，在中学普遍设立自然科学课程。到19世纪90年代，自然科学课程才在英国中学课程体系中占重要地位。导致这一反差的主因在于英美两国知识价值观的差异。在斯宾塞之前，在英国占支配地位的是义理价值观，因而将文法、文学、历史、修辞学、伦理等古典教养科目作为学校的重要课程；在斯宾塞之后，功利价值观逐步取代义理价值观，自然科学课程的地位才逐渐得以提高。

资料来源：吴康宁.教育社会学[M].北京：人民教育出版社，1998：314.

课程内容的选择同样反映了意识形态和价值观的差异，特别是在人文社会科学类课程的内容取舍上。在学校课程体系中，最能体现政治制度、社会传统、国家和民族之间价值取向差异的便是人文社会科学课程。任何一门人文社会科学课程本身就是带有阶级色彩、民族色彩与意识形态色彩的价值体系。这种要求体现在各科教学大纲（有的地方也称"教学纲要"）、教学目的、教学内容、教学任务等方面的规定上。

课程内容具有意识形态特性，这种情形不仅反映在人文社会科学知识领域，也反映在自然科学知识领域（见案例6-3）。

| 案例 6-3 |

自然科学知识中的意识形态

欧洲中世纪僧侣学校也有自然科学课程内容,但自然科学知识主要被当作传播各种神学观念的载体。比如在算术课中,数字 1、2、3、4 等都被赋予了除数学意义之外的宗教意义。

资料来源:王天一,夏之莲,朱美玉.外国教育史(上册)[M].北京:北京师范大学出版社,1984:79.

上述表明,国家通过课程以显性控制的方式来传递意识形态和价值观。与此同时,国家仍然通过课程以隐性控制的方式来传递某种价值观和意识形态。这就涉及了国家社会控制的第二种机制——隐性控制机制。这种隐性控制又可以具体化为两种方式:第一,通过课程内容之间的数量差异来进行隐性控制;第二,通过课程内容中的形象塑造差异来实现隐性控制。

所谓课程内容之间的数量差异,主要包括篇幅差异与频度差异。篇幅差异可以通过不同主题内容所占篇幅的差异、文字记述的数量差异、图片呈现的数量差异等显现出来。

据日本创造学会的一个教育机构的调查统计,在日本中学的历史、地理及公民三种教科书中,文字记述最多的国家均为美国。这反映了日本中学的学科课程通过数量差异,来传递以美国文化为上的价值观念(见案例 6-4)。

| 案例 6-4 |

日本学科课程中以数量方式传递的某种观念

在日本中学的历史、地理及公民三种教科书中,美国所占篇幅分别为处于第二位的国家所占篇幅的 2.5 倍(历史)、1.3 倍(地理)、1.7 倍(公民)。这种篇幅差异甚至会与实际情况形成强烈反差。比如,就实际状况而言,中国已有五千余年的历史,而且日本文化也源于中国,而美国的全部历史只有两百多年,几乎谈不上有多少传统。因此,在日本的历史教科书中,中国历史所占篇幅多于美国历史所占篇幅当为常理,但事实却恰恰相反。美国历史所占篇幅竟为中国历史所占篇幅的近 3 倍之多。这种篇幅差异在很大程度上就可谓是教科书编审对美国和中国在日本对外关系中所处地位进行价值认定的结果。

资料来源:吴康宁.教育社会学[M].北京:人民教育出版社,1998:318—319.

所谓频度差异,是指某种主题、某种人物类型、某些现象等各种知识内容在教科书中出现次数的多少之别,它反映的是这些知识内容在教科书中的地位差别。例如,吴康宁曾根据我国 1956 年与 1978 年两套版本的初中中国历史课本中所载的"重点人物"进行过调查研究,所得结果见表6-1,其中最重要的变化是文人所占比重的大幅度增加。① 这些重点人物的频度变化,可以说是我国改革开放后社会价值取向发生重大变化的结果。

表6-1 初中中国历史课本所载"重点人物"分类统计

版本	总人数(N)	上层统治者		官 吏		群众首领		文 人		其 他	
		N	%	N	%	N	%	N	%	N	%
1956	43	10	23.3	7	16.3	3	7.0	21	48.8	2	4.7
1978	43	5	11.6	2	4.7	5	11.6	31	72.1	0	0

形象塑造差异是另一种渗透价值观的方式。形象塑造是促进学生社会化的最直观的方法,这种形象塑造可以反映在真实形象、象征形象、比拟形象等方面。在一项我国"教科书中的德育内容:呈现方式、建构逻辑及价值实现"的研究中,研究者以《新时代公民道德建设实施纲要》的内容为分析框架,以小学语文教科书1至6年级的12册学生用书(2019年印次)中的课文为对象,发现体现《新时代公民道德建设实施纲要》的109篇课文中,105篇塑造了鲜明的道德形象,涉及不同民族、国别、职业、年龄、时代,既有折射学生道德自我的神话人物、童话寓言人物、历史人物,也有学生生活圈层中的重要他人:先赋角色(建立在血缘、遗传等先天或生理因素上的角色,如父母、祖辈、亲属等)、同辈群体、友朋邻里等,还有社会场域中的普通民众、政治领袖、党员战士、领域专家等(见表6-2),这些丰富的道德形象以"学生生活"为轴心,逐步扩展、层层铺开,由近及远、全方位地勾画了学生的道德圈层,力图通过语文课程中对人物形象的塑造,为学生树立社会化榜样。

表6-2 不同道德形象在统编小学语文教科书中的呈现②

单位:人

	一年级	二年级	三年级	四年级	五年级	六年级	总和
童话寓言	3	9	6	4	2	1	25
先赋角色	1	2	1	5	5	1	15
普通民众		2		1	4	7	14
政治领袖	1	3	3	1	2		10
神话		2		4	2		8
革命英雄			1	2	1	4	8

---

① 吴康宁.教育社会学[M].北京:人民教育出版社,1998:319—320.
② 穆建亚,刘立德.教科书中的德育内容:呈现方式、建构逻辑及价值实现——以统编小学语文教科书课文为例[J].中国教育学刊,2021(11):67—71.

续 表

	一年级	二年级	三年级	四年级	五年级	六年级	总和
学生	3	1	2	1			7
党员战士		1			1	5	7
历史人物			1	3	2		6
领域专家				3	1	1	5
无					3	1	4

在通过真实形象、象征形象、比拟形象等多角度渗透特定观念,实现隐性控制上,性别角色社会化的多项研究证明了这一点。1972 年,美国社会学家韦茨曼(L. Weitzman)等人对获得美国图书馆协会奖的供学前儿童使用的图画书进行了研究,发现这些书中出现的男女主人公之比为 11∶1;书中明显带有男性特征的动物与女性特征的动物之比为 19.5∶1。① 我国学者曾天山对 1979—1994 年人民教育出版社出版的小学语文教科书的分析也证实,在故事性课文和插图中,明显表现出男性多于女性,男主角多于女主角的特点,而且故事性课文较插图就更为明显,越到高年级越明显。② 我国学者崔冲、吴黛舒在 2019 年以现行使用的八册中小学语文教科书为分析素材,从三个维度对教材中出现的性别角色进行量化研究并与前人的研究结果进行比较。结果发现,八册教材中出现的男性角色次数远多于女性角色,男性主角次数远多于女性主角;在社会领域中,男性角色所具有的社会身份或从事的社会事业种类远多于女性角色,男性角色出现的次数显著多于女性角色。另外,部编版中小学语文教材以塑造男性角色个性形象为主,对于女性角色个性特征的描绘处于次要地位。男性角色的个性特征形象偏向于智能化、主体性、自我完善性和理智性,女性角色的个性特征形象偏向于顺从性、服务性、情感性。③

(三) 谁对课程进行社会控制

这涉及两个方面的问题:第一,国家教育行政部门对课程的控制程度,比如国家采取的是什么样的教科书编审制度;第二,具体执行这一控制过程的个体是谁,即编写教材的是哪些人。

1. 国家教育行政部门

国家为使课程体现主导价值取向,必然会运用行政权力对自己认为值得传递的知识加以合法化和科学化。这种行政权力主要通过课程计划、教学大纲及教科书来体现,特别体现在教科书编审制度上(见表 6-3)。

---

① 黄郁馥. 人与社会——社会化问题在美国[M]. 沈阳:辽宁人民出版社,1986:180.
② 曾天山. 论教材文化中的性别偏见[J]. 西北师大学报(社会科学版),1995,32(04):34—39.
③ 崔冲,吴黛舒. 教材中性别角色的实证分析:以部编本语文教材为例[J]. 全球教育展望,2019,48(04):105—118.

表 6-3　五国教科书编审选用过程

国家			
美国	州教育委员会规定课程标准、制定教学大纲	→ 学区教育委员会教育长任命教科书选定委员会	→ 教科书选定委员会依据课程标准决定具体内容,审查并选定教科书(委员:教师、教育行政官员、学科专家等)
英国	根据教育法规自由发行、自由选择(1976 年开始围绕是否应有课程标准,开展了教育大辩论,反映了强化课程行政的中央集权的趋势)		
法国	教育部制定全国统一的教学大纲(中央集权制)	→ 围绕教学大纲由大学教师、大学区督学编写教科书	→ 教员会议讨论教科书,结果送县委员会审查,再提交大学区总长以取得认可
德国	州教育部以命令形式公布教学大纲	→ 各校依教学大纲编制课程	→ 教科书经由各州教育部审查批准后,由学校自由采用
日本	教科书审定制:文部科学省大臣以告示形式公布教学大纲(教学大纲按法令由国家规定基准)	→ 教科书经文部科学省大臣审定后生效	→ 教科书选用权:公立学校由其所属教育委员会决定,国立、私立学校由校长决定

2. 对课程进行控制的个体

具体而言,对课程进行控制的个体主要是教科书审定委员会的委员,但这些控制需要建立在对教科书内容进行深入研究的基础上。

第二节　隐性知识与学校生活

学校文化亦称"校园文化",20 世纪 80 年代中期,在我国教育理论界和实践界引起了广泛的讨论。在课程研究领域,学校文化一般被称为"隐蔽课程"。学校文化作为学校有意倡导的教育氛围,往往是在有意识的设计、精心策划甚至包装的过程中形成的。它对学校成员(尤其是学生)具有强烈的教育影响,学校文化本身也就成了学生一种十分重要的隐性知识。

一、学校文化的概念

关于学校文化的研究,最早可以追溯到美国教育社会学家华勒的研究。他在《教学社会学》中指出:学校文化是一种独特的亚文化,形成于学生文化与以教师为代表的有意识安排的成人文化之间。近几十年来的研究发现,学校文化并非清一色的具有正向教育影响力的文化,而是一个具有多层次、多类型、多向度的文化集合体。

(一) 关于学校文化的定义诸说

从广义上来讲,学校文化包括物质文化和精神文化。从狭义上来讲,它特指精神文化。

就目前的研究来看，还没有形成让大家广为接受的关于学校文化的定义。在国外，学校文化主要有四类定义[①]：塞菲尔（J. Saphier）、金（M. King）、斯图瓦德（D. Stewart）等人把学校文化定义为学校群体成员的做事方式；迪尔（T. Deal）、彼德森（K. Peterson）、普罗瑟（J. Prosser）等人将学校文化定义为由信仰、价值和传统组成的内在实体（inner reality）；班克斯（Banks）和菲利普斯（G. Phillips）等人将学校文化定义为学校群体成员的价值取向、信仰、态度和行为；瓦格纳（Wagner）等人则将学校文化定义为学校成员共享的经验、集体感、归属感和团队意识。

20世纪90年代以前，我国学者多数从广义上界定学校文化，主要有四种类型：第一类是吴修艺从学生角度界定的，认为学校文化是学校的一种精神生活，是学生的创造性活动与潜能释放的总和。第二类是从师生角度界定的，徐新建认为学校文化是以学校中的主体（教师、学生及职工）为被承载体的物质财富和精神财富的总和。第三类，程振响认为学校文化在广义上是指校园中主体的生活方式之总和，在狭义上是指课堂教学过程以外的校园存在方式。第四类，刘佛年是将学校文化视为潜在课程。所谓潜在课程，是指学校的环境、气氛和风气。进入21世纪以来，我国学者张立昌、陶西平、吴中平、朱小蔓等人多数从狭义的角度界定学校文化，将学校文化的内涵聚焦于学校成员普遍认同的价值观念、行为规范以及成员之间的相互联系与作用方式之上。这种界定逐渐获得了学界的普遍认同。

关于学校文化的层次结构，主要存在三种划分取向。第一种是物质文化和精神文化的"两分法"，认为学校文化由物质文化与精神文化两部分组成，前者是显性文化，后者是隐性文化。学校物质文化是物质外壳，学校精神文化是灵魂和核心。第二种是物质文化、规范文化、精神文化的"三分法"，认为学校文化由三个层次的内容组成：学校物质文化，即学校的物质环境，如学校建筑、设施、校容、校貌；学校制度文化，指学校的规章制度、纪律等制度形态的内容；学校精神文化，指学校的价值观念、信念、理想等。第三种是物质文化、行为文化、制度文化、精神文化的"四分法"。按照由外到内、由表层到深层的变化过程，认为学校文化的结构应该包括学校物质文化、学校行为文化、学校制度文化、学校精神文化四个方面。其中，学校精神文化是学校文化的深层表现形式，是学校文化的集中体现；学校物质文化、学校行为文化、学校制度文化则是学校精神文化的基础和载体，并对学校精神文化起反作用。

本书认为，学校文化的结构通常涉及三个层面：第一是观念层面，包含校园主体的意识形态、思想观念、思维方式、价值判断、审美情趣、目标取向等；第二是制度层面，包括学校中显性的规章制度，如学生守则、教师职责规定等，还包含未成文的但需共同遵守的制度；第三是物质层面，主要包括物质设施、物质环境等。在实际的学校文化活动中，上述三个层面很难截然分开。需要明确的是，学校文化的结构之间存在着一定的差异。

---

① 谢翌. 关于学校文化的几个基本问题[J]. 外国教育研究，2005，32（04）：20—24.

(二) 关于学校文化的特点与功能

学校文化的特点主要表现在下述几方面:第一,文化具有"说话的能力",学校文化作为一种"无声语言"[①],它提供了指引学校成员行为的各种表达性符号。第二,学校文化同样具有一种"文化规定性"的能力,从而对学生的行为产生实际影响。早在19世纪末20世纪初,美国人类学家博区斯(F. Boas)就强调:文化具有通过教育和环境塑造人格的力量。人类的行为由文化的传统规定,故文化是社会生存最重要和最广大的基础。这种理论被称为文化决定论。第三,学校文化是一种典型的"文化圈"[②]。这种文化圈对校内的人会产生各种影响,如在地理方面,相互关联,形成一个有机整体,圈内的人自给自足,具有较强的独立性。

关于学校文化的功能,存在着两种观念:第一种,肖川强调学校文化代表着社会文化的发展方向,对学校所在社区具有影响力,同时还对学校文化的创造者,特别是对学生有巨大的教育作用。第二种,强调学校文化对学生和教职员工有多方面的影响,例如俞国良提出学校文化共有十种功能;张东娇提出了学校文化的三种功能:完善价值系统、健全生活方式、提升审美经验[③]。本书认为,学校文化的功能主要可以分为三个方面:第一是导向作用,它能将学校全体成员的思想与行为统一到组织的发展目标上来,不仅对学校成员的心理、性格、行为起导向作用,而且对学校整体的价值取向和行为起导向作用。第二是凝聚作用,它能对学校成员的思想、性格、兴趣起潜移默化的影响作用,使成员自觉不自觉地接受学校的共同信念和价值观,从而把个人融合于集体中,减少内耗,形成归属感,增加凝聚力。第三是激励作用,它能使学校成员看到学校的特点和优点,认识并形成对学校的荣誉感、自豪感。此外,我们也不能忽视特殊状态下学校文化的负面功能,主要表现为可能对学校内各种不同的亚群体有一定的压制和歧视;同时鉴于文化变革是一个缓慢的过程,因此,学校文化也可能成为教育改革(突出表现在课程教学改革与管理制度改革方面)的障碍。

综上,本书认为可以将学校文化界定为:学校中以教学活动为核心而形成的一切价值观念和行为形态。学校文化按照不同标准,可分为多种类型。例如,按主体可分为教师、学生、职员的文化;按属性可分为物质文化与非物质文化;按功能可以分为积极的学校文化和消极的学校文化;按价值系统和权力差异则可以区分为主导文化、亚文化和反文化;等等。但是,学校文化的实质是隐性知识,对学校成员尤其是学生会产生潜移默化的教育影响。

二、学校文化研究的新进展

近年来,随着我国新一轮课程改革的兴起,学校文化逐渐成为教育社会学研究的热点,其中,与学校文化密切相关的大众文化(mass culture)、反学校文化(counter-school culture)、

---

① 由美国霍尔(A. Hole)在1962年提出。霍尔比较了美国人和拉丁美洲人对于时间、空间和友谊概念的差异理解,视之为由文化的差异造成的。
② 由德国民族学家格雷布纳(R. F. Graebner)提出的一种理论,认为相似的物质文化和精神文化在一定空间内形成一个圈,在此范围内,文化以文化特质所构成的文化因素及其发源地为中心扩散到世界各地,历久而不变。
③ 张东娇.学校文化建设成就美好教育生活[J].中国教育学刊,2019(04):48—52.

职员文化(staff culture)和代文化(generation culture)等方面的研究都取得了新进展。

(一) 大众文化

大众文化是一种在现代工业社会背景下所产生的与市场经济发展相适应的市民文化，它按照市场规律批量生产，通过现代传媒传播，以满足人们的感性娱乐需求为目的，是与主流文化(指主流意识形态文化)和精英文化相并行的文化样式。

中国的大众文化形成于20世纪80年代后期。大众文化的商品性和娱乐性，使其兼具非意识形态化和世俗化的功能，因此，自产生伊始，它就处于主流文化和精英文化的双重夹击之下。以权威意识形态为基础的主流文化起先时刻提防着大众文化对自己的威胁，经常从意识形态的角度对大众文化予以猛烈的攻击，后来则是从意识形态的角度对大众文化进行分析和解释，力图把大众文化纳入主流文化之中；而以人类存在的意义世界和终极关怀为旨趣、具有浓厚乌托邦色彩和启蒙精神的精英文化起先是居高临下地批判大众文化的庸俗肤浅，后来则是对大众文化的侵蚀进行拼命抵抗。自20世纪90年代以来，经济发展使得城市化进程不断加快，城市大众阶层迅速崛起，为大众文化提供了广阔的消费群体，而大众传媒的空前发展，更在技术上大大拓展了大众文化的传播渠道。最终，大众文化在与主流文化和精英文化的对抗中取得了全面胜利。这种胜利主要表现在两个方面：第一，"当主流文化意识到无法同化大众文化以后，它没有再用文化暴力进行压制，而是正视大众文化存在的现实，并把它视为精神文明的一部分；同时对文化市场从行政管理逐步转向通过法律手段进行管理，这意味着大众文化在中国社会的合法化地位得到承认"。① 第二，精英文化与大众文化不再尖锐对立，而是呈现出逐步融合和相互借鉴的态势。

大众文化作为一种特定的社会亚文化，如今正成为一种无处不在的支配性影响力，逐渐演变为一种新的意识形态，一种新的控制人、统治人的力量。它不仅改变着人们的意识，而且改变着人们的本能。可以毫不夸张地说，它导致了大众文化霸权与大众文化生态危机的产生。

大众文化以最快速的方式进入学校，并成为学校文化中占最大比例的内容，深深地影响着学生的价值观念和行为方式。例如，近年来，随着短视频平台的兴起和火爆，"网红"一词迅速走红，被不少学生追捧。根据调查统计，54%的"95后"最向往的新兴职业为主播、"网红"，并且还很天真地认为"我有机会一夜成名"。全民"网红梦"使许多心智不成熟的青少年不思进取，不爱学习，仅仅想着成为"网红"，由此产生的大众"网红文化"不断蔓延，令人担忧。

(二) 反学校文化

1960年，美国社会学家、亚文化研究的权威人士英格尔(J. Yinger)就提出了反文化

---

① 陈刚.大众文化与当代乌托邦[M].北京：作家出版社，1996：46.

(countraculture)一词①,西奥多·罗斯扎克(T. Roszak)在《反文化的诞生:反思技术社会及其年轻人的反叛》一书中对反文化作了系统分析②。本书认为,在同一文化系统内,在价值倾向上占主导地位的文化构成为主流文化;与主流文化的价值倾向相异但并不对立的文化构成为亚文化;如果一种亚文化所代表的价值观和行为方式与主流文化相对立,则被称为反文化。因此可以说,反学校文化是一种在价值标准与行为规范上与学校主流文化相对立的亚文化。

学生亚文化是构成学校文化的主要部分,这已成为共识,然而人们对学生亚文化的认识仍然有限。自从英国教育社会学家戴维斯(K. Davis)提出在英国的劳工阶级学校中存在着反学校文化的现象时,人们才发现学校文化中存在着另一种文化现象。实际上,反学校文化的现象是广泛存在的,其影响又十分深刻。反学校文化有以下三种形态。③

从学校文化受制于社会文化的角度来看,在社会发生急剧变迁的时代,市场意识形态和西方多元文化的渗透,导致社会文化对学校形成巨大的冲击,从而成为左右校园主体的思想、价值观、行为方式,学校文化事实上被社会文化所替代,产生了最广义的反学校文化现象。例如,经济市场对校园的冲击,导致校园经商风大盛,校园主体文化被经济意识和功利主义所取代,学习气氛被经商风所取代。

从学校组织文化的建设角度来看,与学校理想文化相对立的反学校文化现象,实际上表达了学校理想文化与学校真实文化的差异。从学校理想文化的角度来看,学校的真实文化是背离理想文化的。例如,学校的理想文化是基于国家对中小学所规定的教育目标,但实际上一些中小学所追求的目标是升学率,从而形成了一种以学习竞争、分数第一、升学率导向为核心的文化形式。

从学校文化构成的方式来看,学校教育总是力图为青少年塑造一个为主流文化所认可的理想世界。然而,这个"理想世界"往往并不契合青少年切身的感受和需要,它实际上并不允许学生自由自在地去确立与自己兴趣和愿望相一致的生存方式,而更多地表现为对学生的"约束""规范""限制"。因此,部分学生形成了与学校相对抗、相冲突的反学校文化现象,表现为不遵守学校规定、破坏学校秩序、无视教师权威等。

---

① 英格尔区分了两种亚文化:一种是这一团体的行为规范有别于其所属的规模较大的群体的行为规范,并形成了一定的文化,比如在语言和宗教方面的差异;另外一种是这一团体与其所属的较大群体的关系紧张甚至发生冲突而形成的具有特定的行为规范的文化,例如青年帮派所信奉的价值观与行为规范。他把后一种亚文化称为反文化,并指出这种亚文化群体会生长出一系列颠覆社会的价值观或与之相对立的价值观。具体可参见:Yinger J M. Contraculture and subculture[J]. American sociological review, 1960(25):627;其中,反文化一词于 20 世纪 60 年代由 contraculture 演化为 counterculture,成为目前国际学术界通行的"反文化"用语。
② 罗斯扎克将 20 世纪 60 年代发生在美国社会政治、文化领域的青年人抗议运动冠名为"反文化"(counterculture),亦即反抗以技术革命为主体的工业化社会。反文化运动是指 20 世纪 60 年代发生在美国社会的一切抗议运动,既包括校园民主运动、妇女解放运动、黑人民权运动、反战和平运动、环境保护运动等方面的政治"革命",也包括摇滚乐、嬉皮文化及神秘主义和自我主义的复兴等方面的文化"革命"。具体可参见:Roszak T. The making of a counterculture: reflections on the technocratic society and its youthful opposition[M]. Garden City: Double Day, 1969.
③ 张人杰在《学校文化与反学校文化》一文中指出,反学校文化的核心都是异化,它有三种表现:背离、对抗和挑战。

吴琼珈以学校中那些经常被学校视为有"偏差行为"的学生为重点,探讨了学生的反学校文化现象。她认为,学生反学校文化形态可以归纳为三种不同的类型。

一是疏离冷漠型。这类学生对社会漠不关心,无法接受社会所交付的责任和角色期望。他们不在乎社会规范,也不太关心他人,通常保持着一种"人不犯我,我不犯人"的冷漠态度。这种学生表面上十分遵守学校里的各种意识活动,但他们的心里却不认同学校的目标。

二是偏激反抗型。这类学生对于所处的社会状况具有高度的不信任感,处处表现出不满的态度与行为。他们对学校有相当程度的反感,常表现出顽强、不服从的态度,通常令学校很难处理。为了求新求变,他们常以偏激的方式,企图打破现有秩序与规范,甚至可能出现青少年犯罪和药物滥用的偏差行为。

三是游戏玩乐型。这类学生认为学校基本上是十分空洞、无聊并且令人讨厌的,学生待在这里简直是浪费时间。因此,他们常常到处闲逛并借着随便开玩笑来消磨时间。这类学生的主要特征就是追求快乐、缺乏容忍力。他们忽视成人所强调的责任感,不重视学校内的学术目标,而是强调在群体生活中的身份地位。

教育社会学中的反抗理论(resistance theory)对于学生反学校文化现象作了解释。反抗理论的代表人物是阿普尔、吉诺斯(H. Giroux)、威利斯(P. Willis)等人。

阿普尔在《教育与权力》和《教育中文化与经济的再生产》两本书中提出了一种对教育过程的修正概念。他主张,学校并不是"无情地塑造学生成为被动的人,使他们能够热切地适应一个不公平的社会"。① 学生的阶级文化足以提供一种挑战其学校控制制度的工具。因此,在劳工阶级学校中,学生对于隐性课程,充其量也只有部分地接受,而且经常是公开地拒绝。所以,这些学校是"反抗"、冲突与斗争的场所。同时,学生也会创造性地适应学校的规范与制度。

吉诺斯在《意识形态、文化与学校教育过程》一书及《新教育社会学的再生产理论与反抗理论:批判的分析》一文中强调指出,"学校经常被看成是工厂和监狱,教师与学生只是作为受资本主义制度的逻辑与社会策略限制的爪牙和脚夫"②。而反抗理论最重要的假设是,"劳工阶级学生不全然是资本的副产品,也即不全然是顺从教师权威与学校的命令,相反地,学校代表纷争的领域,这个领域不只具有结构的矛盾与意识形态的矛盾,而且也具有集体的、有知识的学生反抗"③。

威利斯则采用俗民志的方法对英国一所劳工阶级中等学校作了一项经典的个案研究,著有《学习成为劳动者》一书。他指出:第一,反学校文化是整个劳工阶级文化的一个层面,是某些基本的劳工阶级态度与价值观的一种表现。这表明,学校无论怎样缓和这种"分裂性的影响",例如取消能力分班、混合能力教学或教师采用更具个性化的教学方法,最后都是无

---

① (美)迈克尔·W. 阿普尔. 教育与权力(第二版)[M]. 曲囡囡,等译. 上海:华东师范大学出版社,2008:14.
② 转引自:(美)迈克尔·W. 阿普尔. 教育与权力(第二版)[M]. 曲囡囡,等译. 上海:华东师范大学出版社,2008:14.
③ (美)迈克尔·W. 阿普尔. 教育与权力(第二版)[M]. 曲囡囡,等译. 上海:华东师范大学出版社,2008:14.

效的。由于学生的劳工阶级根源,反抗与对立的文化总会以各种方式出现。第二,由于反学校文化与工厂—地板文化(shop-floor culture)存在相似性,从学校过渡到工厂是比较容易的。这意味着学校是社会再生产的工具。

反抗理论指出了在学生中存在的反抗、创造性适应的现象,特别指出了学校文化中的一种特殊亚文化——反学校文化的存在,说明了在目前的学校制度与结构中,哪些是导致低下阶层青少年群体产生反学校文化的原因,在一定程度上揭示了学校生活的丰富性和复杂性。但是,由于这种理论偏重阶级对抗的冲突论分析视角,显然缺乏普遍的解释力。同时,关于学生反学校文化的功能、反学校文化与学校主流文化以及其他亚文化之间的互动机制,目前仍缺乏具有信服力的实证研究。另外值得注意的是,近年来教师的反学校文化现象逐渐走进教育社会学的研究视野,作为一个新兴的研究领域,有待于我们深入探索。我国学者熊易寒就分别对公办学校和农民工子弟学校的农民工子弟进行了研究。研究发现,就读于公办学校的农民工子弟,他们的成长过程存在显著的天花板效应,他们一方面认同主流价值观,渴望向上流动,另一方面则制度性地自我放弃;而就读于农民工子弟学校的农民工子弟则盛行反学校文化,即通过否定学校的价值系统、蔑视校方和教师的权威而获得独立与自尊,同时心甘情愿地提前进入次级劳动力市场,加速了阶级再生产的进程。[①] 周潇也借鉴了威利斯的抵制理论对农民工"子弟"与工人阶级的"小子"进行了比较。他发现,相较于"小子"对待知识和文凭的抗拒态度,"子弟"则表现为认同的态度;相较于"小子"优越感的心灵状态,"子弟"则表现为自我否定的心灵状态。两个群体虽然均未摆脱阶级再生产的结局,但遵循不同的生产机制——如果说"小子"是主动选择的结果,"子弟"则是"被动放弃"的无奈之举,后者的"反抗"更多是一种自我放弃的表达形式,而非对支配秩序的洞察与抗争。[②]

(三) 职员文化

学校是由教师、职员、学生共同构成的。在学校中,职员(常常被统称为"非教学人员")组成了一个特殊的文化群体。一般来说,他们在学校中居于从属的地位,其基本职能是为教学、科研服务。但是,在某些学校,这些非教学人员所形成的特殊文化往往对学校决策进行了较多的干预。美国教育社会学家布鲁克弗举例作了说明(见案例6-5)。

案例6-5

看门人在学校决策中的作用

在某个学校,看门人迪克在学校决策中起着举足轻重的作用。从这所经由合并而成立的公立学校创办之初起,直到迪克去世,将近20年的时间里,迪克一直是看门人。他认识

[①] 熊易寒. 城市化的孩子:农民工子女的城乡认知与身份意识[J]. 中国农村观察,2009(02):2—11,45.
[②] 周潇. 反学校文化与阶级再生产:"小子"与"子弟"之比较[J]. 社会,2011,31(05):70—92.

> 这个社区中所有的赞助人,在地方的政治事务中一直很活跃。也许更重要的是,他对自己在学校活动中的重要性及其意义有自己的看法。像许多其他学校一样,锅炉房成了一个聚会的场所,教师、汽车司机、那些想抽一支烟的人甚或想在大白天避一避众人耳目的人都到这儿来……他使所有教师都十分感激他……凡有关教师的重要决定或有关学校事务的重大决策,没有一项是在未与迪克协商的情形下作出的。
>
> 资料来源:(美)布鲁克福.学校的社会结构[M]//厉以贤.西方教育社会学文选.台北:五南图书出版股份有限公司,1992:657—659.

学校职员文化本质上是一种科层文化,与教师的专业文化相比,它一方面更加重视正式的规则和标准的操作程序,可以保证学校工作的正常运转;另一方面,由于它注重等级性和稳定性,职员过分强调照章办事,不可避免地会变得墨守成规、因循守旧,这种形式主义的文化风格经常与教师文化以及学生文化发生冲突。而且,非教学人员对教学、行政、科研方面的干预,随着其年限的延长、数量的增加呈上升趋势。因此,对学校文化的研究不能忽视他们的影响。

(四)代文化

学校是两代人共处之地,学校文化的构建实际上也来源于两代人的文化。学校教育不仅是一种知识传递的活动,更是一个师生文化的互动过程。华勒在其所著的《教学社会学》一书中指出,学校文化包含着两种根本对立的文化:一是教师所代表的成人社会的文化,一是学生所代表的青少年同伴团体的文化。从社会学的视角来看,师生的背后是两个异质的社会,双方在所处的社会地位、追求的目标、遵守的规范、拥有的资源等方面都存在巨大的差异。由于两者之间存在"代差"甚至"代沟",因此不可避免地会存在种种文化冲突。这种文化冲突表现在下述两个方面。

第一,从教师代表的主流文化和学生所接受的亚文化关系来看,教师试图传递给学生的文化,一般是按照既定的国家教育方针、教育目的而筛选与提炼的,是带有一些理想色彩的成人文化,而且通常是占据社会主导地位的官方文化、主流文化。中小学学生一方面选择、学习、吸收成人主流文化中的某些成分,另一方面也会受大众文化、"草根"文化的影响,形成一些不同于教师所共享的价值观念和行为习惯。面对教师弘扬的国家的根本意志、文化趋向和价值观念,相当多的学生自然会怀着观望、不耐烦和怀疑的态度,甚至采取了对立、对抗的方式。这样,在师生文化接触、互动的过程中,就难免会出现教师所代表的主流文化与学生所接受的多元文化之间的冲突。

第二,从教师和学生在学校管理中的角色与地位关系来看,师生之间的文化冲突,在很多时候是教师所执行的学校、班级规章制度与学生价值和行为之间的冲突。教师作为社会主流文化和家长利益的代言人,在管理学生时必然体现社会与家长的利益。不少教师为了维持整齐的秩序,为了体现自身的权威,经常以学校制度的维护者和执行者的身份出现,采取命令、训斥、惩罚等手段来控制学生,让学生无条件地服从。也有相当多的教师常常在潜意识中把学生当作自己的孩子一样看待,把自己当作家长一样来要求学生尊敬、服从、认同权威。而崇尚民主、平等的人与人关系的学生,显然不会因为对方是教师,就会非常自觉地、无条件地服从。这样,家长式作风的教师与渴望平等的学生之间的文化冲突就会显现出来。

对学校成员代文化的研究,促使我们必须认真面对和处理两个问题:我们怎样认识年轻一代?这种认识直接关系到对年轻一代形象判断的客观性、公正性和普遍性,并间接影响我们如何选择思想政治教育的方式、方法;我们所采取的或即将采取的旨在改造年轻一代的对策是否有的放矢?如果对策选择不当,则既可能造成社会资源的浪费,又可能导致年轻一代的抵触和反抗,不利于问题的解决。

社会学及人类学中的代理论可以为上述问题提供一种良好的解答。由此,可以提出三个问题:第一,代沟现象的实质究竟是什么?第二,年轻一代形象的形成机制是否还与代际关系有着重大关系?第三,对青少年的思想政治教育是否存在着一种通过代文化的整合得以实现的途径?代沟现象,或者说年轻一代与成人在社会生活领域中全方位的差异和矛盾,很大一部分原因正在于代文化之间的差异和冲突;对于年轻一代形象的判断之所以具有似曾相识的特征,其中一个不可回避的原因就是"一种主导性的认知偏见"——社会中占支配地位的代文化解释;代沟现象的缩小乃至消除,或者是"对年轻一代的拯救和改造",其希望可能在于不同代人之间的平等对话,建立起几代人之间相互沟通的一套机制,形成代文化间的整合,进而促进价值观之整合。

代沟的实质是代文化间的冲突和对抗。20世纪60年代,米德在探讨了代际关系后,提出了"前喻文化""并喻文化""后喻文化"三个概念,并指出"代沟"出现于"并喻文化"和"后喻文化"阶段。① 前喻文化指一种变化缓慢的文化,其典型特征是"未来重复过去",老一代具有绝对权威;在并喻文化中,同龄人是学习的楷模,代与代之间开始出现裂痕,其典型特征是"现在是未来的指导";在后喻文化中,老年人的知识、经验已丧失价值,老一代要向年轻一代学习,年轻一代更具有权威性。20世纪90年代以来,中国已经进入并喻文化的时代,并已显示出后喻文化的特征。教师原有的知识经验对学生来讲已没有巨大的优势,教师时常感到茫然,甚至有点力不从心的感觉;而学生通过大众传媒,可以越来越多地获取到教师未传授的知识,包括价值、规范、态度、生活方式,获取到自己认为比教师传授的更具吸引力或更有意义的知识。教师在知识传授方面已很难再享有垄断地位,其传统权威的角色在逐渐丧失。

---

① 米德在《文化与承诺:一项有关代沟文化的研究》中从考察整个人类文化史出发,指出代沟问题导源于文化传递的差异。她将整个人类文化分为前喻文化、并喻文化、后喻文化三种基本类型,奠定了其创设代沟思想的理论基石。

国内关于师生代文化冲突功能的实证研究还不多见,但站在教育社会学的立场来看,师生代文化冲突确实可能会损害冲突双方的身心健康,也会削弱学校教育的实效。但是,师生代文化冲突的存在有着不可忽视的积极意义:它能够调节师生双方的情绪,有可能增进师生关系的和谐,促进师生的共同发展,更为重要的是能够催生新型的学校文化。[1] 正如米德所言,"代沟对孤独的老一辈来说的确是悲剧式的。对于那些必须在毫无榜样的情况下工作的年轻人来说,代沟的确是可怕的。但是,代沟毕竟给我们一个绝好的机会,使我们以新的方式面对变革"[2](见案例6-6)。

> 【案例6-6】
>
> ### "数字土著"与"数字移民"之间的鸿沟
>
> 学生成为"数字土著"是因为他们是随着信息技术的发展而成长起来的,他们已习惯了这种数字化成长环境,无须后天学习与适应;而作为"数字移民"的成人反而成了弱势群体。当信息技术大量投入教育领域时,教师感到无所适从,这对教师如何在数字化时代进行教学提出了挑战。
>
> 资料来源:纪秋发.中国数字鸿沟——基于互联网接入、普及与使用的分析[M].北京:社会科学文献出版社,2010:9—10.
>
> 在芬兰,政府曾选出5000名学生训练老师如何使用电脑;在美国,也曾选取过一些被称为"科技天才"的学生先接受复杂的电脑培训,然后再教给老师。学生成为老师,老师成为学生,这是数字化时代独特的尝试,同时也助推着教育的变革。
>
> 资料来源:(美)泰普斯科特.数字化成长(3.0版)[M].云帆,译.北京:中国人民出版社2009:56—58.

第三节 生活经验与日常生活

教育科学研究对学生日常经验的轻视已经到了十分严重的地步。不论是我们对学生动手能力、人际交往能力的批判,还是我们对学生日常生活能力、自主能力的感叹,其实都说明了一个道理,这就是学校教育的确忽视了对学生日常生活经验的注意。学生的日常生活经验一直很少成为传统课程研究的关注中心,但是对教育社会学家来说,学生的日常生活以及生活经验均是重要的教育经验,这是一种有别于课程、学校文化影响的特殊教育经验,它透过整个教育、教学过程的人际互动,以及自我教育的过程得以传递。

---

[1] 林存华.师生文化冲突研究[D].上海:华东师范大学,2006:19—27.
[2] 转引自:(美)克莱德·克鲁克洪,等.文化与个人[M].高佳,何红,何维凌,译.杭州:浙江人民出版社,1986:184.

一、生活经验与学校教育

学生在他们的学校生活、家庭生活、社会生活之间,存在着各种各样的适应问题。他们都想要解决这些问题。但他们努力的结果往往相差很大,有的成功了,有的失败了。这里,有着多种原因。教育学理论,一般强调通过课程、校园文化建设来养成学生全面的知识、良好的态度、较强的能力、坚强的意志和美好的情感等,似乎有了这些就能解决学生的生活适应问题。但事实上,学生的生活适应问题很多,包括对学校生活的适应(尤其是班集体生活)、对社会生活的适应,以及学生对自己的三个最重要的社会生活环境——家庭、学校、同辈群体环境之间的调适。造成上述问题的一个重要原因,是我们对学生日常生活经验的轻视。在学校教育中,很少有对学生的个人生活经验予以学科知识教学那样的重视,也很少有从教育本义上对学生的知识状况进行的认真研究。而事实上,学生的受教育源十分丰富,他们所能获得的知识极为多样,而且他们的很多知识来自校外,来自课本之外。

按照美国学者尼勒(Noelle)的分类,知识可以被分解为:天启的知识、直觉的知识、理性的知识、经验的知识和权威的知识。[①] 这里,我们所强调的是他所谓的"经验的知识",即"通过看、听、嗅、触、尝,我们形成了对周围世界的看法。所以,知识是由根据所观察到的(或感觉到的)事实而形成的各种观念构成的"。"经验的知识"强调通过观察与发现来获得。经验的知识的最高形式就是"科学知识",而最低形式则是"生活经验"。

正是在这样的意义上,杜威才强调了"教育即生长",强调"生活即发展,而不断发展,不断生长,就是生活"。在他那里,"经验"占据了很重要的地位。所谓"经验",就如同它的同类语"生活"和"历史"一样,不仅包括人们做些什么,他们追求些什么、爱些什么、相信和坚持些什么,而且包括人们是怎样活动和接受活动的,他们怎样操作和遭遇、渴望和享受,以及他们观看、信仰和想象的方式——简言之,能产生经验的过程。[②] 所以,杜威强调了这样一个问题:"为什么生活中的悲剧、喜剧和忧伤应该从事物中排除出去呢?"[③]这也就意味着,教育的过程本质上就是一个生活过程。正是在这一过程中,学生获得了知识、技能,而更重要的是,获得了如何适应社会、参与生活的经验。

我们也正是从上述角度,来说明学生"生活经验"的重要性的。日常的经验性知识对于学生的成长有着重要作用,其影响绝不亚于课程知识和学校文化。生活经验涉及一个人的全部知识,尤其是情感、态度、兴趣、爱好等方面,即使我们按照内容来划分,生活经验中也包含了各种成分,如科学、自然、地理、性知识、时尚以及其他各种社会流行的知识类别(见案例6-7)。

[①] 转引自:瞿葆奎.教育学文集(第6卷)·智育[M].北京:人民教育出版社,1993:248.
[②] 转引自:赵祥麟.外国教育家评传(第二卷)[M].上海:上海教育出版社,1992:510.
[③] 转引自:赵祥麟.外国教育家评传(第二卷)[M].上海:上海教育出版社,1992:516—533.

[案例 6-7]

二十四节气课程下学生的生活体验

2022年冬奥会开幕式中令人叹为观止的二十四节气倒计时短片,配着脍炙人口的古老诗歌,将中国人独有的浪漫传达给了全世界。长沙市芙蓉区育才学校早在2013年就在不打破现有课时课表、不打乱教学秩序和教师安排的情况下,实施了"二十四节气课程"。持续的气象观察、太阳高度角测量,结合节气特点进行的观树叶、观雨、观鸟、观蜜蜂、观蚕、观星等课程活动,激发了学生科学探究的欲望,培养了学生科学观察的习惯。校园内还有百草园劳动基地,学校根据不同年级学生的动手能力制定出全年种植计划,学生通过种植作物和观察、记录作物的生长过程,并用作物制作出节气食品、饮品、生活用品等方式,实现了课程的综合性构建、跨学科发展。外在环境的熏陶和内在课程的浸润,让学生在日常生活中生发出敬畏自然、善待自然的情怀以及万物循环再生的环保意识。丰富的课程体系触及学生日常生活的各个方面,学校、家庭、社会多方联动合作共育,形成立体化、大教育状态,凸显了以亲近中华传统文化、亲近自然为导向的育人方式的变革。

二、生活经验的传递与交流

生活经验的传递渠道如何?学生是如何获知某些课程外的知识的?对此,教育学者提问得很少,学校教师提问得也不多。事实上,学生的受教育源多种多样。具体而论,主要包括:大众传媒、同伴、课外书、教师、家庭生活等。

(一)大众传媒

大众传媒(mass media)提供了形式多样、内容丰富的知识内容。这些知识内容包括几乎所有的生活层面。今天,大众传媒中影响力度最大的是电视和互联网。

1. 电视

电视对学生发展的影响是巨大的。在1996年11月联合国举办的首届"世界电视论坛"的致辞中,就已提出电视由于其对公众所具有的巨大影响力,已经在很大程度上对联合国的工作和决策起着决定性的作用。

在全球庞大的电视观众中,儿童是最忠实的观众群体。在电视机旁成长已经成为儿童生活的一个新环境,使用和享有电视已经成为儿童生活中的一个重要组成部分。儿童时代是儿童寻求信息的时代,在他们需要开阔视野、增长新经验的时候,电视为他们提供了一幅现实生活的图景和各种人生理想的模型。电视呈现给他们的经验远远超出了他们所能直接体验的限度,正是在这种体验中,儿童被逐渐社会化了。所以,从这一意义上来说,凡是电视,其实都是教育电视。正如社会学家赖特(R. Wright)所论:"随着电视的普及和发展,电视在儿童社会化中所起的作用越来越明显。几百年以来的儿童在教堂、家庭和学校完成的社会化过程,现在由媒介尤其是电视完成了。"

例如,关于学生性知识来源的研究,同样表明了电视影响的重要性。尽管学校已经开设性教育课程,但是大多数教育还把性知识放在"生活经验"领域,这是因为学校和家庭中有关性知识、性道德的教育内容实在非常少。那么,学生的性知识从何而来?大量的研究报告表明:一是电视,二是同伴。

1989—1990年,上海市性社会学研究中心组织了我国历史上第一次大规模的性调查,取名为"中国性文明调查"。其中报告了性知识来源的具体途径(见案例6-8)。

| 案例6-8 |

从电视中获知性知识

有位母亲忧心忡忡地请教一位专家,她担心那不足10岁的小女孩在这方面懂得太早了。这位女孩喜欢看电视,而且特别对电视中男女情爱的情节感兴趣。这位母亲说:"孩子会对电视中的相关情节很关注,而作为母亲,则担心孩子学习到不正确的知识。到电视上出现了什么男人啊,女人啊,她就全神贯注地看,甚至叫她都听不见。这样下去怎么办?她长大了会不会学坏?"

资料来源:黄白兰.盲点:中国教育危机报告[M].北京:中国城市出版社,1998:290.

2. 互联网

互联网是当代社会中发展最快的大众传媒,代表着全球无限增长的信息资源,以及以此为核心形成的一个全新的网络社会。网络社会有各种新的特点,其中一个很重要的方面是,它导致人类的交流方式发生了巨大变化。同时,互联网作为一种公共的、广义的、宽泛的、对大多数人有效的交流方式,实现了真正意义上大众传媒的作用。它可以比任何一种方式都更快、更经济、更直观、更有效地把一种思想或一条信息传播开来。

网络交流方式与传统的交流方式完全不同,它具有平等性、开放性、双向性、立体性等多种特点。此外,在网络中只有主动的"参与者",没有了过去意义上的"受者",因此,过去我们熟悉的"宣传""灌输"等概念在网络社会都将被证明是没有意义的。今天,网络交流正越来越成为现代人交流的一种方式,而且它也将成为一种最主要的方式。

在网络时代,学生的知识来源进一步扩大。这种情形甚至带来了教师形象的变化。传统上,教师在学生面前的形象是威严的智者,加上"教育中制度化权威"的保障,教师始终占据着以"支配文化""成年文化"等为标识的"强势文化"地位。而今,电脑屏幕前的教师更像是一个"向导"。加上新时代教师的知识会加速老化,这种"强势文化"可能转化为"弱势文化",教师的智者形象将受到巨大冲击。

同时,网络社会的来临,也表明儿童有加速成长的可能性。未必像有些人所担忧的,电脑屏幕会使儿童与社会隔绝。相反,网络可以使儿童更快地成熟,他们会更早地关心自己,更早地关心社会、介入社会,更早地开始承担起有关自己的学习和成长的责任。

（二）同伴

与同伴的交流是学生生活经验的另一个重要来源。同伴之间可以交流思想、表达情感、传播消息、交流心得体会以及生活知识等。综合许多调查研究的结论，能够表明，同伴之间所传播的知识更多的是关于人的生理的、心理的和情感的知识。例如，学生性知识的另一重要来源就是同伴交流（见案例6-9）。以下这一案例所说明的情形是十分令人震惊的：因为同伴、朋友之间相互传授性知识有些可能是科学的，有些则是错误的。但是，同伴之间关于性知识的交流却占了学生获知的性知识总量中的很大一部分。相反，在学生的性知识来源中，通过家庭、学校的途径所获知的比例却非常之小。

> **案例6-9**
>
> **从同学处获知"性知识"**
>
> 从对3360例大学生和6092例中学生的调查中可知，他们大部分对父母和教师在性知识方面不够信任。我们曾问他们："你认为谁对你传授的性知识最丰富、有用？"回答是父母的占9.1%；是兄弟姐妹的占3.8%；是教师的占0.6%；是同学的则占80.7%。
>
> 资料来源：黄白兰.盲点：中国教育危机报告[M].北京：中国城市出版社，1998：291.

（三）课外书

在知识更新快，新观念、新思想不断涌入的时代，课外书也是学生的重要知识来源。调查表明，没有从不看课外书的学生。有的学生偶尔看，有的学生则经常看。这可以通过分析他们所崇拜的人物得以反映。

（四）教师

教师是学生生活经验的另一个重要来源，学生许多日常生活经验，尤其是做人的道理都来自教师的"言传身教"，但是，这些知识却完全来自书本和教师的"教书任务"之外。在我国文化传统和日常语言中，常常把教师看成是"教书育人"者，这也就意味着，教师不仅在传授知识，而且往往会把其对社会生活的理解、对生活的体验和感悟等传递给学生。这是我国教师特有的文化传统的积淀。

与此同时，通过分析教师是否能"忠实地"将课程内容全部教给学生这一问题，也能发现教师除了传授法定知识的课程内容外，有没有把其他任何"知识"带进课堂。美国学者麦克内尔（L. McNeil）通过对美国四所高中的人种学研究发现，虽然学校组织将社会控制作为主要教育目标，但教师却通过教学过程向学生提供与教材内容要求相反的个人知识。他把这一现象称为"控制的矛盾"。而美国学者斯蒂文森（D. Stevenson）等人对15种教育体制下八年级数学课程规定内容的项目数量与教师实际所教的项目数量进行了对比研究，结果发现：没有任何一个国家的教师实际所教能够达到规定总量的90%，比例最高的为85.3%（比利时），最低的仅为33.6%（加拿大的不列颠哥伦比亚省）。这些情况都说明，教师的确不可能完全"忠实地"传递课程知识。换言之,在余下的课堂教学时间内,教师实际上传递了另一些知识。

(五) 家庭生活

2021年10月23日,《中华人民共和国家庭教育促进法》由中华人民共和国第十三届全国人民代表大会常务委员会第三十一次会议通过,自2022年1月1日起施行。家庭生活在学生的成长发展中占据的重要性越来越凸显。家庭中的父母或者其他监护人为促进未成年人全面健康成长,对其实施道德品质、身体素质、生活技能、文化修养、行为习惯等方面的培育、引导和影响,使家庭成为学生生活经验的重要传递渠道。

某团队发布的《2020年性侵儿童案例统计数据及防性侵教育调查报告》显示,在2020年,总曝光性侵儿童案例332起,受害儿童超过840人。近年来,儿童受性侵害案件的大量报道引起了大家关于性教育话题的关注。家庭作为学生受教育的第一场所,父母或其他监护人即是学生的第一任教师。为了给孩子提供最佳的人生开端,促进孩子身心的全面健康发展,父母或其他监护人需要主动学习教育知识,树立正确的价值观,建立高度的子女养育责任感,营造温馨健康的家庭氛围和融洽的亲子关系,并通过了解孩子的身心发展规律,为孩子提供适时适宜的知识、价值观和技能,以帮助孩子在身体发育以及心理发展的不同年龄阶段获得相应的知识,进而建立起积极的生活和学习态度。

三、生活经验的影响力研究

近年来,有关群体生活经验对青少年的影响力研究也渐入研究者的视野。20世纪90年代之前,国外关于家庭、学校及同辈群体对青少年社会化影响的研究基本上是分离的,多数研究只单纯地考察某一群体对个体的社会化影响,美国学者菲兰(Phelan)等人批评了这一倾向,指出研究青少年多重世界及越界现象的必要性。[1] 国内对这一问题关注较早的当属20世纪80年代项葵的研究,项葵由此成为国内关注群体影响力比较的先行者。[2] 此类研究目前主要集中于两方面。

一方面是关于家庭与同伴关系影响力的比较研究。20世纪80年代初期,美国的马丁(J. Martin)和麦考比(E. E. Maccoby)以翔实的资料为依据,提出"父母对孩子的影响是微乎其微的"观点,对传统家庭的重要性提出了挑战。[3] 1995年,哈里斯(Harris)重新强调了这一观点,提出群体社会化理论,开始了家庭与同伴群体影响力的比较研究。为验证群体社会化

---

[1] 菲兰所说的多重世界包括家庭、学校及同辈群体这三个小世界,它们各有一套价值观、规范、期待及行为方式,从而形成各自的"社会环境",影响着个体的发展。
[2] 项葵认为个体在社会化过程中参与的群体很多,而且不同个体参与的群体差异很大。对于具体的个体而言,其所参与的所有群体都或多或少地影响了他的社会化,然而起重要作用的只是其中少数。因此,项葵认为在研究群体对个体社会化的作用时,发现和了解哪些是起重要作用的群体才是真正有意义的,并且从理论上分析了群体影响个体的基本途径和原则。
[3] 转引自:陈会昌,叶子. 群体社会化发展理论述评[J]. 教育理论与实践,1997(04):49—53.

理论在中国的情况,以陈会昌、辛浩力、叶子为代表的研究者用实证的方法研究了青少年对家庭影响和同伴影响的接受性问题。[①]

此外,布朗芬布伦那(U. Bronfenbrenner)的研究证明,美国学龄青年与同辈群体交往的时间是他们与父母交往时间的两倍以上。而米德认为,在现代社会,同辈群体的影响甚至达到了改变传统的文化传递方式的地步,这些都说明了同伴关系的重要性。[②]

另一方面是关于亲子、同伴、师生关系三者间影响力的比较研究。此类研究目前主要有三种观点:主从式、独立式和整合式。

持主从式观点的研究者认为,不同关系在儿童人际关系网络中的地位有主从、等级差别。一种关系相对其他关系更为重要,并在很大程度上决定其他关系,居于最高的决定地位;而其他关系的发展则受这一关系的影响,居于从属地位。在这一观点中,又分为三种不同的观点:第一种观点以帕克(Parke)、莱德(Ladd)和郝威斯(Howes)等为代表,认为亲子关系最重要,因为家庭是影响儿童社会化的第一个也是最重要的动因,父母作为儿童生活中的重要他人,对其社会生活的参与和管理最为频繁,因而对儿童生活的各个方面有着十分重要的影响;第二种观点以哈里斯为代表,认为同伴关系最重要,在儿童社会化中起着决定作用;第三种观点以汉密尔顿(Hamilton)、麦瑟森(Matheson)为代表,认为随着儿童与父母交往的逐渐减少和与教师交往的逐渐增多,师生关系的重要性尤为突出。在这一方面,不少研究发现,师生关系对儿童亲子关系、同伴关系有很大影响,并影响儿童交往的主动性、交往能力以及社交地位等。

持独立式观点的研究者认为,儿童的亲子关系、同伴关系和师生关系不存在主从地位的差别或彼此决定的关系,而是相对独立的。研究者认为,儿童各种人际关系彼此间没有必然的联系;各种关系对儿童发展的影响是相对独立的,不同人际关系对儿童发展的影响不同;每一种关系对儿童发展影响力的大小主要受该关系本身在儿童发展中参与程度的影响。郝威斯等人认为参与程度与影响力呈正相关。

整合式观点受社会生态学、系统论等理论流派的影响较大,认为儿童发展是其与所在环境相互作用的结果。其中,儿童直接接触的环境对其发展的影响尤为突出。家庭、幼儿园、社区等是儿童直接生活于其中的环境,对儿童有直接影响。家长、同伴和教师以及亲子关系、同伴关系和师生关系是影响儿童发展的直接因素,每一方面都对儿童的发展有重要影响。同时,诸影响因素之间不是相互孤立的,而是彼此联系、相互影响的。[③]

在西方,科尔曼和胡森的学校教育危机论充分论证了学校在青少年成长中的重要作用。在科尔曼看来,青少年文化表明在社会化过程中,同辈群体正与家庭分庭抗礼,学校教育处

---

① 陈会昌,辛浩力,叶子.青少年对家庭影响和同伴群体影响的接受性[J].心理科学,1998,21(03):264—265.
② (美)玛格立特·米德.文化与承诺:一项有关代沟问题的研究[M].周晓虹,周怡,译.石家庄:河北人民出版社,1988:51.
③ 叶子,庞丽娟.论儿童亲子关系、同伴关系和师生关系的相互关系[J].心理发展与教育,1999(04):50—53,57.

于竞争中的劣势地位。三者之间的变化使青少年过渡时期所必需的整体环境发生了断裂。如何引导青少年文化,使之与学校文化相协调是使青少年顺利完成过渡时不可回避的问题。

关于不同群体影响力的研究拉开了群体间进行比较的帷幕,目前来看,观点仍然没有统一。以上所述的研究结论大多仅仅是西方国家的研究成果,能否适应中国的国情还有待进一步考证。在西方,特别是欧美国家,由于普遍强调儿童的独立性,同伴关系的作用和影响相对更为突出与重要;而在亚洲国家,由于儿童普遍受保护,更强调家长和教师的权威,致使儿童依赖性较强,亲子关系和师生关系的影响在相当长的时期内普遍高于同伴关系,因此应考虑不同社会文化传统的差异。尤其是 20 世纪 90 年代以后,随着网络时代的到来,虚拟世界成为儿童生活中重要的活动场所,在这一时代背景下,儿童社会化的影响源是否发生变化?网络影响力的问题也将成为研究者一个新的课题。其中,关于不同群体生活经验对青少年社会认知的影响力的比较研究也有了一些初步的研究成果。①

关键词

教育知识　　学校文化
反抗理论　　反学校文化

习　题

1. 简析课程的社会学分析模式。
2. 为什么说课程是国家控制的产物?
3. 论述大众文化对学校主流文化的冲击及其给学生带来的影响。
4. 试析学生生活经验与学校教育的关系。
5. 案例分析:学校中的代文化现象。
6. 讨论:大众媒介与学生成长。
7. 讨论:为什么要做"网红"?

推荐阅读书目

1. 吴康宁.教育社会学[M].北京:人民教育出版社,1998.②
2. (美)华勒斯坦,等.学科·知识·权力[M].刘健芝,等编译.北京:生活·读书·新知三联书店,1999.

---

① 相关研究可参考:刘晓红.初中生群体生活经验与青少年社会认知的关系研究[D].上海:华东师范大学,2008.
② 主要阅读该书第 10 章。

3. 瞿葆奎. 教育学文集(第6卷)·智育[M]. 北京:人民教育出版社,1993.

4. (英)麦克·F·D. 扬. 知识与控制——教育社会学新探[M]. 谢维和,朱旭东,译. 上海:华东师范大学出版社,2002.

5. (美)阿普尔. 意识形态与课程[M]. 黄忠敬,译. 上海:华东师范大学出版社,2001.

第四编 教育组织论

在现代社会,绝大多数的教育行为或教育活动,都发生在有组织的环境里,班级和学校便是这种组织环境中最具代表性的。本编我们将讨论教育行为、教育活动发生的班级、学校组织的社会学特征。班级是最能体现学校特征的组织形态,是学生参与社会生活的第一个社会组织,学生学校生活的大多数时间就是在班级生活中度过的。学校则是儿童组织生活的更广泛的组织环境,是学生步入社会生活的一个重要中介。

本编包括"班级组织的社会学分析"和"学校组织的社会学分析"两章。

第七章
班级组织的社会学分析

学习目标

1. 了解班级组织形态的历史发展,明确班级组织的含义、特点与功能。
2. 客观地评析班级正式结构、非正式结构对学生成长的影响。
3. 掌握班级群体形成的影响因素以及班级群体的类型和作用。
4. 综合运用教育社会学理论分析班级中典型的群体行为。
5. 能联系实际,说明如何建设一个良好的班集体。

班级是最能体现学校特征的组织形态。班级是学校教育、教学的基本组织形式,班级工作是学校工作的组成部分。从我国近代算起,班级已存在了一百余年。从教育社会学的观点来看,班级既是一个"社会组织",也是一个"社会体系",又是一个"初级群体",对于学生的成长起着十分重要的作用。班级社会学研究有三种角度[①]:一是以美国早期教育社会学家华勒为代表的"群体"角度的分析,把班级看成是特殊的社会群体;二是以美国社会学家帕森斯为代表的"社会系统"角度的讨论,把班级视为一种特殊的社会系统;三是把班级视为"社会组织"角度的探讨,尽管班级具有一些它自己的特点,但它作为"一种社会组织,具有各种社会组织所共同的特点",并具有社会组织通常拥有的组织目标和包括职权结构、角色结构和信息沟通结构等在内的组织结构。事实上,班级的第一特性是"社会组织",第二特性是"社会体系",第三特性是"社会群体"。

第一节 班级的组织分析

班级首先是一种社会组织,班级组织的建立在先,班级社会系统与班级群体的形成在后。因此,对于班级的社会学研究,必须首先分析班级组织的特点与功能。

一、班级组织的含义与特点

(一)班级组织形态的历史发展

班级组织的形态经历了历史的发展演变过程(见知识拓展7-1)。从近代算起,经历了贝尔-兰卡斯特制、柏克赫斯特-克伯屈制、马卡连柯工学制的发展过程。从现代班级形态的变化来看,班级组织形态也有一定程度的变化,如依据班级规模,分为大班、小班;按照班级的组合方式分为同等程度班、同质班;另外还有能力分班、学科分班等。

| 知识拓展 7-1 |

班级组织形态的发展

一、贝尔-兰卡斯特制

18世纪末,英国牧师贝尔(A. Bell)从印度带回了一种通过导生组织教学的方式;同一时期,教师兰卡斯特(J. Lancaster)在伦敦创办贫民学校,也采用导生的教学方式以扩大教育面,解决师资不足的问题。此后,这种方式逐渐流行。该形态是在一间大教室中设有许

[①] 对此,还有不同的认识。谢维和曾分析过班级社会学研究的几种视角:第一种,将班级作为社会体系进行研究,以美国学者帕森斯为代表,明确地把中小学班级作为一种社会体系进行分析,并由此出发对班级的社会化和筛选功能进行了说明。第二种,将班级作为一种集体来分析,以苏联教育家克鲁普斯卡娅(N. Krupskaya)、马卡连柯(A. Makalenko)等人为代表,关注的是形成集体,并通过集体进行集体教育的思路。第三种,是日本教育社会学家片冈德雄提出的班级理论,把在课堂里进行学习的人的群体组织称为班级,并规定为"学习集体"。第四种,将班级看作一种社会组织,班级具有各种社会组织的共有特点,具有组织目标和包括职权结构、角色结构、信息沟通结构在内的组织结构。

多大课桌,每桌围坐15—20人,每10个学生中委派一个年长、成绩较好的学生为导生。从早晨8—10时,教师对导生授课;10时,导生向其他学生再进行复述,教师只负责纪律。

二、柏克赫斯特-克伯屈制

1920年,美国教育家柏克赫斯特(H. Parkhurst)在道尔顿市创设道尔顿实验室,强调集体讨论,主张教师只起辅导作用;无课堂纪律,无课程表,也无年级,完全是学生自由活动,但要求有一个作业室、一个作业约定和一个作业成绩记录表。这一模式在20世纪20年代的各国十分流行。美国教育理论家克伯屈(W. Kilpatrick)于1918年在哥伦比亚大学《师范学院学报》发表"设计教学法"的文章,提出"有目的活动"的理论。他强调学生决定目的、师生共同订立计划、学生分头实施、全体学生共同评定。他称这样一个过程为"设计单元"。这两种形式的共同点是废除班级授课制,采取个别教学法,但实践证明,这两种形式并不完全会成功。

三、马卡连柯工学制

苏联教育学家马卡连柯在20世纪二三十年代创办了工学团,并组织了一个"集体教育试验",对战争后的流浪儿童进行共同生活、共同劳动的集体教育。马卡连柯认为班级是集体教育的承担者。这种思想对于拓展班级的教育、教学功能意义重大。

(二) 班级组织的含义与特点

我们经常说学生的成长受到家庭、学校、社会各要素的影响,特别是当我们分析教育问题时,往往强调一个重要的原因——"社会"。其实,这时的"社会"往往成了一个十分抽象的概念。事实上,一个学生不可能直接生活在一个抽象的"社会"中,他只能通过他所在的具体单位同社会发生联系。这种具体单位就是学生所拥有的"社会空间"。班级正是这样一个"社会空间"①。人与人之间在占有"社会空间"方面的差异可能很大。对学生来说,他们最重要的社会空间可以从知识拓展7-2看出,以了解他们同社会发生联系的渠道。

知识拓展7-2

学生的"社会空间"

子女→核心家庭→大家庭;

学生→班级→学校→社会;

未成年人→邻居→街道;

个人→同伴→其他群体;

少先队员→小、中、大队。

---

① 对"社会空间"的理解不一。有人认为是人际交往中的实际距离,如公共汽车上人与人的距离。这里作广义解,是指"场合"之意。

因此，班级是学生个体与社会之间发生联系的中介。也正因为如此，对学生的任何进一步的分析，都必须要牵涉班级组织。

对班级组织进行研究时，首先需要对班级成员进行界定。① 目前为止，对于班级成员存在三种认识：一是认为班级就是学生，做班级工作就是做学生工作；二是认为班级是由班主任与学生共同组成的；三是把任课教师也列为班级成员。② 这些说法实际上均有待于再分析。若从班级组织、班级社会系统的角度看，班级只是一个学生组织，教师不应被列入班级成员；若从班级作为一种社会群体，特别是作为班集体建设的角度而论，则教师应被列入班级成员。因为班集体建设若无教师的参与，便难以从原本是"松散、偶然形成的群体"成长为一个有凝聚力的班集体。同时，还要确认班级是学校管理权力分布的下限。班主任只对班级进行指导、监督，并无权力支配班级的其他活动。但是这并不意味着班主任的作用不重要。班主任在构建和谐、积极的班级组织中发挥着重要的作用。相关研究指出，班主任可以从下述几方面建设和管理班级：创造性地设计班集体目标；合理地确定班级角色位置；协调好班级内外的各种关系；建构"开放、多维、有序"的班级活动体系；营造健康向上、丰富活跃的班级文化环境等。③

由上述分析可知，班级组织是指学生组织，因而它是一个"准社会性"的社会组织。班级成员具有一定的社会行为能力，但相对于成人而言，其缺乏社会独立性和社会责任性。同时班级主要是作为社会学习的组织，而不是社会参与的组织。因此，班级组织的特点可以概括如下：(1)班级是由成人指导的未成年人的组织。这是指：班级成员一般由未成年人组成；不具有法律意义上的社会责任能力；需要在成人的帮助下才能形成、发展。(2)班级内部存在各种群体，即各种人际关系的组合形态。(3)班级的外部表现是"人格化群体"。班级有其自身的明显的文化、心理等各方面的表现，并往往以"班风"的形式体现出来。(4)班级具有发展性和可塑性。班级形成之初，都是松散的、偶然联合在一起的群体，但是，班级可以发展成为一个有凝聚力的、团结合作的班集体。④

二、班级组织的功能

关于班级组织的功能，教育社会学中的经典观点主要来自美国社会学家帕森斯在《学校班级作为一种社会体系》一文中的论述。他把班级的功能概括为两类：社会化功能和选择功能，前者是指班级在培养学生的能力与责任感方面的功能，后者是指班级在形成并鉴别学生

---

① 吴康宁.教育社会学[M].北京：人民教育出版社，1998：276.
② 把教师列入班级成员的有美国早期教育社会学家华勒、日本教育社会学家片冈德雄。另外，唐讯在《班级社会学引论》、林升传在《教育社会学》中也把教师列入班级成员。不把教师列入班级成员的，可见吴康宁在《教育社会学》一书中的论述。
③ 全国十二所重点师范大学.教育学基础[M].北京：教育科学出版社，2002：258—259.
④ 还有研究者从教育性组织入手，认为班级组织的个性特点表现为：(1)班级组织的目标是使所有学生获得发展；(2)班级组织中，师生之间是一种直接的、面对面的互动；(3)情感是班级组织中师生之间、生生之间的纽带；(4)师生交往的多面性；(5)班主任和教师需要用自己的人格力量来组织班级活动。

之间的差异,并为社会结构补充各种成人角色提供依据方面的功能。

上述观点一直被视为经典观点,但不少研究者对它作了补充。如陈奎憙提出应增加一个"照顾与保护的功能";卫道治则认为还应加上"人格化或个性化的功能";吴康宁提出,班级组织在功能对象方面的主要特点可以被概括为"自功能性",而班级组织在运行机制方面的主要特征是"半自治性"。本书认为,对于班级组织功能的认识既不能无限扩大,也不能过于抽象,而需要根据班级的特点来分析。

1. 班级组织具有归属的功能

班级作为一个未成年同龄人的组织,实际上是一个"准社会"。归属作为人的一种基本需要,在学生步入班级之后就部分地获得了。

2. 班级组织具有管理的功能

班级管理是学生的自我管理,管理者是学生自己推选的代表,管理的对象是学生自己。这种管理与被管理的统一,是班级管理功能的突出特点。成长中的学生自己管理自己,具有平等性的特点。班级管理主要是通过学生干部来执行,并依靠全班学生的合作来完成。

3. 班级组织具有保护的功能

班级组织会关爱学生,减少或避免各种不良影响损害学生的身心健康。青少年学生的自我保护能力较弱,很容易受到社会各种消极因素对他们发展形成的伤害,因此特别需要通过班级组织给予关心与保护。[①]

4. 班级组织具有社会化的功能

班级组织的形成一方面部分解除了儿童对家庭的情感依赖,使儿童逐渐融入社会生活的现实中;另一方面,根据儿童个体的发展成就(尤其是学业成绩)来区别儿童在班级中的地位,从而发展了儿童将来在社会中所需要承担特殊角色的社会责任感(见案例7-1)。

案例7-1

组织驱动的班级参与有利于培养学生的社会责任感

班级作为学生社会化的第一个正式组织,具有一般社会组织形态的组织特征。首先,班级的组建具有明确的任务指向性,那就是为学生将来进入社会生活进行"奠基性学习"。班级其他活动的正当性都取决于其是否服从于奠基性学习的目标需要。其次,成熟的班级具有班主任主导、任课教师参与影响的内部治理与组织结构。在长期的磨合中,许多班级不再是传统意义上的"班干部—群众"二元对立式角色结构,而是发展出了"班长—群众"式、"精英志愿者—群众"式等多种组织结构形式。内容上一般包括职权结构、基于职权结构的角色结构和信息沟通结构。然而,不管是哪一种组织结构形式和内容,都一定是在班

---

① 董泽芳.教育社会学[M].武汉:华中师范大学出版社,1990:240.

> 主任主导下产生的服务于班级目标的角色结构和责任依从关系。再次,班级的运行具有各类公开或隐性的约定和章程。这些约定既包括公开的提倡、默许和禁止的制度化行为规定,也包括隐性的匿名化生活秩序、令行禁止和学生服从教师的集体潜意识要求。学生在组织章程面前不过是一个角色或者符号,这些章程既是对一般学生行为表现的要求,也是对学生在不同任务和不同时空中提出的角色要求。
>
> 资料来源:辛治洋.班级参与:学生社会责任感培育的有效途径[J].教育科学研究,2020(04):68—73,92.

5. 班级组织具有分化与选择的功能

班级组织为学生适应多元化的社会价值观和多样化的社会角色需求,提供了分化与选择的机会和条件,从而对学生的社会地位、职业选择和发展机会起到了筛选、分配与分化的作用,使之获得相应的培养与发展,为今后的学习、生活与工作奠定基础。

6. 班级组织具有促进发展的功能

班级组织能够为班级成员提供发展的机会,这些发展涉及多个领域:知识及认识的发展、情感的发展、兴趣态度的发展、社会技能的发展。

7. 班级组织具有诊断与矫正的功能

学生置身于班级组织中时,其人格及能力上存在的缺陷会显现出来。这些问题的暴露,为班主任或教师开展针对性的教育、矫正学生的不良倾向创造了有利的条件。

需要强调的是,班级组织的功能并不是自动发挥作用的,它必须在积极的团体规范中才能发挥作用,否则,班级组织便不能发挥人们所期待的功能。例如,在排斥性气氛中,学生对安全的基本需求一旦满足不了,就会形成教师所不希望的防卫性行为方式;在竞争激烈的气氛中,如果评价过于强调学生个人的学业,班级中利己主义之类的问题即使存在也会被忽略,甚至会加深利己主义的倾向。[①]

第二节 班级的结构分析

社会系统可以用于描述各种规模的社会现象。社会系统具有如下特征:(1)包括两个或两个以上人的交互作用;(2)一个行动者与其他行动者处于"社会情境"中;(3)行动者之间存在规范与和谐的认知期待。班级就是这样一个社会系统。作为社会系统的班级,有一个正式结构和一个非正式结构。它们同时并存,意味着学生需要应对两类价值观,这也成为决定学生在班级中地位高低的两个维度。

---

① 全国十二所重点师范大学.教育学基础[M].北京:教育科学出版社,2002:248.

一、班级正式结构

班级作为一个"准社会",是学生第一次正式参与其中的社会系统。在班级中,每个学生都扮演了一定的社会角色。班级正式结构主要把学生看成是学习者,教师在教学过程中表现出并传递给学生的期望和行为,在很大程度上取决于学校的教育措施和教师的教学策略,同时,学生的表现是由教师给予正式的(特别是以分数、表扬等表示的)心理报酬量,这种情形构成了班级成员在班级结构中体现学术成就的主要基础。

班级正式结构通常是班级中工具性角色(instrumental role)的结构,即为完成班级工作而服务的角色结构。在不同的学校中,班级正式结构有所不同。在中小学,班级的正式结构一般分为三个层次:第一层是对全班工作负责的角色——班干部,第二层是对小组负责的角色——小组长,第三层是每个学生角色——班级的一般成员。

班干部是班级正式组织中最重要的角色。要完成班级管理的工作,必须有一定数量的班干部。由于任务的差异,选择、培养、产生的途径也不同,通常我们可以把班干部分为:自治性干部(担负班级管理职责的班委成员和小组长)、自助性干部(学科代表)、自娱性干部(负责各类自娱性活动的干部,如足球小组长等)。

班干部的产生途径一般有两种:任命和推举。任命制主要由班主任推荐、全班认同,这种方式推出的干部的威望是外加的,有时缺乏学生的信任。推举制分直接选举和间接选举两种,此类干部因为是学生自主地选出来的,一般有较高的威信,人际关系也较融洽。

班级正式结构与企事业组织相似,都呈金字塔形(见图7-1,以工厂为例)。担任班干部的"干部角色"只是班级成员中的少数;大部分是"群众角色"。这种金字塔形的班级结构,是导致学生形成地位差异观念、权威服从观念的一种重要"文化资本"。

图 7-1 班级结构与工厂结构的对比

与家庭和同伴群体相比,这种社会化的体验具有特殊意义。学生在家庭中的亲子关系体验,形成的是异辈之间的地位差异观念及相应的权威服从观念;在同伴群体中所体验的是非正式的伙伴关系体验,形成的是非制度的地位差异观念及权威服从观念。只有在班级中,学生才第一次形成正式的、制度化的地位差异观念、权威服从观念,而这正是学生进入成人社会,并适应成人社会的重要的社会化基础。

另外,班级这一正式角色结构实际上是学生学习的另一种"文化资源",只是不同层级的学生所学不同。对于长期担任班干部的学生而言,他们往往具有较强的成就感,强调参与,喜欢集体活动,并具有要求别人服从自己的权威观念,而其他学生则往往相反。同样地,不同阶层的学生所拥有的权力是不一样的。班干部不可避免地成为了班级中的"特权阶层",这一方面把一些学生引向对"权力"欲望的追求,另一方面又压制了"群众"学生的聪明才智,打击了他们的学习兴趣和自尊心。同时,家长是影响孩子竞选班干部的一个重要因素。不少家长会觉得孩子做了班干部之后,会受到教师特别的重视并且能够获得更多的推优条件。这种过于功利的价值观会对孩子产生不良的影响,班级中地位差异观念导致的负面效应日益凸显(见案例7-2)。

|案例7-2|

高校班干部滥用特权事件

2023年9月,某学校一学院的英语课本在运送途中,"由于天气和各种原因影响",部分课本丢失,合计2000元。网传聊天截图显示,需要收集班费将费用补齐,"四个班一起平摊,合计每人15.6元"。学生之前明明已经付过教材费,现在英语课本运丢了,却被要求再付一次,为教材丢失买单。在有学生表示异议并在网上曝光该事件后,重复收取的费用才退还给了他们。据报道,为了把教材丢失的窟窿补上,班干部采取"一刀切"的方式收费,一些用不到英语课本和已经有二手课本的学生也要掏钱。这种强制性摊派乱收费,暴露了班干部的"官威",凸显了班级中因地位分层而导致的严重问题。

关于班级权力的研究日益引起人们的关注。[①] 已有的研究多是以布迪厄的权力场域理论以及福柯(M. Foucault)的权力思想为理论支撑,问题聚焦于对班级场域中权力的机制分析。对班级权力机制的研究仍然属于新的研究领域,但是我们相信这将是班级组织研究中的新的"富饶之地"。

二、班级非正式结构

班级非正式结构,主要由学生个体之间的人际关系决定,并以班级中的"非正式群体"为参考系。非正式群体有四个特点:人数一般为3—5人,吸引力强、集体性强、沟通效率高。

(一) 班级非正式结构中的学生状况

班级非正式结构表明了班级成员在班级这一社会结构中的人际关系形态、非正式的社

[①] 关于班级权力的研究,推荐阅读:马维娜. 局外生存——相遇在学校场域[M]. 北京:北京师范大学出版社,2003;王伟杰. 权力的眼睛——多维视野中的班级规训[D]. 上海:华东师范大学,2004.

会地位状况。它与班级正式结构共同构成了学生在班级中的整体地位状况和人际关系状况,两者共同决定着学生在班级中的地位、角色,对学生的社会化产生着很重要的影响,尤其是对学生个体的社会地位、荣誉、吸引力、获得赞扬和同情等方面的影响很大。班级非正式结构主要是在班级成员日常活动中形成的,往往被称为"班级个性"。

班级非正式群体的形成是成员相互选择的结果,相互选择只是人际状况中的一种。在班级组织中,学生之间的非正式关系至少存在五种类型,即单向选择关系、单向拒绝关系、相互选择关系、相互拒绝关系及无选择无拒绝关系。因此,成为非正式群体成员的,只是班级中的部分学生。显然,我们很难完全以非正式群体的状况来标识班级中的非正式结构,而是需要把班级中的非正式群体与非正式群体之外的学生个体结合起来以说明班级非正式结构。由于每个学生都既是选择的主体,又是选择的客体,而且选择又存在多种可能性,因此,班级组织中的学生人际状况就有多种多样的可能性,从而决定了学生的非正式地位也千差万别。

按照吴康宁的研究,学生在班级中的受选择状况有受选较多、受选较少及无受选三种;受拒绝状况则有受拒绝多、受拒绝少及无受拒绝三种。若将受选择和受拒绝状况相综合,我们便可区分出学生在班级组织中的非正式地位的九种类型(见表7-1)。吴康宁所进行的班级人际关系调查已证实这九种类型都存在,只是并非每个班级中都包含这九种类型。事实上,由于有些类型之间差异不大,故这九种类型可归为五大类。第一大类是受欢迎者,即 B 型与 C 型,这类学生在班级中有广泛的群众基础,他们往往是班级中的实际首领。第二大类是受争议者,即 A 型,这类学生在班级中褒贬不一。第三大类是受孤立者,即 D 型与 G 型,这类学生在班级中的口碑甚差。第四大类是受忽视者,即 E 型、F 型与 H 型,这类学生在班级中的影响范围很小。第五大类是受遗忘者,即 I 型,他们往往对班级无多少影响,是班级内的"局外人"。

表 7-1　学生的非正式地位的类型

受选择 \ 受拒绝	多	少	无
多	A	B	C
少	D	E	F
无	G	H	I

班级非正式结构也是影响学生社会性发展的文化资源,学生从自己在非正式结构中所处的位置上进一步体验着社会地位的差异,接受着群体水平上的肯定或否定的社会评价,形成群体生活中的成就感、平凡感、失落感或失败感。

> **案例 7-3**
>
> **受孤立者的校园经历**
>
> 总有一部分人处于受孤立者的地位,他们属于被排斥于班级主流外的边缘人群。一位化名卡比的受孤立者在一次采访中讲述了自己从幼儿园到高中被欺凌的经历。卡比是一位孤独症谱系障碍(又称自闭症谱系障碍)人士。由于小时候不善于语言表达,卡比喜欢沉浸在自己的世界里,言行举止跟同龄人不一样,因此被当作异类,几乎走到哪都没有朋友,总是孤零零一个人。在卡比读小学二年级时,她在班上有两个朋友,一个外向、一个内向,家境较好,社交能力都很强,是班上的受欢迎者。但朋友很强势,总是要求卡比按照他们喜欢的样子做,否则就威胁她要绝交。但卡比觉得这样的关系太不平等,不想一忍再忍,便拒绝了他们的一次要求,结果双方一下子反目成仇。这两个朋友凭着活跃的社交,不断拉拢朋友,把卡比以前的秘密全都包装成"黑料"说出去,还向其他人许诺,只要加入讨厌卡比的行列,这个小团体就可以给对方好处。被孤立、受欺凌的经历是受孤立者一生都忘不了也很难疗愈的。

(二)班级非正式结构的功能

班级非正式结构实际上反映了班级成员人际关系的复杂结构。由于这种人际关系的形成并非建立在正式角色关系的基础上,而是完全建立在班级成员之间情感需要的基础上,所以它对于成员的功能具有两面性:积极性——有助于满足学生的交往与表现自我的需要,有助于加强班级成员之间的人际关系;消极面——容易导致班级成员中的小圈子现象,不利于班级正式活动的开展。

有相当一部分研究赞美了学生在非正式结构中形成的友谊的积极影响。一些研究者引用沙利文(Sullivan)的人际关系发展理论,论证了友谊有利于年轻人相互尊敬和支持、相互负责,展现彼此间真正无私的关怀。友谊在其他方面也对学生产生了积极影响,包括高度的或者被提高的自尊、象征性表达的掌握、自我能力和成绩的现实评价、角色扮演和交流技巧的熟悉、自我认同和自主意识的发展、自我确认、创造性和批判性思维的发展以及道德准则与社会规则的学习。[①]

已有的研究显示,具有支持性友谊模式的班级群体能增加学术学习时间,较敌对的班级气氛则会减少学术学习时间。相关的数据显示,学生的学业成就以伴随着他们作为同伴和学生的自我概念而出现的情感上的满足为条件,这些自我概念部分受到同伴之间的友谊和相互关系的影响。[②]除了友谊模式对学生的自我发展和学术能力的积极影响之外,我国学者

---

① (瑞典)T.胡森,T.N.波斯尔斯韦特.教育大百科全书[M].张斌贤,等译.重庆:西南师范大学出版社;海口:海南出版社,2006:442.
② (美)Richard A. Schmuck, Patricia A. Schmuck.班级中的群体化过程[M].廖珊,郭建鹏,等译.北京:中国轻工业出版社,2006:42.

吴春辉等人通过多个实证研究皆发现,积极的班级同学关系能够良好地抑制和调节青少年网络游戏成瘾的问题,并且将青少年引向积极的互联网使用模式。①

对于友谊的消极影响,正如法雷利(Farrell)所言,"实际上许多美国教师担心班级中的友谊可能会对学习和班级管理起到反作用。朋友能够强化对学习的逃避,或者引发制造混乱的和标新立异的行为"。教师怀疑学生间的友谊会破坏既定的教育目标的实现。埃弗哈特(Everhart)的报告就支持了这一点。他在人种学研究中发现学生珍视友谊,将友谊置于班级之上,而且他们很少和他们的朋友讨论学校学术方面的问题。其他的研究者也有类似的发现,尤其是在美国。例如,奇克森特米哈伊(M. Czikszentmihalyi)和拉松(Lasson)的研究发现:和朋友在一起的时间,只有3.5%是用于学习或者做其他与学校有关的创造性的工作的。学生感受的报告表明,他们喜欢和朋友在一起学习,而不是独自一人或者在家庭成员在场的情况下学习,但是他们也承认和朋友在一起,比不在一起更不容易集中学习时的注意力。②

(三)班级非正式结构的社会测量

班级非正式结构的测量主要有两种方法:社会测量法和社会结构分析法。

社会测量法是通过询问来了解团体内部成员之间社会关系或社会意向的一种调查方法,最早由美国社会学家与心理学家莫雷诺(J. Moreno)提出。莫雷诺意识到,团体内有非正式的小团体,即主要由成员之间喜恶程度不同而形成的志趣相投的群体。莫雷诺提出了收集关于组织成员之间相互吸引的资料的方法。这些数据常常可以通过访谈来获取,但是也可以采用其他的方法,例如抽样问卷调查。从这些信息中,他提出了社会测量图,描绘了团体的非正式结构。比如,一个五人组的团体的一般社会测量图与图7-2有些类似。A、B、C、D、E组成一个正式的团体,但是在团体内部,由于成员之间的相互吸引和排斥,又形成了非正式的小团体。例如,A、B、C相互吸引形成的非正式小团体以及D、E相互吸引形成的非正式小团体。两个非正式的小团体内部的成员是相互吸引的,但是团体之间的成员是相互排斥的。③ 通过询问团体成员一些简单的问题(具体步骤见知识拓展7-3),就可以确定关于团体非正式社会结构的很多情况。第二次世界大战以后,群体的人际关系问题得到广泛重视,人际的测量与研究就成了教育研究中的一

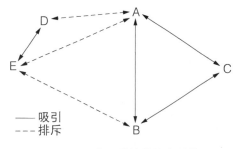

图7-2 五人组的简单社会测量图

---

① 吴春辉,李可,梁晓燕.主观规范与青少年网络游戏成瘾的关系:同学关系的调节作用[J].教育理论与实践,2016,36(09):52—55.
② 转引自:(瑞典)T. 胡森,T. N. 波斯尔斯韦特.教育大百科全书[M].张斌贤,等译.重庆:西南师范大学出版社;海口:海南出版社,2006:443.
③ 转引自:(美)罗伯特·G. 欧文斯.教育组织行为学(第7版)[M].窦卫霖,温建平,王越,译.上海:华东师范大学出版社,2001:76.

个重要领域。

知识拓展 7-3

社会测量法的步骤

首先是确定主题。社会测量法的主题有六种类型：工作主题——以工作群体内部人际关系为测量内容；生活主题——以生活群体内部人际关系为测量内容；娱乐主题——娱乐群体；社交主题——社交群体；学习主题——学习群体；服从主题——以被领导者与领导的关系为测量内容。在一次测量中，一般选择一种主题，也可选两种。

其次是选择指示项。一个主题有多个指示项。例如：就工作主题而言，可以列出：(1)你愿意和哪些人在同一个班组工作？(2)你愿意和哪些人共同工作？就学习主题而言，可能列出：(1)在准备考试时，你常同哪些人讨论问题？(2)你愿意与哪些人分在一个小组？社会测量法大多从正面提出问题，但有时也用一些反面提问，如："你不愿意谁当领导？"

第三是制作问卷。先以一个或几个指示项组成一个或几个问题；然后，把前言、指导语、问题组成一份简单问卷。其中指导语主要说明"选择（如肯定、喜欢、愿意等）或不选择"，人数一般为1—5人。

最后是填写问卷：一般是当面填写，当场收回。

社会结构分析法又可分为矩阵法和图示法（见知识拓展7-4）。

知识拓展 7-4

社会结构分析法的步骤

矩阵法。其具体步骤为：给团体成员编号。每一个选择计为"1"，每一个无选择计为"0"，每一个不选择计为"-1"。列出社会测量矩阵：每一个行与每一个列都代表一个人。行分布选择者，列分布被选择者。社会测量矩阵有两种：一是矩阵式，适用于较小规模的群体；二是矩阵表，适用于较大规模的群体。

图示法。其具体步骤为：把团体成员编号：男用"×"表示，女用"○"表示；选择用"→"表示，不选择用"⇢"表示；绘制社会关系图（即"社会图"）。社会关系图有两种：平面图式（用于小规模），同心圆式（用于人数较多）。社会关系图的基本结构通常包括六种人际关系模式。

　A. 封闭：团体中成员互相选择而不选择与其他成员的连锁关系（可分完全封闭和半封闭两种关系）；

　B. 串联：三人以上的链式关系（单向与双向两种）；

　C. 对偶：互相选择的两个成员；

D. 结点：三人以上共同选择的成员；

E. 核心：两个以上的结合点共同选择的成员，结合点是团体中的明星人员，核心是团体领袖人物；

F. 孤独者：团体中那些不被人选择的、自己也不选择别人的人。

对班级非正式结构进行社会测量，具有较高的应用价值，有助于解决一些实际问题。例如，研究发现：工人的社会测量地位与意外事件呈负相关，即社会测量地位较低的工人容易发生意外事件，所以就可以建议对这些人重新安排工作。研究也发现，社会测量结果同成员的实际成绩与能力有较高的相关性。所以，这种方法主要可以用于选择学生干部、加强班级建设、解决人际关系问题等。

卡洛·雷诺兹(C. Reynolds)论证了一种能改进初中生参与度的伙伴系统。学校辅导员在计划中用了30个有中度参与问题的学生。每个人被要求选择一个伙伴——与他们住在一起的人或有他们电话的人。如果伙伴愿意加入，这对学生每天早晨要让辅导员检查并记录他们的参与情况。计划开始之前，辅导员举办聚会，学生被告知如果增加参与的话，他们会获得郊游、聚餐的奖赏。六周之后，雷诺兹发现，学生的参与度有了明显的增加，而且很多对学生成为了朋友。[①]

三、社会网络分析

对班级非正式结构的研究，还需要引入社会网络分析的观念与技术。社会网络这一概念最早由巴尼斯(Barnes)提出，用于界定组织中正式关系以外的非正式成员关系。其基本观点是：在社会情境中的组织成员凭借基本的纽带关系而产生相似的思考与行为方式，社会网络既可以将不具有纽带关系的社会成员连接起来，又可以将其划分在不同的关系网络中，社会成员往往通过社会结构或网络中的定位来获取相应的社会资本。[②] 社会网络由个人之间复杂的关系网络组成，这种网络在帮助个人形成意见、作出决定、获得信息和建议以及找到同伴等方面十分重要。社会网络分析更关注个体之间的联系，更具有动态性。表7-2说明了社会网络的基本特点及其功能。

社会网络分析还可以用于检验小群体成员的关系结构，分析其对小群体成员形成特定的社会联系可能性的影响。学生的网络特征影响学生对友谊的选择，这种影响通过互惠原则发生作用。如果A选择B做朋友，那么B也更加愿意选择A做朋友，因此学生更加倾向于选择喜欢自己的人做朋友。所以，与不招人喜欢的学生相比，受欢迎的学生有更多选择朋友的机会。网络影响的第二个理论基础是失调理论。失调理论表明，积极的情感体验是趋向

[①] 转引自：(美)Richard A. Schmuck, Patricia A. Schmuck. 班级中的群体化过程[M]. 廖珊, 郭建鹏, 等译. 北京：中国轻工业出版社, 2006：175.

[②] 侯浩翔. 社会网络对大学生学业成就的影响：有调节的中介模型[J]. 教育发展研究, 2019(11)：75—84.

表7-2 社会网络的特点与功能[①]

网络与群体的区别	网络的特点：密度差异	网络的特点：交往方式差异	网络的特点：交往程度差异	网络的功能
相似性：成员之间均存在互动，并有某种认同感和团结感。差异性：群体成员更具有凝聚力，网络成员更多局限于松散关系；个体所属的群体往往是有限的，个体所属的网络则是多重的，如同学网络、朋友网络、亲戚网络等	所谓密度，指网络中个人之间的关联和程度。密度的范围包括从非常松散到非常紧密的联系。例如，你的朋友圈的人大多相互认识，说明你的朋友网络是紧密联结的；如他们相互不熟，则你的朋友网络是松散联结的	网络之间成员还因关系的卷入程度而异。交往方式有可能是单向的，也可能是多重的。早期研究指出：城市居民较农村居民有更多的交往。近期研究指出：与更多的人交往，可以享受更丰富的社会生活	网络成员的关系还有强弱之分。强关系(strong tie)是指人们投入更多时间、情感，彼此更亲密及更频繁地提供互惠性服务的关系；弱关系(weak tie)指自我卷入不多甚至没有卷入的关系。但是弱关系也可以提供各种信息交流	社会网络可以发挥多种功能： (1) 影响个体的许多决定和选择； (2) 信息和建议的基本来源； (3) 提供同伴； (4) 提供情感上的社会支持； (5) 具有社会资本的意义

转化的。也就是说，如果A喜欢B，B喜欢C，那么A就会感觉心里不舒服，除非A也喜欢C。转化倾向意味着，朋友的友谊选择会影响自己的友谊选择。这也意味着，社会网络的扩大需要成员至少暂时性地卷入转化性关系中，但是这种暂时性的转化最终会形成稳定、和谐的社会网络。[②]

在对班级非正式结构的研究中引入社会网络分析，可以进一步深化对班级非正式结构的分析，增强对班级成员人际关系、社会地位、角色关系，以及其他学校生活状况的整体理解。通常，班级中的受欢迎者最有可能拥有较大的社会网络；同时班级中的受孤立者受忽视者也未必没有社会网络，班级中受孤立者未必是整个学校生活中真实的受孤立者。所以，引入社会网络分析，其最大的意义在于可以让我们更真切地理解学生"实际上参与着什么样的学校生活"。马和民的一项对广州某小学二、三、四年级总计156个学生的调查显示，只有1个回答说他在学校中没有亲近的人。如果联系班级中受孤立者受忽视者大量存在的事实，则我们可以作如下推论：那些在班级中受孤立者受忽视者未必是真正的受孤立者受忽视者。

四、两种结构的矛盾

班级正式结构主要取决于学校的特点，如学校一般的教育观念、学校评价学生的准则、学校关于控制和指挥学生的方法。班级非正式结构主要取决于班级中共同相处的学生的个

---

① (美)戴维·波普诺.社会学(第十版)[M].李强，等译.北京：中国人民大学出版社，1999：134—136.
② 转引自：(瑞典)T.胡森，T.N.波斯尔斯韦特.教育大百科全书[M].张斌贤，等译.重庆：西南师范大学出版社；海口：海南出版社，2006：443.

人观念、个人需求、个体行为等方面。换言之,它几乎完全取决于班级内学生个体之间特征的特定组合,这样也就部分地取决于班级成员的社会背景变量。

无论是从社会学还是心理学特征上来看,这两种结构都是互为补充的。当学生感到一种结构不能满足其个人需要和期望时,就会设法在另一种结构中得到满足。有研究指出,当学生(或家长)对班级正式结构感到不满意时,便会有意去支持班级非正式结构中那些突出的、非学术的,甚至事实上是反学术性的不良倾向(如搞小圈子等)。总之,无论是班级正式结构或非正式结构,都有助于学生的社会性学习,这实际上已经成为一种"隐性文化",成为学校教育知识中的重要组成部分。

第三节 班级的群体分析

在班级组织形成的同时,各种学生群体也就同步出现了。以往,我们在研究班级时,较多关注了学生的年龄、身心发展特点等对于教育、教学的影响,而相对忽视了学生群体对于教育、教学的影响。现实生活中,教师和家长却更多地发现"交往不当""同学影响"等所产生的各种问题。因此,班级内各种不同形式、不同功能的学生群体,是一个必须引起特别重视的教育现象。

一、班级群体的形成与类型

(一)班级群体的形成

班级群体的形成受制于多种因素。在班级群体形成的初期,主要以人与人之间的熟悉程度为主要影响因素,更概括地说,主要受到熟悉程度、任务、座位、性别、相似性与身份、个人特征及社会行为等的影响。

1. **熟悉程度**

在班级形成之初,熟悉程度往往是形成群体的主因。在一个陌生的环境中,熟悉的人之间容易产生好感、亲近感,有助于使个体产生安全感、归属感,避免孤独。例如,当班主任第一次走进教室,请学生随便找一个座位坐下来,先前相识的学生很自然地会坐在一起,而互不相识的学生则会独坐。

2. **任务**

教师临时指定学生完成某项任务,这也会成为学生形成群体的契机。这往往被称为任务群体。任务群体可能会进一步发展成为一个非正式群体。

3. **座位**

座位是形成学生群体的一个很重要的媒介。座位是一种"近距离效应",它会加快同桌之间的熟悉程度。观察研究表明,如果让学生自主地选择座位,一般会受到以下因素的影响:熟悉、任务、先前座位的习惯、对自己身高和视力的估计、回避公众注意的心理等。显然,座位本身是形成群体的一个媒介。但这一因素的影响力还要受到学生年龄和身心发展因素的制约。

4. 性别

班级形成初期,学生群体按照性别形成两个群落,在一段时间内,不同性别的学生不太会组合为群体,即使是同桌,熟悉的速度也要比同性别慢。这主要是性别角色社会化的影响机制所起的作用。

5. 相似性与身份

社会心理学的人际吸引理论将相似性与身份看成友谊形成的主要影响因素。个体倾向于选择那些在先赋性及获致性特征方面与自己相似的朋友。因此,人们发现,具有相似的性别、种族或民族、经济地位与能力水平的学生更可能成为朋友。[①]

6. 个人特征

外表、能力、气质、品格这些个人特征也是影响群体形成的重要因素,其中外在的特征在群体形成的初期发挥的作用尤为明显。随着交往的深入,内在特征的作用逐渐增强。[②]

7. 社会行为

虽然外表特征在同伴群体的喜好上有重要的影响,但是学生的社会行为更为重要。社会行为涉及与另一个人或更多人进行的面对面的互动。例如对同伴有吸引力的学生进行的更多是提高、关心和有助于他人的面对面的行为,而不是威胁、气人和充满敌意的行为。受排斥的学生对其他人在言语和身体方面更为自私,并经常表现为积极的敌对行为或消极的敌对行为;高度受欢迎的同伴则更为友善、善于移情和讨人喜欢。[③]

另外,受网络文化以及流行文化的影响,班级中喜好同样游戏的学生、喜欢同一偶像的学生、喜爱同一畅销小说的学生等更易形成各种"粉丝团""游戏迷"等非正式群体。

(二) 班级群体的类型和作用

在班级形成之后,学生群体开始不断分化。这种分化受到一些新因素的影响。一般而言,这些因素包括:个体空间距离(距离越近,接触越多,心理认同感越强)、个体影响力(这是一种新的因素,它以学习成绩、体育能力、其他技能、班干部身份,甚至家庭经济状况等而形成影响力)、个性因素(如兴趣、爱好和性格等)。学生群体的类型主要有以下六种。

1. 游戏群体

在米德看来,游戏是儿童社会性和个性发展的重要媒介,同时他将游戏列为儿童自我概

[①] (瑞典)T. 胡森,T. N. 波斯尔斯韦特. 教育大百科全书[M]. 张斌贤,等译. 重庆:西南师范大学出版社;海口:海南出版社,2006:295.
[②] 马和民,高旭平. 教育社会学研究[M]. 上海:上海教育出版社,1998:326.
[③] (美)Richard A. Schmuck, Patricia A. Schmuck. 班级中的群体化过程[M]. 廖珊,郭建鹏,等译. 北京:中国轻工业出版社,2006:152.

念发展的重要阶段。游戏使学生学会交往,增长社会生活能力。因此,不会玩的学生不会是一个身心健康的个体。在学校中,以玩为主的游戏性群体占学生群体中的多数。这些游戏群体包括:临时性游戏群体,例如课间休息时的游戏活动,其特点是短时效;偶发性游戏伙伴,如课堂上的"恶作剧"或者相互传字条玩等(见案例7-4)。

> **案例7-4**
>
> **课堂上的偶发性群体可能带来什么**
>
> 加拿大学者江绍伦曾描述过课堂中偶发性群体带来的可能问题:教师正在写板书,当他转过身时,看到两个学生正在窃窃私语。根据教师对这个情景的理解,他可能把这种行为看作是反对他的一个"阴谋",可能把这种行为看作对板书的消极反应,可能把这种行为看作对他写板书的积极反应,也可能把这种行为看作一种厌烦的标志。显然,教师对这一情景的不同理解,会带来不同的教育处置。
>
> 资料来源:魏国良.学校班级教育概论[M].上海:华东师范大学出版社,1999:192.

2. 兴趣性群体

兴趣性群体往往从游戏群体发展而来,因而带有"玩"的特点。但它比游戏群体具有更高的相融性和聚合力。这类群体有自身的目标和任务,个体有一定的意志,持续时间通常较长,具有"迷"的主要特征。如收藏、欣赏、制作等,都可形成兴趣性群体。

3. 倾吐性群体

倾吐性群体不以消遣为功能,而是以倾吐心理感受、表达内心活动为主。所以,此类群体往往是固定的,有很紧密的心理联系,群体中的一方往往被另一方认为是知己好友。其活动内容主要有:发牢骚、诉说、聊天等。随着核心家庭的不断发展,学生之间的此类群体会不断增加。倾吐有助于保持心理健康、平衡心态。

4. 互助性群体

互助性群体以相互帮助为目的,具有帮困解难的作用,有很重要的生活意义和教育意义,有助于提高学生个体的自立、自学、自主水平。西方学术界在1942年就创造了伙伴体系(buddy system)这一概念,美国的韦氏词典将它定义为"两个人结对子的安排"。随后,同伴互助学习(peer assistant learning)这一教学理念也在建构主义的影响下应运而生。英国的托平(K. Topping)和美国的尔利(S. Ehly)在1998年出版的《同伴互助学习》一书中提出:"所谓同伴互助学习,是指通过地位平等或匹配的伙伴积极主动的帮助和支援来获得知识与技能的学习活动。"[1]互助性群体也可能出现负效应,例如:功利行为(付钱买作业)、校园欺凌行为等。

---

[1] Topping K, Ehly S. Peer-assisted learning[M]. New York: Routledge, 1998.

5. 冲突性群体

此类群体主要以侵犯其他学生、惹是生非、逞强称能为特征。尤其是当前,由于各种影视媒介播放了不少暴力故事,给成长中的学生带来了许多参照体。

学生群体的存在可以满足学生不同的心理、社会需要。在马斯洛(A. Maslow)看来,人的需要对于身心发展来说不可缺少,否则就会引发身心疾病。学生群体的作用主要可以概括为:(1)提供同伴影响。在学校生活中,除了家庭、学校的影响,同伴是学生最主要的社会空间。(2)有助于促进社会性发展。学生的社会化需要一定的社会空间,群体正是这种场所。可以说,一个群体就是一个小社会,学生在其中活动,就是在进行初始的社会实践活动,学生的社会适应性、社会能力都在其中得到了发展。(3)有助于促进个性发展。学生群体的多样性与学生个性的丰富性有关。

6. 榜样群体

榜样群体(reference group),又称参考群体,或参照群体,指在心理上与自己有关系的、常被个体作为自己的态度和行为参照标准的群体,与所属群体相对。榜样群体可以是实际上存在的群体,也可以是个体虚构出来的或者被个体理想化了的群体。榜样群体既是评价和比较个体言行、习惯、态度、信仰及价值观的基础,也是个体规范、态度及价值观的来源。个体一旦视某个群体为自己的参照标准,就会把该群体的活动目标视为自己的行动目标,自觉地以该群体的规范对照自己的思想,约束自己的行为。

案例 7-5

群体多样性对学生适应能力的重要性

2001年11月6日,美国哥伦比亚大学医学院院长博林格(Bollinger)教授曾在美国医学院协会的年会上作《高等教育多样性需要》的演讲。其认为,包括医学在内的整个高等教育领域对于学生群体在种族、少数民族和其他方面均有着多样性的需求,并介绍了两起涉及密歇根大学本科生和法学院反歧视行动招生政策的法例。这些法例的结果将深刻地影响到美国高等教育、专业教育和研究生教育的质量。

反歧视行动是一种被许多大学用以保证学生群体成分多样性的工具,可帮助学生充分地参与由不同成分所组成的美国民主和全球的经济。学生与具有不同生活经验的同学相接触,他们首先想到的是面临的挑战,他们会发现自己和同学间有什么共同点。500家大公司说,毕业于学生群体成分多样性较大的院校的学生均较好地掌握了对美国工作场所来说至关重要的关键技术。

资料来源:梅人朗.高等教育学生群体成分多样性的需要[J].复旦教育论坛,2003,1(06):92.

二、班级中典型的群体行为

班级学生群体中存在着各种典型的群体行为,一般包括:反抗行为、从众行为、时尚趋求行为、嫉妒行为、竞争行为、冲突行为六类。

（一）反抗行为

反抗行为主要发生于教师与个别学生之间，但也可能发生于教师和学生群体之间。在华勒看来，师生之间存在着制度性冲突，即教师需要以权威迫使学生顺从，而学生则反抗教师的权威。20世纪70年代，英国教育社会学家用反学校文化的概念解释了反抗行为产生的原因。美国学者克拉克(Clark)则把中学生的亚文化区分为三类：玩乐型亚文化、学术型亚文化和违规型亚文化。其中尤其是违规型亚文化，其最大的特征就是回避乃至反抗整个学校教育过程。他同时分析了美国大学生亚文化的四种类型：玩乐型、学术型、职业型和非顺应型亚文化。其中特别是非顺应型亚文化，由于其参照标准来自校外社会群体及其意识，故对学校主要持批判态度，支持攻击性行为。张人杰先生指出，青少年反学校文化实质上是校园主流文化中根本价值观之异化。在此基础上，杨洁和张家军两位学者将我国的中学生反学校文化分为了偏激对抗型、贪图享乐型和冷漠消极型三类。实际上，反抗行为源于学生群体的逆反心理，这是常见的班级群体心理现象（见案例7-6）。这种逆反心理实际上是学生群体因对于教育要求或外部事物拒绝认同而产生的心理活动，其活动方向与外部刺激正好相反。其产生的原因是：当外部要求高于个体认同能力时，就导致了"为何如此对我"的逆反心理；当外部要求低于个体心理水平时，则形成了"为何看不起我"的逆反心理；当群体环境不利于个体心理认同时，可能出现逆反心理；还有一类是"定式作用"导致的。

[案例7-6]

罗密欧与朱丽叶现象

罗密欧与朱丽叶是莎士比亚戏剧中的两个青年，家族的宿怨与反对使其爱情受阻。但这并没有影响他们恋爱，反而令他们铤而走险，上演了一幕爱情悲剧。社会学和社会心理学中把这种恋爱、婚姻中的反向行为，称为"罗密欧与朱丽叶现象"。

（二）从众行为

从众行为，通俗地说就是"随大流"。由于实际存在的或头脑中想象到的社会压力与群体压力使个人产生了符合社会要求与群体要求的行为和信念，个人不仅在行动上表现出来，而且会改变原来的观点，放弃不同的意见。从众的学生，其思维特征表现为独立性特别是批判性较差。在未能充分调动学生积极性、对学生缺乏研究并充满霸权和控制的课堂中，多数学生会懒于独立思考，往往表现出较强的从众倾向，导致个体在知觉、判断、信仰和行为上表现出与群体大多数成员相一致的现象（见案例7-7）。

> **案例7-7**
>
> **从众行为研究**
>
> 1951年,社会心理学家阿希(S. Asch)做了一个实验:每6名假被试(实验助手)和1名真被试坐在一起(真被试事先不知只有自己是真被试)。实验者要求他们比较3条线段与标准线段的长度关系,其中一条明显与标准线段一样长。结果,在123名真被试中,有32%遵从了群体的压力,作出了错误判断。

(三) 时尚趋求行为

时尚是一个时期人们通过审美、道德、情感的方式表现出的对某一事物的喜好与追求。学生处于青少年时期,具有强烈的爱模仿的特点,他们往往通过对时尚的模仿来表现成人感。对时尚的追求本身无所谓好坏,而是一种普遍的社会心理。但是如果过于追求时尚,过分投入,就可能会影响学习。但如果一味反对学生追求时尚,就可能引发逆反心理。

(四) 嫉妒行为

嫉妒心理与行为是学生群体中的常见现象。这种情形会在以下几种条件下产生:条件不如自己或与自己相同者处于优势位置,自己所讨厌的人处于优势位置,同性者处于优势位置,强于自己但又爱炫耀的人处于优势位置。个别学生出现嫉妒心理和行为,主要可能是由于个性特点导致的,如心胸狭窄、好胜心强。但如果这种心理行为变成一种群体现象,则主要是由于班级缺乏健康的竞争机制,或者是因为教师和学校的评价标准不公。

(五) 竞争行为

从生态位的角度来看,在一个群体中,每个物种都有不同于其他物种的时间、空间位置,也包括在生物群落中的功能地位。与生态位相关联的是竞争排斥原理。班级是一个适度规范群体,在这个群体中,处于同一生态位的生态个体之间,由于所处层次(年龄层次或需求层次)相同,面临的任务相同,在许多方面,会表现出更为激烈的竞争现象。

(六) 冲突行为

在班级中,各群体内部同样会产生冲突行为。施穆克(Schmuck)描述了群体内可能会产生的四种类型的冲突:目标冲突、规程冲突、理念冲突和人际冲突。麦克多纳德(McDonald)和卡斯特(Custer)对初二和初三年级的207人进行的研究表明,同伴中发生最多的冲突类型是:讥笑、诅咒和骂人;言语威胁;破坏或偷窃财物;推搡、揍人和抓扯;打架;欺侮。约翰逊在对发生在学校中的学生冲突的15项研究发现了同样的情况。他注意到,一直以来,研究都表明了学校情形中的典型冲突类型就是言语的骚扰、言语的争执、谣言和闲言、打架、记仇或人际关系问题。他还注意到,学生的身体冲突几乎从来没有严重到触犯了法律的地步。[①] 另外,由于某些教师或班干部的错误行为导向,班级中可能会推崇"官僚主义"作风,并且培养"告密者""小间谍",出现以多欺少、以强欺弱等冲突行为。[②]

三、班集体的建设

班集体的建设是班级管理工作中的一项重要任务。它是一项比较复杂的工作,需要班主任与全班同学的共同合作才能完成。这是一项需要创造性、热情和激情的工作。本书在这里主要讨论班集体的发展过程、班集体建设的策略与方法、班集体的衡量标准等问题。

(一)班集体的发展过程

班集体本身也有一个生命周期:诞生、成长、成熟、衰落。

班级诞生于学生的偶然集合,在班级形成之初非正式倾向比较明显,主要受到班主任的左右。班主任实际上是班集体形成的设计师,他的主要任务是为一群偶然组织起来的学生设计一个"准社会"。从这一意义上,班主任是真正的社会工作者。

在班级成长过程中,班主任起着一个领导者的作用。班主任的领导能力往往比其教学能力更重要,这种能力主要表现为其对班集体的影响力。

班集体建立后处于相对稳定的阶段,班级气氛逐渐形成,班级成员之间的地位关系已确立,班级规范也已出现。但是,这一阶段若过于刻板则会影响班集体的活力。班主任在这一阶段的主要任务,是要真正成为调节班级成员人际关系的艺术家。

班集体也可能会出现难以应对的问题,此期班集体中原先积存的问题由萌芽发展到暴露无遗,各种病态现象逐步出现。美国社会学家米尔斯等人在《社会学和社会组织》一书中描述了这一类组织病态(见知识拓展7-5)。此期班主任的主要任务是诊断和治疗。进行科学的诊断,需要班主任有耐心,悉心研究班级中的人际关系,弄清每个学生所处的地位及其原因。科学的诊断是为了治疗,这是一项创造性的工作,不仅需要班主任采取各种有效的控制手段和方法,还需要有适当的不干预措施,即让学生进行自我管理。苏霍姆林斯基把这项以人与人之间的关系为对象的工作,称为实践的创造性的"人学"。

知识拓展 7-5

组织发展过程中的病态现象

1. 偏宠。"他是老师的宝贝。"
2. 懒散和怠工。"不要太卖力""拖延、回避""随大流"成了班集体的某种文化。

---

① 转引自:(美)Thomas L. Good, Jere E. Brophy. 透视课堂[M]. 陶志琼,王凤,邓晓芳,等译. 北京:中国轻工业出版社,2001:237.
② 王平. 在集体中育人——"情感性班集体"及其建设路径[J]. 中国教育学刊,2019(05):86—91.

3. 工具主义。形式主义地服从一些规章和程序。

4. 个人主义。"这里面有我什么事?"此时,个人对组织利益的替代可能无处不在。

<small>资料来源:(美)赖特·米尔斯,塔尔考特·帕森斯,等.社会学和社会组织[M].何维凌,黄晓京,译.杭州:浙江人民出版社,1986:169—171,有修改。</small>

从上述班集体的发展演变过程可以看出,班集体的建设尽管主要是班主任的工作,但如果没有学生的参与,就难以完成。

(二) 班集体建设的策略与方法[①]

研究发现,若教师创造一个具有高度内聚力的班级,则其具有教学价值。这样的班级具有互相信任的氛围,教师和学生可以相互影响。工业组织的研究已经证实,凝聚力与群体的生产力是相关的,倘若规范是支持生产力的,有凝聚力的群体比没有凝聚力的群体更具有目标导向性,而且只要个体分享的目标在生产力上是一致的,凝聚力就会提高生产力。因此运用一定的策略,采取相关的措施建设班集体具有重要的价值。关于班集体的建设问题,许多研究者进行了探索。

要发展班级的群体性,教师首先要制定能够培育积极的群体动力的班级管理规程。查尔斯(Charles)记录了许多种教师可以利用的不同的班级管理模式。其中一个看起来特别有用的模式是:教师让学生参与制定有益于促进学习的班级规则以及违反规则的处罚措施。然后这些规则就作为学生行为的规范开始运行,因为这些规则都是写下来的,并且是由所有学生签了名的,由此便表明学生都理解了这些规则,同意遵守这些规则,并且愿意在规则被打破时努力去纠正。

赫兹-拉扎劳威茨(Hertz-Lazarowitz)提供了一个设计物理环境、学习任务以及班级内的教师和学生行为的模型,以促进班级从较低的复杂程度向较高的复杂程度的转变。复杂程度高意味着学生的学业以及社会性行为不仅能引起较高水平的思考,而且还能引起班级成员之间较高水平的互动和相互影响。

施穆克描述了许多种帮助班级里的学生相互认识并由此促进班级群体性发展的打破僵局的活动。竞争性游戏也可以用来达到这个目的。比如说,教师可以抽出一段时间,通过口头提问的方式帮助学生准备测验:每一排的学生作为一支队伍,答出正确答案最多的队可以获得一份奖励。教师可以建立这样一个规则:第一个被叫到的学生必须回答相应的问题,不过其队友可以对其进行鼓励。这种活动包含了规定性冲突。但是如果学生的表现不影响对他们的评价,这个活动还是充满了乐趣的,并且能够帮助建立群体精神。

<small>① 主要参考:(瑞典)T. 胡森,T. N. 波斯尔斯韦特.教育大百科全书[M].张斌贤,等译.重庆:西南师范大学出版社;海口:海南出版社,2006:79—80。</small>

通过在整个班级内开展长期的活动项目也可以促进班级群体性的发展。比如说,班级可以选择戏剧表演,然后筹备演出,其中每个学生都单独或者以工作团队为单位承担一些必要的任务(比如设计布景、排练某些部分等)。

最后,还可以运用整个班级的互动性活动提高班级的群体性。比如说,维纶(Wilen)描述了一些方法:让一个有20—30个学生的班级参与有教师指导的谈论活动,旨在提高学生理解和分析一个专门问题的能力;还让他们参与反思性讨论,旨在帮助学生进行批判性思考,参加社会性交往,并为他们自己的学习结果承担责任。

所有这些策略,都旨在提高班级的群体性,提高群体成员的内聚力和信任程度,以便促进班集体的发展。

(三) 班集体的衡量标准

在吴康宁看来,对于班集体的水平存在着两种区分标准。一种是单纯以班集体的结构化程度来区分,另一种是以结构化程度与班集体的社会价值两者来区分。

第一种标准还可区分为两种类别,最简单的做法是将班集体分为所属群体与参照群体两类。前者是指个体在客观上隶属的群体。后者是指对个体信念、态度和价值观等的形成特别重要的群体,是个体在主观上期望归属的群体。片冈德雄便是着力将班集体区分为所属群体与参照群体的研究者之一。他以义务教育阶段的班级在其刚组建时的状况为例,说明了作为所属群体的班级的一些主要特征,诸如班级成员基本上没有学习的自发性与选择性,他们受来自国家行政、地方行政或家庭与社区的广义上的强制而进入学校,从而偶然性地被迫从属于某一学校。此时的班级组织近于简单的集合状态,其成员之间无依赖关系,其纪律并未成为学生个人的纪律,其对学生的惩罚也不能转化为学生内心的自我惩罚,其内部气氛是防卫型的。与此相反,在作为参照群体的班级中,学生在内心中将自己与班级融为一体,班级的目标同时成为学生个人努力的目标,班级规范同时成为个人自觉遵守的言行准则,班级中的气氛是支持型的。片冈德雄认为,所谓班级建设,也就是作为学生所属群体的班级不断地参照群体化。

另一种做法则是将班集体的水平视为由低到高逐渐递进的系列,在这方面,日本学者广田君美的研究较具代表性。广田君美以结构化程度为尺度,将班集体的发展分为水平递进的五个时期。

孤立探索期。一般为班级组建的起始阶段,这时,班级对于学生来说是一个充满未知因素的群体,每个学生都在探索与其他同学的某种关系,但一般很少形成新的相互关系。此时所见的某些学生之间的联系多半形成于入学前。

横向分化期。随着班级活动的展开,学生逐渐相互知晓,相互联系渐趋稳定,开始在同班同学这一平等基础上,以个人为中心扩大并分化自己在班级中的横向人际关系。

纵向分化期。横向人际关系继续发展,使得这种关系逐渐出现倾向性,班级成员开始分化为优势者与服从者。学生此前通过教师才得以满足的那些要求,现在已开始通过其同学中的优势者得以满足。

小群体形成期。此时,学生对与同伴共同进行的小群体活动最感兴趣,班级中开始出现相互联系密切的若干小群体。学生从对教师的依存转向对同学的依存。

群体统合期。这是不同的小群体之间相互交流,继而成为班级组织的有机组成部分的阶段。此时,班级中开始出现真正的首领,全班学生在其统率下行动。

第二种区分标准主要根据班级的结构化程度与社会价值两种标准,而首先强调的往往是社会价值标准。譬如,以班集体研究闻名而在国内地方教育科研中颇具特色的无锡市教科所,将班集体素质水平和班集体教育职能水平作为判断班集体发展水平的两大方面。在班集体素质水平的六项标准中,前三项都是社会价值方面的,其第一条便是具有与社会目标一致的、对成员具有参照性的组织目标。集体成员从事共同活动的动机是为了促进社会的进步和发展,其所提出的班集体发展水平指标体系则含有多项与社会价值有关的指标。按照双重标准去考察班级组织的发展水平,所把握的是向量意义上的发展水平。苏联学者彼得罗夫斯基与施巴林斯基设计了一个几何模型,该模型原本用于区分不同发展水平的一般群体,但它显然也同样适用于对班集体发展水平加以判断(见表7-3)。

表7-3 班集体发展水平指标系统[①]

	A-1 结构要素		A-2 教育功能
B-1 集体目标	C-1 班集体教育目标 C-2 班集体管理目标 C-3 小组自我教育目标 C-4 个人学习目标 C-5 集体目标方向性与参照	B-5 集体舆论	C-21 主导舆论及阵地建设 C-22 社会文化信息加工 C-23 对待不同意见 C-24 评价活动 C-25 舆论正确性与认同度
B-2 组织结构	C-6 班委会组织 C-7 团队组织 C-8 小组建设 C-9 非正式组织 C-10 组织结构开放性与有序度	B-6 管理能力	C-26 规范管理水平 C-27 目标管理水平 C-28 质量管理水平 C-29 自我管理水平
B-3 人际关系	C-11 师生关系 C-12 生生关系 C-13 个人与集体的关系 C-14 班级关系 C-15 人际关系团结性与凝聚度	B-7 教育功能	C-30 思想政治道德素质 C-31 科学文化素养 C-32 审美艺术素质 C-33 劳动技能素质 C-34 身心潜能素质

---

① (苏)A·B.彼得罗夫斯基,B·B.施巴林斯基.集体的社会心理学[M].卢盛忠,龚浩然,张世臣,译.北京:人民教育出版社,1984:64.

续表

	A-1 结构要素		A-2 教育功能
B-4 集体纪律	C-16 学生守则 C-17 课堂纪律 C-18 日常行为规范 C-19 社会公德 C-20 课堂自觉性与自由	B-8 发展功能	C-35 个性倾向性 C-36 个性心理特征 C-37 个性自我调节水平

关键词

班级组织　　　　　班级正式结构
班级非正式结构　　社会测量法
社会结构分析法　　社会网络分析
班级群体　　　　　班集体的衡量标准

习　题

1. 简述班级组织的特点及其功能。
2. 分析班级正式结构对学生地位差异观念的影响。
3. 试析班级非正式结构对学生成长的影响。
4. 案例分析：班级群体行为（反抗、从众、时尚趋求、嫉妒、竞争和冲突）。
5. 联系实际分析班集体的建设。
6. 联系实际分析如何处理班级正式结构和非正式结构之间的矛盾。

推荐阅读书目

1. 魏国良.学校班级教育概论[M].上海：华东师范大学出版社,1999.
2. 鲁洁.教育社会学[M].北京：人民教育出版社,1990.①
3. 吴康宁.教育社会学[M].北京：人民教育出版社,1990.②
4. 董泽芳.教育社会学[M].武汉：华中师范大学出版社,1990.③
5. 全国十二所重点师范大学.教育学基础[M].北京：教育科学出版社,2002.④
6. （美）罗伯特·G.欧文斯.教育组织行为学（第7版）[M].窦卫霖,温建平,王越,译.上

---

① 主要阅读该书第12章。
② 主要阅读该书第9章。
③ 主要阅读该书第8章。
④ 主要阅读该书第9章。

海:华东师范大学出版社,2001.

7. 马维娜.局外生存——相遇在学校场域[M].北京:北京师范大学出版社,2003.

8. (美)Richard A. Schmuck,Patricia A. Schmuck.班级中的群体化过程[M].廖珊,郭建鹏,等译.北京:中国轻工业出版社,2006.

9. King R. The sociology of school organization: contemporary of school[M]. New York: Routledge,2017.

第八章
学校组织的社会学分析

学习目标

1. 掌握学校组织的性质及结构特征。
2. 结合实践掌握组织理论,并能将理论运用于教育实际,能运用理论分析学校组织活动。
3. 了解学校组织中的冲突。
4. 思考解决学校冲突的方法。
5. 了解学校变革的阻力。

现代社会是一个高度组织化了的社会,学校便是各种社会组织中的一种。学校组织社会学是教育社会学的一个很重要的组成部分,主要借助社会学中的组织理论和行为理论,以具体的学校系统为研究对象进行分析与讨论。其研究的重点包括学校组织的特性,如探讨学校的目标、科层制、意见沟通制度和调适机制等;学校组织的社会环境,如讨论学校的内部环境(学校社会结构与社会气氛、校长与教师、行政人员与教学人员等的关系)以及外部环境(学校与社区、学校与家庭等的关系)等。早在1932年,美国学者华勒的《教学社会学》就已重点分析了学校组织的社会学特征。之后,韦伯的组织理论(见《社会和经济组织》)丰富了学校组织的理论研究[①],英国学者罗德黑弗(M. Rodehaver)的《学校社会学》一书可以被视为现代学校组织社会学研究的开端,此后的研究渐趋多样,包括对学校组织的经验分析研究。但是,学校组织的研究仍然是教育社会学中最薄弱的领域之一。正如英国学者鲍尔(S. Ball)所指出的:迄今为止,仍没有学校组织的社会学理论。他还同时把学校组织研究缺乏理论逻辑和社会学活力看成是阻碍教育社会学发展最严重的问题之一。[②]

本章主要阐述了学校组织的性质与结构、学校组织的运行、学校组织的变革三方面的内容。

第一节 学校组织的性质与结构

教育社会学将学校视为社会组织或社会系统,由此,就必须分析学校组织的社会学特点、学校组织的内部结构、学校组织与外部环境的关系、学校组织的运行和管理、学校组织的变革、学校组织的功能等方面的问题。本节着重分析学校组织的性质、学校组织的结构、学校组织气候等内容。

一、学校组织的性质

(一) 学校是一种社会组织

学校自其诞生起,即是一种组织化了的社会单位。所谓组织,是指有意识地组织起来以达到特定目标的社会群体,它是人们为了合理、有效地达到自己的目标,有计划、有组织地建立起来。这种社会群体有领导、有组织,成员间有明确分工和职责范围,有一套工作制度,有明确的目标,故称为社会组织,以区别于"初级群体"[③]。

---

① 转引自:Valerie E Lee. School size and the organization of secondary school[M]//Hallinan M T. Handbook of the sociology of education. New York: Kluwer Academic/Plenum Publishers, 2000:333.
② 转引自:吴康宁. 教育社会学[M]. 北京:人民教育出版社,1998:251.
③ 初级群体的概念最早由美国社会学家库利提出。他解释了这一概念的基本含义:初级群体是指具有亲密的、面对面交往与合作特征的群体。库利这里所说的初级群体概念主要是指家庭、邻里和儿童游戏群体,他强调这些群体在人的早期社会化过程中所发挥的重要作用,并把它们看作是"人性的养育所"。后来的社会学家将这一概念扩大到人际关系亲密的一切群体身上。按照群体成员联系的纽带,初级群体可划分为血缘型、地缘型、友谊型和业缘型等。

社会组织有各种类型。美国社会学家帕森斯根据组织的功能和目标分为三类:生产组织(如各种企业和服务性单位)、整合组织(如法院等)和政治组织。而美国组织社会学家艾兹尼(A. Etzioni)根据权威的类型或组织的支配手段,把组织分为三类:强制性组织、功利性组织和规范性组织。美国社会学家布劳(P. Blau)等人根据受益者的类型将组织分为:互利组织、营利组织、服务性组织、公益组织四类。学校虽然是一种社会组织,但随着学校与广泛的社会系统之间的关系的日益密切,很难将它归属在上述任何一种类型中。实际上,学校组织兼具上述组织类型中的不同特性。

(二) 学校组织的性质

学校作为一个社会组织,有其明显的特点:(1)有固定的人数;(2)有明确规定的政治结构,这个结构由学校独特的社会互动(教学活动)而引起;(3)有众多小型的互动过程的影响;(4)是可代表社会关系的一个紧密连接的网络;(5)学校的所有成员具有一种同群感;(6)有自己特定的学校文化。由此,就可以进一步分析学校组织的特性。根据不同的角度,可以对学校组织的性质有不同的分类。

1. 规范性组织、权威性组织、强制性组织和功利性组织

根据学校组织对成员的约束,可以把学校组织的性质界定为:规范性组织、权威性组织、强制性组织和功利性组织。

(1) 规范性组织。学校对于师生而言,是一种规范性组织。学校的教育活动所依据的主要约束手段不是法律,而是教育规范。因而,对教师来说,必须合乎教师的职业道德规范、育人规范;对学生来说,必须合乎学习规范、行为规范。

(2) 权威性组织。学校组织的权威性是对于学生而言的。学校是极典型地以某种变相权威主义(教育人的部门)组织起来的。这就意味着学校是以"文化专断"[①]为内容,并以"教育的权威"或"知识的殿堂"为表现形式的。由于存在这种形式的强制性,对教师来说,就必须努力完善自身的权威形象。这种权威形象的获得,依靠的不是物理上的威逼手段,而是来自文化、人格的力量。对学生来说,他以一个"受教育者"的形象出现,所受到的是"文化的强制"。这种文化的强制有时就有可能违背了他的天性。同时,由于学校是一个依靠社会上最易控制但又最不稳定的成员——儿童青少年来支撑的系统,因此这种教育权威本身就极不稳固,极易因现实中的微小失误而受到各种干涉、批评和威胁。实际上,学校行政人员和教师的权威受到多种因素的影响:学生、家长、师生之间的关系、教师社会地位的高低等。这些都使教师和学校行政人员很难始终保持权威。而在学校权威体系之间又存在着一种不断的相互作用:学校因它的权威下降而不断地受到威胁,受到威胁的学校仍然有其权威性。

(3) 强制性组织。对学生而言,学校组织的规范性和权威性并不是无条件的,而是体现为一定的强制性。这种"一定的强制性"区别于法律上的严格强制,具体表现为三个方面:

---

① "文化专断"的概念由法国社会学家布迪厄所创用。

①学校组织的强制性最接近法律强制的方面是在"义务教育阶段",即将该阶段的学生强制纳入学校组织中;②学校组织是通过特有的奖惩制度而对学生进行有限范围的强制的;③学校组织还通过教师为维持自身权威的工作,以及惩罚措施而对学生实施身体或精神上的制约。正是这种强制性,使得学校组织经常会面对各种冲突(例如,师生冲突、学生或学生家长与学校的冲突等)。

（4）功利性组织。教师作为一种职业,是以教育和教学工作这样一种特殊劳动,换取经济报酬、维持生存的。因而,学校就自然地需要承担起教师的经济报酬和物质待遇等方面的责任,教师则通过对学校的贡献及服从领导等方式,获取更多的物质利益。随着教育分权化趋势的强化,学校作为功利性组织的性质进一步加强。这就有可能使校方增加以物质手段支配教师的管理措施,而对教师而言,在选择学校时也将会更多地考虑经济利益的问题。一项针对宏观行政数据以及部分高校教师工资的大规模微观调查研究发现,我国高校教师的工资水平在国内具有一定的外部竞争力,但缺乏国际竞争力。另外,绝大多数教师对实发工资水平有更高的期望,其中高校教师基本工资占应发工资的比例较低,与教师期望的这一比例存在一定差距。[①]

2. 服务性组织、生产性组织、整合性组织、社会关系的聚焦点

根据学校组织运作的过程,学校组织的性质可被界定为:服务性组织、生产性组织、整合性组织,此外学校还是各种社会关系的聚焦点。

（1）服务性组织。学校是提供教育服务的组织。随着社会变迁的加速,教育服务的重要性加强,作用进一步提升。工业社会的生活水准主要由物质产品的数量决定,而信息社会关心的是生活质量,它由健康、教育、娱乐等方面的服务水准决定。因此,学校作为一种服务性组织的作用将会在整体社会生活中发挥更加重要的作用(见案例8-1)。

案例8-1

为满足老年人持续增长的教育服务需求的老年教育

2021年11月印发的《中共中央国务院关于加强新时代老龄工作的意见》提出:"推动老龄工作重心下移、资源下沉,推进各项优质服务资源向老年人的身边、家边和周边聚集。"2023年9月27日,江苏省第十四届人民代表大会常务委员会第五次会议通过《江苏省人民代表大会常务委员会关于促进老年学习的决定》,提出"健全完善省、市、县(市、区)、乡镇(街道)、村(社区)五级老年学习体系"。在政策的推动下,2023年7月,南通市老年大学成立首个街道级分校,在"老有所养"的基础上,探索拓展"老有所学"之路。在南通市老年大学

---

① 胡咏梅,赵平,元静.理想与现实:我国高校教师工资水平与结构分析[J].华东师范大学学报(教育科学版),2024,42(01):24—40.

> 启秀校区,多功能报告厅、多媒体教室、专业教学实训室、文化活动中心、塑胶运动场和智慧健康示范基地一应俱全,50间可容纳40多人的标准化教室宽敞明亮。

(2) 生产性组织。这并非意味着学校能够直接产生经济效益。实际上,学校作为一种生产组织,一方面是通过培养"人力产品"(即具有文化知识、生产技能的劳动者),另一方面是通过学校成员所创造的"知识产品"(如科技创造、发明、社会及人文科学研究成果等),而间接体现其经济及社会效益的。例如,如今我国职业技术型人才缺口较大。公开数据显示,2020年,我国重点领域的技能型人才缺口超过1900万,且该数据仍在不断扩大中,预计在2025年将接近3000万。在如此严峻的形势下,职业院校学生的毕业及就业就能大大弥补社会生产力的缺失。

(3) 整合性组织。学校不是通过法律强制的手段(如法院)来实现整合的,而是通过社会化的途径,以社会文化、政治观念、意识形态、社会道德等为内容,使不同阶层、不同民族、不同地区、不同宗教信仰等的儿童青少年,都能通过培养而成为符合国家教育目标、社会规范的社会成员。涂尔干就曾在他的《道德教育》中提出,通过教育的方式,将集体意识所折射出的集体表象复制和转移到儿童青少年的身上,从而使共同的集体情感、价值观念、规范和制度通过一代代的传承延续下去,形成整个民族国家独特的精神气质,培育社会成员的爱国情怀。[①]

(4) 社会关系的聚集点。学校是一个社会关系的汇合点。学校是国家教育目标的实现机构,是实现社会影响的渠道,是家长教育期望的实现机构,是学生个体发展的培育机构等。学校组织是一个相互联系的关系系统,而不仅仅是孤立的个体或范畴的集合,学校组织中的角色比如教师,只有在与其他角色如学生、校长或学生家长相联系的时候才有意义。[②] 学校社会关系的中心是师生群体之间的关系。师生群体有它各自的伦理和道德准则以及对其群体成员的习惯性态度,而在每个群体内部又因社会阶层、地位、性格、志趣等被划分为不同的小集团。

总之,学校是一个特殊的社会组织,有其独特的组织性格。这就为研究和管理学校提出了许多新课题。

二、学校组织的结构

学校组织的结构是指学校社会成员的构成状况、内部群体的结构、内部职务、权力与地位的分配及其联系方式等。具体而言,学校组织的结构关注的是关系,可包括物质、职权、系

---

① (法)爱弥儿·涂尔干. 道德教育[M]. 陈光金,沈杰,朱谐汉,译. 上海:上海人民出版社,2006:267.
② Hallinan M T. Handbook of the sociology of education[M]. New York: Kluwer Academic/Plenum Publishers, 2000: 333.

统等九种结构形式。

(一) 学校组织的结构类型

1. 物质结构

物质结构指的是学校的树木、教学楼、操场和主要设施的安排。不同国家不同地区的物质结构基本相同却又有千差万别。随着学校规模的扩大、财力的增强和课程的丰富，学校物质设施的有效组织问题也日益突出。

2. 职权结构

职权结构指的是经营学校的人们之间的权力与责任关系。权力结构通常表示人事和组织单位在权力与沟通等级中的位置。权力结构并不总是权力实际运作的真实反映，由于处在不同结构层次的人们个性与能力不同以及在群体中形成了一些政治联盟，这都将导致实际权力流动与沟通的模式有别于官方计划所提出的模式。

对职权结构进行分类的依据通常有两种：一是根据学校的创办者是公众还是私人来划分；二是根据中央与地方机构如何划分决策责任来进行。

3. 系统结构

系统结构指的是一系列联盟学校之间的关系以及对它们的管理与支持之间的关系。一种系统与另一种系统的区别主要取决于结构中的单位数量、大小、实际位置、分配给每个单位的任务以及这些单位在职权与沟通方面的关系。

4. 阶段结构

阶段结构指的是经营学习者在他们的学习年限内所依次经过的步骤或阶段。在世界范围内，典型的学校制度划分为五个主要水平或阶段：学前教育（3—6岁）、初等教育（7—12岁）、初级中等教育（13—15岁）、高级中等教育（16—18岁）和高等教育（19—22岁）。按照学生在初等教育阶段和两个中等教育阶段的学习年限，通常把这三个阶段的学习称为"6—3—3模式"。当然，不同国家的阶段模式不尽相同。

5. 分轨结构

分轨结构指的是学生经过各阶段所选择的路径。在一个学校系统中，年龄相同的学生可能按照不同的课程体系学习。分轨计划有不同的名称：流动小组、能力分组、同类群体、特殊课程、主修课等。

决定学生进入哪个轨道学习有两个主要标准：一是学生个体的明显态度与能力，如天才儿童、快速学习者等；二是个人将来可能从事的职业和教育类型，如学术教育和职业教育。

6. 课程结构

课程结构指的是学生学习一系列学科的时间及分配给每门学科的时间。小学课程结构对所有学生来说通常都一样，但在中学阶段，不同的轨道将具有自身特有的课程结构。

一个学校的课程结构由几个因素决定：传统，即过去的学习所包含的一些人们熟悉的课程安排；另一个是教育计划者对什么学科能够更好地服务于一个国家的经济发展的看法。

7. 经费结构

经费结构指的是一个学校资金来源的构成。各学校经费结构的区别取决于学校收入的各种来源的构成比例。初等和中等学校运行的五大经费来源是：政府拨款、私人捐款、家长协会、学生学费和社会捐赠。

8. 入学结构

入学结构通常用两个变量——学校规模和班级规模来界定，可用于表现学校学生人口规模。一个学校的总入学人数通常受人口密度、可利用的交通、财政支持水平、学龄人口的比例、学校赞助者和课程类型的影响。班级规模则受人口密度、财政支持水平、教室大小、教室设备类型和教学理念等综合因素的影响。

9. 出勤结构

出勤结构指的是学生在校的时间安排，即学生每天、每星期在校时间的计划。最普遍的年度计划是学生秋、冬、春在校，夏季有较长的假期。而现实情况则与计划相差很大。

一般的周教学计划为 7 天中的 5 天或 6 天，剩下的一两天用来举行各种活动，或为自由活动时间。学生每日在校时间也根据实际情况而有所不同。

（二）学校组织的社会学特征

教育社会学着重研究学校组织结构的社会学特征，从而为学校管理、决策提供参考。

1. 学校首先是一个异质结构[①]

学校是一个异质结构，首先体现为学校成员实际上主要是由两大类身份不同、地位不同的群体，即教师与学生组成的。师生在社会学特征上几乎完全相对。华勒指出，师生之间是一种典型的"支配与从属"的关系，双方之间存在着潜在的对抗与冲突。学校作为一个异质结构，还体现在学校组织目标与实际追求目标的差异方面。另外，由于教师与行政领导、教师与非教学人员之间所存在的观念差别，所依据的规范不同等，他们之间也可能存在一定的对立与冲突。这样一个异质结构往往意味着，学校是一个充满冲突和对立可能的组织。[②]

2. 学校是一个多权威结构

对于学生来说，学校教师都具有权威性。这就使得权威的来源多样化。学生应该主要服从谁的权威？这里就存在着社会学色彩十分浓厚的问题与现象。一般而言，学生所直接面对的教师权威主要是班主任、任课教师和学校行政领导。在不同年龄的学生那里，这三类教师的权威形象是不同的。这种多权威结构会导致下述现象：一是易使班级成为一个相对"封闭的群体"，二是很难出现师生所公认的权威人物，此外还易导致学校较难成为一个极具凝聚力的社会组织。

[①] 鲁洁. 教育社会学[M]. 北京：人民教育出版社，1990：382—385.
[②] 20 世纪七八十年代主要由英国教育社会学家开展的研究，都指出了师生之间所存在的对抗与抵制。威利斯提出的反学校文化，更具有代表性。

3. 学校是一个多层次结构

学校已经演变为一个规模庞大、层次分明的科层制组织。现代学校实际上已经形成较为稳定的职权系列：校长—分管处长（或主任）—年级长、教研组长—班主任、教学人员、教辅人员—学生。此外，学校还包括其他一些职权系列（党团组织、学生会组织等）。教育原本是教师与学生之间的对话，但是现在的教师地位已经受到学校科层制的控制，这就容易导致教师的权威形象受到影响。但是，这种多层次结构所产生的最主要影响，体现在教育工作的专业化与学校科层化要求的冲突上。一方面，教育工作需要有较大的专业权力，以开展教学实验、教学研究等；另一方面，学校为了加强管理设置了较多的行政职务。这就极易产生行政方面对教学、科研工作的干涉。

三、学校组织气候

学校是以自身作为教育者，有计划、有组织地对受教育者进行系统教育的组织机构，各类学校皆具有独特的组织气候特征，由此便引入了"学校组织气候"的概念。这一概念关注人的主观感受，作为改进学校教育质量、推动教育人本化改革与发展的重要手段，被全球众多学者关注。国际上，学校组织气候已经成为教育领域研究的重要问题。如 PISA 项目从 2012 年开始将学校组织气候作为一项教育质量评价指标，并进行广泛测评。我国目前对于学校组织气候的关注较少，正确认识学校组织气候研究的重要性，积极开展学校组织气候的本土实践研究，对于我国加快推进教育现代化建设意义重大。

（一）学校组织气候的概念与内涵

最早将自然界中"气候"一词运用于社会研究中的学者是德国心理学家库尔特·勒温（K. Lewin）。他及同事于 1939 年进行了一项关于少年群体领导作风问题的实验，安排三位分别采用专制型、民主型、放任型领导作风的成人，各领导一组儿童完成作业。结果表明，领导作风不同，形成的组织气候也不同。勒温指出，组织气候应当是一种能够影响人的行为与心理活动产物的格式塔。[①] 他认为团体是改变人和社会的有力工具，会影响个体在任何情境中的行为，所以提出了"团体气候"的概念。随着研究的深入，直至 20 世纪 70 年代，学界产生了从生态角度审视气候的观点。时至今日，从生态视角系统地看待、分析学校气候的维度已经成为学校组织气候研究的共识。在欧文斯 1970 年所著的《教育组织行为学》中，"组织气候"的概念指一个组织内部比较长期具有的性质，该性质可被其组织成员亲身体验，可以影响组织的行为，可按照一套独特的组织标准加以描述。[②]

从国外学者的研究来看，对"学校组织气候"概念的界定大体分为三种，即人格隐喻、关系隐喻和空气隐喻。人格隐喻的观点把学校组织气候比喻为"人格"，认为学校组织气候是学校团体

[①] Lewin K, Lippitt R P, White R K. Patterns of aggressive behavior in experimentally created "social climates"[J]. Journal of social psychology, 1939, 10(2): 269—299.

[②] 转引自：(美)罗伯特·欧文斯, 方彤. 学校的组织气候及其描述与评价[J]. 教育研究与实验, 1985(04): 69—87.

努力协调社会系统中组织与个体各方面的产物,包括共同的价值观、信念和社会标准等内在特性[1];关系隐喻的观点以生态学理论为指导,强调学校环境中的人际互动以及学校与社区的互动[2];空气隐喻的观点将学校组织气候描述为学校成员时刻感受到的、弥漫性的、变化不定的环境因素[3]。总之,综合三种观点,学校组织气候即众多个体对所处的学校共同体中人与人之间生态关系的长期感知,体现了校园生活、文化氛围、师生关系、教育理念、教学特色等独特性、长期性的环境特征,除非适逢巨大变革,学校组织气候不会在短时间内发生根本性改变。

近些年,对国内学校组织气候的研究多采用霍伊(W. Hoy)[4]的定义,即学校组织气候是指学校中被成员所体验并对其行为产生影响的、相对持久而稳定的环境特征。在测量学校组织气候时,国内学者多引用科恩认为提出的操作性界定[5],认为学校组织气候体现了学校生活的质量和特点,是人们对学校生活的体验,反映了一所学校的规范、目标、价值观、人际关系、教学和学习实践以及组织结构。因此,学校组织气候应当是学校成员对学校教育五方(校方、教师、学生、家长和社会)及其互动衍生物(学校的规范、目标、人际关系、教学、课程等)的认识,是各方行为发生的真实心理和人际环境。

(二) 学校组织气候的理论发展

自勒温提出相关概念以来,聚焦这一概念的主要研究集中在公司组织领域,管理学研究者对其探讨颇丰。20 世纪五六十年代,研究者继承了组织气候的研究视角,并将其延伸至学校领域,实现了从公司到学校,从关注组织管理到关注学生体验的转变。

1. 教育研究引入组织气候视角

1963 年,哈尔平(W. Halpin)和克罗夫特(B. Croft)出版了《学校组织气候》一书[6],标志着学校组织气候实证研究的开始。他们指出:学校组织气候之于学校,就像人格之于个人,而且学校组织气候能够被组织成员亲身体验。该研究通过调查组织成员对于学校的看法来反映学校的组织气候。他们以教师群体为研究对象,设计了组织气候描述问卷(organization climate description questionnaire,简称 OCDQ),在美国七十多所学校调查教师对于教师团体的看法(教师之间的亲密程度、精神士气、工作态度等)和教师对于校长的看法(校长的工作态度、领导艺术等),并基于调查数据确定了封闭学校气候和开放学校气候两种类型,两者

---

[1] 参见:Halpin A W, Croft D B. The organizational climate of schools[M]. Chicago: Midwest Administration Center of the University of Chicage, 1963.
[2] Anderson C S. The search for school climate: a review of the research[J]. Review of educational research, 1982, 52(03):368—420.
[3] Freiberg H J. Measuring school climate: let me count the ways[J]. Educational leadership, 1998, 56(01):22—26.
[4] Hoy W K, Hannum J Middle school climate: an empirical assessment of organizational health and student achievement[J]. Educational administration quarterly, 1997, 33(03):290—311.
[5] Cohen J, McCabe L, Michelli N M, et al. School climate: research, policy, practice, and teacher education[J]. Teachers college record, 2009, 111(01):180—213.
[6] 参见:Halpin A W, Croft D B. The organizational climate of schools[M]. Chicago: Midwest Administrative Center of the University of Chicago, 1963.

存在反向特征。该研究认为，在开放的学校气候中，校长精力充沛，关心教师，领导教师，以身作则，有条不紊；教师间互帮互助，努力工作，快乐工作。这是组织气候第一次被正式引入学校领域的尝试，关注的是教师和校长，但缺乏对学生发展的关注。

2. 关注学生发展的学校组织气候研究

1965年，西姆(G. Stem)和斯坦霍夫(R. Steinhoff)继承了勒温的观点，设计了组织气候指数问卷(organizational climate index,简称OCI)以测量中小学的学校组织气候，并在纽约州西拉库斯市的公立学校进行大面积测量。[1] 这份学校组织气候量表源于默里(A. Murray)将需求系统作为人格理论一部分的研究。[2] 在默里的理论中，需求(有可能促使个体行为的驱动力)和压力(环境对个体的刺激)共同作用，创造了一种不平衡的内在状态；个体被驱使着持续某种行为以减轻紧张。西姆和斯坦霍夫则认为学生在学校中就是通过外部的压力和自身的需求之间的相互影响而推动了其行为，学校组织气候就是其感受到的来自学校环境的压力，因此根据学生的需求对外部压力进行了测量。组织气候指数问卷通过六个因素来考察学校组织气候：学术气氛、成就标准、个人尊严、组织效果、教学秩序、冲动控制。

西姆和斯坦霍夫指出发展驱力和控制驱力是衡量学校组织气候的两个重要尺度。其中，学校的发展驱力＝学术气氛＋成就标准＋个人尊严－冲动控制；学校的控制驱力＝组织效果＋教学秩序。他们认为，一所学校的发展驱力越大，控制驱力适当，成员就越能够得到更好的发展。默里继承了勒温的场论观点，认为个人需求和环境压力的相互作用影响了人的行为。西姆和斯坦霍夫将其运用于学校管理之中，进一步从学校组织对学生的发展驱力和控制驱力的影响出发，来解释学校组织气候如何对学生的行为产生影响。相较组织气候描述问卷而言，组织气候指数问卷关注了学生的心理(需要和压力)，试图解释学校组织气候如何影响学生的发展，对于提升办学质量意义重大。

3. 以课堂为中心的班级气候研究

科尔曼在1961年指出，不同学校不同班级间的差异巨大，只有以班级为单位进行气候的调查研究才有价值。[3] 基于此，1969年，瓦尔贝格(H. Walberg)根据学校班级的独特性调整了组织气候描述问卷的维度，并结合组织气候指数问卷设计了班级气候问卷(classroom climate questionnaire,简称CCQ)，包含了14个维度的学习环境清单(learning environment inventory,简称LEI)，并以此测量了144间美国教室的班级气候。[4] 瓦尔贝格继承了史密斯在1945年提出的"社会团体"[5]概念，将学生视作多个独立的有机体，并认为班级气候就是学

---

[1] 参见：Stem G G, Steinhoff C R. Organizational climate in a public school system[M]. Syracuse: Psychological Research Center, 1965.
[2] 参见：Murray H A. Explorations in personality[M]. London: Oxford University Press, 1938.
[3] Coleman J S. The adolescent society[M]. New York: The Free Press of Glencoe, 1961:368.
[4] Walberg H J. Social environment as a mediator of classroom learning[J]. Journal of educational psychology, 1969,60(06):443—448.
[5] Smith M. Social situation, social behavior, social group[J]. Psychological review, 1945,52(04):224—229.

生感受到的课堂学习环境。

与西姆和斯坦霍夫坚持学校组织气候是学校组织给予学生的驱动力的观点不同,瓦尔贝格认为气候并非直接的压力,而是学生主观感受到的学习环境特征。作为学生感受到的环境特征,须经过学生的内部转化才能形成驱动力。瓦尔贝格将全部关注点都倾注在学生身上,他全面地分析了课堂内的气候。这是从关注"学生感受到的学校期望给予他们的学习环境"到关注"学生真实感受到的学习环境"的切实转变,而后者才是学校组织气候研究应当关注的重点内容。

总之,随着实践的发展,学校组织气候的概念愈加清晰,已经从抽象的隐喻发展到具有明确的主观感受的环境特征。同时,学校组织气候研究的教育性越来越浓厚,对于学生发展的重视与日俱增,完成了从绩效导向到发展导向的转型,也为学校教育提供了新的研究视角。当然,上述研究还存在不足之处,即更注重学校内部的正式群体,相对忽略了学校非正式群体的存在和作用。事实上,师生非正式群体和正式群体的目标一致与否关系到学校组织气候的稳定性。[①]

第二节 学校组织的运行

学校组织在运行过程中不断地发生着内部和外部的冲突,又不断地进行对内和对外的协调。冲突和协调就成了学校组织运行过程中两个极为重要的方面。

一、学校组织中的冲突

对于在自然状态下的学校运行状况,罗纳德·科温(R. Corwin)曾作过如下评论:(1)学校中不同部门的成员(教师、大楼管理员等)常常把他们自己部门的利益和目标置于整个学校的规章之上。(2)学校组织中个体的地位和活动往往以个体自己的价值来作最终衡量。例如,教师的工资排列就是以资历为基础的,而非取决于他对显性目标所作的贡献。(3)当学校组织过度紧张地求生存和发展时,学校教育的正式目标就会被遗忘。(4)学校内部的各种决定成了各种群体讨价还价和妥协的产物。

由此可见,学校组织在自然状态下的运行过程会产生许多问题,从而导致了冲突的产生。关于组织中的冲突,英国著名政治学家、历史学家帕金森(C. Parkinson)教授通过对英国社会组织制度的大量调查研究,于1958年出版了《帕金森定律》(Parkinson's law)一书。他指出,组织内部之所以存在人浮于事、官僚主义严重的现象,是由不称职的官员造成的。对此,不称职的官员有三种选择:一是申请退职;二是找一个人来分担自己的工作;三是找两个水平低的助手。第一个办法他不会采用,第二个办法他也不会采用,下级的能力一旦超过

---

① 莫兰,张诗亚.学校组织气候研究的全球视野与中国框架[J].复旦教育论坛,2021,19(05):21—27.

自己，就有可能被升职。他只有第三个办法，这是最理想的办法，也就是把自己的工作分给两个水平比自己低的助手。这样既能控制下级，又能使之相互牵制。这两个助手也如此法进行工作，这样就导致了一个办事效率低下的官僚主义机构的产生。

学校组织的冲突主要分为学校组织内部的冲突、学校组织之间的冲突、学校组织与环境的冲突、学校组织的功能性冲突。

（一）学校组织内部的冲突

1. 学校成员个人之间的冲突

这是学校组织内最经常出现的一类冲突，具体又可细分为校长与教师、教师之间等人员的冲突。在一般情况下，这类冲突对学校组织的影响甚微。

2. 师生之间的制度性冲突

教师因其所充当的角色，有时会成为学生的敌对目标，他们在心理学理论中被称为"替罪羊"。在教育社会学中，则认为师生之间由于分别代表着成人文化与青少年文化，代表着不同的规范与要求，因而始终处于"支配与从属"的关系之中，处于树立权威与抵制权威的冲突之中。换言之，师生之间存在着制度性的冲突。对此，有大量的实例可以作证。

3. 学校不同层次或不同部门之间的冲突

这是发生较少，但对学校组织影响又较大的一类冲突。学校组织规模越大，发生这类冲突的可能性就越大。如果只限于业务性的冲突，还容易解决；一旦这类冲突与个人间、非正式组织间的冲突牵连在一起，就不易解决了。

4. 非正式群体间的冲突

也称为"小群体"间的冲突。这是一类发生较频繁，情况又复杂，不能低估其影响的学校组织内部冲突。这类冲突有时以个人冲突的形式表现出来，有时又以工作为借口，通过不同部门、不同层次之间的冲突表现出来，这就增加了解决冲突的难度。不能忽视这类冲突的影响，特别是出现包括学校领导在内的非正式组织冲突时，就可能造成学校组织长期处于不正常的状态。

5. 教师工作的专业化与科层化的冲突

教师工作的专业化已成为趋势，教师需要接受长期的专业训练，需要有较大的专业权力（例如，教科书选用权、课程实施计划制定权、教学形式与教学方法运用权、评价手段使用权），以有效地开展教学研究和教学实验。但在学校中，教师经常面临双重角色：受雇者和独立的专业人员，这种角色冲突经常影响学校行政人员与教师之间的关系。

6. 行政职务与专业职务之间的冲突

在学校组织中，要处理好行政职务与专业职务设置的关系，行政职务不能设置过多，对各种职务的职权范围应明确划分，以避免行政对教学、科研的过分干涉。在我国学校的职务设置中存在着诸多问题：(1)行政职务设置过多。据统计，全国小学入学人数在下降，而学校教职工却增加了(2012—2022年增加了18.7%)；而在大学里，行政人员接近甚至超过教学人员的事例十分普遍。(2)职权范围不明。因职务滥设,分工不明确,必然导致人浮于事,并增加了各部门和学校成员之间的摩擦,降低了组织效率。

(二) 学校组织之间的冲突

此类冲突实际上发生于两种情况下:一种是在同一级学校组织之间;另一种是在不同级的学校组织之间。就前者而言,主要是竞争性冲突。竞争关系本来是同一级学校组织之间存在的正常的社会关系,竞争可以促进学校的发展。但是,因竞争与冲突是两种十分相近的社会互动方式,竞争很容易转化为冲突。就冲突来说,表现为学校层级系统中的结构性冲突,即主要由学校系统结构上的不协调所致。

(三) 学校组织与环境的冲突

学校组织在运行过程中,随时都可能发生内部和外部的冲突,这是客观存在的,不可避免的。但学校管理者不能对这种冲突听之任之,而是必须立即着手解决,或事先设法减少冲突的发生。

(四) 学校组织的功能性冲突

对于学校组织而言,其核心任务之一就是为国家、社会选拔出符合社会需要的人才。然而,学校组织往往更多地注重选拔功能,人的社会化功能在实践中常常被忽视。换言之,一些学校很少考虑选拔出来的人才能否在各个岗位上发挥应有的才能,能否在国家社会层面促进政治、经济、文化的发展,学校往往认为这是不重要的,甚至有些学校会认为这些内容不属于学校应考虑的范畴。虽然学校在履行着政治、经济、文化的职能,但是这些职能只是在"顺便"履行。[①]

二、学校组织中的协调

在学校组织的运行过程中,与冲突交替出现的还有另一种现象,就是协调。协调是所有社会组织得以存在和发展的基础。美国社会学家帕森斯特别强调了维持一个社会系统协调发展的四个必要条件:适应(adaption)、目标达成(goal attainment)、整合(integration)、潜在模式维持(latency pattern maintenance)。这就是著名的"AGIL"模式。学校系统的有效运作,也有赖于这四个必要条件。

怎样才能处理好学校组织内部和外部的协调呢? 最常见的做法是,使用各种语言的或非语言的、直接的或间接的、正式的或非正式的手段在学校组织的内部和外部进行沟通,即通过信息传播的途径让学校组织在个人之间、正式群体之间、非正式群体之间能进行思想、观点和感情方面的交流,避免或减少各方的误会,增加各方的信任感。

教育社会学家的研究表明,为了能更顺利地进行学校系统内外部的沟通,处理好对内及对外的协调,还须普遍重视并开展公共关系工作。公共关系工作大约出现于 20 世纪初。当

---

① 赵苗苗,侯怀银.学校职能的冲突与融合[J].教育理论与实践,2011,31(11):21—24.

时,美国的一些工商企业为了应对社会舆论的压力,聘请专职人员或通过有关的事务所来争取公众舆论的谅解和支持,此即为公共关系工作的出现。此后,这项工作得到了进一步的发展与完善,同时也进入社会组织之内,并受到了政府机关、学校以及其他组织的重视,成为现代社会组织用来处理内外协调的一项最重要的工作。在我国,公共关系工作一向被视为与工商企业有关的工作。其实,这是一种误解。实际上,公共关系工作的主旨就是社会组织为了实现自己的目标,与内外公众进行协调,维持一种和谐的社会关系,并树立起信誉和良好的形象。尽管学校组织的目标人尽皆知,但实现这种目标的方法、方式、途径、过程等则因人因事而异,而且学校经常要面临许多现实困难,不少情况下往往因难以实现此类目标而招致许多非议。例如,对于教职工群体来说,就有近几年频出的教职人员品行不端事件;对于学生来说,有高校学生宿舍起火事件以及学生投毒、伤人事件等。因此,学校需要通过处理各种关系,在争得理解的基础上去寻求协调。

学校组织工作的协调开展,还有赖于组织成员对于组织目标的整合。西方教育社会学研究也已提出了一些可供选择的方法。其中影响较大的是巴雷特(J. Balet)的三种目标整合方式:(1)交易的方式,即组织提供各种物质诱因以刺激成员勤奋工作;(2)社会化的方式,即通过示范、榜样等方法采用正向或反向社会化的途径,以促进成员与组织目标保持一致,具体又可分为领导者和同辈社会化两种类型;(3)适应的方式,即通过"按需设岗、人尽其才"的方式,以促进个人目标与组织目标的同步实现。在巴雷特看来,对于整合学校的组织目标而言,综合运用社会化的方式与适应的方式,能够产生最好的效果。

三、组织理论与学校管理

教育社会学家将组织理论引入对学校系统的研究中,以探讨学校组织的运行规律,提高学校组织活动的效率。对组织的思考是由对官僚主义现象的提问开始的,韦伯是这一思考的发起者。[①] 自从韦伯倡导组织研究以来,社会学中的组织理论几经发展,业已形成了三大理论:科层制理论、社会系统理论、权变理论。组织理论的发展为学校社会学的研究提供了重要的理论支持。

(一) 科层制理论

19世纪末20世纪初,工业革命进入高潮,传统的管理模式已不符合生产所需,一些古典理论家,如德国社会学家韦伯、法国实业家法约尔(H. Fayol)、美国工业工程师泰罗(F. Taylor)几乎在同一时期开始思考社会生产管理的问题,并构筑了现代组织的"科层制"这一概念,其主要目的是要解决社会和生产管理上的许多问题。[②] 他们强调要以一般科学的原则重新安排科层结构和组织控制过程,强调促成合理、有效、守纪律的行为,从而使明确规定好

---

① 转引自:(法)克罗戴特·拉法耶. 组织社会学[M]. 安延,译. 北京:社会科学文献出版社,2000:4.
② 韦伯的科层制理论反映在1921年出版的《社会和经济组织理论》一书中;法约尔的《工业管理和一般管理》于1916年出版;泰罗的《车间管理》于1911年出版。

的目标有可能达成。

科层制理论的基本要点是:从需要和效率出发建立一套所有组织成员都认可的规则,全部活动都严格按照规则进行;设置职务序列,分工明确,分权合理;在等级制的基础上确立各级办事机关;以文件及专门人员为基础进行行政管理;根据专业技术资格任命行政人员;对任职者的职位晋升、待遇提升及发展机会均有明确和合理的保障;重视专家权威;假定组织的需要与成员的需要一致。

科层制理论实际上是在上述三位研究者的思想基础上形成的,它建立在一系列对组织、劳动及人性所作的假设之上。社会学家马西(J. Massie)对科层制理论的基本假设作了如下概括:(1)劳动生产率是衡量企业效能的唯一指标,效能与机械的程序、经济资源的利用有关,而并不考虑人的因素。(2)人的行动可以被假定为理性化的行动。管理的重点是要考虑人的行动的目标是否正确的问题。(3)需要上级的明确指导,才能维持成员间的良好合作。(4)必须明确规定职责关系,否则成员容易出错。(5)人的本性是需要安全和受人支配的,而不愿独立解决问题或良好合作。(6)可以对组织的未来作明确的规划和预测。(7)管理中首要的问题是明确个体正式的、法定的活动。(8)管理者应客观地观察成员的活动,而不受个人情感的影响。(9)激励成员主要靠满足其经济需要。(10)人的天性是不喜欢劳动的,因此应强调严密的监督并提倡责任心。(11)任何协作要取得成功,都须有上级的计划和指导。(12)组织的权力等级是自上而下的。(13)通过精细的分工可以提高生产率。(14)组织的管理功能具有普遍性,可以不顾及环境和有关人员的素质。①

这种理论一经产生,便对组织的理论研究和实践工作产生了巨大影响。它很快便越出工业界的范围,影响了包括学校在内的社会各部门的管理实践。但是,科层制本身也存在着一些局限性。第一,科层制主要解决的是行政管理问题,而不能解决技术与技能本身的问题。科层组织的效率主要是管理效率,而不是专业技术效率。第二,科层组织所确立的主要是正式的行政权威,而不是非正式的专业权威。它能够有效地实现行政领导,但不能够实现专业领导。第三,科层组织内部信息交流比较封闭,沟通渠道比较单一,沟通结构垂直性过强,沟通方式缺乏灵活性与有效性。②

(二) 社会系统理论

在科层制理论十分风行的时候,美国哈佛大学的梅奥(G. Myao)教授于20世纪20年代在芝加哥的霍桑工厂开始了一项著名研究,这项研究改变了组织理论发展的进程,推动了社会系统理论的产生。

梅奥等人的最初研究是想通过改变生产环境以寻找能提高生产效率的科学原则。然而,他们在一系列的实验研究中收获的最重要的发现是:在生产过程中,工人群体内部会受

---

① 转引自:(美)E. 马克·汉森. 教育管理与组织行为[M]. 冯大鸣,唐宗清,王立新,译. 上海:上海教育出版社,1993:26.
② 赵苗苗,侯怀银. 学校职能的冲突与融合[J]. 教育理论与实践,2011,31(11):21—24.

到社会和心理变量的影响，从而提高生产率。这就打破了科层制理论中的许多规则，从而开创了组织理论的新时代。

实际上，梅奥等人研究的最重要之处，是发现了组织内部所存在的"非正式群体"的作用，并确认了满足工人及其团体的社会、心理需要的重要性。由此，一种被称为人际关系说的管理思想开始在美国的公共事业、商业和教育部门的组织活动中风行。这种观点强调：最令人满意的组织将是最有效率的组织。这就促使人们把注意力从原来视组织为一种理性的"结构—功能范式"，转移到了将组织视为一种"自然系统"的社会系统模式上。

关于组织为一种社会系统的经典著作是美国社会学家卢密斯(C. Loomis)于1960年出版的《社会系统》一书。社会系统论的基本要点可以归纳为：(1)社会系统是由若干相联系、相区别的子系统组成的；(2)各子系统之间都有一定的界限，在各自的范围内完成自己的任务，履行各自的"边界功能"；(3)根据系统与环境的关系，可以分为"开放系统"与"封闭系统"，系统以输入输出的方式与环境发生作用，并发挥整体的功能。

社会系统理论特别强调了组织生存于社会环境之中，并指出了系统内部存在着各种非正式目标、权力分散于各子系统中、沟通渠道多元化等事实，这为研究学校组织提供了一个更接近现实的工具。实际上，学校的现实既有科层制理论所强调的现象，更有社会系统理论所指出的方面（见表8-1）。

表8-1　科层制理论、社会系统理论的假设之对比[①]

科层制理论	社会系统理论
1. 组织是一个由角色和职责构成的层级排列	1. 组织是一个经常在正式系统之外运转的社会政治团体的联盟
2. 权力主要集中于主要领导者手中	2. 权力扩散于组织内的各团体中
3. 正式目标指出了组织活动的特定方向	3. 组织的正式与非正式目标经常发生冲突，导致其活动方向不明
4. 按既定的渠道进行沟通	4. 组织沟通依靠有关团体的利益进行
5. 通过组织规章，建立对生产的控制	5. 对生产的控制依靠非正式团体的准则
6. 上级管理下级	6. 下级经常管理上级
7. 冲突是功能障碍，应当加以排除	7. 冲突不可避免，而且具有建设性的功能
8. 可以经济的需要驱动下级	8. 下级的需求不仅是经济的，还有更多的其他需要
9. 人们不喜欢工作，必须加以严密监管	9. 有些人不喜欢工作，是习得的行为而非天性
10. 只要人们具备了所需要的技能，他们的工作就是可以互换的	10. 个体的生产率不仅受技巧的影响，也受其社会、心理特征的影响

（三）权变理论

权变理论是20世纪60年代出现在西方的一种新的组织理论。其代表人物有英国社会

---

① 转引自：(美)E. 马克·汉森. 教育管理与组织行为[M]. 冯大鸣，唐宗清，王立新，译. 上海：上海教育出版社，1993:97.

学家伍德沃德(J. Woodward)、伯恩斯(T. Burns)，美国社会学家劳伦斯(P. Lawrence)等人。这一理论视组织为一种开放系统，强调对变化着的组织环境的研究。其基本要点是：(1)每个组织都有其独特性，故不存在普遍适用的管理原则和方法；(2)组织的总目标要受到其他各种正式或非正式目标的影响和牵制；(3)组织的效率取决于组织对环境变化的适应能力，取决于管理者处理偶然事件的能力；(4)管理者无法了解其周围信息的变化；(5)对组织内部的各个子系统可能需要采取不同的管理方法。

权变理论的出现对学校组织的研究提供了又一种新的视角和方法。尽管学校是一个相对正式的组织，但是学校本身是一个开放的系统，需要面对来自社会、家庭等各方面环境需求的变化，需要处理各种突发的，有时候甚至是无序的事件，因而这一理论是适合学校组织系统的情境的。

（四）学校组织的管理

学校或许是最复杂的社会系统之一。一方面，学校如同其他正式组织一样，必须面对一个复杂的人力物力资源的集合体，作出组织、管理、协调、指挥等方面的处理；另一方面，它又与其他正式组织不同，作为一个培养人的机构，学校有其独特的组织和管理问题，这使得学校的管理过程尤其复杂。

人们对学校管理的理解之所以不同，每一所学校的管理实践之所以存在差异，是与人们观察事物和处理事物的出发点不同有关的。我们若从单一视角去认识个体、群体、组织的功能，便会有一定的局限性，而从多重视角去观察，局限性就小得多。通过多重视角去观察和判断个体与群体行为的技能，可以为组织的领导人解决问题提供较广泛的选择余地。实践中的学校领导和教师需要所有能找寻到的"概念框架"和"思维途径"，以便能更好地辨析学校中的"黑箱"。从这个意义上说，上述多种组织理论对我们更好地理解和解释学校现实具有极大的意义。

1. 科学管理和学校

科层制组织理论强调科学管理的原则，这种思想一经产生便给学校管理实践带来了重大冲击。在20世纪一二十年代，学校的效率低下一直是被严厉批评的，崇尚效率的科学管理思想正好成了学校事业发展的救星。例如，美国教育家博比特(J. Bobbitt)在1918年出版的《城市学校的监管》一书中就强烈主张教育界应当采用工业界的做法，并为教师提供"如何进行工作、如何达到标准、如何采用各种方法及如何使用器具的详细指导"。

科学管理模式主要采用了目标管理法。目标管理实质上是一种管理上的激励技术，它是由美国管理心理学家德鲁克(P. Drucker)在1954年出版的《管理的实践》一书中首创的。目标管理法具体有三个步骤：(1)目标的设定，目标必须尽可能具体、可行，能够在组织中形成一个"目标链"；(2)过程管理，采用一套管理控制技巧促使员工实现各自的目标；(3)考核绩效，对照既定目标考评效果，奖励或分析未达成目标的原因，以利于一个新目标的设置。目标管理的方法有其明显的优点，它使组织的效率更高；但也有明显的缺点，例如目标的设定往往使组织的体制陷于僵化状态;有许多工作无法设置具体目标;目标管理容易忽视一些难以定量的工作内容,从而有可能压制员工的创造性。

从纯技术的角度来看,科学管理是效率最高的管理形式,它以工作的需要为基础,以组织的规范为准则,使决策和执行能够一致,从而使组织工作更加一贯,使工作更有效率。但是,在学校管理实践中,如果过分依靠科学管理原则,就有可能造成许多问题,例如形成封闭系统、缺少创新变革能力、因管理上的僵化而导致组织失效等。最大的问题在于科学管理并不完全适应学校组织的特点,因为,教育工作本质上是一种需要热情、需要创新、强调奉献的专业性工作。

科层制组织理论应用于学校组织实践的重要性,已由汉森(E. Hanson)概括为表8-2中的内容。

表8-2 学校组织的科学管理[①]

科学管理原则	学校中的应用
建立权力的层次结构; 工作任务和作业水平的科学度量; 组织成员具有共同的目的; 规定工作的科学顺序; 建立劳动分工; 确立组织的适当规模; 固定的指挥链; 制定行为规范; 建立组织纪律; 以能力和专业知识为基础招聘成员; 制定出完成任务的最佳方法	权力层级:教育行政官员—行政助理—校长—副校长—教师—学生; 全面测试学生在学科、能力、成就方面的水平; 形成共同的教育目标:做有益于学生发展的事; 按学级授予知识,并为更高一级的学习做好准备; 形成专业教师、教学辅助人员等明确分工; 形成合适的师生比、教学人员与行政人员比; 教师工作手册

2. 人际管理与学校

科学管理的模式实际上是从强调组织的结构功能意义上发展而来的,而在组织内部管理中还流行着一些从人性角度出发的管理模式。后者是从社会心理学的角度依照对人性的不同看法而确立的。这些管理实践被哈佛大学社会心理学家麦格雷戈(P. McGregor)概括为"X理论""Y理论"。他在1960年出版的《企业的人事方面》一书中指出,各种管理人员出于他们对人性的某一种假设,而采用不同的组织、领导、控制和激励措施。在此,本书把这种管理模式称为"人际管理",以区别于"科学管理"和下文中的"民主管理"。20世纪70年代所出现的"Z理论",也是从人性与人际的角度提出的。

X理论代表着"传统的指挥和控制观点",其假设是:(1)人们具有一种不喜欢工作的本

---

① (美)E. 马克·汉森. 教育管理与组织行为[M]. 冯大鸣,唐宗清,王立新,译. 上海:上海教育出版社,1993:30.

性,只要可能就会逃避工作;(2)因此必须采用强迫、控制和惩罚的手段促使他们进行工作;(3)人们有一种逃避责任的倾向,宁愿受指挥,对安全的需要高于一切。

Y理论则相反,其假设是:(1)工作是人类的天性;(2)人们能对从事的工作进行自我控制和自我指挥,因而控制和惩罚并非唯一的管理方法;(3)人们的工作报酬中,最重要的是满足自我实现的需要;(4)一般人在恰当的条件下不但能够接受,而且会追求责任;(5)不是少数人,而是许多人都具有解决组织问题的能力;(6)在现代工业生活的条件下,大多数人的智慧都只能部分地得到发挥。麦格雷戈认为Y理论促成了"个人目标和组织目标的有机结合"。

Z理论是由摩尔斯(J. Morse)和洛希(J. Lorsch)等人在权变理论的基础上提出的,这一理论强调:人性是复杂的,因此组织管理应因人、因地而异地进行。其假设是:(1)个人加入组织的动机和需要是十分多样的,但主要是为了实现自我的需要;(2)不同的人能采取不同的方式实现自我需要;(3)当组织、个人、职业达到最佳的配合时,自我实现感能最大程度地被满足;(4)不存在适用一切的管理措施,组织管理必须因人、因地而异。

学校作为一种特殊的组织,在管理过程中必须考虑到人性的一面。对教师的管理显然不能采用X理论的管理模式,教师加入学校组织绝非出于不愿或逃避工作的本性,相反,更大的可能性是出于对教师职业的热爱。因此,对于学生和教师的管理都只能运用Y理论或Z理论的模式。

3. 参与管理与学校

参与管理是创造了一种机会,使组织成员对可能影响他们的各项决策提供影响力。它包括两种形式:一为人际关系的参与模式;二为人力资源的参与模式。前者把参与看成是一种达到合作的手段,以缓和下级抵制组织变革的力量或改善组织成员的群体气氛,这是管理者最希望的;后者把参与看成是一种充分挖掘组织成员潜力的手段,看成是直接改善个人和组织效率的一种手段,这是下级最希望的。《普通高等学校学生管理规定》第40条规定:"学校应当建立和完善学生参与管理的组织形式,支持和保障学生依法、依章程参与学校管理。"《国家中长期教育改革和发展规划纲要(2010—2020年)》也提出,完善中国特色现代大学制度,完善治理结构。加强教职工代表大会、学生代表大会建设,发挥群众团体的作用。近年来,我国很多高校,甚至是中学先后创建了一些参与管理的组织形式,大多可以分为三类:第一类为"提案式",如上海交通大学鼓励学生通过向学生联合会常务委员会提交提案的方式参与学校管理,学生联合会常务委员会负责就相关提案与各部处院系对接,并向提案人反馈;第二类为"座谈会式",如清华大学的"校领导接待日"制度、华东师范大学的"学生组织座谈会"、北京大学的"新生代表座谈会"等活动形式;第三类为"权益组织式",如乌海市第十中学"学生维权中心"的成立。该校制定了校内维权制度以及投稿信箱,确定了学生会主席团为学生维权中心学生代表,旨在解决学生在学习、生活中遇到的实际问题。但这三类形式在实践中还存在着一些问题,如学生参与度不足、建议难以真正影响决策、无法发挥应有效应等。

参与管理存在一定的实现条件,首先是管理者须具备的要素:(1)管理者应有发展下级潜力的愿望;(2)管理者要了解他们与下级的关系是相互依存的;(3)管理者要尽量避免过于强调个人权威而可能造成的不良后果。其次是下级参与意识的强弱,下级参与意识越强,参与管理的实现可能越大。

参与管理的效益涉及参与程度的高低问题,而这是和参与的数量(上下级的协商次数)与质量(上下级之间的信任程度)密切相关的。美国学者麦尔斯(Myers)、里奇(Ricci)对此进行了研究,他们发现了参与的数量与质量之间存在四种关系:(1)当协商数量低,上级的信任也低时,下级的满意度最低;(2)当协商数量高,上级的信任低时,下级的满意度较低;(3)当协商数量低,上级的信任高时,下级的满意度高;(4)当协商数量高,上级的信任高时,下级的满意度最高。①

由此可见,参与的质量要比参与的数量更重要。实际上,在上述四种关系中,第一种情况并非参与管理模式,第四种才是真正的参与管理模式。在学校管理实践中,参与管理模式开始被广泛运用主要是在第二次世界大战以后。

第三节　学校组织的变革

一、学校组织变革的理论

变革问题是组织社会学一直关心的问题之一。关于组织变革有三种理论,这三种理论对于学校组织变革起着指导作用。

(一) 科层制的变革理论

科层制的变革理论强调采用理性的、有计划的变革。这种理论长期流行,主要是由于这种理论指出了解决问题的一般途径。实行这种管理革新,必须熟练掌握学校正式群体的特征,例如,学校的目标制定、机构设置、集权或分权、改换关键岗位的人选、教师的再培训和确定新的规章制度等。在这种变革理论中,发挥作用的是"理性人",所重视的是"理想的计划",而不是"现实世界"。它们的变革轨迹是内部的理智过程,往往忽视学校组织环境的特点,忽视变革过程中可能出现的阻碍因素。

问题是,这种理性的、有计划的变革的实施,必须有赖于人们按同样理性的方式去行动。而现实中诸多的可能性,往往造成学校成员未必能完全与学校革新者保持步调一致,这就容易导致变革的流产。从这个意义上说,要开展有效的有计划的变革,就有必要结合采用社会系统的变革理论。

---

① 转引自:俞文钊.管理心理学[M].兰州:甘肃人民出版社,1989:544.

（二）社会系统的变革理论

这一理论强调，如果希望一个变革方案得以成功地推行，就必须使学校内部的各个系统都拥有自己的非正式目标、动力源、控制行动的规范和激励机制。由于学校组织中存在各种半自治的子系统（如教学委员会、教师联合会、年级组等），因此有可能直接或间接地出现抵制变革的可能性，甚至直接发动独立的变革。所以，作为学校管理者，必须考虑到变革的施行会涉及或影响哪些方面。如果一项变革只涉及其自身的势力范围，那么单项决定最为有效；如果变革涉及范围较广，这就需要采用策略和技术，这些策略（做什么）和技术（怎样做）可能需要按导向的方式来进行。

不过，社会系统的变革理论并没有考虑到外部环境在变革过程中的作用，而要了解后者的作用，则必须应用开放系统理论。在这里，主要是指权变的组织变革理论。

（三）权变的变革理论

这种变革理论在用于学校组织的变革时，要求我们首先确立这样一些观点：（1）学校与其周围环境之间存在着强烈的依存关系，在外部环境需要发生变化时，学校的产出（也包括教育教学的过程）也必须随之改变，否则学校就有可能成为社会问题的制造者而非社会发展的动力；（2）环境需求变量要与组织反应变量相适应，换言之，学校要有能力对外部环境的需求作出快速反应；（3）对于组织变革本身也应当持一种"权变"的思维方式，从而进行不断的调节。

二、学校组织变革的过程

（一）学校组织变革的类型

组织的变革至少可以分成三种类型：有计划的变革、自发性变革和演进性变革。

有计划的变革是指一种有意识的并经过深思熟虑的计划，旨在达成某种预定的目标，重新调整事件的结果。自发性变革是在较短时间作为自然环境和随机事件的结果而出现的变化。这种变革并未经过精心设计，而是偶发的。自发性变革往往是对无数纷乱事件的应急反应。演进性变革是指组织的各种变化在长时期内积累的结果。

人们相信，有计划的变革能改变组织事件的进程，但也有人认为，真正有计划的变革很难进行。美国学者谢帕德（H. Shepard）曾指出："也许有效革新的最普通的公式就是，一种观点、首创精神和几位朋友。"[1]今天，学校组织变革的主要方式就是有计划地组织变革。

（二）有计划地组织变革的支柱

任何组织开展有计划的变革，都必须重视设计变革的三个主要依据：（1）对革新技术的充分理解；（2）对在学校内外部起作用的环境制约因素的全面了解；（3）变革的基本策略。而

---

[1] Shepard H, Blake R. Changing behavior through cognitive change[J]. Human organization, 1962, 21(02): 88—96.

实施变革的要点则是找到一个在特定的组织环境中实施一项专门用于革新的策略。实施变革的第一步是对内外部的组织环境进行诊断,首先是对目标进行确定。变革目标的确定涉及一些关键要素:组织变革的焦点、变革的层次、变革的潜能和变革的动力。

1. 组织变革的焦点

这是指实施变革前必须考虑的四个主要变量:(1)组织任务,即组织的变革目标,例如"加强素质教育";(2)组织结构,例如选择采用分权化、集权化、工作流程导向(例如大学可能会优化学生注册、课程安排和学位授予等关键流程,通过建立标准化的工作流程,提高行政效率和服务质量)或是变革沟通通道;(3)组织技术,例如引进计算机辅助教学或是其他;(4)组织成员,例如改变组织成员的成分或构成。实际上,组织变革的这四个焦点是相辅相成的,其中任何一方的改变均可能导致其他三方的变化。

2. 变革的层次

这主要涉及个体层次与组织层次的变革两个方面。采用个别层次的变革,实际上是希望造就大量的"适应者",并据此转变个体的态度、观念、行为等,从而推动组织的变革。任何一种革新都需要新的角色、新的合作、新的支持,但是要转变个体的原有观念并非易事。即使是一种微小的个体层面的变革,也绝非易事。例如,某人被派接受培训然后回到原来的工作岗位,期望能把新的知识应用于实践,然而未必能实现期望。采用组织层次的变革,则是对于组织本身进行全方位的变革。但已经有研究者强调,采用这种方式必须考虑到组织本身涉及四个层面。英国的布朗(W. Brown)在《组织》一书中,将组织分为:(1)显性组织,即学校的正式结构;(2)假定组织,通过组织实际上如何运作的常识来显现;(3)现行组织,即组织实际上的运作方式;(4)必需组织,即一种理想型组织,能够最有效、最高效地发挥功能的组织形式。从国内外的情况来看,组织变革层次的革新为什么总是失败,原因之一是很少有人注意到组织本身的四个层面的问题。

3. 变革的潜能

这是指进行一次变革所涉及的资源、时间、权力、能量等的程度,与变革的规模、涉及的层面等有关。组织变革者必须考虑到自身所拥有的潜能与变革目标之间的呼应关系。

4. 变革的动力

在美国学者盖泽尔斯(J. Getzels)看来,按组织变革的动力源的区别,可以把变革分成三类:强制性变革、应急性变革和实质性变革。① 强制性变革是由组织外部的压力而产生的,这种变革的机制是适应。例如,为了减轻中小学生的课业负担,中小学教师就需要减少家庭作业的数量。应急性变革既有因外部压力引起的,也有因内部压力所致的,这种变革的机制是反应。不过,以上两种属于反应性的变革,有可能是一种追求时尚的结果,组织的实质性的

---

① 转引自:(美)E. 马克·汉森. 教育管理与组织行为[M]. 冯大鸣,唐宗清,王立新,译. 上海:上海教育出版社,1993:311—312.

内容并未发生改变。实质性变革，其变革的机制主要是调整，这类变革本质上不是对外部压力的适应或对内部压力作出的反应，而完全出于组织人员有计划、富有创见的革新。由此可见，必须对变革的动力作出清楚的了解，才能进一步制定目标。

三、学校组织变革的阻抗

学校组织进行变革，除了需要确定明确的变革目标，了解组织的环境外，尚需进一步了解阻碍组织变革的各种力量。许多学校革新的失败可能就因各种抵抗力量的影响所致。对学校组织变革的阻抗来自组织和个体两个层次，这两者之间有着高度的相互作用。

（一）教育系统内部的阻抗因素

1. 国家教育体制

学校的变革首先受制于国家教育体制的严格制约，学校所有的变革，都不能超越国家教育目的、教育体制之外。

2. 科层化组织

现代学校强调等级层次、角色关系、标准化程序、自上而下的控制、服从纪律的价值观等。这种科层力量极有可能成为学校变革的抵制力量。例如，当一名教师或一名低级职员提出一个很好的设想时，最终这个设想极有可能被否决。严格的科层制的最严重的负面后果就是对个体创造性的压制。

3. 目标错位

与科层制的推行紧密相关的是导致如社会学家默顿所说的"目标错位"，即当组织固执地墨守成规时，原来意义上的目标就有可能被"照章办事"的目标所取代。在美国社会学家布劳看来，这种目标错位主要并非因习惯所致，而是与管理者的安全感有关。

4. 学校的保守性特征

通常公立学校的生源较稳定，无须通过市场竞争来确保生源，这就导致了公立学校比较具有保守性，从而有可能反对变革。

5. 代价问题

学校变革的根本问题是难以获得与代价匹配的得益率。学校成本的消耗具有反对变革的力量之倾向。

6. 抵制周期

组织的任何一场革新都会遭遇组织内部的抵制，这种抵制存在一个周期。如变革的早期阶段只有少数几人支持，组织内绝大多数人反对变革；第二阶段开始出现了一定的支持力量；第三阶段反对者的力量可能变得异常强大，两种力量开始进行战斗，变革的成败往往决定于这一阶段；然后才可能出现第四阶段，变革的最终胜利。

（二）组织内部个体层面的阻抗

组织内部个体层面的阻抗来自许多方面，这种阻抗往往是与个体密切相关的以下这些因素所致。

1. 既得利益

组织成员对任何一个变革都会十分关注,其中一个主要原因是变革对于自身既得利益的影响如何。个体对变革的阻抗可能是出于以下这些因素:变革可能威胁到他的地位,分化了他所参与的非正式团体,增加了工作量,或者变革是由他所不信任的人提出的,等等。

2. 晋升的期望

无论是学校管理者还是一般教师,他们自身的晋升愿望往往会对组织的变革表现出一定的态度。具体而言,美国学者普雷斯塞斯(R. Presthus)曾就组织成员的职业动机加以研究,将其区分为三种形态:持晋升愿望者、态度冷漠者、持矛盾心理者。持晋升愿望者会根据组织领导层的期望采取促进或抵制变革的态度,态度冷漠者几乎都对变革十分反感,持矛盾心情者对于变革的态度始终模棱两可,既可能抵制,在某些情况下又有可能支持。[①]

3. 习惯和传统的观念

学校是一个相对稳定的系统,人们已经习惯照章办事、按部就班、因循守旧的行为方式,特别是存在着求稳怕乱、不愿担风险的思想。这些都有可能成为组织变革的阻抗力量。

总之,学校组织变革的影响因素十分多样。变革的实施除了目标的选择、计划的制定、步骤的安排等之外,更需要考虑到变革过程中可能出现的各种影响力量。这种复杂性实际上是与现实中学校变革的艰难相呼应的。

关键词

学校组织　　　　学校异质结构
学校多权威结构　　学校多层次结构
学校组织冲突　　　科层制理论
社会系统理论　　　权变理论
科学管理　　　　　人际管理
参与管理

习题

1. 简述学校组织的性质。
2. 简析学校组织的结构特征。
3. 试析学校组织中的冲突以及解决冲突的方法。
4. 讨论:学校变革的阻力。

---

① 转引自:(美)E. 马克·汉森. 教育管理与组织行为(第五版)[M]. 冯大鸣,唐宗清,王立新,译. 上海:上海教育出版社,1993:320—321.

推荐阅读书目

1. (美)E. 马克·汉森. 教育管理与组织行为(第五版)[M]. 冯大鸣,唐宗清,王立新,译. 上海:上海教育出版社,1993.

2. 吴志宏,冯大鸣,魏志春. 新编教育管理学(第二版)[M]. 上海:华东师范大学出版社,2008.

3. 魏国良. 学校班级教育概论[M]. 上海:华东师范大学出版社,1999.

4. 郭继东. 学校组织与管理[M]. 上海:华东师范大学出版社,2012.

5. (美)罗伯特·G. 欧文斯. 教育组织行为学(第7版)[M]. 窦卫霖,温建平,王越,译. 上海:华东师范大学出版社,2001.

6. Ball S J. The micro-politics of the school: towards a theory of school organization[M]. New York: Routledge, 2012.

第五编 教育制度论

教育制度是教育社会学众多研究对象中最具实质意义的内容之一。各种教育现象或教育事实，实际上均可以归纳为一种广义的"教育制度化现象"。关于教育制度的研究，也正是自涂尔干以来的教育社会学的一个经典课题。正因如此，在教育社会学分支学科中，甚至还专门形成了一门"教育制度社会学"。本编的目的是通过考察教育制度与社会其他制度的关系、教育制度自身的特征以及教育制度化过程中存在的问题，来说明一个最基本的事实：教育的社会制约性。至于教育制度反作用于其他社会制度的功能，我们将在第六编中予以分析。

本编共分"社会变迁与教育制度""社会结构与教育制度""社会问题与教育问题"三章。

第九章

社会变迁与教育制度

学习目标

1. 识记教育制度的含义及其基本构成要素。
2. 理解社会变迁与教育制度的关系。
3. 从现实的角度分析社会变迁对教育制度的影响。

社会变迁与教育制度之间的关系问题,历来是教育社会学的经典课题。可以说,自教育社会学诞生之日起,教育与社会变迁的关系就是早期社会学家和教育社会学家(如涂尔干、斯宾塞、华德等)重点研究的对象。这种传统一直延续到了当代教育社会学的研究中。应该说,这样的研究重心使这一领域产生了相当多的研究成果。不过,也正因为它被赋予了广泛的关注,由此便产生了相当多样的结论。

第一节 教育制度的基本要素

教育制度是应用十分广泛的一个概念,《教育大辞典(第1卷)教育学·课程与各科教学·中小学校》中把它界定为:"一个国家各种教育机构的体系。包括学校教育制度(即学制)和管理学校的教育行政机构体系。"[①]通常人们在研究教育制度时,主要是对学制和教育行政管理模式展开比较研究,很少从制度发展历程的角度,对教育制度的构成要素及其制度化过程进行研究。

一、制度的含义

由于社会学诞生于西方,因此它的众多概念与术语带有浓厚的西方文化色彩。而"制度"一词是为数不多的几个不必借助翻译,直接用中文就能进行理解和阐释的社会学概念之一。关于制度的起源,有多种说法(见知识拓展9-1)。

| 知识拓展 9-1 |

关于制度起源的代表性观点

(1) 制度起源于风俗习惯。这一观点的代表人物是美国社会学家萨姆纳。他认为社会制度首先起源于民俗,由民俗发展到民德,然后再由民德进一步演化成制度。我国学者李泽厚对礼的起源的分析也属于这种观点。例如,汉代《仪礼》中的篇章《士冠礼》,实际是原始氏族都有的成丁礼、入社礼的延续和变形;《仪礼》中的大射礼等也无不可追溯到氏族社会的各种礼仪巫术上。李泽厚认为,礼的起源和核心是尊敬与祭祀祖先。

(2) 制度起源于人的共同意志,或者说起源于人的需要。文化人类学的代表人物马林诺夫斯基在《文化论》一书中指出:任何社会制度都针对某一根本的需要。例如,生殖现象被引到吸乳和抚养等事实上。由这些事实所造成的亲密生活,又势必产生经济合作、家中权威及法律规定。

(3) 梁漱溟先生在其《中国文化要义》中得出了制度产生的阶段顺序。他相信人类文化的初期必造端于宗教,然后依次发展出道德、礼俗和法律。他认为中国之所以宗教不发

[①] 教育大辞典编纂委员会.教育大辞典(第1卷)教育学·课程与各科教学·中小学校[M].上海:上海教育出版社,1990:68.

达,原因在于它走了一条由道德代替宗教的路子。维系这一群体安全和稳定的既然不是宗教,那就必然是某种强大的世俗的力量,亦即所谓礼俗。礼俗是道德的通俗化,它是一种世俗化的力量,相对于一般的风俗来讲,它就是最早的法律。礼俗的制度化就是礼制,就是礼。礼进一步发展,就进入礼法阶段,礼法是礼与刑的结合,它身兼道德和法律两种职能,最终成为维护社会稳定的最重要的法律制度。

(4) 马克思主义认为一定的社会制度是在一定的社会物质资料的生产方式基础上产生的,即社会制度的产生受人类社会生产和再生产发展的制约。

要给制度下一个确切的定义,不是一件易事。不同的学科对制度的理解不同,例如,文化学主要从文化方面对制度进行界定,把制度说成是"文化惯例";社会心理学是从心理方面进行界定,称制度为"共同的心理状态"等。即使在西方社会学中,"制度"一词也有多种用法。孔德用"制度"一词来说明社会中所建立、组成的事物,例如"资本制度、家庭制度"等;斯宾塞则用制度来描述履行社会功能的机构;萨姆纳认为,大多数制度由"民俗"成长为"风俗",再发展为"民德",于是一个结构(一种机构或一个角色结构)就建立起来,制度也就完成了,因此一个制度就是一个合理的、自觉的、比较永久的"超级民俗"。库利认为,制度意味着大量规范的复合体,是社会为了适应它的基本需要而用合法化的方式建立起来的。

在汉语中,制度一词的含义也十分丰富,如"统治、制裁、控制、规定"等,但最主要的是指"先王之制"。制度一词强调其人为设立的一面远比自发形成的一面更多,这一点在我国古代最主要的制度——礼制中表现得最为显著。

综合中西方关于制度的认识,本书认为制度是指为了满足人们的生存与发展的需要而形成的社会关系,以及与此相关的社会活动的规范系统。制度实际上包含三层含义:(1)指社会形态意义上的制度,这是对社会制度的宏观分析。比如原始公社制度、奴隶制度、资本主义制度等,以整个社会作为实体,在区分社会发展类型、性质和阶段时使用。(2)指社会中一些具体的制度,这是对社会制度的中观分析。如一个社会内部的家庭、经济、政治、教育、宗教制度等,它以具体的社会组织机构、制度设施作为实体,常在分析不同的社会关系、研究不同社会生活领域的具体问题时使用。(3)指社会规范、规则意义上的制度,是对制度的微观分析。如教育制度内部的考试制度、学习制度等,它以具体社会单位的行为规范、行为模式为实体,常在讨论个体行为时使用。

传统的教育社会学时常将"教育制度"的概念与其他概念混合。第一层是把教育制度与教育组织相混合。日本学者仲新、持田荣一等就将制度和组织相混合,将教育制度定义为教育的机关及功能,即依据法规并以社会传统或教育观为基础而成立或发展的教育组织。我国也有学者将构成制度的基本要素归结到"规范和组织"中。[①] 第二层是把教育制度与教育系

---

① 康永久.教育制度的生成与变革——新制度教育学论纲[M].北京:教育科学出版社,2003:90—98.

统相混合。如《教育大辞典(第1卷)教育学·课程与各科教学·中小学校》所采用的"教育制度"概念的英文解释就是 educational system(教育系统),指"一个国家各种教育机构的体系。包括学校教育制度(即学制)和管理学校的教育行政机构体系"。[①] 第三层是认为教育制度统摄教育结构。张博树就认为:"所谓'制度',指人类在协调群体实践行为过程中形成的结构方式与组织规则,这些方式、规则制约甚至支配着人们公共与私人生活的性质和形式,制约甚至支配着各类资源的获得方式与使用效率,从而在最终意义上制约甚至支配着人类与外在自然之间以及人类自身内部依据不同定义而形成的各种群体之间关系的性质。"[②]

二、教育制度的构成要素

根据上述分析,教育制度一词是在制度的第二层、第三层含义上使用的。教育社会学在分析教育制度与其他社会制度的关系时,使用了第二层含义;在分析教育制度内部的规范系统时,使用了第三层含义。在一般意义上,教育制度常常被认为是"文明社会"或先进社会的一个特征。这实际上是一种误解。教育制度作为满足人们生存与发展需要的规范系统,是最古老的社会制度之一(见案例9-1)。

| 案例9-1 |

萨摩亚人的儿童教育

儿童年龄为六七岁时,需要懂得哪些事情不能做,还要学会许多简单的生活技能,如简单纺织、制作风车、爬椰子树、做几种游戏、到海边提水、照管婴儿等。随着儿童年龄的增长,再逐步学会纺织、捕鱼等比较复杂的工作。在青年期,男女执行的任务有了分化:男青年学会了捕鱼、种植、切肉、划独木舟等基本技能后,就要加入到青年人和无领袖资格的成人团体"奥马加"中,在这里通过比赛、戒律、向榜样学习来接受训练,提高效率。

资料来源:(美)卡扎米亚斯,马西亚拉斯.教育的传统和变革[M].福建师范大学教育系,等译.北京:文化教育出版社,1981:22—23.

教育制度作为一种规范系统,有五个基本要素:教育规范系统、教育设备、象征的标识、教育组织系统,以及教育价值理念。

教育规范系统是教育制度的规则要素,用以规范学校成员的教育行为,协调学校成员的关系以及教育与社会其他层面的关系。这一规范系统可以分为多种层次与范围,一般涉及成文的规范与不成文的规范。成文的规范可以体现为教育法律、教育法规、教育规章等;不成文的规范主要是指教育习俗。规范系统能够保证教育制度的功能得到正常的发挥,但在

[①] 教育大辞典编纂委员会.教育大辞典(第1卷)教育学·课程和各科教学·中小学校[M].上海:上海教育出版社,1990:68.

[②] 张博树.现代性与制度现代化[M].上海:学林出版社,1998:161—162.

规范系统出现紊乱的时候,就可能导致教育功能失调。在社会变迁的过程中,教育规范系统会发生变化。一方面原有的规范系统会朝简化的方向发展;另一方面随着教育问题的出现,又会出现许多新的教育规范。

教育设备是教育制度所需要的物质要素,也是变化最快的要素。最简单的教育设备包括教室、课桌椅、教具等。随着科技的发展,教育设备会不断发展变化,如电脑在学校中的普及即为典型例子。

象征的标识是教育制度所具有的文化要素。当教育设备中的某些器物降低其物质功能,提升其文化的或精神的功能时,它们自身在制度中的地位也发生了变化,由工具变成了"礼器",从而出现了象征意义,即标志作用和象征作用。例如,校徽、校旗、校服等,它们象征着学校的性质、地位和功能。

教育组织系统即教育组织和人事系统,是教育制度的代表机关,用以检查和推动教育制度的执行。当代社会,教育制度和学校组织日益分化,既有在于学校之上的教育制度,也有包含着各种内部制度的学校组织。一般而言,我们需要通过组织来制定和实施制度,也需要通过制度来保证组织目标的实现。教育制度作为基本的社会结构,是一种有组织的社会力量。现代学校教育制度的确立,实际上是在社会变迁过程中教育制度的变化、发展、演进的结果。同时,这种变化将在社会变迁过程中继续存在。

教育价值理念是深藏于成文制度或非成文教育规范背后的价值观念、传统偏见、意识形态等因素,主要属于一种非正式教育制度,也包括非正式教育制度的实施过程和机制。尼日利亚学者阿基比鲁(Akibira)就指出:"对于任何一种教育制度来说,它若想成为有意义的和有成效的教育制度,就必须以一种明确的、深思熟虑的、富于理性的哲学或世界观为基础,还必须依据以下这些方面的有关信条行事,即人性和全人类的本性、个人和社会的价值观念体系、被人们认为最值得掌握的知识体系。"[①]

第二节 社会变迁与教育制度的基本关系

社会变迁是人类社会普遍的、永恒的现象,也是社会学的研究主题。教育制度与社会变迁的关系问题,一直是教育社会学研究的核心课题,甚至有人认为应该有一门"教育制度社会学"。

一、社会变迁的含义

社会变迁(social change)是社会的发展、进步、停滞、倒退等一切现象和过程的总和。社会变迁既包括社会的进步和退步,又包括社会的整合和解体。社会变迁的内容涉及社会生

---

① (尼日利亚)杰·阿·阿基比鲁.教育哲学导论[M].董占顺,王旭,译.北京:春秋出版社,1989:109.

产、生活的所有领域,主要包括自然环境变迁、人口变迁、经济变迁、社会制度和结构变迁、社会价值观的变迁、生活方式的变迁、文化变迁、科技变迁等。社会变迁的表现形式也是多样的,主要有社会整体和局部的变迁、社会的渐变与突变、社会的进步与退步等。

由于社会现象的复杂性,关于社会变迁的原因,中西方研究者一直有各种观点。我国战国时期的阴阳五行学家邹衍认为,历史是按照"五德终始"和"五德转移"的规则发展变迁的,并以"五行相生"的循环过程进行:自土德开始,木德继之,金德次之,火德次之,水德次之,然后再回到土德。意大利唯心主义哲学家维科(G. Vico)认为世界各个民族都要经历三个阶段:神的统治(神灵时代)、贵族统治(英雄时代)和人民统治(凡人时代)的阶段。德国唯心主义哲学家施本格勒(O. Spengler)认为历史是社会独特的文化形态循环的过程,任何文化都要经历:青年期、壮年期以至衰老死亡的过程。他把第一次世界大战德国的失败和西欧资本主义的危机看成是"西方的没落"。英国历史学家汤因比(A. Toynbee)认为,当社会和自然环境压力过大时,一个民族的文化会呈现出衰微的态势或停留在边缘地带;而当这种压力过小时,文化也不容易成长;只有在压力恰当时,文化才会有空前的发展。根据他的研究,古代有21个民族达到了"文明阶段",但只有4—5个民族生存下来。美国社会学家索罗金(P. Sorokin)认为文化有两种主要类型:感觉文化(建立在感觉经验为主的价值观上)和观念文化(重视精神和形而上学的价值观),世界文化的发展是两者之间的摇摆。例如,古希腊文化属于观念型的,古罗马文化属于感觉型的。而最理想的文化就是古希腊和古罗马之间的黄金时代以及文艺复兴时代出现的文化。

波普诺(D. Popenoe)在其著作《社会学》中将社会变迁理论分为四种。第一种是进化论学派,其中就包括孔德的社会变迁论,他构建了人类进步法则;斯宾塞提出"所谓社会进化,就是结构分化提高了社会系统的功能作用水平";涂尔干则将法律视为社会团结的表征,并提出社会团结的转变反映在法律的变化中。第二种是循环论派,他们认为社会历史的发展是按照一定的规律,呈现出周期性的变化,社会发展到一定阶段以后,又回到原来的起点,社会变迁是周期性的重复,以施本格勒、汤因比和索罗金提出的社会变迁理论为代表。第三种是功能论学派。其主要代表人物是帕森斯。他从社会系统的基本要素出发,将变迁分为两类:一是系统本身的变迁,变迁的动力源于该系统的外部力量;二是系统内部各部分之间的变迁,产生于体系内部的张力和紧张关系。第四种是冲突论学派,其代表人物是马克思和达伦多夫。马克思的理论告诉我们,社会变迁归根结底是由社会经济基础发生变动而引起的,随着经济基础的变化,社会的上层建筑也会或快或慢地发生变化。与此同时,上层建筑会对经济基础产生反作用。达伦多夫则在马克思的基础上发展了自己的社会变迁理论,他把社会冲突视为一种产生于社会组织权威结构中的群体冲突,而冲突最终会引起社会发生结构性变迁。[①]

人类社会的发展本身就是一部社会变迁史。从历史上看,早期的社会变迁往往是自然

---

① 转引自:董泽芳.教育社会学[M].武汉:华中师范大学出版社,1990:120.

发生的过程。随着现代社会的到来,社会发展、经济发展、工农商业发展、文化与教育发展等都被纳入了有计划、有目的、有阶段的发展轨道,社会变迁更经常地表现为有计划的过程(当前人们常使用"社会现代化"来表述这一过程)。对社会变迁的研究可以选择不同的角度(经济学、政治学、文化学、社会学等),实际上,几乎所有的社会科学都涉及对社会变迁问题的研究。在教育社会学中,主要研究社会变迁与教育制度之间的双向关系。

二、教育与社会变迁的基本关系

教育社会学家通常把教育与社会变迁的基本关系分为三类:(1)从社会变迁对教育制度的影响而言,教育是社会变迁的结果;(2)从教育导致人们观念和意识形态的变化并最终引发社会变迁而言,教育是社会变迁的动因;(3)从教育对大多数社会变迁的影响而言,教育往往是社会变迁的条件。

(一) 教育是社会变迁的结果

社会变迁(尤其是剧烈的社会革命)会对教育产生巨大影响。学校教育的产生、教育制度的变革、教育目标和教育观念的变化、教育功能的变革等几乎都是社会变迁的结果。在现代社会,社会任何方面的变化都会在教育方面留下痕迹。例如,政治变革导致教育的性质、目的、功能等方面的变化;经济变迁促使产业结构、就业结构发生变化,从而引起教育需求的变革等。概括地说,教育作为整体社会系统的一部分,必须首先适应外部社会环境的变化,并通过调整教育结构与社会需求的关系来协调自身与整体社会之间的关系。

(二) 教育是社会变迁的动因

教育是社会变迁的动因,主要体现在教育培养人,传递新的意识形态,进而推动科技发展、经济振兴、文化繁荣与政治革新等方面。韦伯早就指出了观念和意识形态对经济发展的贡献。他认为,西方资本主义之所以能形成于近代西欧,主要是因学校广泛传播了新教伦理与资本主义精神,使社会成员具有了勤俭节约、自我奋斗、自我约束等精神与品质。美国社会学家沃德(L. Ward)的《动态社会学》一书认为,"人类有足够的力量控制自然力和社会力以达到社会进步的目的,教育是实现这一目的的根本途径和主要因素"。[①] 美国哈佛大学教授佛格尔(E. Vogel)在《日本第一》一书中,分析指出了第二次世界大战后日本通过教育有效地促进了民族传统价值观念的转化:如将传统的效忠天皇的精神转化为效忠企业的精神;将传统的武士道精神转化为事业成功的拼搏精神;将急功近利的传统价值观转化为以优取胜、质量第一、服务第一、共同经营的新价值观等。

(三) 教育是社会变迁的条件

教育既可能成为一种社会变迁的动因,也可能成为另一种社会变迁的条件。布拉梅尔德(T. Brameld)的《教育即力量》一书中提出,"教育既有传递的作用,也有改造的作用。因

[①] 转引自:邓和平.教育社会学研究[M].武汉:湖北人民出版社,2006:327—328.

此,教育过程不是一个单边的过程,而是一个互补的过程。一方面,它是一个稳定地传递和保证文化连续性的过程;另一方面,它是一个纠正、改进和改变已获得的前辈人特性的过程"。① 教育具有双重功能:教育的显性功能(即预期达成的目标)往往是在教育引起社会变迁的意义上加以设计的;而教育的隐性功能(即在未被预期的情况下,在完成显性功能的过程中附带产生的功能)正是导致其他社会变迁的条件。同时,所谓教育是社会变迁的条件还意味着,教育在引起社会变迁过程中有"功能有限性"。尽管在现代社会中,教育往往被赋予了极高的期望,例如,通过教育促进经济发展、国家富强、社会民主、个体社会地位提高、人们生活质量改善等,但是大量的研究指出,教育要实现这些目标,必须有其他相应的条件和环境。

第三节 教育制度变迁的动力

教育制度变迁受制于社会和个体的多种因素。简言之,教育变迁的动力来自社会变迁。那么,如何研究社会变迁对教育的影响呢? 第一是研究社会变迁内容与教育变迁内容之间的关系,第二是分析社会变迁类型与教育变迁类型之间的关系。这里,本书将采取综合分析的方法,结合社会变迁的内容分析和类型分析的模式,阐述社会变迁对教育制度变迁的影响。如前所述,社会变迁涉及多种类型,在社会学和教育社会学中通常分为两类:社会渐变与社会剧变。在这两者之间还可以区分出"社会转型"这种特殊的变迁方式。

一、社会渐变与教育制度变迁

社会渐变是指社会在自然发展的进程中逐渐出现的量变,社会进化和社会改良都属于这种方式。社会渐变可以分为两种形态:社会整体渐变和社会局部渐变。

(一) 社会整体渐变与教育制度变迁

在人类历史长河中,迄今绝大多数国家或民族的社会变迁,主要是在渐变过程中逐渐发生的(见表 9-1)。

表 9-1　社会整体渐变期在社会历史进程中大致所占的时间比例(中国)②

	全部历史时间长度	社会渐变期时间长度	社会渐变期所占比例
原始社会	170 多万年 (前 170 多万年—前 21 世纪初)	170 万多年 (前 170 多万年—前 21 世纪初)	近 100%

---

① 转引自:单中惠,杨汉麟. 西方教育学名著提要[M]. 南昌:江西人民出版社,2000:586—587.
② 转引自:吴康宁. 教育社会学[M]. 上海:人民教育出版社,1998:157.

续　表

	全部历史时间长度	社会渐变期时间长度	社会渐变期所占比例
奴隶社会	约 1625 年 (前 21 世纪初—前 475 年)	约 1330 年 (前 21 世纪初—前 770 年)	约 81.8%
封建社会	约 2315 年 (前 475 年—1840 年)	约 2076 年 (前 206 年—1840 年)	约 88.3%
半殖民地半封建社会	109 年 (1840 年—1949 年)	约 85 年 (1860 年—1945 年)	约 78%

这种发展所带来的通常是社会整体较为缓慢的、数量上的变化，一般并不导致社会整体特质的根本改变。社会整体渐变是促使教育制度整体渐变的动力，但并非教育制度发生突变的动力。例如，教育平等观念的渐变即由社会整体渐变所致(见知识拓展 9-2)。

知识拓展 9-2

教育平等观念的渐变

教育平等观念的最初成形，可以追溯到古代。孔子早在 2000 多年前就已提出"有教无类"的思想，古希腊雅典的公民教育也已隐含了教育平等的思想。柏拉图的《理想国》作为西方最古老、最有系统的政治与教育专著，已经闪耀着开放式社会和自由教育的思想。

西方近代资产阶级思想先驱致力于把新兴的市民阶级的"平等"要求推广到教育方面来，谋求教育的平等。17 世纪，夸美纽斯(J. Comenius)提出"人人都应学到关于人的一切事项"；18 世纪，法国启蒙思想家更基于"天赋人权"的思想赋予"教育平等"以"人权"的意义；至 18 世纪末期，教育平等的观念开始在一些西方国家转化为最初的立法措施；经过西方资产阶级大革命，终于在法律上否定了教育特权，确认人人都有受教育的平等权利。

教育平等观念的第三个重大发展是在 19 世纪下半叶西方工业化国家实施初等义务教育。尽管在有些国家，例如英国，普及初等义务教育是为了大量培养能够操纵新出现的机器的劳动力，但实施初等义务教育的历史意义并不因此而逊色。

教育平等观念最重要的发展，源于马克思主义的教育理论。马克思在 1866 年就提出了一个基本观点：教育是"人类发展的正常条件"和每一个公民的"真正利益"。他所论述的"教育的平等性"，包含两层深刻的含义：其一，教育是每个公民都应拥有的一项平等权利；其二，这种平等表现为每个人智力和能力发展的平等。

教育平等观念的广泛使用，主要是在第二次世界大战以后。[①] 1946 年 3 月，国际教育局举行第九届也是第二次世界大战后第一次大会，被列入议程的有"中等教育入学机会均等"。

[①] 大致也是从这一时期开始，教育平等的概念开始被"教育民主化"这一更广义的概念所取代。

教育平等观念演变进程中一个最重要的阶段,乃是联合国大会于1948年12月10日通过的《世界人权宣言》。鉴于这一文件的通过,"受教育权"就普遍地被确认为是一项基本人权。

教育平等观念的进一步延伸是教育机会均等概念的形成。

在我国漫长的封建社会时期,社会整体处于渐变期,教育制度也处于渐变期。封建社会教育制度的基本特点可集中概括为"封建性"和"等级性",主要表现为:(1)教育的根本目的是使受教育者掌握封建社会的伦理规范;(2)教育结构的封建等级性极为明显,唐朝的"二馆六学"即为典型;(3)教育内容体现封建文化专制性,突出地以儒家经典为基本教育内容。

社会整体渐变的主要作用在于促使教育制度进行某种局部调整,但它是以不改变教育制度整体面貌为前提的具体调整。因而,我们可以把原始社会的教育称为"原始平等的教育";把封建社会的教育称为"等级制教育";把资本主义社会的教育称为"双轨制教育"。例如,我国科举考试制度的渐变即属于局部调整(见案例9-2)。

【案例9-2】

我国科举考试制度的渐变

我国科举考试制度产生于隋朝,发展于唐朝,经过宋、元、明、清的演变,更加完备和定型化。直到1905年,这一制度被废止。它在中国历史上存在了1300多年,是封建社会中持续时间最长、影响范围最广的选士制度。科举考试制度在这样长的时期并无多大变化。唐朝的生源主要来自生徒和乡贡;报名时间大约为每年的十一月初一,经学校或州县考试合格者可以参加第二年的考试;考试内容以儒家经典为主;考试的方法主要为口试、帖经(把所考的经书任揭一页,将其左右两边遮住,中间只开一行,再用纸帖盖住三字,让应试者填写)、墨义(一种简单的笔试问答)、策问(对某一问题发表看法)和诗赋。这种形式在长达1300多年历史中几乎没有大的改变。

社会整体渐变对教育制度的微调作用,还因教育制度自身的特征而得以强化。教育制度对于社会整体生存和发展的功能,主要体现为通过教育制度培养人才。而教育在培养人才方面有它自身的规律与要求,社会整体渐变对教育制度的微调作用往往通过影响教育的形式、内容、方法等体现出来。历史上关于"智力训练"的看法的变化便是一例(见案例9-3)。

【案例9-3】

历史上关于"智力训练"的看法的变化

在历史长河中,关于教育训练的内容一直处于缓慢的变化过程中。例如,古希腊的"七艺"、中国古代的"六艺",都经历了漫长的发展过程。19世纪,自从斯宾塞发人深省地询问"什么知识最有价值"以来,西方人几乎一致地认为"古典文学""数学"应当成为课程的主要成分,认为它们能"训练脑筋",是创造有道德的、有良好教养的人的最好手段。现在,人们所强调的主要是批判的、科学的、逻辑推断的、反省的思维以及创新的能力。

(二) 社会局部渐变与教育制度变迁

社会系统的发展是不平衡的。严格意义上说,所有社会子系统同时发生类似变化的现象极为罕见。社会局部渐变现象,可以发生于社会子系统之间以及子系统内部。在社会各子系统之间、社会子系统内部都可能存在或快或慢的变迁差异。早期美国社会学家奥格本(W. Ogburn)所创立的文化脱节说(cultural lag)对此类现象具有解释力。他认为:"近代文化中各部分并非同速率的变迁,有些部分的变迁较别的部分为快……如文化的一部分因发明与发现而首先变迁,并且引起附属于它的若干部分文化的变迁。在变迁时,附属部分的文化常有一种延迟情形。"[①]他强调了物质文化先变,适应文化后变的观点。

社会局部渐变导致教育制度中部分内容的细微调整,包括教育观念、教育规范系统、教育设施以及学校组织系统的变革。这种微调现象在教育变迁中最为常见,如人口发展对教育资源配置的影响(见案例9-4)和对最高学历构成、受教育年限的影响、科技发展对教育制度的影响等(见案例9-5)。

案例9-4

人口变迁对教育资源配置的影响

从2017年起,我国出生人口数量开始持续走低,2022年全国出生人口为956万人,比2021年减少了180万人。教育部发布的《2022年全国教育事业发展统计公报》显示,全国共有幼儿园28.92万所,比上年减少5610所,下降1.90%。学前教育在园幼儿数量4627.55万人,比上年减少177.66万人,下降3.70%。随着出生率的下降和学龄人口数量的减少,人们对教育资源的需求也发生了变化。在一些地区,尤其是农村和小城镇,学校面临着生源减少的问题,可能导致教育资源的浪费。根据教育适应中国人口结构发展趋势研究课题组的预测,到2035年,小学城镇在校生规模占比约为83%,这一结果高出小学常住学龄人口城镇化率5个百分点;初中城镇在校生规模占比约为88%,这一结果高出初中常住学龄人口城镇化率11个百分点。而在城市和一些经济发达地区,随着人口流入,学龄人口增加,对教育资源的需求增加,需要新建或扩建学校,增加教师和设施。

[①] 这一观点出自以下文献,其中Ogburn曾被译为乌格朋,现多译为奥格本:(美)乌格朋. 社会变迁[M]. 费孝通,王同惠,译. 北京:商务印书馆,1935:200—203.

表 9-2 2020 年各地区每 10 万人口中拥有的各类受教育程度人数　　单位：人/10 万人

地区	大学（大专及以上）	高中（含中专）	初中	小学
全　国	15467	15088	34507	24767
北　京	41980	17593	23289	10503
天　津	26940	17719	32294	16123
河　北	12418	13861	39950	24664
山　西	17358	16485	38950	19506
内蒙古	18688	14814	33861	23627
辽　宁	18216	14670	42799	18888
吉　林	16738	17080	38234	22318
黑龙江	14793	15525	42793	21863
上　海	33872	19020	28935	11929
江　苏	18663	16191	33308	22742
浙　江	16990	14555	32706	26384
安　徽	13280	13294	33724	26875
福　建	14148	14212	32218	28031
江　西	11897	15145	35501	27514
山　东	14384	14334	35778	23693
河　南	11744	15239	37518	24557
湖　北	15502	17428	34280	23520
湖　南	12239	17776	35636	25214
广　东	15699	18224	35484	20676
广　西	10806	12962	36388	27855
海　南	13919	15561	40174	19701
重　庆	15412	15956	30582	29894
四　川	13267	13301	31443	31317

续 表

地区	大学 (大专及以上)	高中 (含中专)	初中	小学
贵州	10952	9951	30464	31921
云南	11601	10338	29241	35667
西藏	11019	7051	15757	32108
陕西	18397	15581	33979	21686
甘肃	14506	12937	27423	29808
青海	14880	10568	24344	32725
宁夏	17340	13432	29717	26111
新疆	16536	13208	31559	28405

随着我国生育政策的调整和高等教育的发展，与 2010 年相比，每 10 万人中具有大学文化程度的由 8930 人上升为 15467 人，15 岁及以上人口的平均受教育年限由 9.08 年提高至 9.91 年，文盲率由 4.08% 下降为 2.67%。

案例 9-5

以数字化领跑图书馆现代化

2021 年 11 月，中共中央网络安全和信息化委员会印发《提升全民数字素养与技能行动纲要》(以下简称《行动纲要》)。《行动纲要》提出着力构建覆盖全民、普惠共享、公平一致、可持续、有韧性的数字素养与技能发展培育体系，着力拓展全民数字生活、数字学习、数字工作、数字创新四大场景。全国各地的图书馆因此计划从以下三方面开展工作。

(1) 各地区各类型图书馆、图书馆学界达成密切合作。如各级公共图书馆可以开展面向市民的数字素养与技能挑战赛，邀请图书馆学界专家设计大赛环节、建设题库、开展市民培训、担任点评专家等。

(2) 充分发挥中国图书馆学会的作用，举全国同行之力开展研究，建设面向不同年龄与职业群体的数字素养和技能提升的精品教学资源，开展形式多样的教育或培训活动，加强宣传。

(3) 积极拓展与其他领域的合作。针对老年人、残疾人、农民等群体的数字社会融入和数字鸿沟问题，联合相关机构提升其数字素养与技能。比如，与各地教育管理部门共同深化中小学生数字素养与技能培训；参与全国农民科学素质网络知识竞赛的题库建设，开展农村数字素养与技能知识宣讲和数字人才下乡活动等。

二、社会转型与教育制度变迁

社会转型是社会发展进程中社会结构系统的整体变革。"转型"本是一个生物学概念，原意为"微生物细胞之间以'裸露的'脱氧核糖核酸的形式转移遗传物质的过程"[1]，之后被移植到社会学中，借喻"社会变迁"。社会学家蔡明哲在其《社会发展理论——人性与乡村发展取向》中首次把"social transformation"翻译为"社会转型"，并表达了发展就是由传统社会向现代社会的一种社会转型与成长的过程。[2]

对社会转型的理解有广狭两义，广义的理解泛指一切社会形态的飞跃（如社会革命、社会改革等，既包括本部分所指的社会转型，又包括社会剧变与教育制度变迁部分所指的社会剧变）；狭义的理解是指改革开放以来我国社会结构的变迁（从农业社会转向工业社会、从单一性社会转向多元化社会等）。社会转型作为社会变迁的一种特殊形式，主要表达了社会变迁有关组成部分之间的一种紊乱状态。

在法国，涂尔干率先提出教育制度变迁要回应"工业社会"转型中出现的战争、自杀率上升和道德失范等社会危机。为此，他不仅主张健全社会分工制度，还开创了教育社会学，培养教师的社会危机分析与整合能力。在德国，则有康德（I. Kant）、黑格尔（G. Hegel）、席勒（F. Schiller）等几代人在不断探索怎样发展超功利的哲学、历史、美学与艺术教育，以重新塑造日益机械化、功利化的现代个体与公共交往行为。直至今天，欧洲教育界仍有哈贝马斯（J. Habermas）这样的大师在埋头思考如何在欧洲理性文化传统的基础上发展美好的"主体间性"。[3]

正如叶澜教授所言，过去一百多年来，"中国社会转型呈现出纵横交错、曲折复杂、丰富独特的生动局面"。只有深入考察中国社会的转型进程，才"有可能获得中国教育如何走向深化的启迪"。我国从1840年算起，一直处于从传统社会向现代社会转变的过程中，我国的整个近现代史始终处于社会转型期。大致而论，这一段历史经历了几个阶段：1840—1949年为第一阶段；1949—1978年为第二阶段；1978—2020年为第三阶段；2020年到本世纪中叶为第四阶段，计划到2035年基本实现社会主义现代化，到20世纪中叶把我国建成富强民主文明和谐美丽的社会主义现代化强国。当前的社会转型是以"改革开放"和"高质量发展"为特点的。由于我国的现代化基本上属于"并联式"现代化，其发展进程与早期现代化国家那种自然的演进关系完全不同，结果是现代化因素与传统因素以及新旧体制与规范，通常是以既相耦合又相冲突的形式暂时共存的。这就导致在整个社会转型期，传统与现代之间的冲突几乎是全方位的。这种情况构成了当代我国教育制度变迁的整体背景。其中，社会的体制转

---

[1] 中国大百科全书出版社《简明大不列颠百科全书》编辑部. 简明大不列颠百科全书（1—10卷）9[M]. 北京：中国大百科全书出版社，1985：544.
[2] 蔡明哲. 社会发展理论——人性与乡村发展取向[M]. 台北：台湾巨流图书公司，1987：66.
[3] 转引自：周勇. 社会转型、教育改革与中国文化[J]. 教育发展研究，2012，32(02)：3.

型与观念转型对教育制度的影响最大。

(一) 体制转型与教育失范

社会转型是包括物质、制度、思想、文化等各个层面的全方位变革。社会转型的基础则是经济体制的转型。体制转型往往包括三种状况：(1)旧体制尚未完全打破，新体制尚未完全建立，新体制取代不了旧体制；(2)旧体制虽已在形式上被基本打破，但新体制仍未完全建立，导致了旧体制的实际运行；(3)旧体制虽已在形式上被完全打破，新体制也已基本上或完全建立，但新体制存有诸多不完善之处，致使旧体制实际上"仍发其威"。

社会体制转型必然会引发教育制度变迁。教育制度变迁的整个过程始终受社会体制变迁的调控，教育系统只有与社会结构、社会需求相适应，才具有相应的生命力。所以，在社会体制转型时期，教育制度的变迁也难免存在着新旧体制既相耦合又相冲突的现象：应对与变革、守旧与创新并存。

社会体制转型对教育系统中成员行为的影响尤其明显，导致学校成员直接或间接的失范行为。首先，社会体制转型能够导致"反教育的"失范行为。例如，由于教育准备不当导致的毕业生"学非所用""高才低用"。其次，社会体制转型会导致"反文化"的教育失范。第三，社会体制转型会导致"违规型"的教育失范。第四，社会体制转型还有可能导致"违法型"的教育失范。

(二) 观念转型与教育失范

社会转型中的一个核心内容是观念转型。观念转型既是社会转型的必然结果，更是社会转型的基本前提，也是社会转型的精神动力。马克思和恩格斯阐明了社会存在与社会意识之间的辩证统一关系，揭示了社会意识对社会存在具有能动的作用。人的思想观念属于社会意识的范畴，只有符合社会发展要求的进步的思想观念才能推动社会向前发展。"一个现代社会要有效地发挥作用，必须要求公民具备某种品质、态度、价值观念、习惯和意向。"[①]这就是我国改革开放以来之所以不断强调解放思想，乃至更进一步解放思想的根本原因。无论是就识别的角度，还是就改造和实施的角度，观念转型都是一个远比体制转型更为复杂也更为困难的过程。观念转型既涉及新旧观念的冲突，又涉及不同新观念或不同旧观念之间的冲突。从近代中国的"睁眼看世界"到新文化运动中的"德先生"和"赛先生"，从新中国刚成立之时的"以苏为鉴"到改革开放之初的"解放思想"，都是变革旧的观念，以新的思想武装人们的头脑，并以此推动了中国现代化的进程。

观念转型对教育制度的影响是巨大的。教育在本质上是一个改造观念的过程，但是，这种改造首先依赖于改造教育的观念。换言之，教育制度的变革从根本上来说是靠观念支撑的。观念转型既可能直接诱发教育失范，也可能间接诱发教育失范。然而，观念转型对教育的影响远比体制转型的影响范围更宽广、更深刻，也更具体。观念转型既可能导致教育目的

---

① (美)西里尔·E. 布莱克. 比较现代化[M]. 杨豫, 陈祖洲, 译. 上海: 上海译文出版社, 1996: 469—470.

上的失范,也有可能导致教育内容上的失范和教育方法上的失范。我国教育现象中许多久治不愈的顽症便源于观念制约。如"片面追求升学率""中小学课业负担过重""中小学乱收费"等,体现着学校制度系统内部的观念制约。为了精准与有效地解决问题,2021年7月,中共中央办公厅、国务院办公厅印发了《关于进一步减轻义务教育阶段学生作业负担和校外培训负担的意见》,并强调坚持以习近平新时代中国特色社会主义思想为指导,全面贯彻党的教育方针,落实立德树人根本任务,着眼建设高质量教育体系,强化学校教育主阵地作用,深化校外培训机构治理,坚决防止侵害群众利益行为,构建教育良好生态,有效缓解家长焦虑情绪,促进学生全面发展、健康成长。但是在实践中,"双减"政策的落实仍面临着一系列问题:学校在课后服务过程中,学生除了做作业外,还会有部分时间用来做"小测试"(即变相地做作业与考试),没有切实有效地贯彻落实"双减"政策;虽然学校秉承自愿报名参加课后服务的原则,但调查发现,通常是学校默认全校教师都要参与其中,这会导致教师因付出额外的时间与精力、课后服务费用低、分层作业设计难而产生消极与畏难情绪,教师群体中出现了不知如何处理这种矛盾的焦虑状态与积极性不足的现象;在一些实践中,似乎给予了学生更大的选择空间与更多的自由余地,但实则是教师牵引着学生的力度更加大了,学生依旧面临着内驱力不足的情况。[①]

在现阶段,观念转型所致最根本的教育失范是教育者自身利益意识过于膨胀,以自身利益取向为准则。教育者的利他意识、奉献精神、蜡烛风范、自律精神减少了,而利己意识、索取观念、个人主义观念增强了。这使教育者在相当程度上失去了社会代表者的资格。诚如吴康宁所论:"当教育者自身利益意识极度膨胀,也就意味着受教育者利益极易受到伤害。当教育者首先乃至仅仅以其自身利益为尺度来选择行为时,受教育者实际上便已不再被视为未来一代或受法律保护者,而只是其实现自身利益的一种工具而已。此时,受教育者个体价值与社会价值均已被异化,而教育者在其作用对象被异化的同时,也异化了他自己,此时的教育者已不称其为社会代表者,而是非社会代表者乃至反社会代表者。"

三、社会剧变与教育制度变迁

社会剧变是指社会所发生的急剧的、具有根本意义的变迁。它对教育的影响常常是突发性的、冲击性的。社会剧变从其表现方式上来看主要有三大类:一是以政权的更替为标志的"社会革命";二是以生产力的飞速发展为标志的"经济革命"(如工业革命、科技革命);三是以意识形态的改造为标志的"文化革命"(如宗教革命、教育革命等)。此外,社会剧变还因自然环境的剧变、人口激增而对教育制度产生巨大的影响。

(一) 社会革命与教育制度变迁

一种社会形态向另一种社会形态的转变是通过社会革命来实现的,没有社会革命也就

---

① 钟佳容,欧阳修俊."双减"背景下学生学习生态系统的分析与优化[J].当代教育论坛,2022(03):98—107.

没有旧社会制度的灭亡和新社会制度的产生。正是在这一意义上,马克思强调了社会革命的作用。社会革命对于教育制度变迁的冲击与影响是巨大的。在两种社会制度交替的过程中,最容易识别教育制度的变迁(见案例9-6)。

案例 9-6

西欧资本主义革命对教育制度的影响

随着封建秩序的彻底崩溃,文艺复兴、商业主义和工业主义的兴起,以及近代民族国家的出现,教育的性质和职能发生了变革。正规的学校教育,特别是小学阶段的教育的出现,成了新社会扩展政治舆论的重要手段。所以,19世纪末,多数欧洲国家和美国已经提出免费的、义务的、普及的教育。

资料来源:(美)卡扎米亚斯,马西亚拉斯.教育的传统和变革[M].福建师范大学教育系,等译.北京:文化教育出版社,1981:47—48.

在中华人民共和国成立之后,我国的政治、经济、文化及思想等各领域出现了天翻地覆的变化。这种社会剧变彻底冲垮了旧教育制度,使我国逐步建立起中国特色社会主义教育制度。同样地,苏联十月革命也使其教育制度发生了变迁(见案例9-7)。

案例 9-7

苏联十月革命对教育制度的巨大影响

直到1909年,俄国还未确立义务教育的思想。但是,十年之后,苏维埃革命政府在其彻底改造社会的基本纲领中,把建立对17岁以下男女儿童实施免费的义务教育的制度作为最迫切的任务之一。苏维埃革命思想家设想,义务教育是实现马克思列宁主义所必须采取的一种手段。因此,他们试图建立一种新类型的学校以废除旧学校。

资料来源:(美)卡扎米亚斯,马西亚拉斯.教育的传统和变革[M].福建师范大学教育系,等译.北京:文化教育出版社,1981:49.

(二) 经济革命与教育制度变迁

生产力的变革是社会变迁的根本动力。历史上每一次重大的生产力变革都意味着经济革命的到来,从而也就导致了重大的社会变革。如从狩猎经济到农业经济,从农业经济到工业经济,从工业经济再走向知识经济。经济信息化是当今世界经济的重大革命。信息资源的大量开发使信息产业成为国家与世界的主导产业,并促成工业经济向知识经济的转变。经济革命对社会的所有方面都产生着重大影响,对教育制度的影响也几乎是全方位的(见案例9-8)。

> **案例 9-8**
>
> **第一次工业革命对教育的影响**
>
> 18 世纪 60 年代前后,英国开始了人类史上的第一次工业革命,其结果是推动了英国资本主义经济大发展,促成了英国社会的阶级关系与政治生活的重大变化。这无疑是一次前进的社会剧变。而这一社会剧变带来的,是英国初等教育与中等教育迅速出现了具有根本意义的内涵重组与规模扩展。星期日学校的广泛开设、私立初等学校的产生、慈善教育的大量扩充,以及《初等教育法》的颁布等,使得英国的初等教育由此前的宗教灌输教育转变为努力适应工业技术变革要求的劳动力培养教育。宗教教学的改革、古典科目的削减、实科课程的导入、寄宿制度的改善、高年级学生实行自治的许可等,使得英国的中等教育真正开始迈向培养具有现代知识眼光的资产阶级新人之目标。
>
> 资料来源:吴康宁.教育社会学[M].北京:人民教育出版社,1998:170.

(三) 文化革命与教育制度变迁

从根本的意义上说,社会革命本身也是一场"文化革命"。掌握政权的阶级在夺取政权后,必然会充分利用其政治权力,利用各种工具,采取各种措施和手段对整个社会系统进行一系列的根本改造,这里当然包括对文化和意识形态的改造。因此,法国教育社会学家布迪厄把教育的功能界定为"文化再生产"。

但在这里,我们主要是从"文化改造"的意义上使用"文化革命"的概念。文化革命对教育制度有着更为直接的冲击和影响。文化革命的目的,主要是统治阶层对现行文化系统的彻底改造,使之更符合或接近统治阶层所持有的特定社会理想和意识形态。这种改造尽管不以改变现行社会形态为目的,但统治阶层的种种努力,多半是对支撑现行社会形态许多重要的观念、意识形态、价值观等的基本否定。因而,文化革命的影响是巨大的。西欧的文艺复兴、宗教革命等,都属于这一类情形。文化革命对教育制度的影响就其性质而言,可能有正反两种结果。文艺复兴对于教育制度的正面冲击是巨大的(见案例 9-9),但也有导致教育发展产生一定程度的停滞的文化革命。

> **案例 9-9**
>
> **文化革命对教育制度的正面影响**
>
> 文艺复兴运动的兴起,对于教育的正面影响是巨大的。例如,"以复古为解放",致力于弘扬古希腊通过教育使人"身心既美且善"的传统,让美育日益被重视。18 世纪 90 年代,席勒的《美育书简》奠定了近代美育的理论基础。

总之,社会剧变是社会变迁中的高潮。每一次剧变都会导致社会子系统或整个社会的重组。重组后所形成的新的社会背景与教育之间,通常会出现尖锐矛盾乃至严重冲突。矛盾与冲突的最终结果是教育制度必须尽快进行全面的变革。

我国社会的发展具备社会转型与社会剧变的双重特点。我国社会转型的基本特征表现为由市场经济取代传统的计划经济,由农业社会转向工业社会,由乡村社会转向城镇社会,由封闭社会转向开放社会等方面。我国社会剧变则与世界许多国家极为相似,即由以知识经济为标志的第三次(前两次是农业经济与工业经济)经济革命所引发,尤其突出地体现了:知识成为最重要的生产力要素,知识产业逐渐成为社会的主导产业,知识劳动者逐渐取代体力劳动者,信息和生物技术成为知识经济中最具生命力的发展领域。可以说,当前我国社会的发展已呈现出全面和广泛的变革,涉及经济生活、文化生活、国民需求、精神观念、产业结构、年龄构成、家庭模式、人际交往、生活环境等许多方面。21世纪,我国的教育制度也因此而会发生巨大和广泛的变革。我国正在实施的以创新精神和实践能力为核心的素质教育,既是因社会变迁所导致的教育观念层面最深刻的变革,更是涉及教育制度几乎所有层面的大改革。这一改革横贯学校教育、家庭教育与社会教育三大领域,纵贯初等至高等教育阶段,广涉教育制度、结构、目标、内容、师资及管理等各种要素。

关键词

教育制度　　　　社会渐变
社会转型　　　　社会变迁
社会剧变

习　题

1. 试分解某一学校的制度构成要素。
2. 简述教育与社会变迁的基本关系。
3. 联系实际分析社会转型与教育制度变迁。
4. 讨论:社会剧变与教育制度变迁。

推荐阅读书目

1. 联合国教科文组织国际教育发展委员会.学会生存——教育世界的今天和明天[M].北京:教育科学出版社,1996.
2. 丁钢.文化的传递与嬗变——中国文化与教育[M].上海:上海教育出版社,1990.
3. 陆有铨.躁动的百年——20世纪的教育历程[M].济南:山东教育出版社,1997.
4. 包秋.世界教育发展趋势与中国教育改革[M].北京:人民教育出版社,1998.
5. 蔡克勇.21世纪中国教育向何处去[M].长春:吉林人民出版社,1999.

6. 赵中建.教育的使命——面向21世纪的教育宣言和行动纲领[M].北京:教育科学出版社,1996.

7. (美)鲍里斯,季亭士.资本主义美国的学校教育——教育改革与经济生活的矛盾[M].李锦旭,译.台北:桂冠图书股份有限公司,1989.

8. (美)卡扎米亚斯,马西亚拉斯.教育的传统与变革[M].福建师范大学教育系,等译.北京:文化教育出版社,1981.

9. (美)韦恩·霍姆斯,玛亚·比利亚克,查尔斯·菲德尔.教育中的人工智能:前景与启示[M].冯建超,舒越,金琦钦,王铭军,译.上海:华东师范大学出版社,2021.

10. (荷)格特·比斯塔.教育的美丽风险[M].赵康,译.北京:北京师范大学出版社,2018.

11. (美)泰德·丁特史密斯.未来的学校[M].魏薇,译.杭州:浙江人民出版社,2018.

12. 侯怀银.20世纪中国教育学史[M].北京:人民教育出版社,2020.

第十章
社会结构与教育制度

学习目标

1. 了解社会结构的基本概念。
2. 理解政治结构、人口结构与教育制度的关系。
3. 能运用社会分层结构的视角进行研究设计。

社会结构一词常被用以指称各种不同的含义,如族群结构、性别结构、家庭结构、城乡结构、区域结构、消费结构、收入结构、分工结构等,而其最重要的组成部分是经济结构、政治结构、人口结构、社会分层结构等。同时,很少有人能够一以贯之地使用这一概念。当代社会深受工业化、城市化、信息化、现代化、世界多极化等的影响,但同时又遭遇低生育率等诸多社会变迁因素的影响,导致社会结构与教育制度之间呈现出更为复杂多元的关系。本章仅在宏观层面上使用社会结构的概念,主要通过考察经济结构、政治结构、人口结构、社会分层结构与教育制度的关系,来部分地了解教育制度与社会大系统的复杂互动。

第一节 经济结构与教育制度

经济结构有多种含义和用法。它可以指"社会经济结构",即社会一定发展阶段生产关系的总和。也可以指"国民经济结构",即从各个角度考察的社会生产和再生产的构成类型,既包括生产力方面的结构,如产业结构、技术结构、劳动力结构、生产要素结构等;也包括生产关系方面的结构,如生产资料所有制形式结构、经济组织结构、收入分配结构等。下面,本书选择了一些主要的指标来讨论经济结构与教育制度的关系。

一、经济结构类型与教育制度

根据马克思主义的理论,经济基础决定上层建筑。经济结构反映了社会经济基础的主要特征,教育制度则是社会上层建筑的一种表现形态。因此,在经济结构与教育制度之间,首先存在着决定与被决定的关系。经济结构对教育制度的影响是十分多样的,表现为对教育制度中的教育目的、教育价值、教育内容、教育组织、教育功能等几乎全部内容的影响。从教育社会学的角度分析,这种影响主要表现为经济结构对教育功能的影响、经济结构对教育结构的制约。

从经济合作与发展组织发布的各国教育经费统计数据可以看出(见图 10-1),高收入国家(人均国民总收入在 12236 美元及以上)财政性教育经费占 GDP 的比例明显要高于中等偏上收入国家(人均国民总收入在 3956—12235 美元之间)和中等偏下收入国家(人均国民总收入在 1005 美元及以下),因此随着国家经济发展水平的不断提高,国家财政性教育经费占 GDP 的比例总体呈现日益增长的趋势。[①]

对于经济结构类型的划分,可以有多种标准。这里,本书按照前农业经济、农业经济、工业经济、知识经济这一历史分期为线索,来区分经济结构的总体类型及其相应的教育功能和教育结构特征。不同经济结构类型的主要特征如下(见表 10-1)。

---

① 陈纯槿,郅庭瑾.世界主要国家教育经费投入规模与配置结构[J].中国高教研究,2017(11):77—85,105.

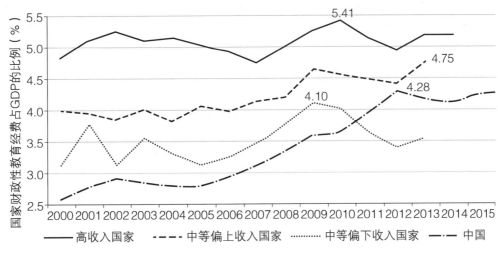

图 10-1 2000—2015 年不同经济发展阶段国家财政性教育经费占 GDP 的比例

表 10-1 不同经济结构的主要特征

经济结构类型	产业结构	技术结构	职业结构	劳动力结构	地区结构	收入分配结构
前农业经济	无	无	无	初步的男女分工	无差异	差异极小
农业经济	传统农业为主	手工	农民、各种手工劳动者	体力劳动为主	差异小	差异不大
工业经济	工业为主	半机械化机械化	职业分化	体力和脑力劳动并重	差异大	差异很大
知识经济	信息产业服务产业	半自动化自动化	职业多元化	脑力劳动为主	差异巨大	差异巨大

在不同经济结构类型的社会中，教育对象、教育制度、学校组织、教育内容和教育功能等都呈现出很大的差异(见表 10-2)。

表 10-2 不同经济结构中的教育特征

经济结构类型	教育对象	教育制度	学校组织	教育内容	教育功能
前农业经济	全体儿童	无	无	所有生产、生活内容	社会化：适应生活的训练
农业经济	1. 贵族儿童 2. 极少数有钱的平民子女	等级制	正规学校形成并发展	以身份文化知识(如古希腊的"七艺"、我国古代的"六艺")为核心	1. 社会化：培养社会精英，"庶民教化" 2. 不平等的社会再生产

续表

经济结构类型	教育对象	教育制度	学校组织	教育内容	教育功能
工业经济	全体儿童	双轨制： 1. 精英教育 2. 大众教育	学校组织逐渐趋向科层制	以生产知识为核心(科技、经济)	1. 强化了选择功能 2. 社会化
知识经济	全体儿童	终身教育	学校、家庭、社会教育的一体化	知识创新 实践能力	1. 社会化 2. 选择

由表 10-1 和表 10-2 可见,不同的经济发展阶段要求培养不同特征的公民,工业经济要求学校培养出对工业生产有用的公民,学校教育目标就是培养出合适的劳动者;知识经济时期,随着经济结构的调整和新经济结构的发展,学校教育目标是提高学生在社会生活中的意义和归属感、学生对整个社会组织的价值感,同时学生还必须身心健康,工作能力卓著,拥有接受终身教育的意识。①

二、经济转型期国家的教育特征

在社会发展的不同历史时期,都曾出现过经济结构的转型现象。例如,农业经济向工业经济的转型、工业经济向知识经济的转型,或者是计划经济向市场经济的转型等。经济结构转型意味着经济利益格局的重新调整,资源配置方式、经济发展动力系统、经济制度系统、社会发展模式等的重新调整和更新。这就对教育制度提出了全新的变革要求。也正是在这一过程中,教育制度中的"制度失范"现象便会出现。例如,20 世纪 80 年代末 90 年代初,东欧和苏联等社会主义国家开始了大规模的社会结构转型,特别表现为多元政治、新价值观、新法律规章的出现。这些均对传统的教育制度提出了挑战:原经济结构下的教育低效和教育浪费问题、专业结构的偏差、毕业生不适应市场需求、毕业生缺乏独立性和创造性等,使培养的人才无法适应社会发展需要。具体表现在教育制度中,就是教育制度化过程中的失范现象(见案例 10-1)。

[案例 10-1]

经济危机导致的对儿童的负面影响

根据现有研究,在经济危机期间,儿童会受到以下一种或多种负面影响:

负面影响 1:父母更难承担教育的直接成本,如学费、书费、学杂费和教辅费。

---

① 转引自:胡平.经济结构的调整对高等教育的影响:基于教育生态学的观点[J].学术论坛,2011,24(01):179—184.

负面影响2：迫使父母工作更长时间，这将减少父母可以用来辅导孩子家庭作业、陪孩子阅读和学习的时间等。

负面影响3：由于感觉到学校质量下降带来的劳动力市场前景疲软，父母可能会让孩子退学，或者减少对孩子教育的支持。

资料来源：Shafiq M N. The effect of an economic crisis on educational outcomes: an economic framework and review of the evidence[J]. Current issues in comparative education，2010,12(02):5—13.

第二节　政治结构与教育制度

政治是经济的集中表现，政治也是社会生活中无处不在的现象。政治的核心问题是权力的分配与运作问题。政治最集中的表现是国家政权，并由此形成了各种各样的政治制度。不同政治制度对教育的需求和制约的情形有别，这就导致了教育的政治属性差异以及教育与政治制度关系的差别。政治制度中最核心的内容是国家政权的性质与类型，后者主要可以用"政治结构"来衡量。所谓政治结构，主要反映了国家政权中的权力分配及其运作模式。国家政权的基本职能不仅是直接、间接地组织、调节、干预经济生活，更主要的是要维护国家稳定。教育作为国家的一个基本制度，便直接受到政治结构的控制和制约。因此，政治结构与教育制度之间存在着密切的对应关系。

绝大多数社会学家以中央与地方的权力分配关系为主线进行梳理，区分出西方国家三种主要的政治结构类型：中央集权制、地方分权制和中央调控制。

一、中央集权制的政治结构与教育制度

西方国家政治结构的第一种基本类型是中央集权制，以法国为典型，全国有一个统一的立法机关和政府，通常制定了单一的国家宪法，国家内部划分为若干行政区域。最高国家权力机关和行政机关为中央政府，地方自治权十分有限（见表10-3）。

表10-3　中央集权制的政治结构

政治权力中心	中央与地方关系	立法	地方官员	组织关系
中央政府	绝对控制	中央统一	中央任命	自上而下 层级分明

这种中央集权制的政治结构，对于教育制度的控制必然存在着全面集中与刻板划一的基本特征（见案例10-2）。全面集中表现为中央集权制下的教育可以发挥统一领导的作用，制定全国统一的政策法规和教育标准；便于推进统一的全国性教育改革，有利于统一思想、

统筹全局和均衡国家教育事业的发展;也能有力调节各地教育发展的不平衡,充分发挥中央管理教育的积极性。但是,这一刻板划一的制度也容易产生以下问题:官僚主义;政策脱离各地实际,不能因地制宜;制度整齐划一,但缺乏弹性和灵活性;束缚和影响地方政府对本地教育事业发展的积极性、主动性、创造性的发挥。[1]

> **[案例 10-2]**
>
> **法国教育的基本特征**
>
> **案例 1:**法国教育部的职能
>
> 法国教育部是法国政府中最大的一个部门,其权限极为广泛。从纵向上来看,它控制着大学区、省、市、镇、村的教育;从横向上看,它领导和监督着所管辖的全部公立与私立教育机构。它不仅有权颁布教育法案、发布教育命令、确定教育经费,而且有权规定学校的教育方针和原则,制定教学大纲,甚至还有权规定教学方法、考试的内容和时间,过问公立学校的教职员工情况等。
>
> **案例 2:**法国地方教育行政机构的职能
>
> 法国有一套组织严密、完全受教育部垂直领导和监督的地方教育行政机构。法国将全国划分为若干个大学区,各大学区设总长一人。大学区总长由教育部长提名,总统任命,代表教育部长行使教育领导权力,管理本学区所有教育事业。每一个学区负责两至三个省,每省设大学区督学一人。大学区督学同样由教育部长提名,总统任命,代表大学区总长在省内行使领导职权,掌握本省除高等教育以外的全部教育行政权力。这样,整个教育的领导权便被牢牢控制在国家手中。换言之,此时的法国地方教育行政机构实际上已经完全国家化、中央化了。
>
> 法国教育控制中的中央集权,不仅体现在对地方与学校处理重要事项的大政方针与基本原则的规限上,甚至还体现在对地方学校处理一般事项的操作过程与具体方法的规限上,即所谓学校每一分钟活动的内容都由国家教育部具体规定。其结果是:所处区域不同,但所属层级相同的各教育权力机构之间乃至学校之间几乎在所有方面均无明显差异,以至如果要寻找这个制度任何一部分的某一特殊规定,一定会在全法国的相应部分找到完全相同的规定。同样,课程和结构也是统一的。这就难怪有人这样形容法国的教育:看到巴黎一所学校的情况,便可了解全法国的学校。

二、地方分权制的政治结构与教育制度

地方分权的政治结构以联邦制为主要的表现形式。美国、加拿大及澳大利亚等国的政治结构均属此类,其中以美国最为典型。美国是从最初各不相关的殖民地社会中发展起来,

---

[1] 陈永明.发达国家教育管理体制的改革[J].比较教育研究,2004,25(01):62—66.

以偏重强调所谓地方性忠诚或区域性忠诚的方式逐渐扩展而成的联合社会。这一历史传统使美国的地方分权程度高于其他任何国家(见表10-4)。

表10-4 地方分权制的政治结构

政治权力中心	中央与地方关系	立法	地方官员	组织关系
1. 国家政府 2. 地方政府	相对控制(权限分明)	有统一的国家立法 有各自的地方立法	各地竞选	各自为政

地方分权制的政治结构，很难对教育实行全国统一的控制。地方分权制一般能调动地方政府管理教育的积极性，因地制宜地发展本地教育事业；有利于增强地方政府重视、关心和促进教育事业发展的责任意识与实际行动；不会因中央教育决策的失误而造成全国所有地区的教育受损。但是，地方分权制容易造成各地政府自行其是、权力分散、缺乏权威、管理体制纷杂而混乱、难行政令、难见实效、各地教育质量不一、教育事业发展不平衡等突出问题。[①]

美国所选择的教育控制方式就是分散的、多样化的。美国不像法国那样形成了以中央权力机构为龙头的集中统一的国家教育领导网络，从殖民地时代起，教育行政领导便以13个殖民区为最高单位，各自为政。美国于1867年始设联邦教育总署，此后有所调整与变化，但基本上不负领导全美国教育的责任。美国各州在教育上独立自主，自行决定义务教育年限，通过各项教育法案，最终负责本州的教育经费，规定有关教师资格、聘用条件、课程内容等方面的条例或方针，并制定、实施、评价与修改教育计划。

此外，与政治结构的分权化相对应，各州也把教育领导权限进一步下放给所辖的各级地方当局。总体而言，美国的教育控制可被称为多中心的教育控制，甚至是无中心的教育控制(见图10-2)。[②]

三、中央调控制的政治结构与教育制度

随着政治力量的多元化趋势，西方国家的政治结构发生了很大变化，中央与地方的控制和反控制使绝对的中央集权制、地方分权制均面临严峻挑战。因而出现了大量的介于上述两种政治权力控制方式之间的类型，即既有地方自治，又有中央控制的模式。这些结构模式可被统称为中央调控型。

吴康宁曾将20世纪80年代末以前的日本政治结构列为此类典型。日本的政治结构在第二次世界大战之前为中央集权型，战后才废除中央集权制，并借鉴美国的政治运行机制，

---

① 陈永明. 发达国家教育管理体制的改革[J]. 比较教育研究, 2004, 25(01): 62—66.
② (美)理查德·D.范斯科德, 理查德·J.克拉夫特, 约翰·D.哈斯. 美国教育基础——社会展望[M]. 北京师范大学外国教育研究所, 译. 北京: 教育科学出版社, 1984: 68.

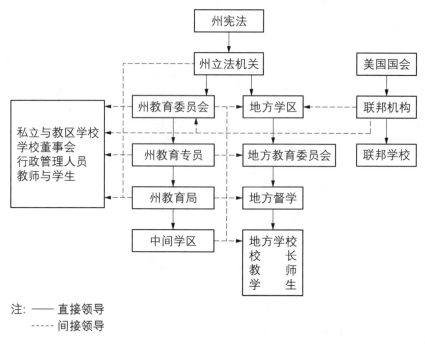

图 10-2 美国的教育控制模式

导入地方自治制度。日本的地方自治由各地方公共团体实行。地方公共团体有权自行负责处理国家事务之外的所有地方公共事务。地方公共团体的首长由该团体的居民直接选举产生,他们享有向地方议会提出议案,调整与执行财政预算,征收地方税,监督财会,设置、管理及废除公共设施等广泛的权限。但日本的地方自治又并非美国式彻底的地方自治(见表 10-5)。

表 10-5 中央调控制的政治结构

政治权力中心	中央与地方关系	立法	地方官员	组织关系
中央 部分地方自治	中央依法调控下的地方自治	中央统一	由地方选举产生	自上而下 层级分明

在这种政治结构背景下,教育制度表现出一种新格局。日本设有统管国家教育行政事务的中央机构——文部科学省。它并非单纯的服务性机构,而是享有如制定教育预算,管辖国立大学,批准设置公立、私立大学,确定学校设置标准,制定教学大纲,审定教科书及干预地方教育行政等广泛的权限。同时,它又不同于法国的国家教育部,它与地方公共团体及其教育行政机构之间并不存在上下级关系,它主要通过非强制性的,依照法律精神进行的指导、建议、援助及劝告等方式来影响地方公共团体及所辖国立学校的教育行政。

日本设有作为地方公共团体之教育领导机关的教育委员会。这是一种"协议制行政机构",主要是根据当地实际情况,依靠民意来执行行政。但与此同时,其委员是由地方公共团体首长经议会认可后予以任命的。这种逐层控制方式,在一定程度上弱化着地方教育委员会的协议性与相对独立性。日本的学校管理是在国家或地方公共团体的教育行政规定和指导下进行的,但国家法律规定的标准多为最低标准,留有许多灵活运用的余地,不像法国的学校那样,必须严格遵循上级的指示精神。

除了日本处在中央调控、部分地方自治的教育背景下外,英国近年来也实施了类似的教育管理计划。其中,学院派学校和自由学校成为了典型的国家资助、独立于地方当局控制的学校。2010年,英国政府宣布,任何优秀的教育提供者都能建立新的学院派学校和自由学校。学院派学校是自治的非营利性慈善信托机构,并可以从个人或企业赞助商那里获得额外的财政或实物支持。它们不必遵循国家课程,但必须确保其课程是广泛和平衡的,并包括数学和英语等核心科目。英国政府认为,学院派学校通过将更多的权力交到校长手中来提高标准,包括薪酬、上课时间和学期时间,可以更好地提升学校的教育质量和教育效率。同时,英国国家审计署指出:英国教育部的主要目标是开办高质量的学校,并希望该计划通过以下方式提高整个学校系统的标准:(1)增加家长在当地的选择;(2)在当地学校之间注入竞争;(3)解决教育不平等问题;(4)鼓励创新。

第三节 人口结构与教育制度

人口是社会的主体,是人类社会组织的基础。人口的发展变化必然会对社会、经济、教育带来一定的影响。人口问题一直是传统社会学的研究主题,人口与教育的关系问题也始终伴随着教育社会学的成长。通过分析人口结构与教育制度的关系,可以大致明确人口结构与教育的互动关系。人口结构主要可以通过人口数量结构、人口质量结构予以分析。

一、人口数量结构与教育

人口数量结构包括年龄和性别构成,其中,性别是一个相对独立的人口变量。

(一)人口数量结构的基本要素

年龄和性别是人口最基本的特征,每个国家都由不同性别和年龄的人构成。这一结构在人口统计上十分明显和突出,也是直接对教育制度产生影响的人口因素。一个国家或地区的人口年龄结构通常用"年轻型""中间型""老年型"来表示。按照联合国的规定,老年人口系数在5%以下的为"年轻型",10%以上的为老年型,两者之间的为"中间型"。

根据第七次全国人口普查的结果,我国现今的人口年龄结构为老年型(见表10-6)。

表 10-6 2020 年 11 月为止,我国人口年龄结构

年龄组	人口数(人)	比例(%)
总计	1411778724	100.00
0—14 岁	253383938	17.95
15—59 岁	894376020	63.35
60 岁及以上	264018766	18.70
65 岁及以上	190635280	13.50

对人口年龄结构的分析还可以通过人口变动的类型作研究。从人口再生产的类型来看,国际上一般根据三种人口年龄组占总人口比例的大小,把人口再生产分为增加型、静止型、减少型。据此,可以分析一个国家人口再生产的类型(见表 10-7)。

表 10-7 人口再生产的类型(%)

	1—14 岁人口比例	15—49 岁人口比例	50 岁以上人口比例
增加型	40	50	10
静止型	26.5	50.5	23
减少型	20	50	30

人口的性别构成,也是人口的重要特征。通常以女性为 100 对多少男性这一形式来表示性别比。历史上的人口统计资料表明,人类社会的男女性别比总是接近平衡的,但因文化传统和历史的原因,不同国家的人口性别比会发生一定的变动。一般来说,发达国家的人口性别比不到 100,而发展中国家的人口性别比则超过 100。

(二) 人口数量结构对教育的影响

1. 人口构成对教育资源配置的影响

随着人口结构的变化,特别是学龄人口的增减,教育资源的配置需要作出相应调整。出生人口具有一定的周期波动性。受人口再生产周期的影响,出生人口每隔二十多年会出现一次不同程度的高峰。上一次生育高峰期间出生人口的下一代陆续进入生育期,就会形成新一次生育高峰。我国的生育政策调整时,正值育龄妇女人数高峰期,二者叠加导致出生人口出现了较大增长。但生育政策的刺激效应仅持续了一段时间,同时育龄妇女人数下降,导致出生人口快速下降。出生人口的波动在教育领域体现为学龄人口的波动,要求教育资源配置进行相应调整。出生人口对学龄人口的影响呈现梯次推移性。出生人口变化并非同时影响各教育阶段,而是首先影响学前教育,然后影响义务教育,其次影响高中阶段教育,最后影响高等教育和成人教育,逐步往后推移。当前学前教育学位需求高峰已过,义务教育正在

迎来学位需求高峰,高峰即将向高中阶段推移,高等教育和成人教育也需要前瞻性地预判其影响。

人口老龄化可能使成人教育和终身学习的需求增加,同时对教育资源的公平分配提出了新的挑战。从 2000 年到 2021 年的 21 年间,我国社会从老龄化到深度老龄化的发展速度,与全世界老龄化最严重的日本相当。并且,与发达国家相比,我国的人口老龄化不仅有全世界最大的老龄人口规模,还具有"未富先老"的特点,应对老龄化的财力更不如发达国家。① 党的二十大报告指出:实施积极应对人口老龄化国家战略,发展养老事业和养老产业,优化孤寡老人服务,推动全体老年人享有基本养老服务。因此,实施老年教育政策是顺应人口老龄化趋势、响应积极应对人口老龄化国家战略的必然要求,更是规范和引导老年教育发展,赋能老年人"老有所学、老有所教、老有所为"的重要举措。

2. 人口分布不均衡,加剧了教育发展的不平衡

我国东部地区人口多、密度大,为教育的发展创造了客观条件。比如人口密度高的地方,学校的布点相应也多,发展教育所需的相互学习和协作的条件,以及相互竞争共求发展的氛围也就比较优越。但人口密度高同时又加重了教育发展的负担,因为人口过密容易造成教育中的拥挤现象。数据表明,2021 年,我国常住人口城镇化率为 64.7%,义务教育在校生中城镇在校生占比却高达 81.9%,义务教育在校生城镇化率高于常住人口城镇化率。

在我国西部地区,由于人口相对稀少,学校布点相应减少。以高校为例,广西、云南、内蒙古、贵州、西藏、甘肃、青海、宁夏、新疆等地的土地面积占全国总面积的 60% 以上,而在 2022 年,这些地方的高等院校数量却只占全国高校总数的 10% 左右,因而不利于高层次人才的培养和这些地区经济的发展。在一些人烟稀少的地方,学生上学十分不便。另外,科学高效的教学组织要以一定的学生数量为基础。黑龙江 2010—2021 年的数据显示,全省小学在校生减少近 38%,招生数减少近 47%,学校数减少近 79%。一些农村学校由于没有在校生或在校生很少,在网点布局调整中被撤并或降级为教学点。与之相对应,教职工数和专任教师数也分别减少了 44.6%、45.4%。

3. 人口的城镇化趋势给城镇教育带来了诸多困难

人口的日益城镇化,使城镇人口密度增大,教育设施紧张的矛盾更加突出。随着农村人口文化素质的提高,越来越多的人意识到,子女需要接受教育。尽管如此,有研究表明虽然城—城和乡—城流动儿童的在园比例和概率与户籍儿童没有显著差别,但他们就读公立幼儿园的比例分别只有 52.6% 和 40.1%,大大低于户籍儿童的 67.9%,这就要求城镇的教育规模要进行相应的扩充。② 在有些地方,由于教育经费紧张、教师数量不足,存在丢质保量的现象。另外,从农村进入城市的青少年还会由于城乡文化的巨大反差而产生心理上的不适

---

① 李贤森. 积极应对人口老龄化的法治解读、价值引领与规范体系[J]. 河北法学,2024,42(04):121—139.
② 杨菊华,谢永飞. 流动儿童的学前教育机会:三群体比较分析[J]. 教育与经济,31(03):44—51,64.

应。如果家庭、学校和社会不能采取适当的措施加以调适,那么他们就会出现越轨、违法,乃至犯罪行为。

二、人口质量结构与教育

人口质量是指人口的身体素质、文化素质。影响人口质量的高低有先天的遗传因素,也有后天的培养教育问题。

(一)人口质量结构的指标

衡量人口身体素质的指标主要是三个方面:人口的寿命、人口死亡率、人口发病率(见案例10-3)。

案例10-3

新中国成立前的人口身体素质

1929—1931年,我国农村人口的平均寿命是男性34.9岁,女性34.6岁。1978年,我国人口平均寿命则提高到男性67岁,女性69.6岁,这不仅大大超过了新中国成立前的人口平均寿命,也超过了同期世界人口平均寿命(61岁)。人口死亡率也大大降低。新中国成立前,我国的人口死亡率约为33‰,1954年下降到14‰,到1990年则降至6.28‰。这不论是在发达国家还是在发展中国家都是比较低的。随着医疗条件的改善,人口发病率日趋降低,一些流行病和传染病基本上得到控制。但应当引起我们注意的是,某些与现代工业化生产相关的疾病的发病率却在提高,如恶性肿瘤、心血管疾病和脑血管疾病等。

人口的文化素质是一个复杂的概念,国际上通常采用一些比较客观的指标,如人口文盲率(即15岁及以上不识字的人的比例)、义务教育普及程度、知识分子在人口中的比例等,由此构成人口质量结构系统的一方面(见案例10-4)。

案例10-4

我国人口文化素质分析

学者李陈和叶磊对我国31个省级行政单位的人口文化素质的区域差异进行了研究,指出:

(1)各省人口文化素质呈现"螺旋式"上升、提高的过程。文盲或半文盲人口规模显著减少,高学历人口规模显著提高。

(2)各省人口文化素质各指标结构呈现明显的"东—中—西部"的梯度差异特征。越往东部,接受中等教育和高等教育的比例相对越高;越往西部,其仅接受初等教育、文盲或半文盲的比例相对越高。

(3) 各省文盲或半文盲人口规模区域差异表现出"缩小—扩大"的发展态势,而大专及以上高学历人口规模区域差异则表现出"扩大—缩小"的发展态势。

资料来源:李陈,叶磊. 中国分省人口文化素质的区域差异研究:1982—2010[J]. 干旱区资源与环境,2018,32(01):1—7.

(二)人口质量结构对教育的影响

1. 人口身体素质的全面提高巩固了教育的物质基础

作为教育对象的人,其身体素质的好坏直接关系到对教育的接受程度和承受能力。在现代社会中,生产的飞速发展、科技的不断进步、观念的不断更新、需求的日益膨胀,造成角色变换频繁、社会流动加剧、生活节奏加快。而上述各因素因果位置的互换及相互作用,形成了一种高度紧张、充满竞争的社会氛围。对成人来说,为了生存和自我价值的实现,为了适应社会发展的要求,必须不断接受教育,更新知识。因此,没有良好的身体素质是很难应对这一切的。对青少年来说,面对新科技革命条件下知识量的迅速增加,以及知识难度的提高,要想掌握大量的信息,必须勤于学习,善于学习,努力拼搏,勇于竞争。这些也需要良好的身体素质作为保证。

2. 人口文化素质较低会对教育的发展产生消极影响

人口文化素质低影响了人们对教育地位与作用的认识。对教育地位与作用的认识,主要取决于对教育的社会发展价值和个体发展价值的认识。教育是一项周期长、见效慢的事业,具有现实价值和未来价值。在现代社会中,教育与社会大系统的联系千丝万缕,所以对教育价值的正确认识必须建立在对社会的政治、经济、文化以及对个体价值实现条件的较全面的把握之上。显然,这种认识是认识者文化素质的综合反映。若个体的文化素质不高,则认识不到受教育对自身全面发展的价值,因而更加不愿意接受教育;若整体人口文化素质不高,则使教育行政部门把周期长、见效慢,但却能对社会发展产生深远影响的教育视为"没有效益"的教育,进而会对教育持消极态度,更加无法大力发展教育。

人口文化素质低难以保证教育发展的重点。我们是发展中国家,生产力状况和科技发展水平决定了需要大量中等教育层次的人才。因此,在较长的时期内,大力发展普通中等教育和中等职业技术教育应该成为教育发展的重点。这就要求保证对中等教育人、财、物的充分投入。建立健全现代化职业教育人才培养体系,已成为我国职业教育促进社会发展的一项战略性制度安排。《国务院关于加快发展现代职业教育的决定》《现代职业教育体系建设规划(2014—2020年)》《国家职业教育改革实施方案》等重要文件的出台,推进了我国现代职业教育体系建设,从中央层面进行了系统全面的顶层设计,现代职业教育体系的建设框架也在这些激励性的政策环境下得以构建。[①] 教育部 2023 年发布的数据显示,中等职业教育专任教师 73.48 万人,比 2022 年增加 1.65 万人;生师比 17.67∶1,也比 2022 年有进一步的改善。全国中等职业学校校舍建筑面积 3.02 亿平方米,比 2022 年增加 2711.83 万平方米。生均校舍建筑面积 23.28 平方米,更是比 2022 年增长了 13.31%。

人口文化素质直接影响了教育质量的提高。教育发展是教育数量与质量的统一。人口的文化素质低不仅影响了教育发展的规模与速度,也直接或间接地制约了教育质量的提高。一方面,人口文化素质低导致教育对象水平低,直接影响各级各类教育质量的提高。道理很简单,教育对象文化素质高,教育起点就高,教育质量提高得就快。另一方面,教育对象文化素质的高低除与教育者有关外,还与由人口文化素质所促成的文化氛围有关。人口的文化素质低,就很难形成尊重知识、尊重人才、追求科学文化这样一种有利于教育对象发展的良好氛围。如社会崇尚金钱至上、庸俗关系学,贬低科学等,那么一种不利于教育对象发展的氛围就必然占上风。

第四节 社会分层结构与教育制度

社会分层现象的研究最初是西方社会学家在分析社会阶级结构时提出的。韦伯首创了社会分层理论。这一理论的核心是提出划分社会层次的三重标准:财富——经济标准;权力——政治标准;声望——文化标准。在韦伯之后,又出现了一系列关于社会分层的理论研究。以经济标准划分阶层的主要依据是人们的经济收入;以政治标准划分阶层的主要依据是政治地位;以文化标准划分社会阶层的主要依据是受教育程度。因此,社会分层结构其实是对社会成员以上三方面特征的描述。本节将讨论经济分层、文化分层对教育的影响。

一、经济分层与教育机会

经济分层是指按照收入差异来划分社会群体。经济分层可以主要表现为根据人们居住区域划分的城乡居民收入差距、不同地区居民的收入差距,也可以表现为不同职业、同一职业不同岗位之间的收入差距。社会成员之间因经济收入高低有别而出现贫富差异悬殊的现象,是所有国家所共有的社会问题。

(一) 经济分层的主要表现

美国社会学家沃纳(L. Warner)在《美国的社会地位体系》一书中,采用经济分层的指标对美国的社会阶级进行了分类,这种分类方法常被用于教育社会学研究中(见表 10-8),为后来的社会阶级分析提供了重要的理论和实证数据。

---

① 贾超.新型举国体制:现代职业教育体系建设的理论回响与现实践履[J].职教论坛,2024,40(01):103—110.

表 10-8 美国各社会阶级在各方面的差异①

阶级(占总人口的比例)	收入	财产	职业	教育	个人与家庭生活	子女教育
上层阶级(1%—3%)	很高,大部分来自资产	巨额财富,控股投资者	经理、专业技术人员	自由艺术家	稳定的家庭生活	子女均受大学教育
上中层阶级(10%—15%)	高收入	通过积蓄积累财富	高级公民、军队军官,失业率最低	受过优良教育和专业训练	自主人格、较好的身心健康与保健	教育体制以他们的趣味为基础
下中层阶级(30%—35%)	中等收入	很少固定资产,少量积蓄	小企业主、农场主、低级专业技术人员、雇员	部分人上过大学、高中	预期寿命较长	比劳工阶级上大学机会大
工人阶级(40%—45%)	低收入	无固定资产	技术工人、无技术工人,失业率最高	部分人上过高中、初中、小学,部分人是文盲	家庭生活不稳定,或单亲家庭	倾向接受职业培训计划
下层阶级(20%—25%)	贫困	无积蓄	剩余劳动力,失业率最高	主要是功能文盲	顺从型人格,身心健康较差,预期寿命较短	对教育无兴趣,辍学率高

我国的城乡居民收入差距依然存在。20 世纪 80 年代中期以后,随着改革开放的力度加大,我国城乡居民经济收入在总体水平迅速提高的同时,相互差距也逐渐拉大。但近十年来,在乡村振兴战略的指导下,城乡居民收入差距持续缩小。报告显示,2022 年,中国城镇居民和农村居民人均可支配收入分别为 49283 元和 20133 元,同比分别增长 3.9% 和 6.3%。农村居民收入增速持续快于城镇居民,城乡居民收入差距也随之从 2018 年的 2.69 倍缩小到 2022 年的 2.45 倍,比 2021 年缩小了 0.05。

随着经济分层的不断细化,经济分层的指标不仅可以通过宏观的城乡差异、地区差异等表现出来,还可进一步通过分析社会成员内部的经济差异表现出来。例如,从我国农民内部来看,中国社科院农村发展研究所发布的《中国农村发展报告 2022》显示,近年来多数粮食主产区省份农民人均可支配收入低于全国农民平均水平,且多年增速低于全国平均增速。具体来说,多年低于全国农民人均可支配收入平均水平的省份有 10 个,2020 年这 10 个省份农民人均可支配收入为 16342.7 元,比全国平均水平低 4.6 个百分点,其中,2020 年四川省农民人均可支配收入为 15929.1 元,为最低省份。多年高于全国农民人均可支配收入水平的省份有 3 个,分别是辽宁、江苏和山东。2020 年,这 3 个省份农民人均可支配收入 20243.0 元,比全国平

---

① 转引自:(美)戴维·波普诺.社会学(第十版)[M].李强,等译.北京:中国人民大学出版社,1999:267.

均水平高出18.2%。2020年,江苏省农民人均可支配收入为24198.5元,高出四川51.9%。

从城镇居民内部来看,国家统计局发布了全国居民可支配收入的五等分分组数据,该数据是将所有被调查家庭按照家庭人均收入水平从高到低的顺序排列,然后平均分为五份。每组代表的人口约3亿。处于最高20%的家庭为高收入组,依此类推,依次为中等偏上收入组、中等收入组、中等偏下收入组、低收入组。如表10-9所示;中等偏下收入家庭,人均可支配收入为18446元,折合每月1537元。占人口总数20%的高收入家庭,2021年人均可支配收入为85836元,折合每月7153元。

表10-9 2013—2021年中国居民五等分分组家庭人均收入

年份	高收入组(元)	中等偏上收入组(元)	中等收入组(元)	中等偏下收入组(元)	低收入组(元)	高收入组在全国收入中占比	低收入组在全国收入中占比
2021	85836	44949	29053	18446	8333	46.0%	4.5%
2020	80294	41172	26249	16443	7869	46.7%	4.6%
2019	76401	39230	25035	15777	7380	46.6%	4.5%
2018	70640	36471	23189	14361	6440	46.7%	4.3%
2017	64934	34547	22495	13843	5958	45.8%	4.2%
2016	59259	31990	20924	12899	5529	45.4%	4.2%
2015	54544	29438	19320	11894	5221	45.3%	4.3%
2014	50968	26937	17631	10887	4747	45.8%	4.3%
2013	47457	24361	15698	9654	4402	46.7%	4.3%

我国现阶段经济分层的总体现状就是:社会成员经济收入有一定差异,富有阶层与贫困阶层之间差异较为显著。这是影响我国儿童受教育机会的主要社会分层背景。

(二) 经济分层对受教育机会的影响

经济分层对受教育机会的影响,表现为教育阶段就学机会的分布不均。我国学者董帅鹏以我国中西部一农村地区为例,探讨了不同家庭子女教育获得的类型与分布(见表10-10)。[1] 由表10-10可见,村庄上层子女更可能跨越城乡二元结构,获得更高学历。

表10-10 农村不同家庭子女教育获得的类型与分布(人数和百分比)

阶层\学历	小学	初中辍学	初中	高中	大专	本科	研究生
上层	0	4	3	0	15	2	2
	0.00%	15.38%	11.54%	0.00%	57.69%	7.69%	7.69%

---

[1] 董帅鹏.面子实践与农村教育不平等的形成[J].青年研究,2022(06):80—90,93.

续表

阶层\学历	小学	初中辍学	初中	高中	大专	本科	研究生
中下层	18	22	6	6	3	3	0
	31.03%	37.93%	10.34%	10.34%	5.17%	5.17%	0.00%
合计	18	26	9	6	18	5	2
	21.43%	30.95%	10.71%	7.14%	21.43%	5.95%	2.38%

经济分层对教育机会的影响还表现于其他教育阶段。西方学者的研究结果表明：家庭经济阶层越高，子女实际享有教育机会的可能性也越大。美国鲍尔斯的实证研究结果便清楚地表明：在美国，年收入在3000美元以下家庭的子女实际享有教育机会的可能性要比年收入在15000美元以上家庭的子女的相应可能性小数倍（见表10-11）。

表10-11 美国家庭收入不同阶层的子女未升入大学者的比例

家庭收入	未升入大学者的比例(%)	家庭收入	未升入大学者的比例(%)
3000美元以下	80.2	7500—9999美元	49.0
3000—3999美元	67.7	10000—14999美元	38.7
4000—5999美元	63.7	15000美元以上	13.3
6000—7499美元	58.9		

在我国，虽然贫困家庭子女可以申请一部分补助，但诸多文献表明，非义务教育阶段学生的家庭经济收入大大影响了其收获高质量教育机会和未来就业的机会（见案例10-5）。

【案例10-5】

我国首都大学生成长追踪调查

吴晓刚教授和冯仕政教授及其团队于2009年共同开创了"首都大学生成长追踪调查"项目。这是一项基于学校过程的追踪调查，项目中的问卷涵盖了学生的家庭背景、高考分数、在校学业表现、大学生活经历以及毕业后的去向等主题，为全面分析家庭背景的作用机制提供了数据基础。"首都大学生成长追踪调查"的抽样框为北京市教委提供的2006级和2008级在校生的学籍数据库。第一阶段的抽样单位为学校，根据学校排名和主管部门将其分为6层，然后从中抽取了15所高校，包括3所较高水平大学（北京大学、清华大学、中国人民大学），由教育部和其他部委主管的8所高校，以及4所北京市属高校；第二阶段的抽样单位为专业，从第一阶段抽中的学校中分别随机抽取15个专业，其中在3所较高水平大学随机抽取25个专业；第三阶段的抽样单位为学生，从抽取的专业中，每个专业随机抽取 20 个学生。实证研究表明,在国内研究生教育机会获得中,父母的受教育程度和家庭收入基本上是通过大学生本科就读高校的类型和学业表现来发挥作用的。同时,如果没有配套的奖助政策,研究生收费改革可能会直接影响学生就读研究生的机会。另外,在本科毕业生中,约三分之一的学生选择了继续接受研究生教育,而且选择接受研究生教育的学生,其家庭背景和学业表现都要显著地优于毕业后直接就业的学生。

资料来源:李忠路. 家庭背景、学业表现与研究生教育机会获得[J]. 社会,2016,36(03):86—109.

二、文化分层与教育机会

文化分层主要是指以社会成员的受教育程度来衡量社会分层结构。不同文化阶层的存在是一个客观事实。例如,"知识分子阶层"便以文化分层为标准。此外,在现实生活中,文化分层的事实尤其表现在人们所从事的文化活动、所消耗的文化费用、所积累的文化资本等方面(见案例10-6)。在教育社会学研究中,经常用于分析文化分层状态的指标是:文盲、半文盲、小学、初中、高中、大学等。文化分层对教育的影响着重表现为:家长的文化程度与子女的受教育机会之间存在相关性。

案例 10-6

文化活动中的文化分层现象

事实上,看戏、听音乐,尤其是参观博物馆人数的统计足以说明,对于我们前辈所积累和遗传下来的文化财产的继承权,实际上只属于(虽然从理论上讲属于每一个人)那些掌握着获得方式的人们。把文化产品作为象征性的产品来理解和占有(及伴随着这种占有的象征性满足),只是对于那些掌握阐明文化产品之秘诀的人才成为可能。换言之,要把象征性的产品据为己有,就必须先占有可将其据为己有的工具。因此,文化传播规律的自由运用足以使文化资本相聚密集,并使不同阶级之间文化资本的分配结构得到再制。

资料来源:(法)布迪厄. 文化再制与社会再制[M]//厉以贤. 西方教育社会学文选. 台北:五南图书出版股份有限公司,1992:425页. 标题为本书编者所加。

有关家长文化程度与子女升学相关性的研究,可以从多个角度予以分析。第一,分析家长文化程度与其子女在不同阶段入学率的关系;第二,分析家长文化程度与其子女升学愿望的关系;第三,分析家长文化程度与其子女升学报考率的关系。我国台湾师范大学教育研究所曾就1976年我国台湾地区的大学报考者与录取者的家庭社会背景作过一项比较研究,表明了父亲教育程度不同的报考者在报考者总数中所占的比例:父亲为文盲阶层的报考者有3.0%,父亲为小学阶层的报考者有33.9%,父亲为初中阶层的报考者有14.2%,父亲为高中阶层的报考者有25.7%,父亲为大专以上阶层的报考者有23.2%。显然,这些百分比本身并不能告诉我们有关文化阶层与大学报考率之联系的真实信息。于是,吴康宁曾根据我国台湾地区学者林生传的研究资料将上述比例与各文化阶层人口在台湾地区就业总人口中所占比例加以比较,结果发现,父亲为小学阶层以下的报考者在报考者总数中所占比例,远低于这些阶层的人口在社会就业总人口中所占比例;在父亲为初中阶层,这两种比例相差不大;在父亲为高中阶层以上,前一种比例远高于后一种比例(见图10-3)。①

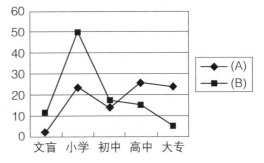

图10-3 我国台湾地区父亲为不同文化阶层的报考者在报考者总数中所占比例(A),与相应文化阶层人口在社会就业总人口中所占比例(B)之比较

高文化阶层子女比低文化阶层子女更容易在实际上获得教育机会,这可由不同文化阶层子女升学报考的录取率差异来验证。吴康宁曾根据上述资料进行了二次分析,他发现,文化阶层越高,子女报考大学被录取的可能性一般也越大。如果将不同文化阶层子女被录取人数在被录取者总数中的比例,同相应文化阶层的人口在社会就业总人口中所占比例相比较,则高文化阶层子女在实际上获得教育机会的概率更显著地高于低文化阶层子女。

总体而论,文化分层对教育机会的影响远比经济分层大,而且不易受家庭其他背景因素的干扰而出现大幅度波动。它还能在相当程度上淡化家庭其他背景因素对教育机会的影响。例如,文化分层的影响冲淡了经济分层(一定程度上也包含职业分层)的影响。吴康宁根据鲍尔斯的资料进行再整理,说明了:在父母教育年限为同一档次的学生中,尽管不同经济阶层子女所占比例存在差距,但差距幅度不大。相邻经济阶层子女所占比例的平均差距只有2.75%、1.88%及1.18%。而在家庭收入为同一档次的学生中,不同文化阶层子女所占比例存在较大差距。相邻文化阶层子女所占比例平均差距高达11.7%、7.7%、8.3%及8.55%(见表10-12)。②

表10-12 美国16—17岁男孩在公立学校入学的百分比(%)

		父母受教育年限			相邻文化阶层子女所占比例平均差距
		低于8年	8至11年	12年以上	
家庭收入	3000美元以下	66.1	78.6	89.5	11.7
	3000—4999美元	75.3	82.9	90.7	7.7
	5000—6999美元	75.5	84.9	92.1	8.3
	7000美元以上	77.1	86.1	94.2	8.55
相邻经济阶层子女所占比例平均差距		2.75	1.88	1.18	

---

① 转引自:吴康宁.教育社会学[M].北京:人民教育出版社,1998:135.
② 转引自:吴康宁.教育社会学[M].北京:人民教育出版社,1998:139.

事实上，出现上述现象的原因在于，高文化阶层家庭通常会更多地参与孩子的教育实践过程，父母在文化资源上的投入以及父母的高教育参与率能够显著提升子女的学术素养，使得子女在激烈的教育竞争中获得优势。①

三、种族、性别、语言与教育机会

种族、性别与语言是造成文化分层的重要因素，是教育社会学家在研究教育机会与教育成就时最常使用的视角。

（一）种族与教育机会

美国黑人和其他少数民族收入较低，而且一直受到歧视，他们往往在选择住所方面受到很多限制。这样，他们通常会居住在黑人聚居区。由于多数美国公立学校为附近公民服务，所以这些地区的学校很少能招收到白人的孩子。这样种族隔离就一直以事实上的隔离形式存在着——主要存在于小学阶段。

为了比较少数民族学生和白人学生在教育机会与学业表现方面的差异，科尔曼采取问卷调查方法，在1965年9月至10月间调查了全美约4000所公立学校64.5万名学生的数据，并将有关学校的调查主要分为种族隔离情况、设施、师资情况、学生的学习成就、与成就相关的学校特征因素等四大部分；调查对象分为学区管理者、学校校长、教师、学生。科尔曼等依据种族类型，将学生划分为黑人、美洲印第安人、亚裔、波多黎各人、墨西哥人、白人六类，通过分析、统计各类学生在上述调查内容方面的现状及差异，于1966年发表了《教育机会均等》(Equality of educational opportunity)一书，又被称为《科尔曼报告》。科尔曼的研究结果包括以下四点。

第一，美国公立学校中存在着严重的种族隔离问题。在少数民族人群中，黑人学生的种族隔离程度最大；在所有人群中，白人学生的种族隔离程度最大。在一年级和十二年级中，白人学校中黑人学生所占比例不足10%。此外，学生与教师的种族对应情况也充分反映了这一点。就全美国平均而言，黑人学生所在的小学中，65%的教师为黑人，与之相对的是，白人学生所在的小学中，97%的教师为白人。

第二，校际间差距对不同种族的学生有不同的影响。《科尔曼报告》指出：少数民族学生的学业成就高低更多地依赖于他们所在的学校，而白人学生的学业成就较少因为学校的设施、课程和教师等条件而受到影响。统计结果表明，白人学生的学业成就中只有10%可归因于学校，而南部黑人学生此比例则高达20%。

第三，造成黑人学生学习水平低的原因主要不是学校物质条件，而是学校内的社会因素，即学生家庭的社会经济背景、同学的社会经济背景等。在美国学校中，黑人学生的学业成就水平相对较低，而且年级越高与白人学生的差距越大。而黑人学生所在学校和白人学

---

① 转引自：姜帅，龙静. 家庭文化与经济资本对教育获得的影响效应[J]. 教育学术月刊，2022(01)：51—57.

生所在学校在校舍设施、教师工资等有形条件上的差距,却并不像想象中那么大。

第四,同学间的社会经济背景对不同社会阶层的学生有不同程度的影响。《科尔曼报告》认为,将低收入阶层的孩子送到中等收入阶层子女占大部分的学校,对低收入阶层子女有好处,而对中等收入阶层子女不构成损害。科尔曼等人认为,这是因为低收入阶层的孩子比中等收入阶层的孩子更容易受影响。

在20世纪60年代中期之前,社会学家和教育改革者几乎公认,不同社会出身的学生的学业成就差别的大部分原因可归于学校质量。[①]而学校质量在当时被认为是教育机会均等与否的最重要的标志。《科尔曼报告》的研究发现挑战了这一观念,也引起颇多争议。经过其他研究者的反复研究,虽然结果略有差异,但是科尔曼的主要研究结果还是得到了支持。[②]根据科尔曼的看法,改善贫穷及少数民族学生之学业成就的主要方法,在于将不同民族和阶层儿童安置在同一个学习环境中,以创造有利于学习的气氛及提供角色楷模。

批判性种族理论(critical race theory)近年来在欧美国家也受到广泛的讨论。批判性种族理论植根于民权运动,其源头可以追溯到20世纪70年代的批判法学研究。该理论认为,现有的社会秩序及忽略族裔因素的法律建基于种族主义之上且为白人至上主义服务,所有白人皆从此体系中通过压迫有色人种获益;价值中立的法律及自由主义观念对现有的"种族不公正的社会秩序"起着巨大的支撑作用,从而令社会不断产生系统性的种族歧视,并且已经渗透到社会生活的各方面。

另外,批判性种族理论认为,美国的种族主义不是受奴隶制、种族隔离遗留的影响的,而是持续且系统性地存在于整个国家的社会结构中;白人至上主义和系统性种族主义是导致非裔和拉丁裔等人群在美国经济、社会等方面发展较为落后的主要原因。[③]

哈里斯(C. Harris)在讲述其祖母当年伪装成白人从美国南方腹地来到中西部地区的故事时,首次使用了"作为财产的白人性"这个概念。她的基本看法是,与白人身份相关的"所有权、特权和利益"都是白人想方设法保护的宝贵财产,因而这受到法律的保护。财产所有权意味着对事物的占有、使用、转移、处置和专享等权利。凭借这些权利,白人得以建立"一个具有排斥性的俱乐部,其入会资格会受到严格审查"。例如,过去那些依靠招生政策的优待得以接受高等教育的学生(尤其是白人学生)就使用了"白人性"这一财产。

曼宁(K. Manning)在讨论高等教育的组织理论时,也描述了"白人性"可以如何被用于兑换其他形式的财产和资本,例如,"白人性"可以换来高收入的职业、更好的邻里环境(比如白人占多数的城郊住宅区)以及教学质量更好的学校等。高校的课程设置也被视为一种"白

---

① Hum C J. The limits and possibilities of schooling[M]. Boston: Allyn & Bacon, 1985:143.
② 认为学校质量差异并非学业成就差异的主要原因的研究,有如詹森于1966年发表的《我们怎样提高IQ和学业成绩》一文中的研究、胡森所导领的国际学业成绩比较研究等。认为学校与学业成就具有密切关系的研究,如T. Mwamwenda 和B. Mwamwenda在非洲的博茨瓦纳进行的研究,可见:Mwamwenda T S, Mwamwenda B B. School and facilities and pupil's academic achievement[J]. Comparative education, 1987,23(2):225—235.
③ Schaefer R T. Encyclopedia of race, ethnicity, and society[M]. Thousand Oaks: Sage Publication, 2008:1073.

人性"财产形式,因为它一直以来就以西方白人视角为主,而且学习这些课程能够给个体带来以资本形式呈现的看得见的实际利益。

由此可见,西方学者对于种族与教育机会之间的讨论一直处于白热化状态。

(二) 性别与教育成就

我国女性的受教育机会已经有了很大的改善。据统计,我国女性小学净入学率在1995年就已经达到98.2%,2002年为98.53%,与男性(98.62%)基本持平;女性在高等学校在校生中的比例则从1995年的35.4%提高到了2002年的44.0%,每年提高一个百分点以上,在2021年提高到50.2%。

根据《中国教育统计年鉴》统计的2005—2017年各学历层次女性在校生所占比例,2005年,在高等教育的各个层次,女性在校生比例皆比男性低,尤其是博士阶段,男性在校生数量是女性的3倍。但是,到了2011年,本科女性在校比例超过了男性,达到50.40%,而在博士研究生层次,女性仍处于劣势。总体来看,2005—2017年,专科、本科、研究生层次女性的在校生比例均得到提升,专科层次女性在校生比例有下降趋势,明显低于本科层次女性在校生比例,研究生中女性在校生比例虽逐年在增加,但仍低于本科层次女性在校生比例(见表10-13)。① 相对于普通高等教育,研究生层次的教育仍属于稀缺资源,其中博士研究生学历层次女性的入学机会仍低于男性。

表 10-13 2005—2017年各学历层次女性在校学生所占比例

	2005	2007	2009	2011	2013	2015	2017
专科	49.2	51.21	52.42	52.17	51.67	51.42	50.76
本科	45.3	47.36	48.89	50.4	51.78	53.08	53.74
硕士	46.02	47.19	49.63	50.89	51.38	52.15	49.88
博士	32.57	34.07	34.86	36.13	36.9	37.85	39.27

(三) 语言与教育成就

语言是社会成员共有的沟通工具,但研究者发现,在相同主题的对话中,不同社会阶层的人们在语法及修辞的使用上可能并不相同。

有关社会结构、家庭形态和语言、教育之间的关系,伯恩斯坦的观点可说是最常被引用的。伯恩斯坦提出,可用两种语言形态来说明社会阶层、文化如何塑造语言并进而与教育成就产生关系。这两种语言形态为局限型编码(restricted code)和精致型编码(elaborated code)。使用局限型编码时,说话内容比较简单,偏重叙述性说法,而非分析、抽象语言,说者与听者必须以对彼此的了解作为沟通基础,说话时的方式及情境和说话的内容同样重要。

---

① 高尚卿,丁伊丽,田东林. 我国高等教育机会的性别差异问题研究[J]. 教育与考试,2019(06):80—84.

使用精致型编码的人喜爱使用分析、抽象语言,说话语意明确,不须依赖语言以外的因素作为沟通基础。中产阶级和个人导向家庭的子女多使用精致型编码,而劳工阶层和地位导向的家庭则多使用局限型编码。伯恩斯坦认为,学校教育所使用的语言属于精致型编码,学校教育知识和中产阶级的子女的生活经验具有同质性,因此,这些孩子更容易获得学业成功。而对于劳工阶层的子女来说,他们在家的经验、掌握的语言与学校教育知识之间存在异质性,自然在学校中处于不利地位(见案例10-7)。他们在进入学校时不得不抛弃自己原有的生活经验,从头学起,从而在学校教育过程中容易遇到障碍,容易被学校淘汰。

> **案例 10-7**
>
> **美国不同社会阶层语言形态的差别**
>
> 戴尔皮特(L. Delpit)的研究发现,在美国劳工阶层家庭中,父母与子女互动时所使用的语言形态和中产阶级有很大的差别。后者在给予子女命令时,常以问句的方式委婉地表达,而前者则直截了当地以命令句下达指令。如前者在要求子女去洗澡时,会说:"你现在去洗澡好不好?"而后者则简单明了地说:"去洗澡!"这种互动方式本无好坏,问题在于,在学校中教师和学生互动的方式通常和中产阶级相似,也就是说,教师常以委婉的说法(如祈使句)来传达命令。这时候,中产阶级学生可毫无困难地了解,教师并不是要他作选择,但是劳工阶层学生因为缺乏这种文化的默契,便以为他可自行决定要或不要。这种反应常使教师不满,因而强化了教师认为这类学生行为偏差的刻板印象。而劳工阶层学生也认为,这种不会给命令的教师没有权威,不让人信服,和其所期望的教师角色不一样。
>
> 资料来源:转引自:台湾教育社会学学会.教育社会学[M].台北:台湾巨流图书公司,2005:75—76.

关键词

经济结构　　　　政治结构
人口结构　　　　社会分层结构
经济分层　　　　文化分层

习　题

1. 试析经济结构与教育制度的关系。
2. 试析政治结构与教育制度的关系。
3. 试析人口结构对教育的影响。
4. 联系实际分析经济分层对教育的影响。
5. 联系实际分析文化分层对教育的影响。

6. 讨论与思考:性别与教育的关系。

7. 讨论与思考:经济结构转型与教育的关系。

推荐阅读书目

1. 吴德刚. 中国全民教育问题研究——兼论教育机会平等问题[M]. 北京:教育科学出版社,1998.

2. 吴康宁. 教育社会学[M]. 北京:人民教育出版社,1998.①

3. 董泽芳. 教育社会学[M]. 武汉:华中师范大学出版社,1990.②

4. (美)格尔哈特·伦斯基. 权力与特权:社会分层的理论[M]. 关信平,陈宗显,谢晋宇,译. 杭州:浙江人民出版社,1988.

5. 袁方,等. 社会学家的眼光:中国社会结构转型[M]. 北京:中国社会出版社,1998.

6. 李小江,朱虹,董秀玉. 平等与发展[M].北京:生活·读书·新知三联书店,1997.

7. Compton R. Class and stratification[M]. Cambridge:Polity Press, 2008.

8. Bernstein B B. Class, codes and control:theorotical studies towards a sociology of language volume[M]. London:Taylor & Francis, 2003.

9. Gradstein M, Justman M, Meier V. The political economy of education:implications for growth and inequality[M]. Massachusetts:Massachusetts Institute of Technology Press, 2004.

---

① 主要阅读该书第 3 章、第 4 章。
② 主要阅读该书第 3 章。

第十一章

社会问题与教育问题

学习目标

1. 识记教育问题和社会问题的含义并理解两者之间的关系。
2. 辨别不同类型的教育问题并尝试进行归因分析。
3. 深刻理解教育公平的基本内涵及其影响因素。
4. 运用相关的教育公平理论对我国的教育现状进行综合评价。

教育问题属于社会问题。人们用许多概念，如"教育危机""教育荒废""教育崩溃""教育不公平""教育病理""教育腐败"等来描述教育问题的严峻性和广泛性。确实，现代社会中的儿童问题行为、校园暴力、学习压力、考试竞争、心理疾病等令人焦虑。整个社会对教育问题越关注，就会引起越多的人探讨教育。教育问题作为教育社会学的一个重要研究领域，特指教育的病态或失调现象。构成教育问题必须满足四个要素：（1）必须有一种或数种教育现象出现失调情况；（2）这种失调影响了许多师生的校园生活；（3）这种失调引起了社会中许多人员的注意；（4）这种失调必须动员社会力量才能予以解决。教育问题对于学校教育整体系统的稳定发展，对于教育与社会发展之间的协调运行，具有重大影响。每一个社会在一定时期内都有其特定的教育问题。

第一节 教育问题概述

对教育问题的研究早于教育社会学的产生。许多学科均对教育问题给予了大量关注，但教育社会学对教育问题所给予的关注最多。

早在20世纪30年代，日本教育社会学家富士川游就已经出版了《教育病理学》一书。随着60年代西方"学潮"的爆发，教育问题引起了国际社会的广泛关注。1967年10月，美国威廉斯堡举行了"世界教育危机"国际会议，进一步推动了对教育问题的广泛研究。国际教育规划研究所首任所长库姆斯（P. Coombs）于1968年出版《世界教育危机》一书，更进一步推动了人们对教育问题的深入研究。

一、社会问题与教育问题的关系

任何社会都不可避免地存在着各种各样的社会问题，任何教育问题均具有强烈的社会意义。换言之，教育问题与社会问题互相交织。研究两者的关系，剖析问题的表现、过程、原因、结果及对策，是教育社会学的重要任务。

（一）社会问题的含义

社会问题从广义上讲，是对社会生产和生活产生重大影响的社会矛盾；狭义上说，是在社会变迁过程中，因各种社会关系失调乃至冲突，致使人的正常生活和社会进步发生障碍，引起人们的普遍关注，并须依靠社会力量予以解决的问题。

社会问题的类型极其广泛，很难用一个统一的标准加以分类。社会学家多根据各自的理解进行归类。如有些研究者将社会问题归为4类：个人的病态问题、社会的病态问题、经济关系失调、社会制度失调。有些研究者将社会问题归为16类：人口、人力与劳力、老年、残疾与病患、青少年犯罪、乡村、都市、家庭、经济、工业与劳工、教育、政府与政治、卫生与医药服务、少数民族和种族、文化、国际关系。本书认为，社会问题可以分为表层社会问题、中层社会问题和深层社会问题三个层次。表层社会问题主要指社会生活中的各种具体问题，如社会风尚、物价、人口、就业、青少年犯罪等;中层社会问题主要指各种制度产生的障碍,如经济管理制度、学校管理制度、用人制度、工资制度等;深层社会问题主要指人们思想观念方面的问题,如等级观念、宗法观念、官僚主义、专制思想、家长作风、特权思想、急功近利、重利轻义等。这三者的关系是:表层受中层制约,中层又受深层制约;越是表层,问题越明显,越引起各方关注;越深层越隐蔽,其危害性越大。

社会问题的实质是"社会失调",包括社会结构、社会制度、社会控制、社会功能、社会活动、社会关系、社会心理、社会观念等各方面的失调。换言之,社会问题即社会相对的不平衡、不稳定、不和谐等现象。所以,社会问题与社会危机有着重大差异(见知识拓展11-1)。

知识拓展 11-1

社会问题和社会危机的差异

社会问题的形成和发展是一个由浅入深的过程;而社会危机则首先表现在制度层面。

一般的社会问题:行为失范→关系失调→制度失灵。

社会危机:制度失效→关系失调→行为失范。

(二) 社会问题与教育的一般关系

社会问题与教育的关系,主要可以从两方面进行分析。

1. 分析社会问题对教育的影响

社会问题对教育制度的影响极为广泛,可以说一切社会问题均与教育有关。此外,在分析教育问题时,既要看到表层与中层社会问题的影响,更要认识到深层社会问题背后的原因,即社会问题影响教育的广泛性与深刻性。例如,在我国,为什么教育投资比例一直偏低?为什么教师的社会地位难以真正提高?为什么"读书无用论"多次抬头?这里有教育政策问题,有文化传统问题,但是归根到底在于整个社会的思想认识问题,如急功近利、重物轻人、重利轻义等。

2. 教育反作用于社会问题的两重性

教育是把双刃剑,既能阻止社会问题的产生或促进其解决,又可能造成社会问题或使其进一步加剧。问题的关键在于教育是否合理。合理的教育既能满足社会发展需求,又能满足个体发展需求,是合理性与合目的性的统一。

由此看来,教育问题不能仅从教育制度、学校系统中寻找解决的方案,而是必须采取综合治理的方式,动员一切社会力量,才能真正得以解决。换言之,教育改革的成功是有前提的。

二、教育问题的含义

与社会问题一样,教育问题也有广狭两义。广义的教育问题泛指与"教书育人"有关的一切问题。从这一意义上来说,教育科学的发展史本身就是一部教育问题史。狭义的教育问题特指社会变迁过程中出现的、已引起人们广泛关注的、不利于人的培养和发展的、不利于社会发展和稳定的,并需要动员全社会力量共同解决的教育中的不协调现象。

教育问题实际上就是一种社会问题。它有多种特征。(1)普遍性。这表现为两个特点:一是指教育问题在时空上的普遍性。任何社会都存在教育问题,只是教育问题的种类及其严重程度不同。二是指受教育问题影响的社会成员的普遍性。(2)变异性。同一教育问题因时空条件不一,表现不同。(3)历史性。教育问题往往带有鲜明的时代特征,但这并不排除有些问题会反复出现的可能性。(4)反复性。随着条件的变化,有些教育问题会反复出现。(5)多元性。许多问题的形成往往有多种原因(多因性),又是多果的,即一种问题会引起多种后果,故在解决时也需要采取多途径的方法(即综合治理)。(6)潜伏性。教育问题的产生往往有一个潜伏过程。

三、教育问题的研究视角

不仅是教育社会学研究教育问题,文学、艺术、新闻、法律等也研究教育问题,但各自的研究途径与研究目的不同。

文学、艺术等以形形色色的教育问题为主题,展开丰富的想象力,为观众和读者作生动真切的描述,目的在于给人以真实的感受,激起人们的同情心。新闻以敏锐的视角对隐蔽的教育问题进行曝光,目的是唤醒人们对教育问题的警觉,敦促政府对这些问题进行必要的解决。例如,在我国的大众传媒中,许多教育问题都曾在"焦点访谈""新闻追踪""新闻调查""实话实说""都市生活"等节目中被报道、讨论过,而一些发人深省的报告文学(如《国民素质忧思录》《杞人忧师》《升学内参》等)也是文学创作的成果。法律的焦点集中于教育中的违法、犯罪行为这一类教育问题上,目的在于以法律手段来处理教育中的违法、犯罪行为,以维护教育的正常运行。

教育社会学是一门分析性的学科,它研究教育问题的方式与文学、艺术、新闻、法律等不同。教育社会学从社会结构、社会关系、社会变迁等与教育的关系的角度分析来说明教育问题的性质,教育问题是在什么条件下产生的,造成教育问题的直接原因是什么,教育问题有哪些相关因素,教育问题会带来什么后果,同时谋求解决教育问题的对策,以协调教育与社会的关系、教育与个体的关系,促进社会改革与个体的共同发展。从教育社会学的角度研究教育问题,主要有下述八种观点。

(一) 教育病理学(educational pathology)

教育病理学的观点源于社会病理学。社会病理学出现于第一次世界大战以前,1890—1910年为该理论的全盛期。最初的研究者称自己为"社会卫生员"(social hygienist),他们把社会问题看成是环境中需要被清除的污点。此后,他们又自称"社会病理学家",认为社会问题就像有害细菌侵害人类健康一样影响人类社会,必须加以清除。社会病理学的理论渊源是斯宾塞的社会有机体说：社会是一个结构复杂的有机体，政府是有机体的大脑，邮政是有机体的神经系统，警察是有机体的手脚等，社会的各个部门相互依赖，凡是妨碍有机体正常运行的都可以被视为社会问题。

日本教育社会学家新堀通也依据上述观点，建构了他关于教育病理学的结构：(1)教育病理的性质。所谓教育病理，大致可分为两类：一是教育病理，即起源于教育系统内部，由于教育运行不正常而产生，属于结果形态的教育病理；二是病理教育，即起源于教育系统外部，是由异常的病态社会现象带来的属于原因形态的教育病理，是产生病理的教育条件。例如，学生的心理疾病属于教育病理的结果，而过重的作业负担和校外培训负担则属于病理教育。病理教育的更大背景则是"学历社会"、各种教育惯例以及教育金字塔，而最深入的原因则来自教育制度、社会文化、社会心态等。(2)区分了教育病理的主要领域：教育浪费、教育冲突、教育滞后、教育差异。日本学者发田泰正在研究家庭教育病理时就借用了新堀通也的四个范畴，分别阐述家庭的教育浪费、教育冲突、教育迟滞和教育差别等四种病理。我国学者也在此基础上不断拓宽着教育病理学的研究空间，有了更多宏观的思考。陶学文、王昌善、石鸥等人就依照教育病理学的理论框架，对高校的教育病理进行了深入而具体的分析。董文军则从病症之源、显性病理和潜在病理三个方面，对汉水上游地区的教育病理进行了案例分析。许国动更宏观地从政治潜文化、权力潜文化、官本潜文化和小农潜文化四个维度，对我国地方教育政策执行的异形病理进行了研究。[①]

（二）社会解组论（social disorganization）

这一观点在1918—1935年盛行。社会解组论的观点与组织理论的发展密切相关，它强调当社会系统各部分之间缺乏适应或适应不良时，就会出现社会解组现象，进而逐渐造成社会问题。教育社会学家借助社会解组论的观点，从社会各系统相互协调的角度来解释教育问题。这种观点与教育病理学的差异是，它强调的不是个人而是社会规则出了问题。当社会规则处于以下三种情况时会出现社会解组：一是缺乏足够的规则来引导人们的行为，二是各项规则相互矛盾，从而使人们无所适从，三是传统的崩溃使社会失去控制力。对个人来说，社会解组会带来紧张和压力，造成个人解组，如心理疾病。对社会系统来说，社会解组会导致三种可能的后果：一是系统内部调整，重回平衡局面；二是虽然有部分解组，但整个系统仍维持正常运作；三是造成极度混乱，致使整个系统遭到毁灭。

上述观点，大都来自库利(C. Cooley)、托马斯(W. Thomas)的著述。库利强调了"传统的崩溃"，如从乡村迁移到城市的城市化运动与初级团体控制力的崩溃有关。他指出，社会解组带来的最大负效应是"缺乏社会标准而使个人回到感性和其他属于原始冲动的状态中去"。托马斯将社会解组定义为"影响个人的规则已经崩溃"。他以波兰移民为例，认为他们移居美国后面临或者因缺乏规则而无法确定个人情景，或者因规则过多而无所适从两种情

---

① 转引自：卢真金.教育病理学在中国的传播与发展[J].浙江社会科学,2007(06):104—111.

况,进而产生了各种社会问题。由此可很清楚地发现,造成社会解组的根本原因是社会的快速变迁。人口迁移、都市化、科技发展都可能破坏社会原有的组织关系、社会秩序和社会规则,从而对学校教育提出新的要求。当教育系统无法满足社会需求与个体需求时,便产生了教育问题。同时在教育系统内部也会因发展速度不一而造成结构失衡,导致结构性教育问题。

(三) 文化失调说(cultural lag)

文化失调是指两种或两种以上的文化要素由于各自的变迁速度有差异而造成的文化整合与平衡遭到破坏的现象。社会进步依赖于物质文化和精神文化之协调发展,如物质文化发展过快,精神文化失调,或本土文化与外来文化冲突,均易导致社会问题。美国人类学家奥格本(W. Ogburn)于1914年最早提出文化失调概念,并认为这是现代社会的特有问题和高度整合社会在快速变迁时代的必然产物。我国较早提出和使用文化失调概念的是梁漱溟先生,他把中国的社会与政治问题都归结为中西文化冲撞下的文化失调。他指出:中国问题并不是什么旁的问题,就是文化失调——极严重的文化失调,其表现出来的就是社会构造的崩溃。在西方文化的冲击下,伦理本位被破坏,使中国许多固有的良好传统遭到破坏,使有的中国人变得"以自己为重,以伦理关系为轻,权利为重,义务为轻"。[①] 显然,教育和学校的变迁,与政治、经济、科学、技术的变迁之间也存在着滞后现象,教育问题就因此发生。

(四) 价值冲突说(value conflict)

这一学说在1935—1954年盛行。1925年,劳伦斯、法兰克(Frank)首次将价值冲突观点应用于住宅问题研究,认为社会问题源于价值冲突。这一观点重点关注的是价值与利益的冲突,认为社会问题之所以不可避免,是由于不同的团体拥有不同的价值,追求不同的利益,彼此对立,进而产生了社会问题。教育作为社会的重要资源和个人的最重要资本,因其价值和利益巨大,故社会各团体及其成员必然会提出"教育平等"的要求,当教育不平等趋于严重,教育问题便产生了。

(五) 失范说(anomie)

违反规范期望,其行为或状况脱离规范即是失范。失范行为发生的原因是不恰当的社会化。社会依靠共同的行为规范来控制和协调各种关系,一旦某些人行为失控,就会带来问题。当教育规范失控,便会出现各种学校失范行为(参见本书第四章)。

(六) 标签说(labelling)

标签说是对失范行为研究的延续,20世纪30年代在社会互动理论的基础上产生,到20世纪60年代成为失范行为社会学研究中的重要理论。标签说这个用语首次出现在贝克的《局外人》中。在社会群体中,标签说是为了替那些犯法、构成失范的人制定规则,并且还将这些规则应用到那些特别的个人身上,将他标记为外来者。从这个观点看,失范并不是个人

[①] 转引自:刘文俭.我国社会转型期的文化失调及其调适[J].国家行政学院学报,2008(04):82—86.

行动的本质，而是由于别人利用规则制裁犯罪者才产生的结果。"在人们变成失范行为者的过程中，社会给失范行为者贴上标签是一个关键因素；当社会通过创造新的准则而把异常行为的标签加在初发性异常行为者身上后，这个人就可能成为复发性异常行为者。"① 由此，给青少年贴上相应标签，教育问题也随之而来。

（七）社会建构说（social construction）

建构主义作为一种不同于传统的认识论和思维方式，它所指涉的是这样一种思想，即人类不是静态地认识、发现外在的客体世界的，而是经由认识、发现过程本身，不断构造着新的现实世界。社会建构说对社会问题的研究，在很大程度上异于对社会问题的常识性理解和传统的研究视角。社会建构说者认为社会问题现象具有不依赖于"有问题的"客观状况的自我构成属性和活动特征。斯伯克特（Spector）和基萨斯（Kitsuse）认为，"社会问题既不是一种问题自明的客观状态，也不是贴了问题标签的社会行为；社会问题，应当从问题被定义的活动及其社会过程中进行说明，社会问题是作为一种社会活动或过程而存在的，而不是作为对象性事实或状况存在的"。② 因此，在研究社会问题时，应当努力探究社会问题是怎样被定义出来的。在教育问题研究中，相应地，要努力研究教育问题是怎样被定义出来的。

社会建构说植根于符号互动论和现象学。③ 随着伯杰（Berger）和勒克曼（Luckmann）的《现实的社会建构》一书于1966年出版，这一思想体系得以确立，其基本思想为"人们在被社会和文化世界创造的同时，也创造着自己的社会和文化世界"。④ 苏联心理学家维果茨基（L. Vygotsky）被公认为社会建构说的先驱之一，他在《心灵与社会》一书中写道："儿童文化发展中的每一种功能都会出现两次：首先是在社会层面，然后是在个人层面；首先是在人与人之间，然后是在儿童内部……所有高级心理功能都起源于人类个体之间的实际关系。"教育工作者从维果茨基的思想中学到的一个概念是，学习可以被视为一个社会过程，儿童通过与其他人互动的经验形成他们对世界、自己和对方的想法。教师开始理解，在儿童的头脑中，知识是协作创造的，他们不再将儿童视为需要用事实、数字和规则来填充的容器，而是开始将儿童视为学习过程中的积极参与者。一旦这种认识开始深入人心，学生自主学习的想法就开始出现了。而教师在教学中需要在以下方面起到引导的作用：（1）激发学生的学习兴趣，培养他们的学习动力；（2）通过创设与课程要求相适应的情景，提示新旧知识间的关联，使学生对已有的知识有一个初步的认识；（3）在教学过程中，教师要设计恰当的问题，引发学生的思考与讨论；在讨论过程中，一步一步地引导学生解决问题，使学生更好地掌握所学知识；在

---

① 转引自：（美）厄尔·罗宾顿, 马丁·S. 温伯格. 社会问题导论：五种理论观点[M]. 陈慧娟, 译. 台北：台湾巨流图书公司, 1988：249—253.
② 转引自闫志刚. 社会建构论：社会问题理论研究的一种新视角[J]. 社会, 2006, 26(01): 23—35.
③ Fairhurst G T, Grant D. The social construction of leadership: a sailing guide[J]. Management communication quarterly, 2010, 24(02): 171—210.
④ 转引自：Fairhurst G T, Grant D. The social construction of leadership: a sailing guide[J]. Management communication quarterly, 2010, 24(02): 171—210.

教学中,要启发引导学生发现规律,对错误的、片面的知识进行修正和补充。今天,很多教师所熟悉的基于项目的学习、互动作业、团队研究和真实学习等这些相对较新的教学方法都深受社会建构说的影响。

(八) 综合要素说(comprehensive elements)

任何一种理论都不能对所有形态的社会问题具有解释能力,或者说,各种理论并不都能对某一些形态的社会问题具有解释能力。因此,20世纪五六十年代,随着成熟起来的综合社会学学派影响力的扩大,产生了关于社会问题要素论的见解,即综合要素说。这一理论认为,"社会问题是由社会结构中的多种因素决定的,不能只从一个或几个因素来解释社会问题,而应该将社会问题放在整个社会结构的大系统中,去探寻影响社会问题的因素"。[①] 社会转型期的许多教育问题就是在社会变迁与发展的大背景下受多种因素影响而产生的。

第二节 社会转型期的教育问题

分析教育问题时,应该联系社会变迁与发展的宏观背景。社会发展过程是正反两种因素、两种力量的互动过程。如果我们把教育问题置于社会结构与社会变迁的过程中去加以分析,就可以发现,某些教育问题是社会病态的体现,某些教育问题却是社会进步的结果。在社会转型期,教育问题的这种双重性表现得尤其明显。社会转型期的教育问题主要表现为七种类型。

一、结构性教育问题

结构性教育问题是相对于偶发性问题或孤立性问题(或被称为"一次性教育问题")而言的。在社会稳定时期及社会剧变时期,结构性教育问题都会产生,尤其在社会剧变时期更为突出,后果也最为严重。这类教育问题又可以具体分为以下两类。

1. 社会稳定时期的结构性教育问题

社会稳定时期的结构性教育问题一般属于广义的教育问题,即教育发展变化过程中的一切矛盾现象。例如,推行普及教育的地区差别、教育自身的结构性矛盾等。

2. 社会剧变时期的结构性教育问题

社会剧变时期的结构性教育问题往往是带有全局性或普遍性的,受到全体社会成员广泛关注的狭义的教育问题,它不以人的意志为转移。例如,由于经济结构的转型,使得培养人才的教育系统也必须同时实现双重跨越:既要完成普及教育的任务,又必须解决高学历、高层次人才的培养任务,在这两者之间就必然会产生严重矛盾。这也就是教育发展过程中始终难以把握好的"效率优先,还是平等优先"的矛盾。

[①] 转引自:朱力.当代中国社会问题[M].北京:社会科学文献出版社,2008:28—29.

案例 11-1

我国优质高等教育入学机会的地区差异

华东师范大学高等教育研究所分析了 2013—2018 年我国优质高等教育入学机会的地区差异和变化。

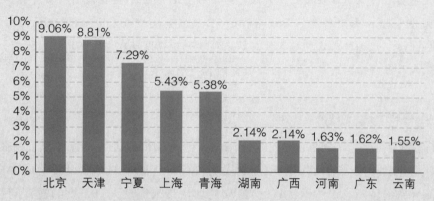

图 11-1 2018 年我国优质高等教育入学机会前 5 位与后 5 位地区的比较

如图 11-1 所示,其中排名在前 5 位的地区,优质高等教育适龄人口入学率的均值为 7.20%,而排名在后 5 位的地区,平均入学率仅为 1.82%,前者适龄人口接受优质高等教育的比例是后者的近 4 倍。此外,北京作为我国优质高等教育入学机会最大的地区,其比例是河南、广东和云南等地的 5 倍有余。

资料来源:刘宁宁.我国优质高等教育入学机会的地区差异研究[J].重庆高教研究,2020,8(01):37—46.

二、跨时空性教育问题

这是指在不同国家、不同时期重复出现的教育问题。尽管在不同社会制度下存在不同的教育问题,但还有一些教育问题属于非社会形态的因素,如因人口结构失衡导致的教育结构失衡、教育浪费、教育滞后等问题(见知识拓展 11-2)。

知识拓展 11-2

终身学习和教育持续性问题

终身学习和教育持续性问题是当今教育领域面临的重大挑战,它们强调个人在整个生命周期中持续获取知识和技能的重要性。终身学习是指个人在其一生中不断学习新知识、技能和态度的过程。随着知识经济的发展和职业生涯的延长,个人需要不断更新自己的知识和技能以适应变化的工作环境。此外,个人兴趣、生活方式和价值观的变化也促使人们追求终身学习。教育持续性涉及教育系统能够持续提供高质量教育服务的能力,包括教育质量的保障、教育资源的持续投入和教育政策的长期稳定性。教育持续性确保教育系统能够适应社会变化,满足未来社会和经济发展的需求。它还涉及教育公平,确保所有学生无论在何时何地都能接受到良好的教育。然而,如何设计灵活的学习路径和平台,以适应不同年龄、背景和需求的学习者;如何激励和支持成人学习者;如何确保学习成果的认证和转换;如何确保教育政策和实践的连续性,避免因政治变动或经济波动而中断教育;如何平衡教育的短期目标和长期愿景;如何建立有效的教育评估和反馈机制,确保教育质量的持续提升都是教育在今天所面临的巨大挑战。为了应对这些挑战,各国政府和教育机构正在采取一系列措施,比如制定终身学习战略和政策,鼓励和支持成人学习;建立灵活的学习体系,提供在线学习、远程教育和社区教育等多种学习途径以及建立跨部门合作机制,协调教育、经济、科技等领域的政策,共同推动教育的可持续发展。

三、伴生性教育问题

这是指伴随着社会发展而出现的教育问题。经济发展的差异带来了贫富差距的扩大,从而导致教育机会不均等的新问题;就业制度的改革对于原来的专业设置造成冲击;东西方文化的碰撞导致价值观念产生紊乱;社会流动的加快带来流动人口子女的教育问题等,都属于此类问题(见案例11-2)。

> **案例 11-2**
>
> **城市化背景下农村留守儿童的教育问题**
>
> 农村留守儿童的成长环境遭到了不同程度的系统性破坏,他们的身心健康、学习和社会化等方面都面临着诸多问题:(1)需要承担更多的农业生产和家务劳动,占用了他们的学习时间;(2)祖辈监护人教育程度低,很难提供实质性的学习辅导;(3)亲子分离导致心理、行为、性格上的不良表现,并传递到学业表现上;(4)在读书无用论和农村青少年的辍学潮的影响下,学习动力不足;(5)农村地区教育资源的限制。
>
> 同时,农村留守儿童在学校教育环节也面临着挑战。例如,当前我国仍有一定规模的适龄农村留守儿童未在校接受或未按规定接受义务教育。2020年,6—17岁农村留守儿童中有9.0%不在校,对应人口规模为242万人,扣除6岁不在校的农村留守儿童98万人,7—17岁不在校农村留守儿童为144万人,占7—17岁农村留守儿童的6.0%,其中15—17岁不在校的农村留守儿童为49万人。与此同时,2020年的6—17岁农村留守儿童中,未按规定接受义务教育比例为6.2%,推算规模为165万人,如果扣除98万6岁不在校儿童,则7—17岁农村留守儿童中有67万人未按规定接受义务教育(占2.8%)。
>
> 资料来源:吕利丹,梅自颖,李睿,等.中国农村留守儿童的最新状况和变动趋势:2010—2020[J].人口研究,2024,48(01):103—117.

在伴生性教育问题中,一个极为严重的、十分令人忧虑的问题可能是学生的"理想真空"。这在他们对于职业选择的志向中有所反映(见案例11-3)。

> **案例 11-3**
>
> **学生的就业期望分化问题**
>
> 当前,大学毕业生的年龄层普遍移至"95后""00后",这一群体的思想意识与行为方式愈发显露出"原子化"社会形态的特点,更加以自我为中心,更加注重教育与就业的匹配度、个人精神需求的满足度、亲密关系的融洽度等,这些都不是简单用薪酬所能衡量的。从现实情况来看,大学毕业生存在低薪酬预期与高舒适追求之间产生的就业期望分化。有报告显示,2022届毕业生的平均期望月薪比去年下降6%,表明其愿意降低薪资要求,从而适应就业市场。但他们对工作提供的稳定感、工作环境与人际关系的融洽度、居住通勤的舒适要求比以往更高,更加希望工作能够符合个人的精神兴趣与舒适追求。从职场新生代"90后"的就业表现来看,其离职率高于平均水平5个百分点。在社会新闻中也多出现刚入职的年轻人"主动离职"的报道,体现了当前学生就业预期与现实工作间的突出矛盾。

学生的职业选择在构成比例上失衡,从而与社会的需求之间形成事实上的鸿沟,将会带来更严重的后果。精英化择业趋势的无限发展,必将对社会稳定产生一系列影响,加剧城镇结构性待业,阻碍城市职业技术教育的发展,造成家庭过度抚养,激化代际矛盾,造成农村劳动力无计划进城谋职。层次更深、范围更广的后果,则是苏联教育社会学研究报告所指出的:当青年一代的职业期望与社会的实际需求发生偏差时,他们所面临的损失可能不仅限于理想与现实的落差,更可能涉及对那些曾误导他们的信念体系的信任危机。这种信任的丧失可能激发出强烈的不满情绪,或是促使他们寻求逃避现实的方式(见案例11-4)。

> **案例 11-4**
>
> **人才流失问题**
>
> 人才流失问题可以说是不同地区面临的愈益严重的共同问题。东北地区20所高校2019届毕业生就业质量报告显示,该地区毕业生流失率分别高达63.46%和26.45%,流失毕业生多前往华南、华东和华北地区就业。甘肃省内49所高校也在2012年至2017年流失人才2600人,约为引进人才数的三分之一,大部分流向北上广深以及东部省区等经济较为发达的地区。另外,针对2023届应届生的调研显示,新一线城市是他们的理想选择。从2023届应届生投递不同梯队的城市来看,新一线城市占比最高,为38.54%;其次是一线城市(37.32%)。53.64%的应届生表示最理想工作城市是新一线城市,其次是一线城市(占比24.24%)。

除此之外,信息时代的到来使得青少年有了更多了解世界的渠道(网络等),他们在享受高科技带来的快乐的同时,也受到这些科技产品所带来的负面影响,教育因此面临巨大挑战(见案例11-5)。

| 案例 11-5 |

网络流行语对青少年主流意识的侵蚀

简略混搭的网络流行语不断涌现。如"C位""高富帅"等隐含功利主义意识形态导向,"富二代""土豪"等隐含拜金主义意识形态导向,"买买买"等隐含消费主义意识形态导向等。这些高度精简的网络流行语在拆解、简略或混搭过程中,被拆解和简略掉的不光是文字符号,还有其背后隐含的意识形态意义,原有语言文字承载的文化内涵被解构、弱化或异化。如,"继承巨额财产的富家子女"的中性称谓原本包含其父辈创造财富的艰辛及不同类型的富家子女对个人奋斗、拥有财富的态度等多重含义,被简化为"富二代"后,逐渐成为"纨绔子弟"的代名词,放大了"不劳而获、不劳可获""以出身论英雄"等不公平的现象,无形中助长了投机的观念和"搭便车"的行为,这与主流意识形态所倡导的"幸福都是奋斗出来的"格格不入。

同时,作为"社会舆情表达"载体的网络流行语的产生、传播过程消解了青少年对主流意识形态的认同。例如,"躲猫猫""发烧死"等反映了大众对某些官员妨碍司法公正的愤慨,"欺实码""钓鱼执法"表达的是对有些执法部门滥用公权的不屑等。在网络流行语非理性的传播过程中,现实社会中存在的不公平现象被过度放大,主流意识形态话语被冲淡和屏蔽,青少年对社会的认知被刷新和误导,主流意识形态的权威性不断遭到质疑,引领力和凝聚力被不断弱化。

资料来源:郭亮,王永贵.网络流行语产生、传播流变对青少年主流意识形态认同的影响及启示[J].思想教育研究,2019(04):103—107.

四、失范性教育问题

社会的剧变和转型过程都可能带来失范现象。这种失范现象几乎出现于所有的社会子系统中,在教育领域同样如此。学校中的"三乱"问题是社会转型时期特有的失范性教育问题(见案例 11-6)。师生的失范行为则是另一类严重的失范性教育问题(见本书第四章)。

| 案例 11-6 |

学校中的"三乱"问题

曾经,由于教育经费的严重短缺,不少学校只得自谋出路,以"乱收费、乱摊派、乱罚款"的方式筹措经费,于是就有了所谓"靠山吃山,靠水吃水,靠学生吃小鬼"之说。据某县调查,1993 年农民家庭支出与 1978 年相比,增加最多的是学杂费,增加将近 10 倍。据估计,学校所设收费项目不下 30 种:维修费、设备费、文娱费、补课费、报刊费、实验费、试卷费、学籍费、茶水费、治安费、卫生费、办公费、班务费、图书费、仪器费、体检费、体育费、课桌费、文具费、报考费、建校费、校服费,甚至还有一些不知名目的费用,如教育培训费、勤工俭学费、

> 留级费、转校费、年龄补差费、奖学金费等。乱摊派也是学校筹措经费的重要途径,1992年流行"呼啦圈"时,部分学校要求每人买两个。某村小学干脆向学生收租:学校在秋收时放了学生几天假,规定学生返校时每人交10公斤稻米。

据2003年国家发展和改革委员会就教育乱收费的通报,全国治理教育乱收费专项检查共查处了12600多件教育乱收费案件,违规收费金额达21.4亿元,曝光了10家执行教育收费政策较差的单位。这些学校的乱收费问题,突出体现在招生录取、新生入学、在校学习考试、后勤服务、毕业离校五个环节。在义务教育阶段,主要是将"捐资""赞助"等与学生入学和考试成绩挂钩、贫困地区的农村中小学未严格执行"一费制"收费政策,以及提高标准收取借读费等;在高中阶段,主要是收取高额"择校费""赞助费",擅自扩大调节生比例,变相超收学费等;在高等教育阶段,主要是收取与招生录取挂钩的捐资助学费、点招费、转专业费、赞助费、建校费等。

关于教育乱收费的现象,马和民提出了两大成因。[①]

原因一:程序不公正的"利益驱动"。利益追求、效益最大化是经济社会个体的理性行为,这是原发性的。个体的这种"利益驱动力"在经济社会具有其存在的合理性,教育领域的行动个体也不例外。我们不能否认也无法限制教育工作者的致富追求,问题在于教育工作者的"致富"必须"取之有道",即保证致富目的与致富手段的合法性。教育活动不同于一般的经济活动,学校也不同于企业。如果以优质教育资源或者某种教育特权,作为"致富"的门道(无论是谋取私利还是集体利益之后的"福利分享"),都无疑远离了"程序公正"之道。在此意义上,教育领域的打击乱收费及反腐败,与经济领域的反腐败意义相当。

原因二:学校发展范畴内系统支持的"体制缺陷"。教育是一项先导性、先锋性的公共事业,承担着推进社会变迁、引领社会进步的重任。学校现代化由此成为社会发展进程中的必然追求,同样也是原发性行为。改革开放以来,我们在观念层面,也已构建起"经济要发展,教育要先行""教育现代化"的价值共识;但在实践层面,我们仍须建构出"教育先行"和"教育现代化"的制度保障。

为了严肃查处损害群众利益的教育乱收费行为,《治理义务教育阶段择校乱收费八条措施》出台。一是禁止学校单独或和社会培训机构联合或委托举办以选拔生源为目的的各类培训班。二是制止跨区域招生和收费的行为。要将优质普通高中的招生名额按不低于30%的比例合理分配到区域内各初中。三是制止通过任何考试方式招生和收费的行为。四是制止通过招收特长生方式收费的行为。五是严禁收取与入学挂钩的捐资助学款。六是制止公办学校以民办名义招生和收费的行为。七是加强招生信息和学籍管理。八是加大查处力

---

① 马和民."行为失范"还是"制度失范"——论教育乱收费、教育反腐与廉政建设[J].杭州师范学院学报(社会科学版),2005,27(01):92—96.

度。设立举报电话、信箱,接受群众监督,做到有诉必查,有错必纠。如今,教育乱收费和腐败现象得到了极大的改善。例如,山西省晋中市全面实现了100%电脑派位、电脑分班,消除了择校现象,还实行优质高中招生指标80%分配到初中,均衡了生源,调动了大多数学校和教师提高教育质量的积极性和创造性。

五、标签性教育问题

青少年教育一直受社会各界广泛关注。"90后""00后""10后"分别成了1990年以后、2000年以后、2010年以后出生的人的代名词,并被贴上相应的标签。被贴上标签的"90后""00后""10后"有时会彰显这些个性,以表明自己确实具有这些特征。教育问题于是伴随而来。

六、过程性教育问题

过程性教育问题表现为两方面:一是不同社会发展阶段会出现不同类型的教育问题,例如文凭危机的出现(见案例11-7);二是指一个教育问题一旦出现,会有它自身独特的发展过程。

| 案例 11-7 |

文凭危机的出现

20世纪70年代中期,随着高等教育的大发展,在欧美和日本等发达国家出现了作为地位竞争主要资本的文凭的贬值现象,表现为大学毕业生过剩,拥有硕士和博士学位者的待遇相差不大;就业市场只能使很少一部分人获得较好的职业。美国教育社会学家柯林斯在《文凭社会》一书中对这一现象给予了系统分析。

七、失误性教育问题

在社会急剧转型的过程中,由于学校教育没有及时顺应这种变化,采取有效的教育干预措施,导致儿童成长过程中出现各种问题。这种教育问题因教育失误所致,故可以被称为失误性教育问题(见案例11-8、11-9)。

| 案例 11-8 |

李非的悲剧

上初一时,李非的成绩在班里排30多名,初二滑到40多名。他成绩不好后,父母经常责骂他,父亲还会打他。妈妈又经常念叨:"像你爸,有文化、学习好,就赚钱;像我,学习不好、没文化,就没工作。"李非还说,上了初三后,有一次他听老师在说,初三保住前20名,还有希望考重点,20名以后就很难了。在成绩未能提高的重压之下,李非患上了严重的抑郁症。

[案例 11-9]

阳光抑郁症

阳光抑郁症是一种特殊类型的抑郁症,患者在外人面前表现出积极、乐观的态度,常常以微笑示人,而在内心深处却感到极度的孤独、悲伤和绝望。这种抑郁症的特点是患者在社交场合表现得如同没有抑郁症状一样,但实际上他们可能正在经历严重的情绪困扰。学生可能在朋友和家人面前表现得很开心,甚至很有幽默感,但在微笑和乐观面具的背后,却充满了无价值感、残缺和绝望感。微笑抑郁症可能由多种因素引起,包括生理因素(如遗传、神经系统问题)、心理因素(如个人性格、认知方式、应对策略)以及环境因素(如学业压力、家庭问题、社交压力)。学生可能因为担心影响学业、人际关系或被周围人误解而选择隐藏自己的真实情感。

从上述分析可知,教育问题的表现是十分多样的。教育社会学研究教育问题,强调的是首先必须描述事实,进而在于解释。下面,本书选择当前两类主要的教育问题,教育不平等问题和学习压力问题进行分析。

第三节 教育不平等问题

教育的不平等与社会的不平等一样,是非常古老的问题。但唯有正规的学校教育产生以后,教育的不平等才渐趋扩大,并成为被严厉指责和批评的对象。随着社会和时代的发展,教育平等的理想被逐步付诸实践,教育不平等才逐渐有所缩小。但是当代社会,教育机会不均等的现象仍然是一个主要的教育问题,尤其当人们把受教育机会与社会公平相联系的时候更是如此。

一、教育平等与教育机会均等

(一)教育平等观的发展历程

马和民、高旭平认为,很长一段时期,教育不平等主要表现为受教育权利的不平等,而在进入 20 世纪后,则主要表现为受教育机会的不均等。

从历史上看,教育平等的观念可谓源远流长。孔子早在两千多年前就已提出"有教无类"的思想,古希腊雅典的公民教育也已隐含了民主教育的思想。在柏拉图的《理想国》这本西方最古老、最有系统的政治与教育专著中,已经有了开放式社会和自由教育的思想。近代西方资产阶级思想先驱就致力于把新兴的市民阶级的"平等"要求推广到教育方面来,谋求教育的平等。[①]

---

① 17 世纪,捷克教育家夸美纽斯提出"人人都应该知道关于人的一切事项"。18 世纪法国启蒙思想家更基于"天赋人权"的思想赋予"教育平等"以"人权"的意义。至 18 世纪末期,教育平等的思想开始在一些西方国家(例如,美、法等国)转化为最初的立法措施。西方资产阶级大革命终于在法律上否定了特权,确认人人都有受教育的平等权利。

19世纪下半叶,西方工业化国家实施初等义务教育,这可以被视为教育平等思想转化为实践的重要标志。教育平等观最重要的发展,源于马克思主义的教育理论。马克思在1866年就提出了一个基本观点:教育是"人类发展的正常条件"和每一个公民的"真正利益"。他说:"儿童和少年的权利应当得到保护,他们没有能力保护自己,因此社会有责任保护他们……只有通过国家政权施行的普遍法律才能办到。"[①]恩格斯(F. Engels)在1866年更明确地指出了:"国家出资对一切儿童毫无例外地实施普遍教育,这种教育对任何人都是一样,一直进行到能够作为社会的独立成员的年龄为止。这个措施对我们的穷兄弟来说,只是一件公平的事情,因为每一个人都无可争辩地有权全面发展自己的才能,而且当社会使愚昧成为贫穷的必然结果的时候,它就对人犯下了双重的罪过。"显然,马克思和恩格斯所论述的"教育的平等性",包含两层深刻的含义:其一,教育是每个公民都应拥有的一项平等权利;其二,这种平等表现为每个人智力和能力发展的平等。

教育平等观具体化为教育机会均等的概念,主要是在第二次世界大战以后。1946年3月,国际教育局举行第九届也是第二次世界大战后第一次大会,列入议程的有"中等教育入学机会均等"。教育平等成为一个国际性教育政策和教育问题研究的标志,乃是联合国大会于1948年12月10日通过的《世界人权宣言》。鉴于这一文件的通过,"受教育权"就被普遍地确认为一项人权。《世界人权宣言》第26条中界说了这种权利,它规定:"人人都有受教育的权利,教育应当免费,至少在初级和基本阶段应如此。初级教育应属义务性质。技术和职业教育应普遍设立。高等教育应根据成绩而对一切人平等开放。"联合国大会于1956年通过的《儿童权利宣言》,更进一步确认了儿童的教育权益,这标志着教育权利平等的全球实现。然而,在这些条文中所确定的教育平等并不意味着人人都有受教育的机会,人人都能受同样的教育。事实上,教育权利平等的理想并未在现实中实现。

为了真正实现教育平等,自20世纪50年代始,西方各国的社会科学家进行了大规模的实证调查,力求了解机会均等在教育领域中已达到什么程度。随着英国的《普洛登报告》、美国的《科尔曼报告》、联合国教科文组织关于各国学生学业成绩差异的系列研究报告等的发表,人们发现教育平等还广泛受制于影响教育机会的各种社会因素及其他社会不平等因素的影响。这促成了教育平等观进一步延伸,使教育机会均等的概念不断演变。

(二) 教育机会均等的概念

在国际社会中,形成教育机会均等概念的标志是在《世界人权宣言》中特别提出并被1948年联合国大会确定采用两项原则:(1)废除种族歧视;(2)人人具有均等地受教育的权利。这两项原则实际上构成了教育机会均等概念的核心。1960年12月,联合国教科文组织大会主要从"消除歧视"和"消除不均等"的具体要求出发阐述了教育机会均等的概念。此后,教育机会均等问题遂成为国际教育界和许多国家教育研究与教育改革运动最关心的问题之一。

---

① 上海师范大学教育系.马克思恩格斯论教育[M].北京:人民教育出版社,1979:127.

教育机会均等包含如下内容：(1)入学机会均等,或入学不受歧视(在社会、经济、文化、阶级、民族、种族、性别、地理等方面)。继初等、中等教育普及后,入学机会不均等主要体现在高等教育入学机会上。(2)受教育过程中的机会均等。入学机会均等仅是进入一个"科层制的教育系统"在竞争起点上得到的机会均等,受教育过程中的机会不均等,比入学机会不均等更为严重,也更不易被识别。(3)取得学业成功的机会均等。其标志是社会保证各类社会群体的子女在各级各类教育中所占比例与其家长在总人口中所占比例大致相当。(4)不只是在获得知识方面的机会均等,更主要的是使人在获得本领方面的机会均等。(5)不仅涉及学校教育,还涉及校外教育、成人教育、回归教育等形式中的机会均等。(6)在国际范围内,主要是指处于各发展阶段的国家在教育资源分布、教育设施发展、学业成功率和学业证书价值上的均等。

(三) 教育平等的概念

教育平等是教育民主化的一个重要内容,它主要包括教育权利平等和教育机会均等,是实现教育民主化的一个基本前提。教育平等的含义包含四个重点：(1)人即目的。人受教育的最终目标是自由和谐地发展,只有尊重每一个体的基本人权与自由的发展,才符合教育平等的原则。(2)教育权利平等原则。这里所谓的教育权利,指的是"受教育"权利,是相对于政治上、经济上的平等权利而讲的"教育上"的平等权利。(3)机会均等原则。良好的教育制度,可使每个人有均等的入学机会、在教育过程中有均等的对待、有均等的学业成功机会。义务教育的实施是在法律上对教育平等权利的补充,仅仅是为个体平等地受教育提供的一种保证。(4)差别性对待原则。由于教育的效果会因受教育者个人的天赋机会与际遇而不同,机会均等不可能机械式地实现,故要实现教育平等必须对每一个体给予不同的教育待遇。但是,差别性原则的基本前提是使全社会中处于最不利地位的人获得最大的利益。

二、我国现阶段的教育机会均等

社会主义制度为实施教育机会均等开辟了广阔的道路。但是,因为现阶段我国的社会生产力发展水平还不高,从局部来看,城乡之间、地区之间经济、文化发展也不平衡,教育机会不均等是必然的现象。对这个问题不予重视或处理不当,将影响社会的稳定;而把教育机会均等理解为教育上的"平均主义"或"结果相等",也会造成思想上的混乱。

(一) 我国教育机会不均等的主要表现

1. 入学机会上的不均等

在我国,入学机会的不均等主要表现在城乡之间、两性之间、不同阶层之间;在不同教育阶段,则主要表现在中等和高等教育阶段,尤其是高等教育阶段。以高等教育的收费制为例,1997年,高等教育收费制度全面铺开,成本的分担在一定程度上减轻了国家财政负担,降低了入学标准,但对于家庭而言,教育成本增加了。从1990年到2003年,国家财政性经费投入占整个高等教育经费投入的比例从98.3%下降到46.8%,其中预算内拨款从88.6%下降到44.7%;而非财政性经费投入则大幅度增加,特别是学杂费收入所占比例从1.7%猛增到29.3%;家庭开始分担高等教育成本。大学按照一定标准收费对全社会来说是平等的,但对贫困学生来说,可能造成的结果是入学机会的不均等。但是,得益于政策的不断优化与完善,"上学贵"的问题得到了很大的改善。例如,对农村义务教育阶段学生全部免除学杂费,并为家庭经济困难学生免费提供教材、寄宿生补助生活费;对普通高等学校家庭经济困难学生设立国家助学奖学金,实施国家助学贷款政策;对中等职业学校家庭经济困难学生设立国家助学金等。

2. 学校资源的配置不均等

在学校物质资源方面,城乡之间、地区之间差异极大,尤其表现在中小学教学仪器装备方面。例如,1991年,全国中小学教学仪器设备配齐的比例,城市的中学为42.49%,小学为24.52%;农村仅为17.62%和8.46%。同年,城市中学生每生拥有图书20.9册,而农村则为3.6册;城市小学生为7.6册,而农村则为1.9册。在师资方面,城乡之间差异极大。从数量上看,存在城市教师超编、农村教师缺编的现象。例如,2018年上半年,广西百色、河池、柳州、贺州、来宾、崇左等9个市招聘乡村教师,每市均出现数百个岗位无人问津的现象。百色市计划招聘中小学教师3039名,报名结束后发现有523个岗位无人报考。

另外,由于部分地方没有合理布局中小学校,没有为学校预留足够用地,城市(县城)学位不足的问题越来越突出,"大校额""大班额"问题严重。不少地方城区出现超大班额和巨型学校,学生人数达五六千人的小学、一两万人的中学已不在少数。按照要求,小学正常班额为40—45人,中学(含初中和高中)为45—50人。2011年,据对陕西8个城市35所初中的调查,大班额、超大班额和特大班额(76—100人)的比例分别为42.9%、8.6%和17.1%,合计占总数的68.6%。《西部农村基础教育发展报告(2019)》显示,全国有56人以上的大班额36.8万个,占全国总班数的10.1%,大部分集中在中西部县镇,其中,湖南省大班额比例为22.9%,广西壮族自治区、海南省大班额比例为18%。

从师资上看,城区学校通常拥有更多高学历和高资质的教师,而乡村学校则面临师资短缺,特别是优秀教师流失的问题。这种差异导致了教育资源的质量不均衡,影响了乡村学生的学习机会和教育质量。东北师范大学中国农村教育发展研究院发布的《中国农村教育发展报告2020—2022》指出,教师队伍建设是如今中国农村教育的短板。数据显示,2021年,全国有义务教育阶段专任教师1057.19万人,比2012年净增148.21万人。但是,全国小学平均师班比为2.02∶1。其中,城区为2.04∶1,镇区为2.11∶1,乡村只有1.88∶1,乡村小学专任教师配置仍显不足;全国初中平均师班比为3.83∶1。其中,城区为3.60∶1,镇区为3.83∶1,乡村为4.52∶1,乡村初中存在相对超员情况。2020年,对全国31个省份21278名教师的调查显示,29岁以下年轻教师占整个教师队伍的比例,乡村为22.2%,镇区为21.3%,城区为16.1%,乡村高出城区6.1个百分点,呈现年轻化趋势。但是,乡村教师老龄化问题依然严峻,55岁以上教师占比,乡村为8.8%,镇区为4.5%,城区为3.3%,乡村高出城区

5.5个百分点。另外,全国省域内教师年龄结构分布并不均衡,在一些未实施"特岗计划"的县,29岁以下年轻教师占比不足10%,而55岁以上老龄教师占比却高达33.8%,最高的超过50%。该报告还显示,义务教育阶段连续工作10年的教师获得一级教师职称的机会,城区为5.3%,镇区为4.0%,乡村为3.5%,城区显著高于乡村。此外,农村义务教育经费投入持续增长,但增幅低于全国平均水平。2020年全国义务教育经费总投入为24295亿元,较2016年增长了38.02%。

3. 学业成功的机会不均等

随着教育普及率的不断提高,人们对教育机会均等问题的关注,越来越集中到成功机会是否均等上。目前,学生学业成功机会的不均等主要表现在以下几方面:不同地区之间教育质量相差较大,不同性别人群的学业成功机会不均等,不同家庭背景的学生学业成功机会不均等。我国学业成功的机会不均等特别地表现在高等教育的入学机会上。通过分析大学生的社会组成,就可以发现这些不均等。

4. 教育机会不均等的新趋势

当前,教育机会不均等还表现出一些新趋势,诸如"贵族学校"的出现,造成受高质量的教育机会更多地依赖于家庭社会经济状况而非个人才能;教育机会不均等日趋早期化,甚至延伸至幼儿园、托儿所;高校推行收费制度一定程度上抑制了有才华但家境贫穷者的学习机会;因现今的奖、助、贷学金制尚未真正形成国家或社会赞助机制,学业成功的保障主要依赖家庭赞助,部分学生只能通过"打工"的方式维持学业,导致进一步的学业成功机会不均等(见案例11-10)。

【案例11-10】

"便宜"专业农村学生多

"我说我老家农村的贫穷现状,城里的同学都不相信。"北京某大学的大三学生小李来自一个国家级贫困县。小李家一年总收入三四千元。他一年学费2500元,是学校收费最低的专业之一,小李估计班上农村来的孩子要占到一半以上。"当初考大学,最先考虑的就是收费低的专业,像计算机这类热门专业,想都没去想。"小李说。小李之前所在的高中,一个班考上大学的不到10人,多数就读于农林师范类高校。而他所在的村庄的200多户人中一共才出了3个大学生。"多数人上到初中,高中就上不起了。"小李刚来北京时,一个月的生活费只有100元,现在自己打工,一个月也就几百元。"助学贷款是要还的,所以我肯定是不打算考研了。家里还有个妹妹,我希望能早点出来工作。"已到大三的小李开始为找工作忙碌起来了。

资料来源:陈永明.教育危机管理[M].天津:天津教育出版社,2007:52.

(二) 我国教育机会不均等的致因

教育机会不均等有多种多样的类型,其原因也未必相同。不过,总体而言,我国目前的教育机会不均等现象是社会发展和教育发展不平衡的表现。其原因既涉及教育系统外部的问题,又涉及教育系统内部的因素。

1. 教育系统外部的问题

(1) 城乡经济差别及城乡二元结构。生产力发展水平、商品经济发达程度不同,社会经济总体发展水平不平衡是导致我国城乡教育机会不均等的根本原因。通过比较分析城乡不同地区的教育普及率、学龄儿童入学率、巩固率、辍学率,可知城乡经济差别这一因素的重要性。在城乡二元结构的现实中,不仅国家的教育政策优先满足甚至只反映城市人口的利益,许多个人和组织的观念也深深地打上了"城市中心"价值取向的烙印。① 如高考试题中体现出的城市化倾向、主要依据城市儿童的教育资源和学习能力编写的课程标准与教材(见案例11-11)。

[案例11-11]

回乡考试的吴同学

吴同学今年初中二年级,之前一直随父母在上海求学和生活。马上就要升初中三年级,面临中考了,但因不符合在上海参加中考的条件,吴同学只好回到家乡准备考试。由于两地所用教材不同,再加上需要适应新的生活与学习环境,吴同学觉得压力很大。

(2) "重男轻女"的思想。目前,"重男轻女"的思想还在深刻而广泛地影响着我国社会生产生活的几乎所有层面。反映在教育上,便是男女受教育机会的不均等。

(3) 家庭社会经济背景的差别。经济上的贫穷几乎会影响个体发展的所有机会。在我国教育投入不足的情况下,对儿童青少年的培养尚需要家庭和社会其他方面的补给,因而家庭社会经济条件的优劣对儿童青少年入学机会、学业成功机会的影响就尤其突出。大学生的社会组成与我国总人口社会组成的巨大反差,表明家庭是阻抗现代教育体系中内在平等趋势的一个强有力的因素。

2. 教育系统内部的因素

(1) 制度化教育。在教育目的上,制度化教育围绕培育符合国家需要的人而展开,这决定了高等教育高度服务于国家目标和发展战略的特征;在功能方式上,制度化教育是一种英才的筛选体系,越到等级的最顶端,筛选越严格,尤其在学龄人口数量多但学校有限的情况下,教育机会的不均等就会十分明显;在组织特征上,制度化教育是一个自我封闭的连续系统,这种连续性实际上只保证部分人受教育的连续性,却妨碍了更多的人受教育的连续性。

(2) 应试教育模式。应试教育模式是与制度化教育相辅相成的,但如果再佐以社会的"人才选拔机制",则会进一步强化应试教育。应试教育强调竞争性考试,会导致"片面追求升学率",这种学业的竞争是与教育平等的要求背道而驰的。

(3) 学业成败的标准。如果仅仅以成绩和分数的高低作为衡量学业成败的唯一或主要

---

① 郑利霞. 大众化背景下的高等教育入学机会:问题、根源和对策[J]. 教育科学,2007,23(05):59—65.

标准,就会导致对"个别化教育"的忽视,进而影响学生学业成功的机会均等。在现实的学校生活中,有很多的学生带着巨大的"失败感""挫折感"离开学校,这是有违机会均等原则的。

> **知识拓展 11-3**
>
> **怎样正确认识我国的教育机会不均等**
>
> 　　我国现阶段的教育机会不均等是客观存在的,不应否认,更不应忽视。我们应以马克思主义平等观为基础,正确认识我国的教育机会不均等。
>
> 　　第一,我国处于社会主义市场经济阶段,发展多种经济成分,实行多种分配方式。劳动者之间富裕和文化程度的差异,不可避免地会造成人们受教育机会的差别。"在共产主义第一阶段还不能做到公平和平等,富裕的程度还会不同,而不同就是不平等。"①不过,我国教育机会不均等的现象是发生在劳动者内部的,属于社会主义教育民主化不发达的状态,同资本主义的教育机会不均等有着本质的区别。如今,我国也在尽力消除教育中的机会不均等问题。习近平总书记指出:"要推进教育精准脱贫,重点帮助贫困人口子女接受教育,阻断贫困代际传递,让每一个孩子都对自己有信心、对未来有希望。""扶贫必扶智,治贫先治愚。"因此,要让广大学生健康快乐成长,让每个孩子都有人生出彩的机会,就要不断拓宽贫困家庭学生纵向流动的通道,为贫困家庭学生创造更为公平的受教育机会。当前,我国职业院校中有70%以上的学生来自农村,"职教一人,就业一人,脱贫一家"成为许多家庭的生动写照。2013年至2020年底,累计有800多万贫困家庭学生接受中高等职业教育,更多技能改变人生的故事正在发生。
>
> 　　第二,所谓的均等,是指机会的均等,而非结果的相等。"社会主义者说平等,一向是指社会的平等、社会地位的平等,绝不是指每个人的体力和智力的平等。""至于规定人在力气和能力(肉体和精神的)上的平等,社会主义者连想都没有想过。"②
>
> 　　第三,教育机会均等只是一个相对的目标,而非绝对的目标。20世纪60年代以后,国际社会逐渐形成了一个更接近实际的教育机会均等概念,即教育机会均等只是一个相对近似的概念。因此,从这个意义上说,讨论我国的教育机会均等,不应仅从"静态"的一面看,还应从"动态"的一面看。例如,国家专项计划每年招生规模不断扩大,由2012年的1万人扩至2021年的12.2万人,累计录取学生82万余人,极大增加了贫困家庭学生获得优质高等教育资源的可能性。

三、教育公平问题

正是由于人们对教育不平等问题的关注,目前又引发出了对于"教育公平"的分析。应该说,这是社会公平意识发展的标志,也是社会民主意识扩展的信号。教育公平实际上是与

---

① 中共中央马克思恩格斯列宁斯大林著作编译局. 列宁选集(第三卷)[M]. 北京:人民教育出版社,1972:251.
② 华东师范大学《列宁教育文集》编辑组. 列宁教育文集(上卷)[M]. 北京:人民教育出版社,1984:304—305.

教育平等问题紧密相关的,但又有一定的差别。

(一) 教育公平的概念

教育公平是一个主观概念,涉及社会心理问题,包括伦理、道德、经济、文化、政治五个方面的内容。我们从不同的角度、不同的方面去讨论这个问题,就会得出不同的结论。教育公平不是教育平等的另一种表述,而是指"教育制度的合理性与公正性的统一"。所谓"教育制度的合理性",是指一种教育制度有利于社会发展的整体利益,虽然社会整体利益的增加为每一个人目的的实现提供了可能,但它未必是有利于每一个人的。因而,当教育平等分配,确实有利于社会整体利益增加时,这种教育制度是合理的;而当教育的不平等分配确实为我们带来平等所不能带来的整体利益时,这种教育制度同样也是合理的。所谓"教育制度的公正性",是指一种教育制度"有利于所有人"。但是,由于利益冲突和价值偏好的存在,所谓"有利于所有人"的检验标准往往不可能是统一的某个标准,或者是由一个权威机构所作的规定。因此,"有利于所有人"的教育制度,实际上是指得到社会大众公认的教育制度。这样一来,所谓"教育制度的公正性",实际上就是社会大众在观念上一致同意和拥护的教育制度,这样便成了一种可操作的概念。

由上述分析可知,教育公平的核心问题实际上是"教育制度的合理性与公正性的统一"。这也就意味着教育公平研究的核心问题必须围绕"效率"与"平等"来展开,即关于"教育平等与教育效益的关系问题"。教育平等作为人类社会追求的基本价值目标,是一种社会理想,也是衡量一个国家文明程度的基本指标。同时,在教育总体资源有限的情况下,教育效益又会成为某个社会某一阶段追求的基本目标。如此,在教育平等与教育效益之间,便会始终处于相互矛盾的状态。在今天,关于教育平等与教育效益的关系问题,有两种观点十分流行:一是主张教育平等优先,兼顾教育效益;二是主张教育效益优先,兼顾教育平等。

怎样认识教育公平与社会公平的关系呢?教育公平是社会公平或社会公正的一个重要内容。自20世纪以来,随着教育与经济关系的日益密切,教育公平就成了社会公平的一个基本内容。例如,在整个19世纪以前的西方,机会的概念一直是与经济相联系的,如16世纪以后英国的"殖民扩张",19世纪美国人的"西部开拓"。进入20世纪,尤其是第二次世界大战以后,教育成为与经济机会直接相关的新概念。

对教育公平问题的研究涉及社会公平众多的方面。首先,它是一个涉及政治民主的重大政治问题:争取教育公平是最广大的社会民众奋斗不息的目标;其次,教育公平是涉及经济机会均等的重大经济问题;第三,教育公平是涉及社会伦理的重大道德问题;第四,教育公平是涉及个体怎样发展的教育理论问题。因此,教育公平问题的研究可以从政治学、经济学、伦理学、教育学等许多角度进行。

(二) 怎样理解当前的教育公平问题

长期以来,人们对于社会公平或社会平等(包括政治平等、经济平等、教育平等)等问题较为敏感。教育的绝对公平意味着没有竞争,没有激励机制,没有动力,也就难以有社会活力。所以,我们的任务并不是要去消灭教育不公平,而是要通过合理的操作去控制教育中的不公平的过程与结果;要在教育总体发展的前提下,在人民的教育水平共同提高的前提下,尽量加快对于教育不公平问题的解决,逐步实现教育公平。

教育不公平有两种主要表现方式:一是现阶段社会生产力、现阶段教育发展的附带产物;二是违背教育发展的规律、教育基本原则。例如,教育成功所依靠的是家庭财产,而非个人才能。从我国国情出发,当前教育公平研究的若干课题主要有:(1)教育制度的合理性问题,包括我们现在的教育制度是否合理,是否符合社会发展的整体利益。(2)教育制度的公正性问题,包括当前的教育制度是否有利于所有人,是否得到所有人的一致赞成,比如考试制度。(3)教育平等问题研究,我们能否保证受教育权利的平等,我们能否保证受教育机会的均等。这就涉及一系列问题,如地区差异与教育公平、文化差异与教育公平、择校与教育公平、教师的差别对待与教育公平、教育政策中的公平问题、重点学校政策问题、考试制度与教育公平、初级阶段教育发展中的公平问题、新时代的教育公平问题、网络时代的数字公平问题、初级阶段教育公平之路的选择等。

我国教育在改革发展中反映出的各种问题,以及教育发展不均衡和由此产生的诸多社会矛盾、热点问题,不仅给教育的健康发展带来了许多负面影响,也给各级政府、教育部门解决教育问题带来了诸多难题,给社会公众的心理带来了巨大压力,社会上普遍存在着"教育焦虑"。教育均衡亦是一面"镜子",映照出我国东西部地区和城乡之间自然条件、经济发展水平差异巨大的复杂国情,映照出新中国成立以来在不同历史阶段、采取不同教育政策所形成的基本教育格局,映照出全国各地教育理念、教育发展水平的巨大差异。

如今,我国的教育公平问题在探索和实践中迎来新的发展,党和政府始终把促进教育公平作为执政理念、行动目标和政策措施。党的十七大报告明确提出:"优化教育结构,促进义务教育均衡发展。"由此,促进义务教育均衡发展,成为我国新的历史时期教育发展的重要战略任务。2010 年 7 月,全国教育工作会议提出:"教育公平的关键是机会公平,基本要求是保障公民依法享有受教育的权利,重点是促进义务教育均衡发展和扶持困难群众,根本措施是合理配置教育资源。"《国家中长期教育改革和发展规划纲要(2010—2020 年)》把促进教育公平作为国家基本教育政策。党的二十大报告进一步提出:"坚持以人民为中心发展教育,加快建设高质量教育体系,发展素质教育,促进教育公平。加快义务教育优质均衡发展和城乡一体化,优化区域教育资源配置。"同时,教育价值理念也经历了从"有学上"到"上好学"的变迁,反映在相应的教育公平内涵上,就是从"教育权利平等"到"有质量的教育公平"的转变。[①]

(三)辨析教育公平、教育平等、教育公正与教育正义

教育公平除了经常和教育平等相混淆,也常常与教育公正、教育正义相混淆。因此,对

---

① 李政涛.中国教育公平的新阶段:公平与质量的互释互构[J].中国教育学刊,2020(10):47—52.

这四个概念作一个清晰的辨析是极为重要的。

首先,教育平等是教育民主化第一阶段的诉求,是指"公民依法享有平等的受教育权利或权益",其关键问题是如何确定"公民的受教育权利或权益的内容"。其具体任务有二:第一,必须通过立法确定"受教育的权利或权益"是什么?第二,必须通过立法确认这些权利或权益给予哪些人?教育平等的服从原则是"权利平等"或"权益平等"。

其次,教育公平是教育民主化第二阶段的诉求,是指"公民受教育机会均等",其关键问题是"公民受教育机会均等的保障规则"。教育公平是基于教育平等之上的诉求,在教育民主化的历程中,对教育公平的追求高于对教育平等的追求。其具体任务有三:第一,机会均等的规则应该是什么?第二,谁来制定这些机会均等的规则?第三,机会均等规则是否得到公众的认同?可见,教育公平的服从原则是"机会均等"或"机会公平"。

再次,教育公正是教育民主化第三阶段的诉求,是指"符合社会整体利益的公民受教育机会均等"。对教育公正的追求高于对教育公平的追求。由于教育公平总是参与者之间比较的结果,当参与者之间不能达成意见一致时,就需要第三方介入,这就是公正,公正在这里等同于社会正义,即符合公民社会的整体利益。因此,教育公正的关键是"符合社会整体利益的公民受教育机会均等的保障规则";其服从原则是"教育的社会正义"。其具体任务有四:教育制度公正、机会规则公正、教育程序公正、教育过程公正。实质上,这些任务均是为了解决"限制教育特权"和"消除教育歧视"的现实问题。

最后,教育正义是教育民主化的最高级阶段,是指"符合个体发展利益的受教育机会均等"。教育正义必须服从"教育的自然正义原则"。其具体任务有二:第一,确定每个受教育者自由和谐发展的权益;第二,保障每个受教育者自由和谐发展的规则。在这个意义上,对教育正义的追求高于对教育公正的追求,是教育民主化的最高级阶段。[①]

第四节　学习压力问题

"考试"是目前大多数国家教育体系中最重要的竞争和选拔制度,考试成绩或分数成了选拔过程中最根本、最主要的标准。从某种程度上,这种制度奖励强者、幸运者和顺从者,而责备和惩罚弱者、不幸者、迟钝者、不能适应环境者以及那些与众不同者和感到与众不同者。这种现象导致了教育中的另一类重大问题——学习压力问题。

一、学习压力的概念

"压力"一词,原属物理学词汇,后来逐渐进入医学、心理学、社会学和教育学领域。汉斯·赛叶(H. Selye)医生是压力研究的鼻祖,他区分了有害的压力和有益的压力,并研究了

---

① 马和民.理性辨析教育公平及其相关概念[J].南京社会科学,2012(12):119—123,130.

压力反应与疾病、精神失常的某些关系。与学习压力相关的概念很多,如"心理压力""群体压力""组织压力""工作压力""社会承受力"等;还有关于"压力及其影响与后果""行为因素与心理健康""学习焦虑及疏导策略""心理压力与心理健康""克服考试中的紧张心理"等。

(一) 学习压力的含义

学习压力是一个综合的概念。学习压力可以被解释为学生在就学过程中所承受的来自环境的各种紧张刺激,以及学生在生理、心理和社会行为上可测定、可评估的异常反应。学习压力状态实际上包括三个层面的因素:一是来自环境的紧张刺激(即压力源),如工作压力、人际关系压力、生活压力等;二是个体的内部紧张状态(即压力体验),包括焦虑、紧张、挫折、强烈的情绪体验以及生理上的唤醒等;三是个体的反应(即压力反应),如躯体反应、各种行为反应等。

(二) 学习压力的现状

我们通过对学生所承受的各种压力的调查及分析,可以探明学生的压力来源和构成、这些压力所产生的影响及后果,进而为寻找改善学生学校生活的途径、构建一种"良性压力状态"的学校生活提供一些依据。

中国青少年研究中心于 2005 年 9 月对全国 9—18 岁儿童的抽样调查表明,儿童的日常烦恼主要来源于与学习有关的压力。调查显示,儿童普遍感到苦恼的三个方面是:学业压力大(57.6%)、不被人理解(53.9%)、成绩不好(38.7%);儿童普遍感到幸福和快乐的三个方面是:实现了目标(48.7%)、学习成绩提高(42.4%)、受人尊重(39.2%)。这表明,儿童日常对幸福和苦恼的体验普遍都与其学习状况关系密切,学业上的成功往往是他们快乐的主要源头,学业上的压力和不成功往往又成为他们烦恼的诱因。同样,儿童对未来生活的担忧也主要来自学业。调查表明,升学考试竞争激烈(66.9%)、考不上好大学(41.2%)、学习压力大(38.2%)、找不到好工作(37.4%)、学费高(30.0%)是学生认为他们未来生活将会面临的主要困难。

当前中小学生普遍承受着较大的学习压力,同时亦明显体验着其他压力的威胁。西南大学教育学部在 2012 年从重庆、广西、河南三地选取样本学校,每个地区分别在农村和城市选取小学、初中、高中各一所,进行了关于中小学生学习压力的研究(见图 11-2、表 11-1)。

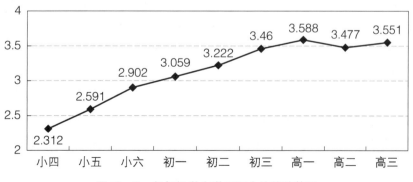

图 11-2 各年级学生学习压力均值趋势图

表 11-1 各压力源对不同群组学生学习压力的作用效果

		社会压力	家长压力	学习内容压力	教师压力	考试压力
性别	男	0.346	0.163	0.626	0.099	0.384
	女	0.394	0.132	0.612	0.122	0.473
学校性质	农村	0.347	0.109	0.573	0.145	0.464
	城市	0.393	0.184	0.649	0.086	0.394
地区	重庆	0.366	0.170	0.691	0.068	0.359
	广西	0.311	0.177	0.488	0.115	0.488
	河南	0.433	0.080	0.657	0.154	0.423
学段	小学	0.261	0.233	0.558	0.095	0.353
	初中	0.320	0.122	0.606	0.101	0.427
	高中	0.309	0.100	0.578	0.152	0.502

研究表明:(1)中小学生的学习压力和学习压力过大的学生比例均随年级的升高而增加;初中生和高中生学习压力过大的现象较为普遍,其中高中比较严重;(2)农村学校学生的学习压力高于城市学校学生;学习压力在地区上有显著差异,在性别上的差异不显著;(3)学习压力对学生的学习存在双重消极作用,在促使学生延长学习时间的同时,又导致学生学习成绩下降;(4)学生承受的学习压力受学习内容压力影响最大,其余依次是考试压力、社会压力、家长压力和教师压力。各压力源首先通过转化为考试压力而对学习压力起作用,社会压力还通过转化为其他压力间接作用于学习压力,家长压力和学习内容压力对学习压力具有直接作用。[①]

显然,在提倡素质教育的今天,我们在实践中仍很难摆脱应试教育的影响,学生在接受素质教育的同时,却仍受到应试教育所带来的学习压力,这不能不引发我们的思考。

学习压力除了应试方面外,作业问题亦是小学生认为的学校生活中比较可怕的事件。总体上来看,"考试成绩不好"为最可怕的事情,其次是"没能完成作业";而在一年级小学生中,更是有高达 81.12% 和 58.05% 分别担心这两件事。在实践中减轻学生的学习压力是一件错综复杂的工作。除了学习压力外,调查表明,学生在实践中还体验到组织、社交等方面的压力,如违反纪律、被教师批评、被同学欺负、没有朋友等(见表 11-2)。这些感受在不同年龄段上有一定差异。

在文献检索中,有关研究认为"整个小学阶段学生需要辅导的心理问题几乎为学生学习生活所左右"。对小学生有威胁的压力场并不突出地表现在学校,事实上在一些社会生活场所,小学生也表现出一定的不适感,例如小学生在亲戚家中时(见表 11-3)。我们用社会心

[①] 龙安邦,范蔚,金心红.中小学生学习压力的测度及归因模型构建[J].教育学报,2013(01):121—128.

表 11-2　学生在学校中最怕的事情(%)

年级	考试成绩不好	没能完成作业	被教师批评	被同学取笑	被同学欺负	没有朋友	违反纪律
一	81.12	58.05	41.15	17.01	17.01	25.30	39.20
二	54.83	47.75	47.08	29.66	21.80	17.53	51.35
三	74.04	32.70	53.37	24.27	18.76	24.27	36.30

表 11-3　小学生在哪里感到最不适应(%)

年级	学校	家庭	同学家中	亲戚家中	游戏场所	餐厅
一	5.75	21.84	16.09	27.59	6.90	21.84
三	15.73	15.73	16.85	24.72	11.24	15.73
五	17.98	20.22	13.48	28.09	10.11	10.11
总平均	13.15	19.26	15.47	26.63	9.42	15.89

理压力来描述小学生这种在社交场所表现出的不适应；同时，也不能忽视其在家庭中感受到的一定的生活压力。这些将在本书后文中作出分析。

几十年来，面对中小学生的种种学业压力，虽有一些减负方案，但学生仍有较大的学业负担。随着"双减"政策的出台，校外培训的"盛况"不再，而校内课业负担能否有效减轻，还尚待检验。长期以来，由于基础教育阶段的升学预备性质，人们把基础教育内部各阶段能够助力更多学生顺利升入下一阶段优质学校的学校视作"好学校"，逼迫孩子追求，给他们的身心造成了极大的压力。我们应正视这一事实，并力图彻底扭转这一现象。①

二、学习压力的影响

沉重的学习压力所导致的是各种严重的后果。这里主要选择说明恐学症与恐考症、逃避现实、心理疾患三个问题。

(一) 恐学症、恐考症并发

近年来，厌学、逃学和辍学现象引人注目。这种现象首先发生于农村，尤其是在经济发达的农村地区，进而席卷全国。

案例 11-12

大学生逃课研究

我国学者蔡红红等人通过对福建省 3 所高校的 514 份逃课样本及其中 237 份理性逃

---

① 张国霖."双减"时代基础教育的三个问题[J].基础教育，2022,19(01):1.

课样本进行分析,发现:大学生逃课的发生率很高;理性逃课占逃课总数的近一半;理性逃课学生较一般逃课学生逃课次数少;理性逃课学生中女生较男生比例高,担任学生干部的比例较高;不同年级、不同学校、不同学科专业的学生理性逃课次数有差异;逃课学生认为逃课对课程成绩影响很小;影响理性逃课因素按影响程度大小排列依次是情境因素、行为态度因素、行为控制因素和主观规范因素;学生对理性逃课有自己的独立思考和价值判断,持比较理解和赞成的态度。

资料来源:蔡红红,姚利民,杜小丽.大学生"逃课"的调查与分析[J].高教探索,2017(03):78—85.

为了防止辍学现象的发生,2020 年,《教育部扶贫办中央统战部发展改革委公安部民政部司法部人力资源社会保障部卫生健康委关于进一步加强控辍保学工作 健全义务教育有保障长效机制的若干意见》颁发。通过政策的实施,许多地方已经实现了建档立卡、辍学学生的动态清零,因贫失学、辍学的问题在很大程度上得到了解决。不过,学生压力问题的解决仍需要持续的努力和关注,需要各级政府、教育部门、学校和家长等社会各方面的共同参与与推动。

(二) 逃避现实

逃避现实,将希望寄托于"神""仙"身上,仍是目前学生应对学习压力的一种常见现象(见案例 11-13)。

案例 11-13

当代留学生应对学业压力有"奇"招

爱丁堡大学留学生黄同学失联 19 天的消息牵动了所有父母和留学生的心,2022 年 3 月 21 日终于传来了好消息,失联的黄同学找到了。原来她是为了写博士阶段的研究计划而将手机关闭,忘记与父母报备一声,目前已经在朋友圈报了平安。作为留学生的众多网友看到这一幕,不由得想起了那些年被论文"支配"的恐惧,一位网友说:学校图书馆门口摆着一个乌龟的雕塑,一到期末,全校人就开始将可乐、面包、蜡烛、啤酒、书,还有沙发、落地灯……全部摆在乌龟雕塑的面前。当然,我也会偷偷放袋饼干上去,祈祷自己写论文时顺利。

(三) 心理疾患发生率居高不下

学习压力过大会直接导致学生的心理问题。心理学的研究指出,压力与焦虑之间存在着紧密的相互关系。关于心理疾患,心理学家明焕斌把它分成三类:一是适应环境不良,人际关系不好,常有不安全感;二是情绪轻度抑郁;三是人格障碍,如孤僻多疑,以自我为中心等。心理"偏移"并非不可逆,严重的心理疾患经治疗后能够得到缓解。但是,儿童的心理"偏移"如不及时防治,就可能产生情绪问题、行为问题和性格问题。不健康的心理如果长期得不到矫治,就会导致当事人厌学、逃夜、辍学、学业失败、犯罪甚至自杀,并使班级、家庭等地事端丛生。某医院曾经对部分小学和初中在校生的精神健康状况进行调查,结果发现,15.1%的中小学生有抑郁心理,其中男孩多于女孩,抑郁比例随年龄的增长而明显上升,面临小学毕业和即将参加中考的孩子抑郁的比例最高。

三、学习压力的形成机制

导致学习压力及其影响后果的因素十分复杂,主要可以分成两类:环境因素和个体身心素质因素。撇开个体身心素质因素(事实上,个体身心素质大多也是环境教育的结果),就环境因素而言,主要是教育制度、学校和家庭。

(一)分流教育制度

分流教育的基本精神是把受教育者按其原始状态分类,然后加工成不同规格的"人力产品"。显然,这是违反平等原则的。根据雷威(Raywid)的看法,分流教育的特征是:(1)分类的依据不只是学生的兴趣和人力规划,也依据学生的能力、种族和社会经济地位。(2)由于课程内容的差异,只能允许学生往下流动,事实上阻挡了往上流动的可能性。(3)由于教育资源通常被升学课程所垄断,分流在事实上造成了更大的阶级差异。

根据分流教育的观点,在分流点之后,社会要提供类型全然不同的教育,办不同类型教育的学校以应分流之需要,各类学校的规模或数量则按"人力规划"的原则事先加以设定。

(二)学校应试教育

分流教育若成为一种社会流行病,教育的真正目的就会被遗忘,学校的形式就会发生变化。学校管理者要办"明星学校"以取得好考绩,作为赢得声誉的依据,教师要成为名师以获取更多收益。在这样的语境下,所谓"明星学校""名师"都是用高升学率来定义的。为了提高升学率,学校卖出的是整套升学程序、考试方法和补习规则,而忽视的是育人的一套方式方法。

(三)家长期望值过高是最重要的间接原因

学生怕考试并非不正常,不正常的是学生怕考试的背景。就后者而论,家长期望值高是导致学生怕考试,进而导致学习压力的最重要的间接原因。调查表明:当学生考试成绩不好时,最担心发生的事情是父母的责骂,相比之下,教师的批评或同学的看不起处于较不重要的位置(见表11-4)。

表11-4 当考试成绩不好时,小学生最担心发生的事情(%)

年级	父母责骂	教师批评	同学瞧不起	亲戚瞧不起	没有奖励	失去宠爱
一	69.54	51.49	41.61	37.24	22.00	44.60
三	83.15	43.30	66.97	44.38	16.69	17.42
五	88.88	55.17	46.54	54.94	18.43	0.08

学习动机理论表明,儿童早期的学习动机主要以附属内驱力为主,以获得父母的认可、赞许为追求目标,从而享受生活的乐趣。在小学阶段,"成绩"似乎成了唯一可以向父母证明自己成功的事物。同时,家长对子女成长的要求也大多以"成绩"为主,而且普遍表现出期望值过高的特点。这样,我们就不难理解为什么那么多学生首先担心的是来自父母的压力(见表11-5)。

表11-5 小学生在家中最怕发生的事情(%)

年级	被亲人责备	家庭成员不和	父母不信任	禁止外出游玩	与亲朋不和	父母最近不开心	家庭经济变化
一	68.28	42.99	44.02	28.05	21.61	43.45	27.13
三	45.62	52.13	54.72	20.45	27.19	39.21	30.67
五	55.06	55.84	44.27	21.69	17.89	31.80	40.45

值得注意的是,因考试成绩不好而害怕被亲戚瞧不起的,在不同年级小学生中均占较大的比例。亲朋关系介入学生的学习压力这一点是出乎我们意料的。一种可能是由于攀比(比较)心理。攀比心理通常是被称为社会比较理论(social comparison theory)的一种体现。这一理论由社会心理学家莱昂·费斯廷格(L. Festinger)在1954年首次提出,它解释了人们如何通过与他人进行比较来评估自己的能力和价值。当个体感知到自己与比较对象存在差距时,可能会产生焦虑、不满、挫败感等负面情绪,进而影响个体的心理健康和行为表现。所以当儿童意识到自己成了父母与他人(主要为亲朋)之间比较(甚至可以说是攀比)的对象时,也会产生紧张、焦虑,因为比较的结果往往影响父母对自己的态度。这种攀比(比较)的行为随着儿童的成熟而越来越被他们反感。因此,家庭教育中针对不同年龄的儿童采用不同的教育策略的现象是值得进一步研究的。

第五节 教育问题与教育改革

作为现代社会中最强大、最重要的制度之一,教育受到了众多的批判。世界各国也一直在努力采取一系列改革措施以纠正教育中的失误。本节首先采用一些比较研究的数据来说明教育问题的解决需要涉及众多领域的综合解决方案。

一、国外的教育问题与教育改革

对教育问题的关注一直是世界各国政府和民众最关注的领域。美国对教育的批评主要集中在教育质量问题上。例如,美国社会学家盖洛普(G. Gallup)的研究表明:大多数美国民众认为美国的公立教育不如其他西方国家的。一项大规模的跨国调查则说明了更具体的问题(见案例 11-14)。

> **案例 11-14**
>
> **美国学生的成绩**
>
> 在 13 个国家和地区中,美国 5 年级及 9 年级的学生的自然科学与数学的标准化考试成绩介于中等和差等之间,如果涉及科学知识的更专门领域,美国学生的排名则更低。而美国 12 年级学生的物理排名第九,化学排名第十一,生物排名最后。

美国公众对学校的关注主要集中在缺乏纪律、缺乏适当的财政支持、难以吸收合格的新教师、课程问题、教学质量过低、学校人满为患等问题上。20 世纪 80 年代初,对公立学校的一些全国性调查表明,美国民众最关心的问题是科技教育与国民经济之间的关系。其中,最重要的调查报告是《一个有风险的国家》、由"教育对经济增长之影响"专题研究小组提交的《为寻求卓越而行动》、由"专业化教学"小组提交的《全国总动员:为 21 世纪培养教师》。这些报告的另一个主题是分析了学习吸引更好教师的一些办法。例如,除了强调国家应给予教师更高的工资外,还提出了另外两个受到赞成的建议:第一,对教师制定最低限度的能力考试,奖励有才能的教师(而非普遍提高教师工资)。第二,建议"延长准备期",提出将教师培训的时间从四年提高到五年。

20 世纪六七十年代,人们对许多教育革新也曾抱有很高的期望,但并非所有的教育革新都取得了成功。例如,"教学仪器和教学电视"作为教学辅助手段,曾经被认为是很好的教育革新。教学仪器通过给予学生即时反馈,能使教师的指导更具个性化特征;教学电视可以影响范围很广的学生,并提供多样化的教育。但是,从国外的情况来看,这一教育革新并未取得成功。不成功主要是因为价格昂贵、教师抵制、缺乏对教师进行应用性培训(见案例 11-15)。

> **案例 11-15**
>
> **教学电视是什么**
>
> 20 世纪四五十年代,当电视首次出现时,一些观察家就认为:电视这种新媒体可能会具有潜在的教育价值。但是,现实远比设想复杂。如一些批评家认为:(1)看电视会养成"电视习惯";(2)电视无助于提高儿童集中注意力的能力;(3)电视暗示着一种观念,即任何重要的东西都是娱乐性的,而且很容易掌握;(4)最重要的是即使看最好的电视节目,所获得的学习体验也是完全被动的。而现代教育所强调的却是积极参与学习过程的重要性。

"小组教学"是另一项曾引起广泛兴趣的教育革新:由几个教师组成小组,负责一个班级。它为学生提供了拥有更多技能,而且更精通专门学科的教师。但是,小组教学也并不成功,主要原因是这个教学技术革新需要系统的计划和分析,但是教师已经习惯于在一个班级中行使个人的权力。

从世界范围来看,目前的教育革新是数字教育。新一轮的科技革命和产业变革正在加速演进,知识创新加速推进,给教育带来全新的挑战和机遇,"教育何为、教育向何处去"成为世界关注的时代命题。2021年11月,联合国教科文组织发布了《一起重新构想我们的未来:为教育打造新的社会契约》这一报告,呼吁重新定义教育的目的,强调重构人与技术的关系,并指出数字技术蕴含巨大的变革潜能,未来教育必须直面技术变革带来的一系列问题。2022年9月,联合国教育变革峰会将高质量数字学习列为五大行动领域之一,以数字革命推动教育变革。我国表示,将进一步实施国家教育数字化战略行动,丰富数字教育资源供给,构建广泛、开放的学习环境,加快推进不同类型、不同层次学习平台资源共享,推进新技术与教育学习相融合,加快推动教育数字化转型。世界各国积极应对挑战并制定教育数字化发展战略,以数字化赋能教育变革创新。经济合作与发展组织在推动数字教育发展建设的过程中,也持续加大数字教育倡导力度,发布系列研究报告,如《回到教育的未来:OECD关于学校教育的四种图景》,以期为各国实施数字教育和应对数字鸿沟挑战提供策略支持。我国也进行了一系列的教育革新,比如实施"慕课西部行计划2.0",提供19.8万门慕课及定制化课程,服务西部高校学生5.4亿人次;首期数字支教创新试验,为1.4万名乡村中小学生,送去科普、艺术类等课程2500多节。但是,在数字教育中,教师可能会遇到多种不适应的问题。这些问题主要缘于技术熟练度、教学理念、资源整合以及培训和支持体系的不足。比如,一些教师可能缺乏必要的数字素养,无法有效利用数字工具和资源进行教学。这种情况在农村地区的中老年教师中尤为突出,他们可能面临更大的技术挑战。而目前,针对教师数字素养的培训和支持体系尚不完善。虽然一些学校和机构已经提供了相关的培训课程与资源,但往往缺乏系统性和连贯性,不能满足教师的实际需求。

二、教育问题的综合治理

诚如前述,教育问题的形成、发展、影响都已经远远超越了教育制度的范畴。因此,教育问题的解决有赖于社会整体的变革。教育既然是全社会的共同事业,那么教育问题的解决当然需要全社会的共同努力。教育问题的综合治理需要在下述三方面形成共识。

(一)教育问题的解决最重要的是观念变革

从1901年废除八股,到1904年建立第一个现代学制,再到1905年正式废除科举制度,我国近现代教育的发展已走过一个多世纪,但是现代教育的观念并未完全形成。杨东平先生指出,当前教育被窄化为教学、教学被窄化为应试训练,虽然教学模式不断创新,如学生自主学习、小组合作、无师课堂等,但这些方法的核心依旧是知识传授,学生和教师最关注的焦点仍旧是分数。他进一步指出,在"互联网+教育"的背景下,技术派的兴起在某种程度上加剧了中小学教育改革中个人发展和应试教育之间的矛盾。[①]

近年来,家庭教育问题频现、政策经验逐步完备、政治关注程度明显增加。家庭教育连接着学校教育与社会教育,是教育生态体系的基本组成部分,家庭教育立法是推进教育治理体系和治理能力现代化建设的重要内容。其原理是家庭教育私权力与公权力的认识和平衡,本质是构建全员育人、全过程育人、全方位育人的"三全"育人格局;其执行的关键是协同育人,学校和家庭协同,打造家庭育人主要阵地;政府和家庭协同,健全家庭育人体制机制;社会和家庭协同,构建家庭教育社会网络;妇联和家庭协同,指导引导家庭教育的开展。[②]

在各种教育问题的成因中,传统教育观念在其中可能起了决定性作用。这种传统教育观念的辐射力是巨大的,表现在社会心理层面,是"万般皆下品,唯有读书高";表现在学校层面,不是以人的发展需要来组织教育和教学,而是表现为"升学竞争",从而演化出"教师中心、教材中心、课堂中心";表现在学生个体层面,是把教育中的正常竞争演变为非正常竞争;表现在制度层面,不是以人的成长和发展为核心来设计制度,而是以"标准化考试""标准化评比""各种指标"等来衡量办学的质量和教育的优劣。

因此,教育问题的解决首先需要的是变革观念:变传统教育观念为现代教育观念。教育观念的变革、教育思想的更新、教学内容和教学方法的变革,需要成为学校教育讨论的真正热点。

(二) 教育问题的解决必须走综合治理的道路

教育问题其实是一个社会问题。在文化中,人的价值和尊严仍不够受到重视,它可以被崇高或不崇高的目标所践踏;在体制中,监督和制约机制还极其缺乏。所以,教育要改革,社会也要改革。教育改革离不开社会改革的外部支持。

(三) 教育问题的解决需要走系统变革的道路

教育问题有着深沉的制度因素。杨东平认为,教育问题的全部症结在于教育体制,更准确地说在于教育管理体制。尽管教育问题的症结难以完全归咎于教育体制,但这一说法却说明了一个基本道理:教育问题的解决之道在于社会整体系统的变革。仅仅是教育系统的局部改革解决不了问题,仅仅是教育系统内部的改革仍然解决不了所有教育问题,教育问题的解决有赖于社会各方面的协调变革。

 关键词

| 教育平等 | 教育问题 |
| 教育公平 | 教育机会均等 |

---

① 杨东平. 重新认识应试教育[J]. 北京大学教育评论,2016,14(02):1—7.
② 李健,薛二勇,张志萍. 家庭教育法的立法议程、价值、原理与实施[J]. 北京师范大学学报(社会科学版),2022(01):62—71.

学习压力

习 题

1. 述评教育社会学研究教育问题的几种研究视角。
2. 简述社会转型期的教育问题。
3. 怎样理解教育公平的问题?
4. 案例分析:社会转型期的教育问题。
5. 讨论:学习压力问题。
6. 讨论:当前的教育机会均等问题。
7. 选择某一个教育问题,讨论进行综合治理的方法。

推荐阅读书目

1. 雷洪. 社会问题——社会学的一个中层理论[M]. 北京:社会科学文献出版社,1999.

2. (新西兰)戈登·德莱顿、(美)珍妮特·沃斯. 学习的革命——通向21世纪的个人护照[M]. 顾瑞荣,陈标,许静,译. 上海:上海三联书店,1997.

3. 杨东平. 教育:我们有话要说[M]. 北京:中国社会科学出版社,1999.

4. 解思忠. 国民素质忧思录[M]. 北京:作家出版社,1997.

5. 高希均. 构建一个干净社会[M]. 上海:上海三联书店,1999.

6. (美)兰德尔·林赛,等. 教育公平[M]. 卢立涛,刘小娟,高峰,译. 上海:华东师范大学出版社,2015.

7. (英)Stephen Gorard, Emma Smith. 教育公平:基于学生视角的国际比较研究[M]. 窦卫霖,胡金兰,孙媛媛,黄国丹,译. 上海:华东师范大学出版社,2018.

8. (加)Jody Heymann, Adèle Cassola. 教育公平:范例与经验[M]. 陈舒,袁文慧,王丽娜,译. 上海:华东师范大学出版社,2019.

10. Torey-Saboe N. Measuring education ineqnality in developing countries[M]. Berlin:Springer Group,2018.

第六编 教育功能论

任何一种社会制度的形成与发展，总是对应着它对整体社会的作用而来的。教育制度也不例外。从学校的出现，到国民教育制度的初步形成，一直到教育制度成为现代社会中一种最重要的社会制度，都是因教育对社会运行与发展的不可或缺的作用所致。正因此，教育的功能问题便始终是教育社会学研究教育制度的另一个重要内容。那么，应该如何研究教育功能？教育的功能究竟有哪些？有人认为教育制度的功能在于使人社会化。也有人认为，教育的功能是一种分配系统，它使部分人成功，使部分人失败。还有人认为，教育是一种合法化系统，它使人口重新组合，创造并扩大了精英阶层，再次明确了社会成员的权利和责任。那么，教育对个体和国家发展的作用究竟是什么？这正是本编力图回答的问题。

本编共分"教育制度的功能""教育与个体发展""教育与国家发展"三章。

第十二章
教育制度的功能

学习目标

1. 理解教育功能研究的视角。
2. 了解教育功能失调的表现。
3. 运用教育制度的功能理论分析社会现象。

英国人类学家马林诺夫斯基说:"任何社会制度都对准一种基本需要。"这就是说,任何教育都具有满足人类社会某种需要的功能。教育一方面是进行社会化和地位分配的工具,一方面则是社会整合和文化传递的必要手段。① 任何社会、任何时代的教育都有一定的功能,只是其性质、强度、影响范围不同而已。研究教育的功能,重要的不在于辨清教育有无功能,而在于探明教育究竟有何种功能? 教育究竟有多大功能? 教育功能的性质怎样? 教育功能是如何形成的? 制约教育功能发挥的因素是什么? 这些问题并不能在这里完全讲清楚,最重要的原因就是教育作为现代社会的重要制度,对个体和社会所产生与发挥的功能十分复杂。

第一节 教育制度的功能概述

讨论教育的功能前,首先需要了解功能及其概念,如功能的含义、功能与职能、功能与目的、功能与结果、功能分析的途径或方法等。关于教育功能的研究几乎都来自西方学者的认识,有些研究方式实际上并不利于教育功能研究的深入,更不利于对本国教育功能的历史、现在和未来的分析,很难对教育理论的发展和实践工作的开展有所裨益。其次,需要分解教育制度的具体功能。再次,是要区分教育制度功能研究的途径。

一、关于教育功能研究的反思

(一) 几个基本概念的辨别

《现代汉语词典》对"功能"一词解释为:"事物或方法所发挥的有利的作用;效能。"日常理解中的"功能"一词,有着多种含义,如有利作用、效果、结果等。"职能"一词解释为:"人、事物、机构应有的作用;功能。"显然,职能一词与功能并无实质性差别。"目的"一词解释为:"想要达到的地点或境地;想要得到的结果。"目的一词与功能有着重要的联系。"目标"一词解释为:"射击、攻击或寻求的对象;想要达到的境地或标准。"

英文"功能"(function)一词,用之于社会学上有两义。一是指"一种社会现象对于一个它所属的更为广大的体系来说所具有的被断定的客观结果"。"功能"可以分为显性功能(manifest function)(意为"由有关部门的参加者所计划和认识到的对体系的客观后果")和隐性功能(latent function)(也称"潜在功能",是指既"非被计划好的,也非被认识到的对体系的客观后果")。在社会学中,为了把有助于社会系统发展的活动与妨碍其发展的活动区分开来,还应区分良好功能(eufunction)与功能失调(dysfunction)。据此,便可以有四种类型的功能状态。

"功能"一词在英文中还有另一义,即"函数",这是指社会现象 Y 是社会现象 X 的函数,即 Y 按比例地随 X 的变化而变化。如把它应用于教育研究,"一国的经济发展是教育的功能

---

① 宗教制度也能起到社会整合的作用,但它更重要的功能是为人们提供精神寄托。

之一,即是说经济发展按比例地随教育的发展而发展"。这种观点与第一种观点其实是相互联系的。社会系统中的一切现象都是相关联的,同时社会系统中一个领域里的变化将在整个社会系统中产生结果。

由此可见,在中、英文中的"功能"一词,往往是多义的,而在社会学、教育社会学中的解释又有着特定的含义。这也正是导致人们理解有分歧的主因。

(二) 对我国当前教育功能研究存在问题的反思

当前我国的教育功能研究,实际上存在不少问题,主要涉及以下方面:(1)只以西方学者的观点论教育功能,较少对我国的教育功能进行研究;(2)只论教育有哪些功能,较少研究教育功能发挥的条件;(3)只论教育功能的积极面,较少思考其他方面;(4)只论教育功能的价值面,较少考虑教育功能的事实面;(5)较多的是对教育功能现实层面的分析,少有对教育功能历史层面的梳理;(6)较多的是对教育功能的理论研究,少有对教育功能的实证研究;(7)较多的是对教育显性功能的讨论,鲜见对教育隐性功能的研究;(8)较多的是对教育功能宏观层面的分析,鲜见对教育功能微观层面的解剖。

二、教育功能的类型

由于功能属于客观结果的范畴,而客观结果未必总与特定的价值取向相符,也可能与某一取向相悖,因而教育功能具有一个双向性特征:正向功能与负向功能。同时,由于教育功能又具有价值取向的性质,根据有无明确意图,或能否明确识别,教育功能还具有一个特征:显性功能与隐性功能。根据教育制度是否满足社会和个体的需要,教育功能可以区分为:整合功能与限制功能。根据教育制度具有社会规定性的特点,教育功能可以区分出教育制度的导向功能和传递功能。①

(一) 正向功能与负向功能

这种分类源于社会学中的功能论。功能论可以上溯到斯宾塞的社会有机体说和马林诺夫斯基的制度论,以及涂尔干的分化和整合理论。帕森斯则在前人的基础上,对功能论作了全面的总结和展开。这集中反映在他有名的"AGIL 功能图式"中。A(adaption)、G(goal attainment)、I(integration)、L(latency pattern maintenance),实际上是社会系统的四种功能:A(适应),为了能确保从环境中获得系统所需资源并进行分配,系统的结构和制度应适应此种环境;G(目标达成),借助系统的资源和能力以实现系统的目标;I(整合),使系统的各部分协调为一个整体,以保持系统的功能;L(模式维持),对潜在的价值观的维持并保持其制度化的基本模式不变,以处理行动者内部的紧张关系。

到帕森斯为止,研究者对制度功能的关注主要在其正向功能方面,而且毫无例外地都把

---

① 对于功能的类型划分,还可参见:吴康宁.教育社会学[M].北京:人民教育出版社,1998:第 12 章,第 13 章;庞树奇,范明林.普通社会学理论[M].上海:上海大学出版社 1998:315—320.

制度的整合功能放在最重要的位置。整合既然是社会系统的一种需要，因此满足此种需要就成为制度的压倒一切的功能。

教育功能方向的判别主要有两种标准：其一是系统维持标准，即以教育功能对其所在社会的存续而言，是贡献性的还是损害性的，若为前者，则为整合功能，若为后者，则为失范功能；其二为社会进步标准，教育功能推动社会向文明进步的方向发展则为正向功能，阻碍社会向文明进步的方向发展则为负向功能。

（二）显性功能与隐性功能

继帕森斯之后，对功能理论贡献最大的是美国另一位社会学家默顿。默顿从怀疑功能的统一性和功能的普遍性出发，提醒人们注意一定社会或文化事项对于不同社会群体及其各个成员所造成的迥然相异的结果。具体地说，首先，某一事项也许不仅对于一个系统或另一系统具有正向功能，而且或是对特定事项，或是对系统整体具有负向功能。其次，某些后果，无论是正向功能或负向功能，都是系统的主体有意造成并被识别的，因而是显性的；而其他一些后果则不是有意造成并被识别的，因而是隐性的。这样，对社会文化事项造成的多种结果的分析，就应该既注意到正向功能和负向功能，也应注意到显性功能和隐性功能。

正向功能与负向功能的区别是看教育制度对于社会发展与变革是起帮助作用还是削弱作用；显性功能与隐性功能的区别则表现在，显性功能是指人们能观察到或者能预期其效果的功能，隐性功能是指既不能认识也不能预期其效果的功能。例如，将学校作为传授知识的场所，是强调其正向功能，而学校也是保护儿童安全不受侵犯的地方，后者则是其隐性功能；购买汽车有助于出行方便，此为其正向功能，若将汽车品牌与其所有者的社会地位相联系，则是其隐性功能。默顿除了提出显性功能、隐性功能的分析概念外，还提出了有关制度功能的另一个值得一提的概念，即替代功能的概念。这一概念的提出是对现存制度的不可缺少性发出了质疑，认为诸如宗教制度、教育制度均有另一种可替代的功能。它提示着，极不相同的制度可以发挥相同的功能，从而在一定程度上改变了人们对制度的保守性看法（见案例12-1）。

案例 12-1

20 世纪 20 年代芝加哥大学社会学家的一项实验研究

20 世纪 20 年代的美国芝加哥市，社会问题众多，尤其是青少年犯罪率居高不下。为此，芝加哥大学社会学系的一些教师会同警方进行了一项实验研究：选择两个各方面情形相似的街道，同时将两个街道的青少年罪犯一网打尽，对两个街道的青少年罪犯进行了两个星期的教育后将其释放，在其中的一个街道进行了实验干预（会同街道工作人员，为青少年设立了各种体育、文艺活动和比赛），对另一个街道则不加干预。半年后，再比较两街道的青少年犯罪率。结果显示，经实验干预的街道的青少年犯罪率大大下降，而另一个街道则仍旧如初。

(三) 整合功能与限制功能

根据教育是为了满足还是限制人的需要,可以区分出整合功能与限制功能这两类。在社会和个体的教育需要是被满足或限制的问题上,存在着一种"悖论现象"(见知识拓展12-1)。

> **知识拓展 12-1**
>
> **需要的"悖论现象"**
>
> 庞树奇认为,制度起源于人的需要,这已是不争的事实。但在怎样看待制度与需要的关系问题上,东西方之间似乎存在着微妙而深刻的分歧。分歧的实质在于:制度的制定及其继续存在,到底是为了满足人的需要,还是为了限制人的需要?对此可以作出一种回答:制度的功能既是为了满足,也是为了限制,有时限制正是为了满足,有时限制这一种需要是为了满足另一种需要。

教育的整合功能最明显地反映在教育着重在满足人类的需要这一基本点上。教育的社会化功能便是教育的一种最基本的整合功能。个人社会化的发展趋向一般遵循三个规律:社会化方式由灌输到自选,社会化过程由外在到内化,社会化内容由简单到复杂。就学校教育而言,在帮助学生社会化的过程中自始至终也体现了这三个规律。"在学校,学生社会化途径有下述几种:服从、模仿、竞争、从众、暗示与受暗示、社会舆论。"[①]服从是按照他人的要求、意志而作出的行为;模仿是指个人受非控制的社会刺激而引起的一种行为,其行为与社会其他人的行为相类似;竞争作为相互行为,是指通过要求学生参加各类竞赛活动,并利用个体由于自尊的需要,总希望在竞赛中胜过他人这样一种普遍性的个性心理特点,来引导、激励和强化学生的某些符合社会要求的行为;从众系在群体的压力下,个人放弃自己的意见而采取和大多数人一致的行为;暗示系一个人有意识地向他人发出一种刺激以控制其反应的行为,受暗示即对这种刺激产生顺应的反应;社会舆论是指公众的意见和看法,是社会全体或大多数人的共同认识。由于社会舆论代表了大多数人的意见,所以社会舆论也能产生一种社会控制力量,并为每个社会成员带来一种精神压力,从而起到约束个人言行的作用。

教育的限制功能,特别表现在教育所具有的选择功能这一方面。教育选择了一些人,也就意味着它限制了另一些人发展需要的满足。现今的教育是一种制度化教育,这种教育,在功能方式上,是一种对人才的筛选体系;在组织特征上,是一个自我封闭的连续系统,这种连续性在保证部分人受教育连续性的同时,也使另一部分人受教育的道路中断。例如,美国全国公共广播在2018年报道,包括卫斯理大学在内的美国多所名牌大学因涉嫌违反美国的反垄断法律,由美国司法部展开调查。报道称,这些美国名校私下串通,提前安排好录取名单,有选择性地把提前录取名额(early-decision admission)提供给来自富裕家庭的学生。

---

① 肖计划.论学校教育与青少年社会化[J].暨南学报(哲学社会科学版),1996,18(04):22—28.

(四)导向功能与传递功能

教育的导向功能犹如文化的导向功能,它使人们的行为能比较顺利地走上原先预设的轨道,并以此为基准来评判人的行为的偏差及其程度,并采取相应的校准措施。现代经济生活中通行的各种经济法律,如与合同、商标、知识产权等相关的法律,无疑就是把人们的经济行为导入各种法律所规定的范围之内进行运行和操作。当然,这种轨迹并非一成不变,而是随着社会生产力水平的提高和人的需要的演进而发展的。

就教育制度来说,教育制度不仅使人的行为有规矩可循,而且还使人的行为有榜样可以参照。通过对理想行为模式的倡导,能够使众多的个人或团体、组织的行为具有瞄准的对象,从而促进社会行为有序化和推动社会的进步。教育制度的导向功能是使个人顺利完成社会化过程的必要条件,也是使学校生活的秩序得以维持和发展的制度性保障。

教育还具有文化的传递功能。人类社会之所以能够一代又一代地延续下去而不至于湮没或毁灭,其中主要的原因是人类文化的存在,尤其是各种制度性文化不断地把人类文化、文明的结晶传递下去并加以发扬、创新。在这一点上,教育制度(另外还有家庭、文化、科学、艺术和宗教等制度)在传递人类文化的作用上尤见显著。杜威认为,在任何一个社会群体中,每个成员都有生有死。正是这一无法回避的事实决定了教育的必要性:一方面,群体中的成年成员不得不把关于群体的知识与习俗传授给新生代成员;另一方面,新生代成员也必须密切关注成年成员的信息、技能、目的和兴趣等,以逐渐弥合代际之间的鸿沟。否则,这个群体富有特色的社会生活就将被中止。杜威因此强调:任何经验都通过社会生活的更新而得以延续,这是一个毫不夸张的事实。教育,在其最广义的层面上,就是这种生活的社会性得以延续的手段。

> **案例 12-2**
>
> **传统文化教育**
>
> 我国许多中小学都在通过丰富的教育形式开展中华优秀传统文化教育,引导学生坚定文化自信,传承中华优秀传统文化,努力成长为堪当民族复兴重任的时代新人。比如,江苏南通市海门区东洲小学不仅将唐诗、宋词、元曲等经典作为语文课程基础,还把对联、灯谜、谚语、民间故事以及家乡民谣等编入课程,尽可能帮助学生打开阅读空间。在成语微课程中,结合学校京剧特色,老师会带领学生欣赏京剧经典剧目,了解唱段背后的历史故事,并指导学生学习唱腔、进行表演。

三、教育功能研究的视角

在教育社会学中,教育功能研究的角度主要可以分解为下述三个层面。

当我们从教育系统应该履行什么功能的角度分析时,这里的功能实际上是指"教育的价值目标",即指在一定的社会背景中,对学校教育应该履行什么功能进行问题分析。在这一意义上,教育功能是与"教育目的"相互一致的,也即想要通过教育达到的结果。显然,这种研究方法所采用的是价值分析途径。

当我们从认知的层面去分析教育可能履行了哪些功能时,这里的功能同样是指"教育的客观后果",但这种分析可以采取两种方法:一是逻辑分析途径,即从教育的结构、教育结构与社会结构的关系等角度展开分析;二是分析判断途径。

当我们从教育系统所履行的功能有利与否的角度分析时,这里的功能实际上是指"教育的客观后果",即在一定社会背景中,学校教育实际上履行了什么功能。在这一意义上,教育功能是与"教育结果"或"教育影响"相互一致的。据此,便可以把教育的功能分解为正向功能与负向功能。显然,这里所采用的分析方法是事实分析途径。

从上述的分析中可以看出,对于教育功能的研究实际上可以循不同的途径。然而,现今人们对于教育功能的研究更多的是从西方学者的认识出发来说明教育功能如何。这种分析实际上也就是循教育功能研究的价值分析途径进行的。尽管这样的分析是需要的,但它更多的是在理论层面上说明了教育功能是什么的问题,至于教育功能的其他方面,这样的分析说明不了多少问题。关于教育功能研究最需要区分的,实际上是关于教育功能研究途径或者角度的梳理,理清不同的途径是什么,每一个途径或角度所选择的不同侧面是什么。本书在此处主要介绍三种途径。

(一)教育功能研究的三种途径

1. 教育功能研究的价值分析途径

这种分析是要说明教育应该履行什么样的功能。更确切地说,这种分析是要说明人们期望教育发挥什么样的功能。就方法论的角度而论,"教育功能的价值分析途径"实际上等同于对"教育目的""教育作用"的研究。就其性质而言,往往是积极的、正向的阐述。就研究内容而论,可以包括两个方面:一是从"教育的功能有哪些"的角度展开;二是从"教育功能发挥的条件"的角度展开。

关于"教育的功能有哪些"的研究,运用最广的研究方法是西方社会学中的功能分析法。西方社会学中的功能分析法初步形成于 20 世纪 30 年代,盛行于 60 年代,至今仍为西方社会学方法论中的主流。70 年代后,这种方法被广泛应用于西方社会学研究中,并不断地被社会学家改进与发展。功能分析法既被视为研究与解释社会研究材料最有成效和最有前途的方法,也被视为探索社会稳定的最重要的理论工具之一。它不仅为维持西方社会稳定与社会秩序寻找途径,也为西方社会改良寻找理论依据。

从历史上看,遵循这种途径明确分析教育功能问题的最早者,在国外是法国教育社会学家涂尔干。他首次明确地归纳了教育的功能在于"使年轻一代社会化",这种说法一直被视为"教育功能研究"的经典说法。然而实际上,在涂尔干那里,教育功能与教育目的两者之间是混同使用的。尽管他要求严格区分这两个概念,他说:"我们宁愿使用功能一词,而不使用目的或目标这种词,恰恰是由于社会现象一般地并不是为了它们所产生的有用结果而存在的。"[1]但

---

[1] 转引自:(英)G. 邓肯·米切尔. 新社会学词典[M]. 蔡振扬,谈谷铮,雪原,译. 上海:上海译文出版社,1987:145.

他在论述教育现象时,却未指出教育功能与教育目的两者之间的区别。事实上,在他那里,所谓教育的功能在于使年轻一代社会化,并非指在具体的教育实际上所产生的作用,而是从教育目的出发来衡量教育应当具有的作用。显然,在现实生活中,这种理想的教育无处可寻。

顺着这样的分析途径,后期功能论学派的重要代表、美国社会学家帕森斯,在其专门探讨教育功能的论文《作为一种社会系统的学校班级》中,论述了学校班级的功能在于"社会化"与"选择"。他发展出 AGIL 功能图式这种理论分析框架。按照这种分析法,教育只应也只会履行有利于社会生存与发展的功能。他所强调的"社会化功能",是指学校班级具有培养儿童个体人格,使之在动机和技能方面都具有能胜任成人社会角色的作用。具体涉及两个方面,一是"义务感的培养",即履行广泛的社会价值的义务感与履行特定角色的义务感;二是"能力的培养",即承担个人角色的能力与同他人交往的能力。所谓"选择功能",是指学校班级同时也是人力分配机构。

此后有关教育功能的研究,很大程度上是按照这一分析展开的。例如,美国学者德里本(R. Dreeben)在其很有影响的专著《在学校中学到了什么》(On what is learned in school)中,就集中论述了社会化功能的一个方面——社会规范的内化问题。特纳(R. Turner)与霍帕(E. Hopper)则深入分析了学校教育的选择功能。他们通过对英、美两国教育制度的比较研究指出,工业化社会中的学校教育都具有同样的主要功能,即都促成了升迁性社会流动(upward mobility),只是在英国表现为赞助性流动(sponsored mobility),在美国表现为竞争性流动(contest mobility)。

关于"教育功能发挥的条件"的研究,从形成的过程来看,在国外主要始于 20 世纪 60 年代后期,其原因在于教育功能的发挥并未按预先所设计的那样,产生积极作用。研究者发现:教育并未推动国家经济发展,促进更大的社会平等,甚至也未促进个体的良好发展。

这种分析涉及多种方法。有研究者从"结构与功能"的对应关系角度展开;有研究者从"教育、个体需要、社会需要三者关系平衡"的角度展开;有研究者从"需求、结构、功能、效应"的角度展开;也有研究者从"教育运行过程、制约因素"的角度展开。就国内研究来看,关于教育功能发挥的条件,其实也已有所研究,只不过我们并未作专门分析。实质上,关于"教育功能发挥的条件"的研究,主要应涉及两个问题:一是"对教育功能发挥的先决条件"之研究;二是"对教育功能发挥的必要条件"之研究。

2. 教育功能研究的逻辑分析途径

逻辑分析途径即是从认知层面对于教育功能的研究,通过"社会结构—教育结构—教育功能"的分析思路,而形成对教育功能可能情况的了解。就方法论而言,逻辑分析途径主要应用的是"辩证的逻辑思维"和"分析的逻辑思维"。既然社会现象之间是相互联系的,则一种现象的变化必然会影响其他现象的变化,因此无论是"教育的功能有哪些"的研究,还是"教育功能发挥的条件"的研究,都必须考虑到其他社会现象的存在。就其内容而言,主要涉及这样一个问题:教育可能具有什么样的功能?而这一问题又包括两个相关问题的研究:一是教育的各种可能的功能有哪些？二是在什么样的条件下，教育可能具有什么样的功能？

3. 教育功能研究的事实分析途径

事实分析途径即从教育所发挥的客观结果来分析教育的功能问题，实际上与教育所产生的影响之研究相似。据此，便可以了解在特定社会背景下，教育事实上发挥了怎样的功能。这种对教育功能的研究实际上是就教育所产生的客观后果而言的，因此，就需要运用各种各样的实证分析工具来说明教育事实上所产生的功能。其研究内容涉及教育所产生的各种各样的客观后果：就教育所产生的客观后果的影响对象而言，包括对个体的、组织的、国家的、社会所有其他领域（政治、经济、文化、家庭）的影响；就教育所产生的客观后果的影响性质而论，包括教育的正向、负向功能，显性、隐性功能；就教育所产生的客观后果的影响时效而论，包括教育的短期、中期、长期影响后果。

（二）关于我国教育功能研究的梳理

我国教育功能的研究同样可以遵循三种途径进行。如果考虑到时空条件，则我国教育功能的研究主要可区分为两大类：第一，是对我国教育功能的历史层面的分析；第二，是对我国教育功能的现实层面的研究。实际上，还应该包括第三类，即对我国教育功能的未来层面的探讨。

对历史层面的教育功能进行探讨，必须说明的是，以下的论述并非成体系的，与其说是梳理，不如说是零星现象的罗列。对于我国教育功能历史层面的分析，是应该根据特定的时空背景，社会、政治、经济、历史、文化条件而加以分析的。换言之，所要求的是横向层面的解剖。但在这里，本书暂时作一个纵向的罗列。原因只是两点：第一，迄今为止，我们尚缺乏对我国教育功能历史层面的探讨，因而通过这样的描述以说明这一研究的必要性、可能性与重要性；第二，一个更实在的原因就是我们尚无力对历史上的功能状况作细致的分析，而要做到这一点正有待于大家的共同努力。

1. 从价值层面分析我国历史上的教育功能

首先，我们可以从价值层面看待我国历史上教育的功能。我国历史上的教育具有哪些功能？如果稍作整理，我们可以发现，中国教育历史上关于教育功能的认识十分深刻。

（1）教育是圣贤人格的塑造。孔子提出了教育重在培养"圣人、君子"的品格；孟子则强调教育是培养"大丈夫"的理想人格等。

（2）教育是治理国家的重要工具。孔子所谓"为政"必以"教民"为先，"古之王者，建国君民，教学为先"；以及他所强调的"庶、富、教"论。

（3）教育是"使人能群"的基本手段。"群"是荀子提出的一个范畴，儒家都有较强的社会意识，而荀子更从群体和社会的角度考察了教育的作用。人依赖群体生存，群体不存，人即不存，故维护人类群体就是人类的主要问题。人通过学习，便能达到"善假于物"的水平，即能利用、制造外物。人借助于学习，就能无所不能。通过教育，可以改变"人生而有欲""不能不争"的纷争局面，礼义的教育能够节制、改造人的本能。

（4）教育是实现社会平等的重要手段。战国时期，墨子主张通过"有力者疾以助人，有财者勉以分人，有道者劝以教人"，建设一个平等、互助的"兼爱"社会。因为教育可以通过使天下人"知义"来实现社会的完善，在他那里，教育是"兴天下之利，除天下之害"的一个重要内容。

（5）教育是"致良知、明人伦"的基本工具。孟子明确提出了教育的目的在于"明人伦"，又说明了教育就是通过"明人伦"来为政治服务的。人伦就是"人道"，就是五对关系："父子有亲、君臣有义、夫妇有别、长幼有序、朋友有信。"教育也就是"孝道的教育"。

（6）教育是改变人性的重要工具。早在墨子那里，就已提出了"染丝说"，以"丝"和"染丝"为喻，表达了他对环境和教育对人品性形成的影响："染于苍则苍，染于黄则黄。"

在孟子看来，教育是扩充"善性"的过程，人皆有"仁义礼智"四端，但要把"四端"转化为现实的道德品质，需要学习与教育，所谓"学问之道无他，求其放心而已矣"。所以，教育的作用就在于引导人保存、找回和扩充其固有的善端。通过教育，可以使人的善与不善表现出成倍的差别。孟子认为，教育的全部作用在于经过人固有善性的进步，达到国家治理的目的。

2. 我国历史上教育功能发挥的条件

在我国教育历史上，价值层面的教育功能是否能得以充分发挥，可以通过两种途径的分析和研究来进行：其一是通过对某一历史时期教育功能发挥的必要条件、充分条件的探究，来考察价值层面的教育功能能否转化为事实层面的教育功能。其二是通过对某一历史时期教育功能的事实分析来进行。这种研究将为探讨当前我国教育功能发挥的条件服务。

3. 从逻辑层面分析我国历史上教育的功能

辩证地看，我国历史上的教育可能具有哪些功能；分析地看，我国历史上的教育可能具有哪些功能。通过对我国在不同社会结构下教育所产生的不同功能进行分析，可形成对我国历史上可能的教育功能情况的了解。

4. 从事实层面分析我国历史上教育的功能

从事实层面进行的分析，主要可以通过研究下述几个方面加以展开：我国历史上教育功能的影响对象、我国历史上教育功能的影响时效、我国历史上教育功能的性质（见案例12-3）。

案例 12-3

墨子的实用科技知识教育

墨子的实用科技知识教育，主要表现为器械制造，首先是战争攻防器械，其次是生产器械。墨子为了阻止楚国攻宋国，曾与鲁班用模型演练攻防，鲁班先后设计了九种攻城武器，墨子也以九种防御武器相抗，鲁班技穷而墨子的武器还很多。同时，墨子的三百弟子也都会同样的技术。例如，云梯的制造技术即为墨子所创。他还很重视生产器械的制造，如造车、制造木头滑翔机等。

5. 我国研究者对于教育功能的研究

我国研究者对教育功能的研究可分为三个阶段：(1)从教育为阶级斗争的工具到生产斗争的工具(1978—1983 年)；(2)从教育的工具功能到教育的本体功能(1984—1989 年)；(3)从教育的本体功能到教育的多功能(1990 年至今)。1987 年以来，围绕教育功能的争论焦点，体现在教育究竟是满足社会的需要还是满足个人的需要上。对前一种观点的坚持形成了"社会本位论"，对后一种观点的坚持形成了"个体本位论"，也有研究者提出了"社会本位"与"个体本位"相统一的"结合论"。①

第二节　教育制度的功能失调

任何一种教育制度都不是永恒的，不是从诞生之日起就成熟的，也不是一成不变的，而是有一个产生、发展、成熟、消失，最后被新的制度替代的过程。这个过程被称为教育制度的生命周期。在这一过程中，原有的制度可能会出现失调现象。

一、教育制度的生命周期

教育制度的生命周期一般由四个阶段构成：(1)形成阶段。在这个阶段，教育制度尚处于萌芽阶段，或者很不完备，但是只要这一教育制度代表了社会发展的方向，符合当时环境下社会和个体对于教育的需要，并能满足这些需要，就会有无限的生命力和勃勃生机。(2)成熟阶段，又称效能阶段。在这个阶段，教育制度日趋完善，其整合功能、导向功能和传递功能都能够充分地发挥出来，学校组织运转良好，学校成员的行为和关系正常。这是教育制度生命力的顶峰时期。(3)形式主义阶段。在这个阶段，教育制度的各个构成要素和它原来设定的社会作用已经逐渐脱节，一些要素越来越流于形式而不起实际作用，与其相依存的组织的工作效益日渐降低，学校成员的行为与关系的固定化作用渐渐消失。换言之，教育制度的正向功能逐渐失调的迹象开始显露，相反，教育制度的负向功能则日益显现出来。(4)瓦解阶段。在这个阶段，教育制度已经失去了存在的社会基础，它既不能满足社会的教育需求，也不能满足个体的教育需求，教育制度失去了它原来的功能，并且有可能使人们的行为和关系处于失范状态。因此，迫切需要有新的教育制度来取代它。

二、教育制度的功能失调

功能失调的概念来自社会学功能主义的观点。帕森斯在论述功能论时提出：当活动或条件无法维持或发展一种社会体系时，这种社会体系便处于功能失调状态。他十分强调功能守则(functional imperative)的思想，也就是一个社会体系的四个"基本问题"。这种说法

---

① 张云霞.教育功能的社会学研究[M].武汉：武汉大学出版社，2011：7.

与后来的"功能必要条件"和"功能先决条件"相类似。但是,"功能守则"的外延较为狭窄,主要强调了某些条件对于体系的稳定、有效的重要性。"功能先决条件"主要是指一种体系得以产生的必要的条件,"功能必要条件"则主要是指保证体系生存下去的最广泛的条件。

(一) 教育制度功能失调的概念

教育制度的功能失调,发生于教育制度生命周期的第四阶段,即当教育制度不能适应社会变迁,不能规范学校成员的行为,不能满足人们的教育需要,最终又不能满足社会发展的需要时,教育制度在功能上表现出混乱和失效。这种现象就被称为教育制度功能失调。具体而言,教育制度功能失调表现为教育制度原有的意义与价值变得模糊不清,失去了行为导向的作用,教育制度的结构内部出现某种程度的混乱,使行为与规范、角色与地位、组织与个人之间的种种关系脱节,制度的整合效用难以发挥;还表现为教育制度的程序流于形式,对学校成员失去约束力,也使学校和班级的组织效率降低。所有这一切都表明,教育制度已脱离社会需要和个体需要,反映出教育制度已由正向功能向负向功能或反向功能转化。

春秋战国时期,社会经济和政治组织都发生了剧烈变化,教育制度也随之而改变。由于当时封建领主的注意力都集中在军事斗争方面,对教育事业无暇顾及,因此,国家设立的官学日趋衰落,旧有制度几乎被破坏无遗,这是领主政权的没落在教育方面的反映。《左传》载:"郯子来朝……仲尼闻之,见于郯子而学之。既而告人曰:'吾闻之,天子失官,学在四夷,犹信。'""往者见周原伯鲁焉,与之语,不悦学。归以语闵子马。闵子马曰:'周其乱乎……于是乎下陵上替,能无乱乎?夫学,殖也,不学将落,原氏其亡乎!'"《诗经》中,也有讽刺乱世学校不修的内容:"青青子衿,悠悠我心。纵我不往,子宁不嗣音。"[①]这些记载足以证明当时官学的日趋衰落。但贵族阶级和庶民的子弟,仍然迫切需要教育,此时官学已满足不了人们的需要,因之私学就勃然兴起,替代了官学。

造成教育制度功能失调的原因主要有:(1)政治、经济、科技变革导致原有的教育制度与人们的行为、关系不相适应;(2)文化传统的变迁导致原有的教育制度与现行人们的行为与关系相冲突;(3)由于社会始终处于变迁过程中,而作为关系和行为固定化形式的教育制度却具有相对稳定性,以及教育功能本身具有滞后性的特点。这样,教育制度的制约性就表现为保守性和惰性。教育制度的惰性在社会变革时期表现得尤为明显,它对社会发展具有阻碍作用。如,1840年鸦片战争以后,中国闭关自守的大门被西方列强的洋枪洋炮所打开,西方各国资本主义势力的侵略和宗教、文化的全面介入,加深了中国社会的矛盾,使中国日益半殖民地化,并引发了东西方文化的冲突。在民族危机日益深重的条件下,传统教育赖以延续的社会基础发生动摇,这意味着几千年因循一贯的旧式教育正在逐步失去适宜其生存的社会条件。除此之外,人们把对外战争的失败,不限于归结为政治、军事或外交等方面的失策,而是直接归咎于传统教育的无能。"因此,教育危机发生的最根本原因,在于这种教育无

---

① 转引自:顾树森.中国历代教育制度[M].南京:江苏人民出版社,1981:46—47.

力承担起培养人、以求富国强兵的重大责任,故对教育本身进行变革被看成为解决危机的首要环节。"①

(二) 判断教育制度优劣的标准

因为有可能出现教育制度功能失调的现象,我们就有必要思考教育制度优劣的问题。这就涉及教育制度优劣的判断标准。判断教育制度的优劣,首先要看这种制度是否符合社会发展的客观规律和趋势。当教育制度落后于社会发展的客观进程,停留于过去的传统、经验、常规时,这种教育制度就需要创新。其次,还必须与社会成员参与教育制度的活动结合起来考察。人们能否支持和接受某种教育制度,并能在多大程度上自觉遵守制度,主要是根据这种制度给人们带来的利弊所决定的。同时,由于某种制度所带来的利益可能是短期的、中期的或是长期的,也可能是显性的或隐性的,还可能是凸显的或渐进的,这样就会影响不同个体对制度利益的认识,从而制约了人们对某项制度的支持。同时,制度带来利益的同时总要付出相应的代价或约束,所以在实施制度的过程中,实际上人们的支持程度、遵守程度和参与程度都会不尽一致。第三,教育制度内部各种规范之间耦合力的强弱也是判断某种教育制度能否产生良好社会效应的又一个重要因素。任何一种教育制度都有一定的时空范畴,只有在特定的社会网络中才能发挥良好的效应。由于社会生产力发展水平不同,生产方式和生活方式存在差别,文化传统存在差别,所以每种教育制度都有它自身的特质。

一般而言,研究教育制度的耦合性,可以从静态或动态两方面进行。从静态角度来看,当社会变迁缓慢时,社会与个体的教育需求相对较为一致,教育制度的耦合性较为明显,体现为教育系统运作构成良好。从动态角度来看,当社会变迁剧烈时,社会与个体的教育需求会不断发生极大的变化,教育制度的耦合性就会变得极低,既表现为教育制度与其他社会制度之间的摩擦、抵触、矛盾甚至冲突,即教育难以满足社会需求,也表现为教育无法满足个体的教育需求。在这种情况下,教育制度需要通过两种调节方式以加强其耦合性:一是克服教育制度自身的排斥性,以教育革新、教育改革的面貌重新强化其耦合性;二是通过一系列的教育体制改革以加强其耦合性(见案例12-4)。

> |案例 12-4|
>
> **1+X 证书制度:新时代职业教育制度设计的创新**
>
> 《国家职业教育改革实施方案》提出从 2019 年开始,在职业院校、应用型本科高校启动"学历证书+若干职业技能等级证书"制度(1+X 证书制度)试点工作,这是中共中央、国务院对职业教育改革作出的重要部署,是落实立德树人根本任务、完善职业教育和培训体系、

---

① 程方平,刘民. 中国教育制度沿革[M]. 长春:吉林人民出版社,1999:420.

> 深化产教融合及校企合作的重要制度设计创新。在1+X证书制度中,"1"是学历证书;"X"为若干职业技能等级证书。1+X证书制度就是学生在获得学历证书的同时,取得多类职业技能等级证书。
>
> 资料来源:唐以志.1+X证书制度:新时代职业教育制度设计的创新[J].中国职业技术教育,2019(16):5—11。

三、教育制度的创新

若教育制度出现功能失调,就必须进行制度创新。当前,教育的制度创新面临着一些问题。

第一,教育的制度改革,如何充分体现现代科学理论的系统应用。教育制度改革是一个探索性极强的过程。在这个过程中,社会环境的变化、经济结构的调整、个人需求的变化、外来文化的影响等,都具有即时性特征。因此,仅仅明确制度改革的目标、提出教育发展的指标是不够的,更重要的是实现这些目标的手段、方式和途径。这就要研究教育制度的功能,要注意对教育功能的分析,需要研究原教育系统的功能状况的缺点是什么,新的教育目标所要求的教育功能是什么,以此来调整教育结构,确立新的功能。这是实施教育制度改革的前提条件之一。

第二,教育制度创新的成败还涉及两个因素的变化:一是教育系统内部的结构和状况的变化,二是教育系统和外部系统关系的变化。就第一个因素来说,当前的教育发展中的区域差异和城乡差异是我国教育体系的基本特征,需要进一步地整合与协调。就第二个因素而言,当前的教育系统在适应环境变化的应对能力方面尚有待提高,在与外界的学术交流方面(例如,与国内教育研究机构的合作、与国外教育方面的交流等)尚需要加强。

第三,教育体制改革的顺利开展,还有赖于良好的社会环境,特别是来自各级政府、学校、家庭、社区、媒体等的大力支持。

第四,开展整体性的教育制度创新,还必须进行一场观念革命。就改革举措而言,至少要进行四个方面的工作与研究:(1)必须明确教育制度创新的目标与任务,为此需要进行"教育创新"大讨论;(2)培训和组建一支全新的教育研究队伍;(3)要进行教育资源配置创新的研究与探索;(4)要开展教育运行机制创新的研究与探索。

第三节 教育制度的功能理论

教育如何影响社会?在教育社会学中,关于教育制度的功能问题长期以来争论纷纷。概括地说,关于教育制度的功能有三种代表性的理论:教育的社会化理论、分配理论、合法化理论。

一、社会化理论

关于学校教育制度功能的研究大多是围绕"社会化"这一简单的构想进行的。学校通过向青少年灌输知识、技能、价值观来为其提供经验。这样一来,学生获得一套经过修正和扩大的个人能力,使他们能在社会角色结构中找到合适的位置。随着个人能力的发展和人的现代化,整个社会也在发展和实现现代化。这种理论主要把教育看成是一种社会化过程。

(一) 社会化理论的基本假设

传统的社会化理论实际上是围绕着三个紧密相关的命题展开分析的(见图12-1)。①

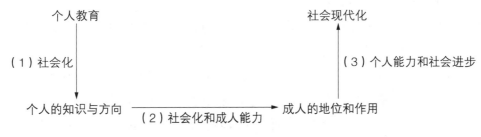

图 12-1 传统的社会化理论

(1) 社会化:学校教育使人社会化,从而使人获得知识、能力和现代化的价值观;
(2) 社会化和成人能力:通过教育实现的社会化有助于个人能力的发展,从而给成人带来较高的社会地位和能力;
(3) 个人能力和社会进步:有技术的成人群体的扩大增加了社会和社会组织的复杂性与财富。

(二) 社会化理论的检验

关于学校教育是否可使人社会化,结论十分明确。接受教育对于各种各样的社会化,从知识到社会价值观,再到对社会地位的期望等,都会产生影响。那些在校儿童要比不在校的儿童学到更多的东西和获得更多的社会能力。

社会化和成人能力是引起人们对于社会化理论产生怀疑的主因。教育的作用不足以解释人们在职业领域的成功与否,特别是当人们获得职业以后,个人在学校教育中所得到的训练并不能有效地决定其职业的成功与否。换言之,人们在职业上的成功未必与学校教育有关。这种情况不仅在历史上不断重现,而且在当今生活中也屡见不鲜。

关于个人能力和社会进步,即改变了的人可以引起社会结构的改变,这方面几乎没有直接的研究,尽管存在着大量的"人口统计式"的分析。甚至有一种疑问:过度教育(即就业所需的学历要求,因市场的作用而非职业本身的技术要求,导致某种职业的学历要求被不断提高的现象)不但不能促进社会发展,反而会引起社会的动荡和崩溃。

综上所述,社会化理论作为"教育对于社会影响"的一种说明,在第一个方面成功了,而在第二、第三个方面却失败了。

---

① 转引自:厉以贤.西方教育社会学文选[M].台北:五南图书出版股份有限公司,1992:530.

二、分配理论

分配理论是对社会化理论的反动。这种理论认为社会化理论存在重大缺陷,主要表现为两个方面:第一,社会化理论强调了教育是一套经过组织的社会化经验,但它更多地忽略了教育制度受制于国家和社会控制的事实;第二,社会化理论的最大缺陷在于缺乏实证支持。分配理论强调,现代社会成人角色的分配是根据所受教育的年限和类型,而不是他们在学校中所学的知识,因而教育的作用与其说是"社会化",不如说是"选择、分类和分配"。它强调的是:教育是一种个体社会地位的竞争机制。

(一)分配理论的基本假设

教育是对人进行合法分类,并权威地将其分配到社会各个位置的一套制度化的规则。分配理论强调,教育除了与社会化及知识传授有关外,更与个人社会地位的获得关系密切。例如,布劳和邓肯(O. Duncan)的研究都证明:教育对于人的地位获得有着极大的直接影响,尽管有时个人的能力并没有因受教育程度的提高而得到改变。教育对于个人职业的影响,即使在人的晚年仍能起到较大的作用,而此阶段教育的社会化影响已经消失或变得微乎其微了。

这一理论的基本假设可以被概括为:在现代社会中,假设一个人在学校中可能学到的东西是固定不变的,那么成年后的事业成功与否便取决于他们所受教育的年限和类型。换言之,教育分配规则给予学校特权,使其有权规定毕业与否的判断标准。因而,学校教育之所以有力量,其原因就在于它是一个制度系统,而不仅仅是一个对人进行加工的社会化组织。

分配理论的优势来源于现实社会的经验依据。在现代社会,个人的地位是根据教育而分配的。有时这是个法律问题,如在政府、教育机构等就职,就必须有教育文凭,而其他方面此时往往并不重要。即使人们认识到了这存在问题,对于个人能力的衡量也总是缺乏有效的手段,没有学历、文凭等来得清楚。有时,这一过程是非正式的,在人们的社会心理活动中,受教育程度较高者总能获得更多的尊重。但这一理论有其局限性,它仅仅确定了教育的部分结果,而且主要考察了对被分配的个人的影响。

(二)分配理论对社会化理论的影响

实际上,社会化理论与分配理论两者并不矛盾,相反地,两者具有兼容性。在迈耶(J. Meyer)看来,分配理论还使社会化理论得到了部分扩展。

分配规则与简单的社会化影响不同,它支配着学生与非学生、受教育者与非受教育者、毕业生与从未上过学的人。受教育程度对各种个人特质都具有巨大影响,但是各校之间培养结果的差异都非常小,尽管这些学校在资源和结构方面有很大差异。这样一来,教育对个人的作用犹如一套巨大的、影响遍及全社会的入会仪式。教育分配规则使学校教育成为个人事业中的固定资本,它比工作或收入更持久,比家庭生活和社会关系更稳固,比金融资产更少受到市场的影响。

分配规则越有约束力,非学生的那些人处于社会中的被动角色的时间就越早,这一理论就越有说服力,即依靠文凭的社会将进一步降低缺少文化者的现代能力。而受教育者早已发现,甚至在他们入学之前就发现,他们的前途远大,而那些未受教育者则发现前途暗淡。

分配理论的一个主要意义在于,说明了传统的社会化理论从个人资料中得出的关于教育功能的推论,几乎是完全不合理的。教育经济学家常常通过计算受教育者与未受教育者的所得差异来计算教育的经济价值,并认为这些差异反映了教育的真正附加价值,即受教育者的社会化效益。但是,如果教育仅仅是一个分配系统,那么受教育者的所得就应该与未受教育者的所失完全相等(见图12-2)。① 事实上,分配理论的主要观点补充了社会化理论。在这里,纯粹的分配理论认为教育与个人能力和社会进步,即图12-2的第(3)点是不相干的。

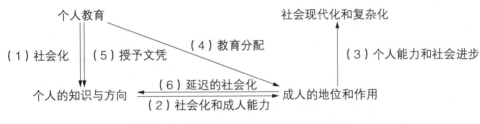

图 12-2 分配理论对于社会化理论的意义

分配理论也有局限。分配理论认为,教育之所以有力量是因为它形成了指导社会上各种人员分配过程的规则和认识,因此教育对于那些被划分的学生产生着巨大影响。但是,问题在于这些学生周围的人们也在被这种强大的入会仪式所改变。显然,分配理论只能注意到教育对于个人地位分配的作用,而难以区分教育对于建造社会结构的作用。在这一意义上,可以说分配理论是一个更具普遍意义的理论中的特例。

三、合法化理论

分配理论尽管增强了社会化理论的解释力,但它只是关于教育功能的一个特例。它强调了教育作为一种制度仅对受教育者个体产生影响,而不改变社会结构,然而事实上教育通过对社会结构本身的影响,即对全社会成员的行为的制度化影响而发挥着作用。

合法化理论事实上是对社会化理论和分配理论的深化。它所强调的是,教育制度本身就是一种观念形态,是用现代的词汇使现代社会的本质、人员组织和知识合理化。教育的合法化理论提出了有关学校教育功能的两个基本概念:第一,作为有关人员和知识的理论,制度化教育除了培养和分配学生外,还直接影响社会。第二,制度化教育的合法化效果为每个人(包括受过教育和未受过教育的人)重新建立起现实,即可以重新进行个人在现代社会中

---

① 转引自:厉以贤.西方教育社会学文选[M].台北:五南图书出版股份有限公司,1992:537.

的地位判断和身份追求(见图 12-3)。

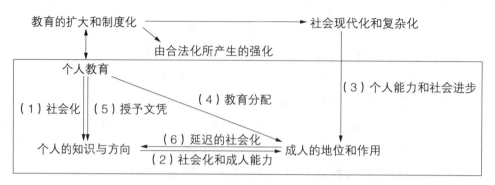

图 12-3　教育的合法化结果

(一) 制度化教育的合法化效果

教育的合法化效果,可以从两大类、四个基本范畴予以分析。首先,教育作为一种合法的知识理论在社会上的作用是规定了某些类型的知识是重要的、具有权威性的。同时,教育作为合法的人事理论,确定了哪些人将拥有这些知识及其权威形式。其次,教育使英才和大众的划分合法化:一方面支持大众教育,另一方面关注英才培养,制度化和教育合法化的这两大类效果,形成了教育合法化效果的四种类型(见图 12-4)。[①]

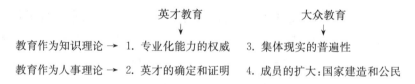

图 12-4　教育合法化效果的类型

专业化能力的权威意味着教育体系中的知识是最重要的、最权威性的,教育不是仅仅将人分配到社会的一套固定位置上,而是实际上加强了权威性文化以及由这种文化带来的专业化权威。所以,教育制度的合法化便构成了教育金字塔:教育贯穿于从幼儿园到博士后的全过程,以及一系列规定好的、有价值的、有实质意义的课程体系中。人们认为大学毕业生具有较高知识和能力的根据,是他完成了大学课程并得到了文凭,而不是直接的检验。

英才的确定和证明表明,教育作为一种制度形成并明确了英才的范畴,即教育制度一方面通过分配规则和入会仪式,决定了哪些人具备英才角色所需要的能力和素质;另一方面制度化教育同时也决定了英才角色本身的性质和权威,帮助其形成任职资格。这就意味着,教育制度不仅创造了"心理学",也培养了"心理学家"。因此,分配理论把教育分配看成是一方得益一方受损的观点是错误的,教育事实上有助于创造为社会所容纳的新知识分子。教育

[①] 转引自:厉以贤.西方教育社会学文选[M].台北:五南图书出版股份有限公司,1992:540.

分配的合法化支配着现代社会的人事分配(见案例12-5)。

> **[案例 12-5]**
>
> **我国英才教育的三种形态**
>
> 改革开放以来,我国英才教育以三种形态存在:一是面向部分学业优异的青少年的重点校、重点班。此后,教育部门相继发布了一系列文件,我国各教育阶段的重点学校制度逐步确立起来。为满足一些更优秀学生的特殊发展需求,一些重点校中的重点班应运而生。二是面向部分超常儿童的大学少年班、中小学超常教育实验班。1978年,中国科技大学创建了全国第一个大学少年班。大学少年班和中小学超常班与重点学校举办的重点班不同,后者通过传统的文化课考试甄别选拔,而前者则通过标准化、科学化、多样化的测量工具进行甄别选拔,智力与非智力因素并重,综合运用心理测试与学科测试、笔试与面试、个别与集体、静态结果与动态观察相结合的多种形式来评价学生。三是近年来实施的"拔尖创新人才培养"模式。最近几年,"拔尖创新人才培养"成为我国教育政策与教育实践的一个热点,反映出英才教育的新动向和新进展。
>
> 资料来源:褚宏启.追求卓越:英才教育与国家发展——突破我国英才教育的认识误区与政策障碍[J].教育研究,2012,33(11):28—35,67.

集体现实的普遍性是指无论大众教育或英才教育均形成了关于国家、社会和文化共同体的一系列共识,不论人们在学校实际学到了什么,这种普遍的集体现实的形成是教育的功能体现。

成员的扩大:国家建造和公民,意味着通过大众教育界说并建立了整个国家意识,把公民权分配给人们,并帮助建立起一个大众社会。同时,大众教育扩大了具有人类意识和社会责任、社会能力和权力的个体的数量。

(二) 教育合法化理论的假设

教育合法化理论的假设有下述几方面:第一,把教育体系作为某一英才的培养基地有助于建立并扩大其权威。第二,扩大的英才教育体系造就和支持了更多、更大的英才阶层,他们有权掌握更多的社会职务。第三,大众教育扩大了民族文化。在大众教育发达的社会里,可能具有更普及的文化,人们更关心社会问题等。同时,大众教育还形成并扩大了关于"同一性"的假设,在大众教育发达的社会,英才和大众都将更多地觉察到共同的兴趣和思想,而减少了冲突和差别。第四,大众教育也扩大了公民责任。大众教育发达的社会中的英才比其他社会中的英才更多地意识到人们的要求、权力和威胁。

从这样的一些假设可以发现:现代教育体系正式地重新建立、重新组织并扩大了社会中得到社会确认的人员和知识的范畴。所以,教育在现代社会已然演变为一种具有普遍认可度的社会制度,它对英才的权力、对公民的能力,以及对使社会体系保持稳定的方式等,都提供了使其合法化的说明。

(三) 教育的合法化对分配和社会化的影响

当制度化教育被认为是合法化系统而不仅是分配固定机会的机构时,它就会对被加工者的分配和社会化产生许多影响。现代教育体系越制度化,教育的分配功能和社会化功能之间的因果联系就越强。教育的分配原则并不是偶然对人们行使权力的专断的社会结构,这些规则是现代社会根本的制度体系。由于教育是合法的,因此知识的学习便具有了合法化意义,这无疑加强了教育的社会化功能的合法性。此外,教育的功能不再是固定不变的,教育还可以扩大和改变社会的角色结构。

关键词

正向功能与负向功能　　教育功能失调
显性功能与隐性功能　　社会化理论
整合功能与限制功能　　分配理论
导向功能与传递功能　　合法化理论
替代功能

习题

1. 简述教育功能的类型。
2. 简析教育功能的研究视角。
3. 试析教育功能的失调现象。
4. 讨论与思考:我国教育功能的研究方法。
5. 案例分析:教育中的替代功能。
6. 述评教育的功能理论。

推荐阅读书目

1. 瞿葆奎.教育与社会发展[M].北京:人民教育出版社,1989.
2. 瞿葆奎.教育与人的发展[M].北京:人民教育出版社,1989.
3. 吴康宁.教育社会学[M].北京:人民教育出版社,1998.①
4. 徐志辉,徐莹晖.陶行知论教育的功能[M].成都:四川教育出版社,2010.
5. Meltzer L E. Executive Function in education: from theory to practice[M]. New York: Guilford Publications, 2007.

---

① 主要阅读该书第12章、第13章。

第十三章
教育与个体发展

学习目标

1. 理解人的社会化理论和社会角色理论。
2. 把握社会化的类型、媒介及过程。
3. 能以社会流动的相关理论分析社会问题。

教育对于个体发展的功能,主要表现为教育对于人的社会化、个体社会地位升迁和个体生活质量的作用。每一个新生儿自出生之时起,就必须得到他人的帮助,同时"每一个新生儿都威胁着社会秩序"[①],他的生物潜能非常广泛而不确定。因此,任何社会都必须对他加以教育、引导。无论是从个体层面,或者是从社会层面来看,社会化都显得十分重要。教育的一项重要功能,正如涂尔干所说,在于"使年轻一代社会化"。学校教育作为一种有目的、有计划的社会化过程,促使个体进一步发展适应社会、参与社会的本领。受教育程度和学历的高低同时就成了表明个体身份的一种标志,转化为个体的社会资本和文化资本,并与个体社会地位的升迁形成了最密切的结合。与此对应地,个体的生活质量也发生了巨大变化。

第一节 教育与人的社会化

人的社会化是众多学科共同研究的对象。围绕这个概念,人们所要探讨的是个体如何适应社会要求,如何参与、影响及改造社会的问题。在现实社会中,社会化是一个终身的过程,是一个人走向群体,进入社会,理解并认同社会规范及社会制度,参与社会生活,并逐渐成为社会合格成员的过程。

一、社会化概述

社会化过程可以从多种侧面进行研究。生物学(尤其是社会生物学)关注人类行为的遗传性质;心理学(尤其是社会心理学)关注个体的人格、自我的形成过程;人类学(尤其是文化人类学)重在分析社会文化模式对成员民族性格的形成及对社会行为的影响。因此,人类学往往把这一过程称为"文化濡化"或"文化熏染"。社会学(尤其是教育社会学)重在分析个体与社会的互动,关注社会规范的内化、社会角色的形成,特别重视教育在这一过程中的作用,认为教育的主要功能就在于使个体社会化。

(一) 社会化的概念

社会化主要是指个体学习社会中长期积累起来的知识、技能、观念和规范,内化为个人的品格与行为,并在社会生活中加以再创造的过程,也就是个体作为一个"社会学习者"和"社会参与者"的全面发展过程。这也是一个人从"自然人"向"社会人"逐渐转变的过程。社会化可以按照不同标准分为不同的种类。如按内容分为性别角色、道德、人格、政治、职业社会化;按年龄分为儿童、青少年、成年、老年社会化;按方向分为正向、负向和反向社会化;按媒介分为家庭、邻里、同伴群体、学校、大众媒介、单位社会化。教育社会学家确认,在现代社会,学校教育是个体社会化的最重要媒介,但是这种影响常常受制于其他媒介有意或无意的干扰和干预。

---

① (美)克特·W.巴克.社会心理学[M].南开大学社会学系,译.天津:南开大学出版社,1984:38.

(二) 社会化的生物学条件

人的社会化过程与人类的生物学条件密切相关：人类具有满足生物需要的本能；具有进行脑力劳动的条件；有较长的生物依赖期；有较强的学习能力。

1. 人类具有满足生物需要的本能

19 世纪流行着一种观点：人类的社会行为主要受制于生物遗传的本能。这种观点在现代的社会生物学家那里还能找到。确实，社会生物学家谁也不否认，一个人生物需要的满足，特别是早年的生物需要的满足，是社会化过程的重要组成部分。但是，人类如何满足生物需要的本能，却是文化影响和社会学习的结果。动物在进化过程中形成由遗传固定下来的行为，叫作本能。例如，动物幼仔极小时就可以独立生活。一只小鸭若出生后最早见到的是一只母鸡，便会将其当作"母亲"，这是一种"印刻"（imprinting）过程，但小鸭最终仍会根据本能去河里游泳。

2. 人类具有进行脑力劳动的条件

人类是高度发展了的生物有机体，具有高度完善的生物结构（如完全直立行走的姿势、解放了的双手、复杂而有音节的语言、善于思考的大脑等），具有高度完善的生物机能（如具有高级神经活动，有制造工具、改造自然的本领等）。在有生命的历史中，人的大脑的增长速度是所有生物中最快的。这是人进行社会化的主要生物基础之一。

表 13-1 人类大脑体积的进化

300 万年前	200 万年前	100 万年前	现代人
南方成年古猿为 400—500 毫升	直立人为 1000 毫升	尼安德特人为 1230 毫升	现代人平均为 1400 毫升

3. 人类有较长的生物依赖期

人类有一个较长的生理上不能独立生活的童年时期，这是人类能够接受更广泛、更深入的社会化的另一个生物条件。例如，个体自其出生到 18 岁成年（特别是在儿童时期），几乎都需要依赖成人的照顾。与其他动物相比，这是一段很长的时期，为个体学习文化、社会态度、生活技能，以及与他人和社会建立终身的联系提供了必要的时间。由于婴儿处于不成熟的时期比动物长得多，这就需要一系列复杂的抚养婴儿的技能。人生下来时是世界上最不成熟、机能最不完全的生物，除了一点简单的条件反射能力以外，没有对环境作出反应的先定模式，如果没有成人长期和亲切的照料，就完全没有能力满足自己的需求并生存下来。

4. 人类有较强的学习能力

人类比其他动物学习得更多，并能坚持较长的时间。社会心理学和文化人类学的有关研究已经证明：动物也有一定的学习能力，不能单纯以遗传决定论来解释动物的行为模式。当人类沿着动物的阶梯往上发展时，这种固定的行为模式就会变得罕见。人类个体能生存，首先得益于具有"可教育性",即根据经验、预见、推理等改变行为的能力。因此,在人类的行为中,语言和文化的发明就成了一个极重要的决定因素,取代了生物遗传的位置。正是这种取代才使人类作为一个物种完全不同于其他所有动物;也正是这种取代为通过社会经验对个体人格和行为进行基本塑造创造了条件。当然,人类的动物性也不可被忽略。根据心理学中的刺激—反应学习理论,人类的学习能力的发展与人类的动物性紧密相连,生理的需求和发展规律是人类的动物性的重要体现。换言之,人类的生理发展是学习能力发展的重要基础和现实因素。在此基础上,瑞士心理学家皮亚杰(J. Piaget)进一步将生物学与认识论两者结合,主张不能将认识的发展与智慧的成长割裂开来。虽然皮亚杰对刺激—反应理论进行了批判,但他肯定了人类的各种内部因素如学习能力,能够按照一种先天顺序,与影响认知结构的各种环境因素共同起作用。①

(三) 社会化的基本途径

人类的社会化是通过社会教化和个体内化两大基本途径来实现的。社会教化即广义的教育,是社会通过社会化的媒介及其执行者对个体进行的社会化过程。社会化的媒介主要是家庭、学校、同伴群体、大众媒介、单位以及法庭、监狱等机构,社会化执行者是这些机构的组织者和成员。社会教化可以分为两类:(1)有计划的、正规的教育,如学校等是积极的社会化,监狱等是消极的再社会化。(2)非系统的、非正规的教育,如家庭、社会习俗、亚文化、大众媒介等。个体内化是指个体将社会教化的内容转化为自身的行为模式、人格特征、思维方式的过程。个体内化涉及多种形式,如模仿学习、观察学习、角色扮演、主观认同、自我强化等。在社会化的不同阶段,个体内化的主要形式不同,同时这些方式也并非一定是单独起作用的。

(四) 社会化程度的衡量标准

社会化的实质是个体能协调好自己与社会的关系。这就涉及社会化的人是以个人主体价值为主,还是以社会群体价值为主的问题。即使以社会群体价值为主,也仍然存在个人价值与社会价值、个人目标与社会目标的整合问题。显然,在不同的时空条件、不同的社会环境中,这种整合程度不可能完全一样。例如,传统社会的整合是以丧失个人为代价而服从社会的,而现代社会中的个人不再无条件地服从社会,个人价值与社会价值形成两相对立。这些都表明,对社会化程度的理解会发生差异。此外,由于个体在现实生活中属于不同的社会亚群体,而社会亚群体可能与社会主流价值目标一致,也可能不一致,这也进一步导致了"良好社会化"的复杂性。

因此,关于社会化程度的衡量标准问题,只能作一个假设性的标准:个体能够以合理性、合目的性的行为去弥补个体与社会之间差距的程度。简单地说,这种衡量标准就是个体与社会的整合程度。

---

① 转引自:邹云龙,陈红岩.学习能力的本质内涵和维度建构研究[J].东北师大学报(哲学社会科学版),2021(06):156—162.

（五）过分社会化与社会化失败

过分社会化（over-socialized）是由美国社会学家丹尼斯·郎（D. Wrong）提出的概念。他认为过分社会化相当于社会过分整合。这意味着社会环境（包括人际关系）对人具有强大的制约作用，个人自由（包括个性发展）的发展余地是极为有限的。过分社会化实质上是社会化过程中的偏差现象，是一种只承认共性、抹杀个性的社会现象。在人类历史的漫长岁月中，过分社会化一直居于统治地位。所以，过分社会化的对立面不是"社会化不足"，而是"过分个性化"。理想的社会化应该既有利于社会性的发展，也有利于个性的发展。某些社会病态现象，包括某些心理疾病（自杀、个人崇拜、丧失独立思考与独立判断能力、过分依赖等），都可能与过分社会化有关。在社交媒体时代，人们可能过分社会化，过度依赖他人的点赞、评论和关注来验证自己的价值和存在感。他们可能将社交媒体上的认可作为衡量自我价值的唯一标准，而忽视了现实生活中的成就和满足感。

在人的社会化过程中，还存在着"社会化失败"的现象。这种情况从社会化过程的角度来看，就是"反社会化"现象（有别于"反向社会化"的概念），意指个体接受与社会主流文化相对立、相冲突的亚文化的过程，这是对社会化目标的背离。当然，有必要指出的是，并非所有的反社会化都属于这一类。这种现象，一般称为"越轨、违法或犯罪行为"（见本书第四章、第十一章）。对于这些行为的矫治就是"再社会化"的任务。再社会化有两类：积极的再社会化与消极的再社会化。

二、社会化的过程

广义上来说，社会化是人的终身课题，所谓"活到老、学到老"。人在社会中不断接受社会的塑造、适应社会的变化，从而反过来影响和改造社会。但是，一个人学会基本的生活技能，取得社会成员资格，并不需要一辈子。社会化的过程一般是指从婴儿期到青年期的整个未成年的阶段。这一阶段也正是教育社会学重点研究的阶段。

在社会化过程中，一方面因为年龄阶段的差异，社会化的重点、人与社会互动的过程存在一定差别（见表13-2）；另一方面，由于不同的个人处于不同的社会化条件和水平，因而即使在成年以后，仍然需要进行一定的继续社会化或再社会化的过程。有些社会学家从文化的角度来研究人的社会化，例如美国社会学家奥本格（W. Obeng）就把个体社会化明确定义为接受人类文化遗产、保持社会文化传递和维持社会生活延续的过程。还有一部分社会学家从社会结构的角度来讨论人的社会化。英国社会学家萨金特（Sargeant）在《社会心理学——综合的解释》一书中首次把角色的概念引入个体社会化研究中。帕森斯则提出个体社会化过程就是角色学习过程。个人通过社会化逐渐了解自己在群体或社会结构中的关系和地位，学会如何顺利地完成角色义务。社会化的功能就是维持和发展社会结构。[①]

---

① 转引自：张云霞.教育功能的社会学研究[M].武汉：武汉大学出版社，2011：54.

表 13-2 社会心理学家埃里克森的社会化分期

婴儿期	童年期	学前期	学龄期	青春期	成年早期	成年期	老年期
出生到1岁,主要内容是获得基本信任和克服不信任	1—3岁,获得自主性,避免产生怀疑和羞耻感	4—6岁,获得主动性,克服内疚感	6—12岁,克服自卑感,获得勤奋感	13—20岁,获得自我同一性,避免同一性危机	21—24岁,获得亲密感,避免孤独感	25—65岁,获得效能感,避免自我关注	65岁以上,获得完满感,避免失望感

（一）儿童社会化

儿童的社会化开始于出生时父母怀抱其的那一刻。在婴儿阶段,父母努力满足婴儿最基本的生物需要,而这种行为也同时影响了婴儿的情感需要。当母亲给婴儿喂奶时,他们接受了人类生活的三种必需品:食物、温暖和与人的接触(见案例13-1)。

案例 13-1

哈洛的恒河猴实验

心理学家哈洛(H. Harlow)对猴子的实验表明,接触(即包括身体接触,和与同类的互动)是猴子的一种基本生理需要。如果这种接触的需要在猴子的早年生活中得不到满足,就会导致严重的身体机能或情感方面的问题。身体的接触是如此重要,以至当猴子被置于一个有两位"假母亲"(一个由铁丝做成,一个由柔软的布做成)的笼子中,这些猴子的大多数时间是依附在"布母亲"周围的,即使它们只能从"铁丝母亲"那里得到食物。当"布母亲"被拿走后,猴子产生了严重的行为问题。"布母亲"提供了一些真实母亲所能提供的舒适和安慰。

各种机构所进行的对婴儿的研究表明,成人与婴儿的接触对婴儿的成长带来了积极影响。施皮茨(P. Spitz)的研究对这一论点提供了最早的支持。他比较了两组儿童的成长:一组有母亲的照料并能自由走动,另一组是孤儿院的弃婴。后者只能得到护士最低限度的照料,并且不许离开带栏杆的小铁床。一年后,他发现:被限制自由的儿童发育迟缓、生病多、较忧郁。而戈勒曼(D. Goleman)的研究则发现:对一些早产婴儿进行每天3次、每次15分钟的按摩,他们的体重比那些独自留在床上的婴儿增加了47%。另一个研究则发现:让护士每天额外多花20分钟与一些婴儿待在一起,这些得到了额外的人类接触的婴儿,对外界事物的兴趣增加,并且要比对比组平均早45天学会抓东西。表13-3表明了个体情感发展的连续过程。

表 13-3　个体情感发展的连续过程①

情感产生的平均年龄	情感	情感产生的平均年龄	情感
出生	满足感	2 岁	骄傲感
	惊讶	3—4 岁	内疚感
	厌恶	5—6 岁	社会性情感
	沮丧		无安全感
6—8 周	快乐		谦虚
3—4 个月	生气		信任
8—9 个月	悲哀		妒忌他人
	害怕	青少年	罗曼蒂克情感
12—18 个月	亲切感		哲学沉思
18 个月	害羞		

(二) 儿童社会化的理论

关于儿童社会化的理论有很多,这里主要介绍六种有代表性的观点。

1. 库利的镜中我理论

库利是最早提出自我发展理论的社会学家之一。在他看来,自我是社会的产物,并对应三个阶段:(1)我们觉察到自己在他人面前的行为方式;(2)我们领悟了别人对自己行为的判断;(3)基于对他人反应的理解,评价自己的行为。简言之,我们根据想象别人对自己的行为及外表来理解自我。例如,如果一个重要人物赞成我们的行为,我们也会赞成我们自己的行为。这就是库利所谓的"镜中我"(looking-glass self)。他同时认为,自我是在初级群体中得到充分发展的,家庭就是这样一个最重要的初级群体。在家庭中,孩子对父母的意见抱有"同感",由此形成自我意识。库利的思想在当前依然很重要,但他的理论难以完整地解释今天的现实生活,这一理论至少忽视了家庭以外的多种社会影响。

2. 米德的自我发展理论

米德认为婴儿的自我概念是随着语言发展和对符号的理解的发展而发展的,当他们在思维中把自己当作客体并与其他事物区分开来加以想象和思考时,自我就形成了。他把自我分为两个部分:"主我"(I)和"客我"(me)。"主我"包括每个人自发的、独一无二的"自然特征"(如原始的冲动);"客我"是自我的社会部分——对社会要求的内化和对那些要求的个人意识。主我首先发展起来,客我则要儿童在经过不断领会社会期待的过程中长期发展。他还指出,自我的发展实际上是主我与客我连续的交流过程,在这一过程中,主我不断地对变化着的客我作出反应。米德认为,客我在社会化过程中经历了三个不同阶段:模仿阶段、嬉

---

① 转引自:(美)戴维·波普诺.社会学(第十版)[M].李强,等译.北京:中国人民大学出版社,1999:146.

戏阶段与游戏阶段(见知识拓展 13-1)。米德的理论很重要,但这一理论放到当代的社会现实中,则存在着过于简单化的嫌疑,比如难以解释多元社会中的个体如何内化社会要求的事实。

知识拓展 13-1

米德自我发展的三阶段论

(1) 模仿阶段(imitation stage):主要指人生最初的两年时间。儿童仅仅从事与父母进行"手势交流"的活动,模仿父母的动作。此期,真正的"客我"尚未发展起来。

(2) 嬉戏阶段(play stage):从两岁开始,大约持续几年时间。此时,儿童开始进行角色扮演,他们把自己想象为处于他人的角色或地位,从而发展起从他人角度看待自我与世界的能力。这一实践最先使他们发现自己的想法与父母之间存在很大差异。在大多数情形下,这又多产生于因父母未能满足他们的需求而受到挫折时。最初,儿童扮演的是重要他人(significant others)的角色。重要他人即指与儿童相处十分密切,同时对他们的自我发展影响最大的那些人。刚开始可能是父母,以后可能包括了亲戚、朋友以及大众名人。儿童在进行这种角色扮演时往往不能理解其意义,他们只是在玩耍中扮演生活中的社会角色。这可以被称为"一人舞台"。在这一过程中,儿童实践着重要他人所期待的态度和行为。例如,儿童可能先扮演偷东西的"坏孩子",然后假扮训斥"坏孩子"的"父母",再扮演解决问题的"警察"。在这一阶段,儿童第一次把自己看作是社会客体,客我开始得到发展。

(3) 游戏阶段(game stage):三四岁开始,儿童逐渐走出家庭,与更多的人和群体发生联系。他们开始关心自己在非家庭群体包括作为整体的社会中所扮演的角色,发展出人们对他们的要求和期望的一般观念,即米德所说的概化他人(generalized others)。例如,儿童在群体游戏中,必须预知所有其他同伴的行为并决定对这些行为作出何种反应。当能够这样做时,他们已经将"社会"内化了,客我的形成过程已经能够完成。

资料来源:(美)戴维·波普诺.社会学(第十版)[M].李强,等译.北京:中国人民大学出版社,1999:149.

---

3. 弗洛伊德的三重人格理论

弗洛伊德是人类行为研究领域的一位十分关键的心理学家。库利和米德把自我看成是社会的产物,同时强调了个体与社会的协调,而弗洛伊德则强调了社会化过程中生理基础和情感的力量,强调的是个体与社会之间的冲突(他甚至认为,社会越文明,我们就越不幸),并提出人类大量的心理活动属于"无意识"领域的思想。弗洛伊德提出,人格可以分为三个部分——本我、自我、超我。本我包含无意识记忆、生理和心理的冲动,尤其是性冲动;超我是内化了社会中"应该如何"和"必须如何"的规范,是对人格的审查、意识和社会监控;自我介于本我和超我之间,扮演着中介性角色。他还认为,一个人要保持心理健康,人格的三部分就应该始终处于和谐状态。他的贡献主要体现在重视儿童期事件对后来生活的影响上。批评者认为,弗洛伊德过于强调了生物因素对人格塑造的影响。

4. 埃里克森的人格发展理论

埃里克森深受弗洛伊德的影响,但他对弗洛伊德的观点进行了修正。弗洛伊德强调本我,重点研究儿童期;埃里克森强调"理性"的自我,注重人格在人一生中的发展。埃里克森把自我的发展分为八个心理阶段(见表13-4),每一个阶段自我都需要解决不同的认同危机(identity crisis)。对他的批评主要集中在两点:第一是其模式建立在对中产阶级生活经验的基础上,而没有分析其他阶层的生活事实;第二是这种解释难以进行经验研究,例如怎样衡量个体在不同的发展阶段成功与否。

表13-4 埃里克森的八个认同危机

婴儿期	童年期	学龄前	学龄期	青春期	成年早期	成年期	老年期
信任与不信任	自主与怀疑	主动与内疚	勤奋与自卑	认同与角色混乱	亲密与孤独	代际关怀与沉溺自我	完美与绝望
婴儿的需要如得到充分满足,就会产生信任,即产生安全感。反之,则会产生基本的不信任感。但这一问题在人的一生中会一直出现	父母让儿童去做他力所能及的工作,这会使儿童产生自主感:能控制自己的肌肉、冲动和环境等。儿童有时会产生怀疑或害羞,当父母代替儿童的工作时,会进一步强化这种怀疑感	儿童在此期获得了自主感或内疚感,但这依赖于父母的反应方式。父母如对儿童的行为进行否定性的评价,会增强他们的内疚感	如果成人鼓励儿童的各种活动、计划,并进行积极表扬,就会强化儿童的勤奋感。但成人如果总是批评,或者要他们遵守严格的规则,会强化其自卑感	个体获得了多种多样的角色,他们与原来的角色结合产生了新的角色集合,促进了强烈的角色认同。但也可能出现角色混乱的情形	亲密在这里是指在无需顾及自我认同丧失的前提下去爱、去关心另一个人的能力。如果个体不能与他人亲近,则会产生孤独感。亲近他人的能力很大程度上取决于自我认同程度的大小	关怀开始超出自己的家庭,更加关心下一代的成长。那些没有形成代际关系的人则会沉溺于自我、个人需要和舒适	完美的感觉来自一个人对自己一生的满足。与之对应的另一个极端是绝望感

5. 皮亚杰的认知发展阶段理论

皮亚杰对社会化研究的主要贡献是他描述了儿童在不同的认知发展阶段如何思考、用什么工具获得知识等问题。他认为儿童所有的活动都有明确的智力操作活动类型,这些类型为儿童获得知识给定了某种结构。他同时还确认，虽然每个儿童的发展速度不同，但他们都必须经过同样的发展阶段，显然，这也就意味着"在任何时候对孩子教任何知识"的想法事实上是错误的（见表 13-5）。

表 13-5 皮亚杰的认知发展阶段

1岁半到2岁	2岁左右到7岁	7岁到11岁	11岁到15岁
感知运动阶段	前运算阶段	具体运算阶段	形式运算阶段
儿童根据感觉器官获得对周围的认识，如触摸、走路、坐、探索等。行为也从偶然到有目的。逐渐学会在大脑中建构和再构客体，对他们来说，"视线以外的东西"意味着不存在	学会使用和理解符号、学会说话等。此期，儿童是高度的自我中心主义者，完全从自己的角度看世界；他们往往把精力集中在情境的一个方面而忽视其他。例如，他们会认为一个高而窄的杯子比宽而矮的杯子能装更多的水，即使他们看到第一个杯子里的水倒进了第二个杯子而未满出，也如此认为	儿童能形成关于事物之间联系的概念，并能根据事物之间的因果关系加以联想，也开始发展出了从他人的角度想象自我的能力	个体发展出高度的抽象思考能力，可以对现实的可能性进行思考，建构理想，并对未来进行推理

6. 布朗芬布伦纳的生态系统理论

1979 年，心理学家布朗芬布伦纳（U. Bronfenbrenner）出版了《人类发展的生态学》，提出了生态系统理论。他规定了五种不同类型的嵌套环境系统：微观系统、中间系统、外层系统、宏观系统和时间系统。每一个系统都在人接受社会化的过程中对个体产生了影响，儿童特别地受到各系统的影响（见图 13-1）。

微观系统指的是最直接影响儿童发展的机构和团体，包括儿童的家庭、学校、邻居和同龄人；中间系统是指各微观系统之间的联系或相互关系。布朗芬布伦纳认为，如果微观系统之间有较强的积极的联系，人的发展就可能实现最优化，而微观系统间的非积极的联系则会产生消极的后果；外层系统描述的是儿童并未直接参与但却对他们的发展产生影响的系统，例如，一个孩子在家里的经历可能会受到其母亲工作经历的影响。宏观系统指的是个体所处社会的文化。如果微观系统、中间系统和外层系统脱离了它们的宏观系统背景，就无法被解释。时间系统指的是一个人一生中的环境事件和过渡的模式，以及更广泛的社会历史发展。

(三) 青少年社会化

在人类历史的很长一段时期中，并不存在独立的青少年时期，青少年社会化主要是现代社会的课题。青少年社会化更多地受到来自家庭以外的媒介影响，特别是同辈群体、学校、大众文化等。与儿童相比，青少年能在更大程度上采纳别人的观点，但他们的世界观仍然是多变的。青少年时期是发展抽象思维能力的时期，也是发展幽默感的时期。大量青少年的

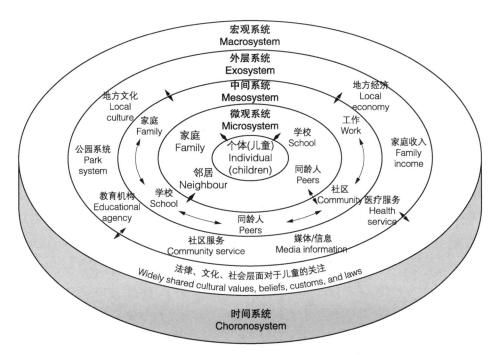

图 13-1 生态系统理论

社会化是以预期社会化(anticipatory socialization)的形式出现的,是指向未来角色的社会学习过程。这一过程在整个生命周期都存在,但在青少年时期,"未来成人角色"的预演过程更为明显(例如,求爱——配偶角色的预演;做家务——父母角色的预演;兼职——工作角色的预演)。在现代社会,青少年与家庭关系正在不断弱化,从而产生了米德所谓的"代沟"或"代差"现象。这一时期的社会化,在其表现特征上可以分化为两个阶段:青春期与青年期。

1. 青春期

青春期大致是以生理上的变化为标志的,但它结束的时间较难确认。青春期伴随着性成熟,个体的生理、心理发生了巨大变化。男女孩的青春期存在差异。一般而言,男孩的青春期要比女孩晚两年,女孩从 10.5—13 岁开始,男孩从 12.5—15 岁开始为青春期。青春期是一个敏感的时期,个体对自己的身体(如体形、容貌、身高等)、对异性、对他人的评价异常关注。

2. 青年期

青年期在青春期与成年期之间,是一个不十分明显但有自身特点的时期,即在生理上的成熟与完全进入成年生活之间的阶段。青春期和青年期大致是以法律上确认的成年标志——18 岁为界。这一阶段,青年人可以参加选举、工作,并具有其他的各种公民权。在有些国家,青年人在这一阶段还可以结婚、生育、建立家庭等,如我国的法定结婚年龄是男性不得早于 22 岁,女性不得早于 20 岁。但是,青年人中的绝大多数仍需依赖家庭经济上的支持。

由于高等教育在延缓劳动力就业市场矛盾上的重要性,青年人真正进入独立生活、建立家庭的实际时间要晚得多。

三、社会化的媒介

人的社会化有一个生物学基础,更重要的是有社会文化基础(见案例13-2)。影响社会化的最重要、最有影响力的社会文化因素,被称为社会化媒介(也被称为"社会化主体"),主要包括文化、家庭、学校、邻里、同辈群体、大众传媒和工作单位。

> **案例13-2**
>
> **社会生物学家关于"利他主义行为"的研究**
>
> 社会生物学家的前身是20世纪50年代盛行的"习性学"的研究者,按照他们的观点,人的社会化及人在社会化过程中所形成的一切社会行为(包括利他主义、宗教、性行为、侵犯、战争),都有其生物学基础,并且都是由基因决定的。关于利他主义,有人认为起源于宗教情感,有人认为起源于人类崇高的理想与价值观。社会生物学家则认为,大多数利他行为都是有益于其他家庭成员和至亲好友的,它具有生物学基础。你善待他人不过是希望他人能够以同样的方式善待你,这是一种与生物的"共生"现象相类似的互惠利他行为。这种说法已经受到批评,人们认为社会生物学家过分夸大了基因在人类社会行为演化中的作用。就利他行为而言,即使血缘关系的确定也是既有生理因素,又有社会因素的。因此,当人们以利他主义的精神为家庭服务时,其动机不完全是生物学因素,而是也有社会学因素。

(一)文化

文化是社会学、人类学的一个基本概念。在日常生活中,文化好像是指生活中美好的事物,如文质彬彬,风雅,艺术、音乐、文学上的成就和鉴赏能力等。因此,所谓的"有文化的人",往往是指一个人的修养和品行。但是在社会学意义上,文化一词的用法要更为宽泛。社会学对文化一词的最简单用法,可以是除人类不凭生物本能制作的任何事物。这样,社会学所谓的文化,可以包括作为个体的举止行为、待人接物等,还包括作为社会群体成员的思想、态度、信仰、价值观、生活方式等。所以,在没有文字的原始部落,歌声不见得比交响乐缺乏意义。社会学把人类所有的产品和创造,都视为文化。文化之间不存在高低、等级、贵贱之分。因此,社会学家对文化的界定是:文化是某一社会中群体的生活状态,是群体所创造的整体人造环境,包括群体生产、生活中涉及的全部物质和非物质产品。教育社会学对文化一词的用法,与社会学相同。

如果再对文化进行层面分析,可以把文化看成是由三个互相关联的部分组成的:物质文化、规范文化、认知文化。它们是文化的三要素。其中,物质文化是文化的具体有形部分,包括人类创造出来的所有物质产品;规范文化主要包括习俗、禁忌、法律、道德、规则等,这是社会学较多研究的部分;认知文化主要以"知识"为代表,由思想、态度、价值、信仰等组成,它是人们认识世界、观察世界、了解现实的工具与手段。

文化对个体的作用直接表现在:通过文化传承了前人的生产与生活经验;使个体获得社会的行为价值准则;使个体能够与他人和社会顺利建立起联系。文化对个体的影响是以各种社会单位(如家庭、学校、各种媒体等)为中介进行的。特别是社会的细胞——家庭的中介作用最为重要(见表13-6)。

表13-6 布朗芬布伦纳对美国、苏联两种文化背景下儿童的养育比较

	强调何种观念	父母与子女的关系	儿童行为差别
美国儿童	个人主义价值观	孩子很少受到父母照顾和管束	强调个人,注重独立性
苏联儿童	集体主义价值观	父母关心孩子	遵纪守法,关心集体

人的社会化是经由在整体文化环境中养育成长的结果。因此,从宏观上来说,社会文化环境建设十分重要。但是,当前社会的文化环境问题不少,值得引起高度重视。这些问题集中表现在:(1)传统主流文化的缺失。中华传统文化强调的是"忧患意识"——悲天悯人、济世救人、如履薄冰等。但是,今天这种传统主流文化有所缺失。(2)传统主流文化的缺失同时导致了社会上各种传统亚文化的泛滥。"物质的五谷杂粮养人,精神的五谷杂粮却易伤人。"(3)民族意识有所淡漠。古代人有极强的民族意识。历史上所谓的"中国有文",养育了数千年"礼仪之邦"的优势文化,进而养成了民族自豪感、自信心、奋进意识等。但是,19世纪末20世纪前半叶中国的积弱导致了民族优越感的普遍失落,进而衍生的是民族自卑感。现代中国使"中国人真正站起来了",但是百年积弱所遗留的记忆仍然挥之不去。

亚文化研究是教育社会学中一个重要的组成部分。学术界尤以芝加哥学派亚文化研究为最。芝加哥学派是卢瑟·伯纳德(L. Bernard)1930年在介绍美国社会学流派时首次提出的。据资料考证,美国社会学家戈登最早提出了"亚文化"的概念。1947年,戈登在《亚文化概念及其应用》一文中,将亚文化的概念溯源至1944年在纽约出版的《社会学词典》中的"culture-sub-area",特指在一个大文化区域中那些具有独特文化特征的亚区域(subdivision)。20世纪20年代,芝加哥学派就以芝加哥为"社会实验室",通过田野调查的方法展开了一系列的实证研究,研究都市化过程及其带来的种族聚集、青少年犯罪、自杀等社会现象。早期,芝加哥学派把无业游民、犯罪分子等群体归为亚文化的范畴;后期,芝加哥学派开始关注主流社会、大众媒介对越轨青年"贴的标签",越轨青年如何认识自身等深层问题,将社会阶层、成长环境、认同危机等社会因素纳入对亚文化群体的分析中,并解释了亚文化形成的原因。研究表明,当时的美国正处在由传统社会向都市化社会转型的过程中,传统观念的逐渐崩溃与新观念的逐步确立导致了大量越轨亚文化的产生,其中尤其以移民家庭的青少年为甚。芝加哥学派认为亚文化的形成实际上是在社会急剧变迁过程中,由社会解体后

的社会重组所导致的,这是一个必然的过程。①

(二) 家庭

家庭是社会化的摇篮。在人类社会历史的较长一段时期内,最重要的社会化媒介一直是家庭。家庭作为一个生产、生活并存的单位,往往是个体重要的社会关系,这就决定了家庭教育一直是历史上最主要的教育形式之一。在完成社会化任务的许多方面,家庭都是理想的场所。家庭作为一个最基本的初级群体,成员之间存在着大量的面对面的交往,儿童的行动得到密切关注,儿童错误的行为能得到及时纠正。在学校教育出现并发展以后,教育的主要任务转移到了学校,但家庭仍然是教育后代的重要阵地(见知识拓展13-2)。

> **知识拓展 13-2**
>
> **家庭社会化的主要作用**
>
> 婴儿期:新生儿到3岁。自我的认识是此期的关键。婴儿在能区分出自我与非我,即有了自我认识以后,才能对其进行有效的社会化。婴儿的社会化最初是身体的接触,通过身体的接触,可使婴儿认识自己与父母的关系,接受母爱和父爱;之后是用声音、表情等对婴儿进行教化;最后才是语言教育。幼儿期:3—6岁,又称学前期。这一阶段,个体开始形成一个人最初的个性倾向。儿童的心理活动开始有明显的具体形象性,但抽象概括能力较差,第二信号系统还不发达。在活动方面,游戏是有目的活动的最初形态。儿童社会化的重点是通过各种游戏活动达到社会化的目的。游戏既是一种有教育意义的社会活动,适合儿童身心发展的特点,又是一种假想的社会生活,对他们的社会化有着重要作用。家庭社会化实际上是终身的过程。

现代家庭尽管已经不是唯一的社会关系,但对每一个人来说,其意义都是十分重要的。家庭赋予个体多种社会特征:种族、阶级、阶层、宗教、政治、经济、文化、信仰等。家庭各种环境对个体的成长发展均有着重要影响,家庭的主要成员在很大程度上影响着孩子的社会适应以及精神和心理发展(见案例13-3)。

> **案例 13-3**
>
> **家庭与中学生自杀态度的关系**
>
> 为考察抑郁、冲动性在家庭功能与中学生自杀态度关系中的链式中介效应,一项研究使用家庭功能问卷、抑郁自评量表、Barratt 冲动性量表和自杀态度问卷对517名中学生进行调查,发现家庭功能发挥得越好,中学生越倾向于对自杀持排斥的态度;家庭功能发挥得

---

① 转引自:尹金凤,蒋书慧.社会控制与文化同化:芝加哥学派亚文化研究的理论遗产及其当代价值[J].学术研究,2020(08):44—49.

> 越差,中学生越倾向于对自杀持接纳的态度;并发现良好的家庭功能不仅有助于中学生对自杀持否定、反对的态度,还会降低中学生的冲动性。
>
> 资料来源:程可心,游雅媛,叶宝娟,陈志忠.家庭功能与中学生自杀态度的关系[J].心理发展与教育,2022,38(02):272—278.

当前,家庭社会化的问题主要表现为:(1)家庭的教育功能弱化。学校教育的制度化是家庭教育功能的拓展,但并不应意味着家庭教育功能的减少。(2)家庭教育本身存在着问题。例如,十分普遍的"四过现象"(过多照顾、过高期望、过度保护、过分爱护)就属于家庭教育的问题。

(三) 学校

家庭以外的最主要的社会化媒介是学校,学校是将儿童从家庭引向社会的第一座桥梁。在科学技术日益发展的现代社会,社会成员必须学会学习,学会生存,学会发展,学会做人,需要掌握科学文化知识与技能。要实现这一切,仅仅靠传统的家庭教育远远不够,而是需要学校教育加以普及和充实。学校教育是有组织、有计划进行的系统教育。学校社会化主要是指在人的学龄初期、少年期和青年期进行的社会化。在儿童进入学校后,学校便取代家庭成为最重要的社会化因素(见表13-7)。

表 13-7 学校社会化的主要内容

学龄初期	少年期(或学龄中期)	青年期
6—12岁左右。儿童从家庭转入学校。这是儿童发展的重大转折时期,也是社会化过程中的一次质变。这种变化主要表现在:(1)社会化的方式转变为目的性、组织性、系统性、强制性较大的学校社会化;(2)训练儿童的方式从口头语言向书面语言过渡,从具体思维向抽象思维过渡;(3)更有计划、有意识地促进儿童参与集体生活	12—15岁左右。个体自我意识进一步发展,能自觉地认识和评价自己的个性品质。这是人的世界观形成的萌芽时期,也是道德意识发展的新阶段	15—20岁左右。这是个体在生理、心理上达到一定成熟水平的时期,也是社会化的成熟阶段,是正常社会化的最后阶段。心理学家把人的青年期看成"第二次诞生"或"心理断乳期";社会学家把这一时期看成"过渡时期"

作为社会化的机构,学校的重要性主要表现在:(1)它对儿童进行了长期的系统教育,这对于儿童社会行为的塑造是最为重要的。这种正规教育一般长达9—16年,甚至更长。(2)学校是社会的雏形,它有着与社会相似的"社会结构"①,使学生在校园生活中进行着各种形式的社会互动。(3)儿童在学校中学到的是各种社会角色、角色规范与角色期望。(4)儿童在

---

① 正如美国社会学家帕森斯所谓的"学校是儿童经验中,以成就为基础的某种地位分化制度的第一个社会化代理机构"。Parsons T. The school class as a social system: some of its functions in american society[M]//Parsons T. Social structure and personality. New York: Free Press, 1964:133.

学校学到了社会评价的各种规则与规范。特别是儿童在学校中获得的对非个人规则和权威的遵从,这本身是现代社会顺利运行的基础,是家庭社会化所不能提供的。在家中,儿童学会服从父母,并认识到他们是一个权威,但这种权威服从关系是个人的、带感情色彩的,而在学校中,他们学会了服从社会性规则。

但是,当前学校在促进学生良好的社会化方面也存在着问题。主要表现为:(1)存在着"教育真空"现象,具体表现在教育内容、教育方法、教育手段、教育目标方面的真空。例如,学生的偶像远离学校的"榜样人物圈"即为此一问题最典型的表现。(2)存在着"泡沫教育"现象,如教育产品的"假冒伪劣",最典型的表现是"学校发展了,教育萎缩了"。

(四) 邻里

邻里实际上就是一个小社会,这是儿童成长的第三个重要的微观社会环境。但这个环境不同于家庭、学校。家庭成员之间是血统和亲属关系,具有浓厚的感情色彩;学校成员之间是师生和同学关系,严肃而认真,具有正式人际关系的特征;邻里是个体未来生活的大社会的雏形,情形复杂多变,对个体个性的形成、人生观的塑造起着决定性的影响。1987年,美国社会学家威尔逊(E. Wilson)在《真正的穷人》一书中最早提出"邻里效应"(neighbourhood effect)的概念。他发现,在美国城市中存在着这样一些贫民区:失业率比较高,中产阶级纷纷迁移出去,老年贫困人口的比例增加,居民整体上趋于贫困化;贫民区的硬件条件限制着居民的选择和机会,整个居民区也形成了不同于主流社会的价值观和社会规范。所谓"近朱者赤、近墨者黑""孟母三迁"(见案例13-4),讲的都是这一道理。若不同文化程度、阶层、职业等的家庭,共同生活在一个社区,矛盾和冲突就会增多,互相攀比、互相竞争的情况也会增多。我国学者孙伦轩也基于"中国教育追踪调查(2013—2014)"的数据,指出不同类型社区会影响城镇青少年成长的邻里效应:单位社区的集体社会化程度高于街坊型社区;商品房社区的社会控制水平高于街坊型社区。[①] 可以说,邻里实际上是个体人生征途的起点。邻里与家庭都属于初级群体。邻里和学校一样,其中对儿童影响很大的是同性和同龄的人群,即同辈群体。同辈群体的影响有其特殊性,本书将在下文中作专门介绍。

案例13-4

"孟母三迁"的故事

相传,古时孟子家的周围环境不好。孟子的母亲为了孟子的良好成长,举家搬迁三次,终于使孟子有了一个良好的成长环境。最终,孟子成了儒家学说的集大成者。

(五) 同辈群体

同辈群体(peer group)是由年龄相近,地位、兴趣、爱好、价值观、行为方式大致相似的人

---

① 孙伦轩.中国城镇青少年成长的邻里效应——基于"中国教育追踪调查"的实证研究[J].青年研究,2018(06):31—38.

组成的一种非正式群体。同辈群体的社会化影响,是随儿童年龄的增长而逐渐扩大的,这种影响在青少年时期达到顶峰。美国人类学家米德甚至认为,在现代社会,同辈群体的影响大到改变了传统的文化传递方式的地步。同辈群体最主要的社会化功能是"发展",它促使个体在社会中找到平等的地位,减少对成人的依赖(参见本书第三章第二节)。

同辈群体的主要特点有:(1)同辈群体具有较高的心理认同感,作为非正式群体,它是个体自由选择的;(2)作为一种特殊的亚文化,形成了自身特殊的价值标准;(3)非强制性,同辈群体突出了自主选择、自愿结合的特性。但是,同辈群体的社会化影响具有双重性特点。正如有研究者所谓:"由于同辈群体形成了脱离成人控制的独立性的一个重要活动场所,所以在某种程度上作为一种对成人控制的反动,它常常会带有反主流文化的特征,并因此在社会化方面具有不可低估的消极影响。"[①]在这一方面,国内外的社会学家都作过详细研究。

在同一时空的社会结构中,由于不同年龄的同辈群体的存在,还会形成各自的代文化的差异。尤其是20世纪60年代以来,关于代沟与代差的研究对文化差异作了系统的描述。

(六) 大众传媒

大众传媒是指人们进行沟通与信息交流的各种手段和工具,主要指报纸、杂志、书籍、广播、电视、电影、网络等。在大众传媒出现以前,文化主要掌握在极少数人手里,信息的传递很慢。第二次世界大战以后,随着电视的发明,大众传媒的影响力越来越突出(见案例13-5)。而随着互联网的发明,大众传媒更成为一种最不可忽视的社会化力量。从一定的意义上来说,大众传媒已成为除家庭、学校和同辈群体之外的"第四种教育力量"。电视和网络是当前影响社会化的最主要的大众传媒。

| 案例 13-5 |

互联网时代失范的"偶像崇拜"现象

德国文化学者洛文塔尔(R. Löwenthal)在《大众偶像的胜利》一书中将偶像分成"生产型偶像"和"消费型偶像",前者主要指一些为社会发展作出重要贡献的人物,后者则主要与大众消费以及休闲娱乐有关,典型代表为明星偶像(包括娱乐明星、网络红人等)。如今,青少年崇拜的偶像越来越多地由生产型偶像转向消费型偶像。由于青少年身心发展的不成熟和社会环境的复杂性,当代青少年"偶像崇拜"现象开始失范。我国学者赵畅总结了五种失范现象:(1)偶像崇拜狂热化:追星的青少年成为潜在的狂热分子;(2)偶像崇拜盲目化:"脑残粉"当道;(3)偶像崇拜表层化:偶像的"颜值即正义",忽视了偶像自身应有的才华、道德、人品等;(4)偶像崇拜娱乐化:推崇"娱乐至死";(5)偶像崇拜高消费化:"消费即美德"这一理念盛行。

资料来源:赵畅.当代青少年偶像崇拜研究[J].中国青年社会科学,2019,38(06):117—122.

[①] 周晓虹.现代社会心理学:多维视野中的社会行为研究[M].上海:上海人民出版社,1997:136—137.

当前的大众传媒存在着许多问题,其中与教育问题关系最密切的是两个方面:(1)大众传媒所宣传的参照系过多,进而导致儿童的榜样群体多元化,儿童在社会学习和社会参与方面反而无所适从;(2)教育功能缺失现象,如所有的电视其实都是"教育电视",但是电视在体现教育的功能和价值方面有时与学校、家庭甚至社会主流文化相背离(详见本书第四章第四节和第十一章第三节)。

(七) 社会化媒介之间的矛盾现象

社会化历来是任何社会进行社会控制的重要途径,也是个体进入社会、适应社会的基本途径,因而社会的各种机构都设法对下一代的培养承担责任。由于个体总是在"局部社会"中生活的,必然要受到局部社会中的各种影响,而这些影响不可能总是完全一致的,这就容易造成社会化媒介之间的矛盾。同时,随着社会变迁的加剧,社会化媒介之间也会出现适应社会变迁速度不一的问题,这就进一步加剧了上述矛盾。

社会化媒介之间的矛盾现象,也就是社会化过程的不一致现象(见案例13-6)。这种不一致带来的是儿童成长过程中的痛苦:家长控制太严格、自由度太小(小学为主、中学次之);家长溺爱,造成依赖性强、独立性差(幼儿、小学为主);社会价值相互冲突,无所适从(大学为主、中学次之);人际关系复杂,难以适应(大学为主、中学次之);不知道自己能干或该干什么(大学最多、中学次之);学校的理想教育与实际太远(中学、大学为主);个性得不到教师的尊重(幼儿、小学、中学为主);感情上的痛苦(大学为主、中学次之);没有知心朋友(幼儿、小学、中学、大学均有)。

案例 13-6

社会化过程中的不一致现象

20世纪90年代初,一项对大学生的研究结果表明:家庭中不同家长教育子女的内容一致的占73%;家庭中不同家长对子女的教育方式一致的占61%;家庭与学校所教导的行为规范一致的占73.5%;学校教导的与社会上通行的行为规范一致的占51%;家长所推崇的与儿童实际所接受的价值观念一致的占38%;儿童所接受的与儿童实际表现出的价值观念一致的占53%;在不同时空条件中的行为表现一致的占61%。

第二节 教育与个体地位升迁

在不同社会及其不同发展阶段,个体要改变自己的处境和社会地位,均受制于各种因素。随着教育制度在现代社会中的功能不断扩展、影响范围日趋深化,教育因素在影响社会流动方面日益扮演着十分重要的作用。本节主要分析教育对于个体地位升迁的作用。

在社会学中有十分丰富的关于个体社会地位的研究。例如,韦伯在提出社会地位的划分标准时,是将声望、权力、财富一起用来标志不同个体在社会分层中的等级的。美国社会学家布劳对社会角色与地位的分析则是通过划分类别参数和等级参数而逻辑性地展开的。[①]

一、现代社会流动的基本问题

由于存在种种社会差别或社会不平等,全体社会成员不可能处于同一水平的社会位置上,因而必然形成各种高低有序的社会层次。例如,权力差别造成了高级官吏、中级官吏、低级官吏和普通群众等权力等级层次;收入差别造成了高收入者、中等收入者、一般收入者和生活贫困者等经济收入层次;社会声望的差别造成了有名望者和普通群众等社会地位层次。社会学家把此类现象称为社会分层(social stratification)。

(一) 社会分层与社会流动

社会分层现象的研究最初是西方社会学家在分析社会结构时提出的。德国社会学家韦伯首创了社会分层理论,提出了这一理论的核心是划分社会层次的三重标准:财富——经济标准;权力——政治标准;声望——文化标准。在韦伯之后,又出现了一系列关于社会分层的理论研究。[②] 社会分层现象实际上表明了社会成员在一个时间点上的社会结构中的位置,是一种静态分析。但是,如果从一个较长的时间段中(例如一个人一生的社会位置或两代人的社会位置)来分析,则可以发现社会成员在社会结构中的位置又是经常发生变动的。例如,社会成员从一个低级的地位升迁为一个高级的地位;父辈或祖父辈的地位与儿辈孙辈的地位差别,等等。这种现象被社会学家称为社会流动(social mobility),这是一种对于个体在社会结构中的社会位置变化的动态观察。可见,社会流动与社会分层实际上是看问题的两种角度,也是分析问题的两种不同途径,在这两者之间存在着十分紧密的联系。

(二) 关于社会流动的研究概述

对社会流动现象的系统研究始于美国社会学家索罗金的著作《社会流动》一书。此书开创了社会学研究中的一个新的领域。此后,英国社会学家格拉斯(D. Glass)也写了《英国的社会流动》等经典著作。由美国社会学家布劳、邓肯于 20 世纪 60 年代所开展的一项研究则开创了社会流动研究的新局面,使得研究的重心从对社会流动的研究转变到对社会地位获得过程的研究。以前对社会流动的研究,主要集中于分析不同社会的流动率,以及导致这些流动率发生差异和变化的各种原因上。而较新的对地位获得过程的研究却集中在分析各社会中个人和群体的成就,及使其起作用的各种因素上。他们所提出的关于地位获得的研究的最大贡献是:说明了现代社会中一代人的地位优势传给下一代人的有限程度。换言之,在

---

① (美)彼特·布劳. 不平等和异质性[M]. 王春光,谢圣赞,译. 北京:中国社会科学出版社,1991:5.
② 例如,英国社会学家洛克伍德(D. Lockwood)的三种地位分层论:市场地位指包括经济收入、职业安全程度、职业升迁机会;劳动地位指个人在社会劳动分工中的位置以及与此相应的社会关系;身份地位指个人在整个社会等级结构中的地位。美国社会学家帕森斯、戴维斯、穆尔的职业分层论:认为个人的财富、声望等都有赖于职业,故可通过研究职业声望来识别社会分层现象。不过,总体来说,西方社会学家的社会分层理论存在一个基本的问题,即混淆了"阶级分层"与"非阶级分层"的关系。

现代社会,个人地位的获得已不再依赖于社会的赞助,而更多地依靠个人自身的资本(并非金钱意义上的)、努力和成就。

自20世纪40年代始,教育社会学家所进行的有关社会流动与教育两者关系的研究渐趋增多,这一领域成为一个很重要的研究领域。我国自教育社会学重建以来,也已开始关注这一领域的研究,唯因从业人员大多数是教育学背景,从而易对社会流动的本义产生误解。这种误解主要出现在社会流动、人口流动、人才流动三个概念上。因此,有必要对这三个概念作一辨析(见知识拓展13-3)。

知识拓展 13-3

社会流动、人口流动与人才流动的区别

社会流动是一个社会学概念,它指社会成员在社会分层结构中从某一个社会位置向另一个社会位置变动的现象。随着社会位置等级的升高,社会成员的财富、权力和社会声望也随之增加,故社会流动既表现为个体社会地位的变更,也表现为个体社会角色的转换。这种社会现象在许多社会中都存在。但是,现代社会中的社会流动与历史上的种姓制、等级制以及阶级制都不同,它可以通过个人手段来达到。由于在现代社会,社会位置及与此相连的社会地位总是与职业密切相连,因而随着职业声望的变化,社会流动便主要体现为个体在各种职业位置之间的变动。

要了解人口流动,首先应了解人口变动这一概念。人口变动主要是人口学概念,它所反映的是人口在数量和质量上整体构成的变化,包括人口的自然变动、人口的机械变动和人口的社会变动三种具体形式。人口的自然变动专指因人口自然生死而致的数量上的增减,以及性别比例、年龄变化的过程。它与社会流动的关系并不密切,主要具有统计学上的意义。人口的机械变动也即通常所说的人口迁移或人口流动,它是指人口在空间(或地域)位置上的一切移动。人口流动与社会流动的区别主要表现在,前者重在反映人口整体在空间位置上的变动以及这种变动对社会协调发展的影响,后者重在反映个体在社会地位上的变动以及这种变动对个体和社会的双重作用。两者的联系表现在,一些永久性的人口流动一般属于社会流动,例如农民工进城;而有些社会流动则属于人口流动。人口的社会变动是指人口的社会属性整体构成上的变动,包括人口的阶级构成、民族构成、职业构成、受教育程度构成等方面的变动。

人才流动是人才学的概念,指人才在不同地区、部门及单位之间发生的转移或变动。人才流动与社会流动也非同一概念,其区别表现在:一是流动的主体不同;二是流动的方向有别(人才流动重在横向流动)。两者间的联系表现在人才流动是社会流动的一种独特表现形式。

社会流动又可分为多种类型,主要有:纵向流动(vertical mobility)和横向流动

(horizontal mobility)、赞助性流动(sponsored mobility)和竞争性流动(competitive mobility)、代内流动(intragenerational mobility)和代际流动(intergenerational mobility)、结构性流动(structural mobility)和非结构性流动(unstructural mobility)等。

在任何社会中都存在社会流动,但在社会流动的流速、流量和频率方面,通常现代社会、开放社会要比传统社会及封闭社会高。此外,在不同的社会中,社会流动的程度、性质也不同。在社会学研究中,关于社会流动的测定,通常是把社会地位等同于职业,用职业作为地位变量,用职业世袭率、职业同职率、职业持续率等指标来代表社会流动率。职业世袭率是指测量以父辈为标准的代际之间的职业一致度。职业同职率又可分为两个类型:世代间的职业同职率是测量以本人为标准的同父辈的世代间的职业一致度;世代内的职业同职率所表达的是以现在的职业为标准与最初从事职业的一致程度。职业持续率是指最初的从事某职业者与现在从事同一职业者的比例,据此可以了解社会中的横向流动率与纵向流动率。

(三) 影响社会流动的主要因素

美国社会学家默顿在《社会理论与社会结构》一书中就已提醒人们注意社会流动中存在结构上的障碍,例如宗教、肤色或民族都可能影响社会地位的获得。在影响社会流动的因素方面,社会学家已经识别出了众多因素(见知识拓展13-4)。

知识拓展 13-4

影响社会流动的五类因素

(1) 社会结构因素。其中,社会制度影响流动的机会和方向。这是出于统治阶级政治控制的需要。社会结构上层空间的大小也制约着流动的机会、速度和方向。在一个向上流动机会很高的社会中,向上流动是对多数人开放的。工业社会远比农业社会存在更多更大的流动性,这是因为工业化和现代化改变了职业及社会地位的等级结构,同时增加了更多受人尊敬的职业,从而对大多数人而言,具有了更多的成功机会。

(2) 社会出身或家庭背景。对社会流动的研究业已指出,阶级因素(社会出身、家庭背景)持续地影响着个体向上流动的机会。这实际上表明了,社会不平等在很大程度上是世袭相传的。根据美国社会学家布劳、邓肯的经典研究:个人受教育程度受其父辈的影响,而受教育程度又影响其职业。美国科恩的研究则发现:不平等是通过社会化过程世代相传的,这种阶级差异进而影响了子女职业的选择。

(3) 个体特征。社会学分析表明,个体的能力、成就动机、抱负水准、主观努力,以至外表特征,均可能影响流动的机会。

(4) 自然因素。主要包括地理环境和人口变迁。地理环境主要是指居民所生活区域内的社会经济发展特征,这往往意味着当地所能提供的各种发展机会。例如,城市与农村相比,所能提供给人的发展机会就相对多一些。人口变迁,尤其是某一年龄段人口中各种技术人员的数量等,可以影响另一年龄段人口的社会流动。

(5) 教育因素。在现代社会中,学校教育越来越成为一种重要的流动资源。其主要原因在于,随着组织科层制的扩展,选用人才的制度日益趋于标准化、客观化;随着公民民主意识的提高,必然要求一种用于选聘的合理的、客观的标准;由于教育制度行使一种筛选的功能,这种筛选制度本身具有标准化、客观化的特征,因而受教育程度(或文凭、学历等)便自然成为获取社会资源的一个重要指标,并成为向上流动的一个必要先决条件。

(四) 教育与社会流动的基本关系

教育社会学在讨论教育与社会流动两者的关系时,主要分析两个层面的问题:一是分析社会流动对学校教育的影响;二是分析教育因素在导致社会流动时发挥的作用。

社会流动对教育的影响表现在许多方面。学者陈奎熹根据国外学者的有关论述,把社会特征、不同社会社会流动与教育的关系概括为如表13-8所示。

表13-8 教育与社会流动的关系

学者	林顿	哈维赫斯特	帕森斯	特纳
社会特征	角色与地位	教育价值	教育功能	流动方式
传统社会	归属地位	象征性价值	社会化功能	赞助性升迁
现代社会	获致地位	功用性价值	选择功能	竞争性升迁

在传统社会里,社会流动的速度、数量、频率均较低,主要依据赞助性流动,而教育机构的数量又较少,教育只是少数人的特权,因而教育的价值主要体现为"象征性"价值。从分配的角度来看,教育只服从于两种目的:一是为统治阶级子女培养符合其身份的技能和知识;二是训练被统治阶级子女必要的生产知识与技能。实际上,此期的教育主要执行"社会化"功能。而在现代社会里,社会流动的速度、数量、频率均较高,主要依据竞争性流动,因而教育的价值主要体现为"功用性"(但并不表示已无"象征性价值"),教育的功能主要体现为"选择"(但也不表示已无"社会化"功能)。知识拓展13-3、13-4,表13-8实际上表达了这样几个方面的内容。(1)社会流动的方式影响着个体角色与地位的获取途径,进而影响着教育的价值与功能。(2)由于社会流动方式的不同,教育的价值与功能也有差别,因而教育的目标与内容随之发生变化。例如,传统社会的教育并不具有就业训练的需要,因而其教育目标是培养统治阶级的后备力量,其教学内容偏重人文学科。(3)社会流动的频率或数量也与教育的价值和功能存在密切关系。此外,一个社会的用人制度、人才选拔模式等往往反映了社会流动的总趋势,而这将强烈地影响学校教育改革的方向、内容、进程。

总之,社会流动会在多方面影响教育制度。在现代社会里,社会流动率的不断提高,社会流动形式的多样化,促进了教育的大发展和教育机会的均等化,也促使教育改革不断拓展。

就教育对社会流动的影响而言,在现代社会中,主要体现为教育乃是向上流动的主因素,教育也是导致向下流动或不产生社会流动的主因素。在讨论教育对社会流动的影响方面,重要的是解决这样一些问题:一是要分析在现代社会,为何教育会成为影响社会流动的重要因素。二是要分析学校教育对社会流动的影响力能否摆脱家庭社会经济背景的影响(后者主要用父母的职业或其他变量来衡量)。三是要分析受教育机会本身所受到的家庭社会经济背景的制约程度。

可以从下述几个方面论证教育是现代社会中影响个体社会流动的主因素:(1)学历和文凭成为向上升迁的一个最主要的标准,这是大多数国家人才选拔的一个最重要的标准。(2)个体的经济收入与其受教育程度呈正相关。(3)社会声望的高低往往与受教育程度呈正相关。(4)代际流动与教育关系的研究案例表明:教育是影响代际流动的主因素。有关社会流动的国际比较研究,则更能说明家庭社会经济背景、本人受教育程度与本人社会地位之间的关系。此处,本书引用日本学者安田三郎所整理的资料(见表13-9)①来说明三者之间的关系。

表 13-9 父亲地位、本人学历与本人地位的相关性

	父亲地位× 本人学历	本人学历× 本人地位	父亲地位× 本人地位	父亲×本人学历× 本人地位
瑞典(1955)	0.624	0.501	0.432	0.195
丹麦(1953)	0.638	0.693	0.455	0.280
英国(1949)	0.493	0.453	0.436	0.252
美国(1956)	0.635	0.540	0.330	0.400
日本(1965)	0.574	0.530	0.314	0.311

由表 13-9 可得出下述结论:一是本人学历对本人地位的影响力无论在哪个国家都很大;二是父亲地位与本人学历的相关,远远高于父亲地位与本人地位的相关;三是父亲地位对于本人地位的影响在欧洲要高于日本。

尽管如此,教育成为向上流动的主因素是有前提的。对此,已有许多学者早已作过分析。如英国的班克斯指出:"只有正式的教育资格成为较高社会地位的条件,教育与职业的关系才会加强。如果高社会地位可以循其他途径,如在职训练或在体育界、娱乐界的特殊才能获得,则教育影响社会流动的力量就会减少。"②另一位英国学者安德逊(Anderson)分析了美、英、瑞典三国的资料后也认为:"欠缺教育未必阻碍个人向上流动,受较多的教育也未必能保证个人不会向下流动。教育与社会流动的关系,在美国比在瑞典或英国更为密切。"③

---

① 转引自:(日)筑波大学教育学研究会. 现代教育学基础[M]. 钟启泉,译. 上海:上海教育出版社,1986:114.
② (英)班克斯. 教育社会学[M]. 林清江,译. 高雄:台湾复文图书出版社,1978:49.
③ (英)班克斯. 教育社会学[M]. 林清江,译. 高雄:台湾复文图书出版社,1978:49.

概括而言,教育成为影响社会流动的主因素的前提是:(1)社会确认竞争性的人才选拔模式;(2)教育资格成为高社会地位的必要条件;(3)竞争性的人才选拔及社会流动没有外在的阻力;(4)学校所提供的教育资格(学历)具有与之相应的资格标志(目前存在大量的文凭贬值、滥发文凭、文凭与才能不相应的状况);(5)社会等级制的标准整合一致,即一定的教育资格能够获取与之相应的社会资源(权力、财富和声望)。

二、教育与社会流动关系的理论分析

在讨论社会流动与教育之关系方面,西方社会学界并存着两种相左的结论。一是帕森斯认为"在当代社会里,教育资格决定一个人成功与否";二是鲍顿(R. Bolton)认为"人们没有理由希望工业社会中教育大幅度发展与社会流动的增加之间相联系,即使这种增加肯定会伴随着教育机会不均等的降低,实际情况也是如此"。换言之,一种观点视教育为社会流动之主因,另一种观点则视教育与社会流动无关。

(一) 教育使个体地位升迁的模式

美国社会学家特纳 1960 年发表于《美国社会学评论》上的《赞助性流动与竞争性流动:教育使社会地位升迁的两种模式》一文,可以被看成是第一种观点方面的经典研究。特纳首先指出:"在一个形式上是开放的并且向大众提供教育的阶级制度中,人才选拔模式决定了社会地位的升迁模式,这一点是形成学校教育制度的关键因素,它甚至比社会地位升迁的程度还重要。"[①] 接着,他归纳了存在于西方国家(他以英美两国为例)的两种人才选拔模式的特点。一种是赞助性升迁,它意味着未来的"精英"由原来的精英或他们的代理人选择,精英地位的获得不是通过个人的努力和策略,而是依靠其个人的一些品质获得的;另一种是竞争性升迁,精英地位作为公开竞争的目标,可以通过竞争者自己的努力获得。竞争有一定规则,以确保是公平竞争,同时竞争者在选择策略时有很大的自由。这就意味着精英没有权力来决定谁可以得到升迁,而谁不能。

1. 两种人才选拔模式的主要区别

竞争性升迁如同体育比赛是在平等的条件下竞争一样,它所强调的是最后的成功。这就意味着一个智力一般者可以通过运用常识、技巧、事业心、进取心以及冒险精神取得成功,而这种成功远比智力优秀者或受过最好教育者取得成功更有意义。竞争性选拔的目的是把高地位给予那些赢得它的人。显然,竞争性选拔模式所强调的是最后的成功。

赞助性升迁实际上是一个受到控制的人才选拔过程,它是原有的精英通过判别后来者的个人品质,从而将其拉上精英位置。[②] 其目的是通过把每个人分到最合适的位置,从而使其才智在社会中得到最佳利用。在竞争性选拔模式中,由社会建立并解释精英地位的标准

---

① 转引自:厉以贤.西方教育社会学文选[M].台北:五南图书出版股份有限公司,1992:216.
② 早在柏拉图那里,就已提出统治阶级应该把那些对统治有威胁的人吸收入精英圈中,从而维护社会稳定。不过,在大多数社会中,选拔精英并非出于担心某些人对统治阶级构成威胁而进行的。

必须是显而易见的,是易被社会大众识别而且易被接受的。因此,财富和声望(即受大众欢迎)往往是最好的标准。而赞助性选拔模式只是在精英之间证明各自的身份,因此最理想的标准是具有能使自己被其他精英识别的技能。例如,智力、文学和艺术上的才华等。在赞助性选拔模式中,需要进行早期选择,这样才能有机会为精英位置做好准备。赞助性升迁的存在依赖于有权专门制造精英标准的社会结构,产生于有单一精英阶层或有为大众所公认的精英等级的社会里。

2. 人才选拔模式与学校教育

在不同的人才选拔模式之下,学校教育也是不同的。特纳认为,学校教育与人才选拔模式之间存在一致性。特纳把美国和英国的学校教育作为两种典型。

在20世纪,英国的教育制度经历了连续的自由化变革,但所有这些变革都未打破原有的模式,即在教育的早期阶段选择出有前途的儿童并对其加以特殊培养。例如,1944年确立的教育相关法案规定了"11岁考试",从而区分出:文法中学、现代中学和技术中学。这就形成了赞助性选拔模式的思想:早期选择那些将来进入中产阶级或有较好职业的儿童进文法学校,而对那些留在本阶级的儿童进行各种职业教育。这一计划极大地促进了社会地位的升迁。而在美国,教育因为提供升迁的机会而受到广泛的重视。人们普遍把受教育作为参与竞争的基本前提,因而十分强调教育机会面向全体大众开放。

在这两种模式下,人们对教育所作的价值判断不同。在赞助性选拔模式中,教育因为提供精英文化的学习而受到重视,人们对非精英的教育显得冷淡,而把最大的力量花在培养"最有前途的人"身上。而实际上,所谓"最有前途的人"指的是能学习精英文化的人。① 在竞争性选拔模式中,教育因为提供上进的机会而受到重视,人们并不关心教育的内容;人们普遍把受教育视为"参赛前"的准备,强调应该让所有人都跑到终点;在美国上大学本身也是一种竞争,学生必须在上大学过程中通过一系列考试,最后能毕业的只有一小部分人。② 在竞争性选拔模式下,教育的目的是培养人们有尽可能多的技巧,以使他们获得精英地位,因而必须使每个人都有机会,使人们一直处于激烈的竞争状态下。而在赞助性选拔模式中,教育的目的是以精英文化培养一部分人。

此外,不同的人才选拔模式也决定了教育内容的侧重点不同。在赞助性选拔模式中,学校强调团结精神,强调高度专门化的智力和艺术训练,而不管其实用价值。

在竞争性选拔模式中,虽然也有"博雅教育",但更强调保证获得实际生活的技能,尤其是职业技能。竞争性选拔模式还特别包含了一种"社会适应性训练"。因为,要成为精英必须在一个异质社会中有良好的人际沟通技巧,必须适应各种社会的规则。所以,社会适应性就成了学校要培养的重要技巧之一。许多调查也表明,"与人相处和理解人的能力"被人们

---

① 特纳举例说,英国的现代中学与文法中学相比,经常表现出经费不足、师生比例低、师资质量差、缺乏声誉等问题。
② 这与英国完全相反,进大学前,选拔工作就已经结束了,学生在大学这一过程中很少参加考试。

认为是大学毕业时学生应具备的最重要的能力之一。

3. 不同的地位升迁模式对人格发展的影响

在不同的地位升迁模式中,社会的人才选拔机制会影响个体人格的形成。特纳认为,这主要可从三方面来研究:(1)在比别人更艰难的条件下超过别人的紧张心理;(2)复杂的人际关系,因为升迁者必须放弃下层阶级的朋友而选择对他未置可否的上层阶级;(3)在不同的阶级之间升迁必须重组价值观念。在赞助性升迁中,由于早期选拔的特性,就可能在较长时间内接受同类精英文化的教育,因此所存在的紧张心理、人际关系的负担、价值观念的重组问题也就不那么突出。特别是在英国专门提供精英教育的私立学校(private school)和公立学校(public school)中,大多数高年级的学生都是从同一所,或背景类似的学校中升学上来的。因此,他们在面对地位升迁时,本身所持有的价值观念和人际网络都不会发生太大的改变。但对于被选入的来自较低阶级的成员而言,就可能存在问题。不过,这种问题在竞争性升迁中更为常见。由于人们无法确定自己能否被升迁,就极易形成严重的、持续的紧张心理。

特纳在最后指出,这种归纳实际上只是"理想型模式"。在实际生活中,每个社会的社会地位升迁既遵循赞助性升迁,也遵循竞争性升迁,只是在他所进行的研究中英国和美国占优势的选拔模式不同而已。所谓"占优势",指的是这样的状态:这种选拔模式与其社会的阶级制度、社会控制方式、教育制度协调一致;同时社会各阶层的人们能够公平、自然地接受这种选拔模式。

(二) 教育与社会流动的结构模式

法国社会学家布栋代表了西方教育社会学界所持的关于教育与社会流动关系的另一种观点。他著有《机会的不均等》《教育与社会流动:一种结构模式》等著作。法国社会学家帕塞隆(J. C. Passeron)对布栋作了如下的评论:"他运用系统分析的方法对大量统计资料进行研究,在教育与社会流动的社会学课题方面有一定影响。"[①]

布栋首先指出:"不久以前,社会学家还把学校就学率的增长看作是增加社会流动的一种手段。"但他认为:"我们没有理由期望社会流动或社会平等将会增加,即使教育的不平等有所减少,情况也是如此。"那么,教育不平等的减少或入学率的增加究竟是在什么意义上会增加社会流动呢?他指出,回答这一问题需要借助"社会流动的系统模式",据此,他构建了有关教育与社会流动关系的一种理论模式。[②] 在他看来,这一理论模式受到经验资料的支持。概括而言,布栋认为,在最一般的情况下,教育机会的扩展与社会流动结构的高水平稳定相一致,而且它也不能减少社会中机会的不均等。同时,布栋运用美国社会学家利普塞特(S. M. Lipset)和班迪克斯(R. Bendix)于20世纪50年代的一项著名研究作为佐证,说明了教育的发展与社会流动无关。

---

① 转引自:(法)H. 孟德拉斯,M. 威莱特. 当代法国社会学:对战后法国社会变迁的观察与思考[M]. 胡伟,译. 北京:生活·读书·新知三联书店,1988,72.
② Boudon R. The sociology crisis[J]. Social science information,1972,11(3&4):109—139.

三、我国社会的社会流动与教育

上文已经提及,西方发达国家的工业化的持续推进改变着社会结构。在工业社会中,生产技术的深化使得生产过程需要有特定的专精技术的人员,进而大幅扩张中间阶层职务的数量,此种现象亦存在于我国社会的发展历程中。[①]

(1) 产业结构与劳动力结构变化。

伴随着工业化和城市化的推进,中国的产业结构持续升级。除2020年外,第一产业在产业结构中的占比较低且保持平稳,第二产业在产业结构中的比例逐年降低,第三产业的就业规模有了较大幅度的增长。据《中国统计年鉴2020》,从产业结构来看,第二产业在产业结构中的比例从2011年的52.0%,到2019年降至32.6%;相反地,第三产业在产业结构中的比例基本上呈逐年攀升的趋势,从2011年的43.9%升至2019年的63.5%。从就业结构来看,第一产业、第二产业的就业比例在2011—2019年一直呈减少趋势,而第三产业就业比例则持续扩张(见表13-10)。

表13-10 2011—2020年产业结构、就业结构变动趋势

(单位:%)

年份	GDP的产业构成			就业的产业构成		
	第一产业	第二产业	第三产业	第一产业	第二产业	第三产业
2011	4.1	52.0	43.9	34.7	29.6	35.7
2012	5.0	50.0	45.0	33.5	30.4	36.1
2013	4.2	48.5	47.2	31.3	30.3	38.4
2014	4.5	45.6	49.9	29.3	30.2	40.5
2015	4.4	39.7	55.9	28.0	29.7	42.3
2016	4.0	36.0	60.0	27.4	29.3	43.3
2017	4.6	34.2	61.1	26.7	28.6	44.7
2018	4.1	34.4	61.5	25.7	28.2	46.1
2019	3.9	32.6	63.5	24.7	28.2	47.1
2020	9.5	43.3	47.3	23.6	28.7	47.7

值得注意的是,第三产业的就业比例持续攀升(2020年几乎占一半),表明我国劳动力结构的重心在向高端行业移动,这种变化要求劳动力素质进一步提高。市场需求使得学校体系的扩张与教育年限的延长成为趋势。

---

① 目前学界对我国的中间阶层已有较多研究,要了解中间阶层的含义、特征、构成等,可参见:张宛丽.中间阶层的崛起与社会分层[M]//郑杭生.中国社会结构变化趋势研究.北京:中国人民大学出版社,2004:150—177.

(2) 市场需求与教育扩张。

美国学者伊里奇(I. Illich)在其著作《非学校化社会》中指出,由于社会大众普遍认同学校是培育工商活动所需人力的主要机构,并且相信借由此种途径能提升劳动力的素质水平,进而促使经济繁荣,因此进一步的教育投资是促进社会文明化的原动力。这种信念成为教育扩张的基础。在世界范围内,经济发展要求劳动力素质提升,尤其是中间阶层职务的扩张带动劳动力教育水平提升的情况,是工业化国家中的共同现象。我国社会亦不例外。

近十年来,我国的教育事业在总体上有了大规模的发展(见表 13-11)。截至 2020 年,据《中国统计年鉴 2020》,普通本专科的招生数已由 2011 年的 681.5 万人增长到 2020 年的 967.5 万人,说明我国高等教育发展势头强劲。

表 13-11 2011—2020 年各级学校招生规模数

(单位:万人)

年份	普通本专科	普通高中	中等职业教育	初中	职业初中	普通小学	特殊教育	学前教育
2011	681.5	324.9	850.8	813.9	1634.7	0.7	1736.8	6.4	1827.3
2012	688.8	314.8	844.6	754.1	1570.8	0.5	1714.7	6.6	1911.9
2013	699.8	318.4	822.7	674.8	1496.1	0.4	1695.4	6.6	1970.0
2014	721.4	338	796.6	619.8	1447.8	0.2	1658.4	7.1	1987.8
2015	737.8	348.4	796.6	601.2	1411.0	0.2	1729.0	8.3	2008.8
2016	748.6	343.2	802.9	593.3	1487.2	0.1	1752.5	9.2	1922.1
2017	761.5	350.7	800.1	582.4	1547.2	0.1	1766.6	11.1	1938.0
2018	791.0	368.8	792.7	557.0	1602.6	0.1	1867.3	12.4	1863.9
2019	914.9	483.6	839.5	600.4	1638.8	0.1	1869.0	14.4	1688.2
2020	967.5	524.3	876.4	644.7	1632.1	0.1	1808.1	14.9	1791.4

第三节 教育与生活方式

生活方式是社会系统运行状态的一种综合反映,一直是社会学研究的重要领域。教育社会学侧重研究教育与生活方式两者之间的关系,重点研究教育与个体生活方式变革之间的关系,教育对于提高个体生活水平、提高生活质量,以至提高生存质量的关系。一定的生活方式是社会历史条件的产物,也是个体主观价值观念的产物。其中,生产方式对于生活方式起着决定作用,同时政治制度、社会传统、自然环境、人口因素,以及个体生理、心理特点,职业特点,价值观念等也会对生活方式产生一定的影响。但是,就个体的生活方式而言,教育的影响极为重要。

一、生活方式及其衡量指标

生活方式是在一定的社会经济条件下,人们生活活动的全部特征的总和。生活水平和生活质量是生活方式在量和质两个方面的反映。生活水平侧重反映生活方式的量的方面,主要是人们所拥有的用以消费的物质财富的数量。衡量生活水平的指标主要有人均收入水平与支出水平、人均食物消费量、人均住房面积和其他生活资料的数量等,可以用货币或实物形式进行直接的测定。生活质量侧重反映生活方式质的方面,是社会提供给国民生活的充分程度和国民生活需求的满足程度。它是用一套综合性的指标来测量的,包括人的健康与寿命、受教育程度、精神生活需要的满足程度、人的自由发展和创造性得到实现的程度等。显然,生活质量主要是一个价值标准。

可见,生活水平和生活质量是反映生活方式的辩证统一的两个层面。生活水平和生活质量并非绝对同步发展的。有了较高的生活水平,并不一定有好的生活质量;没有生活质量的不断丰富和完善,也就谈不上生活水平的提高。因此,生活方式的衡量指标需要综合生活水平和生活质量两方面。由于生活方式包含的内容十分多样,因而也就有了多种衡量指标。

一般来说,生活方式的指标体系有两种表现形式:结构式和综合式。

结构式,主要可以用数字形式表现,如生活性消费＝食物消费＋衣着消费＋文化教育消费等。

综合式,是综合地反映生活方式某一方面特征的指标体系。如衡量居住环境质量,就应当包括居住密度、交通条件、离商业网点的距离、周围生态环境、文化娱乐设施、教育设施等。

生活方式指标体系的建立是生活方式研究的关键,必须考虑全面性、可度量性、通用性和可比较性等多种因素。由于对生活方式的考察方法和考察内容的不同,所依据的标准不同,就会出现不同的比较结果(见表13-12)。

表13-12 2020年部分国家人文发展水平

国家	2019年HDI值(人类发展指数)[①]	从出生时间开始计算的平均预计寿命(单位:年)	预计应受教育年数(单位:年)	实际平均受教育年数(单位:年)	国家人均净收入(单位:美元)
挪威	0.957	82.4	18.1	12.9	66494
爱尔兰	0.955	82.3	18.7	12.7	68371
瑞士	0.955	83.8	16.3	13.4	69394
冰岛	0.949	83.0	19.1	12.8	54682

---

① 人类发展指数(human development index,简称HDI):1990年,联合国开发计划署创立了人类发展指数,即以"预期寿命、教育水平和生活质量"三项基础变量,按照一定的计算方法得出综合指标,并在当年的《人类发展报告》中发布。

续表

国家	2019年HDI值（人类发展指数）	从出生时间开始计算的平均预计寿命（单位：年）	预计应受教育年数（单位：年）	实际平均受教育年数（单位：年）	国家人均净收入（单位：美元）
亚美尼亚	0.776	75.1	13.1	11.3	13894
北马其顿	0.774	75.8	13.6	9.8	15865
哥伦比亚	0.767	75.9	15.4	8.0	14263
中国	0.761	76.9	14.0	8.1	16057
厄瓜多尔	0.759	77.0	14.6	8.9	11044

二、教育与生活水平

生活水平可以用很多指标来衡量，但主要是人均收入水平和人均支出水平、人均食物消费量、人均住房面积及其他生活资料的数量等。显然，在这里，最重要的是人均收入水平，后者直接制约着消费水平和消费能力。同时，衡量生活水平的另一个重要指标——人均支出水平除了直接受制于收入总量外，还与人口数量的多少关系极大。例如，我国的国内生产总值在世界上排名较高，但人均国内生产总值名次在世界上排名就较低。因此，这里我们主要通过分析受教育程度与经济收入的关系、受教育程度与人口数量的关系，来分析教育与生活水平的关系。

（一）受教育程度与经济收入

教育社会学的研究指出，尽管个体接受过同样的教育未必意味着经济机会、经济收入同样均等，但是教育确实对人一生的经济收入、经济机会（潜在收入）以及许多社会价值产生了重要影响。

长期以来，我国一直存在着"脑体倒挂"的现象。日常生活中还经常能够听到这样的故事：有人连小学都没有上完却成了百万富翁；有的人读了很多年书，却在做一些与专业不相关的工作。2020年，美国劳工统计局的一项数据表明，就薪资而言，教育是有意义的。受教育程度最高的人（博士和专业学位）每周收入的中位数是最低学历的人的3倍多。拥有学士学位的人的收入超过了每周收入中位数1029美元。此外，教育水平越高，失业率也越低。

表13-13 2020年按教育程度划分的每周收入中位数（美元）和失业率（%）

教育程度	平均每周收入	失业率
博士学位	1885	2.5
研究型专业学位	1893	3.1
硕士学位	1545	4.1
学士学位	1305	5.5

续表

教育程度	平均每周收入	失业率
大专学历	938	7.1
高中文凭	781	9
低于高中文凭	619	11.7
平均	1029	7.1

注:数据涉及25岁及以上且领取全职工资的人。

我国自20世纪90年代以来,"脑体倒挂"的现象也在发生逆向变化。

2014年1—2月,世界银行"农民工培训与就业"项目课题组组织调查小分队深入安徽农村对春节返乡农民工进行问卷调查。调查采用多阶段随机抽样的方法。在第一阶段,在经济欠发达的皖北、皖西和皖南山区随机抽取了宿州、六安、池州、宣城等地区的6个县,在经济较发达的沿江经济带随机抽取了合肥、芜湖、安庆等地区的4个县,共计10个县。在第二阶段,在每个县随机抽取2个乡镇,共计20个乡镇。在第三阶段,对每个乡镇随机抽取2个村,按照随机等距抽样原则确定每个村10—15户居民(根据村庄的大小确定抽样的户数),对共计500户农村居民进行问卷调查,共发放问卷500份,回收有效问卷398份。该研究统计分析了农民工文化程度与其工资收入的关系,结果也证明了受教育程度对经济收入具有一定的影响(见表13-14),经济收入与受教育程度为正相关。[①]

表13-14 2014年安徽农村农民工文化程度与工资列联表

文化程度	工资分组(单位:元)				合计(单位:人)
	低工资(0,2000)	中等工资(2000,3500)	较高工资(3500,5000)	高工资(5000,∞)	
小学以下	3	3	2	3	11
小学	12	28	21	8	69
初中	22	68	76	10	176
高中(专科)	17	44	27	19	107
大专	5	10	8	2	25
本科及以上	2	2	2	4	10
合计	61	155	136	46	398

---

① 周世军,刘丽萍,卞家涛.职业培训增加农民工收入了吗?——来自皖籍农民工访谈调查证据[J].教育与经济,2016,32(01):20—26.

受教育程度与经济收入的相关性,还因教育渠道或教育途径的差异而出现不同的变化。不少研究指出,同样的受教育程度因教育渠道的差异而使收入产生差异。例如,上一所"好大学"有什么优越性呢?美国学者詹克斯(C. Jencks)的研究表明:有着同样背景的人,学校声誉的差别对职业地位——即最终获得的工作的声望——影响不大。不过,考虑到收入,大学的选择就有其重要性了。他发现"重点大学"的毕业生比"非重点大学"的毕业生收入多28%。① 尽管对此还可以有不同的评论,但是,教育渠道与收入的这种相关性,无非都表达了同样的道理:在现代社会,教育对个体经济收入、经济机会的影响是巨大的。

(二) 受教育程度与人口数量

一个家庭,人口越多,则其家庭财产人均拥有量就越少。在历史上,人们为了避免家庭财产因在子女之间的均分而导致家庭社会经济地位下降的问题,采用了各种方法以避免这一问题的出现。例如,日本长期以来就一直强调"长子继承制"。这也说明了家庭人口数量与生活水平的反向变动关系。因此,控制家庭的人口数量、减少人均支出与消费水平,实际上就是提高了现有家庭成员的生活水平。而教育就具有人口控制的功能。迄今为止,大量的研究均表明,受教育程度与人口出生率呈反向变动的关系。

1981年,国际计划生育联合会的统计表明,在世界上116个国家和地区,12—17岁女性的入学率越高,此后她们的生育率就越低。我国有研究者基于2015年中国综合社会调查的原始数据,对城镇家庭的教育水平对其生育意愿的影响进行研究,根据样本的最高教育程度及完成情况,将样本教育水平重新划分为6个等级,即"1为小学及以下""2为初中""3为高中""4为专科""5为本科""6为研究生及以上"。图13-2绘制了城镇家庭居民受教育水平与意愿生育率随年龄的变化情况。由图13-2可以看出,我国城镇居民的受教育水平不断提

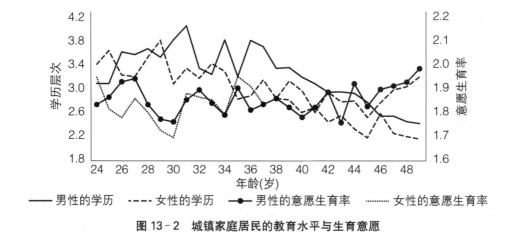

图 13-2 城镇家庭居民的教育水平与生育意愿

---

① 转引自:(美)戴维·波普诺.社会学(第十版)[M].李强,等译.北京:中国人民大学出版社,1999:445.

高,年龄小于 39 岁的城镇居民的教育水平基本在高中及以上,整体上男性的学历层次高于女性,近年来两者的差距有缩小趋势;家庭意愿生育率曲线的变动趋势与学历层次的反向变动关系十分明显,尤其在 26—30 岁,意愿生育率处于最低水平,其中女性的意愿生育率降至 1.8 以下。[①]

教育之所以具有人口控制功能,主要原因在于:第一,教育改变了人的生育观念,这为控制人口数量创造了主观条件。传统的生育观念一直是发展中国家人口自然增长率高的一个主要原因。教育可以丰富人的精神生活,使人们自愿改变了传统的生育观念。第二,受教育程度高的女性容易获得就业机会,这在客观上要求她们少生少育。第三,教育年限的延长也在客观上推迟了人们的初婚年龄,从而控制了生育率(见案例 13-7)。

| 案例 13-7 |

妇女初婚年龄与子数量

著名人类学家桑德斯(Sanders)认为,在不实行节育的情形下,妇女的终身生育率将随其婚龄的推迟而降低;同时,由于妇女在整个生育期内,生育能力随其年龄的增长而减弱,因而初婚年龄对生育率的影响特别大。据桑德斯计算,妇女每晚婚一年,少生的孩子数在 20—25 岁年龄段为 0.45 个;在 26—30 岁年龄段为 0.37 个。

资料来源:马和民、高旭平.教育社会学研究[M].上海:上海教育出版社,1998:253.

三、教育与生活质量

在社会学研究中,生活质量的衡量指标既有客观的指标,如人均寿命、健康指标、优生优育情况、受教育程度等;也有主观的指标,如精神生活方式、闲暇生活方式、社会生活满意度等。这里我们着重分析教育与优生、教育与个体的精神生活方式的关系。

(一)教育与优生

社会的不断现代化和家庭结构的小型化,促使人们不断地追求着自身生活质量的提高。其中,一个涉及千家万户的事情是怎样做好"优生优育"。有一个存在先天障碍的孩子,往往会成为家庭生活中最大的不幸。因此,优生优育已经成为现代家庭生活中的一个基本价值观。优生是提高人口质量的先天基础,优育则是提高人口质量的后天保障。教育与优生优育之间存在着极为紧密的联系。人口遗传素质差一直是我国许多农村地区的普遍现象,而这与教育的不够普及密切相关(见案例 13-8)。

[①] 周晓蒙.经济状况、教育水平对城镇家庭生育意愿的影响[J].人口与经济,2018(05):31—40.

> **案例 13-8**
>
> **一些农村地区的"同村恋"现象**
>
> 我国一些社会学家于 20 世纪 80 年代末对全国六省市 1441 户农民家庭的调查表明,绝大多数农民的通婚圈不超过 25 公里。最近的统计数字显示,84.71% 的农民择偶范围不出县,56.98% 的农民不出乡,30% 的农民不出村。这些同村同乡的男女可能现在还不是近亲,但又怎能保证几代不是近亲呢?

优育更与父母的受教育程度紧密相关。首先,优育需要一定的家庭教育投入,而父母的受教育程度是制约教育投入的一个重要因素。研究表明,父母,尤其是母亲的文化程度与对子女的教育投资之间存在正相关。其次,优育需要良好的家庭气氛和教育方法。尽管良好的家庭气氛未必与父母的受教育程度呈正相关,但是,大多数研究表明:通常受教育程度较高的父母更倾向于"民主的作风",而文化程度较低的父母则更多强调"专制的作风"。家长的教育方法与其受教育程度之间呈正相关。

(二) 教育与个体的精神生活方式

教育对个体生活质量的影响除了上述内容,还涉及一个十分关键却往往被忽视的内容,那就是个体的精神生活方式。实质上,教育对个体的一个主要价值并不体现在物质层面,而是体现在精神层面。以下,本书选取几个有代表性的问题作一分析。

1. 教育与价值观

随着高等教育的日益"大众化",受过高等教育的人数不断上升。那么,高等教育除了促进职业能力、传授新知和新技能之外,这一教育经历能否使个体的价值观和态度发生变化呢?美国学者克拉克的一项研究表明:教育会使一个人更有忍耐性、更民主、更多介入政治和文化。大学毕业生参加政治俱乐部或协会的可能性是高中毕业生的 2 倍,是小学毕业生的 4 倍。盖洛普的民意测验则表明:大学毕业生比中学或小学毕业生在所谓的社会问题上更自由。显然,教育与个体精神生活的丰富性之间存在着一种正相关。

2. 社会适应性

在传统社会向现代社会转型的过程中,人们的精神生活方式会发生较大变化。如何适应这种变化?只有具备良好社会适应性的人才能较好地回答这一问题。一个具有良好社会适应性的人,具有创新精神;具有在生活上、事业上的进取心;对于别人的行为具有较强的接纳力;能够宽厚待人等。美国教育学家魏德曼(J. Weidman)的本科生社会化模型是一个很好的例子。该模型提供了一个全面的框架,用于理解本科生如何适应大学生活和社会环境,以及在这个过程中所面临的各种影响因素和挑战。他提出,本科生社会化是一系列压力与能动反应相互作用的结果。具有特定背景特征的学生自进入大学起便受其他诸多因素的影响,包括来自校园内的制度性情境、专业院系中的师生互动以及校园外的支持与压力等。面对这些因素所产生的规范性压力,本科生对此进行评估,并选择调整或维持入学前的态度、价值观、志向、职业选择等非认知能力方面的偏好(见图 13-3)。①

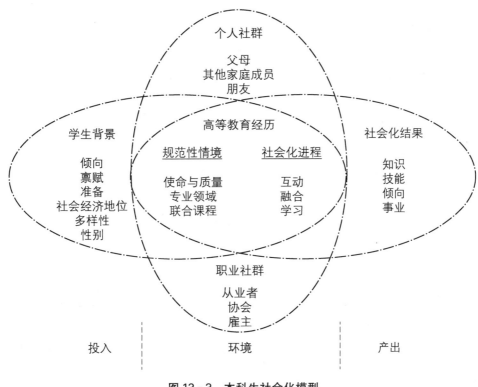

图 13-3 本科生社会化模型

关键词

社会化　　　　　社会教化
个体内化　　　　过分社会化
社会化失败　　　镜中我理论
自我发展的三阶段论　社会流动
人口流动　　　　人才流动
生活方式　　　　生活水平
生活质量

---

① 转引自:蒋凯,赵菁菁,王涛利.高等教育普及化时代本科生成长的理论阐释——魏德曼本科生社会化模型评析[J].现代大学教育,2023,39(06):22—32,112.

习 题

1. 简述社会化的生物学条件。
2. 试析社会化的社会文化基础。
3. 简析儿童社会化的几种理论。
4. 比较分析不同社会化媒介的特点和作用。
5. 案例研究:个体不同发展阶段社会化过程中的主要问题。
6. 试析教育与个体社会地位升迁的关系。
7. 试析社会的人才选拔模式与教育的关系。
8. 讨论:教育与个体生活水平的关系。
9. 讨论:教育与个体生活质量的关系。

推荐阅读书目

1. 周晓虹.现代社会心理学:多维视野中的社会行为研究[M].上海:上海人民出版社,1997.①

2. (英)安东尼·吉登斯.现代性与自我认同:现代晚期的自我与社会[M].赵旭东,方文,译.北京:生活·读书·新知三联书店,1998.②

3. Berger K. The developing person through childhood and adolescence[M]. New York:Worth. 1986.③

4. Gerald Handel. Childhood socialization[M]. New York:Adline,1988.④

5. 姜添辉.资本社会中的社会流动与学校体系——批判教育社会学的分析[M].北京:高等教育出版社,2002.⑤

6. OECD. A broken elevator? How to promote social mobility[R]. Paris:OECD Publishing, 2018.

7. (美)乔治·瑞泽尔.社会的麦当劳化(第9版)[M].姚伟,等译.北京:中国人民大学出版社,2023.

---

① 该书为一部优秀的社会心理学著作。其中涉及对人的社会化、社会行为以及人的现代化等方面的专门分析。
② 该书讨论了当代社会个体在自我认同的过程中,外在的全球现代性制度对个体的冲击以及个体对这一冲击的吸纳和强化作用。
③ 该书为对儿童发展研究的导论性著作。
④ 该书为一部对儿童社会化进程进行研究的优秀著作。
⑤ 该书主要探讨资本主义社会中的阶级再制现象。

第十四章

教育与国家发展

学习目标

1. 理解教育与国家发展的关系。
2. 把握总体国家安全观与教育的关系。
3. 掌握中国式现代化与教育的关系。
4. 形成对全球化与全球教育治理的客观认识。

发展研究兴起于第二次世界大战后。发展既指人类社会随时间的推移由低级到高级状态的变迁，又指有着某种既定目标的有意识的活动。因此，发展既可以指对历史变迁的描述，也可以指对未来历史前景的设计、规划和预测。后者往往被称为"现代化"。现代化最初被用以描述民族国家的发展。随着全球经济一体化的实现，许多经济学家告诫说：民族国家将会因"跨国公司""市场的国际化"，尤其是当今的"全球网络化"等而趋向于消失。但是，从社会学的角度来看，民族国家不会消失。在一个多世纪前，许多西方学者预言中国将比日本更有可能"赶上"西方，而当今的中国实际上已在某些领域已经取得了令世界瞩目的成绩，但在追求现代化的进程中仍存在极大的发展空间。原因何在？中国式现代化需要有什么样的动力系统？教育能否实现中华民族伟大复兴的中国梦？本章将通过对教育与国家现代化关系的考察，尝试回答这些问题。

第一节　教育与国家现代化

现代化是指一种特殊形式的社会变迁过程，它是以科技进步为先导，以经济发展为推动力，以工业化、城市化、产业化、民主化等为主要内容的，是一个有计划、有目的的社会变迁过程，是一个从传统的前工业社会向工业化和信息化社会发展的社会变迁过程。世界各国的现代化发展模式各有不同，现代化的时空条件也不同。对国家现代化的研究可以采用不同的研究视角，教育社会学家主要关注教育在国家现代化过程中所起的作用及存在的问题。

一、国家现代化模式与教育

社会变化古已有之，任何社会相对于过去而言都是一个更加现代的社会。不过，我们仍可以对现代化理论的流变作一简要概括。

（一）现代化理论的出现

最早期的学者用"神意"和历史循环论来解释社会变迁。18世纪的启蒙学者开始以理性的发展为线索来讨论社会进步。19世纪的早期社会学家则从生物进化论的角度比拟社会进化。20世纪以后产生了工业化理论与发展理论，开始用现代化理论来解释社会变迁。

1951年，美国《文化变迁》杂志在芝加哥大学召开学术会议，会议提出了应该使用"现代化"一词来说明从农业社会向工业社会的转变过程。1958年，美国丹尼尔·勒纳（D. Lerner）发表《传统社会的消逝》一书，提出现代化是从传统社会向现代社会转变的过程这一新观点，从而在一个较长的时期内形成了现代化就是"西方化"的观点。

20世纪70年代，得益于以美国普林斯顿大学布莱克（C. Black）教授为主的研究小组的工作，现代化理论出现了一个新方向。他们认为，西方早期的现代化理论过多强调了西方国家的影响，明显忽视了对各类正在走向现代社会的内部文化传统的研究，进而提出："现代化理论与其他任何社会变化理论的不同之处在于,它应当把四个方面的内容作为研究领域:第一,应当重视评价前现代社会中产生的有利于或阻碍现代化的各种因素;第二,应当把反映在科学革命和技术革新中的知识进展看作社会变革的原动力,正是知识的进展使这类社会变革区别于过去的任何社会变革;第三,应当着重于检验某个社会在政治、经济、社会、文化和科学的进步所提供的可能性面前,利用这些因素的能力;第四,应当批判性地评价某个社会的领导者如何利用各种政策去改造传统制度和观念,目的在于在这样的基础上利用可行的政策有选择地向先进的现代社会借鉴,并推动现代化的进程。"①

早期的现代化理论是把现代化等同于西方化。例如,《国际社会科学百科全书》中便把现代化的进程看成是"西欧和北美产生的制度与价值观念,从17世纪以后向欧洲其他地区的传播过程,18世纪至20世纪向世界其他地区的传播过程"。② 这种观点的实质是把现代化看成是西方式的工业化。自20世纪70年代以后,现代化的概念有了实质性的变化。

(二) 现代化的本质:传统性和现代性问题

现代化是传统社会向现代社会的转变过程。这是一种多层面的同步转变的过程,涉及人类生活所有方面的深刻变化。概括地说,现代化可以被看作是经济领域的工业化、社会组织领域的城市化、政治领域的民主化、价值观念领域的理性化的过程。

现代化理论家采用现代性(modernity)和传统性(tradition)来说明现代社会与传统社会的区别,凡现代性占主导地位的是现代社会,而传统性占主导地位的是传统社会。但是,如何区别现代性与传统性,则成了不同领域的许多理论家的分歧点。

经济学家认为,现代性是指工业和服务业在社会中占有绝对优势,并起着主导的作用,可以用人均国民收入来衡量,也可以用三个产业在国民总收入中所占的比例来衡量。例如,美国经济学家罗斯托(W. Rostow)的经济起飞五阶段论便是这方面的代表性观点。③ 社会学家(尤其是功能论者)认为,现代社会与传统社会的根本区别在于社会分层和社会整合程度的高低。政治学家主要从政治结构分化和政治参与扩大两方面来解释现代化。例如,亨廷顿(S. Huntington)提出,政治现代化包含两个关键领域:一是政治系统内部权力的分配必须首先具有革新政策的能力,即通过国家的行为促进社会和经济的改革;二是必须具备能成功地把现代化所产生的社会力量吸收进政治系统的能力。心理学家认为,行动者性格结构中的某些变化是社会现代化过程中的关键要素。例如,美国心理学家麦克勒兰德(P. McClelland)提出了成就动机论(achievement motivation),以解释现代社会与传统社会的主要区别。他认为:"成就动机较高的社会将会造就精力更旺盛的企业家。反过来,正是他们推

---

① (美)西里尔·E. 布莱克,杨豫. 现代化与政治发展[J]. 国外社会科学,1989(04):92—97.
② Sills D L. International encyclopedia of the social sciences (Vol. 6)[M]. New York: Crowell Collier and Macmillan, 1968:324.
③ 他主张,所谓现代社会,就是经济有持续增长能力的社会,并提出任何社会都会经历经济增长,而经济增长可分为五个阶段:传统社会阶段、起飞前聚集阶段、起飞阶段、经济成熟阶段和高频消费阶段。关键是起飞阶段,这一阶段需要以教育的普及为前提。

动了更迅速的经济发展。"①美国心理学家英克尔斯(A. Inkeles)则指出现代人有九大特征：有接受经验的能力,对革新与变化有先见之明;对各种问题持有自己的观点;面向目前和未来而不是迷恋过去;把计划和组织信念当成处理生活的方式;根据自我的发展来掌握环境;信赖别人;尊重他人;信仰科学技术;相信分配公正。

现代性与传统性并非相互对立和排斥的极端状态,在任何社会中都不存在纯粹的现代性和纯粹的传统性。现代化过程是一个传统性不断削弱、现代性不断增强的过程。每个社会的传统性内部都有可能发展出现代性。实际上,现代化是传统的制度和价值观念在功能上对现代性的要求不断适应的过程。

(三) 现代化理论的重心转变

现代化理论经历了几次重心转变,并体现在对不同的发展战略的选择上:从把现代化理解为片面的经济增长,到把现代化理解为一个全面的、综合的发展过程,再到以人为中心的发展观的形成。20世纪60年代,学术界开始了对片面的经济增长论的深刻反思。在这一时期,一些发展中国家经济增长的速度持续提升,但是单纯的经济增长并没有导致发展中国家现代社会的到来,反而产生了众多意想不到的后果(见案例14-1)。这使人们对以经济增长为目标的现代化模式产生了怀疑和批判。

案例 14-1

巴西和伊朗的经济增长

20世纪六七十年代,巴西的经济增长率很高,一度甚至超过了欧共体的经济增长率,使之跻身世界工业16强,经济迅速发展。但到了80年代,巴西为经济起飞付出了沉重代价:"农民极度贫困,社会两极分化严重,社会动荡不安,反对派遭到血腥清洗,巴西1.3亿人口中有7000万居民的实际生活水平下降。"

20世纪六七十年代也是伊朗工业化快速发展的时期,十几年间,伊朗的经济增长了10倍多。但是,伊朗要做军事强国,在经济增长后每年要支付180亿美元用于购买军火,同时又把大量资金投放在修建德黑兰地铁之类资金密集型的大项目上,加上统治阶层内部的普遍腐败,导致伊朗的新财富不仅没有促使伊朗社会进一步稳定,相反还使本国大多数人不满。随着巴列维王朝被推翻,伊朗的"现代化"也就中止了。

资料来源:鲍宗豪.当代社会发展导论[M].上海:华东师范大学出版社,1999:74.

进入20世纪70年代,国际社会开始扬弃以"经济增长"为核心的现代化理论,倡导综合的发展观。发展不仅包括物质和经济方面,还包括其他更广的方面,如把发展看成是包括整

---

① (美)麦克勒兰德.贤选社会[M]//(美)西里尔·E.布莱克.比较现代化.杨豫,陈祖洲,译.上海:上海译文出版社,1996:13.他还提出了一个计量的标准,即计算儿童读物中有关进取和以获得成就为欲望的主题出现的频率。

个经济和社会体制的重组和重整在内的多维发展过程,包括了经济、科技、社会、文化、政治等所有方面。这种观点强调:第一,经济发展与社会发展必须均衡。第二,强调发展是整体的和内在的。所谓"整体的发展",是将现代化看成是一个由人口、环境、政治、经济、科技等相关系统组成的整体。发展是各要素之间的协调运行过程,最终是要获得整体的最佳效应而非局部的最佳发展。因此,某一部分的发展不应以牺牲另一部分的发展为代价。所谓"内在的发展",强调的是一个国家要依靠其内部力量和资源配置,并进行合理的开发和利用,在不破坏社会传统的过程中实现现代化。第三,强调人的因素。社会发展必须以人为中心,人是一切发展的最终目标。社会现代化首先是人的现代化。

这种"以人为中心的发展观"的确立,促使人们对国家现代化的本质和关键有了全新的理解。以人为中心的社会发展有利于作为社会成员的人的发展。这种发展强调四个方面:第一,社会平等,即每个人都有实现其自身发展的机会,一个人的发展不应以压制另一个人的发展为前提;第二,区域间的平等和国际平等,强调在尊重其他社会完整性的前提下(不以经济剥削、政治压迫、文化控制去阻碍其他社会成员的发展)实现人的发展;第三,不应损害后代人的发展;第四,后代人的发展也不应剥夺现代人的生存。但是这种发展并非立即可以实现的,而是一种导向,这种发展也没有统一的模式。

(四) 国家现代化的模式与类型

划分国家现代化类型的方法有多种。从现代化起步时间来划分,可分为早发型现代化和晚发型现代化;从典型国家来划分,可分为英国型、法国型、德国型等。但是,更确切的分类必须从现代性与传统性的互动关系来划分。当某个国家的现代性与传统性因素具有较强的兼容关系时,其现代化是从社会内部发展出有利于现代化的因素而实现的,此时便可以称为"内源性现代化",例如英、美等国。但是此类国家极少,大多数国家的传统性和现代性的兼容关系较弱,并没有在社会内部产生推动现代化的变革力量,而是在外部压力下实现"外源性现代化"。欧洲许多国家以及一些发展中国家的现代化就属于这一类。

在发展中国家力图加速经济发展、加快国家现代化步伐的同时,一些发达国家则在经历着另一场社会变迁。许多学者用后工业社会(postindustrial society)来概括这些国家的社会发展趋势。美国未来学家贝尔(D. Bell)是这一思想的主要倡导者之一,他在《后工业社会的来临》一书中,归纳了后工业社会的主要特征(见表14-1)。

表14-1 后工业社会的主要特征

	主要的经济活动	不同的时代	劳动大军	技术和教育	社会主导力量
工业社会	制造业、农业和资源开发	机器时代	蓝领工人	有大量缺乏教育的企业家	商业和市场
后工业社会	服务业(如商业、交通、通信、教育等)	电脑时代	白领和中产阶级工人	对知识和技术给予高度重视	政府

(五) 国家现代化模式与教育

现代化发展有其自身独特的模式、规律和特点,不同国家的现代化必须寻找自身独特的发展道路,因此,教育与国家现代化模式的关系也就有了不同特点。

1. 教育在国家发展中的作用

世界经济发展的事实说明,教育会对一个国家的经济发展产生巨大的作用。例如,英国在 18 世纪首先成为世界经济中心,一个重要的原因是当时英国的教育发展。但是,从 1850 年起,英国很快被德国超过了,主因是英国后来忽视了科学和教育。德国很重视教育,特别注意学习法国和英国,建立了很多专科学校。自 1830 年起,德国就有很多科学家从英国、法国学成归来。至 19 世纪末,德国儿童的入学率已经达到 97%,而此时英国不到 50%。1880 年,德国的工业发展超过了英国,1895 年,德国的工业产品压倒英国,欧洲经济中心从英国转向德国。在 1860—1900 年这 40 年间,德国走完了英国用了 100 年走的路,实现了工业化。19 世纪末 20 世纪初美国的崛起,一个十分重要的原因便是大量引进来自英国、法国、德国、奥地利、意大利的人才,重视科技发展与科技教育。1860 年,美国还处于经济落后的殖民状态,到 1880 年成了西方第二经济大国,1890 年成了世界第一,1900 年人均收入超过欧洲各国。

2. 日本和英国的教育与现代化

世界经济发展史上取得成功的两个最令人惊奇的故事都发生在离亚欧大陆不远的两个岛国上。英国是缓慢而较早地发展起来的,日本则是在后期通过有选择地采用其他国家创造的思想和技术而迅速进入现代世界的。但是,如果对 16 世纪中叶到 20 世纪初英日两国的社会结构、教育制度和经济增长进行比较,则可进一步发现一些有意义的现象。

英国和日本在比较早的历史时期,即英国的都铎王朝时期和日本的德川幕府时期,存在着显著的共同性,而此后则转变为同样显著的差异。原因何在? 到 1900 年,英国通过极为成功的发展和扩展使英国的高等教育中出现了斯通(L. Stone)所说的"对非专业研究的崇拜和对古典的研究占据了优势地位"。显然,英国到了 20 世纪甚至今天,在适应现实的过程中为什么困难重重,其重要原因之一就是历史上形成的培养政治精英的保守方法。相反,日本的高等教育则强调自然科学、社会科学和工程技术。下面,本书较为具体地予以分析。

(1) 两国的社会结构和教育制度。都铎王朝时期的英国和德川幕府时期的日本都处于大约 250 个贵族家族和绅士家族的统治下,建立了专制王朝;英国确立了国教教义和教会,日本确立了以朱熹、王阳明的思想为核心的儒教。英国在 17 世纪末以前,日本在 19 世纪以前,其经济发展主要依靠上层阶级挥霍浪费的需求来推动。英国在 16 世纪,日本则在 17 世纪使学校教育摆脱了僧侣的垄断,并为上层阶级开设了学校。两国的教育内容均来自外国(英国是拉丁文古典著作,日本是汉语古典著作),接着又产生了平民教育。

(2) 18—19 世纪英国经济增长的原因。英国在 1750—1870 年发展出了世界上第一个工业化社会，但又保留了贵族式的社会结构以及功能失调的上层阶级教育制度。在 16 世纪末以前，英国人由于对本民族的文化遗产缺乏自豪感，对外部世界充满了好奇心，因而充分吸收和发展了其他国家的发明与技术。英国人在这个时期把去其他国家的所感所闻，大量地向国内进行报告。英国模仿德国的采矿技术，模仿法国的铸炮技术，模仿荷兰新的纺织技术，模仿葡萄牙和西班牙的造船与航海技术，并把这些技术加以发展。这些工作大多数是在政府的计划和指令下进行的。在教育方面，英国议会采取的最早的措施之一就是邀请捷克教育家夸美纽斯访问英国，提出意见，进行指导。因而英国教育的发展主要便发生在 16—17 世纪（见案例 14-2）。但是，直到第一次世界大战前，英国仍处在地主阶级的统治下，到第二次世界大战以前，上层阶级的教育基础一直是以掌握古典学问为重点，重形式而轻内容。尽管在 19 世纪中叶，英国也引入了文官考试制度，并在剑桥大学、牛津大学建立起助学金制度，但是这种竞争性制度本身并没有在英国得到发扬。

| 案例 14-2 |

16—17 世纪英国教育的发展

以英国柯蒂斯（Curtis）教授为首的一个学派把 1550—1660 年这个时期看成是英国真正的启蒙时期。当时，政府、知识分子、绅士和商人一致认为严肃的教育对于创立一个伟大的社会最为重要。据估计，到 1660 年，30％的成年男子能识字，每 4400 人拥有一所学校（1870 年每 23700 人才拥有一所学校），接受高等教育的男子所占的比例也要比第二次世界大战以前的任何时候都大。确实，西方学者普遍认定，17 世纪中叶英国上层阶级的知识成就达到了很高的水平。

（3）20 世纪日本的崛起。20 世纪初，日本选择了另一条发展道路，它保留了贵族的权力结构，但摧毁了上层阶级的教育制度。19 世纪末的日本不再模仿中国的教育和行政管理模式，转而向西方学习。1868 年，福泽谕吉创办了日本第一所私立大学——庆应大学，提出独立和实用的办学宗旨。1869 年，东京大学成立，其教学目的就是要把儒学的伦理和西方的技术结合起来。1872 年，日本颁布法令，最终取消了双重阶级的教育制度，模仿法国、美国推行统一和普及的全民教育。1962 年，日本文部省发表了《日本经济增长和教育的白皮书》，其主要目的和内容是：自第二次世界大战以来，日本的经济增长归功于教育人才的储备；日本同其他一些高增长率的国家（如加拿大、德国、苏联、美国）一样特别注意普通教育和技术教育；在 19 世纪国家现代化面临经济落后、人口过多、资源薄弱等障碍时，只有日本和丹麦这两个国家对教育予以充分重视，特别是对人口如此之多的农村教育十分重视。这可以从德川幕府时期的教育格言中反映出来（见案例 14-3）。

> **案例 14-3**
>
> **日本德川幕府时期的教育格言**
>
> 1. 日本德川幕府时期的教育内容主要是儒学,但村学教师简化了这些格言。例如,与教育成就的直接关系是"不学则无知,无知则愚昧"。
>
> 2. 村学格言:"无知……让你本人、你的教师和父母都蒙受耻辱。谚语说,从三岁看百岁。下决心去取得成功吧,尽力学习吧,切勿忘记失败的耻辱。"
>
> 3. 1885年,文部省大臣向师范学校的师生们保证,教育将会使他们的国家"在世界所有国家中处于领先地位"。
>
> 4. 尽管我们并无确切的数据表明日本国民的受教育状态,但根据多尔(Doll)和帕辛(Passin)的估计,德川幕府时期日本男性的识字率在40%—50%之间,而女性也可能有10%左右在某些学校就读过。
>
> 5. 大给空井(1666—1728)等一些著名的儒学政治理论家强调要用古代中国的一般原理来解决日本当前的问题,强调不应当简单地模仿哲人,而应当像哲人那样行动。所有这些在培养"实用知识"方面具有极重要的作用。后来,当他们看到更加合理和更加实际的榜样时,这种实用知识便提供了传统的价值观念向现代目的转变的桥梁。

(六) 国家管理模式与教育价值观

1. 集权型国家的教育价值观

集权型国家一般指奴隶制和封建制国家,但资本主义时期和社会主义阶段都有产生集权领导的可能,如第二次世界大战期间的德国、日本,以及苏联的斯大林领导时期。这种类型的国家崇尚教育的政治价值,一切为维护政权服务,实施严格的集权管理体制,强调绝对服从。集权型国家的教育价值观有下列特点:强化教育的国家观念,加强教育上的思想控制;强化教育等级观念,培养社会等级意识,复制专制社会政体;推行愚民政策,摧残知识和人才,压抑个性;以严厉的校规和惩罚制度治教治校。这是一种破坏性最大的教育价值观,它摧残民智,复制不平等,制造愚昧和战争。

2. 分权型国家的教育价值观

这类国家一般指资本主义国家,实行分权制,推动多元化的政治、经济和教育制度发展。国家对教育实行宏观调控,给学校较大的办学自主权,允许自由办学,自由地与社会经济的各个部分建立各种联系,不强求统一,较大地满足了各方面对教育的需求。这种教育价值观有下列特点:注重实效功用,不讲究具体形式;反对教育上的人身依附关系,把教育作为平等的重要标尺;强调完美人格的塑造,重视个人独创和自我实现等个人主义;重视科学知识,重视教育为生产服务等。这种教育制度强调较全面地发挥教育职能,较多地提供个人发展的可能条件,倡导根据具体需要来选择教育,但也易于导致个人主义膨胀,教育资源分配不均,两极严重分化的现象。

3. 民主型国家的教育价值观

民主型国家是现代化国家,不仅生产率高,基本上能较好地满足人的需要,而且实行民主开放的政治体制,言论真正自由,教育成为民主的摇篮和标尺,在教育中能较完全地体现人的发展与人类进步的统一。这是国家发展的理想目标,也是国家发展的最高阶段。民主型国家教育价值观的特点有:注重教育中人的主体性,培养民主参与意识;倡导集体主义观念,强调在共同理想基础上的个人实现;强调教育中政治功能与生产功能相统一,培养正确的人生观和劳动观。要成为民主型国家,不仅要努力革除旧传统的弊端,而且应确立科学的教育价值观,使教育能最大限度地发挥作用。

(七) 国家文化模式与教育价值观

任何一个民族国家都有其自身的文化传统,或文化模式。文化模式与教育价值观之间存在着紧密关系。日本强调集体精神和民族意识,将教育与整个民族的利益联系在一起。因此,在日本,个人对教育的态度和个人的受教育程度被视为是否有用、有志,能否为国家争光的根本条件。这种教育体系深刻影响了日本社会的发展,教育被视为全民族追求的"信仰"。尽管日本也存在因教育压力过大而导致的问题,但整体上,日本的教育体系更多地注重了学生的个性发展和全面素养。

美国以"教育立国"著称,教育价值观体现了其重自由、重功效、重科学的民族精神。在美国,教育强调个人的自由发展和才能培养,注重实用性和创新性。美国的教育更加开放和多样化,不仅注重学生的学术成就,也重视学生的社会能力和创造性思维。这种教育体系培养出了许多具有创新精神和实践能力的人才,为美国社会的发展作出了重要贡献。

中国拥有悠久的教育传统,几千年来一直注重教育的重要性。尽管曾经,中国的教育更多地着眼于功名利禄,但随着社会的进步和时代的变迁,中国的教育理念也在不断发展和完善。现代中国的教育更加注重学生的全面发展和创新能力培养,致力于培养具有国际竞争力的人才。政府和社会各界也加大了对教育的投入和改革力度,努力构建适应社会发展需求的教育体系,推动中国教育不断向前发展。

二、国家可持续发展与教育

20世纪以来,各国重视发展和现代化,带来了经济的高速增长和物质的极大丰富。与此同时,也带来了一系列困境:人口膨胀、耕地减少、生态破坏、资源耗竭、环境污染、能源危机、社会不均等。可持续发展观正是在人们对传统发展观的反思下形成的。

(一) 可持续发展观的形成

以单纯经济增长为追求目标的传统发展观把人们的注意焦点放在经济产值和商品的增加上,使人们为了物质财富的增长而不惜一切代价,追求近期利益而不顾长远利益,甚至以牺牲未来的发展为代价。

1962年,卡逊(R. Carson)的著作《寂静的春天》出版,其中列举了大量环境污染的事实,说明人类在创造文明,却又在毁灭文明。环境问题不解决,人类将生活在幸福的坟墓中。1966年,美国的鲍丁(K. Boulding)提出宇宙飞船经济理论,认为地球好比一艘宇宙飞船,飞船上的人口不断增加,经济不断增长,最终导致资源耗竭,船舱全被污染。这种单程式的经济发展,必然会导致地球最终毁灭。70年代初,罗马俱乐部研究"全球困境"的第一份报告《增长的极限》出版,向人们提出了生态环境方面的警告。自此,全球爆发了关于"发展是否有极限""停止增长还是继续增长""人类发展是否可以维持"等问题的激烈争论。

1972年6月,联合国在瑞典斯德哥尔摩召开了人类环境会议,发表了《人类环境宣言》,这是人类对环境问题认识的转折点,也是可持续发展观的第一个里程碑。

1981年,美国经济学家布朗(L. Brown)出版了著作《建设一个可持续发展的社会》,首次对"可持续发展"作了系统论述。他提出解决人口爆炸、经济衰退、环境污染、资源匮乏等世界性难题的出路,在于建立一个可持续发展的社会。这是可持续发展观的第二个里程碑。

1987年,以布伦特兰(G. Brundtland)为首的"世界环境与发展委员会",根据联合国的决议,向联合国提交了一份《我们共同的未来》的报告,把"可持续发展"定义为"既满足当代人的需要,又不对后代人满足其需要的能力构成危害的发展"。这可以说是可持续发展观的第三个里程碑。

1992年6月,联合国环境与发展会议在巴西里约热内卢召开,183个国家的代表团、联合国及其下属机构等的70个国际组织的代表出席了会议。会议签署了《里约热内卢环境与发展宣言》《21世纪议程》《关于森林问题的原则声明》《联合国气候变化框架公约》《生物多样性公约》等重要文件。这是可持续发展观最重要的里程碑。从此,可持续发展观成了时代的最强音。

2012年,党的十八大报告明确提出"倡导人类命运共同体意识";2017年,党的十九大报告提出"坚持推动构建人类命运共同体";2022年,党的二十大报告提出"推动构建人类命运共同体"。2023年,国务院新闻办公室发布《携手构建人类命运共同体:中国的倡议与行动》白皮书,提出:"构建人类命运共同体,就是每个民族、每个国家、每个人的前途命运都紧紧联系在一起,应该风雨同舟,荣辱与共,努力把我们生于斯、长于斯的星球建成一个和睦的大家庭,推动建设持久和平、普遍安全、共同繁荣、开放包容、清洁美丽的世界,把各国人民对美好生活的向往变成现实。构建人类命运共同体理念,着眼全人类的福祉,既有现实思考,又有未来前瞻;既描绘了美好愿景,又提供了实践路径和行动方案;既关乎人类的前途,也攸关每一个体的命运。"

(二) 可持续发展的社会形态

可持续发展的社会形态有它自身的特征:(1)普遍的社会责任感。可持续发展的社会是在满足自身当前需要时不牺牲后代利益的社会。它要求每一代人都能保证其后代继承的是一份自然资源不匮乏、经济活力不减少的遗产。(2)推动人口长期均衡发展。可持续发展的社会必须促进人口高质量发展。(3)节约型的社会。可持续发展的社会将以"节约型社会"替代"浪费型社会",通过对资源的综合利用,创造一个更清洁的地球环境。(4)良好的生态系统。可持续发展的社会将使地球的生态系统恢复良性循环。(5)全新的价值观念。可持续发展的社会强调环境与经济的协调发展,追求人与自然的和谐,强调以后代的利益为基点的发展原则。

(三) 教育对国家可持续发展的重大作用

可持续发展是当今每个国家追求的基本目标,然而它需要有强大的社会支持系统。教育则是其中一个最基本的支撑系统。教育对于国家可持续发展的作用,并非体现在教育对经济发展的直接促进作用上,而是体现在教育促进人的发展的基础上。教育使个体都能掌握自己的命运,给予个体未来社会的"生活通行证"。教育对个体发展的作用主要体现在以下几方面:社会责任感的养成;全新的价值观念、人口控制意识、环境意识、国际意识、社会可持续发展意识的养成。其基本途径是:责任感教育、环境教育、人口教育、国际理解教育和新的价值观教育。

1. 责任感教育

可持续发展的社会包含了普遍的社会责任感,责任感的养成教育将比历史上任何时候都更为重要。这一责任感的基本内容包括:对自己负责、对他人负责、对社会负责、对国家负责,还要对国际社会的整体发展负责。

2. 环境教育

环境教育是最具体的也是最持久的可持续发展教育内容。其目的是使受教育者理解人类活动与生态环境的相互关系,使他们获得参与环境问题解决、管理环境质量的知识、态度和技能。环境教育的设想源于 20 世纪 60 年代。1987 年,世界环境与发展委员会在《我们共同的未来》这一报告中明确提出:"环境问题的出路取决于一个巨大的教育、辩论和公众参与的运动。"《中国 21 世纪议程》特别强调了环境教育问题,提出加强对受教育者的可持续发展思想的输入,要求在小学自然课程、中学地理课程中纳入资源、生态、环境和可持续发展等内容,在高校开设发展与环境课程。

3. 人口教育

人口问题是可持续发展的主要障碍之一,人口发展不均衡会导致对自然资源的无尽索取,加剧环境的压力,导致人口生存质量的下降。人口教育的目的是树立优生优育的观念,理解人口增长与社会可持续发展的关系。

4. 国际理解教育

和平的国际环境是国家可持续发展的重要前提。国际理解教育的目的是使受教育者建立一种对人权、对主权国家的宽容、尊重、团结的态度。

5. 新的价值观教育

可持续发展观所强调的是人与人、人与自然、人与社会的和谐共处、平衡协调;反对人与人、人与自然、人与社会的对立、冲突;要求改变物质消费、个人享受的观念,建立一种"节约"和"节制"的价值观——节制增长、节制享受、节制消费、节制剩余等;强调科技、社会、伦理的协调发展。

尽管教育对于国家可持续发展的意义重大,但是对于发展中国家来说,追求可持续发展还存在着严峻的资源分布不均等现实困难。资源的不均等分布不仅体现在自然资源、机器等物质资本方面,也体现在人才资源等"智力资本"方面(见案例14-4)。

案例14-4

人才流向发达国家

发展中国家每年损失专家、工程师、医生、科学家、技术人员数千人。他们因为工资待遇、发展机会等而移居发达国家……工业化国家从这些移民发挥的才能中得到了好处。1960—1990年,美国和加拿大接收了100多万来自发展中国家的专业人员与技术人员;美国的教育在很大程度上依靠这些人员,1985年,美国工程院校里35岁以下的助教约有一半是外国人。日本和澳大利亚也在努力吸收高度专业化的移民。发展中国家这种专业化劳动力的损失是严重的资本流失。美国国会研究部门认为,1971—1972年,发展中国家因为每一个专业移民而损失了2万美元的投资,损失总额达646亿美元。……加纳在20世纪80年代培养的医生目前有60%在国外行医……1985—1990年,整个非洲损失的中、高级专业人员和技术人员估计有6万人。

资料来源:联合国教科文组织.教育——财富蕴藏其中:国际21世纪教育委员会报告[M].联合国教科文组织总部中文科,译.北京:教育科学出版社,1996:58—59.

造成上述现象的原因有很多,例如本国的教育制度与社会需求不适应,导致培养的人才过剩;人才使用机制存在问题,导致人才外流等。因此,对发展中国家来说,重要的是首先检讨本国的教育制度,努力促进本国的教育系统更适应实际的需要,加强对"教育浪费"的监督和改革,强化本国的教育系统,使其承担起更多的促进国家发展的功能。

三、总体国家安全观与教育

2014年4月,习近平总书记在中央国家安全委员会第一次会议中强调,坚持总体国家安全观,走中国特色国家安全道路。其中,习近平总书记指出,既重视传统安全,又重视非传统安全,构建集政治安全、国土安全、军事安全、经济安全、文化安全、社会安全、科技安全、信息安全、生态安全、资源安全、核安全等于一体的国家安全体系。

在日趋激烈的全球竞争中,教育既承担着为国家培养具有核心竞争力的科技创新人才的重要任务,又关系着我国当前和未来的政治凝聚、社会稳定、文化安全、社会主义核心价值观认同等国家安全问题,因而教育安全就是国家安全的重要组成,也是国家安全的坚实基础。面对当前国内外复杂多变的安全和发展环境,国家教育安全亟须得到全社会的重点关注。

(一) 系统审视内外挑战,精准定位教育安全问题

迄今为止,尽管学界尚未提出教育安全的概念,但是从国家教育政策到学术探究中,均能找到各种与教育安全密切相关的内容。整体上说,我国的教育安全面临着以下多重挑战。

第一,西方无孔不入的文化渗透。长期以来,以美国为首的西方诸国采取多手段、多类型、多渠道的方式,不间断地对我国青少年儿童进行政治争取、文化植入和价值观渗透,从未放松对我国的文化入侵和意识形态渗透。随着信息技术的迅猛发展,西方的文化渗透通过互联网变得更加花样繁多、复杂隐秘。如何进一步加强我国青少年儿童的文化认同、国家认同、民族认同,树立对中华文化的自信,抵制西方的文化渗透,强化对中国特色社会主义制度的根本认同,是当前我国教育安全的首要任务。

第二,全球竞争已凸显为人才竞争。21世纪的世界进入了更为复杂、多变、矛盾、冲突、危机四伏的时期:战争威胁、经济复苏充满不确定性。在愈演愈烈的全球综合竞争中,科技创新人才是取得国际竞争胜利的关键,进而关系到我国是否有持续强劲的国家竞争力、和谐有序的社会环境和坚实稳固的国家安全。如何持续不断地为国家各个领域输送高精尖人才,保障人才安全,已成为教育安全治理工作中必须直面的问题。

第三,教育浪费现象值得关注。教育作为一种重要的基础性、生产性和消费性投资,包含着教育服务和人才输出,必然会出现人才浪费、才能储备、投资效益低下等现象,更重要的是会出现杜威所说的"人类生命的浪费、儿童就学期间生命的浪费和后来由于不适当与谬误的准备所造成的浪费"。教育浪费本质上是指教育领域的投入(人力、财力、物力、时间等)未产生应有效益的现象,其表现有显性和隐性两种形态。显性的浪费表现为:生产性浪费、功能性浪费、分配性浪费和使用性浪费;隐性的浪费则表现为:师生生命的浪费、才能储备、毕业生生命的浪费、毕业生工作效率低下等现象。

第四,校园安全隐患普遍存在。教育系统内部的安全问题与师生的人身安全直接相关,必须引起高度重视,如学生校内生活安全、校园饮食安全、师生心理安全、师生冲突问题、校园霸凌欺凌问题、与学校直接或间接相关的自杀及他杀等问题。

(二) 构建科学的教育安全观与安全指数,实施教育安全治理

教育安全是国家、政府和公民等教育主体在教育思想、教育观念、教育需要、教育内容、教育活动、人才培养、教育成就等方面免于内外各种因素侵害和威胁而没有危险的客观状态。

教育安全程度取决于一个国家或地区的教育发展程度。教育治理的政策和措施、经济发展速度、社会公平程度、政治体制保障、历史文化原因等均有可能对教育安全程度产生影响。当我们关注教育安全问题时,实际上重点关注的是教育安全的风险及其防范问题。因此,教育安全的具体工作内容包括预防、控制、消除直接或间接威胁教育公共秩序、师生生命

及财产安全、人才培养的教育服务、学校生活秩序、校园治安等方面的问题,以及规模较大的教育群体性事件等,涉及打击校园犯罪、实现教育公平、优化教育治理、杜绝教育浪费、维护校园稳定、优化教育服务等各个方面,与师生和家长的切身利益息息相关,与国家和社会的发展及稳定密切关联。

教育安全必须置于国家治理的大背景下来思考和筹划,需要以教育安全治理作为基本路径来维护和保障。教育安全观是教育安全治理的前提性认识,是教育安全治理的思想基础和行为准则。开展教育安全治理活动,需要有正确的教育安全观作为指导,尤以落实以下几方面特别重要:第一,安全第一的教育观;第二,学会成长的发展观;第三,因材施教的教学观;第四,教育共同体的治理观;第五,教育安全是总体国家安全观的有机组成。

创设教育安全指数有助于准确、及时、科学地衡量和比较各地区教育发展的基本情况,对于落实教育事业的优先地位、加快教育现代化、办好人民满意的教育具有重要指导作用,可以为国家宏观教育决策、教育治理现代化、教育领域评估提供第三方依据。作为一种综合性指数,教育安全指数可以依据构成教育安全的若干基本方面加以建设,例如:侵害未成年人案件(每百万未成年人立案率)、校园治安(每万学生校园欺凌率)、校园生活安全(每百万学生食品中毒事故率)、教育服务安全(每百万学生自杀率)、辍学率(每百万学生辍学率)等。

(三) 把握制度优势,推动国家教育安全体制机制创新

随着中国特色社会主义进入新时代,我国面临的国际国内安全环境将更加复杂多变,对身处战略机遇期和关键转型期的我国来说,应以总体国家安全观为统领,深入推动国家教育安全体制机制创新。具体体现在以下五个方面:

(1) 强化青少年儿童对习近平新时代中国特色社会主义思想的根本认同,是建立国家教育安全的根本要求。有关部门可以整合中华优秀传统文化、革命文化、社会主义先进文化中的教育资源,使其形成具有强大的思想感染力、文化渗透力、理论影响力、生活实践力的教育力量,以促进我国青少年儿童对习近平新时代中国特色社会主义思想的政治认同,从根本上抵制西方文化的入侵。

(2) 为实施系统科学的教育安全治理,要创建国家教育安全指数,即构建由国家宏观教育安全指数、地区教育安全指数、学校教育安全指数组成的国家教育安全指数体系。这一体系将通过量化指标反映从国家到地方、学校、个人等各个层次的教育安全状况,有利于及早发现教育安全隐患,及早解决教育安全问题。

(3) 国家教育安全体制机制要凸显国家教育意志和力量。教育是维护国家长治久安、提高国家竞争力的基础性工程,也是培养个体成人成才、促进求职就业的民生工程,因此必须凸显教育中的国家意志,保障教育的基础性和战略性地位,防止市场和资本过度干预教育事业,强化教育的国家力量。具体来说,一方面须保障和促进教育公平,防止过度和无序的教育竞争;另一方面宜强化和提高教育效率,推动有利于国家安全的教育事业的新发展。

(4) 卓越人才培养是教育安全得到保障的另一个关键因素。卓越人才培养与教育公平并不冲突,对国家和卓越人才来说,恰恰是教育公正的体现。在全球竞争中,卓越人才是提高未来国家竞争力的关键,是人力资源中最为稀缺的部分,卓越人才培养有利于培养各领域的高精尖人才,因而必须得到应有的重视。为此,需要进一步完善卓越人才培养政策,科学选拔卓越人才,建设卓越人才教育师资队伍,优化培养模式,加强卓越人才培养的学术研究,培养未来的国家人才。

(5)构建学校安全预警机制,确保教育安全治理的全面渗透。学校是强化和落实国家教育安全的第一线,校园安全直接关系到学生的身心安全,没有学校的教育安全,便没有总体的国家教育安全。因此,亟须构建全面的学校安全预警系统,把师生意识形态安全、师生身心健康、学校生活安全、师生心理安全、防治校园欺凌和青少年犯罪等方面综合纳入校园安全预警系统中。同时,利用大数据、人工智能等信息技术促进校园安全工作专业化、专门化、系统化、数据化、可视化,创建具有专业技术保障、专业人员保障、专业团队保障、专业教育保障的安全校园。

第二节 中国式现代化与教育

我国的近代化和现代化是在人口众多、农业落后、经济不够发达、科技教育欠缺,以及各种复杂的矛盾背景下开展的。新中国的成立是我国真正有意识地走向现代化的开端,但自1949年至今,我国的现代化却历经几次转折。在当代国际经济格局和世界现代化的总体进程中,我国的现代化具有中国特色的性质与特征。深刻地理解和把握中国式现代化的客观性质与发展特征,是认识和解决我国现代化与教育之间一系列基本理论与实践问题,制定正确的社会发展政策和教育发展战略的基本前提。

一、中国的教育传统与教育现代化

在具体分析教育现代化的问题时,我们还需要重视教育传统与教育现代化的关系。我国教育已经到了应该认真总结经验、深刻反思传统的时刻了。我们需要反思:我国的教育传统与文化究竟是实现教育现代化,进而实现社会现代化的一种阻力还是动力?我国的优秀教育传统,如何成为塑造21世纪我国教育现代化的一种重要的精神资源和文化资本?

我们从教育传统中吸收了什么?忘却了什么?丢掉了什么?我们从国外"拿来"的教育理论中与我国国情相适合的是什么?排斥的是什么?无实际作用的又是什么?我们所批判的我国教育传统是否真的一无是处?我们所信奉的一些国外教育理论是否真的适合我国国情?现在的问题是:当我们认真地研究着外来的教育理论,不断地运用着"拿来主义",津津乐道于外来的教育术语、国外的教育名家的时候,我们可能正在丢失着自己国家许多宝贵的教育财富。在教育理论研究和教育实践工作方面,现今已迫切地需要严肃而且认真地呼吁:在艺术领域,我们可以弘扬传统文化,高举起民族文化的大旗;在教育领域,我们为什么不能弘扬传统教育,高举起民族教育的旗帜?

(一) 重视三种倾向

当前我国教育现代化的理论与实践研究,有三种倾向需要警惕。

1. "言必称希腊式"的"拿来主义"

近一个世纪以来,我国的文化、教育、思想研究等似乎都急于全盘西化或半西化。从我国学习国外教育思想的历史来看,一度是学习英国,其次是学习德国、日本,后来是全盘学习苏联,接着又是学习德国、日本等,现在则是美国。近代以来,在教育界形成了一种怪现象:唯国外的教育理论与实践"马首是瞻";教育的道理如没有国外的名家、理论为背景,似乎便不能说是先进的教育理论。何以如此之怪?

2. "全盘抛弃式"的"排斥主义"

不少年来,很多学者在论及我国的教育传统时,或者"一脸不屑相",或者一副"义愤填膺相",大半是以一种批判的姿态立论;又或者是以西方式的现代教育理论角度分析其不足。在这部分学者眼里,似乎本国的教育传统仅仅是一堆腐朽没落的东西,如棍棒教育、应试教育、八股文章、记诵之学等,把我国两千多年来的教育传统批评得一无是处。虽然有中国教育史学者大力维护传统教育的尊严,但总给人以"那只不过是昨日辉煌"之感叹。实际果然如此吗?当我们抨击我国教育传统中的"灌输式教育"时,是否忘却了"不愤不启,不悱不发""举一反三"的道理?当我们在批判我国教育传统中的"记诵之学"时,是否忘却了《礼记》中"记问之学,不足以为人师"的道理?当我们在论述教师教育的道理时,实在不应该忘了"师范教育"本是我国教育传统中最具文化内涵的优势:"师者,人之模范也。""为人师表"者,必须做到"学而不厌,诲人不倦""温故知新""以身作则""以天下为己任""修己治人""以身立教""言行一致"。当我们充满信心地解读国外教育目的观中的"四个学会"时,我们是否忘了"君子人格"的培养要"明人伦",要培养"贤才"的道理?当我们津津乐道于国外的道德教育理论,尤其是西方的"爱的教育"时(见案例 14-5),实在不应该忘记关于"道德教育""品格教育""信仰教育"等我国教育传统中的宝藏。

案例 14-5

"爱的教育"与"孝的教育"

在我们有感于人际关系问题而引入西方"爱的教育"的理论时,无论是家庭教育、学校教育,还是社会民众的观念,都以西方教育思想中"爱的教育"为中心。然而,在引入这种"爱的教育"观时,我们却并没有对它进行认真的研究与分析。西方人讲"我爱你""父母爱子女""老师爱学生",这许多"爱"的概念,其实各有各的范畴。然而我们将这种"爱的教育"变成了一以贯之的笼统观念,使"爱的教育"变成了"溺爱的教育"。最终,家长有感于子女不爱父母,老师有感于学生不敬师长。然而更大的问题是:当我们在反思这种"爱的教育"的误区并力图寻找解决的办法时,为什么又只能从国外教育理论中寻找"学会关心、学会做人"的道理?难道我国教育传统中历史悠久的"孝的教育"不具有同样的道理,甚或更具理论与实践的力量?在我国历史中,自汉文帝、汉景帝以后,"以孝道治天下"的教育精神已渐成风气。汉武帝时,在选举制度兴起后,社会风气更重视品德,通过对所谓贤良方正之士的选拔,促使政府和民间社会注重家庭教育,并以人格培养为其中心。孝道是我国文化的特征,"孝的教育"更是我国教育的悠久传统。

3. 中国的教育要与国际接轨

"中国的教育要与国际接轨"这种说法存在问题。且不说,这里所谓的"接轨"接的是什么"轨",或者能不能接得上轨?实际上,最大的问题是:国际教育并无明确之轨。教育的发展必须立足于本国的实际,而本国教育的发展切不可离开了自身的教育传统。创新教育实际上是在传统中的创新,而不是引进若干国外教育理论便算是创新了。相对于"引进来","走出去"的数量也不少。据国家统计局的报道,近年来我国研究生和留学人员数量不断增加,中国教育现代化在大步向前(见表14-2)。

表14-2 2011—2020年我国研究生和留学人员数量

(单位:人)

年份	研究生数			出国留学人员	学成回国留学人员
	毕业生数	招生数	在校生数		
2011	429994	560168	1645845	339700	186200
2012	486455	589673	1719818	399600	272900
2013	513626	611381	1793953	413900	353500
2014	535863	621323	1847689	459800	364800
2015	551522	645055	1911406	523700	409100
2016	563938	667064	1981051	544500	432500
2017	578045	806103	2639561	608400	480900
2018	604368	857966	2731257	662100	519400
2019	639666	916503	2863712	703500	580300
2020	728627	1106551	3139598		

(二) 我国的教育传统是阻力吗

自19世纪末期以来,"教育救国论""教育强国论"始终不绝于耳,20世纪末实施"科教兴国"的国策,更是把教育提到了关乎国家发展的战略地位。有人进而指出:教育的春天已经来临。于是,关于教育怎么办、怎样做、如何行动,便成了问题的核心。围绕这样一个核心问题,人们提出了各种各样的观点。争论的焦点之一,就是我国的教育传统与社会现代化之间的关系问题。这种争论的实质,是要说明中国走向现代化必须进行教育变革,而教育变革是以我国的教育传统为精神动力,还是以西方教育理论为精神动力?换言之,我国的教育传统是实现社会现代化的精神动力,还是精神阻力?对于这些问题的争论,至今仍以不同的形式进行着,而且有很多持"阻力论"的观点。阻力论认为我国的教育传统是实现社会现代化的精神阻力。这种观点的典型是把我国的教育传统用"传统教育"一词加以概括,并与来自西方的"现代教育"相对。这种观点是以全盘否定"传统教育"的方式进行的。有人提出我国的"传统教育"是实现"现代教育"的阻力,是导致我国教育观念落后、制度落后、发展落后的重要原因。这种阻力论的实质就是"西方中心论"。在19世纪末,这种阻力论在评述我国的传统文化时更为广泛,而在教育领域同样有其代表。

德国的韦伯可以说是阻力论的一位重要代表。他在《新教伦理与资本主义精神》一书中,指出了西方新教伦理是近代资本主义形成和发展的精神动力。进而,在他的《中国的宗教:儒教与道教》一书中指出:没有经过宗教改革的中国宗教伦理,对中国资本主义的发展,起到了严重的阻碍作用。这种观点一度为许多中国知识分子所接受,逐步成为一种"似是而非"的真理,进而成为一些知识分子的思想意识。如果说韦伯这一代学者是站在西方的立场上看中国的,因而必然带有一定的障碍,那么,我国的学者如果全盘接受这种看法,就存在严重的问题了。其实,历史是最好的镜子(见案例14-6)。

|案例14-6|

历史上的"中国文化中心"

17—18世纪的100多年,是"中国文化中心"的100年。例如,在法国启蒙运动中,中国的文化扮演了重要的作用。1662年,法国翻译并出版发行了《大学》;1663年,法国翻译并出版发行了《中庸》。法国的巴黎大学是17—18世纪的"中国文化研究中心"。

本书认为,在教育传统与教育现代化之间并没有非此即彼的选择。我国与大多数发展中国家有许多相似的特点,而在谋求现代化的道路上,同样走上过一条十分相似的途径,曾经有一段时间较为依赖"西方专家"。但实际上,中国的教育现代化,似乎还没有到聘请西方教育专家来解决中国教育问题的时候。

二、中国式现代化的基本特征

中国式现代化是在国家的领导下自上而下的、自觉定向的进程。它具有后发优势的特点,选择采用适合本国特征与需求的高效率发展途径,通过有计划的经济技术改造和学习先进国家的经验,带动广泛的社会变革,加速实现向现代工业社会的转变,从而迅速缩小同发达国家的差距和适应世界环境。同时，它又具有"速成"的特点，发达国家几百年现代化进程中所陆续提出和实现的目标，例如国家整合、社会动员、经济发展、教育普及、政治参与、社会福利等，几乎都集中实现了。所以，推进中国式现代化进程的难点便是如何把握机遇和如何面对挑战的问题。

（一）中国式现代化的现实困难

按照功能论者的解释，现代化的正常进程应该是先有社会的分化，后通过国家的整合来补偿因分化造成的社会秩序的混乱和脱节，从而逐步形成发展的良性循环。但在后发国家，这一进程被颠倒了，一般是先经过整合，后运用国家力量来推动分化。这就造成了后发国家在现代化过程中所面临的问题很多。在后发国家，国家政权起着非常重要的作用，它是现代化的倡导者、计划者、推动者、实行者和调节者。推动现代化的首要条件是动员物质资源和社会资源，获取社会各个阶层的支持，为此，国家必须向各个阶层证明现代化的合法性，以及现代化必将为各个阶层带来的巨大利益（通常的做法是描绘现代化的远景和步骤，即通过提高期望值来获得支持）。

现代化的中断是许多发展中国家的共有现象。由于在传统性与现代性之间缺乏足够的兼容能力，因此现代化进程往往出现中断。这种中断可以表现为经济崩溃、社会动荡、政府更替或政策比重变化等。但现代化的中断并不等同于现代化的终结，而只是延缓了现代化的进程，这往往使发展中国家失去把握机会的能力。这种中断有其必然的一面。由于现代化的本质是打破传统的社会秩序或破坏原有的社会稳定，因此现代化与社会稳定之间存在着一个动态的调适关系。在一个社会内部能否出现维持现代化和社会稳定之间调适关系的机制，实际上是保证现代化成功的关键。中国近代史上的"洋务运动"、20世纪50年代现代化的中断都属于这一情况。此外，社会转型期的各种"失范现象"（如腐败等）、社会大众"期望值的挫折"以及"社会价值观的混乱"等，也常常造成发展中国家现代化的现实困难。

（二）中国式现代化的特点与内容

中国特色社会主义实现了社会主义、现代化和民族复兴三者的有机统一，也正是由于这样的"三位一体"，使得中国道路超越了以往的现代性文明类型，表现为新现代性文明特质。从中国的现代化目标来看，20世纪50年代至60年代国家提出"四个现代化"的概念并确立其为战略目标；20世纪80年代，邓小平提出"三步走"发展战略；1997年，党的十五大提出了新"三步走"发展战略；2017年，党的十九大提出了"两步走"战略安排，2022年，党的二十大对"两步走"战略安排作了深刻阐释。从工业化的角度来看，从农业社会向工业社会转型是现代化的主轴，现代化逻辑的核心是工业化。中国社会从农业社会到工业社会，乃至后工业社会的转型，都遵循了工业化、现代化的普遍规律。从市场经济的角度来看，改革开放以来，中国破除了社会主义计划经济模式，承认并运用市场经济逻辑，发挥市场在资源配置中的决定性作用。从价值理念来看，中国社会广泛吸纳以自由民主文明为核心的现代性文明成果，使之不仅作为价值理念实现对中国社会的思想启蒙,而且获得了制度载体,为现代人的政治解放奠定了制度基础。党的十九大报告对实现第二个百年奋斗目标作出分两个阶段推进的战略安排,明确提出到2035年基本实现社会主义现代化,到本世纪中叶把我国建成富强民主文明和谐美丽的社会主义现代化强国。党的二十大报告指出,中国式现代化的本质要求是:坚持中国共产党领导,坚持中国特色社会主义,实现高质量发展,发展全过程人民民主,丰富人民精神世界,实现全体人民共同富裕,促进人与自然和谐共生,推动构建人类命运共同体,创造人类文明新形态。

中国式现代化有五个前置词,就是"富强、民主、文明、和谐、美丽",对应的是建设"五大文明",即社会主义物质文明、政治文明、精神文明、社会文明、生态文明。具有以下几个重要特征。第一,中国式现代化是人口规模巨大的现代化。中国是一个有14亿多人口的大国,要实现整体迈入现代化的目标,必然要付出更大努力,克服更多困难,也必然会产生更广泛的世界性影响,对人类进步事业作出更大的贡献。第二,中国式现代化是全体人民共同富裕的现代化。共同富裕是中国特色社会主义的本质要求,既要做大蛋糕,又要分好蛋糕,在现代化进程中要自觉、主动地解决地区差距、城乡差距和收入差距问题,扎实推进共同富裕,坚决防止两极分化,使全体人民共享现代化成果。第三,中国式现代化是物质文明和精神文明相协调的现代化。应坚持社会主义核心价值观,加强理想信念教育,弘扬爱国主义、集体主义、英雄主义精神,传承弘扬中华优秀传统文化,努力在现代化进程中协调实现物的全面丰富和人的全面发展。第四,中国式现代化是人与自然和谐共生的现代化。注重同步推进经济建设和生态文明建设,不走先污染后治理的老路,而是要走节约资源、保护环境、绿色低碳的新型发展道路。第五,中国式现代化是走和平发展道路的现代化。始终把和平共处、互利共赢作为处理国际关系的基本准则,坚持多边主义,反对霸权主义、单边主义,积极推动构建人类命运共同体。

三、中国式现代化的教育需求

新时代推进现代化过程中最突出的问题,是人民日益增长的美好生活需要和不平衡不充分的发展之间的矛盾。这就为教育系统提出了如何在当代最大限度地化解这一矛盾,又能在未来持续地支撑经济和社会全面发展的要求。

(一)最大程度积聚各种社会力量,化解不平衡不充分的矛盾

人民日益增长的美好生活需要和不平衡不充分的发展之间的矛盾,从本质上说是社会的主要矛盾从生产力的发展问题转移到了生产关系的发展问题上,供大于求的生产关系问题必须尽快解决。要解决这一问题,就需要我们通过供给侧结构性改革调整生产关系,做强生产关系改变下的互联网经济和物联网经济。要实现这一目标,就必须形成"科学技术—经济发展""精神文化—社会发展"的合力。现代生产力的发展具有跳跃性、革新性和借用性的特征,而产生这些特征的先导力量来自科技。对于后发国家来说,科技的应用具有极强的可借用性,是经济发展的决定性因素。但还要明确一条:并非所有的社会结构都能使科技的力量充分发挥出来。社会的精神文化因素同样是推动经济发展的重要社会动力资源。早在 20 世纪初,德国社会学家韦伯即已发现了精神文化因素在经济发展中的重要性。1992 年,邓小平同志在总结了我国十几年的经验后,用"换脑筋"的形象说法深刻地揭示了精神文化因素在推动改革开放、发展经济中的巨大作用。

(二) 人的现代化是新时代发展的社会动力之源

现代化最终需要有人来承担。日本社会学家富永健一指出,传播和采借固然可以跨越某种程度上社会内在的不成熟性,但必须具备两个前提条件:一是必要的经济发展基础;二是国民的现代化选择动机和素质准备。后者就是指"掌握现代化技术的技术人员,具备一定的资金、事业能力和企业家精神的实业家,具有熟练操作能力的工人,具有购买力、作为买主而出现在市场上的消费者,等等"。① 日本产业化得以成功的重要原因在于这一大批"实际承担者"。20 世纪 70 年代以来,韩国、新加坡经济发展的重要原因,也在于强化和超前发展人力资源。对于我国来说,根本条件仍然是提高人的现代化素质,造就大批现代化的"实际承担者"。我国在追求新时代发展的过程中,自然资源、资金等都是有限的,但高素质的人才资源可以成为最大的替代资源。为此,同社会的客观发展进程相比,我国在人的发展和素质的提高上应保持一定的超前势头。

(三) 中国式现代化对教育的需求

社会的现代化首先需要现代化的教育发展。"教育现代化"在今天已是一个被广泛接受的概念。世界教育现代化经历了三个阶段:17 世纪至 18 世纪出现了普及教育的理论,并以打破神学教育的垄断为特色,这是现代教育的开端;19 世纪至 20 世纪 30 年代,随着工业革命的推进,普及了初等教育,并以发展中等教育为特色;第二次世界大战以后,教育现代化开始从欧洲向世界各国推广,并以发展教育促进经济和社会发展为特色。

我国的现代化必须实现"双重超越",与此相应,对教育也有双重要求。但是,我国的教育现代化不仅同许多后发国家一样面临着发展的问题,同时,由于新旧因素交织、传统与现代的矛盾严重,导致教育现代化所面临的阻力和挑战更多。因此,要实现新时代的教育发展,对教育的要求尤其表现在下述五个方面。

1. 教育观念需要迎来巨大转变

我国几千年来的教育传统形成了根深蒂固的教育价值观念、教育效益观念。例如,强调分数、文凭、升学,对职业技术教育不够重视。这些教育观念都必须转变。

2. 教育系统需要应对三种压力

教育系统需要应对的压力包括:一是教育的公平与效率的问题,即人人享有教育权利和教育机会中的公平与优质教育资源扩大的问题。二是需要解决顺应当前社会发展现状的劳

---

① 联合国教科文组织. 内源发展战略[M]. 北京:社会科学文献出版社,1988:1.

动力和技术人员的培养与输送问题，以及劳动力的再培训问题。三是要承担起发展高科技、培养高科技人才的艰巨任务。新时代的教育现代化要求教育跃变式发展，但是教育的发展又只能采取持续、稳步增长的方式。这里就存在着巨大的矛盾。

3. 区域教育的发展应与区域发展相辅相成

推进中国式现代化必须统筹实现区域协调发展，这就要求区域教育的发展也应与区域发展相辅相成。

4. 教育的多元化发展

现代化的推进需要积聚社会最广泛的动力资源。这就意味着在这一时期内，国家和社会对教育的投入不可能是大量的，但是教育的超前发展又是新时代现代化得以持续并能最终实现的最关键所在。因此，这里必然存在着严重的矛盾——教育的投入不足与需求巨大之间的矛盾。要解决教育的超前发展问题，就需要拓宽思路，采取教育的多元化发展模式。

5. 保持社会的持续稳定

现代化进程中最禁忌的是"现代化的中断"，这就需要保持社会的持续稳定。不稳定的因素在许多方面存在。例如，教育问题日趋突出，尤其是教育平等或教育民主化问题，这就有可能演变为社会不稳定的一个重要因素。基于此，如何做到教育的普及与提高相结合，如何做到教育的公平与效率相结合，就成了新的重要问题。因此，满足并实现中国式现代化的教育需求，其关键是需要构建"我国教育现代化的理论"，并在全社会形成我国教育合理发展的意识和观念。

（四）中国式现代化的教育理论建设

建立起合理的教育理论，已经成为政府、学界和民众的共识。但对于究竟如何构建这样的教育理论，则存在着各种观点。本书认为，需要确立起五种意识：一是形成一种教育改造意识，变传统的办学模式为现代的办学模式；二是需要一种相对独立的发展意识，使教育系统能够真正相对独立于社会其他部分而得到自主发展；三是需要一种开放意识，使教育系统能够持续适应社会变革的需要；四是需要一种普及与提高相结合的意识，教育普及是社会发展的基础，提高是社会发展的动力；五是需要一种有差别的发展意识，促使教育发展与不同地区的社会经济发展形成真正的相关。此外，在构建我国的教育理论时，还必须根据我国的国情来认识教育发展与经济发展之间的复杂关系。以上五种意识在 2019 年由中共中央、国务院印发的《中国教育现代化 2035》中得到了充分体现。该文件从我国国情出发，提出了推进我国教育现代化的战略背景、总体思路、战略任务、实施路径、保障措施，为中国教育现代化指明了方向。

（五）现代化过程中教育发展的限制

现代化过程中的教育发展具有丰富的内涵，其基本结构包括教育物质现代化、教育制度现代化和教育观念现代化，体现在各级各类教育当中，三者协调发展共同推动教育现代化的实现。教育物质现代化，其基本内容是教育的发展规模、数量、办学条件、技术手段和教育经费等方面的现代化程度，这是观察一个社会教育现代化水平的重要指标，也是教育现代化的物质基础。教育制度现代化，指向的是建立健全符合现代社会发展状况的教育制度、教育体制机制以及教育治理体系和治理能力的现代化，为教育现代化持续稳步推进提供制度保障。教育观念现代化主要是教育精神、教育价值立场、教育思想等方面的现代化，其在教育现代化中处于核心地位。

上述三大教育基本结构在现代化过程中各有任务，需要辩证认识和重点推进。新中国成立后，特别是改革开放以来，我国的教育现代化事业取得了举世瞩目的伟大成就，建成了世界上最大规模的教育体系，为经济社会发展作出了重要贡献。党的十八大以来，我国坚持优先发展教育，持续加大教育投入，教育现代化加速推进，教育事业取得了全方位、开创性的历史性成就，我国正从教育大国向教育强国迈进。但同时要认识到，教育物质层面的现代化还面临着总量上不够充分，区域、城乡和学校间发展的不平衡问题；教育制度层面的现代化还需要进一步落实教育改革创新，提高教育法治化水平，推进教育治理体系和治理能力的现代化；教育观念层面的现代化还存在教育功利主义泛滥、教育人性化缺失和教育的科学性程度不高等问题。如何坚持全面协调和突出重点地统整教育的物质、制度和观念现代化之间的关系，推进全方位的、均衡的，而不是单向度的教育现代化，是实现教育现代化可持续发展的重要议题。

四、中国式现代化的教育秩序

"当今世界正经历百年未有之大变局，我国正处于实现中华民族伟大复兴关键时期"，这一习近平总书记对世界格局发展大势和中国自身发展定位的重大论断，体现了认识和理解当前世界大发展、大变革、大调整的深刻复杂的时代背景。进入新时代，我们既面临着近代以来前所未有的实现中华民族伟大复兴的中国梦的历史机遇，也面对着全球不断增强的诸多不确定性和不稳定性因素。在全球化进程中，单边主义、保护主义、霸权主义、恐怖主义等冲击着和平与发展的时代主题，逆全球化潮流愈演愈烈，全球化转型发展的时代诉求愈发紧迫。在挑战与机遇并存共进的"大变局"中，教育如何在新的全球化背景下引领社会变迁和个体发展，肩负起服务中华民族伟大复兴的重要历史使命，成为新时代的一个紧迫课题。

（一）全球化竞争的三重变奏

世界的全球化进程正面临深刻转型，暗潮涌动的逆全球化为全球化的深入发展设置了重重障碍。全球化与逆全球化两种力量的博弈在大国竞争加剧，以及不确定性、不稳定性、不安全因素叠加的复杂国际格局中，体现了既有两个多世纪以来西方主导的全球治理体系下的种种困境，又有新时代中国力量所展示的未来"人类命运共同体"的希望与曙光。当前全球化竞争表现出危机与转机同时酝酿的三重变奏特点。

1. 制裁与反制裁的对抗性

全球化的发展方向取决于全球化和逆全球化力量之间的博弈。在当前国际竞争日趋激烈的全球化背景下,在传统全球治理体系中制定并主导"游戏规则"的西方国家凭借其在政治、军事、经济、科技等领域的优势,通过保护主义、霸权主义、强权政治等非正义手段,对中国等发展中国家展开多领域的压制和制裁,以维持其霸权地位,严重阻碍了全球化的健康发展。不断加剧的大国竞争和博弈表现出全球国际格局制裁与反制裁的对抗性,欧美与中国在政治、经济、文化、军事、科技、法律等多领域的对抗是其中的典型表现。面对美国粗暴干涉我国内政、实施所谓"制裁"的霸权主义行径,为了坚决维护国家主权、尊严和核心利益,我国将"围绕反制裁、反干涉、反制长臂管辖等,充实应对挑战、防范风险的法律'工具箱',推动形成系统完备的涉外法律法规体系"列入立法工作计划,并于2021年6月通过了《中华人民共和国反外国制裁法》。该法明确规定:"外国国家违反国际法和国际关系基本准则,以各种借口或者依据其本国法律对我国进行遏制、打压,对我国公民、组织采取歧视性限制措施,干涉我国内政的,我国有权采取相应反制措施。"该法的出台为我国反制外国的非法制裁提供了强有力的法律支撑和保障。

全球化背景下国际竞争中制裁与反制裁的对抗性,对国内外各领域的影响是全面的,教育领域也不例外。为了进一步提高国家竞争力,在日趋激烈的国际竞争中占据优势,特别是在经济、科技、军事等关键环节取得先机,教育须更加突出国家意志,既要培养国家精英,造就未来各行各业的拔尖创新人才和领军人物,也要积极推进教育公平,办好人民满意的教育。

2. 现代社会发展的高风险性

自德国社会学家乌尔里希·贝克(V. Beck)于1986年、1992年先后提出"风险社会"和"世界风险社会"以来,风险逐渐成为人们观察、理解和分析现代性与现代社会的重要视角。进入21世纪,现代社会日益表现为一个多维度的全球性高风险社会,"并正在改变现代社会的运行逻辑与规则,人类社会的价值理念、行为方式正在被系统化地重构,全球治理演变为全球风险社会治理"。"当前和今后一个时期是我国各类矛盾和风险易发期,各种可以预见和难以预见的风险因素明显增多。我们必须坚持统筹发展和安全,增强机遇意识和风险意识。"生态危机、科技滥用、金融危机、恐怖主义、粮食安全、人口危机、信息安全等诸多风险因素的叠加,更加凸显了应对全球性高风险社会的严峻挑战。在这个意义上,作为现代性在世界范围深入蔓延的产物,现代社会发展的高风险性不仅表现在涉及领域之广泛、性质之严重等方面,而且表现为各种风险因素的交互叠加影响形成的高度不确定性、不稳定性和内生复杂性。在教育领域,如何引导学生面对现代社会的高风险性,帮助学生形成应对各种风险因素的意识与能力,成为现代学校教育必须回应的一个紧迫问题。

3. 个体发展的高度不确定性

全球化背景下社会发展的不确定性和不稳定性同样体现在现代社会成员的个体发展方面。在缺乏正确引导的情况下,个体发展的高度不确定性在很大程度上冲击了现代社会为个体提供的多样发展的可能性,进而不利于人的全面和谐发展。在这个意义上,个体发展的高度不确定性不仅引发了个体层面的成长困境,而且构成了源于19世纪末20世纪初作为现代性产物和"全球问题"的人的发展难题——社会化危机的当代体现,即现代社会成员难以在不确定性和不稳定性中安身立命,从而遭遇了不断发生的"人生问题",如迷失方向的内心焦虑、缺少责任的自我中心、不受控制的欲望贪念、缺失禁忌的处世规则、缺乏理性的从众媚俗、丧失善念的情感冷漠等。进一步来说,现代社会中个体发展的高度不确定性内在地形成了一个亟须教育回应的问题:如何帮助学生突破由高度不确定性带来的一种失去根基的存在状态,形成坚定、稳固的精神根基和源源不断、持久不竭的成长动力,使其能够成长为在充满不确定性的现代社会中"为自身立法",敞开自我并积极扎根家国、融入世界的具有成长性的人。

(二)国家教育变革的三重使命

面对全球化竞争中危机与机遇并存的新环境、新变化、新形势,建设教育强国,提高国家核心竞争力,办好人民满意的教育,落实立德树人根本任务,促进教育肩负起实现中华民族伟大复兴的重要历史使命,在根本上需要诉诸国家教育变革,重建新时代的教育秩序。

1. 高屋建瓴未来的国家发展需求

高屋建瓴未来的国家发展需求,是面对日趋激烈的新全球化竞争背景我国重建新时代教育秩序的必然要求和历史使命,是促进新时代教育秩序动态发展、不断超越进取的国家保障,也是新全球化背景下通过教育全面提升未来国家核心竞争力的现实要求。

作为国之大计、党之大计,教育在中华民族伟大复兴战略全局和世界百年未有之大变局中的基础性、先导性和全局性作用更加明显。党的十九大报告指出:"建设教育强国是中华民族伟大复兴的基础工程,必须把教育事业放在优先位置。"党的二十大报告指出:"我们要坚持教育优先发展、科技自立自强、人才引领驱动,加快建设教育强国、科技强国、人才强国。"建设教育强国同时蕴含着"建设强国教育、通过教育强国"的题中之义,这是我国长期坚持实施科教兴国战略和人才强国战略的重要依据。面对风云变幻的国际形势,新时代教育变革有必要从国家和国际格局未来变化的大历史观出发,高屋建瓴未来的国家发展需求。

为此,在继续深入落实科教兴国和人才强国既定战略的同时,须抓住未来国家发展的关键环节和重要领域。通过新时代国家教育变革,在以科技领先、实业崛起为代表的硬实力提升方面,在以习近平新时代中国特色社会主义思想的凝聚力、感染力与影响力为代表的软实力进步方面,培养拔尖创新人才和领军人物,确立人才引领发展的战略地位。由此,我们需要高屋建瓴未来的国家发展需求,促进我国在新一轮技术革命和产业变革中取得先机,突破西方的科技封锁,努力成为世界主要科学中心和创新高地;并进一步创新文化成果,提升文化自信,努力建设社会主义文化强国,提高中国文化、中国价值和中国精神的国际影响力。

2. 统筹兼顾广泛的群众教育需求

统筹兼顾广泛的群众教育需求,办好人民满意的教育,是重建新时代教育秩序的正当性来源,是促进新时代教育秩序均衡稳定、有序运行的政治核心,构成了为我国面向全球化竞争输送源源不断高质量人才的强大后备力量。

习近平总书记在全国教育大会上指出,要始终坚持以人民为中心发展教育。党和国家历来坚持教育的人民立场,坚持从全体人民的根本利益出发办教育,追求人民满意、回应人民期待、满足人民需要是教育事业发展的出发点和落脚点。在这个意义上,统筹兼顾广泛的群众教育需求,是坚持党和国家教育事业不断发展的人民立场的集中体现,是贯彻落实新时代教育事业"以人民为中心"根本宗旨和发展本质的具体要求,也有利于通过教育在最广泛意义上实现人民团结、共识凝聚、社会整合,以共同应对全球化国际竞争中制裁与反制裁的对抗性和现代社会的高风险性。

为了实现对人民群众教育需求的全面统筹兼顾,一方面,要在教育领域中加快推动教育体制机制创新,构建多层次立体化、多元化开放型的教育体系,"加快建成更加开放灵活的教育,努力使教育选择更加多样、成长道路更加宽广,使学业提升通道、职业晋升通道、社会上升通道更加畅通";同时积极推进教育公平,在最广泛的意义上统筹群众教育需求,增强人民群众的教育获得感,保障每个孩子都能享有公平而有质量的教育。另一方面,要在社会层面上回应广大人民群众的教育需求,破除当前教育变革和发展在经济、科技、管理、人才等方面不平衡、不充分的资源鸿沟与体制机制障碍,构建最有利于统筹兼顾广泛的群众教育需求的制度环境和社会基础。

3. 充分满足个体的健康成长需求

充分满足个体的健康成长需求,是重建新时代教育秩序的基础价值指向,是新时代教育秩序促进个体全面发展、和谐成长的教育立场,也是回应全球化对人类心智消极影响的紧迫要求,更体现了马克思主义"每一个个人的全面而自由的发展"的原则,以及建设以此为基本原则的社会秩序在新时代的阶段性诉求。

在中国式现代化的背景下,教育的重要性愈发凸显。中国式现代化不仅仅是经济和科技的现代化,更是社会制度、文化观念和价值观念的现代化。在这一进程中,教育扮演着关键角色,其目标不仅在于培养具有现代科技能力的人才,更在于培养具有人文素养、社会责任感和全面发展能力的公民。因此,中国式现代化对个体健康成长的需求更为迫切。

首先,教育需要注重个体的身心健康。中国式现代化强调人的全面发展,而身心健康是全面发展的基础。因此,学校应该为学生提供良好的学习环境和生活条件,注重学生的体育锻炼、心理健康教育和心理咨询服务,帮助他们建立健康的生活方式和心态。

其次,教育需要注重个体的综合发展。中国式现代化要求培养具有创新能力、团队合作能力和批判性思维的人才,这就要求教育不仅仅传授知识,更要注重培养学生的能力和素养。因此,学校应该通过多样化的教学方法和活动,激发学生的兴趣和潜能,培养他们的创新精神和团队意识,使其具备适应未来社会发展的能力。

最后,教育需要注重个体的社会责任和价值观。中国式现代化强调社会和谐和共同发展,而个体的社会责任感和道德观念是社会和谐的基础。因此,学校应该注重培养学生的公民意识和社会责任感,引导他们积极参与社会实践和公益活动,培养他们的团队合作精神和社会责任感,使他们成为有担当、有责任感的社会成员。只有充分满足个体的健康成长需求,才能够培养出适应中国式现代化要求的新时代公民,实现个人价值和社会价值的统一。

(三) 新时代教育重建三种秩序

人类命运共同体理念为中国式教育现代化转型、构建新型全球教育提供了中国智慧和中国方案。不断深化参与全球教育治理水平的新时代中国教育事业在推动构建以人类命运共同体为指向的新型全球化过程中发挥着重要的激发和引领作用,应成为全球社会转型发展的核心动力。面向中国式教育现代化转型的新时代教育秩序,主要包括高度公平、精准效率、和谐成长三种秩序。

1. 高度公平是新时代教育秩序的核心价值

满足广泛的人民群众对于优质教育的需求,必须采取高度公平的教育政策,这是新时代教育秩序的核心价值所在,也是统筹兼顾广泛的群众教育需求的内在要求。习近平总书记指出:"教育公平是社会公平的重要基础,要不断促进教育发展成果更多更公平惠及全体人民,以教育公平促进社会公平正义。"新中国成立以来,党和国家始终把坚持教育公益性和促进教育公平作为基本教育政策,扎实推进教育公平,深刻体现了党的执政理念、社会主义制度的本质要求和社会主义教育的核心价值追求。

中国特色社会主义进入新时代,我国教育公平的奋进之路迈向新的历史征程。在更高起点、更高层次、更高定位上进一步推进教育公平,发展更高质量、更高要求、更高目标的教育公平是当前新的历史时期满足人民群众对美好教育期盼的核心,是办好人民满意的教育、满足人民日益增长的美好生活需要的必然要求。换言之,高度公平应成为新时代教育秩序的核心价值。要加快建成平等面向每个人的教育,努力使每个人不分性别、不分城乡、不分地域、不分贫富、不分民族都能接受良好教育。因此,教育精准扶贫、建设学习型社会、改进现代职业教育体制、推进"双减"落地等一系列教育政策相继出台和实施,继续推动我国教育公平向更高水平发展。进一步来说,新时代的高度教育公平不仅体现为社会层面公共教育资源均衡配置意义上的公平,也体现为教育层面"适合每个人的教育"意义上的公平;不仅在国内实现高度教育公平,而且积极参与全球教育治理,为促进世界教育公平贡献中国智慧和中国力量。

2. 精准效率是新时代教育秩序的关键价值

满足全球化竞争的要求,在国家层面必须选择精准效率取向的教育政策,这是新时代教育秩序的关键价值所在,也是高屋建瓴未来国家发展需求的关键举措。精准效率取向的教育政策集中体现在新时代高水平人才培养体系方面。人才是实现民族振兴、赢得国际竞争主动的战略资源,党的二十大报告强调深入实施人才强国战略,指出培养造就大批德才兼备的高素质人才,是国家和民族长远发展大计。因此,构建精准、高效的人才培养和教育体系是贯彻落实当前人才战略部署的必然要求。

面对日趋激烈的国际竞争和全球人才竞争,精准效率取向的教育政策的关键在于培养拔尖创新人才、大国工匠等。《中华人民共和国国民经济和社会发展第十四个五年规划和2035年远景目标纲要》中,将"关键核心技术实现重大突破,进入创新型国家前列"列入2035年远景目标,强调"把科技自立自强作为国家发展的战略支撑,面向世界科技前沿、面向经济主战场、面向国家重大需求、面向人民生命健康,深入实施科教兴国战略、人才强国战略、创新驱动发展战略"。事实上,以上每一项目标和任务的实现,都需要各领域拔尖创新人才和领军人物的支撑,从而更加体现了精准、高效地培养国家精英人才的重要性。习近平总书记指出:"谁拥有了一流创新人才、拥有了一流科学家,谁就能在科技创新中占据优势。"在根本上体现为人才竞争的全球国际竞争中,能否高效、精准地培养服务于国家重大战略需求的"高精尖缺"人才成为取胜的关键。为此,近年来我国已在国家层面相继实施了"珠峰计划""强基计划"等拔尖创新人才培养计划,未来则须进一步构建更为精准、更加高效的,贯穿各个学段的,具有中国特色的新时代英才教育体系。

3. 和谐成长是新时代教育秩序的基础价值

教育应承担后现代启蒙的重任,满足互助和谐取向的人类命运共同体需求,这是新时代教育秩序的基础价值所在,也体现了引领融入全球化的个体健康成长的教育关怀。尽管以和谐成长为内核的教育理想在传统和现代社会中一直存在,但在当前背景下,和谐成长作为一种人文主义教育观凸显了变动时代个体融入人类命运共同体的后现代启蒙和成长模式,在新时代教育秩序重建中具有特定的教育意蕴和基础性价值。

一方面,全球蔓延的生态危机、社会危机和精神危机等普遍爆发的现代性危机导致个体成长与发展的诸多困境,催生了后现代的新启蒙诉求和个体成长新模式。在这个意义上,后现代启蒙视角下的和谐成长意味着全球视野中基于人与自然、人与社会、人与人以及人与自我四重和谐的不断成长和终身学习。另一方面,面对当今世界百年未有之大变局及其带给个体发展的高度不确定性,以及极端气候、恐怖主义、大国博弈等人类面临的越来越多的共同严峻挑战,人类比历史上任何一个时期都更需要团结互助和联合共进,需要共同的勇气和努力。在这个意义上,通过教育促进和谐成长意味着一种扎根中国大地、融入家国情怀和人类情怀、面向人类命运共同体的价值取向与行动准则,从而使学生自主自觉地形成人类命运共同体所需要的意识、价值观和行为方式,树立互利互惠的利益观、独立平等的国际权力观、开放包容的价值观、天人合一的自然观和全球责任担当意识等。

总之,高度公平、精准效率和和谐成长分别构成了面向全球化的新时代教育秩序重建的核心、关键和基础价值,体现了未来全球教育治理、改革和发展的历史趋势。面向全球化的新时代教育秩序在实现中华民族伟大复兴的历史使命的同时,应积极参与全球教育治理,主动贡献中国教育智慧和力量,加快推进世界教育公平正义发展进程,促进全体人类的全面和谐成长与发展,推动构建人类命运共同体;主动承担全球社会转型发展的重任,引领全球化进程的健康转型,促使新的全球社会秩序和国际格局的形成与发展。

第三节 全球化与教育

全球化是作为现代化理论的替代方案出现的。20世纪90年代以来,随着冷战的结束,西方自认为的"欧洲中心"已成客观事实,带有"欧洲中心主义"色彩的现代化理论已失去意义。在他们看来,西方已无竞争对手,即使是反对"欧洲中心"的观点也大多来自西方自身。全球化理论的提出,弥补了由于现代化理论的抽离而造成的真空状态。对此,德里克(A. Dirlik)说:全球化"作为一种变化的范式——同时也是一种社会想象——已经取代了现代化。全球化话语主张以重要的方式与早先的现代化话语体系分道扬镳,最为明显的是体现在摒弃欧洲中心主义的变化目的论方面,这在许多方面已受到向欧洲中心主义发起的经济、政治和文化挑战的驱使"①。

一、全球化理论的出现

"全球化"是当今国际学术界最为热门的课题之一。20世纪90年代以来,随着全球化进程的加快,人们对全球化的理论认识也在不断深化,不同学者纷纷从政治学、经济学、历史学、文化学、社会学等不同学科的视角来考察与研究全球化问题,并不断加强了不同学科之间的联系与合作。社会学对全球化的理论研究始于20世纪中后期,六七十年代主要有索罗金的全球趋同论、阿隆(R. Aron)的国际社会论、贝尔的后工业社会论、沃勒斯坦(I. Wallerstein)的世界体系论,七八十年代又出现了托夫勒(A. Toffor)的超工业化社会论、奈斯比特(J. Naisbitt)的大趋势论,90年代除了沃勒斯坦的世界体系论有了新的发展外,还形成了更具有全球化研究针对性的吉登斯(A. Giddens)的制度转变论、罗伯逊(R. Robertson)的文化系统论和斯克莱尔(L. Sklair)的全球体系论等。②

英国社会学家吉登斯是从制度转变的角度来阐述和深化全球化理论的,其主要贡献是把全球化与现代化紧密地连在一起,认为全球化是现代性的最明显的结果之一,是世界范围内社会关系的紧密化。他认为,全球化主要与时空的延伸过程有关。全球化概念最好被理解为表达时空分隔的基本样态。全球化指涉的是在场与缺场的交叉,即把"相距遥远"的社会事件和社会关系与本土的具体环境交织起来,根据时空分隔和本土的具体环境以及本土活动的漫长变迁之间不断发展的关系,来把握现代性的全球性蔓延。③ 全球化可以被理解为世界范围内社会关系的增强,这些关系以这样一种方式把相距遥远的地方连接了起来:本地发生的事情实际上是由发生在许多公里以外的事情建构而成的,反之亦然。故全球化首先

---

① 转引自:(美)阿里夫·德里克.全球性的形成与激进政见[M]//王宁,薛晓源.全球化与后殖民批评.北京:中央编译出版社,1998:2.
② 文军对20世纪90年代以来的全球化理论有详细的介绍,详见:文军.90年代以来西方社会学视域中的全球化理论评析[J].开放时代,1999(05):40—46.
③ Giddens A. The constitution of society: outline of the theory of struction[M]. Oakland: University of California Press, 1986: 21.

指全球交往体系的形成。在该交往体系中,时空的边界进一步拓宽,个体和集体的生活领域也大大开放,个体的一举一动与全球发展处于紧密联系之中。因而,在全球化进程中,个体与个体、个体与集体、个体与社会、本土与全球、国家与世界体系之间形成一系列的张力关系,从而成为现代性批判的主导内容。

经济全球化理论的主要倡导者之一的赖特在其著作《国家的作用》中指出,随着现代技术的进步,原料和货物的运输变得又快又便宜,信息传递瞬间完成,使得国民经济的整体概念变得多余。多国公司成为跨国公司,受经济利益的驱动,他们可以将其业务迁到新的地点而不考虑国界的问题。国际资本的流动比以往任何时候都更快,也更少受控制。国际市场的力量如此强大,以致一个国家的政府不能再控制自己的国民经济。赖特据此得出的结论是,这种全球转变将重新安排 21 世纪的政治和经济。在新的世纪里,民族产品和技术、民族工业、民族企业都将消失。国民经济的说法将不复存在。

二、教育的全球化

全球化不仅体现在经济关系、消费、科学技术、通信、媒体、旅游业之中,也同样体现在当今的教育体系之中。各项关于教育研究、教育规划、教育政策发展的国际交流和合作都得到了加强。

柏林洪堡大学教授施瑞尔(J. Schriewer)将教育全球化发展归纳为四个方面:首先,制度化过程中的国际交流与合作大大增加,例如各类国际认可的学位授予、学校成就评价、交易额巨大的世界范围的教育市场的形成等;其次,各类国际组织如世界银行、联合国教科文组织、国际教育局、国际教育规划研究所、经济合作与发展组织、欧盟等都热衷于教育研究、文献出版和各类国际性的教育发展活动;第三,由于受到国际组织和各国政府部门的重视,各项教育指标不断发展,并且在世界范围内得到推广;第四,在所有这些关于教育发展、规划、改革的系列活动中,最重要的角色是若干不同类型的国际学术组织与教育研究管理社团,如世界教育研究协会、欧洲教育研究会、世界比较教育学会等。[①]

吴华将"教育全球化"界定为三种基本的表现形态。第一种形态是教育资源的跨国界流动,日益壮大的留学生潮是其典型表现;第二种形态是全球性的教育现象,比如义务教育制度;第三种形态是在全球范围内开展的教育活动,如基于互联网的现代远程教育使得独立的跨国教育体系成为可能。教育全球化的第一、第三种形态与世界贸易组织的《服务贸易总协定》中的四种服务贸易提供方式——跨境提供、境外消费、在服务消费国的商业存在、自然人移动相契合;第二种则是一种文化现象,是建立在现代教育基本观念全球传播和普遍认同基础上的文化融合现象。

我国加入世界贸易组织后,正式签署服务贸易减让表,对教育服务部门进行了承诺(见

---

① (德)Juergen Sehriewer,冯魏. 教育全球化:进程与话语[J]. 比较教育研究,2002,23(S1):58—62.

表 14-3)。

表 14-3 教育服务贸易减让表①

服务提供方式:(1) 跨境提供　(2) 境外消费　(3) 在服务消费国的商业存在　(4) 自然人移动

部门或分部门	市场准入限制	国民待遇限制	其他承诺
5. 教育部分			
(不包括特殊教育服务,如军事、警察、政治和党校教育) A. 初等教育服务(CPC921,不包括 CPC92190 中的义务教育) B. 中等教育服务(CPC922,不包括 CPC92210 中的国家义务教育) C. 高等教育服务(CPC923) D. 成人教育服务(CPC924) E. 其他教育服务(CPC929,包括英语语言培训)	(1) 不作承诺 (2) 没有限制 (3) 将允许中外合作办学,外方可获得多数拥有权 (4) 除水平承诺中内容和下列内容外,不作承诺:外国个人教育服务提供者受中国学校和其他教育机构邀请或雇佣,可入境提供教育服务	(1) 不作承诺 (2) 没有限制 (3) 不作承诺 (4) 资格如下:具有学士或以上学位且具有相应的专业职称或证书,具有两年专业工作经验	

三、全球教育理念的变革

从 1972 年到 2021 年的不到半个世纪的时间内,联合国教科文组织发布了四份具有里程碑意义的全球教育报告。20 世纪发布的两份报告,即 1972 年的《学会生存——教育世界的今天和明天》(以下简称《学会生存》),1996 年的《教育——财富蕴藏其中》。这两份报告一经发布,便迅速在全球产生了重要影响,跻身 20 世纪最有影响力的教育著作之列,报告所强调的"学会生存""学习化社会""终身教育""四个支柱"等教育理念已基本成为全球教育共识,引领着全球教育改革和政策调整。进入 21 世纪,联合国教科文组织发布了两份新报告,即 2015 年的《反思教育:向"全球共同利益"的理念转变?》(以下简称《反思教育》),2021 年的《一起重新构想我们的未来:为教育打造新的社会契约》(以下简称《重构未来》),在延续 20 世纪两份报告的基本理念、精神和方向的同时,结合国际局势、气候变化、技术变革等时代特征,为教育的未来发展提出了一系列新构想。从联合国教科文组织的四份报告中,我们可以发现全球教育理念的发展变革,以及对 21 世纪全球教育所提出的全新理念和独特诉求。

(一) 从"学会生存"到"全球共同利益"

第二次世界大战后,1945 年 6 月,《联合国宪章》在旧金山会议上签署,以维护世界和平;1945 年成立的联合国教科文组织,致力于推动各国在教育、科学和文化领域开展国际合作以共筑和平;1970 年被联合国定名为"国际教育年",并启动了关于教育的研究和报告工作。

---

① 转引自:邬志辉. 教育全球化——中国的视点与问题[M]. 上海:华东师范大学出版社,2004:322.

1. 学会生存：向终身教育和学习化社会迈进

1972年，《学会生存》这一报告总结了研究过程中贯穿的四个基本设想，并由此构成了《学会生存》的核心内容：第一，存在一个反映各国共同抱负、问题、倾向与行动的国际共同体，指向各国和各民族的基本团结；第二，教育在民主主义的信仰中具有关键作用，这种民主主义意味着每个人都有实现自身潜力、创造自己未来的权利；第三，人类发展的目的在于使人不断完善，能够承担起各种不同的责任；第四，唯有全面的终身教育才能培养完善的人。① 在四个设想的基础上，《学会生存》梳理了教育的历史与时代发展的新变化及其对教育发展的多方面影响。

《学会生存》强调应从根本上重新思考教育。教育的发展是人类社会历史发展的一部分，肩负继承和革新的双重使命。教育既要继承丰富的历史以及各种文明与传统，又要革新现状，适应人与社会发展的新需求。尽管在当前回看20世纪70年代所说的社会发展，"新需要""新挑战"似乎已经是昨日之事，但《学会生存》中提出的社会快速发展所产生的"新需要""新挑战"的基本问题延续至今，促使我们必须不断地反思教育。在科学技术和物质生产迅猛发展、世界民主化进程不可阻挡、经济全球化不断深入、国际竞争日趋激烈的时代背景下，"教育结构乃至教育概念本身都需要从根本上予以重新考虑"②。这就意味着科学的人道主义、培养创造性、培养承担社会义务的态度和培养"完人"构成了未来教育革新的目标体系，"终身教育"和"学习化社会"构成了未来教育革新的核心路径。

2. 四个支柱：进入21世纪的钥匙

《教育——财富蕴藏其中》于1996年发布。在该报告的序言中，德洛尔强调了委员会秉持着教育在人和社会的持续发展中起着重要作用的信念，将教育比作"必要的乌托邦"。③ 相比《学会生存》对教育作用的乐观估计，该报告既相信教育在未来社会所发挥的重要作用，又相对谨慎地评估了人类面临的危机与挑战。为此，教育需要充分发挥"熔炉"的作用，反对各种分裂和排斥行为；开设多种多样的学科，满足个体多元发展需求；发展多元化教育，尊重和平等对待不同的文化与价值观，并以此作为民主的必要条件；发展公民教育，促进参与性民主实践，为公民社会和民主社会奠定基础。

除了世界性社会、社会团结以及民主社会等方面的发展对教育提出了新的诉求之外，国际21世纪教育委员会认为，教育和科技对过去经济的快速增长作出了重要贡献，但这种发展模式具有明显的局限性，未来应采用一种更加开阔的眼光，"即以促进人的发展的眼光来确定教育的定义"。④ 这既符合教育从根本上来说的人道主义的使命，又符合应成为任何教育

---

① 联合国教科文组织国际教育发展委员会.学会生存——教育世界的今天和明天[M].北京：教育科学出版社，1996：2.
② 联合国教科文组织国际教育发展委员会.学会生存——教育世界的今天和明天[M].北京：教育科学出版社，1996：111.
③ 联合国教科文组织.教育——财富蕴藏其中：国际21世纪教育委员会报告[M].联合国教科文组织总部中文科，译.北京：教育科学出版社，1996：1.
④ 联合国教科文组织.教育——财富蕴藏其中：国际21世纪教育委员会报告[M].联合国教科文组织总部中文科，译.北京：教育科学出版社，1996：31.

政策指导原则的公正的需要;符合既尊重人文环境和自然环境,也尊重传统和文化多样性的内源发展的真正需要。① 基于教育面临的复杂困境,该报告认为终身学习是进入 21 世纪的一把钥匙,四种学习是每个人一生中的知识支柱:"学会认知,即获取理解的手段;学会做事,以便能够对自己所处的环境产生影响;学会共同生活,以便与他人一起参加人的所有活动并在这些活动中进行合作;最后是学会生存,这是前三种学习成果的主要表现形式。"② 这四种学习相互关联,密切联系,不可割裂。该报告延续了《学会生存》中的终身教育理念,并将其进一步发展,四种学习构成了终身教育的四个支柱。《教育——财富蕴藏其中》把终身教育理解为进入 21 世纪的钥匙和关键所在,终身教育与教育机会均等、教育公平的要求紧密相关,涉及个体在一生中关于知识、技能、经历以及社会关系等各个层面的教育,并通过将教育放在社会的核心位置,寻求从基础教育到高等教育、从普通教育到职业教育、从正规教育到非正规教育等各种不同类型教育之间的内部协同和整合。

3. 教育作为共同利益:在反思中凸显教育的公共价值

21 世纪的世界进入了更为复杂、多变、矛盾、冲突、危机四伏的时期,1933 年国际联盟的疑问依然横亘在 21 世纪:"有什么方法把我们从大规模战争造成的毁灭中解救出去?"国际联盟曾邀请 20 世纪两位伟大的学者——爱因斯坦和弗洛伊德给出答案,而他们坚信"教育作为缔造世界和平大厦的永久方案"。在《学会生存》《教育——财富蕴藏其中》两份报告几十年的大力宣导和推动下,摆在世界面前的依然是充满着不确定性的未来,甚至包括核战争威胁等全球问题。在这种大背景下,2015 年,联合国教科文组织发布了第三份经典报告《反思教育》,特别强调了在全球化进程中必须深刻反思教育,除了重申人文主义教育观,还认为必须把教育视为"全球共同利益",积极倡导可持续发展观。

面对 21 世纪以来世界出现的新机遇和新挑战,诸多变化都对教育造成了不可估量的影响,教育的目的和学习的组织方式需要被重新审视:"要让教育不再复制可能催生暴力及政治动荡的不平等和社会矛盾,教育政策的制定和执行工作就必须做到包容。人权教育可以起到重要作用,帮助人们认识引发冲突的问题以及如何公正地解决这些问题。在暴力和冲突中,人权教育可以有力地促进不歧视这一重要原则,并保护所有人的生命和尊严。这需要确保人人享有安全、非暴力、包容和有效的学习环境。"③ 这意味着在重新审视教育目的时,需要密切关注人类和社会的可持续发展。为此,在需要承认世界多样性的同时,应平等对待、尊重和整合各种知识体系,从而重新规划教育愿景:"根据公平、可行、可持续的人类和社会发展新观念来重新审视教育的目的。这一可持续的愿景必须考虑到人类发展的社会、环境

---

① 联合国教科文组织. 教育——财富蕴藏其中:国际 21 世纪教育委员会报告[M]. 联合国教科文组织总部中文科,译. 北京:教育科学出版社,1996:45.
② 联合国教科文组织. 教育——财富蕴藏其中:国际 21 世纪教育委员会报告[M]. 联合国教科文组织总部中文科,译. 北京:教育科学出版社,1996:49.
③ 联合国教科文组织. 反思教育:向"全球共同利益"的理念转变?[M]. 联合国教科文组织总部中文科,译. 北京:教育科学出版社,2017:16.

和经济层面以及所有这些因素与教育的相互影响。"[1]

《反思教育》提出:"要在新的全球背景下重新规划教育前景,我们不仅需要重新考虑教育的目的,而且还需要重新考虑如何组织学习。"[2]在私有化、私营部门对教育的影响越来越大的背景下,教育作为公益事业的定位受到了质疑。该报告认为从经济范畴引入教育领域的公益理论具有局限性,主张用"共同利益"的概念取代"公益"概念,共同利益是指"人类在本质上共享并且互相交流的各种善意,例如价值观、公民美德和正义感"[3]。教育和知识属于全球共同利益,报告用"共同利益"的概念强调了教育和知识作为一项社会共同努力在集体层面的意义(分担责任和精诚团结),以及对多样性和参与过程的重视。[4]

(二) 重构未来:为教育构建一种新的社会契约

当前,人类所面临的多重困境更加凸显:社会和经济不平等加剧、生物多样性丧失、资源使用超越地球界限、互联网带来多重教育影响、全球经济复苏充满不确定性、大国博弈和地区紧张,这一切构筑了一个破坏性的教育环境,意味着三份曾经充满理想的教育报告,其理念没有产生应有的效果:学会生存并未造就个人更高质量的生存能力;教育中蕴藏的财富也未带来更为公平富裕的社会;教育资源的分化和不平等难以催生出全球共同利益,尤其是全球战争的可能威胁日益逼近,全球教育的未来,究竟路在何方? 2021年,联合国教科文组织发布了第四份报告《重构未来》。

1. 生存危机:重构教育的公共目的

《重构未来》呼吁重新定义教育的目的,由于全球教育系统已经错误地灌输了一种过分强调个人成功、国家竞争和经济发展的教育价值观,因而损害了团结合作、相互关心、依存关系、共同利益、可持续发展的教育价值观,教育需要进行系统性纠错;认为教育目的应当界定为"旨在团结人类的共同努力,塑造以社会、经济和环境正义为基础的可持续发展目标,并为其提供必要的知识、技术和创新。它必须纠正过去的不公正,同时为我们未来的环境、技术和社会变革做好准备"[5]。正是源于教育具有公共价值的共享愿景,需要为教育的未来构建一种新的社会契约,新的社会契约必须以人权为基础,以不歧视、社会正义、尊重生命、人类尊严和文化多样性等为原则,必须涵盖关怀、互惠和团结的伦理,必须强化教育应被作为一项公共事业和一种共同利益的观念。这种契约包括重新架构教育系统的基础与组织原则,

---

[1] 联合国教科文组织. 反思教育:向"全球共同利益"的理念转变? [M]. 联合国教科文组织总部中文科,译. 北京:教育科学出版社,2017:24.
[2] 联合国教科文组织. 反思教育:向"全球共同利益"的理念转变? [M]. 联合国教科文组织总部中文科,译. 北京:教育科学出版社,2017:64.
[3] 联合国教科文组织. 反思教育:向"全球共同利益"的理念转变? [M]. 联合国教科文组织总部中文科,译. 北京:教育科学出版社,2017:69.
[4] 联合国教科文组织. 反思教育:向"全球共同利益"的理念转变? [M]. 联合国教科文组织总部中文科,译. 北京:教育科学出版社,2017:70.
[5] 参见:联合国教科文组织. 一起重新构想我们的未来:为教育打造新的社会契约[M]. 北京:教育科学出版社,2022.

以及建立、维护和改善教育系统的相关工作等。通过修补不公而改变未来,通过新的契约实现与他者、与地球、与技术关系的重建。① 该报告明确提出,缔结这种新的社会契约必须遵循两条基本原则,即确保每个人终身接受优质教育的权利,承诺教育是一项社会力量、公共行动和共同利益。

2. 重构未来:从五个关键方面着手

《重构未来》提出,世界已经走到了一个重要的转折点:是继续走目前不可持续的道路,还是彻底改变方向,走可持续发展的道路?唯一的永久性方案依然是教育,但教育又是极其脆弱的。人类和地球的未来充满了高度的不确定性与多面性,因此,教育的未来必须建立在一种新的社会契约基础之上;实现新的社会契约的方法,即从全球视角重塑教育,从五个关键方面重新认识和革新教育,即教育学、课程、教师、学校以及教育机会,这为世界各国革新教育指明了方向。

第一,合作与团结的教育学。教育与教学应围绕合作、协作和团结的原则进行组织。培养学习者认识问题和解决问题的能力;尊重多样性,消除入学机会方面一切形式的歧视,包括对有特殊教育需要的儿童和青少年,以及因种族、性别、阶级、残疾、宗教或国籍而被排斥在外的群体的歧视;要促进学生同理心和同情心的养成,提升个体与他人共事并改变自身与世界的能力;开展能反映学习者有效成长和有意义学习的教学评价。这些方法适用于所有环境中的教育,包括非正式教育。

第二,鼓励生态、跨文化和跨学科的课程。课程在支持学习者获取和创造知识的同时,也应培养其批判和应用知识的能力。未来课程的内容必须包含从生态学角度理解人类、理解人与自然的关系;未来课程需要处理好课程与知识、技能之间的关系,应当以科学素养、数字素养和人文素养三大核心素养为导向。②

第三,强调教师探索变革性工作的重要性。教师应成为教育与社会转型的关键人物且受到社会的认可。教师的教学应进一步专业化,协作和团队合作应成为教师职业的特征。反思、研究和创造知识以及新的教学实践应成为教学的组成部分。同时,应当支持教师的自主性和学术自由,为教师的职业发展提供完善的体系,确保他们充分参与有关教育未来的公开探讨和对话,使教师在建构新社会契约的过程中发挥实质作用。

第四,学校应该成为受保护的教育场所,支持包容、公平以及个人和集体的福祉。只有营造相对独立、安全、充满尊重和包容的学校环境,才能使学习者敢于不断挑战自我,从而发现自身的可能性。重新规划设计学校的建筑、空间、时间、教学安排、学生活动和文化氛围,加强学校与家庭、社区、社会的互动融合。充分发挥数字技术带来的"教育红利",数字技术的目标应该是支持,而不是取而代之。

---

① 张民选,卞翠. 教育的未来:为教育共建一份社会新契约[J]. 比较教育研究,2022,44(01):3—12,22.
② 参见:联合国教科文组织. 一起重新构想我们的未来:为教育打造新的社会契约[M]. 北京:教能科学出版社,2022.

第五,延伸教育的时间和空间。人类应享有和扩大终身在不同文化与社会环境中接受优质教育的机会。知识和学习不只发生在正式机构中,而应贯穿于多样化的社会时空和社会生活之中。各国政府应当承担关键责任,加大力度整合不同教育场域的学习资源,扩大终身受教育权,包括在信息、文化、科学和互联互通能力方面接受教育的权利。

3. 支撑教育:共建新的社会契约

《重构未来》呼吁共建新的社会契约,以支撑和承担可持续发展的全球共同利益的教育革新。首先,在全球范围内开展合作研究与创新实践,呼吁制定一个具有全球性和协作性,并聚焦终身受教育权的研究与创新项目。未来教育的知识、数据和证据必须兼容不同类型的知识来源与方式,鼓励所有教育参与者为推进报告主张的知识和研究贡献多样性的智慧;鼓励从教师到学生,从学术界到政府职能部门和民间社会组织等不同主体都在知识生成、生产和协商中发挥作用。构建跨学科、跨部门和跨文化的教育研究伙伴关系,在合作关系中对教育实践进行多维反思,并提议联合国教科文组织建立一个经验交流中心,使参与者能够相互对话,从而创造新的知识共享模式。

其次,为了促成新的社会契约,呼吁全球团结和国际合作。新社会契约需要对全球合作重新作出承诺,支持教育成为一种全球共同利益。国家和非国家行动者应当以更加公平和公正的合作为前提,所有教育利益相关者在全球和区域层面共同努力,为教育挑战制定共同目标和解决方案。国际合作应遵循支持辅助性原则:包括国际社会应协同建立新社会契约所需的教育规范和标准;加强履行教育承诺的问责制;援助中低收入国家和经济发展受限地区的教育事业,并支持难民、移民等的教育需求;加强跨文化、跨国别的相互学习和知识交流,开发全球知识和教育进步数据的共享系统等。

第三,国家和地方政府、社会组织、学校、教师、家长、青少年、儿童等多元利益主体相关者,都应当成为未来教育的建设者,树立契约精神:为了实现终身学习、优质教育、可持续教育发展的目标,共担职责、共同行动、共创教育未来,确保每个个体终身享受优质教育,让教育真正成为人类的全球共同利益。

(三)重构未来的焦点:学会成长

纵观半个世纪联合国教科文组织的四份经典教育报告,其始终立足于全球社会发展的问题、趋势、挑战,以批判性视角检视教育,在历史发展潮流和全球问题框架内重新思考与定义教育,提出了应对诸多全球挑战的教育对策、教育发展的新理念,对世界各国的教育政策和社会发展产生了深刻而广泛的影响。四份具有里程碑意义的报告贯穿了相辅相成的四条主线:教育正处于过去的承诺未兑现和不确定未来的双重挑战下,因此全球教育必须积极变革;不仅要培养学生学会生存,更应该激励学生主动学会成长;不仅需要让每个人终身享有优质的受教育权利,更应该鼓励每个人的终身学习;教育革新不仅依靠教育系统的内部协同和整合,更需要全球不同主体构建一种全新的社会契约作为外部支持。

"知识和学习是人类应对挑战、开辟新道路的最丰富的可再生资源。然而,教育不仅在于应对世界的改变,也在于改变世界。"作为一种最丰富的可再生资源,增进知识和学习的焦点在于落实到"学会成长"的教育理念上。后者包含三重基本理念:第一,终身学习,不断成长——"将学习视为一个持续一生、不断进步成长的过程。从成长的角度思考,就是采取一种强调潜能、摒弃宿命论并对新事物持灵活开放态度的思路"。第二,成长的能力体现在提升人们憧憬美好生活的能力上,这在一个充满不确定性、不稳定性的现代社会中显得尤其重要;未来世界发展的不确定性、不稳定性既带来了全球社会的高风险、高脆弱性和高复杂性,也带来了融入全球化的个体成长的高度可变性、多元性和可能性;学会成长帮助人们在一个富有希望和期待的世界里健康、美满生活,而不是在一个充满危机的、不安全的、可能萎缩的世界里艰难生存;这就需要提升人们憧憬美好生活的能力,而不是丧失对美好生活的希望。第三,当认识到人类给地球带来的变化,并且面临着社会组织、人类意识和人类身份可能发生根本性转变的时候,我们迫切需要回答一个问题:我们希望成为什么样的人?

这样的一个问题本质上内含了个体的人生问题和世界的全球问题。[①] 因此,学会成长不仅关涉全球化时代的个体成长,也关涉社会、国家、人类和地球的健康成长。在这个意义上说,教育的未来就是人类的未来和地球的未来,需要全球每个人参与到教育的未来建设中,加入为未来的教育构建新的社会契约的行动中来。

四、全球教育治理的推进

(一)全球教育治理的新形势

在落实教育等全球公益事业时所采取的规则制定和规范系统并不是新鲜事物,但情况正在变得越来越复杂。长期以来,这些是各国政府和政府间国际组织的责任,但现在大量非国家行动者也更多地参与进来。"目前有无数的政府和非政府(营利和非营利性)行为者在全球层面参与多种治理安排,甚至是竞争性的治理安排。"其结果是,权力中心逐步从国家转移到全球层面,这不仅得到政府间组织的推动,而且有越来越多的民间组织、公司、基金会和智库也参与进来。全球层面的治理安排变得更加复杂,全球教育伙伴关系等多边利益相关方的安排就说明了这一点。与卫生等其他发展部门相比,教育和技能培养领域的全球治理安排的潜在影响可以说是更具争议的。这是因为国家教育政策从根本上讲具有政治性质,而且国家教育政策中蕴含着多种互相交织的伦理、文化、经济、社会和公民问题。[②]

(二)中国的全球教育治理

积极参与全球教育治理,推动全球教育治理体系改革和完善是我国作为负责任大国的

---

① 类似的观点如:"不同的教育模式对人生问题的产生有不同的影响,当各个教育主体的理念趋向于一致、教育制度能够整合各种教育力量、社会教化资源充足时,社会层面的人生问题便较少发生,个体的人生问题也容易得到解决。"参见:马和民,邓娜,王德胜.为什么人生问题不断地发生?——教育社会学的视角[J].贵州师范大学学报(社会科学版),2017(01):53—65.
② 联合国教科文组织.反思教育:向"全球共同利益"的理念转变?[M].联合国教科文组织总部中文科,译.北京:教育科学出版社,2017:59.

必然选择,更是我国为世界教育发展贡献中国智慧和中国方案,提升文化软实力和国际影响力的必然选择。多年来,我国通过参与国际组织的全球性教育治理活动、提供多种形式的国际教育援助、加强地区性多边教育合作以及培养输送全球教育治理人才等方式,成功树立了负责任大国的形象,为深度参与全球教育治理打下了坚实的基础。2015年,我国加入了联合国教科文组织在第38届大会期间发布的《教育2030行动框架》起草委员会,为各国提供实施该框架的行动指南,展现了中国的教育经验和教育理念。此外,国际学生评估项目(PISA)和教师教学国际调查(TALIS)是经济合作与发展组织在全球开展的比较有影响力的教育研究活动。在2018年PISA测试中,我国四省市学生取得了阅读、数学、科学三项科目均排名第一的好成绩。2019年公布的TALIS结果显示,参加调查的上海初中教师多项指标领先于其他地区的教师。同时,全球治理与区域治理密切相关,从20世纪90年代开始,参与地区治理进程成为我国参与全球治理的一个新的着力点。我国先后加入了亚太经济合作组织等区域合作平台,并发起成立了上海合作组织等多边机制,教育是上述地区性多边机制合作议程的重要组成部分。另外,开展国际教育援助是我国参与全球教育治理的重要途径,也是在国际社会强化我国负责任大国形象,实现民心相通的重要方式(见案例14-7)。在培养和输送全球教育治理人才方面,我国更是通过开展专业和学科建设,组织讲座、研讨会,提供实习机会等多种方式,积极探索国际化人才培养路径,强化我国参与全球教育治理的人才支撑。

| 案例 14-7 |

开展国际教育援助——以"一带一路"教育行动为例

2017年,共有来自世界204个国家和地区的48万余名留学生在我国935所高校与科研机构学习,其中中国政府奖学金生占比11.97%。提供来华留学政府奖学金是"一带一路"教育行动的重要举措之一。同年,在"一带一路"国际合作高峰论坛上,我国承诺每年提供一万个新生奖学金名额,并设立"丝绸之路"政府奖学金。

然而,国际形势风云变幻,国际力量对比深刻变化,新的国际秩序正在孕育,全球教育治理现存的制度供给不足,以及我国参加治理的整体能力有待提升等因素,为正在发生的新时代我国深度参与全球教育治理提出了挑战,同时也提供了机遇。我国需要把握好当前机遇,不断增加全球教育治理的国际公共产品供给,建立并完善"一带一路"教育行动机制,加快推进全球教育治理的专业人才培养,重视全球教育治理实践探索和理论研究,加强与多元主体间的国际教育交流和合作,进一步提升在全球教育治理中的话语权,承担起全球教育治理引领者的责任。

 关键词

现代化　　　　　　　　可持续发展

教育现代化　　　　　教育传统
教育全球化　　　　　中国式现代化
中国梦　　　　　　　中国式教育现代化

习　题

1. 比较分析日本和英国的教育与现代化。
2. 简述国家管理模式与教育价值观。
3. 简述国家文化模式与教育价值观。
4. 试析教育对国家可持续发展的作用。
5. 讨论：我国的现代化与教育。
6. 讨论：我国的教育传统与教育现代化的关系。
7. 讨论：全球化趋势对我国教育的影响。
8. 讨论：中国的未来教育图景。

推荐阅读书目

1. (美)西里尔·E.布莱克.比较现代化[M].杨豫,陈祖洲,译.上海:上海译文出版社,1996.
2. 鲍宗豪.当代社会发展导论[M].上海:华东师范大学出版社,1999.
3. 联合国教科文组织国际教育发展委员会.学会生存——教育世界的今天和明天[M].北京:教育科学出版社,1996.
4. 联合国教科文组织.教育——财富蕴藏其中:国际21世纪教育委员会报告[M].联合国教科文组织总部中文科,译.北京:教育科学出版社,1996.
5. 联合国教科文组织.反思教育:向"全球共同利益"的理念转变？[M].联合国教科文组织总部中文科,译.北京:教育科学出版社,2017.
6. 联合国教科文组织.一起重新构想我们的未来:为教育打造新的社会契约[M].北京:教育科学出版社,2022.
7. 赵中建.教育的使命——面向二十一世纪的教育宣言和行动纲领[M].北京:教育科学出版社,1996.
8. Bell D. The coming of the post-industrial society: a venture in social forecasting[M]. New York: Basic Books, 1976.
9. (英)安迪·格林.教育、全球化与民族国家[M].朱旭东,徐卫红,等译.北京:教育科学出版社,2004.
10. 邬志辉.教育全球化——中国的视点与问题[M].上海:华东师范大学出版社,2004.